儒家思想与存有三态论

林安梧自署

目次

存在參贊、人文化成：致中和，天地位焉！萬物育焉！
——《儒家思想與存有三態論》代序 ……………………… 林安梧　1

第一章　我的哲學觀：存在覺知、智慧追求與批判治療 …………………………………………… 1

一　「哲學」：無用之用，是為大用 …………………………… 2
二　懷疑為的是真理的彰顯，哲學重在於後設的反省 ………… 2
三　「天人」、「物我」、「人己」等基礎性的向度構成了哲學的論題 · 3
四　從「三史」、「五論」到「具體的哲學」、「專家專題的哲學」 …… 4
五　哲學離不開歷史社會總體，離不開生活世界，並做根源性的探索 …………………………………………………………… 4
六　「筷子」與「叉子」的比喻：主客相融為一、主體的對象化活動 ……………………………………………………………… 5
七　「氣的感通」與「話語的論定」：「存有的連續觀」與「存有的斷裂觀」 …………………………………………… 6
八　耶教的「原罪、救贖」，佛教的「苦業、解脫」，儒道的「人性、成聖成仙」 …………………………………………… 7
九　「存在與思維的一致性」對比於「存在與價值的和合性」 …… 7
十　從「存有的遺忘」到「語言學的轉向」表現著人們正視生命的實存 ……………………………………………………… 8

十一　文化霸權擴張、話語通貨膨脹使得話語幣值貶低，人的
　　　自我認同瓦解 ··· 9
十二　異化、紛雜、多音之中所透露的「微明」之光，存在的
　　　覺知悄然升起 ·· 10
十三　文明要有新的對談與交往，宗教要有新的傾聽與交融······ 10
十四　「話語」與「存有之道」是「互藏以為宅」、「交發以
　　　為用」的 ··· 11
十五　存有學、價值學、知識論與道德實踐是一體而不分的········ 12
十六　文明的交談：「實存場域的覺醒」與「哲學根源的療治」···· 13

第二章　「後新儒家哲學」之擬構：
　　　　　「道」的彰顯、遮蔽、錯置與治療之可能 ······ 15

一　「道顯為象」：存有根源的顯現 ··· 16
二　「象以為形」：邁向「存有的執定」 ···································· 19
三　「言以定形」：語言的進入 ·· 23
四　「言業相隨」：業力的衍生 ·· 27
五　「言本無言」：語言還歸於沉默 ··· 32
六　「業本非業」：業力原是虛空無物 ······································· 36
七　「同歸於道」：存有本源的回溯 ··· 40
八　「一本空明」：總體之源的場域覺醒 ···································· 44

第三章　「道」「德」釋義：儒道同源互補的義理闡述
　　　　　──以《老子道德經》「道生之、德蓄之」暨
　　　　　《論語》「志於道、據於德」為核心的展開 49

一　「道」是就其「總體的根源義」、「根源的總體義」說 ········ 50
二　「德」是就其「內在的本性義」、「本性的內具義」說 ········ 56

三　如上所述，儒道兩家，追本溯源，若論其理，同源互補，和合與共。世人多言儒家主流，道家旁支，此蓋不思之過也；又有言道家主幹，儒非主流，此蓋激俗而故反之為論也。默識於心，相視而笑可也；恢詭譎怪，道通為一可也 …………………… 62

第四章　如何讀《論語》：經典、生活、實踐與詮釋的交融 …………………… 63

一　華夏民族可貴的文化傳統：追本溯源 …………………… 64
二　日據時代的臺灣：承天命、繼道統、立人倫、傳斯文 …………… 65
三　早年的讀書轉折：「吾十有五而志於學」 …………………… 69
四　我讀《論語》的體會：經典即是生活 …………………… 72
五　經典即是生活，生活就是實踐，實踐中有詮釋 ………………… 74
六　回歸語境閱讀經典 …………………… 76
七　《論語》的精神氣脈：「雲從龍，風從虎」 …………………… 77
八　「缺憾還諸天地，亦是創格完人」：鄭成功引朱子學入臺 …… 79
九　朱熹：讀《論語》和《孟子》法 …………………… 80
十　象山讀《論語》：學苟知本，六經皆我注腳 …………………… 96
十一　結語：經典就是生活，生活就是實踐，實踐中就有詮釋，詮釋須有實踐，實踐不離生活，生活本在經典之中 …………… 99
十二　問題與討論 …………………… 100

第五章　儒家經典智慧與二十一世紀人類文明：以《論語》為例 …………………… 105

一　緣起：我學習《論語》歷程之反思 …………………… 106

二　〈學而〉篇的三層理解：教育權的解放、游士階層興起、
　　君子人格的自我完善 ·· 110
三　意義危機背景下的哲學論題批判：以牟宗三「良知坎陷說」
　　為例 ·· 112
四　儒學發展應該去蕪存菁，回歸「五倫」·························· 114
五　從「人倫孝悌」到「仁義忠信」·································· 115
六　建構現代社會下的人倫共同體，實現人格的自我完善和生長 ··· 119
七　存在與價值具有和合性 ··· 121
八　儒家的內聖外王之道是通而為一 ································· 122
九　〈堯曰〉篇：儒家永恆的道德理想 ······························ 125
十　結語：回歸儒家經典，彰顯聖賢智慧 ··························· 126
十一　問題與討論 ··· 127

第六章　關於《大學》「身」、「心」問題之哲學省察：以《大學》經一章為核心的詮釋兼及於程朱與陸王的討論 ·················· 141

一　《大學》是初學入德之門，其目的在「通極於道」，並下及
　　於整個生活世界 ·· 142
二　儒學傳統強調「身心不二」，《大學》就是要「調身以正心」·· 145
三　《大學》詮釋的兩個向度：朱子強調知識與道德的互動性；
　　陽明則強調道德實踐的根源性能力 ······························ 147
四　「大學之道」在彰顯「善之本源」，經由「倫常日用」，
　　而邁向善之目的 ·· 150
五　從「善意的持守與定向」到「心識的寧靜與安宅」，進至
　　「道德的抉擇與實踐」·· 153

六　兩種不同的「先後」：一是「本末」的理論歷程義，另一是「終始」的時間歷程義……………………………………………… 155

七　「三綱領」的本源重在「明德」，「八條目」的連貫，重在「修身」，本末終始，通而為一……………………………… 157

八　「心、意、知、物」：「心」是就「感通義」說，「意」是就「指向義」說，「物」是就「對象義」說，「知」是就「了別義」說………………………………………………………… 161

九　道德教化的政治觀重在「符號式的、虛以涵實的」方式，此不同於「權力式的、虛以控實的」方式………………… 163

十　「格物致知」的兩個向度：「認知的了別義」與「道德的了別義」…………………………………………………………… 167

十一　朱子是一「橫攝歸縱」的系統，而陽明則是一「縱貫橫推」的系統………………………………………………………… 169

十二　從「固本培元」到「調身正心」，進一步到「道德理想國度」的實現………………………………………………… 171

第七章　孟子思想、海外發展及其對廿一世紀人類文明的貢獻……………………………………………… 175

楔子：論題的引出與簡介……………………………………………… 176

一　夫子以仁發明斯道，其言渾無罅隙。孟子十字打開，更無隱遁………………………………………………………… 177

二　儒學三個維度：自然生命，血緣生命，文化生命……………… 179

三　歐洲人讀到的儒家忽略了「通天接地」，這與整個歐洲擴張主義的強烈思考相應………………………………… 180

四　中國民族永生的奧秘：「孝、悌、慈」………………………… 181

五　二十一世紀仍要「正人心、息邪說」、「距詖行，放淫辭」…… 183

六　孟子思想核心是人性的、人倫的和平主義，美國是霸權主義‥184

七　從「文化搭臺、經濟唱戲」到「經濟發展、文化生根」
　　的年代……………………………………………………186

八　儒學思想從古代對朝鮮、日本、越南就有很大影響，
　　十六世紀後，再傳歐洲…………………………………187

九　從西元前一世紀，直到一九一〇年，朝鮮半島可說是
　　儒教人倫的國度…………………………………………189

十　一八八四年法國占領越南，廢漢文、南文，與漢文化的
　　傳統被隔斷………………………………………………191

十一　日本孝謙天皇在八世紀下詔強調「孝為眾善百行之基，
　　　孝為治國安民知本」…………………………………192

十二　日本神道與儒教天理結合一體，對日本現代化的發展起了
　　　重大的作用……………………………………………193

十三　陽明學派萌發代表市民階級利益的平等思想，重視生活
　　　世界的實踐，為明治維新做了思想準備……………194

十四　利瑪竇翻譯《四書》向歐洲介紹中國和儒學，寫《天主
　　　實義》尋求儒耶匯通…………………………………196

十五　啟蒙思想家伏爾泰十分推崇孔子的德治思想，他是
　　　自然神論者，認為真正相信上帝的人只講道德不講迷信……197

十六　霍爾巴赫、狄德羅都認為歐洲要學中國，基督宗教的
　　　道德應用儒家道德理性取代…………………………198

十七　萊布尼茲極喜歡《易經》和中國古老文化，認為中國的
　　　政治倫理堪稱模範，帝王賢明，平民有教養………200

十八　啟蒙思想家渴望非基督教文化，主張理性、博愛，
　　　主張法治和開明君主制，他們借用儒學名義來發揮他們的
　　　主張……………………………………………………201

十九　工業東亞沿著儒學而被論述，韋伯論述儒教文明發展不出類
　　　似工商的文明、資本主義式的文明，這個論斷已然被破解⋯ 202
二十　孟子不只是說「心」，是貫通「心性天」，不只是道德理性，
　　　更不是近代啟蒙意義的理性，而是「心性情」通貫為一⋯⋯ 204
二十一　現代化之後，文明對話取代文明衝突，要以「我與你」的
　　　　方式，回歸到生命本身，通天接地⋯⋯⋯⋯⋯⋯⋯⋯⋯⋯ 205
二十二　孟子學的王道理想：「人人親其親，長其長，而天下平」、
　　　　「乾道變化，各正性命」，世界大同，天下為公⋯⋯⋯⋯ 206
二十三　提問與回應⋯⋯⋯⋯⋯⋯⋯⋯⋯⋯⋯⋯⋯⋯⋯⋯⋯⋯⋯⋯ 208

第八章　從「性朴論」、「性惡論」到「善偽論」：
　　　　在先秦儒學對比下，以《荀子》
　　　　〈天論〉〈性惡〉為核心的詮釋⋯⋯⋯⋯⋯⋯⋯⋯⋯⋯⋯ 213

一　大學問家荀子是現實的理智主義者⋯⋯⋯⋯⋯⋯⋯⋯⋯⋯⋯⋯ 214
二　「天人之分」不同於天人合德是另一類型的哲學突破⋯⋯⋯⋯ 216
三　本始材朴的「自然天性」須經由後天「人為學習」的努力⋯⋯ 223
四　從「心知之明」到「禮義之統」的確立⋯⋯⋯⋯⋯⋯⋯⋯⋯⋯ 229
五　從「天生性朴、墮落性惡」到「矯治善偽」⋯⋯⋯⋯⋯⋯⋯⋯ 237
六　從「虛壹而靜、思慮抉擇」到「知通統類、化性起偽」⋯⋯⋯ 242
七　結語：孟學、荀學統合的可能⋯⋯⋯⋯⋯⋯⋯⋯⋯⋯⋯⋯⋯⋯ 249
八　提問與回答⋯⋯⋯⋯⋯⋯⋯⋯⋯⋯⋯⋯⋯⋯⋯⋯⋯⋯⋯⋯⋯⋯ 250
參考文獻⋯⋯⋯⋯⋯⋯⋯⋯⋯⋯⋯⋯⋯⋯⋯⋯⋯⋯⋯⋯⋯⋯⋯⋯⋯ 255

第九章　「儒家生死學」的一些省察：
　　　　以《論語》為核心的展開⋯⋯⋯⋯⋯⋯⋯⋯⋯⋯⋯⋯⋯⋯ 257

一　問題的緣起⋯⋯⋯⋯⋯⋯⋯⋯⋯⋯⋯⋯⋯⋯⋯⋯⋯⋯⋯⋯⋯⋯ 257

二　「生死學」源於「不安不忍」與各大宗教之終極關懷………258
三　儒家「生死學」的核心：「孝」是對生命根源的追溯與崇敬…263
四　從「人倫孝悌」到「生生之德」的深化………266
五　從「生生之德」到「臨終關懷」的重視………267
六　從「死生幽明」到「性靈實存」的肯定………272
七　從「喪葬」到「祭祀」：生死的「斷裂」與「再連結」………275
八　從「生死學」到「道德學」：從「安身立命」到「仁宅義路」278
九　問題與討論：「不朽」、「人性善惡」與「前世今生」………283
參考文獻………289

第十章　儒教釋義：儒學、儒家與儒教的分際………291

一　緣起………292
二　儒教是有別於西方一神論的宗教，是一教化意義較強的宗教…293
三　我們應該喚醒漢語語感，回到原先的漢字去理解、深化詮釋…294
四　儒教當然是宗教，他有教典、教儀、教規、教主、教團、
　　崇拜對象………296
五　努力要改造筷子，做成比較良善的叉子，這是錯誤的方向…298
六　一神論重在話語的論定，儒教則重在生命的生息感通………299
七　儒教是「覺性的宗教」，強調的是「天地之大德曰生」的傳統 301
八　回溯到漢字本身來思考，經由文化對比，拓深語意，開啟
　　嶄新的創造………302
九　儒教、儒學必然涉及公共領域，我們要突破「儒學遊魂說」，
　　好好生根………304
十　儒教強調人的生命像是樂章一樣，強調人格的自我完善的
　　教養歷程………305

十一　儒教的六藝之教就是性情之教、生命之教，多元而一統，
　　　富包容性 ··· 307
十二　儒教要趕快生根，回到常道去生根，應該恢復三祭之禮 ···· 309
十三　結語：瓦解帝制儒學，扎根生活儒學，發揚批判儒學，
　　　建立公民儒學 ··· 310

第十一章　「天人相與」的兩個型態及其融通的可能：以「儒教」與「基督宗教」為對比 ········ 313

一　前言 ··· 314
二　「言說的論定」下的「絕對一神論」 ······························· 317
三　「氣的感通」下的「萬有在道論」 ·································· 320
四　「絕地天之通」的兩個類型：「斷裂的」與「連續的」 ······ 324
五　結語：「差異」與「融通」 ·· 329
參考文獻 ··· 333

第十二章　「儒、耶會通」：關於「人性」的「罪」與「善」之釐清與融通 ········ 335

一　論題緣起：儒家「性善說」與基督宗教「原罪說」的對比 ···· 336
二　「性善說」與存有的連續觀 ··· 338
三　「原罪說」與存有的斷裂觀 ··· 340
四　「存有的連續觀」與「氣的感通」 ·································· 342
五　「存有的斷裂觀」與「話語的論定」 ······························· 345
六　基督宗教的「原罪說」其被論定的邏輯 ··························· 348
七　儒家「性善說」其被證成的邏輯 ···································· 350
八　結語：儒耶會通的可能 ·· 353
引用及參考文獻 ·· 354

第十三章　孔子思想與「公民儒學」……………………………359

一　問題的緣起……………………………………………………359
二　由「內聖」開「外王」的理論限制…………………………361
三　論「心性之學」與中國專制傳統的麻煩關係………………369
四　邁向「公民儒學」道德學之建立……………………………377
參考文獻……………………………………………………………384

第十四章　「內聖」、「外王」之辯：
　　　　　　「新儒學」與「後新儒學」的迴環…………387

一　楔子……………………………………………………………388
二　第三波的儒學革命：「民主憲政，公義為主」、「多元而一統」　390
三　後新儒學思考的特點：「兩端而一致」……………………393
四　後新儒學「外王－內聖」的思考建構………………………396
五　結語：解開「道的錯置」，建立「公民社會」……………400

第十五章　後新儒學的思考：對牟宗三「兩層存有論」
　　　　　　的批判與「存有三態論」的確立……………407

一　牟宗三先生兩層存有論之構造………………………………408
二　宋明理學和當代新儒學皆主張主體與道體的同一性………410
三　牟宗三先生強調良知學必須經由客觀化的歷程於具體生活中
　　展開……………………………………………………………411
四　康德是「窮智見德」，牟宗三先生是「以德攝智」………411
五　「民主科學開出論」的「開出」是「超越的統攝」，
　　而非實際的發生過程…………………………………………412
六　心性主體被理論化、超越化、形式化、純粹化之限制……414

七	當代最大的「別子為宗」之確義：疏忽「氣」的生命動源義 · 415
八	「咒術型的轉出」與「解咒型的轉出」之對比 ……………… 416
九	儒學不是心學，而是「身心一體」之學 …………………… 417
十	良知學本身具有專制性的結構，與巫祝、咒術的思維方式 … 418
十一	要從主體性的哲學回到一種「處所哲學」或「場域哲學」· 419
十二	中日之文化類型對比：情實理性與儀式理性 ……………… 420
十三	「存有三態論」的基本結構：從「存有的根源」、「存有的開顯」到「存有的執定」 …………………………………… 422
十四	「存有的三態論」隱含有治療學的思維 …………………… 423
十五	以「存有三態論」通貫儒、道諸經典傳統 ………………… 424
十六	從「意識哲學」到「場域哲學」：熊十力先生體用哲學的新詮釋 …………………………………………………………… 425
十七	儒學是「實踐的人文主義」，而不是以「宗教之冥契」為優先 ………………………………………………………… 426

第十六章 「新儒學」、「後新儒學」、「現代」與「後現代」：最近十年來省察與思考之一斑 …… 429

一	楔子：我學習儒學的一些回顧（1994年以前）……………… 430
二	「新儒學」與「後新儒學」的對比與區分（1994年以後）… 432
三	後新儒學的轉折、迴返、承繼、批判與發展 ………………… 437
四	後新儒學的「身心論」與「新外王」的理論建構 …………… 441
五	從「存有的連續觀」與「存有的斷裂觀」的對比論現代化之後的可能發展 …………………………………………… 448

第十七章　當代新儒家哲學中的「格義、融通、轉化與創造」：以牟宗三康德學及中國哲學為核心的討論 ································· 453

一　中國近代學者對於康德哲學的譯介大體經由日文轉譯而來······ 454

二　牟宗三先生大幅地消化康德學，建構了自己龐大而謹嚴的
　　體系 ·· 456

三　黃振華先生認為康德所說構成知識的統覺，就是最高善的
　　一個表象 ·· 458

四　從康德的第三批判中可以看出，美的藝術活動跟整個人的
　　心靈意識、社會總體與共識是有密切的關係的 ·················· 460

五　牟先生經由華人文化傳統儒、道、佛三教的修養工夫論，
　　以確立「智的直覺」，解決康德哲學中人之有限性的問題 ······ 463

六　康德哲學有其西方哲學、文化意識及社會契約論的傳統為
　　背景，牟先生忽略康德所涉及到的社會總體意識其中所引
　　申出來的關聯 ·· 466

七　「智的直覺」與「物自身」在牟先生的體系裡已做了相當大的
　　轉折與創造，早已不是康德哲學體系中的意義 ················ 468

八　牟先生將原先康德學的「窮智以見德」轉成「以德攝智」，
　　然而太強調道德主體，亦會窄化了儒學多元的發展向度 ········ 470

九　從「逆格義」到「融通」、「淘汰」、「轉化」、「創造」，牟先生
　　邁向了一嶄新哲學系統的建立 ······························ 473

十　我們不能囿限在牟先生的兩層存有論的系統裡去理解，
　　而應正視典籍文本，深入詮釋 ······························ 475

第十八章　存有、方法與思考：對於「方法論」的基礎性反省 ……… 477

一　「存在」與「生活世界」是優先的，「存有之一般」則是其次的；「方法」、「思考」必與「生活世界」密切相關 ………… 478

二　客觀性乃是主體的對象化活動所給予的邏輯決定，它涉及生活世界中人的共識 ………………………………………………… 480

三　方法和態度、情境密切相關，根源的說，必須歸返到存有的實況，讓它自己顯現它自己 …………………………………… 482

四　方法有其具體性、實存性，亦有其抽象性、普遍性；在兩者的互動過程中，方法能夠自我檢查，由瓦解而重建 …………… 484

五　方法的運作起於概念性的思考，而概念之為概念是經由自我的反思而推拓出去的對象物，概念不只是做為人的工具而已 · 486

第十九章　科技、人文與存有三態論 ……………………… 491

一　總論 ……………………………………………………………… 492

二　分論 ……………………………………………………………… 493

三　「科技」是「科別技術」是一「控馭的人文態」 …………… 496

四　由「科技」調適而上遂於「人文」：從「控馭式的人文態」回到「交融式的人文態」 ……………………………………… 498

五　結論 ……………………………………………………………… 501

第二十章　後新儒學：《存有三態論》諸向度的展開：心性論、本體論、詮釋學、教養論、政治學
……………………………………………………………………… 503

一　「後新儒學」與儒學道統系譜之重新釐清 …………………… 504

二　心性論結構：「志、意、心、念、識、欲」之詮釋⋯⋯⋯⋯506
三　存有三態論：「存有的根源」、「存有的開顯」與「存有執定」508
四　存有的連續觀：「天、人」「物、我」「人、己」通而為一⋯⋯510
五　詮釋的五個層級：「道」、「意」、「象」、「構」、「言」⋯⋯⋯512
六　人：參贊天地人我萬物所成之「道」的主體⋯⋯⋯⋯⋯⋯⋯⋯514
七　文化教養：暢其欲、通其情、達其理，上遂於道⋯⋯⋯⋯⋯⋯515
八　政治社會：從「血緣性縱貫軸」到「人際性互動軸」之建構⋯517
九　解開「道的錯置」：邁向公民社會與民主憲政⋯⋯⋯⋯⋯⋯⋯519
十　以「社會正義」為優先的「心性修養」⋯⋯⋯⋯⋯⋯⋯⋯⋯⋯520
十一　傳統經典之詮釋、轉譯與創造⋯⋯⋯⋯⋯⋯⋯⋯⋯⋯⋯⋯⋯521
十二　問題與討論⋯⋯⋯⋯⋯⋯⋯⋯⋯⋯⋯⋯⋯⋯⋯⋯⋯⋯⋯⋯⋯523

第二十一章　「心靈意識」在漢語脈絡下的闡析：以《存有三態論》的本體實踐學為核心的展開⋯⋯⋯⋯⋯527

一　「存有三態論」的道德實踐學：以道德的真存實感作為主流，而人在宇宙萬有一切之間，與天地人我萬物通而為一⋯⋯⋯528
二　「存有的根源」：儒家從主體的自覺處說，道家從宇宙造化總體根源落實在天地場域中說。「人」的參贊使得「道德哲學」既是形而上學又是實踐的哲學⋯⋯⋯⋯⋯⋯⋯⋯⋯⋯⋯⋯⋯⋯530
三　上溯於「道」：話語活動之前，「存在根源」與「價值根源」通而為一⋯⋯⋯⋯⋯⋯⋯⋯⋯⋯⋯⋯⋯⋯⋯⋯⋯⋯⋯⋯⋯⋯⋯531
四　「盡心、知性、知天」的落實：通過「存心養性」來「事天」，通過「殀壽不貳，修身以俟之」來「立命」⋯⋯⋯⋯⋯⋯⋯532
五　人通過話語系統，參贊、詮釋世界，故能「曲成萬物而不遺」⋯⋯⋯⋯⋯⋯⋯⋯⋯⋯⋯⋯⋯⋯⋯⋯⋯⋯⋯⋯⋯⋯⋯⋯⋯⋯533

六　「存有根源」的體證：儒家強調「仁」的實踐動力；道家強調「尊道貴德」的傳統……………………………………… 534

七　「善」，是宇宙造化根源「存有」律動處的一個定向，人就在參贊的過程裡「凝成其性」，就此性而說其為「性善」……… 535

八　「道」：究竟是「實有型態」的形而上學？抑或為「境界型態」的形而上學？…………………………………………… 537

九　在天地人我通而為一的整體裡面，道家強調場域彰顯的可能，儒家強調主體實踐的能動性，進而化解「境界」和「實有」的對立區隔……………………………………………………… 540

十　「本體的實踐學」、「社會的批判學」與「意義的治療學」：儒家通過「道德」的實踐開啟「意義的治療學」；道家則回溯至「道」的根源進行「本體的治療學」或「存有的治療學」…… 541

十一　對於人的心靈意識結構的總體闡釋：志、意、心、念、識、欲……………………………………………………………… 542

十二　程朱的「道德天理論」、陸王的「道德本心論」、明末的新發展及當代新儒學的可能發展………………………………… 544

十三　「人」參與的「道德實踐」，是不離存在、不離價值、不離天地人我萬物通而為一的…………………………………… 546

第二十二章　「存有三態論」及其本體詮釋學……… 549

一　楔子…………………………………………………………… 550

二　「存有三態論」的基本構造………………………………… 551

二　關於「道、意、象、構、言」的詮釋層級………………… 553

三　「生活世界」與「意義的詮釋」…………………………… 558

四　「人」、「經典詮釋」與「道」的結構性關聯……………… 560

第二十三章　新儒學之後與「後新儒學」：以「存有三態論」為核心的思考 ……………………… 567

　　一　問題的緣起：「新儒學」之後的焦思與苦索 ……………… 568
　　二　從「兩層存有論」到「存有三態論」的轉化與發展 ……… 570
　　三　「存有三態論」的建立與「存有的治療」之可能 ………… 576
　　四　克服「存有的遺忘」：中西哲學之對比及其交談辯證之可能 … 581
　　五　結論：「語言是存有的安宅」而「存有是語言形而上的家鄉」 586

第二十四章　「歸返自身、由在而顯」：易經現象學與道論詮釋學芻論——以王弼《周易略例‧明象》與「存有三態論」為題的展開 …… 589

　　一　前言：《易經》思想為象徵之邏輯 ………………………… 590
　　二　王弼《周易略例》〈明象篇〉的現象學與道論詮釋學思維 …… 597
　　三　「存有三態論」的現象學與道論詮釋學之結構 …………… 605
　　四　「存在、價值、實踐、知識」和合為一：現象學與道論詮釋學之總體探源 ……………………………………………… 615
　　五　結語：「歸返自身，由在而顯」 …………………………… 624

第二十五章　「生生哲學」與「存有三態論」的構成：以《易傳》為核心的哲學詮釋 …………………… 627

　　一　問題的緣起：中國現當代哲學詮釋的一些問題 …………… 628
　　二　論「存在」與「Being」的異同 …………………………… 634
　　三　論「存在與價值的和合性」優先性之確立 ………………… 637
　　四　關於「存在」、「生成」與「參贊化育」 …………………… 640
　　五　「存有三態論」的基本構成：生生哲學的當代詮釋 ……… 642

六　結論:「生生哲學」、「存有三態論」在廿一世紀的可能作用… 645
參考文獻 …………………………………………………………… 647

第二十六章　「存有三態論」與廿一世紀文明之發展：環繞「存有」、「場域」與「覺知」三概念的展開 ……………… 651

一　做為「對話主體」，我們不能只「照著談、跟著談」，我們要「接著談、對著談」，這樣對廿一世紀文明發展才真有貢獻 ‥ 652
二　「對著談」的「對」就是彼此有主體，「接著談」的「接」就是彼此有參與、有連續 …………………………………… 653
三　「現代性」的理智中心主義使得人離其自己，而處在「亡其宅」的異化狀態 ………………………………………………… 653
四　把現代科學做為一種掠奪式的追求，並且把它當成是卓越，這是教育上的大忌 ……………………………………………… 654
五　廿一世紀不當以工具理性的主體性做主導，而應注重存在的覺知與生活世界的場域 ………………………………………… 655
六　「天地人交與參贊」，「參贊」是「人迎向這個世界」，而「這個世界又迎向人」 ……………………………………… 656
七　人因文而明，卻也可能因文而蔽，須得解蔽才能復其本源，這樣才能真顯現人文精神 …………………………………… 658
八　「神」的兩個不同向度：人的參與觸動及整體的生長、話語系統所形成的理智控制 ……………………………………… 659
九　人文精神的解構與展望：在「存有」、「場域」、「覺知」這樣所構成的總體才有人的主體 ………………………… 660
十　「道生之、德蓄之」：道德是生長，道德並不是壓迫，道德是活生生的實存而有，具體覺知的生長 ………………… 661

十一　生命的存在覺知是先於邏輯的、先於理論構造的，它是一切
　　　創造之源 ………………………………………………………… 663
十二　內在深沉的信息投向冥冥的穹蒼，那裡有個奧秘之體，那裡有
　　　個存在根源，它召喚你，它跟你有一種親近，這是真實的‥ 664
十三　從存有的執定，把「執定」解開，回溯到存有的開顯，
　　　上溯到存有的根源，再反照回來，重新確認 ………………… 666
十四　當我們回溯到更原初的覺知、場域、存在，這樣的一體狀態，
　　　這裡就會生發出一個確定性的力量 …………………………… 667

存在參贊、人文化成：致中和，天地位焉！萬物育焉！

——《儒家思想與存有三態論》代序

　　本書定名為《儒家思想與存有三態論》，乃筆者數十年所致力於中國哲學研究，有關儒學之部分結集，特別是關連到「存有三態論」而做成者。此發想實乃因為去年二〇二四年，筆者於萬卷樓出版《道家思想與存有三態論》而來。蓋「存有三態論」乃取資於中國哲學儒道佛三教傳統，經由中西印哲學之對比融通而構作成者，既有前論，當有《儒家思想與存有三態論》，亦復當有《佛家思想與存有三態論》者。今年遂將過去所寫相關文字，揀擇編選，纂成此書。編纂既成，得有序言，列之於前，以表胸臆。

一　緣起：當代新儒學之後

　　當今之世，全球化浪潮席捲四方，多元文化交織碰撞，人類文明正經歷前所未有的變革與挑戰。在此背景下，儒學作為中華文化的核心傳統，看似面臨被邊緣化的危機，其實是迎來重新詮釋與實踐的歷史機遇。儒學何以在現代社會中煥發新生？何以在多元文明的對話中彰顯其獨特價值？此乃吾人當深思之課題，本書以為此中隱含著一存有論的交談與文明對話之可能。

　　儒學自孔子以降，歷經兩千餘年之發展，其核心精神始終圍繞「道、人、生活世界」三個向度而展開。惟近代以來，西方文化的強

勢衝擊與現代性思潮的席捲，使得儒學傳統一度被視為「過時」或「保守」。一九一九年五四新文化運動以降，儒學更被貼上「封建」、「專制」之標籤，其價值幾近被全盤否定。然則，儒學果真已無用武之地乎？非也。儒學之生命力，正在於其對人性與天道的深刻洞察，以及對社會倫理、文明秩序的持續關懷。顯然地，今日之儒學，須在現代語境中重新開顯其意義，方能回應時代之需求。

「存有三態論」者，乃吾人近三十餘年來所提出之哲學框架，旨在為中國文化傳統的現代轉型提供新的理論基礎。此論以「存有」為核心，分為「根源」（道）、「開顯」（象）、「執定」（言）三態，試圖突破傳統哲學中主客二元對立的局限，回歸中華文化之本源的「存有的連續觀」。此一理論，不僅承繼了儒家「天人合德」之傳統，亦吸收了道家「道法自然」之思想，還有佛教「真空妙有」的智慧，更與當代現象學、詮釋學等西方哲學思潮展開對話，以期開拓新的思想空間。

本書之宗旨，即在於以「存有三態論」為框架，從哲學本體論、經典詮釋、文明對話到社會實踐，全面在對「當代新儒學」的省思之下，開啟了「後新儒學」路徑。一方面，深入探討哲學的本源，提出「存有三態論」之框架，並對牟宗三先生之「兩層存有論」進行批判的繼承與創造的轉化。其次，依據《論語》、《孟子》、《大學》等經典為核心，展開現當代的詮釋，揭示儒家思想在當前社會中的實踐意義。再者，吾人又從文明互鑒、哲學交談與宗教對話諸多向度，探討儒學與基督宗教、佛教等之異同，彰顯儒家「性善論」之獨特意義。值得注意的是，本書最後聚焦於現代社會之轉型，提出「公民儒學」之構想，試圖為民主憲政與社會正義提供實踐的理論基礎。

總而言之，本書之撰寫，乃基於當代新儒學之後的反思，既為儒學之現代化探索新路，亦為人類文明之未來提供一種可能之方向。儒學之價值不在於其為「過去」之遺產，而在於其為「未來」之資源。吾人深信，唯有回歸「存有的根源」，方能真正開顯儒學之現代意

義；唯有通過「存有的開顯」，方能真正展開儒學之社會實踐；如此也才能檢討「存有的執定」所帶來的文明弊病，給予深刻的治療。如此方能真正完成在當代新儒學之後，進到廿一世紀的文明，展開深層的存有論對話，完成後新儒學的理論建構，「存有三態論」之核心旨趣，堪稱本書之根本關懷。

二 「存在的根源」與「生活世界」之實踐

無可懷疑地，儒學之現代化，首重哲學基礎之重建。無可懷疑地，牟宗三先生之「兩層存有論」已經為儒學傳統開拓了新的理論視野，然其過於強調「良知」之超越性，忽視了「氣」之生命動源，以致與現實社會，仍有不切之處。吾人以為，儒學之現代化，須在繼承傳統之基礎上，突破「內聖開外王」之局限，轉而強調「外王－內聖」之互動，兩端而一致，方能真正回應現代社會之需求。

「存有三態論」之第一態為「存有的根源」，即「道」。此「道」非僅為形而上之抽象概念，而是貫通天地人我之總體根源。儒家講「天命」，講「性善」，皆由此「道」而生。第二態為「存有的開顯」，即「象」。此「象」乃「道」在具體情境中的顯現，如儒家所講之「禮樂」、「孝悌」，皆為「道」之開顯。第三態為「存有的執定」，即「言」。此「言」乃人類通過語言與符號，對「道」與「象」的把握與表達，如儒家之經典、教義，皆屬此範疇。此三態相互貫通，形成一動態之整體，既保留了儒學傳統的根源性，亦為其現代轉型提供了理論依據。

「存有的連續觀」者，乃儒學之核心精神之一。儒家講「天人合一」，講「物我一體」，皆由此觀而生。此觀強調人與天地萬物之連續性，而非對立性。現代社會中，人與自然、人與社會之關係日趨緊張，主客二元對立之思維模式已難以應對複雜之現實問題。吾人以

為，唯有回歸「存有的連續觀」，方能真正化解現代性危機，重建人與天地萬物之和諧關係。

「生活世界」者，乃「存有三態論」之另一核心概念。此概念本於吾儒大易哲學，而與西方之現象學可以相侔比擬，強調人與世界之互動關係。儒家講「日用倫常」，講「修身齊家」，皆圍繞「生活世界」展開。吾人以為，儒學之現代化，須以「生活世界」為優先，方能真正回應現代社會之需求。此一觀點，不僅為儒學之現代轉型提供了新的理論基礎，亦為其社會實踐指明了方向。

儒學之現代化，不僅須重建哲學基礎，亦須對經典進行新的詮釋。經典者，乃儒學之根本，然其意義並非一成不變，而須在現代語境中重新開顯。吾人以為，經典之詮釋，須以「生活世界」為核心，方能真正揭示其現代意義。

《論語》者，乃儒家經典之首，其核心精神在於「仁」與「禮」。吾人以為，《論語》之現代詮釋，須以「生活世界」為核心，方能真正揭示其現代意義。例如，「仁」者，非僅為抽象之道德概念，而是貫通天地人我之總體根源。「禮」者，非僅為形式之規範，而是「仁」在具體情境中的顯現。此一詮釋，不僅保留了《論語》之傳統精神，亦為其現代轉型提供了新的理論基礎。

《孟子》者，乃儒家經典之一，其核心精神在於「性善」與「仁政」。吾人以為，《孟子》之現代詮釋，須以「存有的連續觀」為核心，方能真正揭示其現代意義。例如，「性善」者，非僅為抽象之道德概念，而是貫通天地人我之總體根源。「仁政」者，非僅為政治之理想，而是「性善」在具體情境中的顯現。此一詮釋，不僅保留了《孟子》之傳統精神，亦為其現代轉型提供了新的理論基礎。

《大學》者，乃儒家經典之一，其核心精神在於「修身」與「治國」。吾人以為，《大學》之現代詮釋，須以「生活世界」為核心，方能真正揭示其現代意義。例如，「修身」者，非僅為個人之修養，而

是貫通天地人我之總體根源。「治國」者，非僅為政治之理想，而是「修身」在具體情境中的顯現。此一詮釋，不僅保留了《大學》之傳統精神，亦為其現代轉型提供了新的理論基礎。

儒家「身心不二」者，乃儒學之核心精神之一。此論強調人與天地萬物之連續性，而非對立性。現代社會中，人與自然、人與社會之關係日趨緊張，主客二元對立之思維模式已難以應對複雜之現實問題。吾人以為，唯有回歸「身心不二」，方能真正化解現代性危機，重建人與天地萬物之和諧關係。

儒學之現代化，不僅須重建哲學基礎，亦須與其他文明展開對話。文明對話者，乃儒學之現代化的重要途徑之一。吾人以為，儒學與基督宗教、佛教等傳統之對話，不僅有助於彰顯儒家「性善論」之獨特價值，亦為其現代轉型提供了新的理論基礎。

基督宗教「原罪說」者，乃西方文明之核心精神之一。此說強調人性之墮落，須通過信仰與救贖方能得救。儒家「性善論」者，乃儒學之核心精神之一。此論強調人性之本善，須通過修養與實踐方能實現。吾人以為，此二說雖有異，然其核心精神皆在於對人性之深刻洞察。儒學與基督宗教之對話，不僅有助於彰顯儒家「性善論」之獨特價值，亦為其現代轉型提供了新的理論基礎。

佛教「解脫觀」者，乃東方文明之核心精神之一。此觀強調人生之苦，須通過修行與解脫方能得救。儒家「性善論」者，乃儒學之核心精神之一。此論強調人性之本善，須通過修養與實踐方能實現。吾人以為，此二觀雖有異，然其核心精神皆在於對人性之深刻洞察。儒學與佛教之對話，不僅有助於彰顯儒家「性善論」之獨特價值，亦為其現代轉型提供了新的理論基礎。此蓋「無生法」（佛教）與「生生法」（儒家）之融通也。儒學在東亞現代化中的角色，乃儒學之現代化的重要課題之一。吾人以為，儒學在東亞現代化中的角色，須從「文化搭臺」轉向「經濟生根」。此一轉變，不僅有助於彰顯儒學之

現代意義,亦為其社會實踐指明了方向。

　　儒學之現代化,不僅須重建哲學基礎,亦須對現代社會進行新的反思。現代社會者,乃儒學之現代化的重要課題之一。吾人以為,儒學之現代化,須以「公民儒學」為核心,方能真正回應現代社會之需求。「公民儒學」者,以「公民」為核心,強調民主憲政與社會正義之倫理基礎。吾人以為,儒學之現代化,須以「公民儒學」為核心,方能真正回應現代社會之需求。此一觀點,不僅為儒學之現代轉型提供了新的理論基礎,亦為其社會實踐指明了方向。

　　科技時代的人文反思,乃儒學之現代化的重要課題之一。吾人以為,科技時代的人文反思,須從「控馭式人文」回歸「交融式人文」。此一轉變,不僅有助於彰顯儒學之現代意義,亦為其社會實踐指明了方向。

三　「本體實踐學」與「外王－內聖」兩端而一致

　　夫學術研究,貴在融通古今,會通中西,方能開創新局。本書旨在探討儒家思想與存有三態論,冀能於當代哲學之困境中,尋得一條可行之路。以下分三節論述:其一,跨學科整合,建立「本體實踐學」;其二,批判與轉化,反思新儒學「內聖開外王」之局限,主張「外王－內聖」之迴環互動;其三,語言與存有之辯證,揭示儒道思想中「言」與「默」之動態平衡。

　　當代學術研究,已非單一學科所能涵蓋,須以跨學科之視野,整合多方資源,方能深入問題之核心。本書主張融合現象學、詮釋學與中國哲學傳統,建立「本體實踐學」。現象學強調「回到事物本身」,揭示存有之原初狀態;詮釋學則注重「理解」與「解釋」,探討意義之生成與轉化。此二者與中國哲學傳統中之「體用不二」、「知行合一」等思想,實有相通之處。

「本體實踐學」之核心，在於將「本體」與「實踐」視為一體兩面。本體非靜態之存有，而是動態之生成；實踐非僅外在之行為，而且也是內在之修養。此學問不僅關注理論之建構，更重視實踐之落實，強調「即體即用」、「即知即行」。如此，方能於當代社會中，回應現代性之危機，化解工具理性對人性之異化。

　　新儒學自宋明以降，強調「內聖開外王」，即以內在之道德修養，開出外在之政治實踐。此一思想，固然有其深刻之處，然於當代社會中，亦顯露出其局限。蓋「內聖」與「外王」之間，並非單向之開出關係，而是雙向之迴環互動。若僅強調「內聖」而忽略「外王」，則易流於空疏；若僅重視「外王」而忽略「內聖」，則易陷於功利。

　　本書主張「外王－內聖」之迴環互動，即以外在之政治實踐，促進內在之道德修養；以內在之道德修養，指導外在之政治實踐。此一迴環互動，不僅能避免新儒學之偏頗，更能回應現代性之危機。現代社會中，工具理性之擴張，已使人性逐漸異化，人與人之間之關係，亦趨於疏離。唯有通過「外王－內聖」之迴環互動，方能重建人與社會、人與自然之和諧關係。

　　此外，本書提出「存有的治療」之概念，以回應現代性之危機。所謂「存有的治療」，即在於通過哲學之反思與實踐，化解工具理性對人性之異化，恢復人之本真存有。此一治療，不僅是個人之修養，更是社會之重建。唯有通過「存有的治療」，方能於現代社會中，尋得一條可行之路。

　　語言與存有之關係，乃貫穿哲學史的核心命題。本書由「話語的論定」至「氣的感通」，剖釋儒道思想中「言」「默」相濟的動態平衡。儒家重「言」，以「不學《詩》，無以言」彰顯語言作為文明載體之功用；道家尚「默」，以「知者不言，言者不知」闡發無言之境通達道體之奧義。二者看似相悖，實則如陰陽相生，共構中華思想之精神經緯。

「話語的論定」側重語言之規範性,透過禮樂制度與經典詮釋,築造社會倫常之基石;「氣的感通」則彰顯語言之流動性,經由詩性表達與直觀體悟,契入生命韻律之本然。此二重維度之辯證,非止於語言哲學之探賾,更揭櫫存有論層面的根本智慧:儒家以「立言」成就人文世界,道家以「忘言」照見天地渾成,二者共同指向「言外之意」與「默中有聲」的弔詭統一。

　　當代語境下,工具理性使得語言本質異化,話語淪為數據符碼與權力話術,失卻「修辭立其誠」的倫理向度。欲破此困局,當重溯「言默之道」,於制度建構中涵養「慎言」之德,於生命體驗中激活「氣感」之通。儒家「君子欲訥於言而敏於行」的實踐智慧,與道家「大辯若訥」的存在境界,恰可為數位時代提供解毒之方:既需以「言」確立價值共識,亦須以「默」守護精神超越,方能使語言重歸「道器合一」之本真。

　　本書通過跨域整合、批判轉化及語言存有之辯證,開拓儒學研究之方法論視野。此一進路非唯回應現代性危機中「意義解構」與「溝通異化」之雙重困境,更為當代哲學注入「即體即用」的思想活水。冀能藉此重建「天人之際」的存有三態,於言說中確立人文秩序,於靜默中體證宇宙生機,終致「民胞物與」的文明共生之境。

四　文明的對話與儒家人倫共同體的確立

　　學術研究的價值不僅在於理論建構,更在於對現實的啟發與回應。本書探討儒家思想與存有三態論,既致力於儒學理論的創新,亦關注其對當代社會的實踐意義。以下分兩節論述:其一,理論貢獻,為儒學開拓「後新儒學」範式,平衡心性論與社會實踐的張力,並提供中西哲學對話的新路徑;其二,實踐啟示,重塑人倫共同體,回應現代社會的意義危機與價值虛無,為東亞現代化與全球文明對話提供儒學智慧的資源。

儒學自孔子以降，歷經兩千餘年的發展，已形成豐富的思想體系。然至當代，儒學面臨新的挑戰與機遇。新儒學雖於心性論上有深刻建樹，卻在社會實踐層面顯現不足。本書主張開拓「後新儒學」範式，以平衡心性論與社會實踐的張力。

「後新儒學」的核心，在於將儒學從傳統心性論中解放，使其與當代社會實踐相結合。心性論固然重要，然若僅停留於個人道德修養，而忽略社會整體發展，儒學將難以回應現代性危機。因此，「後新儒學」強調心性論與社會實踐的互動，既重視個人道德修養，亦關注社會整體發展，方能於當代重建人與社會、人與自然的和諧關係。

此外，本書提供中西哲學對話的新路徑，以破解「存有的遺忘」與文明衝突。西方哲學自海德格以降，深刻反思現代社會中存有之本真狀態被工具理性遮蔽的問題，此與儒學「人與天地萬物一體」的思想實有相通之處。通過中西對話，不僅能回應「存有的遺忘」，更能化解文明衝突，促進全球文明的和諧發展。

儒學不僅是理論建構，更是實踐指導。本書探討儒家思想與存有三態論，旨在為當代社會提供實踐啟示。現代社會中，意義危機與價值虛無已成普遍問題，工具理性擴張使人迷失於物質追求，失去生命本真意義。儒學強調的人倫共同體，正可為此提供解決之道。

人倫共同體的核心在於重建人與人之間的真誠關係。現代社會中，人際關係趨於疏離與冷漠，儒學的「仁」以愛與關懷為基礎，正能重建和諧關係。通過「仁」的實踐，不僅能回應意義危機，更能重建社會整體和諧。

此外，儒學為東亞現代化與全球文明對話提供智慧資源。東亞現代化雖成就經濟發展，卻面臨文化與價值危機。儒學的「中庸」「和而不同」等思想，可為東亞現代化奠定文化根基；其「和諧」「包容」理念，更能為全球文明對話提供可行路徑，在全球化進程中促進跨文化理解。

儒學歷經千年而不衰，其生命力在於與時俱進回應時代挑戰。今日世界面臨科技躍進、生態危機與跨文化碰撞三大課題，儒學須以「存有、場域、覺知」為框架開拓新局，並以「生生之德」與「參贊化育」為終極關懷，重建人與天地萬物的和諧關係，使儒學成為引領人類走向「天下為公」的明燈。

當今科技發展深刻改變人類生活方式與思維模式，人工智慧、生物技術等新興科技在創造便利的同時，亦引發倫理與存在危機。儒學的「仁」，通乎天地人三才，而以人為本，可為科技時代提供倫理框架，引導技術發展朝向人性化與社會和諧。

面對生態危機，儒學的「天人合一」思想強調人與自然的和諧共生，將生態責任從被動保護提升為主動參與天地生生之德的創造過程。此一生態哲學，或能為環境倫理開闢新徑。在跨文化交流的全球化場域，儒學的「和而不同」以包容與尊重為基礎，重視文化對話與共存。此一智慧可促進全球文明和諧，避免衝突與對立。

五　結論：回歸「生生之德」與「由在而顯」

儒學的終極關懷在於回歸「生生之德」，「參贊化育」以重建人與天地萬物的和諧。「生生之德」強調生命的創造與延續，可為當代社會提供生命哲學，引導人類重思生命意義；「參贊化育」則強調人對自然的責任，於生態危機中提供實踐指導，重建人與自然的共生關係。

儒學的未來須呼籲「歸返自身，由在而顯」，在天地場域之中，以人為參贊的起點，反思自身修養，並以實踐導向參與社會貢獻。當代儒學須通過此一路徑，重建人與社會、自然的和諧，使「天下為公」的理想引領全球文明發展。此理想不僅是政治秩序想像，更是存有論的覺知革命，當個體通過「格致誠正」體認「天地萬物一體之仁」，便能克服現代性的意義荒原與社群疏離，在日常生活中實踐

「成己成物」的智慧。此誠廿一世紀人類文明之盛事也，不可不知。

　　文集之編纂出版，蓋多方善因緣，和合以成也。每思之，感懷肺腑。此書得於萬卷樓總經理梁錦興兄及總編輯張晏瑞博士之邀稿，林涵瑋小姐以及中興大學蕭安琪等博士生的編輯校對，讓這本書能裝幀精美，呈現於天地之間，令人歡喜。去歲所成《道家思想與存有三態論》一書，蓋癸未之暮，甲辰將來，玉兔返宮，龍興雨潤，余為年聯曰：「玉兔返宮擣靈藥，天龍興雨潤蒼生」。今甲辰已過，乙巳來也，更作一年聯，曰：「乙年惟敬正位凝命，巳日乃孚尊天治時」，此聯用典來自《易經》，上聯者，來自鼎卦也。鼎卦：元吉，亨。〔卦辭〕。〈象〉曰：木上有火，鼎；君子以正位凝命。下聯者，來自革卦也。革卦：巳日乃孚，元亨，利貞，悔亡。〔卦辭〕。〈象〉曰：澤中有火，革；君子以治歷明時。

　　於此鼎革之際，華夏之「深度求索」(deep seek)，高歌猛進，大可慶也。然俄烏戰爭，拖了三年，仍陷泥淖，千萬生民，流離失所，何其慘也。文明已進到廿一世紀的現在，仍陷溺在國族霸權之爭奪，可見現代文明之大無明也，何其諷刺也耶！此蓋不思「文明以止」也，不思「正德、利用、厚生、惟和」也。孟子有言「萬物皆備於我矣，反身而誠，樂莫大焉！」如此王道襟懷，「強恕而行，求仁莫近焉」。原來「克己復禮，天下歸仁焉」，「人人親其親，長其長，而天下平」，這是真真實實的王道仁政；他就在俗民生活，倫常日用之間。能回到存在之本源，參贊天地之化育，便能「觀乎天文，以察時變，觀乎人文，以化成天下」。原來，老老實實過日子，歲月靜好，敬而靜之，靜而淨也。「致中和，天地位焉，萬物育焉」。虔誠祝禱，虔誠祝禱！是為序。

林安梧

——乙巳年（2025）陽曆三月九日寫於臺中湖水岸元亨居

第一章
我的哲學觀：存在覺知、智慧追求與批判治療

本章提要

本文指出哲學雖然常被視為「無用」，它是「無用之用」，它追問的是人類生存的核心問題，如存在、知識、道德等，並提供了反思與批判的框架。哲學的價值在於它的後設反省，超越具體學科的定位，追問存在的根源與意義。

哲學的核心問題圍繞著「天人」、「物我」、「人己」等基礎性向度展開，並由此衍生出形而上學、知識論、倫理學、美學等領域。東西方文明存在著根本差異：東方強調「存有的連續觀」，追求天人合一、物我感通；西方則傾向「存有的斷裂觀」，注重主客對立與言說的論定。在現代社會中，工具理性的擴張與話語的通貨膨脹，導致生命的異化與價值的虛無。然而，這也讓「存在的覺知」與「場域的覺醒」成為人們關注的焦點。哲學的任務在於療治現代社會的疏離與虛無，並回歸人與天地的和諧關係，須知：文明的衝突應轉化為對話與傾聽。哲學的作用在於通過價值的和合性與根源性的反省，幫助人們實現生命的真實與意義，進而安身立命。

關鍵字詞：存有、連續、斷裂、無用、覺知、哲學、智慧

一　「哲學」：無用之用，是為大用

「哲學」（philosophia）被視為一古老而又嶄新的學問，古老是因為自古希臘以來就存在，嶄新是因為截至目前為止，沒有人可以說不需要它，它與時俱進。它最常被稱許說是「萬學之母」，但它卻也最常被譏諷說是「玄虛無用」，甚至說是原來清楚的道理，經由學哲學的人就將它搞得一頭霧水，難以理解。不過，還是會有人說，它是「無用之用，是為大用」，還是有人說「它擔負著一般人不去思考，但卻永遠都很重要的問題」。當然，最常聽到的是說：溯其本源，我們要說哲學是「愛智之學」，是對於真理與智慧的追求。人之所以會如此永不休止的追求，則是因為人真有一不可自已的「自由」之渴求，人雖然是有限的，但人卻有著無限的渴求。

二　懷疑為的是真理的彰顯，哲學重在於後設的反省

這自由渴求的特性就是人之不自居於有限，而向著無限開啟，一切的可貴由此而生，一切的麻煩亦由此而生。兩千多年前的莊子曾感慨的說「吾生也有涯，而知也無涯，以有涯隨無涯，殆已！」是的，人就在有限的生命中有著無限的嚮往，通過語言、文字、符號、象徵去理解、詮釋這個世界，並且就在這過程中找尋到價值的定準與實踐的入路；不過，哲學總是在時間的變遷中，深刻的反省著自己的立腳處何在，它隨時保持高度的清明，但世俗人卻常以為它處在困惑之中。其實，更恰當的了解，那不叫困惑，而是懷疑，懷疑為的是邁向真理的彰顯。

大部分的學問是指向這個世界，展開它的定位活動，並且從這定

位的過程中尋得它能控制與操作的資源,並且經由這樣的活動而獲取它們生長下去的可能性。哲學不同於其他學問的是,它要求的是從種種既有的定位活動裡,做一後設的反思,要求回到未定位之前那定位點的確立問題,進而它要反省由此定位點所展開的種種控制與操作之合法性與正當性的省察。

三 「天人」、「物我」、「人己」等基礎性的向度構成了哲學的論題

或者,簡單的說,一般要的是定位、控制與操作,而哲學要的是更為基礎性的反省。「存在」是事實,但哲學要問「存在」之為何?如何可能存在?存在之理由為何?「知識」是事實,但哲學要問「知識」之為何?它又如何可能?其理由為何?「道德」是必須的,但哲學要問「道德」之為何?它如何可能?其理由為何?「思考」是必須的,但哲學要問「思考」之為何?它如何可能?其理由為何?……正因為哲學問了這些基礎性的問題,我們自也清楚的知曉:哲學問的是「有沒有、在不在、是不是、該不該、美不美」等每天都要去處理到的論題。那「有沒有、在不在」的問題,成了形而上學;那「是不是」的問題,成了知識論;那「該不該」的問題,成了「倫理學」;那「美不美」的問題,成了「美學」;那如何去想的問題,成了「邏輯」(理則學)。或者,我們也可以說:人存在於天地之間,做為一個參贊者、詮釋者、實踐者,他無法避免的要去問「天人」、「物我」、「人己」等幾個最為基礎性的向度,這便構成了所謂哲學的論題。

四 從「三史」、「五論」到「具體的哲學」、「專家專題的哲學」

再者，值得我們留意的是，哲學是立足於既有的話語、文字、符號所構成的系統脈絡，才開啟他的後設性反省，因此，哲學離不開歷史社會總體、離不開整個族群的文化傳統、離不開我人的生活世界，哲學總須立足於這樣活生生的總體中，才能展開他的反省，因此哲學的考察就不能離開哲學史，甚至黑格爾（G. W. F. Hegel）就宣稱「哲學就是哲學史」。這樣的說法或許有點強調太過，但無可懷疑的，哲學的學習離不開哲學史的學習，這幾乎是被認定的。以前，只要一談起哲學的學習，我們最常聽到的是「三史五論」。「三史」是「西洋哲學史」、「中國哲學史」、「印度哲學史」；「五論」則是「形上學」、「知識論」、「倫理學」、「美學」、「理則學」。

隨著世代變遷，知識領域與範圍也有了異同，作為萬學之母的哲學，它的領土版圖儘管難免也有所謂「割地賠款」者，但由於它原所具有「追本溯源」的「後設」性格，使得它的重要性有增無已，而也增加了許多知識的後設領土，像面對政治學，展開了後設的反思，而有「政治哲學」；面對教育學，展開了後設的反思，而有「教育哲學」；這樣子展開的後設之學，像「生命哲學」、「科學哲學」、「藝術哲學」、「宗教哲學」、「物理哲學」、「數學哲學」、「法律哲學」、「醫學哲學」、「音樂哲學」……都是「哲學」。

五 哲學離不開歷史社會總體，離不開生活世界，並做根源性的探索

這樣的哲學越來越多，「哲學」顯然地，是無法離開我人生活世

界的。再說，哲學是我們生活於天地之間，對於宇宙人生萬有一切的根源性反省，而這樣的反省常離不開某一知識社群，甚至是某一哲學家，也因此我們就聽到了諸如儒家哲學、道家哲學、法家哲學、禪宗哲學、柏拉圖哲學、亞理士多德哲學、康德哲學、尼采哲學、朱子哲學、陽明哲學、船山哲學、奧義書哲學、易經哲學等等。

不管知識領域做了怎樣不同的區劃，我們要說哲學之為一種追本溯源、後設反思的學問，這是不變的；哲學仍然免不了要處理存在、知識與實踐的問題，哲學仍須得正視「天人、物我、人己」等基礎性、根源性的問題。或者，更徹底的說，哲學必須從人之處於天地之間的「參贊姿態」來思考起，哲學必須從「人」之「生」所可能的「自由」之渴求來思考問題，人必須從這最基礎、最根源的地方來思考他與世界的連結問題。

六 「筷子」與「叉子」的比喻：主客相融為一、主體的對象化活動

舉個比喻來說，我們用餐時，使用「筷子」與使用「叉子」就表現了兩套不同的連結方式，它甚至可以說是「東西文化」異同的具體表現。使用「筷子」是「主體」通過「中介者」連接到「客體」，而構成一個整體，並且在達到一均衡狀態下，我們才能適度的舉起客體。相對來說，使用「叉子」是「主體」通過「中介者」強力的侵入「客體」，並確立此客體，因之而舉起這客體。前者，可以視為「主客和合不二」的連續體式的思考方式，而後者則可以視之為「主客對立，以主攝客」的斷裂型的思考方式。

如果關係到「天人」、「物我」、「人己」等向度來思考，我們將可以說「筷子」式的思考方式是「天人、物我、人己」通而為一的思考

方式,它是存有的連續觀下的思考方式;而「叉子」式的思考方式是「神人、物我、人己」分而為二的思考方式,它可以說是存有的斷裂觀下的思考方式。

七 「氣的感通」與「話語的論定」:「存有的連續觀」與「存有的斷裂觀」

「存有的連續觀」與「存有的斷裂觀」的對比下,中西文明的確有著相當大的異同,我們華夏族群強調的是「氣的感通」,而相對來說,西方文明的重點則在「言說的論定」。我們重在天人、物我、人己通而為一,天人合德、物我不二、人己為一,我們沒有像希伯來宗教所強調的超越人格神為主導的一神論傳統,代之而來的是「天地人交與參贊為一不可分的總體」,而自這總體的根源而有的道德創生論傳統。

我們沒有像西方古希臘以來那麼強的言說話語傳統,我們雖然也有科學,但我們更講求的是在言說話語之上的「氣」的神妙處,落實而有的巧奪天工。我們沒有像羅馬以來所強調的法律契約傳統,我們雖然也有國法、鄉約,但我們更注重的是「道生之、德蓄之」,「一體之仁」孝悌人倫的傳統。更有趣的是,截至目前為止,很少一個那麼完整且又歷劫而不衰的文化傳統,竟然是使用著圖象性的文字。它將「言」與「默」,將「具體」與「普遍」,將「有」與「無」等看似兩端矛盾的範疇,居然徹徹底底的將它們連結成一不可分的整體。

八　耶教的「原罪、救贖」，佛教的「苦業、解脫」，儒道的「人性、成聖成仙」

　　古希臘的科學傳統，希伯來的宗教傳統，羅馬的法律契約傳統，構成了西方文明中「物我」、「神人」、「人己」三個向度的主要內涵，充分的顯示了「存有的斷裂觀」的實況。中國文化中的「物我」是一氣之感通，「天人」是「和合其德」，而「人己」則是「一體之仁」，這充分的顯示了「存有的連續觀」的實況。

　　在宗教的向度上，我們立基於人雖有限而可以無限，因此人要的是經由原先就有的根源性的道德之善的實踐動力，去完善自己，成就自己，所謂「成聖成賢」，都可以置於這樣的規格下來理解。這不同於西方基督宗教的傳統，強調人的「原罪」，及上帝對於人的「救贖」；也不同於印度宗教的傳統，強調人的「苦業」，及相對而有的「解脫」。在社會的向度來說，我們強調的不是契約性的社會連結，不是客觀法則性的重視，而是「血緣性的自然連結」，以及此中所隱含的「人格性的道德連結」；與其說是國法、天理的優位，毋寧我們強調的是親情、倫理的重視。

九　「存在與思維的一致性」對比於「存在與價值的和合性」

　　我們重視的不是主體的對象化活動，我們不強調「存在與思維的一致性」；我們強調的是「存在與價值的和合性」，我們不強調「以言代知，以知代思，以思代在」，我們深深知道「言外有知，知外有思，思外有在」。「存在的覺知」一直是我們所注重的，至於「話語的論定」，我們則一直以為那是使得主體的對象化所以可能的必要過

程,是一切人間符號的執定過程,它使得那對象成了一決定了的定象,人間一切話語的操作與控制因之而生。換言之,我們對於人使用符號系統因之而導生的科學與技術,一直保持著警惕之心的。在《老子》、《莊子》書中對於這些反省是很多,而且很為切要的。

　　正因我們強調的是「存在與價值的和合性」,所以我們格外重視人與天地萬物之間的價值意味關係,將「天地人」稱為「三才」,並強調人參贊於天地之造化,人要效天法地,像《易經傳》就說「天行健,君子以自強不息;地勢坤,君子以厚德載物」,而老子《道德經》就說「人法地,地法天,天法道,道法自然」,原來「存在」都隱含著價值意味,都能經由價值意義的象徵而開啟其實踐的指向。「存在」並不能單只是經由話語符號文字的控馭來「利用」就可以,華人強調這裡必須經由一「正德」的基本工夫,才能進一步利用、厚生。

十　從「存有的遺忘」到「語言學的轉向」表現著人們正視生命的實存

　　伴隨著西方現代化之後的大幅反省,海德格(Martin Heidegger)對於整個西方哲學史的深切批判,他對於「存有的遺忘」的針砭,他強調:人做為一活生生的實存而有這樣的「此有」(Da-sein),他是一切生活場域的啟動點,是人參贊於天地之間的觸動點,人生活在這活生生而當下的生活世界的。人不能外於此,而將那主體的對象化活動所成的定象世界,當成存有自身來處理;人不能如此自棄的遺忘這真實的存有。

　　自十九世紀末、廿世紀,乃至進入了廿一世紀,人們原先所操控的「話語」也受到極深切的注意,詮釋學的興起使得哲學史的發展有了「語言學的轉向」(linguistic turn),它使得人們有機會涉及到更為

真切的實存向度。不過,由於長久以來「存在與思維的一致性」原則,更使得人們警惕地要去從此中掙脫出來,而後果則是陷入嚴重的虛無之中。

十一 文化霸權擴張、話語通貨膨脹使得話語幣值貶低,人的自我認同瓦解

顯然地,「解構」的呼聲已繼「權力意志」的追求,而成為時下的口頭禪。早先,尼采(F. Nietzsche)喊著「價值重估」,而現在則不知「價值何在」,人處在意義虛無之中,所不同的是卻沒有早先存在主義者的荒謬感,而代之而來的卻是「虛幻即是真實」。大家似乎仍清楚知曉哲學的目的在於對智慧的追求,一方面呼籲著對「權力」的解構,但另方面卻任由文化霸權夾雜著真理的神聖,作弄著其他的次殖民地,只是因為話語的糾纏與夾雜,人們更無法去處理而已。

科學主義(scienticism)似乎曾被反省過,但只是話語的反省,無助於事,其實,它仍然強而有力的作用在這世界之上。它從資訊信息業跨到了生命科學、生物科技,雖然因之也引出相關的生命倫理學之檢討,但生命的複製已然產生,人的複製也在既被反對,但又被偷偷的進行中。可以想見的,人的自我認同(self-identity)以及其他相關的文化傳統、價值確認、知識結構必然面臨嚴重的問題。信息產業的過度膨脹,話語的傳達數量突破某個層次,正如同話語通貨膨脹,幣值貶低,甚至形同糞土,此時真理還可能引發人們的真誠嚮往嗎?當人們宣稱不再有真理時,哲學能做的將不再是追求真理,而是去審視為什麼會這樣,恐怕已經來不及。

十二　異化、紛雜、多音之中所透露的「微明」之光，存在的覺知悄然升起

　　現代性「工具理性」的高漲使得人陷入嚴重的異化之中，但工具理性並沒有因此就可能被掃卻，儘管人們呼籲需要正視「價值理性」，但這樣的呼籲就在工具理性的話語氛圍中被繳纏在裡頭，那又有什麼辦法呢！像哈貝瑪斯（J. Habermas）就提出「理想溝通情境」的必要性，但很可能這即使做為嚮往都不可能。問題就在於人已在現代工具理性的話語系統中被宰制、被異化，一切已矣！一切已矣！不過正因為是如此的紛雜與多音，也讓出了一些可能性，儘管這些可能性是微乎其微的，但我們卻得正視這樣的「微明」之光。

　　由於話語系統的纏繞糾葛相絞使得工具理性的高漲成了一種奇特的困境，這困境卻因之讓人得去正視真切的存在覺知，這樣的存在覺知宣稱是要跨過原先的話語中心來思考的。於是，人們將話語中心、男性中心、理性中心做了另類的清理，甚至異性戀中心也受到了波及，人們的話語在多音中，開始找尋新的可能。社會的結構開始變動得讓人難以理解，國家性、民族性、男性、女性、理性、話語的對象性、人的主體性，……凡此種種都在瓦解之中。虛無、懷疑、神秘、……實存、覺知、場域的思考悄然升起，大家並沒有宣稱它們的重要，甚至是排斥，但卻不覺已然接受了。

十三　文明要有新的對談與交往，宗教要有新的傾聽與交融

　　經濟力量，最直接的顯示新世代的來臨，東方興起，已經不必宣稱，因為這樣的事實，是確然無可懷疑的。在多音下，文化的多元思

考、多中心思考，已經是人們必得承認的事情。當原先的話語系統已經疲憊，話語貨幣已然貶值，新的話語貨幣之船正升火待發，在對比之下，我們的儒道佛傳統，印度的古奧義書傳統、印度教傳統，乃至伊斯蘭的可蘭經傳統，正在醞釀中。

敏感的杭丁頓（Samuel P. Huntington）說這是「文明的衝突」（The Clash of Civilization），不幸的是文明卻果真通過了「九一一」來示現這悲慘事實。話說回來，特別是站立在儒道佛傳統的我們主張，文明要有新的對話與交談，宗教要有新的傾聽與交融，人的生命要在話語褪去後，用真實的天機交往。我們正等待著，正升火待發。

十四　「話語」與「存有之道」是「互藏以為宅」、「交發以為用」的

顯然地，在我們這個不是以「話語、理智」為中心的族群來說，「生命存在、場域覺知」一直是我們所重視的，正因為我們強調的「不可說」與「可說」的連續性這樣的道論傳統，我們反而有一嶄新的可能。這可能是：當西方一直喊著「語言學轉向」的時候，我們卻可以進一層的去問，在語言學轉向之後，進一步的發展可能，那卻是回溯到—「不可說」的「寂靜空無」之中。

因為我們知曉的不只是「語言是存有之道落實於人間世的居宅」，而且「存有之道正是話語調適而上遂的形上家鄉」。我們知道：「話語」與「存有之道」是「互藏以為宅」、「交發以為用」的，這「兩端而一致」的思考是值得我們去注意的。

這也就是說，在我們的哲學傳統，有機會清楚的確知西方哲學所說的「存有的異化」原來該是「話語的異化」；他們所強調的「語言的治療」，我們確知其實是要回溯到「存有之道」才可能有的「存有的治療」。

十五　存有學、價值學、知識論與道德實踐是一體而不分的

　　從海德格對於西方文明的總體反省起,我們卻進一步可以對比的發現,中國哲學在方向上有著無與倫比的優越性。我們深知「言外有知」、「知外有思」、「思外有在」,我們不能全幅的如巴曼尼德就認定「思維與存在的一致性」,自老子的「有名萬物之母」、「始制有名」,到王弼的「名以定形」,我們確知的是人們經由一主體的對象化活動,由名言概念話語的決定,才使得那對象成了一決定了的定象。外物是經由人們所建構起來的,正如同公孫龍子《指物論》上說的「物莫非指,而指非指,天下無指,物無可謂物」。我們一方面清楚的知曉如何的「曲成萬物而不遺」、如何是「有名萬物之母」;另方面卻也知道如何「範圍天地之化而不過」、如何「無名天地之始」。

　　原來《易經》所說的「形而上者謂之道,形而下者謂之器」也有了嶄新的理解可能,而不會落在亞理士多德的「物理學之後」(Metaphysics)來理解而已。這麼一來,我們將可以經由價值哲學、實踐哲學,以人參贊天地之化育而重新甦活形而上學的可能。就在這樣的理解與詮釋裡,我們將明白「存有的根源」之為「根源」乃因其為天地人交與參贊而構成的總體,它即是「場域」、即是「存在」、即是「覺知」,就在這「境識俱泯」下進一步而「境識俱顯」,這即是「存有的彰顯」,而進一步則是「以識執境」的落實為「存有的執定」。原來存有學、價值學、知識論與道德實踐是一體而不分的。

十六　文明的交談：「實存場域的覺醒」與「哲學根源的療治」

　　「三才者，天地人」的傳統有了恰當的詮釋，「場域」中有「存在」，「存在」中有「覺知」，「覺知」後方有「話語」，「話語」本來就只是個「權」，如何的「開權顯實」那是極為重要的，這涉及到的是存有安宅的確立問題，是人安身立命的問題。在西方主客兩橛觀下的個體性、原子性原則，在現代化之後面對的是徹底的虛無與空寂的挑戰；相對來說，我們強調的是「家」，一個生命生長氤氳的處所，一個生命能得生長的場域，「個體」與「群體」就在此中協調和諧，好自生長。我們深知在理性架構展開分析之前，生命的覺知之場域是更為優先的；我們深知在意識所及的對象化過程之前，有一意識所及之前的主客不分的狀態，這是更為優先的，人的生命就在這過程中長養以成。

　　進入廿一世紀，哲學的領域隨著文明的變遷多有變異，特別值得我們留意的不是它增減了多少版圖，而是由於它作為「智慧真理」的永恆追求的性格，讓我們真切地覺知到，唯有回到人這活生生的實存而有的「此在」，才可能有一真實之場域的覺醒，才可能有一真切的哲學療治活動。當然，這標示著不是文明與宗教的衝突，而是傾聽彼此的心靈的聲音，這才是交談。

　　　　　　——本文起草於壬午之夏，丁亥之秋十月廿日定稿於元亨居（林安梧：〈我的哲學觀：存在覺知、智慧追求與批判治療〉，刊於2007年11月，《鵝湖月刊》第33卷第5期〔總號389期〕，東方人文學術基金會印行，頁52-57。）

第二章
「後新儒家哲學」之擬構:「道」的彰顯、遮蔽、錯置與治療之可能

本章提要

　　本文旨在經由一九九六年秋筆者所撰之《道言論》，進一步申論之，意圖由牟宗三先生的「兩層存有論」進一步轉化構成——「存有三態論」。「存有三態論」:存有的根源、存有的開顯、存有的執定，作者一方面強調這是一生發的連續歷程，一方面又表明此中之分際。特別由語言的介入（言以定形），業力的衍生（言業相隨），作者更而重視知識與權力的複雜問題。

　　經由存有學的回歸與還滅，而連結了「言」與「無言」，「業」與「非業」，指出語言還歸於沉默，業力原本虛空。在這存有學的回歸與還滅過程裡，作者有意的指向總體之源的場域覺醒。顯然地，這樣的哲學構造，意圖走出主體性哲學，而代之以場域性、處所性的哲學。作者深信這是後新儒學的一個可能向度。

關鍵字詞：後新儒學、存有、根源、開顯、執定、語言、業力、光照、場域、處所、生活世界、總體、明覺

一 「道顯為象」：存有根源的顯現

（一）

「道」乃根源性之總體、總體之根源，前者偏就其存有義而說，後者偏就其活動義說，實則存有不外活動，活動不外存有，於道而言，兩者通括。

詮釋

如上所述，可知筆者所主張的是「存有的連續觀」，強調天人、物我、人己通而為一，此與「存有的斷裂觀」頗為不同。

在存有的連續觀下，「道」不是敻然絕待的形上之物，道是充周於天地、人我之際的。

（二）

「道」今常以西文之「being」譯之，於漢譯則又以「存有」一詞名之。實者，「道」與「being」頗不相同。就「being」而言，此是以「是」（be）而說其「有」（being）；就「道」而言，此是以「生」而說其「存」。一者重在經由言說之論定，而說此存有之為存有，一者重在經由生命氣息之交感，而說道乃是一生命的實存之道。

詮釋

如此可見，經由言說之論定，這是指向一對象，並且以此對象為一實在之物，此即是我所說「以言代知、以知代思、以思代在」之傳統；此不同於「言外有知，知外有思，思外有在」之傳統。

（三）

　　以「道」之為一生命的實存之道而言，此道之不離場域，不離生活世界，且一論場域、生活世界，皆不離人，故道之做為一根源性的總體，或總體的根源，此當解釋為一天地人交與參贊而成之總體，即此總體之為根源，亦即此根源而為總體也。正因如此，道之如其為道，非夐然絕待，非共相之絕對，乃境識俱泯，渾同為一之為道也。

詮釋

　　拈出「天地人交與參贊而成之總體」為「道」，亦為如此，才能講「道生之、德蓄之、物形之、勢成之」，才能講「存有的開顯」（道之彰顯）。這樣的提法，是有意的要從「主體性的哲學」往「處所性的哲學」過渡。

　　「主體性」可以是在「主客對立」兩橛觀下而說的主體性，亦可以是超乎主客對立之上而說的主體性，牟先生所詮釋的儒、道、佛多能及於此，勞先生則常限於主客對立下，此所以牟先生能從康德學調適而上遂於儒、道、佛，並提出批評，而勞先生則未及於此。

　　「處所性」亦可以是在「主客對立」兩橛觀下而說的處所性，亦可以是超乎主客對立之上而說的處所性，我這裡所說之處所性屬此。

（四）

　　以其天地人交與參贊，以其境識俱泯、渾同為一，故而可言其「彰顯」也。「彰顯」是回溯到根源性之總體、總體之根源而說，若落在「境」與「識」而說，則此彰顯之為彰顯，實乃由「境識俱泯」而當下「境識俱顯」，「俱泯」與「俱顯」可如《易經傳》所說之「寂」與「感」，即寂即感，當下感通，一時「明白」。彰顯是從道體說，而明白則就「心、物」（「境、識」）之交感說。

詮釋

「明白」一語取自王陽明《傳習錄》，原文記載為「先生遊南鎮，一友指岩中花樹問曰『天下無心外之物，如此花樹，在深山中，自開自落，於我心亦何相關？』先生曰：『你未看此花時，此花與汝心同歸於寂。你來看此花時，則此花顏色一時明白起來，便知此花不在你的心外。』」[1]上文之「清楚」、「明白」二語，前者重在「主客對立」之分辨說，而後者則重在「主客不二」之交融說。

（五）

道之所顯，其為象焉！此如《易經傳》所言「見乃謂之象」，「見」（即「現」）者，「明白」、「彰顯」之也。道之所「現」而為「象」，即此而為「現象」焉！此「現象」義是如其道體之彰顯而為說，非「表象」義，現象與表象，不可淆混而為說也。蓋「現象」之「見」是「道」之「見」，而「表象」之「表」是「言」之「表」，不可不知也。

詮釋

「見乃謂之象」語出《易・繫辭傳》（上），按原文前後為「……是故闔戶謂之坤，闢戶謂之乾，一闔一闢謂之變，往來不窮謂之通，見乃謂之象，形乃謂之器，制而用之謂之法，利用出入，民咸用之謂之神」，其實這段話很能表現出中國哲學之終極智慧。熊先生常謂其學是大易之學亦可由此見其一斑，筆者以為若要說一所謂的「現象學式的本體學」，當以《易經》所謂「見乃謂之象」的現象，即本體之所顯現這樣的現象作為現象學詮釋的起點，熊氏本體、現象不二之說

---

[1] 《傳習錄》（臺北市：臺灣商務印書館，1974年8月〔臺四版〕）卷下，頁234。

亦溯源此。此與牟先生「現象」與「物自身」之區別迥然有異。牟先生順康德之義,以「表象」為「現象」,而熊先生則直追《易經傳》之傳統。

筆者以為「現象」與「表象」,不可淆混而說也。蓋「現象」之「見」是「道」之「見」,而「表象」之「表」是「言」之「表」,不可不知。這樣的強調,是清楚的揀別有對象義者皆屬「言」之「表」,與「道」之「見」頗為不同。前者是在「言說的論定」下作成,而後者則在「存有之本源」顯現,在「生命交與參贊為一總體」下所顯現者。「道之顯為象」是就此而說的「現象」,此是存有三態觀:存有的本源、存有的開顯、存有的執定,這三者的最原初狀態之所開顯也,是即寂即感者。

顯然地,筆者以為由《易經傳》傳統所長成的「存有的三態論」比起「現象與物自身」這樣的「兩層存有論」做為詮釋中國哲學的架構更為適當。牟先生所構作的兩層存有論重在「一心開二門」重在「一心之過轉」,並以「良知之自我坎陷」做為良知學轉出之核心關鍵。依熊十力體用哲學所開啟之「存有三態論」,則重在承體達用、即用顯體,體用一如。前者重在「自覺性」、「主體性」,後者則可開發出其「場域性」、「處所性」。

二　「象以為形」:邁向「存有的執定」

(一)

象以為形,象在形先也,非形在象先也。「象」是就道體之彰顯說,「形」是就如其「彰顯」之象,而「形著」之也。

詮釋

「象在形先」與「形在象先」是中西主流形而上學的一個重要的分野。凡主存有的連續觀者，必乃「象在形先」，若為存有的斷裂觀者，必乃「形在象先」。前者重在天地人交與參贊而成之總體之本源，而後者重在人我所對之客觀法則性之所論列的對象物。

（二）

《易經傳》云「形而上者謂之道，形而下者謂之器」，此「形」即當解作「形著義」，不宜解作「形器義」。就其「形著」之活動，上溯其本源，是此形著之所以可能之根源，此之謂「道」；就其「形著」之活動，下委而具體化，是此形著之落實具體，此之謂「器」。蓋道之所顯，其為象也，「象」經由「形著」而成其為「形器」也。

詮釋

將「形」釋成「形著義」，並強調其「形著而上溯於道」、「形著而下委於器」，可見其關鍵處在「形」（形著義），如此可見「道器不二」之論。「器」乃「道」之「形著」而「器」之，故亦可以化此「器」而歸於「形著」，上溯於「道」也。蓋「道」之顯而著，著而形，形而器，由道之開顯而明白，而形成，而為器物。這是由「存有之本源」而「存有之開顯」，而「存有的執定」也。

（三）

象如其本源而為道象，即此道象，而為氣象，而為心象，而為意象，而為形象，而為器象，而為物象也。形象、器象、物象等之「象」為「形、器、物」所拘，此是在形、器、物後之象；心象、意象等之「象」自不為形、器、物所拘，然又常附麗於形、器、物之上

而為象。心象、意象因而通之，則達於氣象、道象，蓋心、意與道、氣不二也，其為不二，實以其象而通之，此通之之為可能，乃基於心、意之動，始為可能。

詮釋

此處作者將「氣、心、意」之與「形、器、物」為對比，並強調「心意之動」，由斯可見宋明理學何如斯由心性學必上透於形而上之理境，必隱含一宇宙論之總體思考。此亦可見「心性論」與「宇宙論」在中國哲學是渾然為一體的，吾人實不能就此「心性論」孤離而論之，亦不可等同於西哲之倫理學，強分其為自律、他律，皆為不宜。天命性道相貫通，此自他不二，非此自律、他律所可勉強分別也。

（四）

象在形先，故象不為形、器、物所拘，故雖依形、器、物而為象，此象亦經由人之心、意，而上遂於道、氣，與道、氣合而為一也。如此，則物象、器象、形象、意象、心象、氣象、道象，以其為「象」，因而通之，皆通統而為一也。

詮釋

象在形先，故象不為形、器、物所拘，這明白的表現在東西方的「透視法」。西方多半採取的是「定點透視」，而中國則強調「散點透視」。西方多半拘於「形、器、物」，而中國則多半強調不為所拘，因而通之，如其道之顯現也。中國畫作重在「寫意」，即如工筆亦為寫意也。西方畫作多在「寫實」，即如抽象畫亦為「寫實」也。寫意是就通極於象，通極於道之本源而說；寫實則是入裡於器，入裡於物之本質而說。

（五）

　　象以為形，非形器物以為象，故象是「現象」，而非「表象」。至若取形器物以為象，即此而表達意義，亦不限於形器物，更而上達於更高之意義本源也。吾華夏所用象形字，其表達意義，亦當溯源於此而論之，蓋「象形字」之不同於「形象字」也。

　　「象形字」，其就發生而言，乃因「形、器、物」以為「象」；至若論其形而上之本源，則「象以為形」也。「形象字」，就其發生言，或乃以形而上之本源言，皆不離其「形、器、物」也，蓋「形以為象也」。

　　「形象字」為形、器、物所拘，故無得表達高度抽象之意義，欲表達高度抽象之意義，則須轉為拼音文字，使不為形器物所拘；「象形字」不為形、器、物所拘，故可調適而上遂於道，故可表達高度抽象之意義，而其表達又不離具體之實存也，故不必轉為純粹之拼音文字，祇須以形聲、會意為之即可也。蓋「象形字」，其如道之彰顯而為象，因其象而形著之也。

詮釋

　　這樣的詮釋，會讓我們去思考一個重要的問題，截至目前為止，存在而有生命力的幾個大文明中，只有中華文明仍是使用「象形」（取廣義）文字，它可以說是「存有的連續觀」的守護者，這裡隱含著克服「存有的遺忘」之奧秘。這是將「存有之本源」與「存有之執定」連結為一不可分的整體之理由。「具體」與「抽象」，「個別」與「總體」，「末節」與「根本」是連續而不可分的。「存有的三態論」亦唯有在這樣的文化土壤中才得生長出來。

三 「言以定形」：語言的進入

（一）

「道顯為象，象以為形」此是就存有之開顯而說，「言以定形」此是就存有的執定而說，如此之存有的執定是經由主體的對象化活動而形就的。

詮釋

「言以定形」一語從王弼「名以定形」輾轉而來，此是順《老子道德經》所說「無名天地之始，有名萬物之母」而說。「天地之始」是就「存有之本源」說，而「萬物之母」則就存有之執定之所以可能之根據說。「無名」是「道之在其自己」，而「有名」則是道之彰顯處說，或可說此乃「道之對其自己」。以其「無名」故可以為「常名」，「無名」而「可名」，「可名」而「有名」，「有名」則指向「定名」，既為「定名」已非常名，此即《老子》所說「道可道，非常道；名可名，非常名」之謂也。

「言以定形」是就「名言」之論定說，此即「定名」，定名雖仍溯於道，但「定名」已不同於「常名」，不同於「道」也。

（二）

溯源而說，「言」當以「道」為依歸；就開展而說，「道」之流出而為「言」。「道」乃是「言」之秘藏處，「言」乃「道」之開顯處，「道」是「不可說」，而此「不可說」即隱含一「可說」，「可說」必指向於「說」，「說」之為「說」，必指向於「說出了對象」，此「說出了對象」即為一「言說的論定」，此是經由「語言的邏輯決定」而做成的論定，此是經由「主體的對象化」而做成的論定。

詮釋

如此說來，從「不可說」、「可說」、「說」、「說出了對象」是一連續之開顯歷程。這裡，我們可以看出「言」與「默」並不是兩個截然的兩端，而是連續為一體的，這也可以看出「有」與「無」並不是對反的，至是放在存有的連續觀，放在循環性的思考下才有的思考。

再者，『「道」乃是「言」之秘藏處，「言」乃「道」之開顯處」，「存有」是「語言」之形上的安宅，即此安宅而為秘藏也，「語言」是「存有」之現實之宅第，即此宅第而得彰顯也。吾人亦可說「沉默」是「說話」之秘藏處、安宅處，「說話」是「沉默」之定居所、開顯處。語言之開啟伴隨著主體的對象化活動而生。

（三）

「道」之為「不可說」，即此「道」即為「一」，「一」是「整全之體」、「根源之體」，此即所謂之「道生一」，「生」者，「同有」之謂也，非有一物生另一物也。此「不可說」不停留於秘藏處，必彰顯之，此彰顯即為「可說」，「不可說」而「可說」，此是「一生二」。前所謂之「一」是就「整全之體」說，後所謂之「二」，則是就「對偶原則」而說。此「可說」必指向於「說」，此是由存有之「可能性」轉而為「必然性」，此是就存有之由「意向性」而為「定向性」，此是「二生三」。「二生三」的「三」，此乃承於「一」之「整體性」、「二」之「對偶性」，轉而為「三」之「定向性」，此定向性必指向存在，而經由一主體的對象化活動，使得存在的事物成為一決定了的「定象」，此即「三生萬物」之謂也。「三生萬物」此是從「定向性」之轉向於「對象性」。「道生一」、「一生二」、「二生三」、「三生萬物」，由「根源性」、「整體性」、「對偶性」、「定向性」、終而成就其為「對象性」也。

詮釋

　　以上所釋重在解老子《道德經》「道生一、一生二、二生三、三生萬物」，以為此乃由道之「根源性」、「整體性」、「對偶性」、「定向性」、終而成就其為「對象性」也。此「根源性」、「整體性」、「對偶性」、「定向性」、「對象性」是通而為一的，故一切存在之對象皆可以還歸於根源之道，道亦可以下委於存在之對象。如其存有之道而言，以「生發」一語為要；如其存在對象而言，以「回歸」一語為要。因其生發，走向「執定」，走向「異化」；便須經由一回歸、還復，達到「治療」。「異化」必與「語言」相關，「治療」必還歸於「存有」，此即所謂「語言的異化」與「存有的治療」也。

（四）

　　「道」之為「道」是就其「根源之整體」而說，此「根源之整體」其開展而有「對偶性」，然若歸返言之，則此「對偶性」乃根源於一「辯證性」、「和合性」。以其如此，故言「一陰一陽之謂道」。辯證之和合而未展開，即此而為空無也，即此而為「境識俱泯」也，若以數學式比喻之，此正如「二」之「〇」次方，故其為「一」也。以此類推之「二」之「一」次方，則其為「二」也。「二」之「二」次方，則其為「四」也。「二」之「三」次方，則其為「八」也。由「〇」而「一」，而「二」，而「三」，此是「道生一」、「一生二」、「二生三」之謂也。由「一」，而「二」，而「四」，而「八」，此是「太極生兩儀」、「兩儀生四象」、「四象生八卦」之謂也。

詮釋

　　此是合老子《道德經》與《易經傳》以為說，闡明根源性、整體

性必含一辯證性、和合性,亦為如此,才可能下開對偶性、定向性、對象性也。《易經傳》所說之「陰陽、開闔、翕闢」皆就如此而為說。老子所謂「負陰而抱陽」一語傳神的將此辯證和合之根源總體表述出來。

如上所述,「○」或「空無」並非與實有相對待的沒有,而是一充滿著開展可能性的本源,是「境識俱泯」之未開顯之狀態,即此「境識俱泯」,而「境識俱起」,進而「以識執境」,這是一連續體,而不是斷裂體。

(五)

老子《道德經》所言「道生一、一生二、二生三、三生萬物」,此是就存有之開顯,並走向「存有之執定」而說;《易經傳》所言「太極生兩儀、兩儀生四象、四象生八卦、八卦定吉凶」,此是就存有之開顯之結構面說,且此結構面乃走向於「價值之論定」,此不同於前者之為存有之執定而已。或者,吾人可以如是言之,最後之溯源即乃「道」(存有),而其開顯與執定則不離存在面與價值面也。換言之,「言以定形」,其所定雖為存在面,實者此「存在面」即乃「價值面」也,兩者不可分。

詮釋

此是將「三生萬物」與「八卦定吉凶」對比,指出老子之闡析重在存有之開顯,因其開顯而指向對象,而《易經傳》則重在存有之結構面說,並即此結構而有一價值之論定。

問題的關鍵點在於「言以定形」,即此,其所定既為存在面,即此「存在面」又是「價值面」,兩者不可分。值得我們注意的是「存在面」與「價值面」是合而為一的。進一步說之,「存在」既與「價

值」是合一的，就不能嚴分「實然」與「應然」。「實然」與「應然」之嚴格區分，此是就「存在」之定執面而說，是就「存有之執定」下委的說；若溯其源，由分別相回到無分別相，回到「存有之本源」上溯的說，則實然之實，已非定執之實，而為體證之實，即此亦是應然之實。實然應然，於此亦不可勉強分別也。

四　「言業相隨」：業力的衍生

（一）

　　如上所言，言以定形，其既定之，業亦隨之，是乃言業相隨之謂也。

　　言之為言，是由原先之根源性的整體之所開顯，由其根源性、整體性、對偶性、定向性而落實為對象性，以此一歷程言之，當其對偶性、定向性即已含有一染執性之可能，即此染執性而為業也。

詮釋

　　這裡，我們似乎呼之欲出的點示出「惡」的存有學根源，它就在「道」之彰顯過程裡，由原先辯證和合為一不可分的整體，走向對偶性、定向性、對象性，因之而有了矛盾性、對反性，染執於焉伴隨而生。

　　或者，我們可以說，所謂的「惡」乃由於「言說」所滋生的「論定」，伴隨著這樣的主體對象化活動，便不可避免的產生了惡。簡單的說，對象的論定，連帶地也就定了罪、定了惡。「罪」、「惡」是難以避免的，但卻也因之有了救贖與解脫。

（二）

　　或者，吾人亦可說，當道體顯現時，即其幾而已有善惡矣！若能入乎無為之誠，始得以進乎道體之妙。然此無為之誠並非一渾淪之境界語，亦非修養工夫語，而應如其存有學之開顯與復歸而言之。幾之有善惡，是由前所謂之對偶性、定向性而走向染執性，此非僅關乎心性修養之事也，實關於歷史社會總體、生活世界之事也。

詮釋

　　這裡強調「誠無為，幾善惡」，由道開顯之幾，落實於「對偶性」、「定向性」而走向「染執性」，這不僅關乎心性修養之事也，而且關於歷史社會總體、生活世界之事。換言之，幾必有善惡，人之面臨善惡是不能避免的，因之如何去面臨歷史社會總體、生活世界是不可避免的，對於善惡的處理，不能只是心性修養的處理。若只執泥於心性修養的處理，則可能走向於境界型態的追求，以心體與道體通而為一的迷戀，以道的誤置當成道之自身，甚至在形上學、知識論上陷入一無世界論的迷謬之中。

　　「行事」、「處世」、「修道」這幾個不同的向度，要如何取得恰當的協調，的確是不容易的。事理、情理、道理，其範疇各有所異，事理之重在客觀法則性、情理重在生命之互動與感通、道理則重在總體之本源。中國傳統之道德學似乎重在情理與道理，而忽略了客觀之事理，殊不知客觀事理之疏忽終而使得情理、道理變得詭譎，並以其詭譎為奧祕。心性修養原本平坦易行，卻因之而多所禁忌、扭曲，殊為可惜！

（三）

　　由其根源性、整體性、對偶性、定向性而落實為對象性，此一歷程乃道之開顯所不能已，彼既「範圍天地之化而不過」，更又「曲成萬物而不遺」。範圍天地是就道體之彰顯處說，曲成萬物則就主體的對象化活動所成之對象物而說。此「曲成」即「言以定形」，並因此「言以定形」而「言業相隨」。人間世事莫有非言所成者，亦莫有非業所成者。言之為言，可統括「名」、「思」、「文」、「知」，即或用一切語言文字符號所構成之系統而說，即此則有其「業」，此「業」當可連著「染執」、「趨向」、「勢力」、「性好」、「利害」等等而說。

詮釋

　　能重視「範圍天地是就道體之彰顯處說，曲成萬物是就主體的對象化活動所成之對象物而說」，方能注意如何的「去染不去執」；知「執」有「淨」有「染」，能去染存淨，如此之執，非但無害，還為有利。蓋人間還為人間，不執不成業，淨執成淨業、善執成善業，「執」是重要的。若不能恰當的注意到這個關鍵點，只說個「去執」，到頭來，「執」是去了，「染」還在，是又奈何！尤可懼者，以虛無縹緲之無執，任其染而為染，怪不得會落入「情識而肆」、「虛玄而蕩」的地步，豈不慎哉！

（四）

　　以是言之，「物」非不齊，乃「論」所不齊，然物既為物，必以論而為物；亦即「形」之為「形」，非「言」不形；一切存在之為存在，若就其通及於道言，則存在只此存在，自有其內在之同一性在，然經由「言以定形」，則此存在才由此同一性而分化為殊異性之存

在。古來「理一分殊」之理,即為如此。「理一分殊」乃以氣之感通交融為一,此是「存在之辯證銷融」,並非以言說之論定,再以「對象之共相昇進」,而通同於一。

詮釋

此所謂「『理一分殊』乃以氣之感通交融為一,此是『存在之辯證銷融』,並非以言說之論定,再以『對象之共相昇進』,而通同於一」,這清楚的區別了中西形而上學的異同。前者關聯著「存有的連續觀」而展開,後者則與「存有的斷裂觀」密切相關。前者是以主體之生命為核心的哲學思考,後者則是以客觀之對象為核心的哲學思考,前者重在「通極於道」,後者重在「窮極於理」。宋代朱子學〈格物補傳〉所述之「格物窮理」雖有後者之姿態,但僅只是姿態而已,骨子裡,他走的仍然是「通極於道」之路。換言之,朱子學所說的「理一分殊」仍宜做「存在之辯證銷融」解釋,不宜做「對象之共相昇進」解釋,將朱子學解釋成客觀的實在論,多所不恰當。或者,將朱子理解成客觀、順取之路,有別於逆覺之路,以致說朱子為「繼別為宗」(如業師牟宗三先生所判別者),亦多有可議處。實則,理學、心學、氣學,雖各有所重,但皆宜置於此「通極於道」之立場上立說也。

(五)

言業相隨,分別說、分別相,此是由道之根源性而整體性而對偶性,而定向性而對象性所不得不然之活動,此活動之定執、染污、趨勢、性好、利害亦伴隨而生,此西人近所常言「知識」與「權力」相伴隨而生是也。

詮釋

近世西方所謂「知識社會學」乃至其他晚近哲學思潮之發展，頗重視「知識」與「權力」的麻煩問題；此問題於東土哲學而言，亦有深入之反思，值得留意，只是東土哲學於此多含藏於心性論、修養論中，須得進一步發掘，方能使之重現於世。這也就是說，我們須將「言業相隨」這樣的立論置於歷史社會總體、生活世界中來仔細思量，不能只陷溺在存有論、心性修養論的立場來處理。這是一個極重要的哲學向度，東土哲學有大寶藏在焉！不可忽也，焉可拋卻自家無盡藏，沿途持缽效貧兒耶！

（六）

知識、權力伴隨而生，言業相隨、相伴、相絞、相結，言已不再能如其形而定其形，言以其深沉之業而控其形、役其形，使形非其形、是所謂扭曲變形是也。此扭曲變形可謂為一「存有論式的扭曲變形」，人多忽於此，而不知深入此存有深處，予以治療之也。人或多泥於語言之效用，以為可能有一理想溝通情境，經由語言之治療而使此變形得回復也。實者，此問題之關鍵點即在「語言」；此須得「存有」始得以治療也。簡言之，是「語言之異化」，得「存有之治療」也；非「存有之異化」，得「語言之治療」也。

詮釋

筆者有意將「知識」與「權力」的問題上昇到「存有論式的扭曲變形」來立論，一方面要闡明此問題的複雜性，一方面要說這扭曲變形乃起於「言業相隨、相伴、相絞、相結，言已不再能如其形而定其形，言以其深沉之業而控其形，役其形」。如此一來，我們既已清楚

認知這是「語言之異化」，因而所該尋求的、所能尋求的是經由「存有的光照」，產生一「存有的治療」。

「存有的治療學」與當前「社會批判理論」可以相提並論，所不同者，存有的治療學所重在：經由一「因而通之，上遂於道」的方式，理解之、詮釋之、批判之、重建之，即此而產生一治療之效果。從存有的執定，而有恰當的、客觀的、對象化的論定，理解之；經由語言、文字的深化，既「詮」而「釋」之，「詮釋」是經由語言的破解，而使之釋放；如此漸由存有之執定上遂於存有之開顯，便可產生一批判之作用；這樣的批判便不同於對治式的批判，而是來自於存有的光照所導生的治療。經由這樣的治療而重建之，這樣的重建始能稍免於言業相隨、相伴、相絞、相結的惡執。

五　「言本無言」：語言還歸於沉默

（一）

言本無言，然又不已於無言，無言而言，無言為本，此本亦無本矣！

言之為無言，此是「道」之「不可說」，然「道」又不停留於「不可說」，其「不可說」必含一「可說」，以其含一「可說」，因得以開顯也。「道」與「言」之關係，真乃「道可道，非常道」、「名可名，非常名」也。「言以定形」，此是言說之指向對象，因其指向對象而亦有所範限，此是以「道」之「常名」，經由「可名」之活動，而轉為一「定名」。能了解此由「常名」、「可名」而走向「定名」，故知「定名」之所限，以其知定名之所限，而可跨出其所限，此即「言本無言」之諦義。

詮釋

　　道本不可說，而可說，可說而說，說之成物，此是一連續生發之過程，已如前所述。所當強調者，這明白的要強調「道」與「言」之為不可斷，因此落實於人間，就不採取「言語道斷、心行路絕」之實踐方式。即採了「言語道斷，心行路絕」之實踐工夫，亦須得調適而上遂之，輾轉以繹之，方才無誤。當然，「言語道斷、心行路絕」不能做斷滅想，亦不當只是落在心性修養上之「不斷斷」，更應是落在社會實踐上之「淨執以成業」。

　　進一步言之，若一味的強調心性修養論式的「一體之仁」，而忽略了將此「一體之仁」轉為社會實踐論，則難免其自閉之限，無世界論、獨我論皆為可能之趨向，不可不慎也。

（二）

　　「無言」之道，乃由「常名」再而歸返於「寂」也，此是由「境識俱顯」而渾歸於「境識俱泯」也。此是撤離一切言說之建構，而渾歸於一無建構的本然狀態，然此無建構並非在主客對橛觀下，說其無建構，而是主客俱泯、物我偕忘下的無建構。蓋無建構所以為建構之基礎也，此基礎是一無基礎之基礎，是「無住本」也。

詮釋

　　由「定名」歸於「常名」，再因而通之，使歸於「無名」，這是一個回歸的過程，但這是「回歸」，可以是「還滅」，但不是「斷滅」，回到「無建構」所以成就一「建構」之可能。這樣的提法是有意將當前之解構論調適而上遂於道，再啟一新的建構論也。

　　就中國哲學論之，實可將佛老之「虛、無、寂、靜」與儒家所強

調之「實、有、生、動」做一存有之連續,而不再兩相對反、對治也。宋明儒之批判佛老,多有偏見,亦不知佛老本亦有別者。船山之學,雖因而通之,多所融釋,但仍有立場之囿限。近世熊先生之論,宏遠深切,仍不免其誤解。牟先生更能擺脫原先「闢佛老」的心態,而有進一步的如理分判。筆者於此,更思有所進者,將此如理分判,因而通之,融釋於道也,行之於儒也。

(三)

「言以定形」,指向對象,而成就一決定了的「定象」,如此之「定象」亦即「對象物」,一般所說之「萬物」是就此而說,此亦「有名萬物之母」之謂也。

「言本無言」,一切定象皆可撤離,渾歸於寂,故言歸於無言,如此無言之境,亦寂然之識,此境識俱泯,寂天寞地,一般所說之「天地」,溯源而說,當極於此,此亦「無名天地之始」之謂也。

詮釋

如此之論,將「天地」與「萬物」分別說之,天地非萬物之總名,萬物亦非只就散殊而說。「天地」必渾歸於無名方得為說,「無名」是就總體之本源說,亦可以是就存在之場域說、就生活之世界說,然所當注意者,必當歸本於無分別相、歸本於無名,方為得當也。

或亦可如是說之,「天地」就「道」說,「萬物」就「德」說,萬物莫不尊道而貴德,上承於道,下著於德;「道」是就本源說,「德」是就本性說,道是就總體之場域說,德則就具體之事物本性說。「言本無言」,實乃「尊道而貴德」之論也。

（四）

「天地」是就「場域」說，是就「生活世界」說，「萬物」是就「對象」說，是就「執著之定象」說。「言以定形」當指向對象物之釐定，「言本無言」則去名以就實，而此「實」非實，乃不可說之寂而已矣！

詮釋

「去名以就實」，實非實，這是就回歸之途說，但就「道」之開顯處往下說，道生之、德蓄之，物形之、勢成之，如此「正名以求實」可也。存有的治療學所關聯的存有三態論，由「存有的本源」、「存有的開顯」、「存有的執定」三者所構成之理論。這樣的治療學有意的將儒、道、佛的思想做一總體的融通，特別是儒道兩家本為一體，互為體用。儒體道用，其用在融通淘汰；道體儒用，其用在建立構成；儒道同源，互為體用。佛教之「真空」可調適上遂於道教之「虛無寂靜」，進言其「自然無為」也。佛教之「妙有」可因而通之於儒教之「實有生動」，進言其「人倫日用」也。

（五）

知識、對象、萬物乃「建構」所成者，天地、場域、生活則乃「參與」所成者，「參與」之「在言中」，然亦「在言外」，蓋「言本無言」，參與在先，建構在後也。參與可成建構，然亦可瓦解此建構，而為解構也。

詮釋

將「參與」與「建構」對比而論之，前者重在生命主體之互動融

通,後者重在言說對象之客觀論定。參與之為先,意指生命、存在、主體等之為先,如此為先,天地、場域、生活方為落實,知識、對象、萬物亦才得以有一恰當之論定。

「解構」看似一消極負面之活動,但回到一無建構之本源,所以成就如其本然之建構也。從「解構」到「建構」,從「無執」到「淨執」,這當是「言本無言」的深義!

六 「業本非業」:業力原是虛空無物

(一)

業本無根,感之即有,歸寂為無,然「言業相隨」,伴之而成,或亦可說業並非一「存在之實然」,乃經由「言說之定然」,所拖帶而成者。然其所獨特者在此「定執、染污、趨勢、性好、利害」等等,既伴隨而生,彼又生出一束縛之力,將「言說之定然」往下拖帶,而形成一僵化之結構,「言」「業」遂相纏繞而不可解。

詮釋

如前所說,「言業相隨」,這是一語言的異化現象,它是由「橫面的執取所拖曳相引而成者」,是在「眾人皆知美之為美,斯惡矣」的狀態下而生者。「業」之一字,正將此趨迫性表達無疑,然此業並非存在之實然,乃經由言說之定然而成者。這樣的強調,一方面是要說明一切之業皆為人之所造,非有一客觀實然之業,一方面順此要說,一切業既為人之所造,亦當為人之所自解,人之不能自解,而乞靈於冥冥不可知,斯大謬也。

（二）

如此之「言」為「業纏之言」，如此之「業」為「言纏之業」，以今人「知識」、「權力」二語言之，前者乃為「權力的知識」，而後者則為「知識的權力」。實者今人已落於此「知識」即「權力」，而「權力」即乃「知識」也。「知識」與「權力」兩者相即不二。

詮釋

「業纏之言」強調「言」所可能的「業」性與「纏」性，而說「言纏之業」，則強調「業」之為業就在「言」之所「纏」。既為如此，我們所當留意者是對於一切之「言說」都當做一「業纏」之解構，對一切「業力」亦當做一「言纏」之解構。

解構者何？當從執染之特性乃一橫面之執取所拖曳相引而成瓦解起，一旦摧破了語言的構造，回到存有之自身。這否定性的思考方式之所以能瓦解語言的異化與心知的定執，則是因為先預取了存有之為存有這個生活世界的概念做為基礎始為可能。這也就是說，否定性的思考之能產生的解構作用，並不是虛無主義的瓦解一個定執之物而已，而是要回到一個生命的開顯之場──「天地」之中，而天地是存有（道）平鋪的開顯。

（三）

「言業相纏」所成之兩面向為「業纏之言」與「言纏之業」，「業纏之言」看似理性，實則已為工具所異化之理性，而非理性之本然。欲破此業纏之言，若不能深入其業，只依彼等之業纏之言以為之理性破之，則是為業力所限之理性，只繳繞而不能破也。「言纏之業」看似善著，實則已為言說所纏，故業力所現，多所曲折周致。欲破此言

纏之業，若不能深入其言，破解其言，只依彼等言纏之業，順之思考，則多委曲從之，而不能真瓦解也。

詮釋

如上所述，筆者實有意經由「言纏之業」與「業纏之言」兩組詞來闡析當前現代化理性所造成諸問題，並進一步指出當前面對現代化之後之種種反思，雖有其可貴處，但多半囿限於言業相纏下，而無能為力，或者只以新的威權取代舊的威權而已。

（四）

「言纏之業」、「業纏之言」所形成之總體，其特性在相刃相靡、相纏相結、既矛盾又鬥爭、既對立又聯合，故以一般言說所及之執著性對象化之知識系統欲破解之，實為不可能。因此破之為破，不能以時下兩橛對立觀下之為破也。故欲破「言纏之業」，當得深入「言之無言」，欲破「業纏之言」，當得深入「業之非業」。

詮釋

如上所述，之所以難解現代化工具理性所造成之嚴重異化，乃因陷溺於主客兩橛觀下來思考所致。蓋言本無言、業本非業，「言」與「無言」是連續的，因之可以經由一存有之道的回歸與還滅，而透入無言之境；「業」雖可回溯於「無明」，然此「無明」即涵「法性」，即此「法性」故為非業，由「業」與「非業」的連續性視之，「業」亦可以經由一回歸與還滅之歷程，而透入非業之境。深入業之非業，乃使得「言纏」為解，言纏既解，其業可去，業纏既去，其言亦可以回歸於無言矣！深入言之非言，乃使得「業纏」為解，業纏既解，業為非業也。

（五）

存在之本然是境識一體、當下明白者，由存在之本然而走向言說之定然，業因之伴隨而生，然當下亦可以回歸本源，故業即生亦即滅，生滅一如，業本非業也。此業之生滅，端在心能無執、無染，不隨它去也，能隨緣不變，能依境而起悲也。即此悲慈，足以消其業力之障也。

詮釋

言業相纏下，頗難破解，但當此一念，即是契機，然此只是契機，並非果真即以此為破矣！為何當此一念，即是契機，蓋因人之心能當下捨執而入於無執之境，即此無執可為當下一時之解脫，使人們對此言業相纏之狀況能有一存有論式的光照，此即佛教所謂般若智是也，即此般若智，同體大悲存乎其中，所謂「悲智雙運」者即指此也。

（六）

業本非業，言業相纏，執此非業以為業，劫之、奪之，欲破其業難矣！業本非業，當下一念，慈悲為懷，當即可破，此是以其「言之無言」、「業之空無」以為破也。「業本非業」就其存有學之回溯其源，知業本虛空；此正含一實踐學之契入，知慈悲之為大也。

詮釋

如前所說，當此一念，即為契機，但此只是契機，並非如此即可破此相纏之言業；欲破此相纏之言業，須得深入此中之底蘊。此須得回溯前節所述「淨執」之重要性，關聯此「淨執」，吾人亦當深入理解一「淨業」之可能。既為人間世便無有不執者，便無有非業者，只

是要如何去面對此執、面對此業，此執既為染，此業亦染之，卻須暫忘此染，方有去染之契機。

這裡所謂「暫忘」，亦是般若智初幾之用也，過此初幾，進一步才能解此深纏，步步做去，方得為解。須得注意者，此非只是心性修養之事而已，它更得轉為客觀法則性之重視，先以「暫忘」為始，另建一理想之客觀結構，此即為淨執，以此淨執做為對比，再解開其糾纏繫縛，此事甚為不易，須視實況而療治之，其原則大體先簡述至此。

七　「同歸於道」：存有本源的回溯

（一）

「言」、「無言」，「業」、「非業」以兩橛觀言之，此本不同，然破此兩橛觀，以合一觀言之，此「不同而同」也，是乃「玄同」也。「合一觀」之所以可能，其關鍵點在於「言」與「無言」為連續的合一，而非斷裂的兩端，「業」與「非業」為詭譎的合一，而非矛盾的兩端。

詮釋

如前所述，如此之合一觀、連續觀，乃基於中國文化之母土而做成者。若以如是模型觀之，吾以為熊十力先生的體用哲學實有別於牟宗三先生的兩層存有論，熊氏之論實隱含一「存有的三態論」，此乃吾於《存有、意識與實踐：熊十力體用哲學之詮釋與重建》一書中作成者。

牟先生重在「縱貫的創生」義上立說，而其立基點則在道德本心，熊氏一方面重在縱貫之創生，其立基點則在宇宙總體之本源

（道），另外則亦開啟一橫面之執取，此則重點在由「存有的根源」、「存有的開顯」，進而有一「存有的執定」這樣的連續歷程。牟先生全繫於「一心」，由此「一心」而開二門也。熊先生繫於總體之本源，由此總體本源之道，而鋪展為萬有一切也。牟先生重在主體的自覺義，而熊先生雖亦重主體之自覺義，但亦可以進一步轉為萬有交融為總體之處所義、場域義。吾之「存有的三態論」實繼承於此，而思有所轉進也。

由上所論，我們可以進一步說「『言』與『無言』為連續的合一，而非斷裂的兩端，『業』與『非業』為詭譎的合一，而非矛盾的兩端」，並不似主體性哲學一般，皆視一心之過轉而已，實乃鋪顯於場域、處所而顯現也。

（二）

歸者，因其「道」而有所「顯」，有所「顯」而後有所「形」、有所「形」而後有所「定」，因其「定」而成「執」、因其「執」而生「染」，終之以化此執染，而回歸於道也。如此之回歸可以理解為一存有學之回溯其源，即此存有學之回溯其源實即含一實踐學之契入也。

存有學的回溯其源與實踐學的契入，乃一體之兩面，此非只置於一詭譎的相即辯證中，即顯其義，亦非只置於一連續的一體中，即渾合為一，而是置於一廣大生活世界與歷史社會總體中，既指向對象物，分理之，又回歸於形上之道而統合之。

詮釋

由「存有的根源」，而「存有的開顯」，進而「存有的執定」，這是就存有之道彰顯落實而說；再由「存有的執定」所伴隨而生之雜染，反思之、破解之、調適之，迴返於存有之本源，這是一回歸、還

滅之路。彰顯、落實與回歸、還滅，一體兩面，如如無礙！

「存有的三態論」重在處所、場域中展開，它所不同於主體性哲學者在於重視廣大的生活世界與歷史社會總體，尤有過之也。若以傳統之身心論、理欲論、理氣論、道器論、理勢論，它強調的不是以心控身，而是身心一如，不是以理控欲，而是理欲合一，不是理先氣後，而是理氣合一，不是道先器後，而是道器合一，不是理先勢後，而是理勢合一。或者說，他所強調的是具體性、實存性原則，而不是抽象性、普遍性原則，他所重視的是處所性、場域性，而不是主體性。

這也就是為何我在〈咒術、專制、良知與解咒──對「臺灣當代新儒學」的批判與前瞻〉一文所強調的：「實踐概念之為實踐概念應當是以其自為主體的對象化活動所置成之對象，而使此對象如其對象，使此實在如其實在，進而以感性的透入為起點，而展開一實踐之歷程，故對象如其對象，實在如其實在。這『如其』不是康德意義下的物自身的『如』，不是佛教意義下的『如』，而是在『實踐歷程而開啟』這意義下的『如』。『如』是動態的歷程，不是靜態的當下。」

（三）

指向對象物而分理之，此是「言以定形」事，而回歸於形上之道，此是「去名以就實」事。「言以定形」須歸返於「無言」，如此之「定形」，纔不致走向異化之定形，纔得一識解分明之定形，因歸返於「無言」，才得歸返存有自身，如此才得以迴返存有之場，而受其治療也。

詮釋

在「存有三態論」下，哲學治療學最終須得依止於「存有的根源」，而所謂的存有的根源並不是一夐然絕待的形上之體，而是「無

名天地之始」，是一場域、一處所、一天地，回到此存有之場中，方得療治也。

這也就是前所述及的「存有」是「語言」的形上宅第，而「語言」則是「存有」落實的具體安宅；其實，這樣的治療學是與中國傳統的道德學得合而為一的。

傳統的道德學，如老子《道德經》所說「道生之、德蓄之、物形之、勢成之」、「尊道而貴德」，《論語》所說「志於道、據於德、依於仁、游於藝」等所說，皆是由「存有的本源」下貫於活生生實存而有這樣的人的本性以及一切存在事物之本性也。這樣的道德學不是規範、不是強制，而是創造、是生長，不是對反的克制，而是迴返本源的治療。

（四）

「去名以就實」之「實」，一指存在之實，一指此存在之實之未對象化前之真實狀態；前者之「實」為「執」實之實，後者之「實」為「無執」之實。「去名以就實」一方面強調歸返於生活世界之真實，是以存在的活動之實取代理論之建構，另方面則強調此生活世界之真實更得歸返於「道」（存有自身），而如此之存有自身，乃非指向對象化之存有，而是一境識俱泯、主客交融為一整體之存有自身，如此之存有自身，亦可以說是空無的。

詮釋

兩層「實」的闡明是重要的，若只一味的強調未對象化前之真實狀態（無執之實），則易落入原先中國專制、咒術傳統的迷霧裡。若只一味強調執實之實，這樣的實易落於執著之中，徒生對反，難得恰當之療治也。

這也就是說，我們須得對於存有的三態有一恰當之分際把握，存有的本源當落在場域、處所上來理解，既落於此說，則必然得含存有之對象物及相關之網絡來理解，也就是必須重視實存性、具體性、客觀性、物質性，不能只是於心性主體上用工夫而已。能了然於此，才能一方面重視回歸、還滅於「存有之道」這樣的「真實」，另方面更重視到開顯、落實至「存在之物」這樣的「真實」。

（五）

或者可說，此「同歸於道」之「道」非一「建構之實在」，而為一「解構之實在」，然此解構之為解構，非主客兩橛觀義下之解構，而為境識俱泯義下之解構，蓋解構所以成就建構之始也。

詮釋

「同歸於道」指的是回到存有的本源，這本源是一切建構的始點，它當然不適合再是一建構的實在，只適合是一解構的實在。這解構的實在，或者亦可以說是還滅的實在，回歸的實在，是無執著性的實在，是「見乃謂之象」之所以可能的「道」，是一切宇宙創化之源，是境識俱泯的空無狀態，是一切可能的起點，是哲學療治的家鄉。

八　「一本空明」：總體之源的場域覺醒

（一）

「一本空明」，「一」是根源義、整體義，蓋論其整體之根源皆「本」於「空」，而此「空」即為「明」也。

「本」之為「本」，以「無住」為本，或即謂以「無本」為本，可也。

詮釋

如上所論,可將儒教與佛、老徹底匯通,道之為太極,太極更本於無極也。根源義、整體義皆是抒義的說,而非定實的說,不是在一線性思考下的最前項也,而是在一環性思考下的場域也。

「一」是總體、是本源,一當為本,然亦有所本,其本者何?其本為「空」而「明」也。「空」是無執、無著、無昏擾、無紛雜、無分別,此是遮詮,亦是一切表詮之所以可能的起點。「空」是就「心靈意識與外界存在事物渾歸於寂處」說,是就「境識俱泯」處說。「明」則是就「心靈意識與外在存在當下顯現明白而說」。「空」字所重在「場域」,而「明」字所重在「覺醒」。約摠言之,萬有一切皆回到總體之本源,回到場域的覺醒、覺醒的場域中也。

(二)

「空」之為「空」以「色空相即」為義之「空」,此「空」非定指的存有論義下的「空」,而為抒義的說此存有之為存有,實乃空無也。「空無」是消極的說、解構的說,「空無」非與「實有」相對待,此兩者玄同為一。「空」之義可理解為一存有論的回溯與銷毀,蓋銷毀所以成就其回溯也。

詮釋

將「空」之義理解為一存有論的回溯與銷毀,銷毀所以成就其回溯,這論旨重在「為道日損,損之又損,以至於無」的工夫。值得注意的是,它看似消極的解構,卻可以是一積極的建構。換言之,若以如是調適道家之學,彼則不只為一修養境界之形而上學也,彼亦堪理身理國,彼原亦可以是之療治之學,是一生長之學,是一建構之學也。

(三)

相對於「空」之偏就存有學之義上說,「明」則是偏就實踐工夫論之義上說。「空」是就「存有之在其自己」、就「境識俱泯」下「存有的根源性」而說,亦是就意識之空無性、透明性而說。如此之「空」,即隱含一意識的「明覺性」與意識的「自由性」,此即所說之「明」。

詮釋

如此分述「空」、「明」二詞,是就道體之本源之開顯而往下說。若是就具體事物之回溯到道體,則「空」亦可以是一實踐工夫論,而「明」亦可以成就一「存有之本源」。由實踐論之「空」回到存有論之「明」,這是全修在性的工夫,是即用顯體的工夫;由存有論之「空」開啟實踐論之「明」,這是全性在修的工夫,是承體達用的工夫。體用不二、一體如如。

(四)

「明」是當下之照面、明白,如陽明觀花「一時明白起來」,是境識俱起而未分,一體通明之狀態,是由存有的根源而邁向開顯,此開顯仍為無執著性、未對象化前之狀態也。

詮釋

佛教、道教之哲學的極致在「空」、「無」,而儒家哲學之極致處則在「明覺」。明覺義即含感通義、創生義、剛健義,其表述,或用「誠」、或用「仁」、或用「良知」皆無不可也。佛、道之所重在平鋪之場域義、處所義,而儒家則更於此場域義、處所義,進言其明覺義也。明覺義更含縱貫之創生義。

所須注意的是,「明」固然有其無執著性、未對象化之狀態,但更進一步地此「明」亦當落實於「執著性」、「對象化」之境。此或者可以說經由「明白」而轉為「清楚」也。牟先生以「良知的自我坎陷以開出知性主體」來做理論上的疏通,此是其兩層存有論所必得往前推進的一步;此若置於存有的三態論視之,則亦當由存有的開顯而走向存有的執定也。如此由「空」而「明」,由「明」而落實於存在事物,此「執」是「明執」。明執非定執,定執為染,明執無染,此如「業之有淨有染」,義相類也。

(五)

如前所言,「道顯為象,象以為形,言以定形,言業相隨」,此是由其根源性、整體性、對偶性、定向性而落實為對象性,如此經由一切語言文字符號所構成之系統,即此則有其「業」,此「業」當可連著「染執」、「趨向」、「勢力」、「性好」、「利害」等等而說。如此經由存有之執定,是為境識俱起而兩分,以識執境、以主攝客,而成就其對象義。此自不免意識的染執性、意識的權體性,如此即隱含意識之質礙性、意識之隱蔽性。

「明」之所以為「明」,是存有論的「照明」,即此照明而為「銷毀」,即此銷毀而為「回溯」也。意識之質礙性、隱蔽性、染執性、權體性皆得因之而銷毀、瓦解,而回復意識的明覺性、自由性、空無性與透明性,存有之根源因之得以回歸,此即「同歸於道」,「一本空明」亦因之而成。

詮釋

吾常定位自己之學問路向為「關心人及其周遭存在的異化」,「並尋求其克服之可能」。前者,須深於「存在之異化」的真切理解;理

解之、詮釋之，開權顯實，融通淘汰，由解構而回到存有之源，因之而得其澆灌、渥沐與治療也；既而由此得以進一步落實之、重建之也。

我深切知之，眾生病、吾亦病之，眾生未病，吾亦病之；哲學既為思修交盡之學，思之、修之，修之、思之，吾何能建此「存有三態論」耶！蓋深有啟於牟師「兩層存有論」之教也。吾將吾師所做之超越區分融通之，將表象義與現象義做一區隔，深入於《易經傳》「見乃謂之象」之奧蘊，並經熊十力體用哲學之融通而締造之。

吾以為「存有三態論」可消解現象與物自身的分隔，融通之，使之還歸於一也。如此言之，它可以解消「既超越而內在」之圓枘方鑿的問題；它可以化解理、心、氣三者之緊張關係；它可以更恰當安排佛教與道家的位置，並調適而上遂之；它可以解釋「名以定形」（存有的執定）之異化及其復歸之可能；順此理路，可以發展出一套「存有的意義治療」（或稱為「道療」）；如此可以恰當釐清身心問題、心物問題、天人問題、德智問題、性善之內外問題等等；可以解消理論構作上之為橫攝、縱貫的兩重問題；可以解決《易傳》、《中庸》、《論語》、《孟子》、《道德經》等如何通貫為一的解釋系統。這樣的理論雖亦不離於主體之自覺，但顯然地，它的重點則落在「場域」、「處所」上立說。

——《道與言》寫於丁丑之春五月四日凌晨三時於象山居
——《詮釋》寫畢於己卯之夏七月廿二日於清華大學之元亨齋
（本文原初發表於1999年7月25-29日，「第十一屆國際中國哲學會年會」，嘉義縣：國際中國哲學會、國立政治大學哲學系所、南華大學哲學所。後經修訂收於林安梧：《道的錯置：中國政治思想的根本困結》，臺北市：臺灣學生書局，2003年8月）。

第三章
「道」「德」釋義：儒道同源互補的義理闡述

——以《老子道德經》「道生之、德蓄之」暨《論語》「志於道、據於德」為核心的展開

啟贊

> 道術未裂，儒道同源，文明既啟，儒道互補，和合不二，剛柔以濟。

本章提要

「道」是就其「總體的根源義」、「根源的總體義」說，「德」是就其「內在的本性義」、「本性的內具義」說。「道生之、德蓄之」，此是由存有之根源的總體之彰顯呈現，涵蓄之、具成之，方成此內在之本性。「志於道，據於德」，此是由主體之自覺邁向那存有之根源總體，參而贊之，使之開啟，並繼善成性，據以為德，發為實踐也。

道家於「話語之介入」所成之「物勢」（物形之、勢成之），多所戒慎，強調必須經由「滌除玄覽」、「為道日損」、「致虛守靜」、「歸根復命」，方能免除「話語之異化」，達到「存有之治療」。儒家重「主體之自覺」參贊互際所成之「存在之實感」，並依循於此，而悠遊涵泳於藝文器物生活之中（依於仁、游於藝），「正名以求實」、「仁禮不

二」，進而達到「一體之仁」的境地。

　　蓋域中四大，天地人三才，人生天地之間，由此「實存之場域」之參贊互際，「總體之根源」因之而彰顯；「範圍天地，顯現其象」，「曲成萬物，名以定形」；然天人不二，和合其德，惟「互藏其宅、交發其用」、「知子守母，尊道貴德」也。

關鍵字詞：實存、場域、根源、總體、本性、內在、互際、三才、存有、話語、異化、治療、和合、現象、形器、名實、有無

一　「道」是就其「總體的根源義」、「根源的總體義」說

（一）「道」是「不可說」而「可說」的，「不可說」而渾歸於「默」，「可說」則開顯為「說」，由「說」而「說」出了「萬物」

　　「道」之為「不可說」，此是一「場域的空無」，是一「意識的透明」此是「無名天地之始」。

　　「場域的空無」、「意識的透明」，此是「境識俱泯」而不可分的「默然狀態」，這如同《易傳》所說的「寂然不動」。

　　「寂然不動」的「默」是「人」之做為一個「活生生的實存而有」參與於其中，而處在「未發」的狀態，並不是「斷滅」，而是「空寂而生生」的。

　　換言之，雖是「寂然不動」，但卻隱含著「感而遂通」，「即寂即感」寂感不二。

(二)「道」是「言之源」，而且跨過「言」，入於「無言」；此不同於「Logos」之為「言之源」，而即此以為「言」

　　「道」可以有「話語」、「途徑」、「思維」、「存在」諸義，然「因而通之」，則上遂為一「言之源」，是一「無言」的「言之源」。

　　「道」之理解與詮釋隨「巫祝」，轉而「氣化」成一哲理，是從「帝」而「天」，再轉而為「道」義。

　　「帝」取其「神聖威權義」，而「天」取其「普遍廣攝義」，「道」則取其「總體根源義」、「根源總體義」，此乃「天地人交與參贊而構成之總體義根源義」。

　　「天地人交與參贊」此即彰明「道」之為「道」是不離此世間之為道，不離天地萬物之為道，此是在「存有的連續觀」下理解的。

(三)「道」之在「存有的連續觀」下理解，故「道」不必從「超越」與「內在」兩詞對舉來說，而宜從「總體的根源」與「根源的總體」來說

　　「存有的連續觀」指的是「天地人我萬物通而為一」，此是「一個世界論」，而不是「兩橛世界觀」，在兩橛世界觀下才有超越與內在的對舉。以是之故，可以免除用「既超越而內在」這樣的詞去詮釋「道」，因「道」之為「道」是一總體之道，一根源之道，是渾淪為一的，是在此世間的，無分於此岸與彼岸的。

　　「道」是「總體的根源」，此著重在「根源義」，此是就其「理想義」而說的，此中既有其「存在面向」，亦復含有其「意義面向」、「價值面向」。「道」是「根源的總體」，此著重在「總體義」，此是就其「廣攝義」而說的，此中一樣有其「存在面向」，亦復有其「意義

面向」、「價值面向」。

（四）「道」是在「存在與價值的一致性」來說的，此不同於「Logos」之在「存在與思維的一致性」下來說的

「存在」、「意義」與「價值」究其極而說，有其「和合性」，吾人當就其「和合性」而說其為「一致性」也；「和合」之「一致性」不同於「等同」的「一致性」。

「和合」之「一致性」重在「兩端之互融交攝」而為「一致」，此是經由辯證之交融而成的總體一致，而不是「主體」攝其「對象」之為「一致」，亦不是兩者「等同」之一致。

《易傳》所說「一陰一陽之謂道」，此是究極之論，此中彰明了「存有之道的律動」，亦顯示兩端互融交攝之為一致，互藏為宅、交派其發。

如此之「道」不是「抽象的理型」之為道，亦不是「純粹的形式」之為道，「道」之為道，它是「活生生的實存而有」進到「天地之間」所成的「場域」，在彼此相互迎向的過程中而構成之為「道」，此「道」是「實存的」、「具現的」、「生活的」、「根源的」、「理想的」。

（五）「道」論亦可以有「本體論」與「宇宙論」的姿態，但此不同於西方哲學主流所說之為「本體論」、之為「宇宙論」

「道論」下所揭示之「本體論」是「驗之於體，以體驗之」的本體論，是人之做為「活生生的實存而有」這樣的存在開啟者，在「人能弘道」下所開啟的本體論。

這樣的本體不是一凝然堅住之物，不是一夐然絕待之物，而是彼

此交與參贊而構成之總體義、根源義。換言之，本體論不離人生論，不離實踐論，不離價值論。

「道論」所揭示下的「宇宙論」是「吾心不離宇宙、宇宙不離吾心」的宇宙論，「上下四方之為宇，古往來今之為宙」，如此之宇宙不是一客觀之自然義下的宇宙，而是一主體交融義下的宇宙。

如此之宇宙不是純理之宇宙，不是一客觀之對象義下的宇宙；而是一有情世間，是一鳶飛魚躍所成的有情宇宙，是一歸根復命、天命之常的宇宙。宇宙論不離人生論，不離實踐論，不離價值論。

（六）「道論」不是「本體論中心論」，不是「宇宙論中心論」，不是「主體中心論」，不是「客體中心論」；「道論」不是某個定向下的「中心論」，而是「互際」以為論

從「去中心論」來理解「道」是可以的，而「去中心」則顯為「多元」與「差異」，中國之為專制與一元，並不是此道論所決定的，相反地，正因有此「道論」，而對如此之「專制」與「一元」有其柔化之作用。

更為有趣的是，如此之「多元」與「差異」並不是散殊而分列的，而是交融而互攝的，它揭示一「多元而一統」（或「多元而一體」）的風貌。《易傳》所謂「殊途而同歸，百慮而一致」，如是之謂也。

「互際論」可以說成「互藏以為宅，交派以為發」，而且「藏互宅而各有其宅，用交發而各派以發」，「天人、物我、人己」都可放在如此「兩端而一致」的互際論來理解。

如此之「互際論」亦有所異於西哲晚近所謂之「主體際論」，主體際論是朝向一語言學之轉向，此是在「主客兩橛」下，而思有以破除之也；而「互際論」則是存有學之回歸。

（七）「道生之」指的是由此「根源之總體、總體之根源」而開啟者，是由「境識俱泯」而「境識俱顯」，如其自如的顯現其自己，這樣的「不生之生」

如此之「不生之生」並不是如梵天大我之生出一切，也不是上帝之創造萬物，也不是如 Plotinus 之「太一」（the One）生出一切，而是關聯著「人」這個「活生生的實存而有」之為「互際」而引生者。

換言之，如此之「生」並不是一溯及於「他者」，由此「他者」而來之「生」；而是在「我與你」（I and Thou）義下的「互際」之生；如此的互際之生可以說是儒道兩者之通義。

儒家之「生」或有解釋為「道德的創生」者（如牟先生），然此實無礙於其當為「我與你」「互際」之生，亦唯在此義下，才可以免除道德主體主義之傾向。牟先生之解釋，其道德主體主義之傾向較濃，而熊先生則溯及於「乾元性海」，此或較能免於主體主義的傾向。

「道生之」亦可以說是「天命流行，於穆不已」，此是一廣袤無邊、普遍義下的生發動能而開啟者，是在天人的「互際」下而開啟的；此實不適合於說是一道德實體的創生。

（八）「志於道」此是就人之為一「活生生的實存而有」之有一定向朝向於那「總體之根源」、「根源之總體」，因之而有一道德之創生

「志」是「定向」，是「心有存主」，是心之所發的「意」之調適而上遂於道者，如此而為「意志」。

關聯著「人能弘道」而言，如此之「志於道」重在人的自覺義、定向義、存主義，但人之為一「活生生的實存而有」其實只是一參贊者、觸動者；而不是以人為中心。

「人能弘道，非道弘人」，此是說「人之主體能動性」，若論其實，則是在彼此「兩端而一致」下的「互際」，因其互際，在「我與你」（I and Thou）下，而開啟者。

換言之，如此「形而上之謂道」的「道論」這樣的形而上學，並不是人這活生生的實存而有之道德主體所安立的「道德的形而上學」，而是天地人交與參贊而成的總體之根源所成之「道論」。

（九）「天地人交與參贊」而成的總體之根源的「道論」是「人」在「天地」之「場域」之相互迎向的「互際」中而「相生相養」以成的

如若《中庸》所說「誠者，天之道也」，「誠之者，人之道也」：前者是就「總體之根源」說，關聯著宇宙造化之源，關聯著「存在與價值的一致性」而說；後者是就「主體之自覺」說，關聯著人的主體能動性，關聯著人的自由意志而說；而「天人不二」。

「天人不二」可以通過陽明所說「一體之仁」來理解，但此「一體」之為「一體」不是一切歸諸於「主體」而透顯出來之「一體」，而是在「互際」以為「體」下的「一體」；蓋「仁」之為「仁」，乃以其「互際」也。

換言之，「仁」並不是自家主體之自覺而已，而是在「互際」以為體下的「自覺」，此不是一獨白式的自覺，而是一交融式的感通與潤物。

「道生之」此是就「根源之總體義」說，而「志於道」此是就人之為一「活生生的實存而有」之參贊而說；此兩者之所謂「道」都是「天地人交與參贊而成之總體」的「道」，如此之「道」有其「根源義」、「總體義」、「場域義」、「開啟義」、「彰顯義」、「生生義」、「自發義」、「和合義」。

二 「德」是就其「內在的本性義」、「本性的內具義」說

（一）「天地有道，人間有德」:「道」重在「總體義」、「根源義」、「場域義」,「德」重在「內在義」、「本性義」、「主體義」;承於道,而著於德

由此「總體根源的場域」,在「人」這「活生生的實存而有」之參贊下,「道」因之而開顯之;其開顯落實而為「德」,特別於「人」而說是一「內在本性之主體」。

如此之「志於道」,而「道生之」;落實於「德」,則為「德蓄之」而「據於德」;「道」之落實於「人」而為「德」,據此德,而為可蓄也;以其可蓄也,而為可據也。

德之可蓄,「蓄」有「蓄養義」、「內具義」、「長成義」;德之可據,「據」有「根據義」、「依循義」、「聚成義」;此中可涵兩向,一為涵養用敬,一為致知格物,此兩者通為一體。

「總體根源的場域」不離於「人內在本性之主體」;「人內在本性之主體」不離於「總體根源的場域」,此可以通過「域中有四大,而人居其一焉;人法地,地法天,天法道,道法自然」來理解,亦可以經由「天行健,君子以自強不息;地勢坤,君子以厚德載物」來理解。

（二）「直心行之」以為「德」,此是通於人性之根源而說;「十目」以為「直」,此是就政治社會之公體而說

「直心行之」,溯於人性之根源而實踐之,如其怵惕惻隱而實踐之,此人性之根源義,原初義,蓋取其「定向義」,而非「本質義」。《易經傳》〈蒙卦大象傳〉「山下出泉,君子以果行育德」,《孟子》「源泉滾滾,沛然莫之能禦也」。

以孔孟先秦儒學言之，如此之定向義、根源義、原初義，此是一「善向論」，而非「向善論」；「善向論」是內在根源本具的說，而不是「外在超越理念」的說。

「直心行之」以為「德」，落而實之，此是就人與人之間的存在道德真實感說，這是「仁」，這是通「道德實踐論」與「道德本體論」為一體的。

若落在政治社會之公體而說，「十目以為直」，道德實踐當然與社會總體之理想、普遍之意志密切相關，此是從生活之場域所成之規範說，此是「禮」，而仁禮不二。

(三)「德」之為德，是以「仁」的感通潤物為功用，而以「禮」的規範體現為節度；仁禮不二，本為一體，皆成於天地之道，人具之德也

「仁」之強調重在「主體義」、「自覺義」、「創造義」，「禮」之強調重在「客體義」、「法則義」、「具成義」；此兩者於《論語》中兼而有之。

於《孟子》則重在由「仁」轉而為「仁義內在」，並因之言「性善」，此「即心言性」也；於《荀子》則重在由此「禮」轉而言「知通統類」，並因之言「性惡」，此「以心治性」也。

「人而不仁，如禮何；人而不仁，如樂何」，「仁」是感通，「禮」是分寸、「樂」是和合，禮樂不二，仁禮樂為一。

「學者須先識仁，仁者與天地萬物為一體也」、「大禮者與天地同節也，大樂者與天地同和也」；此皆須通於「實存之場域」以為說，須溯及於「總體之根源」以為說，又「實存之場域」與「總體之根源」是二而一、一而二的，皆人之所參贊也，此又不離於「主體之自覺」也。

(四)「總體之根源」、「實存之場域」與「主體之自覺」此三者是通而為一的。蓋「道」之在「天地」,「天地」育「萬物」,「人」生「天地」之間,「自有其覺」

「道之在天地」本為不可說,原乃境識俱泯,此是「無名天地之始」也。「不可說」而「可說」,此是「境識俱顯」;進之為「可說」而「說」,此是「以識執境」,此是「有名萬物之母」也。

「不可說」而「可說」,此「道」開顯之幾也,蓋人之與於其中,而有此開顯之幾也;又人本在道中,因道之為「道」是「天地人交與參贊而成的總體之根源」,如是之為道也。

「主體之自覺」是那「存有之門」(道之門)的叩啟者,「總體之根源」的叩啟者;而經由如此之叩啟而得開顯,其開顯之天地即此「實存之場域」也。

即此主體之自覺的叩啟,即此總體之根源的顯現,即此實存之場域的落實,如此而有其內具之本性。總體之根源亦可以就「天命」說之,此內具之本性即「天命之謂性」,落實之,即「率性之謂道」也。

(五)將此「道德」落實於人性的實踐歷程論之,則「一陰一陽之謂道,繼之者善,成之者性」,「命日降,性日生生成」,「習與性成」、「未成可成,已成可革」也

如若《易傳》所言「一陰一陽之謂道,繼之者善,成之者性」,「一陰一陽」是就「翕闢成變」而說,是就「存有的根源」之開啟而說,此是就「開啟義」、「彰顯義」說;「繼之者善」是就人之「承繼義」、「參贊義」說;「成之者性」是就人之「本性義」、「具成義」說。

「翕闢成變」、「開啟彰顯」、「參贊承繼」、「本性具成」是通而為

一的,蓋人與於其中也。無人則無此翕闢成變,無人則無此開啟彰顯,無人則無此參贊承繼,無人則無此本性具成。

「習與性成」,「性」是「本性義」、「原初義」,而「習」是「習成義」、「具現義」;「習與性成」是原初之本性的具現與習成也。依此而說之「德性」,不取其本質義,而取其生成義、歷程義。蓋存有之道依時間之流衍而生也,此所以為生生之德也。

如此而說,「性善」之性是在「繼善成性」上說,是在一善之定向之落實凝成上說,不是本質上是個善也。蓋「道大而善小,善大而性小」,「德性」在生生中,在凝成中,未成可成,已成可革,唯在「操存」之間而已。

(六) 就「總體之根源、根源之總體」說,「道」本無為也;就其開顯處、彰顯處,則「幾」有善惡也。以其「無為」,是乃「無偽」也,此「無偽」斯為「真實無妄」也;如此可轉語說「誠無為,幾善惡」也

依據前所述「存有與價值之和合性原理」,則此總體之根源的道,就其存有義是無善無惡之無為,而此存有義即含價值義,是為「至誠無偽」也。

存有的根源與價值的根源是通而為一的,天地場域之自然義,亦可因之轉為人之自覺義,並由此自覺義再映現而為天地之自發義,並落而實之為人之自由義。

天地人交與參贊而構成一不可分之總體,自然自發、自覺自由,天地之道德創生義因之得以立,人間之自覺裁成義因之得以成。《中庸》說「誠者,天之道也;誠之者,人之道也」,如是之謂也。

由天地之道德創生,由存有根源之開顯,落實於活生生的實存而

有的人身上,此是「自誠明謂之性」;由人間之自覺而明白,入於造化之源,再啟教化之契機,此是「自明誠謂之教」。如上所述,俱可體現「天地人交與為體」、「天地人交發為用」之義也。

(七)由「天人合一」而說「天人合德」說,此是從「道德的冥契主義」轉向「道德的理性主義」;此為先秦儒道所共許

值得強調的是,儒道兩家都在「存有的連續觀」下所成的理性,此是一「連續型的理性」,此不同於在「存有的斷裂觀」下所成「斷裂型的理性」。

正因它之為一「連續型的理性」,因此「冥契主義」與「理性主義」並不是截然分隔的,而是連續的;但總的來說,儒道兩家雖亦可以有冥契主義之向度,但仍宜以「理性主義」說之。

儒道兩家皆可以「道德」一詞表之,唯道家重在「實存之場域」,而儒家則重在「主體之自覺」,然此兩者是互際的,並且通極於道,「道」是「總體之根源、根源之總體」。

「總體之根源、根源之總體」的顯發、呈現,所謂「見乃謂之象」,並不是「縱貫的創生」,而較切合的說是「存有的彰顯」;「存有」是天地人交與參贊而成之總體根源也。

(八)就天地人我萬物交與參贊互際為一不可分的總體,而言其為連續也,此即是前所說之和合觀,而不是主客兩橛觀

如此說來,儒道兩家的「道德論」既不適合說成主體自覺的道德創生義,也不適合說成主體修養的境界工夫義;而較適合以船山學之「兩端而一致」義說之。

或者，我們可說宜將當代新儒家所強調之儒家主體自覺的創生義，銷融於天地、場域之中，以成就「互藏以為宅、交發以為用」的互際參贊，融通為一。

或者，我們可說宜將當代新儒家所強調之道家為主觀境界的工夫義，還歸於天地、場域之中，體會「無名天地之始，有名萬物之母」，「此兩者同出而異名」的「玄同」之境，蓋「有無相生」者也。

進一步說之，儒道兩家在此互際參贊的哲學模型中開啟其哲學，故並無「實體型態」與「境界型態」的對櫛，而亦不必以此兩對櫛而論之也。蓋實中有虛，虛中有實；實不外虛，虛不外實；實以載虛，虛以涵實，虛實不二也。

(九)「道生之，德蓄之」，道家重在由「存有的根源」之「開顯」而「落實」為「內在之本性」；「志於道，據於德」，儒家重在經由「主體的自覺」之「參贊造化之源」，並依據此自覺，而充實於天地人我萬物之中，成就其人倫之教化也

道家對於「話語的介入」所成之「物勢」（物形之、勢成之），多所戒慎，強調必須經由「滌除玄覽」、「為道日損」、「致虛守靜」、「尊道而貴德」的方式，才能免除「話語的異化」，達到「存有的治療」。

儒家重在「主體的自覺」參贊互際所成之「存在的實感」，並依循於此，而悠遊涵泳於藝文器物生活之中（依於仁、游於藝），他強調的是一「正名以求實」、「仁禮不二」，進而達到「一體之仁」的境地。

儒家重在「建構」，然此「建構」不是「以主攝客」、「以能攝所」的建構；而是「主客不二」、「能所和合」的建構。道家重在「解構」，然此「解構」不是「泯客於主」，不是「泯所於能」的解構；而是「主客俱泯」、「能所俱泯」的「解構」。

儒家之「建構」與道家之「解構」是和合不二的，是一而二、二而一的；此兩者俱是那天地人交與參贊而成的總體之根源的「彰顯」。蓋主客俱泯、能所俱泯，所以契入「存有之根源」，由此「存有之根源」方得以「範圍天地，顯現其象」、「曲成萬物，名以定形」也，此即進而由其「存有之彰顯」，並話語介入，而有「存有之論定」也。

三　如上所述，儒道兩家，追本溯源，若論其理，同源互補，和合與共。世人多言儒家主流，道家旁支，此蓋不思之過也；又有言道家主幹，儒非主流，此蓋激俗而故反之為論也。默識於心，相視而笑可也；恢詭譎怪，道通為一可也

　　初夏仲夜，群蛙吠鳴，斂手低眉，吾竟默然！

　　──壬午之夏，孔子紀元二五五三年，西元二〇〇二年五月十二日
　　　　　　　　　　　清晨，初稿於深坑之元亨居
(〈「道」「德」釋義：儒道同源互補的義理闡述〉，《鵝湖月刊》第28卷第10期〔總號334期〕，2003年4月，頁23-29。)

第四章
如何讀《論語》：
經典、生活、實踐與詮釋的交融

本章提要

　　本文旨在探討《論語》作為經典與日常生活、實踐及詮釋之間的緊密聯繫。首先，從個人家族歷史出發，追溯了華夏民族追本溯源的文化傳統，強調了對生命源頭的重視。通過講述祖先從福建漳州遷至臺灣的經歷，展現了中華文化在臺灣的傳承與延續，特別是在日據時代，臺灣人如何在日本統治下堅持中國文化，承天命、繼道統、立人倫、傳斯文，展現了文化的力量超越政治的深遠影響。再者，分享了自己從理科轉向文科的心路歷程，強調興趣與志向的重要性。《論語》不僅是古代經典，更是與生活息息相關的實踐指南。經典即是生活，生活即是實踐，實踐中蘊含著詮釋。閱讀《論語》不僅要理解文字，更要將其融入生活，體會其中的智慧。此外，閱讀經典時應回歸古漢語的語境，避免過度依賴西方詮釋框架。他批評了現代語文教育將古文當作外文教學的現狀，呼籲重視傳統文化的傳承。最後，講者總結了《論語》的精神氣脈，認為經典與生活不可分割，呼籲大家趁年輕熟讀經典，體會其中的智慧與生活實踐的結合。通過閱讀《論語》，我們不僅能理解古人的思想，還能在當下生活中找到實踐的指引，真正實現經典與生活的交融。

關鍵字詞：《論語》、經典、生活、實踐、詮釋、文化傳承、臺灣、
　　　　　　實踐場域

今天晚上,我們要談「如何讀《論語》:經典、生活、實踐與詮釋的交融」這個論題。我常跟很多朋友說,一個題目其實能告訴你接下來要講些什麼。這個題目就是要講經典、生活、實踐、詮釋,這樣四個核心性的概念。

一　華夏民族可貴的文化傳統:追本溯源

臺灣人,我們都是祖國的同胞嘛,基本上百分之九十以上是從中國大陸來的,主要來自福建的漳州、泉州。現在很多朋友問我是哪裡人,我會說我是臺灣人,祖籍福建漳州。我的祖先霧峰林家,於一七五一年到臺中。在臺灣中部,很多人姓林,以前班上的同學基本上百分之七十都姓林,我們還以為這個世界上姓林的最多,後來才知道,姓林的雖然不少,在福建算很多了,但是在全國來講不算太多。我們讀《論語》知道「殷有三仁焉」,有比干、微子啟,還有東走朝鮮的箕子。「微子去之,箕子為之奴,比干諫而死。孔子曰:『殷有三仁焉。』」[1] 原來我們的祖先是比干,來自河南。慢慢追問,我聽父親說祖先來自福建漳州。後來讀了很多書,我知道漳州是朱熹曾經駐足過的地方,他曾經當過漳州知州。再追問一下,我了解到我的祖先是漳州平和縣人。平和縣是什麼概念呢?王陽明平漳寇置的縣。這下子我們的感覺完全不一樣了,原來我祖先的家鄉是宋明理學、心學的兩位大家都駐足過的地方。從這裡就可以看到,我們華人有一個非常重要的追本溯源的文化傳統。

我的父親是個農夫,他跟我講這些故事的時候,懷著故國之思。你可以想像嗎?「農夫」是什麼概念,就是可能不識字嘛。我父親識

---

[1] 參見《論語》〈微子〉。

字,但是讀書並不多,日據時代的日文教育大概六年,再加上他自己讀民間私塾,讀漢語大概三年。他談起這些事的時候仍然有故國之思,從這裡可以看到我們華夏民族強大的生命力量。

我出生於一九五七年,大概到了六〇年代懂事。父親今年八十四歲,我是父親的第一個孩子,去年我們兄弟姐妹幫父親出了一個詩文集。你想他只讀了三年私塾居然還可以出一本詩文集,有點不可思議啊!我常常批評現在的語文教育,現在臺灣中文系有些只做現代文學研究的教授,可能連對子都做不出來,我想這個情況在大陸也是有的,這是我們的語文教育出了問題,古文是我們本國的語言,而我們卻把古文當成外文教。

父親還能記起我們的村子,他說我們是漳州平和縣埔坪村人。「埔」就是地面隆起之處。後來,我還知道我的鄉先輩林語堂先生,他是漳州龍岩人,跟我是小同鄉,又跟我同姓,我就越發高興了。我一直覺得中華民族非常可貴的是重視生命的源頭,我們講「禮有三本」,「天地者,生之本也;先祖者,類之本也;君師者,治之本也。」[2]我們生命中所重視的就是這三個共同體:自然共同體、血緣共同體、社會政治文化共同體。說是「禮有三本」,其實就是「天地親君師」。

二 日據時代的臺灣:承天命、繼道統、立人倫、傳斯文

我常說上蒼是很有趣的。所謂「有趣」,是上蒼有一些你不能理解的東西。從一八九四年一直到一九四五年,即使被日本人統治五十一年,臺灣也一直是中國文化的基地。我父親那一代人從沒有覺得自

---

2 參見《荀子》〈禮論〉。

己是日本人過。你很難想像,臺灣人被日本人統治了五十一年,身分證上面寫的都是日本國的國籍,卻從來沒有覺得自己是日本人。在座如果有日本人,對不起,我說的是臺灣的真實情況。臺灣人說日本人是「四隻腳」。「四隻腳」,大家知道,是禽獸。臺灣人是「兩隻腳」。介乎臺灣人和日本人之間的是「三隻腳」,就是買辦。所以辜顯榮,當時臺灣民間就叫他「三腳仔」。本來我們用的是陰曆,而日本人一定要用陽曆。到現在為止,臺灣民間還保留著這個習慣,有一句話翻譯成普通話是「我們人今天是什麼時候啊?」因為臺灣人認為自己是人,所以問今天陰曆是什麼時候。你可以看到文化深遠的影響力。

我覺得我們這一代人的成長是最幸運的。臺灣人被日本人壓迫了五十一年,一直堅持承天命、繼道統、立人倫、傳斯文,上天也給臺灣人最大的報償。一九四九年有一百八十萬大陸同胞到臺灣,這是人類文明所少有的大遷徙。我常說這個遷徙是歷史之神對臺灣的最大眷顧。這一百八十萬人有販夫走卒,有達官貴人,有一般的平民百姓,有國學大師,有藝術大家,有方方面面來自中國大陸非常高明的學者,都到臺灣去,所以我們從小學起就有很多大陸來的先生教我們。臺灣不講普通話,講閩南話。我現在講的話是我進小學一年級的第一天開始學習的,那是一九六三年的九月一日。後來在臺師大國文系學習,我才知道我們的閩南話是中原古音,大概是魏晉到隋唐時候的古音,我才知道講這個話真好,為什麼呢?以前學習聲韻學必須學習入聲判別,你們尼山學堂可能也要學習入聲判別,譬如「國家」的「國」、「學問」的「學」、「道德」的「德」,如果依照普通話來講,都是平聲字,但是你用閩南話講就知道這是入聲字。同學們學聲韻學學得很苦,判別的時候判了半天還常常判錯,而我們一念就對。你可以想像嗎?與大陸隔了一個海峽的臺灣島上講的語言居然是中原古音!於是當時我們就有一種奇特的神聖感,哇,臺灣居然講的是中原

古音!上蒼好像暗示臺灣應該是中國文化的復興基地。這種神聖感會激勵自己一定要好好讀中國古代經典。

一九七二年,在座很多朋友一定還沒有出生,當時我在臺中一中讀高一。後來我了解了臺中一中的歷史,臺中一中是一九一五年,由臺灣的鄉先輩,包括我的鄉先賢林獻堂先生以及其他幾位先生聯合起來,為了對抗日本而建立的中學。林獻堂先生是臺灣對抗日本的民族運動中一個關鍵性轉換的代表。以前臺灣武裝抗日,被日本人鎮壓,但是臺灣人一直認為自己比日本人優秀。林獻堂先生到日本奈良見了梁啟超。梁啟超是廣東新會人,講客家話,林先生講閩南話,兩個人語言不通,就用筆談。梁啟超說,抱歉,中國現在是多事之秋,積弱不振,清朝到底能不能存在還不知道,所以對臺灣同胞很抱歉,實在沒有什麼辦法幫助你們,不過我可以給你一個良心的建議:不要用武裝對抗日本。臺灣人武裝對抗到最後會什麼都沒了,所以應該想辦法轉換一下,比如學習愛爾蘭的方式。愛爾蘭是英國殖民地,他們有個辦法是交結英國中央權貴的開明派,和愛爾蘭總督抗衡,所以臺灣人可以交結日本中央權貴的開明派,和臺灣總督抗衡。這是整個臺灣民族運動中非常重要的一章。

後來,林獻堂先生回到霧峰阿罩霧成立臺灣文化協會,就是根據梁啟超的建議,不跟日本人直接對抗,而採取保全中國文化策略,這個方向真正保住了中國文化的生機。文化看上去是最薄弱的,但也是最悠久、最深厚的。整個中國民族都非常重視文化,所以當時的臺灣文化協會就是要讓中國文化傳統生根,但是日本人希望臺灣日本化,那怎麼辦?除了我們在民間讀私塾、讀漢文外,還想辦法自己成立中學。日本人當然也不是省油的燈,他們懂得一方面高壓,一方面懷柔,於是就跟鄉先輩討論。鄉先輩裡面有抗日派和親日派,抗日派以林獻堂為首,親日派以辜顯榮為首。辜顯榮是誰?你們一定聽過「汪

辜會談」³，辜顯榮也算是臺灣的世族，但他是親日派。但咱們中華民族有一個特點，凡是談到自己文化的時候，不管政治立場如何，只要於我族文化有幫助，一定同心協力，於是鄉先輩就辦成了這個中學。經過幾番交涉，雙方後來得出共同結論：這個中學由日本政府支持，用現在的話就是「官辦民營」，但是也有條件，「一中」這個名稱必須給臺灣人用。以前在臺灣各個地方，「一中」都是日本人念，而「二中」才是臺灣人可以念，只有臺中一中是臺灣人念。一直到我們念書時，臺灣已經光復了，我們都還覺得很自豪。學校從日據時代起就掛了一個龍牌，龍是中國文化的象徵，大地龍種，我們是龍的子孫。我們的建校紀念碑上寫著：「吾臺人初無中學，有之，自吾校始」。現在臺中一中在臺灣的力量還是很大的。

我講這一段歷史是想跟大家說：文化的力量是超邁政治之上的。我常說文化是長遠的，政治是一時的，人性是真實的，而天理是永恆的。臺灣人真的是秉持著「文化是長遠的，人性是真實的，天理是永恆的」，就這樣一直走著。一九四九年，誰都難以想像，兩岸居然分治了，有一百八十萬大陸同胞到臺灣，這個變化太大了。也因為一九四九年，我們小學、中學、大學的老師幾乎有大半以上是中國內地去的先生，所以我們聽普通話的能力基本上都不錯，我們聽湖南的普通話、四川的普通話、山東的普通話、浙江的普通話……從不懂到懂。當時我們在臺灣，地處一隅，但想像的是大中華。我們讀的歷史是整個大中華的歷史，讀的地理是大中華的地理。所謂「大中華的地理」，當然是在兩岸還沒有分治以前，國民政府所統治的中華大陸的

---

3 汪辜會談：一九九三年四月二十七日，代表兩岸高層的臺灣「海峽交流基金會」董事長辜振甫與大陸「海峽兩岸關係協會」會長汪道涵，首度在新加坡舉行會談，成為一九四九年以來兩岸首度高層會商。此次會談以「九二共識」為基礎，是兩岸關係發展進程中的重要里程碑。

地域，所以後來有一些學界專家諷刺說，我們讀的是「歷史的地理」，不是真正的地理，譬如說我們讀的是三十六行省，還有一個特別行政區，首都在南京。這很有趣，但這無所謂。我們在讀的過程中充滿了非常高的敬仰。

三　早年的讀書轉折：「吾十有五而志於學」

我自己讀《論語》完全是人生中「因緣之不可疑移者」。高一時，我們的國文課，包括另外一門課「中國文化基本教材」講《論語》。我特別要談這一點，我年輕的時候最好的科目其實是數學、物理，那時候總是想要當科學家。大陸認為「學好數理化，走遍天下都不怕」，臺灣和大陸這一點是一樣的，所以我進臺中一中時一心一意想讀數理。臺中一中是全臺灣中部最好的中學，而且非常具有民族精神。高一的國文老師就跟我們說，不能所有最優秀的人都去讀數理，人文是非常重要的。這位國文老師是楊德英先生。大家知道「先生」是我們對於老師最高的稱呼，楊德英老師是女士。我當時覺得還是沒問題嘛，我喜歡讀《論語》，喜歡中國哲學，但是我還是想選數理，因為當時的觀念就是讀數理，後來我真的選了數理。到高中二年級的時候，我越來越喜歡人文，讀《史記》精華，讀《漢書》精華，讀《老子》，讀《論語》……越讀越喜歡，於是開始思考，是不是要以研究中國文化作為這輩子努力的目標。當時我問了很多前輩朋友，他們多半都跟我說，你數學這麼好應該讀數理，包括問我的舅舅，他是高中老師，也這樣說。但是每次跟他們談完我都有疑義，我就去問我父親。我父親是農夫，他跟我說，其實我最喜歡你去學醫生。臺灣有個獨特的傳統，醫學很發達。臺灣醫師從日據時代以來地位就很高，因為日本人不喜歡臺灣人讀兩個專業，一個是文學，一個是政治。讀文學，大家

知道會以文亂法，讀政治，臺灣人懂得政治、法律的話，更是要跟日本人抗衡，所以日本人在整個制度體制上儘量壓迫臺灣人不要讀文學、政治、法律，臺灣人最好的專業選擇大概就是醫學、生物。我生物很好，父親一直希望我讀醫學，但是我發覺我做不了，你知道為什麼嗎？因為我這個人很關懷人，如果我去當醫師的話，會出現的嚴重後果是病人的病痛會常懷在我心，也就是說我會一直關心他到底有沒有好，我覺得這個壓力太大。後來我跟很多朋友聊天，他們都認為我應該讀人文，但是當時的流風習氣讓我不知道該怎麼辦。

我還記得高二上轉組，當時有個機緣是讀了高二一個學期後，可以從自然組轉到社會組。自然組包括數理和醫、農，社會組包括人文、法律和商業。到了最後一天，我還意決不下，就又問我父親。父親說你自己決定吧。他鬆口說，當醫生雖然也不錯，但是我看我們霧峰街上有一些醫院也門可羅雀呀，有一些是門庭若市，可見學什麼東西最重要的事情是依照興趣，看最後學成與否。他跟我講這些以後，我就信心倍增，但還是沒有辦法做出決定。

大家知道臺灣是中國文化傳統保留較多的地方。我因為祖父很早過世了，從小就跟著祖母、跟著爸爸媽媽，晨昏定省，不止對長輩，還對已經過世的祖先。我們早上洗漱過後第一件事，是敬天法祖。臺灣佛教很盛，家裡廳堂供著一個觀音大士的神像，旁邊就是祖先牌位，觀音大士神像底下有土地公、土地婆。觀音大士的神像有一副對聯，寫的是：佛力永扶家安宅吉，祖宗長佑子秀孫賢。你會發現佛教已經儒教化了，佛的力量永遠扶持著你，使你家安宅吉、子秀孫賢。我們從小就跟著長輩一起拜拜。我想跟諸位朋友提的一點是，這些東西是要進入一種榮格（Carl Gustav Jung，1875-1961）[4]所說的「無意識」裡

---

4 榮格（Carl Gustav Jung, 1875-1961），瑞士心理學家，精神病理學家，佛洛伊德主義者，分析心理學創始人。

面,在生活中,即使是無意識的,就有儒學、有佛教、有道家。

當我沒辦法做出人生選擇時,宗教就起了作用。我真是百思不得其解,到底要不要選擇轉社會組,就這樣,在深夜,我偷偷跑到我家的晒穀場。我跑到那裡,跪下來向上蒼祈求,應該是選擇文科還是繼續走數理的路。如果我轉社會組,既不會去讀商業,也不會去讀法律。閩南有擲筊風俗,有一神聖的器具,一正一反,當你祭拜完畢後,拿起兩個來,拜拜後放下去,如果出現一正一反就表示神明、祖先同意了。我也不敢去拿它,因為覺得那太神聖了,於是就拿了兩個銅板,一塊錢。臺灣以前一塊錢很大,大約有現在的五十塊那麼大。我跑到晒穀場,對天祈禱,到底是否應該轉文科?然後念念有詞,虔誠地對天祈禱,祈禱完就擲筊,一擲,結果一正一反,這表示上蒼同意了。我還不太敢相信,就鄭重其事連擲三次,三次中如果兩次都通過的話就表示你應該這麼做,結果三次都通過。於是我歡天喜地,第二天就轉到社會組。這是我這一生的轉折。那一天應該是一九七三年一月初,於是我在一九七三年的九月就轉到社會組。

所以我常說有宗教精神沒什麼不好,因為人生中我們能用理智判斷的東西是有限的。在座諸位同學如果碰到人生難題,其實可以學一下今天林老師講的方式,但是你最好先思索再三,再占卜。後來我學《易經》才知道,原來占卜就是這麼一回事,占卜就是你窮盡理智思索之後,無法抉擇時候的一個選擇,所以不能隨便占,要很誠懇的。

這一占之後,我就決定了要轉到社會組。當時我就起誓:這一生要為中國文化努力。那時候我十五歲,我想起孔老夫子「吾十有五而志於學」[5],讀起來就格外有意思。

---

5 參見《論語》〈為政〉:子曰:「吾十有五而志於學,三十而立,四十而不惑,五十而知天命,六十而耳順,七十而從心所欲,不逾矩。」

四　我讀《論語》的體會：經典即是生活

　　我當時讀《論語》的體會是非常自然、順勢，因為我來自農村，覺得其中的所思所想和父輩那一代人的所思所想完全一樣。我父親是農人，他讀的書也不多，他所思所想不出自然共同體，即天地，不出血緣、人倫共同體，即祖先，不出整個政治社會、文化共同體，即君師，所以「天地親君師」對我們來講太平常了，自然就體悟得到。

　　讀《論語》，我當時喜歡讀到什麼地步呢？只要老師規定的文化基本教材上的篇章，我能背的都背了。《論語》中，我現在能夠背誦的內容大概都是高一背的，還有一些背不了，大概因為那時候沒背，所以諸位年輕朋友趁著年輕要多背、背熟。背書是一件非常好的事，因為書啊，背進去以後無時不在，而且它和你的行住坐臥、和你的整個生命連在一塊，也就是說，你不是坐在課堂上才在讀書，你任何時刻都在讀書。

　　就這樣讀著讀著，我到了大學，走向了中國哲學這一條路。讀《論語》到現在，你問我：「林老師你讀了多少遍？」我真的是不清楚讀了多少遍，但是我自己講習《論語》，一章一句的，從「學而時習之」[6]到「不知命，無以為君子也」[7]，大概有十幾回。十幾回不算多，因為《論語》比較長，大概有一萬六千字。我讀的比較多、背的比較多的是《道德經》，因為《道德經》只有五千字。到現在為止，我大約講過六十多回《道德經》，所以我最熟的一部經典是《道德經》。

　　但《論語》跟《老子》不同。《老子》道法自然，《論語》講學思

---

[6] 《論語》〈學而〉：子曰：「學而時習之，不亦說乎？有朋自遠方來，不亦樂乎？人不知而不慍，不亦君子乎？」

[7] 《論語》〈堯曰〉：子曰：「不知命，無以為君子也。不知禮，無以立也。不知言，無以知人也。」

互濟，學者覺也。道家講「自然」，《論語》講「自覺」。如果用閩南古音讀的話，會發現「自然」和「自覺」有很大不同，一個是平聲字（然），一個是入聲字（覺）。入聲字的特性是簡潔有力，代表最重要、最核心的概念，多半用入聲字。自覺，是天下事最重要是你自己作主。入聲字是中國文明的瑰寶，講到這裡我不禁想起葉嘉瑩先生說，你不懂得入聲字，誦讀詩經、唐詩、宋詞就會失去滋味。在座的諸位朋友，如果你的家鄉是非官話地區，比如閩南、廣東或者浙江，你大概很容易了解，因為這些地方的方言，多半就是古漢語，大體來說有入聲字。

在閱讀過程中，一篇一章地讀《論語》，你會深深覺得《論語》其實是一個有機的生命整體，你深深感受到你跟孔老夫子以及孔老夫子的弟子生活在一塊，你能慢慢體會玩味其中的道理。今天我想跟大家說，《論語》這樣一部經典和我們的生活、實踐密切相關，所以《論語》的詮釋一定離不開生活。讀《論語》，重要的不是你讀了多少注解，而是你真正體貼到多少。

後來我在大學階段參加了一個非常重要的社團，就是「鵝湖月刊社」。這個社團是一九七五年創辦的，我在一九七五年九月進入大學學習。社團的創辦者是我的學長們，包括王邦雄、曾昭旭、袁保新、楊祖漢等等，他們有的大我幾歲，有的大我多一些。我進入大一時就有因緣跟他們見面，這非常好。什麼因緣呢？我進入大學很高興，第一件事是見我的恩師蔡仁厚先生和楊德英先生。他們跟我說有一個社團叫「鵝湖月刊社」。這個「鵝湖」啊，有人還搞不清楚什麼是「鵝湖」。你知道嗎？這個「鵝湖月刊社」創辦的時候去登記，有人還問，你這是農業雜誌嗎？講了半天，他們才知道，原來「鵝湖」是指朱熹、陸象山鵝湖之會。鵝湖代表一個學問論壇的地方。《鵝湖月刊》的創立是臺灣文化的一個非常獨特的發展，代表臺灣經濟起飛後

慢慢跨到一個新的年代,是中國文化真正在民間生長成學問的一個標誌,那是在上世紀七○年代中。

這個因緣也剛好是一九七五年唐君毅先生到臺灣當客座教授。我讀唐君毅先生的書,上宋明理學的課。唐君毅先生後來因為癌症沒有辦法來上課,就改由牟宗三先生來上課。兩位先生當時都在香港新亞研究所上課。以前在臺灣,儒學和官方結合在一塊,國民黨儒學大概以蔣介石、陳立夫為主導。一直到我們讀書的那個年代,唐、牟兩位先生來講學,別有一番氣象。在他們的理解,儒學當然高於政治之上。牟先生和唐先生都不是政治中人,而是學術中人。後來錢賓四先生也從香港來到臺灣講學,所以臺灣儒學的發展從七○年代以後越來越好。我們剛好就在這個勢頭中生長。牟先生一九四九年來了臺灣,先在臺灣師範大學任教,後來去了東海大學,後來又去了香港,一直到七○年代中葉,又回到臺灣。在臺灣講學,從一九七六年開始,一直到一九九五年過世,臺灣可以說是牟先生學問生長及傳述,還有發揚的一個最重要陣地。

五　經典即是生活,生活就是實踐,實踐中有詮釋

今天談這些,我是想跟大家說,經典和生活是密切相關的,經典就是生活,生活不外實踐,實踐中會有詮釋。我剛才就等於在詮釋,詮釋就會點化,一點化就會不一樣。生活之為生活不是一般世俗的生活,生活裡面隱含著一種生命的體驗,「生」就變成「源泉滾滾,沛然莫之能禦」那樣一種動能,而這個「活」,一樣,在整個生活世界之中鳶飛魚躍,無所不在,這就是生活。

當然,你如果讀禪宗會覺得,禪宗也是不外乎生活。沒錯,禪宗的「生活」和儒家的「生活」、道家的「生活」都是生活,只是儒道兩

家的「生活」和佛教的「生活」不同。佛教的「生活」告訴你心無罣礙，當下即能明心見性，明，說的是「般若智」，明，觀一切皆空，能渡脫到彼岸。見性，性是「佛性」，佛性是真如。真如是一切法皆歸真如，即萬有一切皆歸於空無，所以你了無罣礙。「一切有為法，如夢幻泡影，如露亦如電，應作如是觀。」[8]這和儒家不同。儒家不會說「一切有為法，如夢幻泡影」，儒家說凡走過的必留下痕跡，不只留下痕跡，而且還生生不息。「殷因於夏禮，所損益，可知也；周因於殷禮，所損益，可知也」，如此推而擴之，「雖百世亦可知也」[9]，所以儒家重視連續性（continuity），一種生生不息的連續性，重視「生」這個概念，而佛家重視的是剎那生滅。所以讀《論語》要恰當地讀，如果你用禪宗的道理來讀，讀了半天，到最後發現不對。有一位臺灣的朋友在大陸講儒學講得不錯，也講《論語》，有一次他問我：「你覺得我講得怎麼樣？」我跟他說：「禪味太重。」禪味太重，講當下就是放下；而儒家講當下是提起。當下提起生生不息，不是當下放下了無罣礙。中國受佛教影響很深，佛法也很了不起，但是畢竟與儒學有不同，這要了解到。所以，「生」，「原泉混混」[10]，「沛然莫之能禦」[11]；「活」，「範圍天地之化而不過，曲成萬物而不遺」[12]，這樣才叫「生活」。生活中就有實踐，實踐中有詮釋。

---

8 參見《金剛經》〈三十二品〉。
9 參見《論語》〈為政〉：子張問：「十世可知也？」子曰：「殷因於夏禮，所損益，可知也；周因於殷禮，所損益，可知也；其或繼周也者，雖百世可知也。」
10 參見《孟子》〈離婁下〉：孟子曰：「原泉混混，不舍晝夜。」
11 參見《孟子》〈盡心上〉：孟子曰：「舜之居深山之中，與木石居，與鹿豕游，其所以異於深山之野人者幾希。及其聞一善言，見一善行，若決江河，沛然莫之能禦也。」
12 參見《繫辭上傳》：範圍天地之化而不過，曲成萬物而不遺，通乎晝夜之道而知，故神無方而易無體。

六　回歸語境閱讀經典

　　我常常強調，讀古書，請回到古漢語的語境中去理解。我們現在讀《論語》，常常離開了我們的生活世界，離開了生活世界應該有的詮釋，而且常常可能是洋漢學家怎麼說，我們就跟著怎麼說。近一百多年來，我們基本上接受了西方近現代以來的傳統，強調人的主體性，認為人是非常重要的。人果真是很重要的，儒家也強調人很重要，但是重點不同。西方近現代的「人」的概念是從神的殿堂走出來，人的理智的照亮幾乎取代了上帝，不只強調人是萬有一切的詮釋的起點、實踐的起點，而且以為人能夠管控整個世界，甚至想要征服這個世界。笛卡爾（René Descartes，1596-1650）說：「我思故我在。」（cogito ego sum）[13]這是通過思維「我」的存在去證立「我」的存在。培根（Francis Bacon，1561-1626）[14]說：「知識就是力量。」把知識（knowledge）和力量（power）連在一塊，認為人擁有認知的能力，是力量的掌握者。但是，中國哲學不這麼講，我們會說，人和天地連在一塊，人是得天地陰陽五行之秀氣而最靈者。人有一個非常重要的任務，「人之異於禽獸者幾希」[15]，人要參贊天地之化育。「參贊」這兩個字多好，「參」就是參與，「贊」就是助成，人參與天地之間而助成它。西方近現代的「人文」是人走出神的殿堂來主宰天地。我們是人

---

[13] 法國笛卡爾的哲學命題。是他通過懷疑，清除心靈中一切傳統和偏見和一切可疑的知識後，得到的第一條哲學原理。他認為當我在懷疑一切時，我不能懷疑那個正在懷疑著的「我」的存在，這是清楚明白因而也是確實可靠的事實，而懷疑是一種思想活動，因而這個思想著、懷疑著的「我」是存在的。參見馮契主編：《哲學大辭典》（上海市：上海辭書出版社，2007年），頁1643。

[14] 培根（Francis Bacon，1561-1626），英國哲學家，英國唯物主義和現代實驗科學的始祖。

[15] 《孟子》〈離婁下〉：孟子曰：「人之所以異於禽獸者幾希，庶民去之，君子存之。舜明於庶物，察於人倫，由仁義行，非行仁義也。」

參贊天地之間，去助成、順承、參與，即使有再高的科技都是「天工人其代之」[16]，即大自然之巧功人其代之而已。人天雖有分別但最後要和合為一。所以你讀《論語》一定要放在整個場景、情境、生活世界中去，要還原到歷史社會文化中去。因為人之為人，是生活在天地之中的，是生活在古往來今之中的。

七　《論語》的精神氣脈：「雲從龍，風從虎」

中國古典語文有個很獨特的地方，它不注重語法而注重章法，不只注重章法，還注重整部書的精神氣脈，要契入整部書的脈絡才能分派處理得好。有人說《論語》二十篇是有脈絡的，它自有其有安排，但很難說明它安排了些什麼。我讀《論語》大約四十年以上了，還沒有想好應該怎麼分派它，今天早上醒過來，想到了，我稍微分派了一下，你看，這是我分派的：

　　第一篇〈學而〉：為學悅樂、君子自反。
　　第二篇〈為政〉：為政以德、養其性情。
　　第三篇〈八佾〉：禮樂教化、人文化成。
　　第四篇〈里仁〉：里仁為美、君子懷德。
　　第五篇〈公冶長〉：不罪無過、道器不離。
　　第六篇〈雍也〉：南面居敬、文質彬彬。
　　第七篇〈述而〉：述作默識、志道據德。
　　第八篇〈泰伯〉：禮讓為國、民可使由。
　　第九篇〈子罕〉：承命立統、歲寒後雕。

16　《尚書》〈皋陶謨〉：無曠庶官，天工人其代之。

第十篇〈鄉黨〉：鄉黨宗廟、時處以禮。

第十一〈先進〉：先進質樸、禮樂可成。

第十二〈顏淵〉：克己復禮、天下歸仁。

第十三〈子路〉：勇者力行、以正治國。

第十四〈憲問〉：知恥明德、修身居藏。

第十五〈衛靈公〉：恭己南面、忠恕一貫。

第十六〈季氏〉：禮樂征伐、君子三畏。

第十七〈陽貨〉：出處進退、興觀群怨。

第十八〈微子〉：陪臣柄政、賢臣遠隱。

第十九〈子張〉：道德宏篤、仲尼日月。

第二十〈堯曰〉：允執其中、知命君子。

　　這或許可以說是我讀《論語》數十年的一點心得吧！中國的分類方式不是現代邏輯的理性分類，而是生命情氣的感通，是「雲從龍，風從虎」[17]，相與為類。你讀《論語》，記住不要用現代理性邏輯去分類，你要去體會、玩味，這一點很重要。體會、玩味，並不是說不用你的腦袋思考，還是有一些基本的方法的，朱熹有個提法是「讀《論語》和《孟子》法」。他引程子之言說：「凡看語孟，且須熟讀玩味。須將聖人言語切己，不可只作一場話說。人只看得二書切己，終身盡多也。」[18]對的，重點就在於切己不切己，這切字用得極好，要貼切、親切、與自己的生命有切身的感受。

---

17 《周易乾卦》〈文言〉：九五曰：「飛龍在天，利見大人」，何謂也？子曰：「同聲相應，同氣相求。水流濕，火就燥。雲從龍，風從虎。聖人作而萬物睹，本乎天者親上，本乎地者親下，則各從其類也。」

18 參見《讀論語孟子法》。

八 「缺憾還諸天地，亦是創格完人」：鄭成功引朱子學入臺

朱熹，[19]大家知道吧，有人說他是「江西佬」，有人說他是「安徽佬」，我們福建人說他是「福建佬」，都可以。他是我們中國人，而且對日本、韓國乃至整個東亞的影響非常深，譬如日本明治維新能夠成功與朱熹有密切的關係。基本上，臺灣的儒學傳統是朱子學，是隨著鄭成功從福建去的。鄭成功是福建人，和他的軍師陳永華一起到臺灣之後就建立孔廟，把朱熹的學問引到臺灣，臺灣也由此走向文治治國。

臺灣文化的生成跟鄭成功[20]有密切的關係。我常說啊，政治雖失敗，文化還是成功的，叫鄭成功。鄭成功以政治來講是失敗的，他戰敗了，不到四十歲就過世了。但是鄭成功在臺灣影響範圍很廣，臺南有個延平郡王祠，專門奉祀他。「延平郡王」，是明朝給他的封號。你們到臺灣旅遊的話，什麼阿里山、日月潭當然要去，自然風光嘛，還要到臺南參拜一下臺灣最早的孔廟，參訪一下延平郡王祠。祠裡有一副對聯，是當時清朝的撫疆大臣沈葆楨寫的：「開萬古得未曾有之奇，洪荒留此山川，作遺民世界；極一生無可如何之遇，缺憾還諸天地，是創格完人」。沈葆楨很了解儒家的觀念，他知道儒家所歌頌的

---

19 朱熹（1130.9.15-1200.4.23），字符晦，又字仲晦，號晦庵，晚稱晦翁，諡文，世稱朱文公。祖籍徽州府婺源縣（今屬江西省婺源），出生於南劍州尤溪（今屬福建省尤溪縣）。宋朝著名的理學家、思想家、哲學家、教育家、詩人，閩學派的代表人物，儒學集大成者，世尊稱為朱子。

20 鄭成功（1624.8.26-1662.6.23），本名森，又名福松，字明儼、大木。福建泉州南安人，祖籍河南固始。漢族，明末清初軍事家，抗清名將，民族英雄。其父鄭芝龍，其母名田川氏。弘光時監生，因蒙隆武帝賜明朝國姓「朱」，賜名成功，並封忠孝伯，世稱「鄭賜姓」、「鄭國姓」、「國姓爺」，又因蒙永曆帝封延平王，稱「鄭延平」。

完人往往在現實上是缺憾的。儒家歌頌的不是現實的成功者,而是在現實上努力去追求理想的人。你看《史記》〈伯夷列傳〉、《史記》〈泰伯世家〉,都是如此。《泰伯世家》被列為世家之首,講禮讓為德,《伯夷列傳》居列傳之首代表純粹理想性的堅持。後人有副聯語歌頌,說「一根窮骨頭支撐天地,兩個餓肚皮包羅古今」,伯夷、叔齊了不起。鄭成功「缺憾還諸天地,亦是創格完人」,我常拿這副對聯跟很多臺灣朋友說,臺灣自來就是「承天命、繼道統、立人倫、傳斯文」,所以才有今天。如果臺灣摒棄了天命,不繼承道統,臺灣就很難成為今天這個樣子。

九　朱熹：讀《論語》和《孟子》法

我想在座的很多朋友一定都讀過朱子《四書章句集注》所列的「《讀《論語》《孟子》法》」。我們且來看看!

程子曰:「學者當以《讀《論語》《孟子》法》為本。《讀《論語》《孟子》法》既治,則六經可不治而明矣。讀書者當觀聖人所以作經之意,與聖人所以用心,聖人之所以至於聖人,而吾之所以未至者,所以未得者。句句而求之,晝誦而味之,中夜而思之,平其心,易其氣,闕其疑,則聖人之意可見矣。」[21]

「易」是平易,順勢自然謂之「易」。所以讀《論語》有讀不通的話沒關係,「闕其疑」嘛。平其心、易其氣,久了,你讀《論語》就好像與親人、長者為伴一樣,有長者指點你。你要把孔老夫子的氣象讀出來。孔老夫子的氣象是什麼?是「老者安之,朋友信之,少者

---

21 參見《讀《論語》《孟子》法》。

懷之」[22]，是「浴乎沂，風乎舞雩，詠而歸」[23]，是「子之燕居，申申如也，夭夭如也」[24]，是太和境界。但是他也有憂啊，「德之不修，學之不講，聞義不能徙，不善不能改，是吾憂也。」[25]孔老夫子當然有所憂，那個年代，不講學、不修德，但是他還是要過日子，怎麼過呢？從容中道。「從容」什麼意思？不是讀得很慢叫作「從容」，該快則快，該慢則慢，讀懂了有體會了就讀慢一點，讀不懂，沒體會，那沒關係，略過去。什麼叫「略過去」？你上網的時候，電腦有時會彈出一個「問題」問你要不要處理呀？然後它讓你選擇要「處理」或者「忽略」。你知道，這時候最好點「忽略」。對，因為你選了「忽略」接下來就可以繼續工作，但是你點了「處理」就會沒完沒了。我常跟我的學生說，你在寫博士論文的時候也需要這樣處理。處理不了，就忽略，忽略是記得以後再處理。處理沒有完成，但你說，我一定要把它完成！那你可就完了，知道嗎？我不知道電腦這一點是誰發明的，

---

22 《論語》〈公冶長〉：顏淵、季路侍。子曰：「盍各言爾志？」子路曰：「願車馬、衣輕裘，與朋友共。敝之而無憾。」顏淵曰：「願無伐善，無施勞。」子路曰：「願聞子之志。」子曰：「老者安之，朋友信之，少者懷之。」

23 《論語》〈先進〉：子路、曾皙、冉有、公西華侍坐。子曰：「以吾一日長乎爾，毋吾以也。居則曰：『不吾知也！』如或知爾，則何以哉？」子路率爾而對曰：「千乘之國，攝乎大國之間，加之以師旅，因之以饑饉；由也為之，比及三年，可使有勇，且知方也。」夫子哂之。「求！爾何如？」對曰：「方六七十，如五六十，求也為之，比及三年，可使足民。如其禮樂，以俟君子。」「赤！爾何如？」對曰：「非曰能之，願學焉。宗廟之事，如會同，端章甫，願為小相焉。」「點！爾何如？」鼓瑟希，鏗爾，舍瑟而作。對曰：「異乎三子者之撰。」子曰：「何傷乎？亦各言其志也。」曰：「莫春者，春服既成。冠者五六人，童子六七人，浴乎沂，風乎舞雩，詠而歸。」夫子喟然嘆曰：「吾與點也！」三子者出，曾皙後。曾皙曰：「夫三子者之言何如？」子曰：「亦各言其志也已矣。」曰：「夫子何哂由也？」曰：「為國以禮，其言不讓，是故哂之。」「唯求則非邦也與？」「安見方六七十如五六十而非邦也者？」「唯赤則非邦也與？」「宗廟會同，非諸侯而何？赤也為之小，孰能為之大？」

24 參見《論語》〈述而〉。

25 參見《論語》〈述而〉。

真的這麼人性化。忽略,就是這裡說的「闕其疑」。

「讀書者當觀聖人所以作經之意,與聖人所以用心,聖人之所以至於聖人,而吾之所以未至者,所以未得者。」你去體會聖人何以作經,聖人所以用心。聖人之所以至於聖人,而我為什麼達不到,所以未得。聖人是什麼?通天地人謂之「聖人」。「聖」這個字,就是耳聽於天、口宣之於人,把那神聖的天道信息傳述到人間來。有一次我講到這裡,一個基督教的牧師跟我說,這跟上帝啟示我們很像啊。我說那也不錯,基督教神學如果都往這個方向思考的話,儒耶一定可以對話。對於基督教神學,我基本上還是樂觀的,特別是在中國境內。中國境內有一個獨特的地方,就是政治的力量大到可以封鎖一些東西,讓本土的經濟、文化好好發展。譬如說,世界上哪有一個國家像中國政府有這麼大的力量能夠讓谷歌網不在中國大陸境內,因為谷歌網受到限制,百度、搜狗、易網等等互聯網公司都湧現出來了。所謂「自由」是什麼?西方有所謂「自由貿易」,意思就是資本家用最強的力量來宰制你。我們當然不能隨便讓資本家,或者最龐大的西方力量徹底宰制嘛,對不對?如果被來自於整個西方力量的基督教神學完全控制,那麼你還會有自己本色化、本土化的神學嗎?不可能。現在有政治的力量介入,所以基督教在中國民間只好自己生長,逐漸茁壯以後,也就會不一樣。

你想,如果國際語言都統一為英語的話,中文還有機會嗎?沒機會了。現在聽說,高考語文的比例增加了,這是明智之舉。它告訴國內的人,咱們中國語文本來是世界性的,而且咱們自己很容易學習。外國人學中文是困難的,因為他們放不下他們的連綿語。他們的語言是「連綿語」,要連在一塊說,我們不是,我們是單音節。單音節在講的時候,這個字會顯得比較獨特。中文的難處,不僅在於單音節,念的時候比較困難,中文最難的是寫,因為漢字是一筆一劃的寫法,很

辛苦的。洋人喜歡貼在紙上寫。我年少時候念的初中是教會學校，有很多洋人很喜歡中國文化。只要他們在黑板上寫字，一寫，粉筆就斷。洋人的手啊，沒有辦法像我們這樣柔軟。我們寫字能以非常快的速度，在要碰到轉折的時候馬上變化，你不要小看啦，這一筆一劃就這樣寫。我們使用毛筆和他們使用鵝毛筆（鵝毛管）有很大不同。毛筆是軟的，而鵝毛管是硬的。我們使用筷子，跟他們使用叉子有很大不同。我常說，使用叉子是主體通過一個中介者，強力侵入客體，控制客體；使用筷子是主體通過中介者連結客體，構成整體，達到均衡和諧才能舉起客體。這個說法很多人都會贊成，有個朋友說你要申請專利，哈哈！我以為中國人最擅長軟著陸，而洋人在這一點就很困難，因為我們的一切都在彈性之中，包括看紅綠燈，我們都在彈性之中。我們覺得所有的語言文字符號系統只是一個參考架構，只有面對存在本身是最真實的。你讀《論語》同樣要體會這些東西，要讀入字裡行間，而不是僵在字上。你要體會，「晝誦而味之，中夜而思之」，要「平其心，易其氣」。心平了、氣順了，從容自然，道理也就開顯了。

> 程子曰：「凡看文字，須先曉其文義，然後可以求其意，未有不曉文義而見意者也。」[26]

曉其文義，然後進一步求其意。文字的意義之上有一個更高的意蘊，意象，最終又與作者的心靈意向有密切的關係。我記得之前提到，讀中國古典要感其意味、體其意蘊，然後才能明其意義，所以一定要有語感。如果讀的時候沒讀懂，你就再玩味一下。「學而時習之，不亦說乎？有朋自遠方來，不亦樂乎？人不知而不慍，不亦君子

---

[26] 參見《讀《論語》《孟子》法》。

乎？」²⁷你發現,「說」和「樂」不太一樣。你講「學而時習之,不亦樂乎」就不對。「說」者,自悅也;「樂」者,共樂也。「樂」是生命生息的互動感通,一種存在的真實相遇之樂。「說」是回歸內在的心靈,往上追溯宇宙造化之源的本體的喜悅。說、樂精神不同。「人不知而不慍,不亦君子乎?」講君子人格是一個自我完善的過程,無關乎你是不是博士,無關乎你是不是國家領導人,無關乎你是不是立法院的委員。你進而聯想到,「興於詩,立於禮,成於樂。」²⁸年少時「興於詩」,詩興發其志氣也;「立於禮」者,有所立也,禮,讓你能卓然自立,有所確定;「成於樂」,和合而同一也。這句話原先講的是,一件事,你行禮的時候一定先頌詩、行禮、奏樂。人的生命也是如此,像一首樂章一樣。「樂其可知也:始作,翕如也;從之,純如也,皦如也,繹如也,以成。」²⁹

　　讀《論語》就是要這樣,讀熟,慢慢進來,慢慢理解。你還會讀很多其他的書,於是你知道,「學而時習之,不亦說乎?」原來是講教育權、學習權的解放。教育權、學習權的解放讓所有願意學習的人都能夠進入到整個文化價值的創造過程中,並且能夠上溯其源,因而有本體之喜悅。春秋時期,社會發生變化,井田制瓦解,游士階層興起,自由民增加了,人與人之間的遷徙自由多了,所以人與人之間相與的道德真實感顯豁了。「有朋自遠方來,不亦樂乎?」如此一來,你就能了解,君子這個概念不再是一個社會的階層概念,而是轉變為德性的位階概念。德性的位階和社會階層不同,社會階層是「趙孟之

---

27 參見《論語》〈學而〉。
28 參見《論語》〈泰伯〉。
29 引自《論語》〈八佾〉:子語魯大師樂。曰:「樂其可知也:始作,翕如也;從之,純如也,皦如也,繹如也,以成。」

所貴，趙孟能賤之」[30]，一個政治社會共同體的領導者給你的，可以貴之、賤之，給你，也可以從你這裡剝奪。這裡君子強調的是「人人有貴於己者」，每一個人都有他最為可貴的東西，有良貴者才會有良知、良能，思想就是這樣一步一步來的。

「君子」的概念發生了變化，君子是人格的自我完善過程。孔老夫子說「吾十有五而志於學」。「學」者，學道也；志於學就是志於道。「三十而立」，「立」者，立於禮也。「四十而不惑」，能夠卓然確立、無所惑。「五十而知天命」，一方面知自然之限制，一方面知造化之無窮。儒學必須講下學而上達，踐仁而知天，上下與天地同流。孔老夫子又說「加我數年，五十以學易，可以無大過矣。」[31]你馬上想到子貢說：「夫子之文章，可得而聞也；夫子之言性與天道，不可得而聞也。」[32]孔老夫子談不談性命天道呢？談，但是子貢沒聽懂，所以「不可得而聞也」。你不可以理解為孔老夫子不談性命天道。孔老夫子有沒有天道論？有啊。有沒有形而上學？有啊。學界裡有人說，儒家都是世俗倫理之言，後來受到道家影響，所以才會有天道等等想法。這個說法是瞎說，違背事實，但是居然還有一定的影響力。今人之浮淺，有如是者耶！真是可嘆！

近現代有很多關於中國哲學的瞎說，影響力還蠻大的。比如，中國因為性善說，對人性太自信了，所以不會出現民主法治，這是瞎說。認為性惡論才會出現民主政治，這是也瞎說。我常舉一個例子，像霍布斯（Thomas Hobbes，1588-1679）[33]主張「人性如豺狼」，他卻是專制的擁護者。讀書要讀熟，讀熟要讀懂，讀懂要讀透。所謂「透」

---

30 參見《孟子》〈告子上〉：孟子曰：「欲貴者，人之同心也。人人有貴於己者，弗思耳。人之所貴者，非良貴也。趙孟之所貴，趙孟能賤之。」
31 參見《論語》〈述而〉。
32 參見《論語》〈公冶長〉。
33 霍布斯（Thomas Hobbes，1588-1679），英國哲學家。

就是融貫,融會貫通。有人說中國儒學沒有責任倫理。哪裡沒有?曾子曰:「吾日三省吾身:為人謀而不忠乎?與朋友交而不信乎?傳不習乎?」[34]你能告訴我這不是責任倫理嗎?很清楚啊。「令尹子文三仕為令尹,無喜色;三已之,無慍色。舊令尹之政,必以告新令尹。」[35]楚國的令尹子文,三次當令尹、三次被罷黜。被罷黜不是拍拍屁股就走了,他一定把自己的一切政令及實施狀況,及相關事務,全部告訴新令尹。孔老夫子稱讚他「忠矣」。你能告訴我這不是責任倫理嗎?所以,說儒家只有意圖倫理沒有責任倫理,這不是瞎說嗎?瞎說之後,還要加上「中國如何要從意圖倫理開出責任倫理」,這不是一種瞎說之後的瞎說嗎?現在中國哲學界的瞎說還是蠻多,真令人擔憂。

　　所以讀《論語》要讀熟。「夫子之言性與天道,不可得而聞也。」子貢聽不懂。子貢是一個很通達的人,他最通達的是管理學、財經學、外交學等最實用的學問。子貢如果在這個時代一定是巴菲特(Warren Buffett)[36]。根據《史記》記載,子貢賤買貴賣,億則屢中,逢低買進,逢高賣出,每一次都中。套用現代的理解,你可以猜想,孔老夫子周遊列國的經費大概有一大半是子貢從股票市場和期貨市場賺得的。子貢很厲害,他是衛國的大商人,因為仰慕仲尼先生的學問前來求學,本來想學三五個月也就罷了,結果一學,三年五載不止,三十年五十年。孔老夫子過世之後,他成為群弟子中真正能夠幫忙處理種種事務

---

34 參見《論語》〈學而〉。
35 參見《論語》〈公冶長〉:子張問曰:「令尹子文三仕為令尹,無喜色;三已之,無慍色。舊令尹之政,必以告新令尹。何如?」子曰:「忠矣。」曰:「仁矣乎?」曰:「未知。焉得仁?」「崔子弒齊君,陳文子有馬十乘,棄而違之。至於他邦,則曰:『猶吾大夫崔子也。』違之。之一邦,則又曰:『猶吾大夫崔子也。』違之。何如?」子曰:「清矣。」曰:「仁矣乎?」曰:「未知,焉得仁?」
36 沃倫·巴菲特(Warren Buffett, 1930.8.30—),男,生於美國內布拉斯加州奧馬哈市,全球著名的投資商。從事股票、電子現貨、基金行業。

的領導者，而且他知道自己沒有悟道，他不會去爭取大位。

　　孔老夫子對於接班人要求是很高的，但也出現了種種問題。他第一個想到的是顏回，「不遷怒，不貳過」[37]。顏回是孔老夫子最好的學生，但是不幸短命死矣。孔老夫子想哪一個人行呢？他發現子貢其實也不錯，他覺得子貢以前不是很行，後來該有些進步，但仍不知道行不行，那再問一下，於是試著問了，「女（汝）以予為多學而識之者與？」[38]端木賜啊，你認為老師的學問是博學多才嗎？子貢說，是啊，難道不是嗎？孔老夫子說，非也，吾道一以貫之。我最可貴的是能夠把學問貫通為一個不可分的整體。通過一個不可分的整體來貫通一切，這不可分的整體有不可言的東西叫「道」。答案是「吾道一以貫之」。於是孔老夫子就著「吾道一以貫之」發問，後來他發覺一個年輕的朋友不錯。這個朋友小他四十六歲，叫曾參。

　　曾家三代人都是孔老夫子的學生，可以看出孔老夫子教學基本上不分年齡。曾參的父親曾點是孔老夫子的學生，他的兒子叫曾西也是孔老夫子的學生。根據記載，曾子比孔老夫子小四十六歲。孔老夫子過世的時候，曾子才二十七歲。他二十七歲你想他兒子多大，就讓他十七歲娶妻生子好了，以前十七歲娶妻生子是可能的。如果他十七歲就有兒子，他兒子不過才十歲啊，所以孔老夫子有童子之為弟子。有一個有趣的笑話，孔老夫子七十二賢裡面，到底成年的多少個，沒成年的多少個？「冠者五六人，童子六七人」，五六三十，六七四十二，不是加起來七十二賢嗎？你看《論語》還隱含了一些有趣的笑話。這當然，是為了吸人眼球的隨意說說，並不是果真如此。

---

37 參見《論語》〈雍也〉：哀公問：「弟子孰為好學？」孔子對曰：「有顏回者好學，不遷怒，不貳過。不幸短命死矣！今也則亡，未聞好學者也。」

38 參見《論語》〈衛靈公〉：子曰：「賜也，女以予為多學而識之者與？」對曰：「然，非與？」曰：「非也，予一以貫之。」

孔老夫子問「吾道一以貫之」。當時年輕的曾參說，是。孔老夫子賣個關子走了，弟子們就圍過來問小曾參，老師說「吾道一以貫之」，你說「是」，請問什麼意思？他回答說：「夫子之道，忠恕而已矣。」[39]「忠恕」如果用一個字來表示，就是「恕」。「盡己之心為忠，推己及人為恕」[40]，這個解釋真好。從這裡可以看出啊，孔老夫子差不多已經準備傳道給他了，也就是想選他作為第二代接班人，結果沒想到孔老夫子還沒有指名就過世了。孔子過世，弟子們守孝三年之後，子貢就召集群弟子過來，群弟子擁立了兩個人，一個是有子，一個是曾子。有若似聖人，他的聲容樣貌，言談舉止，都像孔老夫子，只是個兒稍矮一點。個兒要像孔老夫子一樣高不容易啊，孔老夫子是「長人」，聽說跟姚明差不多。當時有子的弟子說，我們的老師長得很像太老師，我們每天行禮的時候都可以想到太老師。曾子和他的弟子不同意。

你讀《論語》可以讀出曾子和有子不同啦。有子曰：「其為人也孝弟，而好犯上者，鮮矣；不好犯上，而好作亂者，未之有也。君子務本，本立而道生。孝弟也者，其為仁之本與！」[41]對呀，孝悌人倫，重在上下長幼尊卑。曾子曰：「吾日三省吾身：為人謀而不忠乎？與朋友交而不信乎？傳不習乎？」[42]曾子重視職務的責任倫理，重視人與人之間的信用，重視文化的教養和傳承。「孝悌」雖然是很基礎的事，但「忠信」的概念，其普遍性更高。「子以四教：文、行、忠、信。」[43]「言忠信，行篤敬，雖蠻貊之邦行矣；言不忠信，行不篤敬，

---

[39] 參見《論語》〈里仁〉：子曰：「參乎！吾道一以貫之。」曾子曰：「唯。」子出。門人問曰：「何謂也？」曾子曰：「夫子之道，忠恕而已矣。」
[40] 參見《中庸》。
[41] 參見《論語》〈學而〉。
[42] 參見《論語》〈學而〉。
[43] 參見《論語》〈述而〉。

雖州里行乎哉？」[44]你這樣慢慢理解，慢慢擴大，會有體會。今天回去你不妨上網，查一下《論語》中有子和曾子觀點的不同。

我以為以思孟學派作為儒家的嫡傳，我認為是有道理的，因為他的思考真正進入生命的源頭。從周公制禮作樂，到孔子刪詩書、定禮樂，禮樂的源頭是仁。「禮云禮云，玉帛云乎哉？樂云樂云，鐘鼓云乎哉？」[45]「人而不仁，如禮何？人而不仁，如樂何？」[46]孔老夫子點化出這一點了。這個「仁」何在？怵惕惻隱為仁，孟子點出性善。這樣一步步看下來，你就可以理解，這有一個真正的血脈在傳承。

> 程子曰：「凡看《語》《孟》，且須熟讀玩味。須將聖人言語切己，不可只作一場話說。人只看得二書切己，終身盡多也。」[47]

讀《論語》，要一生讀之。我記得大學的時候，我的學長王邦雄先生去拜訪錢穆先生。錢先生第一件事就問他，《論語》讀了幾遍。王邦雄先生很不好意思，就說讀了兩遍了。錢先生說我今年讀了第五十三遍了。就是如此啊，一讀再讀，所以錢穆先生的書還是值得讀的。當代新儒學裡面，錢穆先生的書，當然和牟宗三先生的書、唐君毅先生的書不同，因為唐先生和牟先生受過了西方哲學的訓練，所以有很多哲學概念的語彙。用武功來說，我的老師牟先生招式繁複、功力深厚。錢先生的書啊，招式簡單，但是功力深厚。所以年輕人讀錢先生的書讀不出滋味，會覺得那麼簡單，都是說說而已，實際上他功力深

---

44 參見《論語》〈衛靈公〉：子張問行。子曰：「言忠信，行篤敬，雖蠻貊之邦行矣。言不忠信，行不篤敬，雖州里行乎哉？立，則見其參於前也；在輿，則見其倚於衡也，夫然後行。」子張書諸紳。

45 參見《論語》〈陽貨〉。

46 參見《論語》〈八佾〉。

47 參見《讀論語孟子法》。

厚。讀錢先生的書你要玩味,讀牟先生的書你要思考,這不同。讀《論語》你不要一直抓著它講了什麼意思,要讀熟,多熟?不用多熟,跟我一樣熟悉就可以了。跟我一樣熟悉可能還不夠,因為我還沒有錢先生熟。山東的李炳南居士對於《論語》的熟悉度,大概不亞於錢先生。他有一部書叫《論語講要》[48],我在很多地方稱讚這本書。他有很好的弟子叫徐醒民,幫他做講課記錄。這本書寫得很好。

  程子曰:「《論》《孟》只剩讀著,便自意足。學者須是玩味。若以語言解著,意便不足。」[49]

很清楚了,「若以語言解著,意便不足」。《論語》讀熟了,你就能體會。宰予晝寢,孔老夫子批評他。當然,你會問宰予為什麼上課打瞌睡了?一定是昨天沒睡好。昨天為什麼沒睡好?因為他昨天才跟夫子辯論三年之喪,被夫子批評了一頓,回去輾轉反側睡不著。《論語》讀熟了以後,這很容易連接在一塊。你能夠說明我的說法錯誤嗎?你只會贊成說:「嗯,老師你講的還是有道理的。」宰予跟老師辯論三年之喪,老師動怒了。怎麼動怒了?我們看一看。就這一段嘛,我們都讀過了。

  宰我問:「三年之喪,期已久矣。君子三年不為禮,禮必壞;三年不為樂,樂必崩。舊穀既沒,新穀既升,鑽燧改火,期可已矣。」子曰:「食夫稻,衣夫錦,於女安乎?」曰:「安。」「女安則為之!夫君子之居喪,食旨不甘,聞樂不樂,居處不安,

---

48 雪廬老人講述,弟子徐醒民敬記:《論語講要》(臺中市:臺中蓮社,2003年)。
49 參見《讀論語孟子法》。

故不為也。今女安,則為之!」宰我出。子曰:「予之不仁也!子生三年,然後免於父母之懷。夫三年之喪,天下之通喪也。予也,有三年之愛於其父母乎?」[50]

宰我這個人也是厲害。你讀《論語》可以讀出什麼?孔老夫子允許弟子跟他意見不同,而且可以那麼直接,你知道嗎?老師都已經生氣了,「食夫稻,衣夫錦,於女安乎?」哈,他說「安」。孔老夫子只好說:「女安則為之!」「夫君子之居喪,食旨不甘,聞樂不樂,居處不安,故不為也。今女安,則為之!」宰我覺得被老師說了一頓,嘖,難過,上課上一半,開著門就出去了。老師感嘆一聲,宰我宰我,何等不仁吶!他又回過頭來一想,宰我何以如此呢?是不是宰我的父母對他不夠好?人啊,父母子女的關係是很密切的。「子生三年,然後免於父母之懷。」人是非常脆弱的具有靈性的動物。人很可貴是因為具有靈性,但是凡是具有靈性的必然脆弱。豬生下來就會走路啦,很厲害。你有沒有看過豬生下來?我看過,因為我家以前養過母豬。雞,啄破蛋殼出來就會走路了,而且會啄米,這是本能。本能強者,其覺性不高,我們是本能低但是覺性高。人的可貴就是覺性,不是本能。所謂「良知良能」者,知良叫「良知」,能良叫「良能」,所以不是 biological,不是生物學意義的,是 moral,是道德學意義的。良知良能屬道德學,是覺性之所發。

「夫三年之喪,天下之通喪也;予也,有三年之愛於其父母乎?」後一句話多麼具有一種關懷,一種悲憫!宰我啊,難道父母對你的愛不足嗎?孔子講得很慈悲,但弟子們很難體會。這句話這樣講,弟子可能聽錯了,回到宿舍,看到宰我很難過,就問他,宰我你好一點沒

---

50 參見《論語》〈微子〉。

有?宰我說,我今天不好意思跟老師頂撞,不知道老師怎麼樣?弟子說,老師說你不仁啊!宰我就越發難過,整個晚上都睡不著。睡不著怎麼辦?就沒睡。沒睡第二天要不要上學?當然要啊。第二天上學,畫寢又被老師點名起來罵了一頓。所有的弟子都想,完了!子曰:「朽木不可雕也,糞土之墻不可杇也,於予與何誅?」你看這話講得很厲害了。子曰:「始吾於人也,聽其言而信其行;今吾於人也,聽其言而觀其行。於予與改是。」[51]讀《論語》會發現孔老夫子很少如此追殺。這與孟子的風格大大不同。我們說孔老夫子充滿了溫馨,充滿了生意,而孟子則是帶有秋煞之氣,一直辯論、一直追殺,所以《孟子》是辯論,《論語》是交談。交談是傾聽,傾聽是你說說,我也說說。而孟子劈頭就是批駁到底,「叟不遠千里而來,亦將有以利吾國乎?」孟子對曰:「王何必曰利?」[52]然後接下來罵一頓,罵完後,梁惠王就沒話說了。您可以想一下,這是何場景?梁惠王想,今天在飛機場接見了孟老夫子,孟老夫子不容易從那麼遠的地方飛到北京來,本來打算召開記者招待會,請孟老夫子說說看本國的經濟怎樣能夠振興起來。他一定帶著很多大的項目來,告訴我應該怎麼辦,結果居然把我說了一頓。說完了讓我啞口無言,我想還是不要再辯論了,要不然記者傳播出去很難說,於是只能講,那我們就來和平飯店用餐吧!

讀聖賢書,像《論語》《孟子》都是對話體,你要把情境帶進

---

[51] 參見《論語》〈公冶長〉:宰予畫寢。子曰:「朽木不可雕也,糞土之墻不可杇也;於予與何誅。」子曰:「始吾於人也,聽其言而信其行;今吾於人也,聽其言而觀其行。於予與改是。」

[52] 參見《孟子》〈梁惠王上〉:孟子見梁惠王。王曰:「叟不遠千里而來,亦將有以利吾國乎?」孟子對曰:「王何必曰利?亦有仁義而已矣。王曰:『何以利吾國?』大夫曰:『何以利吾家?』士庶人曰:『何以利吾身?』上下交征利而國危矣。萬乘之國弒其君者,必千乘之家;千乘之國弒其君者,必百乘之家。萬取千焉,千取百焉,不為不多矣。苟為後義而先利,不奪不饜。未有仁而遺其親者也,未有義而後其君者也。王亦曰仁義而已矣,何必曰利?」

去，比如這一段有關宰我的，這樣讀就很容易理解。所有弟子都想，好不容易在尼山學堂讀了四年，馬上要畢業了，這下子我們這個師兄恐怕完了。結果畢業典禮的時候公布成績，德行：顏淵、閔子騫、冉伯牛、仲弓。言語，居然宰我還得第一名！子貢，捐錢又多，又會講話，居然是第二名！所以孔老夫子生氣歸生氣，最後下筆給分數的時候還是清楚明白的。政事：冉有、季路。文學：子游、子夏。[53]這個文學當然不是現在的文學系的 literature，而是文化教養之學。

或問：「且將《論》《孟》緊要處看，如何？」你把《論語》《孟子》中最重要的話拿出來編纂成另外一部書然後去詮釋，這樣好不好？好啊。「固是好，但終是不浹洽耳。」[54]讀《論語》你從〈學而〉篇、〈為政〉篇一直讀，讀到最後〈堯曰〉篇，一天讀一篇，二十天就讀完了。你們今天回去就開始讀，二十天後在我們的微信群上說，老師我已經讀完了。我就給你拍拍手。這很好啊，這很重要啊。一定要這樣。

程子曰：「孔子言語句句是自然，孟子言語句句是事實。」[55]你要玩味什麼是自然、什麼是事實，自然和事實有什麼不同。自然天成，回到天地之間。孟子所謂事實是什麼樣？「聖王不作，諸侯放恣，處士橫議，楊朱、墨翟之言盈天下」，所以他要「正人心，息邪說，距詖行，放淫辭」。孟子展開義利之辯、王霸之辯、人禽之辯。了不起！「予豈好辯哉？予不得已也。」[56]孟子那個年代，已經到了不可

---

[53] 參見《論語》〈先進〉：子曰：「從我於陳蔡者，皆不及門也。」德行：顏淵，閔子騫，冉伯牛，仲弓。言語：宰我，子貢。政事：冉有，季路。文學：子游，子夏。

[54] 參見《讀論語孟子法》。

[55] 參見《讀論語孟子法》。

[56] 參見《孟子》〈滕文公下〉：公都子曰：「外人皆稱夫子好辯，敢問何也？」孟子曰：「予豈好辯哉？予不得已也。天下之生久矣，一治一亂。當堯之時，水逆行，氾濫於中國。蛇龍居之，民無所定。下者為巢，上者為營窟。《書》曰：『洚水警余。』洚水者，洪水也。使禹治之，禹掘地而注之海，驅蛇龍而放之菹。水由地中行，江、淮、河、漢是也。險阻既遠，鳥獸之害人者消，然後人得平土而居之。

不調理的地步。人之所以為人是什麼？征伐暴力，所以你要知言養氣，「其為氣也，至大至剛，以直養而無害，則塞於天地之間」[57]，句句事實。「士尚志」[58]，孟子把「志」提高了。大丈夫「居天下之廣居，立天下之正位，行天下之大道。」[59]「廣居」者，仁也。「仁」者，人之安宅也。「大道」者，義也。「義」者，人之正路也。「禮」者，人之正位也。孟子講仁義禮智。仁是真實的感動，義是確當之行為，禮是適合之規範，智是清楚之判斷。所以惻隱、羞惡、辭讓、是

堯舜既沒，聖人之道衰。暴君代作，壞宮室以為污池，民無所安息；棄田以為園囿，使民不得衣食。邪說暴行又作，園囿、污池、沛澤多而禽獸至。及紂之身，天下又大亂。周公相武王，誅紂伐奄，三年討其君，驅飛廉於海隅而戮之。滅國者五十。驅虎、豹、犀、象而遠之。天下大悅。《書》曰：『丕顯哉，文王謨！丕承哉，武王烈！佑啟我後人，咸以正無缺。』

世衰道微，邪說暴行有作，臣弒其君者有之，子弒其父者有之。孔子懼，作《春秋》。《春秋》，天子之事也。是故孔子曰：『知我者其惟《春秋》乎！罪我者其惟《春秋》乎！』聖王不作，諸侯放恣，處士橫議，楊朱、墨翟之言盈天下。天下之言，不歸楊，則歸墨。楊氏為我，是無君也；墨氏兼愛，是無父也。無父無君，是禽獸也。公明儀曰：『庖有肥肉，廄有肥馬，民有飢色，野有餓莩，此率獸而食人也！』楊墨之道不息，孔子之道不著，是邪說誣民，充塞仁義也。仁義充塞，則率獸食人，人將相食。吾為此懼，閑先聖之道，距楊墨，放淫辭，邪說者不得作。作於其心，害於其事；作於其事，害於其政。聖人復起，不易吾言矣。昔者禹抑洪水而天下平，周公兼夷狄驅猛獸而百姓寧，孔子成《春秋》而亂臣賊子懼。《詩》云：『戎狄是膺，荊舒是懲，則莫我敢承。』無父無君，是周公所膺也。我亦欲正人心，息邪說，距詖行，放淫辭，以承三聖者。豈好辯哉？予不得已也。能言距楊墨者，聖人之徒也。」

57 參見《孟子》〈公孫丑上〉：「敢問夫子惡乎長？」曰：「我知言，我善養吾浩然之氣。」「敢問何謂浩然之氣？」曰：「難言也。其為氣也，至大至剛，以直養而無害，則塞於天地之間。其為氣也，配義與道；無是，餒也。是集義所生者，非義襲而取之也。行有不慊於心，則餒矣。」

58 參見《孟子》〈盡心上〉：王子墊問：「士何事？」孟子曰：「尚志。」曰：「何謂尚志？」曰：「仁義而已矣。殺一無罪，非仁也；非其有而取之，非義也。居惡在？仁是也；路惡在？義是也。居仁由義，大人之事備矣。」

59 參見《孟子》〈滕文公下〉。

非，仁義禮智四端。多清楚啊！

> 程子曰：「學者先讀《論語》《孟子》，如尺度權衡相似，以此去量度事物，自然見得長短輕重。」[60]

尺所以度也，權所以衡也。大家知道，權是秤錘，衡是秤杆。權衡，以此去量度事物，自然見得長短輕重。如果你《論語》《孟子》都沒讀熟，那麼六經要怎麼讀熟呢？

> 程子曰：「讀《論語》《孟子》而不知道，所謂『雖多，亦奚以為』。」[61]

所以要「知道」，「知道」是體會玩味總體、根源。「道」字，在中國古代典籍指根源，總體之根源。德，就是具體之本性。道為根源，德為本性，仁為感通，義為法則，禮為規範。你讀儒家這麼讀，讀道家也一樣。所以「失道而後德，失德而後仁，失仁而後義，失義而後禮。夫禮者，忠信之薄而亂之首。」[62]有人說這個「失」應該讀「先」，應是「先道而後德」，也就是有根源然後才有本性，有本性然後才能感通，有感通然後法則才能確立，法則確立規範才能真正具體落實。當人們只是強調具體規範時，已經是「忠信之薄而亂之首也」。

如果你把「道」解釋成客觀規律，那不準確，道是根源。我們講的是「存在與價值的和合性」，「一陰一陽之謂道」講的是存在的律動，「繼之者善」講的是實踐的參贊，「成之者性」[63]講的是文化的教

---

60 參見《讀《論語》《孟子》法》。
61 參見《讀《論語》《孟子》法》。
62 參見《道德經》第三十八章。
63 參見《周易》〈繫辭上〉：一陰一陽之謂道。繼之者善也，承之者性也。

養和習成。這很清楚啊,這些光靠考據是沒用的,因為你所考據的那些人寫的東西,不見得會比你體會得深啊,所以考據也要明義理。訓詁明而後義理明,義理明而後訓詁明。訓詁明而後義理明是講你學習的先後次序;義理明而後訓詁明,是你真正體會玩味,了解到其中隱含著一些詮釋的基底,這個基底就是義理。義理明而後訓詁明,這是以前唐君毅先生常說的。

十　象山讀《論語》:學苟知本,六經皆我注腳

當然古往今來談怎麼讀《論語》的很多,象山就講過。

> 象山曰:「《論語》中多有無頭柄的說話,如知及之,仁不能守之之類,不知所及所守者何事。如學而時習之,不知時習者何事。非學有本領,未易讀也。苟學有本領,則知之所及者,及此也;仁之所守者,守此也;時習之習此也。說者說此,樂者樂此。如高屋之上,建瓴水矣。學苟知本,六經皆我注腳。」[64]

「學苟知本,六經皆我注腳」,不是注釋我象山陸某人,而是注釋「道」,所以中國的詮釋學最後是上契於道。佛教也認為,究竟了義才是最重要的,「依法不依人」,你所依據的是法,不是哪位師父的講說。「依義不依語」,你所依據是語義不是話頭。「依了義不依不了義」,這講得很好。我在《中國人文詮釋學》這一部書裡面提到了中國詮釋學有五階:道、意、象、構、言。言是語言、句子(sentence);構是結構(structure);象是圖象(image);意是意向(intention);道(dao)是至高的根源之整體。句子是一種堆積、記憶,再上一層是結構,結

---

[64] 參加《象山語錄》。

構是一種掌握,再上一層是圖象,圖象是一種想像,再上一層是意向,意向是一種體會,更高一層是道,道是智慧,智慧是一種體悟。一層一層往上,你就掌握到了。「知及之,仁守之」,守什麼呢?道。「志於道,據於德,依於仁,游於藝」[65]也。你能志於道,以那總體之根源、普遍之理想為定向、志向。志於道而道生之,而德畜之,所以其德為可據也,德是本性,所以「道德」這兩個字不就是「天命之謂性」[66]嗎?是,道為天命,德為性,這是「天命之謂性」。道為根源,德為本性,仁為感通,「依於仁」,「游於藝」,藝為整個生活世界。就整個理論來說,詮釋的根源從「道」「德」而後「仁」而後「義」。

若就整個生活世界的教養從哪裡開始?從藝開始。所以孔子從這裡開始學習,灑掃應對進退,「游於藝」,然後慢慢懂得「依於仁」「據於德」,慢慢懂得「志於道」,從八歲一直陶養到十五歲,所以「十有五而志於學」,十五歲就進入大學了,以前叫小學。這個小學就是灑掃應對,當然,也需要句讀之學,也跟文字、聲韻、訓詁相關,就是說你要學習這些基本的嘛。到了十五歲,「大學之道,在明明德,在親民,在止於至善。」[67]明,明內在之明德本心。親民,是進入到社群裡面,進一步到止於至善。《論語》就是這樣,從「學而時習之,不亦說乎?有朋自遠方來,不亦樂乎?人不知而不慍,不亦君子乎?」[68]到〈堯曰〉篇,講如何「允執其中」,如何真正能夠「興滅國,繼絕世,舉逸民」[69]。這是孔老夫子的理想,「大道之行也,天

---

65 參見《論語》〈述而〉。
66 參見《中庸》:天命之謂性,率性之謂道,修道之謂教。
67 參見《大學》。
68 參見《論語》〈學而〉。
69 參見《論語》〈堯曰〉:謹權量,審法度,修廢官,四方之政行焉。興滅國,繼絕世,舉逸民,天下之民歸心焉。所重:民、食、喪、祭。寬則得眾,信則民任焉,敏則有功,公則說。

下為公」。「老者安之,朋友信之,少者懷之」。

　　這些話語你慢慢讀,讀熟了,把相關的放在一塊去理解。孔老夫子和弟子之間是當下聯繫。「顏淵、季路侍。子曰:『盍各言爾志?』子路曰:『願車馬、衣輕裘,與朋友共。敝之而無憾。』顏淵曰:『願無伐善,無施勞。』子路曰:『願聞子之志。』子曰:『老者安之,朋友信之,少者懷之。』」這裡就彰顯出了孔老夫子襟懷如何,弟子氣象又如何。「子路,行行如也。」[70]子路是孔老夫子最心疼的學生,是他很重視的學生。你可以讀出子路的形容、樣貌,山東人,高大威猛,只小孔子九歲,是尼山學堂的班長。這個班長有一天奇怪了,夫子進來他不喊「起立」。為什麼?因為孔老夫子昨天去見了衛國的夫人南子,於是第二天上課就發生了學生運動,帶頭的就是子路。孔老夫子想起來,原來昨天和美女喝咖啡今天就出事,所以發誓「予所否者?天厭之,天厭之。」[71]你能夠想像孔老夫子和群弟子的聲容樣貌。這就是帶著情境,帶著意味,好好地、實存地,去讀它。

　　現在有學者說「要讓孔子走下聖壇」,這說法真不知從何說起!孔老夫子從來就沒有把自己供在那裡好不好?他本身就在我們的生活世界之中。他就是這樣的坦然、明白。你看,他問弟子的問話都很直接,弟子還跟他發拗,對不對?孔老夫子也生氣,然後到最後也沒事。這就是孔子,生命是何等坦蕩,何等明白。

　　孔老夫子非常懷念已經過世的顏回,就跟子貢說:「端木賜啊,我也稱讚你很聰明,你覺得你怎麼樣呢?你跟你的學長顏回比起來誰行呢?」老師這麼問,子貢也夠真誠地說:「老師你稱讚我聰明,我只不過聞一以知二,不過我的學長是聞一以知十。」我們的仲尼先

---

70 參見《論語》〈先進〉。

71 《論語》〈雍也〉:子見南子,子路不說。夫子矢之曰:「予所否者,天厭之!天厭之!」

生，這一位老師，可真夠絕的，居然就跟子貢說：算你真正了解自己，我贊成你，你的確不如他。[72]你要讀懂這裡的「聞一以知二」和「聞一以知十」。「聞一以知二」是對比性的思考，「聞一以知十」是整體性的思考。一和二是對比的關係，一和十是部分與整體的關係。於是你腦袋裡面馬上出現「舉一反三」、「一以貫之」、「一言以蔽之」。「一言以蔽之」是概括性的思考，「一以貫之」是融貫性的思考，「舉一反三」是脈絡性的思考。我有一次談孔老夫子涉及到的思維方法，就談這五個。哇，你會覺得真是太有趣了。你問我說：「欸，林老師是怎麼想出來的？」因為我讀熟了，熟到孔老夫子晚上都會來托夢。你會體會玩味嘛，這些想法自己就出來了。所以《論語》需要怎樣分章、分類，然後再怎樣安排串聯嗎？不用，讀熟就懂了。他們會自己去串組成相關的組合，真得非常有趣。

十一　結語：經典就是生活，生活就是實踐，實踐中就有詮釋，詮釋須有實踐，實踐不離生活，生活本在經典之中

其實我今天來的目的就是想說，諸位朋友們，請你把《論語》讀熟，把經典讀熟，趁著你年輕的時候。我已經不年輕了，這些書都是以前讀熟的，希望你們一定要讀熟它。讀熟了你就能夠真正了解到我今天要講的東西其實沒什麼。今天講的東西哪有什麼，就是把經典和生活連在一塊。經典就是生活，生活就是實踐，實踐就是詮釋。

你讀《論語》讀熟了，你能想到有子什麼樣，想到曾子什麼樣，你想到孔子、子路，你想到子游、子夏，你想到孟懿子問孝道，慢慢

---

[72]《論語》〈公冶長〉：子謂子貢曰：「女與回也孰愈？」對曰：「賜也何敢望回。回也聞一以知十，賜也聞一以知二。」子曰：「弗如也！吾與女，弗如也。」

地都懂了。讀熟了就懂了，別無他法。《論語》是作為一個中國人應該讀熟的基本經典。讀熟《論語》，算你取得一個作為中國人的身分。這是我常說的。《論語》應該是一個中國人生命的一部分。「天不生仲尼，萬古如長夜。」[73]經典就是一個生活的世界，所以拜託大家一定要讀熟經典，回到生活，回到真正自家腔子以內去體會玩味。其實，千言萬語就是一句話：經典就是生活，生活就是實踐，實踐中就有詮釋，詮釋須有實踐，實踐不離生活，生活本在經典之中。期待大家能夠有緣一起讀《論語》。我就說到這個地方，謝謝大家！

十二　問題與討論

學生：林老師您好，您剛才講到我們讀古書時要回到古典漢語的語境中去理解，您也講我們讀經典的時候要體會玩味。其實我們在讀經典時，很容易把當下的情境帶到經典當中去。

林安梧教授：那很好啊。

學生：學界在講這種詮釋時，把這種現象描述為「主觀的過度投射」，請問我們在讀經典的時候怎麼去避免這個現象？比如當年熊十力先生面對儒家經典，他對於儒家經典的過度解讀的態度，其實像梁漱溟先生、錢穆先生還有余英時先生都對此做出過很激烈的批評。所以我們在讀經典的時候如何能避免「過度投射」？這種客觀的標準或準繩在哪裡？

林安梧教授：其實是這樣的，你請坐。詮釋是沒有定點，但是有範圍。如果說熊十力先生讀經典有過度詮釋，我寧可過度詮釋它。余英時讀儒家經典，當然不如熊十力，梁漱溟讀儒家經

---

[73] 參見《朱子語類》。

典,也不如熊十力。這沒有關係。過度詮釋,你讀到一個地步就會知道,它不會過度,所以不用擔心。你們今天會覺得我過度詮釋嗎?應該不會。你會覺得原來《論語》還蠻有趣的,但最後不要想成《論語》還蠻搞笑的。《論語》當然也可以講成搞笑啊。我到閩南地區去講《論語》,問孔老夫子最喜歡吃什麼肉啊?欸,你很奇怪怎麼會有這個問題?因為《論語》有一段「吃肉」的話,孔老夫子說:「知之者不如好之者,好之者不如樂之者。」[74]知之、好之、樂之,你知道這用閩南話讀的話就是「豬一隻,不如老虎一隻,老虎一隻,不如鹿一隻」,所以孔老夫子最喜歡吃鹿肉。我在漳州師範學院,現在的閩南師範大學,講這一段,哇,他們笑得簡直翻了。這叫搞笑,但是我覺得不當,偶爾談一談覺得好玩。像我這樣解《論語》,你可能在其他地方沒有看過,但是這樣解是合理的,因為你必須放到整個歷史政治社會總體中,放在整個存在情境中去解釋。解釋之為解釋,詮釋之為詮釋本來就沒有一個東西是所謂「絕對客觀」的,它是放在脈絡中去彰顯。你必須能夠 consistent,必須能夠融貫、一致。所以我一直跟很多朋友說,讀中國古代經典,你要慢慢用現代語彙去詮釋看看,而且要能夠通貫。「道」和「德」,儒家和道家所講的當然一樣啊,怎麼會不一樣呢?道為根源、德為本性,只是道家要如其根源、順其本性,講人的「順成自然」,儒家也是啊,但是儒家強調人的「參贊化育」。這個就是熟了就懂了。至於熊十力先生對儒家的詮釋,當然有些人說他過度,但是因為那個年代,他可能要批

---

[74] 參見《論語》〈雍也〉。

評佛教、道教,所以有些不是那麼準確,但是總的來講,他還是很了不起。我的老師牟宗三先生一樣對道家、佛家有批評,但是慢慢到我們這個年代,大概有機會更清楚了,那這個無妨了。像余先生對儒家的理解當然不錯,但是余先生會說,這個時代儒學已經如遊魂了,他有「儒學遊魂說」。我是深深能體會到他講這個話的用心,因為我到過普林斯頓大學(Princeton University)見過他,跟他聊過天。余英時先生也是很了不得的大學者,他真的體會到儒學之飄零如同遊魂一般,但是我想他可能沒有在臺灣長住過。他要是到過馬來西亞的華人地區、中國的臺灣、福建、廣東、江浙的一些鄉下常住過,儒學充滿著生命力,儒學哪裡是遊魂?儒學根本就是實實在在的,活生生的存在。兄友弟恭、父慈子孝、敬天法祖、無所不在,怎麼是遊魂呢?所以我們這個時候就要想辦法,讓活生生的種子真正生長出來,「若泉之始達,若火之始燃」[75]。不必擔心我們會不會過度詮釋,其實就是進到生活中,進到經典中就可以了。好嗎?

今天說得多了,現在也晚了,我們就在這裡打住!總之,希望在座諸位同學,回去開始啟動一個《論語》的閱讀計劃。

---

[75] 參見《孟子》〈公孫丑上〉:孟子曰:「人皆有不忍人之心。先王有不忍人之心,斯有不忍人之政矣。以不忍人之心,行不忍人之政,治天下可運之掌上。所以謂人皆有不忍人之心者,今人乍見孺子將入於井,皆有怵惕惻隱之心。非所以內交於孺子之父母也,非所以要譽於鄉黨朋友也,非惡其聲而然也。由是觀之,無惻隱之心,非人也;無羞惡之心,非人也;無辭讓之心,非人也;無是非之心,非人也。惻隱之心,仁之端也;羞惡之心,義之端也;辭讓之心,禮之端也;是非之心,智之端也。人之有是四端也,猶其有四體也。有是四端而自謂不能者,自賊者也;謂其君不能者,賊其君者也。凡有四端於我者,知皆擴而充之矣,若火之始然,泉之始達。苟能充之,足以保四海;苟不充之,不足以事父母。」

（本文原為山東大學儒學高等研究院於2016-2017年所開啟的「儒家文明論壇：儒道佛三家思想與廿一世紀人類文明系列講座」，由林安梧教授主講，這裡收錄的是第四講，講論時間在2016年11月29日，由王冰雅、張貝、孔維鑫記錄。）

第五章
儒家經典智慧與二十一世紀人類文明：以《論語》為例

本章提要

在學習《論語》的過程中，我深刻體會到儒家思想不僅是對古代社會的道德規範，更是對人性、社會秩序和文明發展的深刻思考。在二十一世紀，全球化和多元文化背景下，儒家經典智慧依然重要。孔子提倡「有教無類」，打破貴族對教育的壟斷，推動社會的平等與進步。同時，君子人格的自我完善思想對現代人的人格塑造具有重要啟示。在現代社會，人們普遍面臨意義危機，牟宗三的「良知坎陷說」通過重新詮釋儒家「良知」概念，為解決這一問題提供了思路。儒學發展應「去蕪存精」，回歸「五倫」這一核心倫理體系，為現代社會的人際關係提供參照。儒家思想從「人倫孝悌」擴展到「仁義忠信」，體現了從家庭倫理到社會倫理的進展。在現代社會，建構人倫共同體、實現人格的自我完善尤為重要。儒家強調存在與價值的和合性，認為人的存在本身就具有道德價值，這為現代人提供了重要的精神指引。儒家的「內聖外王」之道強調個人修養與社會責任的統一，這一思想在二十一世紀依然具有現實意義。

關鍵字詞：《論語》、教育權、解放、君子人格、五倫、仁義忠信、內聖外王、意義危機

一　緣起：我學習《論語》歷程之反思

今天談「儒家經典智慧與二十一世紀人類文明」，這個題目關聯到《論語》，我想借此機會談談讀《論語》的心得。

學習儒學對我來講是很久以前的事。上個世紀七〇年代初，我剛進入臺中一中讀高中。在臺灣，國文就是語文。我的高中國文老師是楊德英老師，教《論語》非常好，我因受她啟發，越來越喜歡儒家哲學。那時我也讀《王陽明傳》，連帶著讀了很多古書。高二時，中間經過了一些轉折，我從自然組轉到社會組，之後更認真地讀這些書。高二上學期，我寫了《從心性及中國文化談起》，大概是我的第一篇論文吧，發表在臺中一中的學校刊物《育才街》上。到了高三上，我寫了《今日談儒家哲學》，高三下，我還寫了另一篇與儒家相關的論文《從天道及中國文化談起》。那個年代，寫這樣文章的高中生不多。

我就這樣慢慢讀著讀著，進入大學，在臺灣師範大學讀國文系。國文系很像我們現在的尼山學堂，或者說更像以前的國學院。我在那裡受到了完整的國學訓練。我們大一教《論語》，大二教《孟子》，大三教《大學》、《中庸》，當然還有許多基本課程，如：文字、聲韻、訓詁、國學概論、中國哲學史、中國文學史、中國古代語法等課程，還有很多選修課，涉及經、史、子、集，總之課程非常多，很豐富。我猜現在尼山學堂的規模和這個也差不多，或者還沒這麼大。臺灣師大國文系主要是章黃學派[1]的大本營，文字、聲韻、訓詁、考據、文

---

[1] 以章太炎、黃侃為代表的學派，繼承乾嘉學派的治學方法，以小學為研究基點，輻射到經學、諸子、歷史、地理、天文曆法、音律、典章制度等學術領域，受傳統的漢學影響很深，同時受到東漸西學的影響，將學術研究與時代相統一，師古趨新並舉。

獻的能力相當厲害。此外，國文系有一個講求義理的新儒學傳統，這是牟宗三先生一九四九年之後到臺師大任教留下的傳統。他當時辦人文友會，教了一些學生，後來這些學生有的成為中學老師，有的成為大學的教授，他們將這個傳統延續下來。我接觸這個小傳統比較多。我高中國文老師的先生，就是我說的師丈蔡仁厚先生，是牟先生的大弟子，而後我也成為牟先生的學生。這個因緣是從那時候開始的。

高一有《論語》課，除了跟老師學習，我們還自己讀書，似懂非懂，但其實《論語》很容易懂，只是懂得不夠深入。我個人覺得對《論語》的理解慢慢深入是在教書以後，也就是在接受了完整的國學訓練之後。所以我常說經典和報章資料不同，經典是完整的系統，只有感其意味，體其意蘊，才能明其意義，逐漸深入。《論語》這部書需要好好研讀。今天我們以此為例來講一些問題。

我學習儒學的歷程是受到《論語》的啟發，還有陽明哲學的激勵。高二我讀鄭繼孟先生寫的《王陽明傳》，寫作《從心性及中國文化談起》，談儒家哲學的一些基本想法。現在我對《陽明傳習錄》很熟悉，我和學生們讀《陽明傳習錄》逐章逐字讀過三遍以上。《陽明傳習錄》反思了整個宋明理學，其主要論敵是朱熹，內容牽涉到四書五經，最主要是四書（《論語》、《孟子》、《大學》、《中庸》）加《易傳》，所以讀《陽明傳習錄》能夠檢討與全部儒學相關的內容。

另外，我還讀了《新唯識論》。當時楊德英老師介紹了很多當代新儒家人物，包括牟宗三、唐君毅、徐復觀、錢賓四、馬一浮、熊十力。誒，你發覺到這和數字有點關係，馬一浮、熊十力、牟宗三、錢賓四，簡直像對聯一樣。楊老師講到熊十力，只聽這個名字就令人覺得獨特，他有一部書是《新唯識論》，我高一就從臺中一中的圖書館借來看，根本看不懂。我看的是語體文本，所謂語體文本，打開一看，原來還是文言，因為民國時代的語體文本不是白話文，而是帶有

語錄體意味的簡易文言。我當時沒有讀懂。怎麼可能讀懂呢？因為它涉及到的知識量太大，涉及古今中外，特別是佛教唯識學。我到大學一年級暑假，才有能力徹底地閱讀，摘抄一遍，還是不懂，但已經有所感應。我感受到儒學在整套理論上是完整的。從《新唯識論》上你可以看到它如何對比佛教，殺出重圍，建構自己的理論。

這些因緣慢慢成熟。中國哲學方面，很幸運，大學的時候，師大留下了當代新儒學的傳統，而且我進校剛好碰到《鵝湖月刊》創刊。我是參與者，不是創刊者。創刊者是大我四五屆的學長。這是一本民間刊物，從一九七五年創刊延續至今，也算是臺灣的一個奇蹟，它煥發出學問與學問討論的風氣。我在參與的過程中學到很多東西。

西方哲學方面，我在臺灣大學念碩博士的時候，系統地修讀了西方哲學課程。臺灣哲學系，當時以臺大為例，必須學習西方哲學、中國哲學、印度哲學，學習量很大。當時臺大西洋哲學是相當不錯的，現在也很好，老師們從歐洲、美國回來會介紹西方人的想法到相當程度。這個過程有助於我反思整個西方近現代發展歷程，我會回想到中國哲學發展歷程，包括它在當代的走向。

這些議題常在念想中。雖然教我們西方哲學的老師不一定那麼關心中國哲學問題，但是因為我很關心中國哲學問題，所以在上課過程中會有很多想法，我習慣寫筆記記下來。譬如我讀韋伯《新教倫理與資本主義精神》，對其中的本質主義的方法論進行反思。我發現民國初年很多前輩的思考受到強大的時代壓力，陷溺在文化本質主義裡。因為西方的堅船利炮把中國打垮了，所以中國人失去了信心，誤認為中國本質上發展出科學是困難的，本質上發展成現代社會是困難的。現在看來這樣的思考是錯的，文化並不是由先天的本質所決定，而是處在不斷地累積和發展過程中。用王夫之的人性論來講，人性並沒有固

定的狀態,「性日生日成」[2],「未成可成,已成可革」[3]。王夫之從此處詮釋「天命之謂性,率性之謂道」[4],我覺得詮釋得相當好。所以並沒有一個固定的民族性是什麼,頂多這樣說,目前我們累積到現在,而某個區域的這一群人的習性是什麼。不能通過方法論上的本質主義去論定民族性,而應該通過方法論上的約定主義(methodological conventionalism)去理解民族性。

進入二十一世紀,人們必須對現代化進程中出現的問題進行反思。最近美國剛變天,很難想像川普居然最終獲勝。「川普」是臺灣翻譯,在大陸翻譯為「特朗普」。聽說今天美國哪個地方有幾千人遊行抗議川普勝選。對於希拉蕊和川普這兩位候選人,選民的不信任度達到百分之六十以上,這是否說明美國的兩黨政治到了一個該反省的年代呢?早在二十世紀初,很多高瞻遠矚的思想家已經意識到人類文明在現代化進程中遇到的危機。譬如史懷哲認為,文明正在衰頹之中,而戰爭只是文明衰頹的一個表徵。在當時,中國還沒有邁入現代化。改革開放三十多年來,中國旋乾轉坤,變化巨大。以我個人來大陸交流的經驗來看,真是不可思議。在座的諸位年輕朋友恐怕不能想像以前同學們的穿著是什麼樣。而今天中國已經強盛到參與全球治理,提出「一帶一路」這樣的思考,彰顯出泱泱大國的姿態。

今天談儒學,與民國初年、文革時期不同了,這是一個新的年代。一九四九年兩岸分治以後,幾位先生在香港辦了新亞書院、研究所。他們當時深深感受到中國傳統文化花果飄零,尋求靈根自植。港臺新儒家的興起代表了靈根自植的一個向度,所以的確是這幾位先生留下了火種。大陸雖然遭遇了文革十年浩劫,中國文化道統看似斷了

---

2 參見《尚書》〈太甲上〉。
3 參見《尚書引義》〈太甲二〉。
4 《中庸章句》:天命之謂性,率性之謂道,修道之謂教。

其實沒斷,因為大地母土有豐厚的文化土壤,仍然蘊蓄著古老的儒道佛智慧。而在現代化的發展歷程中,如果沒有得到好好地護持,這些智慧會慢慢不見,所以必須喚醒當代人重視儒學的傳統文化價值。儒學蘊藏著聖賢深厚的智慧,它既是現代化進程中的重要調節性力量,也是應對現代化之後種種問題的反思和調節力量。

換言之,回想一百多年來知識界、學術界爭論的很多議題,基本上是假議題。不應該有個議題說中國傳統文化會妨礙現代化,也不應該有個議題說西方原來有民主傳統而中國沒有。傳統是會變化的,更何況西方也不是原先就有所謂近現代的民主傳統。這種近現代的民主傳統是發展出來的,不是原先本質就有的東西。以前一直爭議這些問題,其實是陷溺在方法論上的本質主義的表現。現在顯然不必。

我們可以看到,要發展出現代民主憲政,並不意味著要把儒家人倫拆解掉。如果光從儒家的人倫、血緣、親情延伸出來,這當然和現代化中的民主、科學、法治、公民社會是兩回事,但這並不意味著要發展出民主、科學、法治、公民社會就必須要完全否定儒家的人倫、血緣、親情,這中間需要一個轉折,這個轉折需要在實踐的過程中調節。所以今天我們在一個更寬廣的角度思考問題,現在我們回到儒家哲學,去深沉地理解它。

二 〈學而〉篇的三層理解:教育權的解放、游士階層興起、君子人格的自我完善

《論語》開篇提到:「學而時習之,不亦說乎?有朋自遠方來,不亦樂乎?人不知而不慍,不亦君子乎?」[5]〈學而〉篇,代表著整

---

5 參見《論語》〈學而〉。

個儒學的精神，儒學既有繼承、批判，又有解構、創造。「學而時習之，不亦說乎」是講教育權、學習權的解放。教育權不再被貴族壟斷，平民百姓可以接受教育，參與社會文化價值的創造，人們因為有了教育，因而能溯及文化價值的根源，由此而生的根源性的喜悅，也可以說是道喜充滿。「有朋自遠方來，不亦樂乎」，相應來說，那是井田制度瓦解後，土地逐漸走向私有制，人們不再被固陷在土地上。游士階層興起了，人與人的交往互動流淌著真存實感的關懷。共學適道，這是來自彼此生命感通的悅樂。「說」，是來自內在根源總體的喜悅，如同道體、本體之「說」。樂者，共樂也，是人與人之間的真存實感。「人不知而不慍，不亦君子乎」講到人的教養，人格的自我完善。人格的自我完善，無關乎社會階層的高低，而是人內在覺知到自己生命成長如何。孔子正是彰顯這樣的精神，即人格的自我完善歷程。人格自我完善成為君子，所以「君子」這個概念不再是社會的階層概念，而是德行的位階概念。君子作為君子，不在乎別人怎麼看你，君子作為君子，是自我生命的教養、發展與成全。孔老夫子說「吾十有五而志於學，三十而立，四十而不惑，五十而知天命，六十而耳順，七十而從心所欲，不逾矩。」[6]這裡說的是生命有一個發展歷程，「興於詩，立於禮，成於樂」[7]，年少「興於詩」，中年「立於禮」，晚年「成於樂」。我記得以前牟先生說：「年少比才氣，中年比功力，晚年比境界。」這和「興於詩，立於禮，成於樂」頗為相稱。生命追求安身立命的生長，生命得有一個自我完善的過程。自我不是封陷起來、被區隔開來的存在，而是放在生活世界、放在政治社會共同體之中的存在。

「學而時習之，不亦說乎？有朋自遠方來，不亦樂乎？人不知而

6　參見《論語》〈為政〉。

7　參見《論語》〈泰伯〉。

不慍,不亦君子乎?」可以從這三個向度去理解:一是教育權的解放;一是井田制衰頹,游士階層興起,人與人之間的相遇,共學適道;一是人格的自我完善過程。當今社會必須重視君子人格的自我完善。以前我會強調如何走向公民儒學,現在我要說只有君子儒學的建立,才會使得更好的公民儒學的建立成為可能。當然君子之道和公民儒學有很大不同。君子之道是人格的自我完善,公民儒學是落在權利與義務之間的恰當的配稱關係。

三　意義危機背景下的哲學論題批判:以牟宗三「良知坎陷說」為例

　　現在我們的問題已經不再是民國初年的問題。民國初年很多問題問錯了,因為問題錯了所以答案很奇怪,包括很多我的前輩老師們的答案就很奇怪。譬如如何發展出民主科學,牟先生有個說法是「由道德主體良知的自我坎陷開出知性主體,開出民主科學」。這個說法是很高妙的,但是奇詭而高妙。怎麼會這麼說呢?因為背後有強大的、徹底的反傳統主義,以致中國人失去了信心,我們連正常說話都困難,所以你只好順著他說,勉強地說,說中國有科技沒科學,中國有治道沒政道。其實中國有治道、有政道,只是不是西方意義上的民主憲政之道。中國有科技,科技背後有科學,只是不是西方近現代意義上的科學。我們誤認西方的民主政治和科學就是為知識心所開出,它當然與知識心有密切的關係,但並不是說我們現在要好好發展我們的知識心才能發展出民主和科學,其實是在民主和科學的學習過程中,自然而然地,我們的心態、心靈、心智的運用會調節。

　　以牟宗三先生「良知坎陷說」為例。「坎陷」是《易經》語彙。坎者,陷也,一陽陷於二陰之中。因為被堅船利炮打垮,徹底的反傳

統主義思想瀰散在知識界，我們退居到最後，強調「良知」、「天理」，但卻也被誤以為中國是只重視「良知」、「天理」，而不重視知識的民族；而所謂的「良知」、「天理」好像與知識無關，或者說它在知識之上，是更高的絕對，所以從「良知」、「天理」落實到知識，發展成為主客相對的對立格局，再由對立格局發展出法治、科學，這是一個曲折發展的過程。這個說法我覺得不算錯誤，但是它是在詮釋學意義下的一種理論構造，它並不合乎歷史的發生進程，也不合乎學習的實踐歷程。也就是說，我們去學習現代化的時候，如果現代化包括德先生、賽先生，其實就在學習的過程裡。這裡有三個次序：歷史的發生次序、實踐的學習次序、理論的邏輯次序。理論的邏輯次序牽涉到詮釋角度、詮釋系統。當代新儒學正是在當時「西風壓倒東風」的背景下，選擇高揚主體性，以宋明理學、心學直透本體，上追先秦，通過這樣的方式得以確立。牟先生的「良知坎陷說」，是在理論的邏輯次序上做出的安排，但不符合實踐的學習次序。實踐的學習次序是在學習、實踐的過程中發展而來，是主體由經驗的覺知，上升到概念的反思，形成對事物的掌握和判斷，才構成知識性的系統，如科學知識的系統、民主法治的系統等等。

　　點出這些議題，我們發覺到，現在這種提法仍然散播在大地母土之上，特別是學術界、文化界乃至生活界。譬如說，有學者以為西方因為基督宗教的「原罪」的傳統，所以才會有民主法治；我們則因為性善論的傳統，所以開不出民主法治。這個說法是胡說，因為民主科學也是文明發展中的某些樣態，文明的樣態是多元的，民主科學並不代表終結。華人世界中，譬如香港、新加坡的社會狀態接近西方，其政治社會共同體的構造方式比較接近西方現代化的構造方式。這樣的構造方式在學習的過程中不斷發展出來，而這個發展以存在的覺知作為起點，無所謂「良知的自我坎陷」。因為當時中國業力深重，中華民

族陷泥其中,所以我們高提良知然後使之降臨人間,就是先把人高提為佛、菩薩然後再降臨人間討論做人該當如何。這是很不得已的。所以我說當代新儒學的幾位先生做了形而上的保存工作,但現在要探討的不是「道德的形而上學」而是「道德的人間學」。「道德的人間學」不僅要面對人作為自然的存在(natural being),面對人作為社會的存在(social being),還要面對人作為被教養的文化傳統的存在。由此可以看出儒學對「人」的理解是很寬廣的。這是我自己的一個心得思考。

四　儒學發展應該去蕪存菁,回歸「五倫」

儒家重視人倫孝悌,講五倫:父子有親,君臣有義,夫婦有別,長幼有序,朋友有信[8]。我常說,五倫之中,夫婦應該擺在最前。《易經》講有天地而後有萬物,有萬物而後有男女,有男女而後有夫婦,有夫婦然後才能成就人倫,所以你可以把五倫的次序調一調。有一次,一個學生提到,老師我們把「有別」改成「有愛」好了,夫婦有愛。父子、夫婦、長幼是人倫共同體;朋友是社會共同體;君臣是政治共同體。五倫比較起來,雖然有上下、長幼、尊卑之別,但它更強調恰當的配稱關係。配稱關係沒有絕對關係,而是相伴依倚而生。我強調儒學要回到五倫去發展,而不是回到三綱:君為臣綱、父為子綱、夫為婦綱。因為三綱在漢代被確立後,變成上下隸屬關係,這就造成一種控制性的封閉關係。中國兩千年來君主專制的問題正出在這裡,這種封閉性的控制關係使我們的視野、胸襟變小。這個問題很嚴重。

對於現在的儒學熱,我們的態度應該是去蕪存菁。一百多年來,反傳統主義者的想法並不是毫無道理,但是不準確。我們要思考反傳

---

[8] 《孟子》〈滕文公上〉:聖人有憂之,使契為司徒,教以人倫:父子有親,君臣有義,夫婦有別,長幼有序,朋友有信。

統的原因，這隱含著一個「道的錯置」（Misplaced Tao）的問題。儒家希望聖者當為王，但是兩千年來，剛好出現錯置，現實上有權力的王者聲稱自己是聖，所以皇上變聖上，皇上的指令變聖旨，而且這還關聯到父子，父子關係變成「君父臣子」。父子和君臣不同。什麼叫父子？父子關係是「不能登報作廢」，是天定的關係。而君臣關係是「君臣以義合，合則留，不合以義去」。君是指領導，君字從尹從口，發號施令，所以老闆為君，夥計為臣。要恰當地理解這些關係，回到五倫是對的，回到三綱仍然有問題。因為五倫的關係是配稱的，而三綱的關係則是隸屬的。

五　從「人倫孝悌」到「仁義忠信」

儒家強調三個生命共同體。荀子講「禮有三本：天地者，生之本也；先祖者，類之本也；君師者，治之本也。」[9]這三個共同體指自然生命共同體、血緣生命共同體、人文生命共同體，所以人不能離開共同體。現在有一說，說儒學談及的東西不涉及公領域，只涉及私領域。這話叫諢話。儒學當然涉及於公領域呀，它涉及三個共同體：自然生命的共同體、血緣生命的共同體和人文生命的共同體。這三個共同體凝聚起來用一個牌位來表現：天地君親師。天地指自然生命共同體，君師指人文生命共同體，親指血緣生命共同體。親排第三位，後來君不斷上升，竄到前面去了，變成「天地君親師」。

有子曰：「其為人也孝弟，而好犯上者，鮮矣；不好犯上，而好作亂者，未之有也。君子務本，本立而道生。孝弟也者，其為仁之本與！」[10]儒家重視人倫共同體，人倫共同體重點在孝悌，孝悌重點在對

9　參見《荀子》〈禮論〉。
10　參見《論語》〈學而〉。

待父母兄弟。儒家通過孝悌來彰顯仁義,這是儒家實踐仁的源頭。所謂仁義,孟子詮釋為:「仁之實,事親是也;義之實,從兄是也。」[11] 曾子曰:「吾日三省吾身:為人謀而不忠乎?與朋友交而不信乎?傳不習乎?」[12]有子以血緣共同體為主導,強調孝悌;曾子以社會政治共同體為主導,強調回到人的內在本性。曾子顯然地是更進一步的發展。

順便跟大家說,你讀《論語》的時候留意一下,有子和曾子兩人的意見不大一樣。這兩個人是孔老夫子過世之後第二任會長的候選人。大家知道原先孔老夫子選定的接班人是顏回,顏回不幸短命死了。後來孔老夫子重新想:找誰行?他發覺到子貢不錯,但是一考試子貢不及格。他問子貢說:「女以予為多學而識之者與?」子貢曰:「然,非與?」孔子曰:「非也,予一以貫之。」[13]子貢沒成功。子貢居然誤認為老師的學問是博學多聞強記,孔老夫子說我的學問是一以貫之。那「一以貫之」是什麼?有一天,孔老夫子說「吾道一以貫之」,結果同學們都不敢回應,因為不懂,只有年紀小小的曾參點頭。孔老夫子賣個關子就離開了。其他群弟子就湊過來問小曾參:「老師說『吾道一以貫之』,你猛點頭,你真的懂嗎?」曾參說:「夫子之道,忠恕而已矣。」[14]孔老夫子發覺到,這年輕的學生果真不錯,所以他其實看中了曾參,但是因為曾參那時候才二十多歲,要怎麼說服其他年長的弟子呢?所以孔老夫子並沒有宣布接班人是曾參,

---

11 《孟子》〈離婁上〉:孟子曰:「仁之實,事親是也;義之實,從兄是也。智之實,知斯二者弗去是也;禮之實,節文斯二者是也;樂之實,樂斯二者,樂則生矣;生則惡可已也,惡可已,則不知足之蹈之、手之舞之。」

12 參見《論語》〈學而〉。

13 《論語》〈衛靈公〉:子曰:「賜也,女以予為多學而識之者與?」對曰:「然,非與?」曰:「非也。予一以貫之。」

14 《論語》〈里仁〉:子曰:「參乎!吾道一以貫之。」曾子曰:「唯。」子出。門人問曰:「何謂也?」曾子曰:「夫子之道,忠恕而已矣。」

而且孔老夫子的身體一向安好。

　　孔老夫子身體好是有原因的：第一，他這個人放得開，即使在受苦受難中依然弦歌不輟。〈述而〉篇說：「德之不修，學之不講，聞義不能徙，不善不能改，是吾憂也。」[15]孔老夫子感觸那個年代的人們不修德、不講學，憂心忡忡。下一章連著說，「子之燕居，申申如也，夭夭如也。」[16]所以我常常對學生們說，不要老是憂心忡忡，還得過日子。「燕居」，就是平居；「申申」，是氣息非常舒暢；「夭夭」是指行容有一種從容愉悅之感。孔老夫子平居所處，從容舒坦，安身立命，但是他還是憂學之不講，憂德之不修，所以「樂以天下，憂以天下」[17]。范仲淹「先天下之憂而憂，後天下之樂而樂」[18]，我想這個詮釋多半對，但是稍微沒那麼準確，憂樂在心，但還是要從容度日。

　　很明顯地，儒學重視「仁」這個概念。仁、義、禮是生命的基本立足點。「仁，人之安宅也；義，人之正路也。」[19]大丈夫「居天下之廣居，立天下之正位，行天下之大道。」[20]這裡可以看到，人不是孤立的個體。儒家首先把人放在人倫共同體、自然共同體、文化共同體中，之後才談到政治社會共同體。「為政以德，譬如北辰，居其所而眾星共之。」[21]德在前面，說明政治要講道德。西方近現代政治，太強調權力的制衡（check and balance），但是權力的制衡如果沒有道德作為支撐，就容易陷入權力之間的爭鬥，通過爭鬥所達到的制衡只是

15　參見《論語》〈述而〉。
16　參見《論語》〈述而〉。
17　《孟子》〈梁惠王下〉：樂民之樂者，民亦樂其樂；憂民之憂者，民亦憂其憂。樂以天下，憂以天下，然而不王者，未之有也。
18　參見〈岳陽樓記〉。
19　參見《孟子》〈離婁上〉。
20　參見《孟子》〈滕文公下〉。
21　參見《論語》〈為政〉。

脆弱的平衡,這是現代法權政治所面臨的問題,所以我們必須回到以道德教化作基礎的有道、又有法的政治。

「或謂孔子曰:『子奚不為政?』子曰:『《書》云:「孝乎惟孝,友於兄弟,施於有政。」是亦為政,奚其為為政?』」[22]孔老夫子秉承周公禮樂精神周遊列國,目的是要突顯出一種真正的實存的關懷,一種愛。這種關懷的實現必須以建立恰當的人倫共同體為前提,而這個人倫共同體就是孝悌。能把孝悌人倫之道做好了,就是為政,是孔子的理想。孝悌,以及孝的延伸——慈,是中華民族永生的奧秘。「孝」是對生命根源的縱貫的追溯與崇敬,「悌」是順著生命根源而來的橫面展開,「慈」是順著生命根源而來的縱貫的繼續延伸。孝、悌、慈,你讀遍四書五經,翻遍「二十五史」,會發現整個中國民族重視這三個字。中國靠人倫共同體的建立來確立族群,而人倫共同體需要依靠文化傳統來確立。以前常說「不孝有三,無後為大」[23],生命有傳延的責任。責任不是你獲得多少權利、多少利益,所以你必須付出多少的一種配稱關係,而是一種生生傳承的關係。當然,權利、利益及你付出相應努力的配稱關係、法權關係應該被重視,但人的關係、生生不息的關係更為重要。生生不息體現在人倫,是歷史的延續和傳承。什麼是責任?我的老師傳給我什麼,我作為老師也要把這個傳授給學生;我的父親教導我什麼,我現在作為父親也應該把這個道理教導給我的兒子。「父在,觀其志;父沒,觀其行,三年無改於父之道,可謂孝矣。」[24]上一輩傳下來的事業不能到我的手裡結束、斷送掉,而要繼續延續下去,所以薪未盡,火要先傳,薪盡了,火才能傳。

---

22 參見《論語》〈為政〉。
23 《孟子》〈離婁上〉:孟子曰:「不孝有三,無後為大。舜不告而娶,為無後也,君子以為猶告也。」
24 參見《論語》〈學而〉。

六　建構現代社會下的人倫共同體，實現人格的自我完善和生長

　　生命有一個人格的自我完善過程。人在法權社會中所爭取到的權利和利益只是其中一個向度，不是最重要的向度，人最重要的向度是人格的自我完善和生長。在人格的自我完善過程中有恰當的法權關係來成就人格，那不是更好嗎？所以人倫之教並不妨礙現代社會的法權關係。

　　孟子曰：「君子有三樂，而王天下不與存焉。父母俱存，兄弟無故，一樂也；仰不愧於天，俯不怍於人，二樂也；得天下英才而教育之，三樂也。君子有三樂，而王天下不與存焉。」[25]「父母俱在，兄弟無故」，關乎孝悌人倫。「仰不愧於天，俯不怍於人」，講人要對得起天理、良心，社會共同體以良知、天理為支撐。「得天下英才而教育之」是文化傳承，文化傳承，傳承教養，教養成就人格。人格是從人倫中生長出來，進一步在社會共同體中生長。這些關係太重要了，而且要分辨清楚。嚴格來說，人權概念是現代社會政治共同體中的法權概念，並不是天生就有的，必須在政治社會共同體中好好發展。人還應該有更為基礎的人倫生長權，如果沒有人倫生長權，那麼這個社會不會好，所以體制設計需要思考怎樣讓人倫更好地生長。現在社會的嚴重問題是沒有辦法讓人倫好好生長。如果祖輩、父輩、兒孫輩都分開住，丈夫和妻子、孩子都分開住，如此妻離子散，而且在現代性利益的追逐之下，人為了生存下去如此辛苦，你說，人倫共同體能建立嗎？如果人倫共同體不能建立，你說，儒學能夠存在嗎？問題很嚴重。儒學的存在必須關聯到人倫共同體的建立。只有人倫共同體建立恰當，社會才會更好地發展。

---

25 參見《孟子》〈盡心上〉。

大陸改革開放後追求現代化,從文化搭臺、經濟唱戲到經濟發展、文化生根,現在面臨儒學怎樣發展的問題。我認為至少要出臺兩個政策,其中一個政策一定會促進經濟增長、社會穩定、教育發展、文化繁榮,這個政策就是,讓祖輩、父輩、兒孫輩儘量住在同一個社區,譬如只要他們在同一個社區買房,就可以享受無息貸款。另外,找到室內設計人員問一個問題:家中是否應該有一個神聖的文化教養空間?如果需要,就請在這個空間裡供一個牌位:天地君親師。「禮有三本」,即自然的生命共同體、血緣的生命共同體、人文政治社會的共同體,這三個生命共同體的源頭講天地、先祖、聖賢。當然你可以在裡面放四書、《道德經》、佛經乃至基督教的經典、伊斯蘭教的經典,放任何與你的信仰相關的經典。這對於儒學復興很重要。進入二十一世紀,中國不斷推進改革開放,現代化如火如荼展開,但也出現了很多問題,其中有一個問題很嚴重,就是人的心靈處在極端精神匱乏的狀況下。儒學復興,不能僅僅依靠讀《論語》。只讀《論語》不如采取上面兩條建議。在農業社會,人倫共同體是自然建立的。農村聚村而居,聚族而居,農業耕作順應自然時序,依其節氣,所以人們從小體會到自然的韻律感。人們家中供儒道佛三教,譬如臺灣人供土地公、土地婆,供祖宗牌位,中間供觀音大士神像,早晚三炷香。人們早上起來漱洗完畢,第一件事就是上香,晚上所有事都做完了,梳洗完畢,上香,然後關門睡覺。在這個自然順序中,儒道佛融入人們的生活,因此人們思考問題時義理自在心中。

　　子曰:「志於道,據於德,依於仁,游於藝。」[26]儒家上透宇宙造化之源。道連著天,天是就普遍義、理想義而言,道是就總體義、根源義而言。「天命之謂性」[27],天命有賦予之義,有流行之義。道落實

26　參見《論語》〈述而〉。
27　《中庸》:天命之謂性,率性之謂道,修道之謂教。

而為德。「志於道,據於德」,所志之道是就總體根源說,所據之德是就內在本性說。「依於仁」,仁是感通,指人與人之間存在的真實感通。「游於藝」,藝是指整個生活世界。如果在現代社會中,人們能夠「志於道,據於德,依於仁,游於藝」,那麼人就不會成為馬爾庫塞所說的「單向度的人」[28],不會成為只是工具理性格外發達的人。我們可能會說,在現代社會中很難做到這樣,但是我們要想辦法調節出可能性,重新省思儒家的價值,建構現代社會下的人倫共同體,唯有這樣才能應對現代性問題。須知現代性問題正是全球化的重大問題。

七 存在與價值具有和合性

儒家講仁智雙彰。子曰:「知者樂水,仁者樂山;知者動,仁者靜;知者樂,仁者壽。」[29]仁代表一種柔軟的心腸,一種關懷。智代表清明的頭腦,清澈的思維。儒家上溯到宇宙造化之源,講生生之源,從存在的律動到參贊的實踐,再到文化教養的習成。《易經》講「一陰一陽之謂道」[30]是存在的律動,「繼之者善」是講參贊和實踐,「成之者性」重點在教養與習成的過程。這與《中庸》的道理是關聯的,「一陰一陽之謂道」即「天命之謂性」。天命是指宇宙造化之源。存在的律動落實到人而為性,循順天性,修成人間之道,所以人間之道和宇宙造化之源是相連的。人間之道的傳承是教化。教化所成,必須

---

28 當代工業社會是一個新型的集權主義社會,因為它成功地壓制了這個社會中的反對派和反對意見,壓制了人們內心中的否定性、批判性和超越性的向度,從而使這個社會成了單向度的社會,使生活於其中的人成了單向度的人。參見〔美〕馬爾庫塞著,劉繼譯:《單向度的人──發達工業社會意識形態研究》(上海市:上海譯文出版社),1989年。

29 參見《論語》〈雍也〉。

30 《周易》〈繫辭上〉:一陰一陽之謂道。繼之者善也,承之者性也。

修明此道。此道從何而來？循順天性而來。天性從何而來？天性從存在的律動而來。這裡隱含著「存在和價值的和合性」，這不同於西方從巴門尼德（Parmanides）[31]「存在與思維的一致性」，人們通過客觀的認知去區隔，導致存在和價值裂解為兩端。要知道，「存在」與「價值」，二者彼此獨立但不是漠然無關。舉個例子，新聞有所謂客觀報道，但客觀報導與價值無關嗎？沒有一種新聞報導叫作「與價值無關的純粹客觀報導」，而應該是與價值有恰當的正相關的客觀報導。

　　語彙很重要。譬如說，香港、臺灣地區，把男性與男性、女性與女性之間的同性戀情關係稱為「同志」。這其實是不恰當的，因為「志」這個字眼，帶有一種往上升的推許之味，所以應該叫「同性愛」或者「同性戀」。蔣介石先生很喜歡送他的畫像給黨員同志，上面會寫著：某某同志，蔣介石。我們開玩笑說，以後是不是要考證看看他們的關係是什麼關係。譬如你把 Bible 叫作「聖經」，卻把《古蘭經》直接音譯為「古蘭經」，而《古蘭經》是伊斯蘭教的經典，那麼你應該把 Bible 直接音譯為「拜普經」。十二月二十五日應該正名叫「耶誕節」，把聖誕節還給九月二十八日（孔子聖誕）。我認為應該對語彙做恰當的清理，這是必要的。

八　儒家的內聖外王之道是通而為一

　　儒家的內聖外王之道是通而為一的。「大學之道，在明明德，在

---

31 巴門尼德（Parmanides），古希臘哲學家，埃利亞學派的奠基人。在畢達哥拉斯學派、赫拉克利特和色諾芬尼的影響下，創立存在理論。他將思想和感覺割裂並絕對對立起來，認為思想和存在是同一的，感覺和非存在是一致的；一感覺看存在，存在是沒有的；以思想去想非存在，非存在是虛假的；感覺的對象是非存在，感覺獲得的內容就是生滅、運動和可分的東西。參見《哲學大辭典》（上海市：上海辭書出版社，2007年），頁1570-1571。

親民，在止於至善。知止而後有定，定而後能靜，靜而後能安，安而後能慮，慮而後能得。」[32]首先，「大學之道」，明其明德本心，從誠意、正心、修身，進一步齊家、親民，進入社群之中。其次，親民者，「親親而仁民也」[33]。在朱熹的《四書章句集注》中，「親民」又作「新民」，新其民也，取「日日新，苟日新，又日新」[34]之義，讓生命生生不息地生長，最後止於至善。「至善」是圓滿的最高的善的期許，有這樣的理想落實下來，才「知止而後有定」。

儒家的定靜之學不同於佛家的禪定之學。儒家的定靜之學，由明明德、親民、止於至善，而以「至善」作為最後的歸依，因此啟動「我」的志向，由終點決定起點。終點是作為生生不息的永恆的嚮往和動能。回過頭來「知止而後有定，定而後能靜，靜而後能安，安而後能慮，慮而後能得。」儒家「定靜安慮得」之教中隱含了一套內聖學的修為方式，內聖學通向外王。人們不斷喚醒內在的身心靈的總體而去面對人倫、社會、自然天地，這與《孟子》可以關聯在一起，「有諸己之謂信，充實之謂美，充實而有光輝之謂大，大而化之之謂聖，聖而不可知之之謂神。」[35]人的生命是這樣一步步生長，「吾十有五而志於學，三十而立，四十而不惑，五十而知天命，六十而耳順，七十而從心所欲，不踰矩。」[36]這是人格教養完善的過程。「止於至善」，確定立志的方向，因此你能夠身心寧靜，身心寧靜而後能夠安

---

32 參見《大學章句》。
33 《孟子》〈盡心上〉：孟子曰：「君子之於物也，愛之而弗仁；於民也，仁之而弗親。親親而仁民，仁民而愛物。」
34 《大學章句》：湯之〈盤銘〉曰：「苟日新，日日新，又日新。」〈康誥〉曰：「作新民。」《詩》曰：「周雖舊邦，其命維新。」是故君子無所不用其極。
35 《孟子》〈盡心下〉：可欲之謂善，有諸己之謂信，充實之謂美，充實而有光輝之謂大，大而化之之謂聖，聖而不可知之之謂神。
36 參見《論語》〈為政〉。

居於仁,能安所以能思慮清明。人的修養、修為和認知、是非裁奪密切關聯,知識和道德不是分裂的兩端,而是辯證的和合為一。

「物有本末,事有終始,知所先後,則近道矣。」[37]本末,就存在事物的生命體說,本如同樹根,末如同樹梢,從理上說,本優先,末在後,但就生命體來講,本末合一。任何一棵樹,當下在長樹根,當下也在長樹梢。「事有終始」,是指時間先後,終決定始,不是始決定終。所以不必擔心什麼「三歲就決定人的一生」,這只是幼教的口號,應該說:你有一生的企劃、一生的宏願會決定你的一生,而不是你出生如何會決定你的一生。「知所先後」,有本末的先後和終始的先後。本末的先後是回到生命體本身的先後,它接近於邏輯的先後;而終始的先後,是生命歷程發展的先後,接近時間歷程的先後。格物致知,誠意正心,修身齊家治國平天下。從格物、致知、誠意、正心到修身,這是本末的先後;從修身到齊家、治國、平天下,這是終始的先後。格物是理論上的基礎,而修身是起點,也是最重要的本,所以「自天子以至於庶人,壹是皆以修身為本」[38]。

我們在現代性的社會下思考什麼是生命的本末、生命發展歷程的終始。我想說必須通過在整個概念範疇上的轉化,重新把儒學放在現代性的過程中思考。譬如我們講「大學之道」,請問政治系會讀這一段內容嗎?不會。社會系會讀它嗎?不會。哲學系會讀它,但卻是把它放在中國哲學史中去討論,而不會把它放在現代化過程中去思考。所以我今天想鼓勵在座的朋友們,你們來自不同專業,請把儒學放在你的生活世界,放在政治社會共同體、人倫共同體中去思考,這樣中國學問才可能「活」出來。你可以關聯到西方的思想理論重新思索,創造新的可能,但一定要重視這些容易被忽略的問題。我希望各位學

---

37 參見《大學章句》。
38 參見《大學章句》。

習國學的同學們、先生們,能夠讓古代經典豐富的意含釋放出來,參與到現代學科中展開更多交談和對話。如果現代心理系的先生,能讀懂《六祖壇經》、《陽明傳習錄》、《老子》、《莊子》等經典,是否會對其心理諮詢更有幫助呢?當然會有。我們現在的學科建制是西方化的,所以更應該擴大科際之間的互動來往和整合。這的確是一個不容易做到的問題,但是必須重視。儒學是關乎生命共同體的思想,如果這些活生生的智慧只能作為學術史的研究,太可惜!

九 〈堯曰〉篇:儒家永恆的道德理想

〈堯曰〉篇是《論語》最後的篇章。「堯曰:『咨!爾舜!天之曆數在爾躬,允執其中。四海困窮,天祿永終。』舜亦以命禹。曰:『予小子履,敢用玄牡,敢昭告于皇皇后帝:有罪不敢赦。帝臣不蔽,簡在帝心。朕躬有罪,無以萬方;萬方有罪,罪在朕躬。』周有大賚,善人是富。『雖有周親,不如仁人。百姓有過,在予一人。』」[39]

《論語》開篇為〈學而〉,終篇為〈堯曰〉。〈堯曰〉代表堯舜之治的永恆理想,代表「大道之行也,天下為公」[40]的嚮往。從堯到舜到禹的傳承裡,隱含著永恆的和平主義,永恆的道德理想王國的確立。「謹權量,審法度,修廢官,四方之政行焉。」[41]這是修己安人之道,也就是內聖外王之道。政治不僅僅是權力與利益的制衡,更重要的是讓人能夠安頓身心,完成教養。只有「為政以德」,政治才能在權和利益上達到真正均衡。當然,合理的程序、制度、結構的建立是必要的,但程序、制度、結構的均衡,必須建立在人對它的肯定之

---

39 參見《論語》〈堯曰〉。
40 參見《論語》〈禮運〉。
41 參見《論語》〈堯曰〉。

上。只有人們願意去實踐，君子之道才能成就公民之道。

「興滅國，繼絕世，舉逸民，天下之民歸心焉。所重：民、食、喪、祭。寬則得眾，信則民任焉。敏則有功，公則說。」[42]文化道德共同體的建立，必須「興滅國」。這裡「國」的概念不是「nation」，而是指以前的諸侯國，或者指一個區塊所代表的族群。譬如周朝滅商，但商朝必須延續下去。微子啟被封於宋，商朝雖滅，但是宋國得存。「繼絕世」，已絕之世能夠延續下去。「舉逸民」，散逸之民能夠聚攏起來。如此，「天下之民歸心焉」。百姓生活安定，不僅要有糧食，還要有教養。有教養的表現是「養生喪死無憾」[43]。喪者，送死也；祭者，養生也，而且是遂其所生，生生不息。喪禮告別死者，祭禮連結生者；喪禮為凶，祭禮為吉。慎終是喪禮，追遠是祭禮，「慎終追遠，民德歸厚」[44]。所以不能出一個法令要求喪禮要在一天之內結束。這個政策我不知道是不是已經出臺了，但是好像有這個說法。很多學者起來反對，我參與簽名了，表示反對。這沒道理嘛！

十 結語：回歸儒家經典，彰顯聖賢智慧

今天僅舉此為例。我希望大家回到《論語》中，讓儒家的義理思想進入現代社會中發揮作用，為二十一世紀文明做出貢獻。如今中國已經是參與世界治理的重要角色，中國文明如何發展會影響到整個人類文明的未來。我們的王道主義襟懷在全中國有多少知識分子了解？「大道之行也，天下為公。」能背誦《禮運》〈大同篇〉的人有多

---

42 參見《論語》〈堯曰〉。
43 《孟子》〈梁惠王上〉：王如知此，則無望民之多於鄰國也。不違農時，穀不可勝食也；數罟不入洿池，魚鱉不可勝食也；斧斤以時入山林，材木不可勝用也。穀與魚鱉不可勝食，材木不可勝用，是使民養生喪死無憾也。養生喪死無憾，王道之始也。
44 《論語》〈學而〉：曾子曰：「慎終追遠，民德歸厚矣。」

少？背誦之後能夠了解的又有多少？了解之後能把它關聯到全球治理的又有多少？我認為經典中隱含著很多可貴的智慧，而我們疏忽了它。今天我們重新學習聖賢的教養，彰顯聖賢的智慧，讓聖賢的智慧參與到現代文明社會中，這是我們的責任，因為人類文明沒有理由一直讓歐美文明承擔巨大的責任。人類文明發展到今天，出現了種種問題，人類需要有新的治理方式、新的安身立命的方式。解決這些問題，必須仰賴不同文化傳統，而擁有儒學悠久傳統的我們必須承擔應有的責任，把儒道佛的傳統發揚出來，讓聖賢的智慧參與現代文明社會建設。這也是我今年來山東大學作訪問學人的思考，這是我的用意。這個用意今天回去你可以開始實踐，就是先把《論語》讀熟。

十一　問題與討論

問題一

　　學生：我是學生物的學生。我經常去聽一些有關道家、儒家思想的課程。我發現中國哲學有一個非常大的問題是文化不自信。我發現研究道家思想的人非常看重訓詁、考證，但是很少做獨立的闡發，比如《莊子》研究，一旦有些人做自我闡發就會遭到很多人的批評。那麼為什麼人們不敢在原有的基礎上進行自己的闡釋呢？

　　林安梧教授：你在批評這個現象？

　　學生：對，我的問題是為什麼沒有人有勇氣去做自己的闡發呢？

　　林安梧教授：那沒關係啊，勇氣從你開始。（掌聲）你知道很多前賢講明白字義、義理，搞清楚文獻是很重要的。你可以從這個地方做起繼續往下發展。它並沒有限制你發展，對不對？所以勇氣從你開始。

問題二

學生：林老師，您好。現在國家主席提出了道路自信、文化自信，但是我們現在的問題是文化不自信。您怎樣看待法治和德治兩者之間的關係？中國是否能夠在二十一世紀再度擁有自己的普世價值，培養真正的文化自信？謝謝。

林安梧教授：文化自信必須回到經典去闡釋。譬如我們今天詮釋了很多《論語》的東西，我想你會發覺到，欸，對呀，這些東西如果放到現代性的思考中會很好。所以經典的意義必須釋放出來。再說德治和法治，中國也不是只有德治啊，中國古代也有法治。現在我們學習西方的法治已經過了一百年，在這個過程裡，我們必須思考該怎樣把經典的意義放進去發揮作用，所以講文化自信就變得非常重要。文化自信就是好好讀經典，但這只是起點，不是讀了經典就能解決一切，而是讀了經典才能夠知道有哪些可能的解決途徑。當然不能夠只讀我們的經典而已，也必須讀西方的經典，才能解決你現在所面臨的問題。但是記住，要樹立中國的文化自信，如果古代經典的意義沒有釋放出來，參與現代討論，那真的太可惜了。我就是要點出這個意思。

問題三

學生：您好，林教授。我是人類學系的。我有一個疑惑，您說現在很多人在開展鄉村儒學，而您又提到了現代社會對於保存儒學家庭倫理的一些建議。您覺得現在的城市化是對儒學的一種衝擊對嗎？如果要發展儒學，怎樣在城市化的進程中繼續發展？

林安梧教授：城市化可以有各種方式，譬如以前剛開始賣的商品房和現在商品房的構造大概不太一樣。我想或許可以又改變了。也就是說，城市化是一個趨向，那麼城市化是不是可以不要那麼集中化？怎樣可以讓原先儒學的載體也能夠在城市化中有它的可適應性、可承載性？不然儒學的載體都沒了，談發展就很難了。你把祭祀都廢了，把祖孫三代連結的可能性都斷了，那就很難有儒學。有人可能會說，那我們就好好地把良知放在公民社會裡面去強調。可以，但會比較困難。基本上，臺灣也沒有把這個問題處理好，所以臺灣的文化道統也在衰頹之中，只是它比較慢，並且在發展的過程裡面慢慢轉進。譬如說，儒家的「血親」這個概念，在宗教裡面變成了所謂的「法親」、「道親」的概念。在傳統宗教中，「血親」不僅談「血緣」這個概念，還談「慧命相續」，所以就慢慢出現了 NGO（非政府組織）、NPO（非盈利組織），出現了一些人倫構造的可能性，而這些人倫構造的可能性其實已經不是原來的儒學了。臺灣當然原先也努力地保持著一些東西，大家也在呼籲祖孫三代的關係應該怎樣處理，因為祖孫三代能夠恰當相處，這個人倫才能夠長出來。現代以城市化為主的社會並不是都不可能長出這些，我們必須要去設計思考，讓經典參與對話交談，使之成為可能。好，下一個問題。

問題四

學生：林老師，您好。我們現在實施的文化強國戰略，對內表現為剛才同學們所說的文化自信，對外表現為一種對其他民族的文化吸引力，其中我們的傳統文化扮演著非常重要的角色，但是目前在海外以孔子學院為主的一些機構宣傳傳統文化的

效果並不理想，甚至遭到了部分國家的排斥、抵制。請問您覺得我們在對外宣傳的時候應該注意些什麼？

林安梧教授：最重要的是要表現出，譬如《論語》中所說的「溫良恭儉讓」[45]，表現出一種王道的襟懷，不要讓人家覺得你是在侵略。在推展的過程中要注意「己所不欲，勿施於人」[46]，而不是「己所欲，施於人」，這是一個大原則、大方向，至於實際細節怎麼樣我不知道。其實孔子學院原先是為了漢語教學而設立的，並不是為了傳播中國文化，即使它在教漢語的過程中會有一些儒學文化，也不必太強調說孔子學院是為了傳播中國文化。洋人一聽到文化傳播會認為這是侵略，但是如果你說孔子學院主要是語言教學，他們會接受。所謂「君子之道，闇然而日章」[47]，所以不必太擔心。現在請舉手的各位先講出你們的問題，這位老師先請。

問題五

學生：林老師，您說儒學在西方現代性的問題上，比如說「單向度的人」、工具理性的控制，會有一個調節作用。我想聽聽您說這個調節作用可能表現在哪裡？

林安梧教授：儒學和道學、佛學不一樣。道學和佛學基本上是消解現代性下人所處的困境和苦悶，而儒學是告訴你去面對現代的政治社會共同體，面對人所處的這個世界。通過對比儒學

---

[45] 《論語》〈學而〉：子禽問於子貢曰：「夫子至於是邦也，必聞其政，求之與？抑與之與？」子貢曰：「夫子溫、良、恭、儉、讓以得之。夫子之求之也，其諸異乎人之求之與？」

[46] 《論語》〈衛靈公〉：子貢問曰：「有一言而可以終身行之者乎？」子曰：「其恕乎！己所不欲，勿施於人。」

[47] 《中庸》：故君子之道，闇然而日章；小人之道，的然而日亡。

原先所描述的人倫共同體、政治社會共同體，你發現現代社會必須調整。因為沒有理由驅策所有的人都朝一個一致的現代性的方向邁進，而現在似乎必須把人都放在競爭中去求得生存，這是不合乎人性的，但是我們必須重新去想該怎麼辦。如果不是直接面對現代性的人的處境和痛苦，如何去解決人在現代性中面臨的問題？當然，它也可以有這方面的可能，譬如我研究的「儒家型意義治療」。但是更重要的，是我們要對比整個體制、制度、結構與儒學原來所描述的、依持的人倫共同體、政治社會共同體，然後思考哪些地方應該如何調理。我現在重點轉到了這裡，原先比較重視心靈意義的主體層面，我今天講的很多內容是屬於我剛才所提到的。

問題六

學生：林老師，您好。您剛才講一百多年來，我們關於社會政治發展的許多問題都問錯了，回答錯了。所以您強調說不要做「道德的形而上學」，而是要做「道德的人間學」。您也一直強調說要注重生活世界，重視政治社會共同體。很明顯地，在您和您前輩學人之間有一個存在範式轉變的問題，所以您一直提倡「後新儒學」，您也提出了「儒學革命論」，所以「新儒家」這個群體是一個逐漸消解的學術群體。那麼您認為這個明顯的學術範式的轉變，它會導致「新儒家」這個學術群體的消解，還是在發展過程中會出現一個新的形態迎來自己的發展呢？

林安梧教授：這應該已經是判斷了。

學生：就是想求證一下。

林安梧教授：謝謝你啊，因為你顯然有讀過我寫的書，思考過這些

問題,而且思考得蠻深的。鄭家棟先生所說的是一個向度,但是我覺得那並不是真實的向度,因為當代新儒家的組成分子是非常多元、複雜又豐富的。我當過《鵝湖月刊》的主編和社長,我當然屬於當代新儒家,但是我這個當代新儒家可能是要對著講、接著講,不是照著講、跟著講。現在大概越來越清楚,我們老師的那一代人已經完成了階段性使命而必須有一個新發展。如果是固守原來的方式,當然那個群體會逐漸衰頹、瓦解或者說結束,但是應該會有繼起者。譬如說我做這個工作是從上世紀九〇年代初,如果更早一點,上世紀八〇年代初,我就寫了《當代新儒家述評》,已經展開這些活動了,這方面的思考一直在繼續。其實華人文化的復興是應該一起往前發展的,我並不認為有所謂的「大陸新儒家」跟「港臺新儒家」的區隔,其實是彼此相互影響。你說熊十力、馬一浮、梁漱溟,他們原先都在大陸啊。牟宗三、唐君毅、錢賓四、徐復觀,他們是從香港到臺灣,而且又從臺灣到香港,而他們的所思所想是就整個大中華共同體來想的,而進一步想到人類共同體。進到二十一世紀,我們有機會想這些問題,而且前輩先生完成了階段性使命,預示著未來必須要往前發展。他們走錯的路是幫助我們能夠走對,因為他們走錯的路我們不會再走了,這很清楚。所以我是樂觀的,我認為應該要批判地繼承,繼續發展。

問題七

學生:您剛才提到儒家文化的本位是群體性,但是西方的文化和我們的文化不同,它們宣揚個體本位,在這樣的情況下,要怎麼達成東西對話呢?

林安梧教授：這就是我們認識不同。西方文化不是只是個體本位，我們也不是只是群體本位。任何一個政治社會共同體都必須考慮群體與個人的關係。我們現在太容易用這樣的方式去想，它們是個人本位，我們是群體本位，群體本位和個人本位是不能放在同一個地方來思考的。不是這樣的。

學生：林老師您剛才提出三個共同體，我看您在用的時候是當作一個本體在用的。

林安梧教授：是什麼意思？

學生：就是您預設了一個理論起點，用您的理論起點解釋您的理論體系，在哲學上，您預設了一個本體。

林安梧教授：這個地方，其實你腦子裡先不要想一個哲學會導致什麼，你先順著我的話去理解，可能理解就會不一樣。目前來講，我們非常習慣地認為，好像一個基礎是什麼、之後會是什麼，其實不是。

學生：按照您的理論來講，我們現在社會的法治、法律是以個體為本位，如果我們強調這三個共同體的話是沒有辦法用的。我在思考如何達成一種和解。比如說我們講求「孝」，我們孝順我們的父母，如果根據法，我是告他還是不告他？

林安梧教授：你請坐。其實在實際的發展過程裡面，洋人也不是這樣搞的。真正的國法不外人情，這句話可以有問題，也可以沒問題。譬如說我的父親偷了羊，我當然不會去警察局告他。我爸爸說：「羊已經被我吃掉了。」我會說：「那我們把錢還給人家吧」，或者說「這個事很小嘛，下次人家婚喪嫁娶，我們可以大包一個紅包。」這個部分其實在西方的現代法律裏也有，幾等親內基本上是可以不出庭作證的。因為西方文化也認為人與人之間如果沒有恰當的關係的話，這個世

界不成為世界。所以你現在思考的問題,可能在我們現在的知識界、學術界裡面討論得很熱烈,但是它是假的。這是我現在最擔心的問題,現在我們知識界討論的很多問題很嚴重,好像如何格格不入,其實不是。你吃西餐,誰規定不能夠用筷子,你要用筷子連著刀叉都可以。誰規定現在不能穿唐裝?可以。穿唐裝為什麼不能夠帶戴一頂南瓜帽,同時褲子是西裝褲,鞋子是休閒鞋?你會覺得不搭嗎?你覺得不搭那也沒關係,看久了就會搭了。這就是我的理論。這個理論就是我們在實踐中,不斷地調節、對話就會有發展了。不是用文化的本質主義鎖定它是什麼、它是什麼,你疆我界所以不能怎麼樣。沒有這回事。我常說儒跟佛,這差了多遠的東西都能夠融通,儒跟耶為什麼不能夠融通?儒跟耶很容易融通的,只要耶放下身段。因為中國的基督宗教和海外基督宗教的方式不太一樣,中國的政治有干預到基督宗教,所以中國有機會成就一個新的基督教。我預計二十年之內,中國將會成為基督教福音的輸出國,而不只是輸入國。這是可能的。就好像政治力量能夠抵擋住谷歌網,所以就會扶得起百度、搜狗還有易網,懂嗎?這個是很獨特的。你說政治一定那麼不好嗎?如果沒有政治的力量,你百度網、搜狗網還有易網怎麼跟谷歌網比啊?那谷歌網是自由的嗎?現在我們號稱是自由的其實很多是不自由的,它後頭是被整個經濟、科技、媒體以及龐大的政治力量、文化趨勢卡死了,而現在因為中國夠大,中國文化夠久,中國人夠多,因此有新的可能。中國自己成一個天下,所以有新的可能,但是我們要把這個新的可能實現好,實現好才能夠走出去。中國大媽除了會跳廣場舞之外,走出去也能夠溫文爾雅,人家會覺得「嗯,很

好」。它真的在變化中，不是本質就如何。有一些朋友到臺灣去會說：「哇，臺灣人的特性就是排隊。」臺灣啊，三十年前絕對不是這樣，四十年前更不是。爭先恐後。為什麼？因為恐後所以要爭先嘛。現在不恐後了，因為不會後啊，有條理有秩序，不會後就不會爭先嘛。所以不是說我們民族的民族性怎麼樣。我最厭惡「中國的民族性就是如何，人家洋人的民族性如何」這種論調，我還沒注意聽就會發火。

你讀讀《論語》嘛，你為什麼不說我們的民族性是王道，是愛好和平呢？我講這個時候還有很多人懷疑，「中國的文化是王道嗎，是愛好和平嗎？都是虛假的吧！」我說經典所說這是真的。那我們要問為什麼我們誤認為真實的東西是虛假的？原先孟子那麼強調「自反而縮，雖千萬人吾往矣。」[48] 兩千年的帝皇專制、父權高壓是怎樣搞成這個樣子的？這是一個發展的過程。我還記得上個世紀九〇年代，有一次在香港中文大學開會，遇見了金觀濤夫婦。他們對中國傳統文化批評得很厲害，現在可能好一點了。我說你批評得很厲害，對，但是你要問中國文化何以變成這樣？為什麼和經典所描述的有那麼大的差距？但是因為他們對經典的了解太少了，甚至也不讀經典，所以就把這些現象當成中國文化的本質。原來 A 何以變成非 A，這個問題很重要，所以自己要深入地探索它，不能空泛地說。那什麼是空泛地說呢？譬如說儒家是「主智論」，法家是「反智論」，後來儒家法家化了，所以就會如何如何。這是我大學時代讀到余英時先生的著作《反智論與中國政治傳統》。我讀到覺得怪怪的，後來深入

---

48 《孟子》〈公孫丑上〉：吾嘗聞大勇於夫子矣：自反而不縮，雖褐寬博，吾不惴焉；自反而縮，雖千萬人，吾往矣。

研究就寫了一篇文章叫《中國政治傳統中主智、超智與反智的糾結》。儒家是主智而有超智,而它何以會反智?道家是超智而它何以會反智?那麼這個地方還牽涉到中國政治社會共同體變遷的問題還有其他權力的種種問題。這很複雜了。你不能夠說它是什麼,把那些表象、現象當成本質。你要去問,那個表象在歷史的發展過程裡為什麼會變成這樣?為什麼它和經典所描述的不一樣?譬如「忠」這個概念,「為人謀而不忠乎?」[49]「令尹,三已之,無慍色。」[50]楚國宰相令尹,忠矣。這是責任的概念,很清楚,你怎麼能夠說中國儒家不講責任倫理呢?那我們要問,為什麼後來儒家的責任倫理弱化了而意圖倫理增強了,我們要去檢討這些問題,而不是說我們就沒有這些東西。最後兩個問題。

問題八

學生:林老師,我想問您對目前大陸新儒家,比如蔣慶、姚中秋的政治儒學怎麼看?

林安梧教授:姚中秋跟蔣慶都是我多年的老友,特別是蔣慶,我們認識很久了。他們現在都是在討論中。當然蔣慶比較早有一個「政治儒學」的提法。這個提法我本來就不太贊成,因為「政治」這兩個字放在儒學前面就容易被搞混。後天在孟子研究院要開一個關於「心性儒學和政治儒學」的討論會議。他們邀請我去,我到現在還沒有決定要不要去,我給他了一

---

[49] 《論語》〈學而〉:曾子曰:「吾日三省吾身:為人謀而不忠乎?與朋友交而不信乎?傳不習乎?」

[50] 《論語》〈公冶長〉:子張問曰:「令尹子文三仕為令尹,無喜色;三已之,無慍色。舊令尹之政,必以告新令尹。何如?」子曰:「忠矣。」

個發言稿。我也談心性修養跟公民正義的問題，我很關心這個議題，但是這也應該參與更多討論，我認為這些思考都還在發展中，所以目前來講我沒有什麼好評論的，這個評論大概不是三言兩語可以說出來的。我跟姚中秋曾經一起做過一個節目討論這個問題，就是談君子跟公民的一些概念，這個必須要繼續努力。我本來今天還要討論這個問題，因為時間限制就暫時先打住。

問題九

學生：林老師您好。我想問《論語》這本書我們具體應該怎麼讀？您從《論語》〈學而〉篇開始講到最後〈堯曰〉篇，《論語》本身在編纂的過程中，它的篇章結構是怎樣安排的？

林安梧教授：這位朋友提到的問題很重要，《論語》怎麼熟讀？《論語》的篇章次序是有一個生命似的感通的類的關聯。我只能這麼說，就是它有一個生命生息的互動感通關聯在一塊，它如何關聯到，你可以用一個更有邏輯的方式去說。這大概從皇侃就已經開始思考這個問題了，一直到近現代還有很多人思考，所以它並不是毫無次序的，這個部分是可以討論的。你怎麼樣去讀它？我是這麼建議的，讀古書不能太慢但是也不能太快，所以慢跟快要結合在一塊。舉個例子，譬如說我一天讀一篇，一篇不是一章，比如〈學而〉篇是十六章，今天讀〈學而〉篇，後天讀〈為政〉篇，大後天讀〈八佾〉篇，然後〈里仁〉篇、〈公冶長〉篇繼續，一直讀到〈堯曰〉篇，二十天就讀完了。我第一天讀完了，第二天當我在讀〈為政〉的時候，我就會選擇〈學而〉篇中的兩篇精讀。那第三天讀〈八佾〉篇，我選擇〈為政〉的兩篇精讀。

篇章分開，篇是一個 chapter，章是一個 section。這樣讀下去，時間久了，我就會選擇哪一些需要好好精讀。至於它內在的邏輯關係，慢慢地自己去悟，因為現在有很多種說法，甚至還有很多人結合著《易經》的卦序說成很複雜的關係。那我認為它是有關係的，〈為政〉從「為政以德」，馬上講「詩三百一言以蔽之，曰思無邪」，所以道德的教化是性情之教，道德教化是成就一套政治社會共同體的起點，而它是從詩教說的。接下去落實〈為政〉，「道之以政，齊之以刑，民免而無恥；道之以德，齊之以禮，有恥且格。」接下來講孝道，因為政治社會共同體必須講孝道。它有它的一套，很有意思，至於它怎麼關聯到，這大概需要每個人去悟。它不是亂編的。我們的分類方式其實是，我名之謂「生命生息的互動感通」的一種同類相聚，「雲從龍，風從虎」[51]的一種相生相聚的關係，它不是西方知識理論的邏輯構造方式。這是很獨特的，也是很值得我們去留意的。這其實可以讓我們重新思考一個人文的組織構造應該如何組織構造，可能不是一個知識的、理性的組織構造，但是是有道理的，可理解的。讀熟《論語》，你會發現很有趣，你要感受到孔老夫子和弟子之間的形容樣貌，如在眼前，讀要讀進情境之中，把重要的句子抄寫一下。如果用毛筆抄就更好，不行的話，鋼筆抄也可以，反正比較鄭重一點嘛。拿一個本子抄，不會多久就讀完了，它只有一萬六千多字，大約五百章而已，所以好好讀它是絕對可以的。我今天好像在為孔老夫子宣揚「你

---

51 《周易》〈乾卦·文言〉：九五曰：「飛龍在天，利見大人」，何謂也？子曰：「同聲相應，同氣相求。水流濕，火就燥。雲從龍，風從虎。聖人作而萬物睹，本乎天者親上，本乎地者親下，則各從其類也。」

要讀我的書」,沒有錯,我為他宣揚。我們今天就到這個地方告一段落吧。謝謝大家。

(本文原為山東大學儒學高等研究院於2016-2017年所開啟的「儒家文明論壇:儒道佛三家思想與廿一世紀人類文明系列講座」,由林安梧教授主講,這裡收錄的是第三講,講論時間在2016年11月10日,由王冰雅、張貝、孔維鑫記錄。)

第六章
關於《大學》「身」「心」問題之哲學省察：
以《大學》經一章為核心的詮釋兼及於程朱與陸王的討論

本章提要

　　《大學》經一章提出總體之概括與詮釋。首先作者指出《大學》是初學入德之門，其目的在「通極於道」，並下及於整個生活世界。因之，作者強調儒學傳統的「身心不二」觀，而極力擺脫「以心控身」，而強調「調身以正心」。

　　依宋明儒學的大脈絡說，《大學》詮釋的兩個不同向度，一乃朱子所強調知識與道德的辯證性，二則陽明所強調道德實踐的根源性能力。而此兩者皆無礙於「大學之道」在彰顯「善之本源」，經由「倫常日用」，而邁向善之目的。從「善意的持守與定向」到「心識的寧靜與安宅」，進至「道德的抉擇與實踐」，這是通貫為一體的。

　　值得一提的是，筆者強調《大學》中關於「先後」有兩種不同的意義，一重「本末」的理論歷程義，另一重在「終始」的時間歷程義。做了這樣的區分，我們可以明白「三綱領」的本源重在「明德」，「八條目」的連貫重在「修身」，本末終始，通而為一。

　　宋明儒學即中在「心、意、知、物」討論，大體說來，「心」是

就「感通義」說,「意」是就「指向義」說,「物」是就「對象義」說,「知」是就「了別義」說;「格物致知」的兩個向度,一是「認知的了別義」,另一則是「道德的了別義」,相應地說,朱子是一「橫攝歸縱」的系統,而陽明則是一「縱貫橫推」的系統。

《大學》一書所隱含的是道德教化的政治觀,他重在「符號式的、虛以涵實的」方式,此不同於「權力式的、虛以控實的」方式;總的來說,他強調從「固本培元」到「調身正心」,進一步到「道德理想國度」的實現。

關鍵字詞:身心不二、格物致知、朱子、陽明、道德教化

一　《大學》是初學入德之門,其目的在「通極於道」,並下及於整個生活世界

《大學》我們可以把它理解成儒家一個很精彩而具體性的文本。一般講到《大學》,大家馬上就想到三綱領──明明德、親民、止於至善,還有八條目──格、致、誠、正、修、齊、治、平。這些都是大家耳熟能詳的。目前我們所用的《大學》經文,基本上是依據朱熹的《四書章句集註》所編的,裡面有經一章,傳十章。[1]

　　子程子曰:「大學,孔氏之遺書,而初學入德之門也。」於今

---

[1] 關於「大學」之來歷及其地位問題、關於「大學」之作者及定本問題、關於「大學」之名義及其內容特質,岑溢成先生曾有清楚而明確的論述,參見氏著:〈導論〉,《大學義理疏解》(臺北市:鵝湖月刊社,1991年10月),頁1-19。

可見古人為學次第者,獨賴此篇之存,而論、孟次之。學者必由是而學焉,則庶乎其不差矣。[2]

這是朱子的《四書章句集註》為什麼把《大學》擺在最前面的道理。《大學》可以理解成是一篇概論——初學入德之門。

這是一個什麼樣的概論?我們可以理解成這是一個「先立乎其大」的概論。因為「先立乎在其大」,所以「小者不可奪」。[3]《大學》等於是儒家學派由孔老夫子跟他的弟子彼此交談的過程所記載留傳下來的,所以才講「孔氏之遺書」,而「初學入德之門也。」

這個「德」字是「承於道、得於天、著於人、具於心」的,也就是承受於道,得自於天,在人身上表彰出來而內具在人的心靈裡頭,此謂之「德」。所以中國人講「德」的時候,是就此而說的。儒家講「志於道,據於德,依於仁,游於藝」[4],道家一樣的也提到「道生之,德蓄之,物形之,勢成之。」[5]所以就這個「德」字本身來講的話,在整個漢文系統裡頭是很豐富的。它是有一個本體根源的,由那本體的根源開顯出來,內具在人的本心裡面,就是「德」;而初學入德之門的目的,其實就是要「通極於道」。

在整個中國的學問來講,最後一定要通極於天、通極於道。一方面是:人之極於天,另方面是:由德之上通於道。落在人間世來講的話,就其感通義而講「仁」,就其法則義而說為「義」,所以道德仁義是這樣展開的。

這也就是說人跟人之間有一個恰當依循的法則,那就是「義」。

---

2 參見〔宋〕朱熹:《四書章句集註》(臺北市:鵝湖月刊社,1996年11月),頁3。
3 語見《孟子》〈告子〉上,同前揭書,頁335。
4 語見《論語》〈述而〉第七,同前揭書,頁94。
5 語見老子:《道德經》第五十一章。

就每一個人內在所本來具有的,就講「德」,而就總體來說有個根源的,那就是用「道」這個字眼去說的。這麼一來,就是將道、德、仁、義連在一塊兒說。《老子》書說:「失道而後德,失德而後仁,失仁而後義,失義而後禮。夫禮者,忠信之薄,而亂之首也。」[6]顯然地,這裡的「道」是根源義,「德」是本性義,「仁」是感通義,而「義」是法則義,「禮」則是規範義。我們去理解一個文字的時候,一定要留意一下,看它的脈絡。其脈絡有它的根源,所以理解一個東西要有本有源,不能光記那個字是什麼意思,那是沒有用的,而是要回到本體的源頭來說。

「初學入德之門」,從這個《大學》來。「於今可見古人為學次第者」,可見古人們在為學時是有個次序的。在儒家其實是很注重這個次第的。次第,把它翻成現在的學術語詞來講就是歷程(Process)者是很著重歷史性(Historicity)。其實,中國這個民族非常注重歷史的發展,而它這個歷史的發展不會只把它當成浮面的一個現象,它會把它從這個浮面現象去看它,了解它的意義,而這個意義到最後是要通極於天,通極於萬有一切的根源「道」。

這當然牽涉到解釋學的問題,就以中國傳統的史學來說,它分很多層次,有史事、史文、史義。史事是歷史事件,史文是歷史記載,史義是歷史的意義。而歷史的意義是通極於道的。司馬遷說他寫《史記》是要「通古今之變,究天人之際。」「究天人之際」就是要通極於道,而如此「成一家之言」,這是很了不起的一個偉大的志業。[7]

在整個民族歷史裡頭談到道德,談到實踐,談到修養,一定非常注重次第工夫、歷程、歷史意義。它不會只是強調你怎麼樣用你的心

---

6 語見老子:《道德經》第三十八章。
7 關於此,參見林安梧:〈歷史與人性的疏通〉,收於氏著:《現代儒學論衡》(臺北市:業強出版社,1986年5月),附錄二,頁281-296。

思,而怎麼樣可以當下了悟什麼。基本上是強調經過一個歷程,有個學習,不會「十有五而志於學」,那麼三十就已經「從心所欲不踰矩」。他一定是「十有五而志於學,三十而立,四十而不惑,五十而知天命,六十而耳順,七十而從心所欲、不踰矩。」[8]所以,當我們看我們的晚輩時,如果他才二十歲,那麼他會有犯錯。二十歲那時血氣未定,所以還是會搖來搖去,動來動去。如果到了三十歲這個人就已經知天命了,那有一個可能就是這個人是道德上的天才,要不然就是這個人在氣質上跨越了很多歷程;要不是真的跨越了很多歷程,那很可能是一種假相,不是真的「知天命」,不是真正的「耳順」。

這裡我們要強調人生命裡有一些很具體的東西,那就是我們的「身」。而儒家是很注重這個具體的身,所以原始儒家著重點不是在「心」,著重點在「身」。所以「壹是皆以修身為本。」儒家強調的是「調身以正心」,並不是要你「正心以控身」啊!

二 儒學傳統強調「身心不二」,《大學》就是要「調身以正心」

儒學傳統有一重要的關鍵點,這一點一定要特別的提出來,那就是「身心不二」,調身以正心,非正心以控身。也就是不是你從心靈裡頭緊抓著一個什麼樣的教條來控制你的身的活動。而是要調你這個「身」來正這個「心」。所以,大學它是「自天子以至於庶人,壹是皆以修身為本。」它不寫「正心」,而是寫「修身」是本啊!

因為整個中國的哲學、中國的文化談到道德修養、談到社會實踐的時候,其整個著重點是從很具體的生活、活生生的身體(body)開

---

8 語見《論語》〈為政〉第二,同前揭書,頁54-55。

始、活生生的情境（situation）上開始的；它不是要你忽略掉這個情境、忽略掉這個身體只強調那個心。它認為這是不可能的事情的，這是一個很重要的關鍵點。當然你會說，後來整個中國哲學發展愈來愈強調「心」而忽略了「身」，甚至走的是「以心控身」的傳統；變成這樣的傳統，其實是另外一個新的轉折的發展。這發展的本身是可以檢討的，甚至是有問題的，這點是很重要的，這邊是要把它提出來。

這為學是有次第的。學、從那裡學；不是從你的心靈意識，更不是拿著一個教條而守著教條怎麼辦。那要怎麼辦呢？是從「灑掃、應對、進退」，從我們整個的身體力行，從我們這個身放在生活世界裡的活動過程裡面調整，這就是「調身以正心」。所以為學次第是要從這裡來的。

《四書》的學習次序依我個人覺得，把《大學》拿到第一篇來讀並不是那麼恰當的。先讀《論語》是最恰當的，《論語》讀了再讀《孟子》，再讀《大學》、再讀《中庸》，這才比較恰當。因為《論語》基本上是面對著一個具體的生活世界，老師跟學生之間的一個交談跟回答。《孟子》除了類似像《論語》中孔子跟學生之間的這種交談互動以外，還強調辨析道理來。

辯論跟辨析不同。辯論，是你立場是什麼，我立場是什麼；我這立場是對的，你那立場是錯的，而說服你，這就是辯論。而辨析是我拿個道理出來，你也拿個道理出來，我們在這個道理互相爭議之間產生一個新的道理來，爭出一個高下、爭出一個道理來，而這裡頭會有調整的。而討論呢？就是你說說、我說說，我說完了，我會仔細聽你的，你說完了也會仔細聽我的；我聽了你的，我就修正我的，你聽我的，也修正你的，彼此互相退一下，於是退一個空間出來，讓道理在那裡生長。所以討論最有益處，其次是辨析，而辯論最沒有益處。辯論往往不會使道理增加，而是老早就已經定案了、就如此了。

像《孟子》的「性善說」，他跟當時的人多半是用辯論，也有少部分是用辨析，很少是討論的！「予豈好辯哉！予不得已也。」直接說出那個時代為什麼要辯論？因為，諸侯放恣、處士橫議、邪說暴行又作。[9]我認為孟子活在我們這時代一樣要辯論的，但現在辯論不太有用，因為語言跟文字在整個資訊太發達，發達到任何一個人都可以去操作它的時候，多得不得了的時候，就貶值了。它就好像貨幣一樣，當貨幣供給到一個地步的時候，貨幣就貶值了。也就是通貨膨脹了，幣值就減低；這個語言文字膨脹了，語言所承載的真理值就減低了。[10]

現今流行的電腦網路 BBS，雙方都不把自己的名字說出去，而以一個匿名、假名互相這邊說過去，那邊說過來，一玩就兩個鐘頭。其實在那個過程中可以發覺到那整個人是散出去的。那個人因為匿名的我形成一個新的我或是假的我，於是這個真我就躲在後面，藉著這個假我，可以丟很多東西，於是形成另一個我的分裂。而這個我的分裂以後，讓這個我去侵擾些什麼、去承受些什麼。當我形成一個分裂的我，而我這個分裂的我各自在說些什麼，這所說怎麼可能言由衷。如果所謂言必由衷的話，那這個衷就已經變成五、六個、七、八個了，怎麼由衷法。照理說資訊很發達應該很好啊！可是資訊發達的結果，是語言的通貨膨脹而真理的幣值減低，更嚴重的是語言的偽鈔充斥。

三 《大學》詮釋的兩個向度：朱子強調知識與道德的互動性；陽明則強調道德實踐的根源性能力

程伊川是認為學者一定要由這個《大學》所提的格、致、誠、正、

---

9 語見《孟子》〈滕文公〉下同揭書，頁271-272。
10 關於此，參見林安梧：〈語言的通貨膨脹與治療〉，收入氏著：《臺灣文化治療》（臺北市：黎明文化事業公司，1999年2月），頁5-7。

修、齊、治、平這樣來學的,那或許大概就不會有所差失了。這是朱熹引程子所說的。在整個學問傳統來講,朱熹可以被視為繼承著程伊川的路。程伊川的路跟朱熹的路,一般來講,在學問傳統上合稱叫「程朱」。程朱的學問,一般把它給歸到「道問學」。相對待來說的是陸象山跟王陽明,一般說、他們所強調的是「尊德性」。這並不是說程朱就不「尊德性」,陸王就不「道問學」,而是說學問所偏重的方向。[11]

「道問學」是強調通過經典文獻的學習,以這樣的方式回過頭來反省自己內在的心靈,這個反省的歷程、承接那個天理,讓那個天理能夠內具到我們的心靈裡頭去,而恰當的把它實踐出來。在宋明理學上來講,這樣的說法,就是「性即理」的說法。這個性指的是道德本性,而那個道德本性也就是天理了。但這個道德本性如何內具於你的心呢?朱子強調通過「涵養主敬」的方式,才能夠讓你的心具有道德本性、具有這個天理,才能夠把它實現出來。而朱熹說,這個涵養主敬跟格物致知的工夫好像是一車之雙輪、鳥之雙翼一起動的,不可偏廢。也就是說,道德實踐的工夫跟對於格物窮理認知的工夫是一體兩面的。所以知識跟道德有其互動的,進而形成一個辯證的統一。[12]

陸王所強調的「尊德性」的學問,是從本心上說、先立乎其大,而這個本心是具有道德的本性,這個道德本性也就是天理。所以相對於程朱的「性即理」,陸王就是「心即理」。而強調「心即理」也就是此心當下即是天理,所以很強調這個道德的本心、道德的主體性。每一個人內在都具有一個道德實踐的能力,不必通過後天的學習就有的。

---

11 黃宗羲於《宋元學案》〈象山學案〉說:「況考二先生之生平自治,先生(象山)之尊德性,何嘗不加功於學古篤行?紫陽之道問學,何嘗不致力於反身修德?特以示學者之入門,各有先後,曰:此其所以異耳!」

12 參見林安梧:〈知識與道德的辯證性結構:對「朱子學」的一些探討〉,收入《現代儒學論衡》(臺北市:業強出版社,1986年5月),第八章,頁145-168。

後天的學習只是一個幫助的方式,並不一定必要。其實你可以通過其他的方式來喚醒你那個內在的本心——良知。所以同樣是《大學》,在程朱所理解的《大學》跟陸王所理解的《大學》是不一樣的。

　　《大學》依照朱熹的處理,有經一章,傳十章。傳十章中,關係「格物」那一章沒有。少了那一章,朱熹就認為是因為錯簡或以前寫在竹簡上丟掉了,於是把它補上去,謂之《大學》〈格物補傳〉,而朱熹整個學問最重要的核心濃縮就是那個《大學》〈格物補傳〉。《大學》〈格物補傳〉,就說明他如何通過格物致知的方式,同時也喚醒我們內在的道德本心。因為在做「格物致知」工夫的時候,同時也在做「涵養主敬」的工夫,而這樣的工夫才使得你有一個面對自己心靈的能力;讓心靈因此能夠知道那個天理、那個太極之理,而把那個太極之理實現在整個人間世來,這是朱熹整個強調之所在。

　　王陽明就不同,他有一篇很重要的文章叫做〈大學問〉,其意思就是「問所謂這個《大學》何為也?他的整個立場論點跟朱熹有很大的差別,特別是對於所謂的「格物致知」的理解上,基本差異是非常大的。[13]宋明理學家基本上都非常注重《大學》,而討論大概就著重在「格物、致知、誠意、正心」這四目上。籠統的說,陸象山的學問就是「正心」之學,到了晚明的劉蕺山的學問就是「誠意」之學,而朱熹的學問就是「格物」之學,陽明的學問就是「致良知教」這樣的「致知」之學。

　　當我們這麼去說它的時候,千萬大家不要有一個刻板的印象,好像他們所說的「格物、致知、誠意、正心」都可以放在同一條線上做同一個系統的方式去理解而說他們著重在那邊。不是的!當他們著重在那一點的時候,他自己構成一個系統去說它。

---

13 參見林安梧:〈王陽明的本體實踐學:以王陽明《大學問》為核心的展開〉,收入氏著:《中國宗教與意義治療》,第四章(臺北市:明文書局,1996年4月),頁81-114。

好比朱熹著重在「格物學」，他對「格物、致知、誠意、正心」有他自己的一套說法；而王陽明著重在「致知學」，他對「格物、致知、誠意、正心」也有一套說法。他們的理解是彼此相互涵蓋的，關於經典的詮釋與意義的開展本身，語言文字的意義開展，基本上像是變形蟲一樣，不可能只是個定點，而是一個範圍，在這個範圍裡是扭來扭去的。但這個範圍再怎麼扭，它總是有限制的，它不可能扭成一個無限大；它還是一個封閉的空間，但是它可以扭來扭去。甚至可以把它理解成這一扭來扭去的時候加上去其他的，它可能又擴展出去了，所以沒有說它本來是只有怎麼意思啊！因此，我們不能夠抓著那個字它本身是什麼意思，它的意思是在不斷的豐富，不斷的轉折變化中，長養以成的。

　　《大學》，我們說它是「初學入德之門」，朱子跟程頤是那麼的重視，他們重視的是個為學的次第。而陽明也很重視，但它卻把這為學次第做了另外的一個大大的翻轉，這就是對「格物」跟對「致知」這兩個詞有很大的不同的了解。而這不同的了解其實是牽涉到詮釋的不同，不同的人讀出不同的意思。那麼，在這裡《大學》本身應該怎麼比較恰當的了解它？那我們儘量的不要受限於朱子，也不受限於陽明。我們就這《大學》本身的經文去了解它。當然光這經文我們還是沒有辦法恰當的把握，我們一定會訴諸於我們從傳統的經典裡頭有那些相關的，這也就是閱讀任何一個事物都會通過的一個歷程啊！

四 「大學之道」在彰顯「善之本源」，經由「倫常日用」，而邁向善之目的

　　　大學之道，在明明德，在親民，在止於至善。

王陽明認為「在親民」，而朱子說「在新民」。古字有寫成「新」的，也有寫成「親」的；而「新」跟「親」有互用的。所以到底往「親親而仁民」的「親民」而理解呢？還是往「苟日新、日日新」的那個「新」來理解呢？這理解就差別很大。

大學者，學為大人之學矣。孟子對人的生命開展之層級而說：「充實之謂美，充實而有光輝之謂大，大而化之之謂聖，聖而不可知之謂神。」[14]充者，整個生命的一個開展之謂也，就是往外伸展、往外拓展。實者，就是落實，就是往下扎根。擴而大之，用現在的話講，「充」就是國際性，「實」就是本土性。生命之美，就是實實在在的在生長，向下扎根，向上向外伸展。「充實而有光輝」，這時候有一個生命的光輝透出來，這就是「大」。所以「大學」就是要讓我們的生命能夠充實而有光輝之學也。但就這個「大」本身來講，有一個莊嚴感而形成一個壓力，這還不夠。「大」要能「化」，這叫做「聖」。「聖」之能「化」，如春風化雨一般。所以聖人不是用來教訓人的，聖人是要感動人的。「聖」，是那個生命能夠「由小而大、由大而化」，這時候的「聖」就不會著重在外在的名相，而能夠突破名相，真正能夠理解到「實」是什麼。

《莊子》〈逍遙遊篇〉也提到「北冥有魚，其名為鯤」，而鯤由小而大、由大而化、化而為鵬；鵬從北冥徙於南冥，經過一個歷程。這一章整個所要說的就是強調「聖人無名、至人無己、神人無功」，其整個生命最高、最寬廣、無人不及的人格典型。[15]這就如同孟子在這裡所說的「大而化之之謂聖，聖而不可知之謂神。」畢竟還有個人格典型在那裡，而不可知之就是神。不是人通過你的思議認知所能夠去

---

14 語見《孟子》〈盡心下〉，同前揭書，頁370。
15 關於此王船山有精彩之論，參見氏著：《莊子解》（臺北市：里仁書局，1984年9月），卷1，頁1。

了解、去把握的;那是來去自如的,那就是神了。聖人不能來去自如,因為他有負擔啊!而真正的聖而不可知之就是神了。在《莊子》書裡,就把聖跟神連在一塊,講「聖人無名、至人無己、神人無功。」而在《孟子》書裡就分「美、大、聖、神」。

「大學之道」,這個「道」在哪裡呢?其根源何在?方法何在?它要通過一個怎樣的方式去總括呢?「道」這個字眼,有總體義、有根源義、途徑義、方法義這幾層的意義。大學之道,在「明明德」,其著重點在明那個「明德」。德者,承於道也;廣的來講就是內具於你心的本性義——你那個心的如如的是其本然的性,這人之性,就叫做「德」。所以德有善德、有惡德,它不能夠做為一個具有特定的善的內涵的名稱。只是我們一般世俗的用語上,講說這是一個有德的時,這個德、是有善德者的一個簡稱。現在為了要它說清楚起見,在這個「德」上面加個「明」字,特別強調是明這個「明德」。「大學之道」,很重要的就是要明這個「明德」。什麼是「明德」呢?心之明德,明德就是「本心」,明德就是本心的根源。

大學之道,強調的就是那個道的開顯,也就是那個心的顯現,也就是你那個內在心靈的陽光不被烏雲遮住、不被人欲所遮蔽,而讓它顯露出來;要明這個明德,要撥雲見日。

從「明明德」講「親民」,親民包含兩層意思,就是「親親」與「仁民」。親親是就「家庭」說,仁民是就「社會」說,「明明德」是就自己本身說。從自己本身而開拓出去,在家庭、在社會開展出來。「在止於至善」,這個大學之道它有一個永恆的嚮往、一直要往前推進,是來自於內在的一個善性,這個善性就是所謂的「明德」,它是至善的。而這個「至善」就可以把它理解成「太極」,它是最後的、同時也是最原先的。經由「明明德,親民,而止於至善」這裡頭隱含了整個宇宙人生的「善之本源論」以及「善之目的論」,這是儒家所

肯定的。其學問根據就是自行問你內在的本心、本性是不是合乎善。孟子說，這是你可以經驗到的，你可以通過你生命的直覺而直覺到的，那是最為真的，因為直覺就是真理的呈現原則。這直覺到的東西、你怎麼能做為最基礎的呢？孟子說，當一個人看到一個小孩子快掉到井裡頭的時候，一定有「怵惕惻隱之心」，而那「怵惕惻隱之心」就是「性善」，就是那個生命的源頭。那生命的源頭就是隱含了這裡頭所說的「善之本源」，也就是「善之目的」，而本源與目的是同一的，這在整個儒家裡面是最重要的一個核心所在。[16]

五 從「善意的持守與定向」到「心識的寧靜與安宅」，進至「道德的抉擇與實踐」

從《大學》的「在明明德，在親民，在止於至善」這三綱領，落到自己的心靈上說「知止而後有定，定而後能靜，靜而後能安，安而後能慮，慮而後能得。」「知止」的「止」，是連著前面的「止於至善」而說的。「至善」，並不是一個外在的目的，它其實是內在的本源。所以我們提到「善的本源論」與「善的目的論」是連在一起的，也就是「內在的本源」就是那「超越的目的」。[17]

所以「止於至善」並不是心向外去想說要停住在那一個超越的目的上。這裡很重要的、要點出一個差異、一個區別來，也就是整個儒家哲學裡面強調的不管心性修養、道德實踐，它基本上談到目的的時

---

16 關於《孟子》性善之說，「乍見孺子將入於井……」，見《孟子》〈公孫丑上〉，又有關於此，參見蔡仁厚：《孔孟荀哲學》（臺北市：臺灣學生書局，1984年12月），頁199-202。

17 關於此，參見林安梧與傅佩榮的論辯，見《人性「善向」論與人性「向善」論──關於先秦儒家人性論的論辯》，《鵝湖月刊》第19卷第9期（總號218期），頁22-37。

候，不是一個「外在超越論」的立場；基本上是「內在本源論」的立場。因此，「止於至善」這個「至善」是內在本源、是本心，這個本心之德其實就含有太極之理。「知止而後有定」，這個「止」原義指的就是腳趾掌，即「停駐義」；而由這個停駐引申成有所守、有所持的「持守義」。整個意思就是：知有所持守，我們生命有一個確認而持守著你所確認的，而且你所確認的其實就是你那個本心啊！本心的自我確認就是「知止」。

「知止而後有定」，本心的自我確認，你才會生出一個「定」來。什麼叫做「定」呢？「定」就是我們講的「心有定向」。心有定向就是你回到你那個源頭、原點，於是就有定向。（在所有各個宗教談到這個問題，幾乎是一致的。）也就是當我們回到自己「心的本源」的時候，就會由那個本源生出一個定向；而這個定向並不是你緊抓著一個對象而生定向，而是由你那個本源透出一個定向。所以這個「止」你可以把它理解成由「停駐義」到「持守義」，這個「定」是從「定向義」再轉成「確定義」。

「定而後能靜」，「靜」則指的是「寧靜」，心無躁亂就是靜。我們心能夠「知止」，能夠「定」，有所持守、有所定向也就不會躁亂，此之謂寧靜。「靜而後能安」，「安」從「仁者安仁」的「安」來講。「安」是「居住義」，「安」是你在這個家裡頭很寧靜，心無躁亂、有所居。有所居，所以心是自由的。你如果一個人在家裡頭的時候，覺得非常寧靜、覺得非常安適、住得很愉快、不會躁亂、不會處在一種恐慌的狀態，那是因為你自由了。「自由」也者，「由自」也。由自己的心靈意識使它有所安頓，那就自由了；所以由「定」而「靜」而「安」，安是有所居，居於「仁」，「仁，人之安宅也」[18]。其實這是導

---

18 見《孟子》〈離婁〉上，前揭書，頁281。

向所謂自由啊!

「安而後能慮」,整個生命能定、能靜、能安,這時候才能思慮清明。「慮」這裡是「了別義」,用荀子的話就是「思慮抉擇」。「定」是一種內在的確定,由「定」而「靜」而「安」而「慮」,則指向於整個生活世界,整個對象事物的思慮抉擇的清楚明白。我們對於一個外在事物能夠思慮的清楚明白,必須內在能知止而後有定、定而後能靜、靜而後能安、安而後能慮。「慮而後能得」的「得」,所指的是著於物,而得於心也。如何能著於其物?能明於其理,故能得於其心。「得」是指向那個對象、那個事件、那個事物,你能清楚明白那個道理,而喚醒你內在心靈的一種真實的了解。所以「慮」是指向對象,「得」是由那個對象的確認再回到你心靈的確認。

「知止而後有定」到「定而後能靜,靜而後能安」,到「安而後能慮,慮而後能得」,我們可以說這是由「善意的持守與定向」到「心識的寧靜與安宅」,進至「道德的抉擇與實踐」。再者我們發現從「定、靜、安、慮、得」,它是一個循環往復之道。由有所停駐、有所持守、有所確定、有所寧靜、有所安住,能夠思慮抉擇、思慮清明、把握對象,因此有所得於心之理,而心之理即太極之理。

六 兩種不同的「先後」:一是「本末」的理論歷程義,另一是「終始」的時間歷程義

物有本末,事有終始,知所先後,則近道矣!

「物有本末,事有終始」,「物」與「事」是分開說,但是要合著看,也就是事物的本末終始。換言之,那個「物」不是光就「物」說,也連著事、連著人說;那個「事」也不是光就事說,也連著事、

連著人說，事物總有本末終始。「本」和「末」，不是一個「時間的歷程義」（temporal process），而是一個「理論的歷程義」（theoretical process）。理論的歷程義是著重邏輯的先後或理論的先後。本，原來指的是樹根；末，就是樹梢。一棵樹自小就有本末。不可能一棵樹先有本，再有末，而是這棵樹當下那一長，就有本、就有末。因為「本末一體」，它是一個生命的完整狀態，不會是只有本而沒有末。一個完整生命狀態就是本末一體的。凡是尊重生命，那一定是本末交貫為一個整體。只有你通過你的理論把它分別開來的時候，本在前、末在後。「本、末」跟「先、後」不同，「先後」是籠統地說，有時候是混著「本末」說。像《大學》裡說「物格而後知至，知至而後意誠，意誠而後心正，心正而後身修。」這裡說的是「先後」，但其實應理解成「本末」才恰當。至於「修身、齊家、治國、平天下」這應是「終始」。「本末、終始」籠統說都叫「先後」，其實它們彼此頗為不同。「本末」指的是理論的歷程義，強調的是邏輯的先後，而「終始」則是時間歷程義，是發生的先後。「知所先後，則近道矣。」你能夠了解到任何一個事物有它的本末，有它的終始；任何一個事物有它的邏輯先後，有它時間的先後，有它發生的先後，那麼你就能夠接近於道了。

這接近於道的「近」字，其實就是你體悟到道了。近於道，就是悟於道矣，也就是則合乎道矣。「近」字在此與「即」字相通，「即」就是即刻、當下，也就是很接近、很接近到不能分，那就是「即」了。所以「性相近，習相遠也。」[19]這其實是說「本性」原來是相同的，而「習」則相遠了。不只是說性很接近而已，而是說性很接近、接近到幾乎是一樣，就本原來講是一樣的。由此可知，不是孔老夫子不主張性善。其實孔孟原初就強調人內在的本性，人跟人之間有一個

---

19 見《論語》〈陽貨〉，前揭書，頁175。

存在的道德真實感,那是一個「善的本源」,這裡隱含一個「善的目的」,它們同一的,既是內在的,而且是超越的,它根源是相通的、一樣的。所以說「近」其實是「就是」的意思。這裡所說的「就是」是本末終始先後通而為一的意思!

七 「三綱領」的本源重在「明德」,「八條目」的連貫,重在「修身」,本末終始,通而為一

> 古之欲明明德於天下者,先治其國;欲治其國者,先齊其家;欲齊其家者,先修其身;欲修其身者,先正其心;欲正其心者,先誠其意;欲誠其意者,先致其知;致知在格物。

你要把那「明德之心」彰顯於天下,怎麼做呢?先要往後退到「治國」,治國再往後退到「齊家」,再由齊家往後退到「修身」,……這個往後退是就「發生」的先後來說的,這是就「始終」而說的。你「欲明明德於天下」,修身為「始」,而「齊家、治國、平天下」為「終」。這是從「修身」到「平天下」。這代表一個不斷地擴大,由「身」而「家」、「國」而「天下」。這裡頭有一個時間的歷程、發生的先後,必須先由「修身」,而後「齊家」,而後「治國」,而後「平天下」。

然而就「修身」來說,就有「本末」。這裡所說的「本末」就是「格物、致知、誠意、正心、修身」,徹底地來說,它們儘管意義有所別,但歸究其極來說,我們可以說「其義一也」!這意思也就是說「格物」也是「致知」,也是「誠意」,也是「正心」,也是「修身」。那你說還要分個先後嗎?是不能分的,所以「格物、致知、誠意、正心、修身,壹是皆以修身為本」。這意思是說修身就是「本」啊!修身之為本,就是修身本身是一個完整的一個起點;而這個完整的起點

如果還要進一步的做一個理論的解釋與闡析的話,那才有「格物、致知、誠意、正心、修身」諸問題,這是理論的、邏輯的先後的問題,並不是時間先後的問題,這一定要講清楚。

如此說來,小孩子不要一開始就教他怎麼格物、致知,那他是搞不清楚的,這時候最重要的是要教他灑掃、應對、進退,這即是「修身」啊!等到差不多十五歲以後,身心慢慢發展到一個地步,才能夠跟他講「格致誠正」之理啊!那他才聽得懂嘛!那時候才有能力進一步去調理理論歷程裡頭的本末,調理那邏輯先後所說的本末。但真正的「實踐」是就整個發生歷程來說的,是從「修身」做。用工夫就在「身」上用,並不是掛空的想從那裡下手。經由這個工夫回過頭來做省察涵養,才會回到「心」、才會回到「意」、才會回到「格物」,才會回到「致知」,這是兩個不同的層級。這兩個不同層級所分的先後很重要,這一點一旦能點出、點明了,那《大學》一書很多疑點,也就可以迎刃而解了。我認為朱夫子在這裡不清楚,王陽明一樣也不很清楚,因為他們在談「先後」的時候,沒有把「本末」與「終始」區隔清楚,沒有把「理論的歷程、邏輯的先後」以及「時間的歷程、發生的先後」區隔清楚。因為沒有說清楚,沒有分析清楚,攪和在一塊,那就爭議很多了。

其實,整個儒學所強調的是「身」,由「調身而正心」,道家道教依然強調的是「身」。像《老子》書中所說「虛其心,實其腹;弱其志,強其骨。」[20]「腹、骨」都是「身」啊!所以儒、道兩家不會說出「心靜自然涼」這樣的話,它會說「假使我們的自然能夠調解的涼一點,我們的心跟它合而為一,也就靜了」。至於「心靜自然涼」這句話,是因為外在你的生活情境沒有辦法改善,所以只好往內體驗。

---

20 見老子:《道德經》第三章。

也就是說,「儒、道」兩家原來所要處理的問題是「心境不二」,或者說「心靈意識」與你的「存在情境」合在一起;而很看重整個情境的調適、調整、調合,強調與心靈搭配合一,整個的這樣自由開展的過程。它強調的並不是要「以心控身」,「以心控境」這個方式。

為什麼後來會整個走向「心」上來說?是因為那個「境」的改造,發生困難,這個「境」的調節發生困難。什麼時候,發生困難呢?大體來說,專制越強的時候,發生的困難越強烈,所以越專制的年代,越強調心的重要性。這是有歷史原因的,可以從整個文化史看得出來。專制的時代往往要禁錮「身」,較開放的年代,身則要解放。唐朝沒有宋朝專制,所以唐朝所繪的仕女圖多半很豐腴,整個身體常是豐腴而裸露的,它強調的是一種自然之美。宋代起就不是這樣,仕女圖常是纖細的,並且裹著衣服,它與唐代仕女放開來的衣服不太一樣。

整個的中國民族、整個中國文化的精神,從唐末以來,逐漸禁錮而弱化,五代石敬瑭割讓燕雲十六州以後,整個格局就變小了、壓縮了。壓縮以後,整個精神看起來內斂,其實是約束很多,因而整個生命就不暢達。整個哲學從「身心融合為一」,後來變成強調「以心控身」,連帶地,「以男控女」的不平等方式也加深了,以語言文字符號控制這外在世界也加深了;這個加深,加深到明代中葉以後王陽明出來才再度打開了。特別是王陽明所開展出來的兩個派別裡面,其中有一派,很強調人當下的那個「本心」與你的「身體」活動完全融合為一,它本身就有一個具體的存在真實感,就懂得應該去做好、成就一個好人,而不需要通過什麼經典學習的,這股力量很強。這一股力量後來就成為讓整個原來社會上很僵化的體制動搖的一個很重要的因

素、一個精神資源。[21]但是一到了清朝,它急速的、遏殺這個力量,因為這個力量不遏殺的話,它的整個體制就會出問題。滿清回過頭去,重新發揚朱子學,並且把朱子學從原來強調「道統、天理」的朱子學轉成強調以「國君」為主,「專制之理」的御用朱子學。這時候,整個中國民族受牽制就更嚴重了。[22]

延續到鴉片戰爭才被外國勢力重新打開、打出了一個新的東西來;然而,這是一個帶有悲情的方式。整個中國現在會落到這地步是經過這個過程來的。鴉片戰爭後,再經過一百多年,現在又重新慢慢再凸顯出來;這時候則是靠著最原始的生命力,因而給人感覺很野蠻,這是可以論斷的。當前中國大陸所顯現的蠻性,基本上是有它的歷史原因的,這個蠻性至少要再二十年、三十年才能迴返到經常之道。我以為臺、海兩岸這看起來不清不楚的狀況,能夠再拖個二、三十年、甚至五十年就沒有問題了,問題也就不解自解了。整個中國文化現在才慢慢的在中華大地重新生長,而這些生長至少還要生長個二三十年,所以現在臺海這個危機只停留在目前這個方式的危機就好了,不能再跨一步,再跨一步那就是兩岸的不幸,也是全中國民族的不幸。

---

21 此即是泰州學派,參見嵇文甫:《左派王學》(臺北市:國文天地出版社,1990年4月)。
22 參見林安梧:《中國近現代思想觀念史論》(臺北市:臺灣學生書局,1995年9月),第四章〈「以理殺人」與「道德教化」:環繞戴東原對於朱子哲學的批評而展開對於道德教化的一些理解與檢討〉,頁95-122。

八 「心、意、知、物」：「心」是就「感通義」說，「意」是就「指向義」說，「物」是就「對象義」說，「知」是就「了別義」說

我總以為中國哲學並不是那麼玄，玄奧到忽略了整個生活世界，忽略了做為一個人所應該互動、所應該做的事情，我認為不是這樣的。道家強調整個「自然天地」，儒家強調整個「人倫孝弟」，這都和具體的生活世界連在一塊的。它不會高調地去談一個理論，它很具體的在生活中體現；既然是很具體在生活中體現，它基本上就不是個「禁慾主義」者。它呈現的是「身心合一、理欲合一、道器合一、天人合一」的「合一論」者。其實，「合一」背後所隱含的是正「不二」，「天人不二、物我不二、心物不二、人己不二、道器不二、理氣不二、理欲不二」。「不二」就是「一本」。[23]

什麼是「一本」呢？「本貫於末，就是一本」。一本，就像是一棵樹一樣，就是一個「完整生命」之自身。所以完整的生命的生長，除了「自然之氣」的生長，很重要的就是「生命自覺」的發展；自覺的發展其實也就是我們心靈意識的發展。人們這時候往往就其本末而去闡釋這個心靈意識的層次，「心」是身之本，是「身」之所以能夠自覺的一個動源點，這動源點有一更為根本的指向，此即是「意」。

「心」是就心靈意識活動的「總體」來說，心著重點就在這個整體具有一個感通的力量來說，於是說「心」是「感通義」，或者是「活動義」。而「意」強調的是一個「指向」，這也就是陽明所說的「心之所發」為「意」，而劉蕺山更進一步將此「意」往內收攝，而說「意是

---

23 關於此，筆者以為王船山哲學盛發此義，參見曾昭旭：《王船山哲學》（臺北市：遠景出版公司，1983年2月）、林安梧：《王船山人性史哲學之研究》（臺北市：東大圖書公司，1987年9月）。

心之所存」，這是陽明學進一步的發展。[24]若以心為本、則身為末，若以意為本、則心為末，本末交貫為一個整體。所以誠意在先、正心在後，這是就「本、末」而說的「先、後」。「心」是就「感通義」說，「意」是就「指向義」說，「物」是就「對象義」說，「知」是就「了別義」說。而這「了別義」就有兩層意思，是「認知之了別」呢？還是「道德之確認」的了別呢？道德價值確認之了別是一層意思，知識對象之了別是一層意思，這兩層意思在這裡通通包括。

　　值得一提的是，中國人談論問題的時候，習慣將「應然的層次」與「實然的層次」兩者連在一起。當我說一個對象是什麼的時候，一方面說那對象是什麼，一方面我又把對象拉進來放在自己的價值系統去體會，將它與自己融為一個整體，又投射給它一個價值的意味；一方面它有一個如實的對象的意義，一方面又如實的回到我本心的價值的意味。再由那個價值的意味，再定出一個價值的方向。

　　正因為如此，我們認為整個世界是一個善的本源的開展，整個世界是這個善的開展，它朝向一個善的目的，是由這樣而構成的一個整體。比如：我們看到「天」的時候，一方面指說它是「天」，但我們又說「天行健」，「健」這是一個價值意味的字眼，顯然地，這是由「天」而返照於「人」，進而說「君子以自強不息」。「天行健，君子以自強不息」[25]，這是很標準的「即事言理」的一個思維方式。這「即事言理」的這個「理」就不只是「自然之理」；這個「理」既是「自然之理」，也是「自覺之理」。自然之理就是我們說的「知識之

---

24 關於此，參見黃宗羲〈子劉子行狀〉中所言，又此意散見於《劉子全書》各處，此蓋蕺山學之法鑰也。劉述先先生於〈黃宗羲對於蕺山思想的繼承〉中，言之甚詳，見氏著：《黃宗羲心學的定位》（臺北市：允晨文化、新加坡：新加坡大學東亞哲學研究所聯合出版，1986年10月），頁6-10。

25 此乃《易經》〈乾卦・大象傳〉之語。

理」,自覺之理就是我們說的「道德之理」,它們是「通而為一」的,這一點很重要,值得注意。[26]

《大學》裡所說的「心、意、知、物」是什麼意思?宋明理學家幾乎所有最重要的功夫都花在這四個字的討論上,其實,所謂的「心性之學」著重點就這幾個字。程朱、陸王,乃至其他各家各派彼此各有不同的界定,各有不同的理解,各有不同的闡釋。現在,我們藉著閱讀《大學》的課程,當然會附帶將宋明理學家最重要的重點在這裡提出來,但是重點不在宋明理學,而是在《大學》,是要返照回來了解《大學》文本啊!

九　道德教化的政治觀重在「符號式的、虛以涵實的」方式,此不同於「權力式的、虛以控實的」方式

「明明德於天下」,這很明顯可以看出中國文化傳統裡政治管理與道德教化的觀念。所以連著《論語》〈為政〉裡頭的「為政以德。譬如北辰,居其所,而眾星拱之。」、「道之以政,齊之以刑,民免而無恥。道之以德,齊之以禮,有恥且格。」來看,它不談「政」跟「刑」,而談「禮」跟「德」。原因何在?我們的政治觀念是「政者正也。子帥以正,孰敢不正。」[27]這樣的。基本上,我們可以把它理解為一套「道德教化」的政治。這道德教化的政治是以一種「符號式的、虛以涵實的」方式來統治這個國家;與西方基本上是「權力式的、虛以控實的」方式有很大不同。「涵」的重點在教化;「控」的著

---

26 此即牟先生所講的「宇宙的次序」與「道德的次序」之合而為一,參見牟宗三主講,蔡仁厚輯錄:〈十七、王學的正解〉,《人文講習錄》(臺北市:臺灣學生書局,1996年2月),頁82。

27 語見《論語》〈顏淵〉,同前揭書,頁137。

重點在支配,所以我們的政治觀念基本上是教化的觀念很強的。[28]

　　治國是「欲明明德於天下」,而不是做權力的支配。這「明德」其實就是「本心」、「良知」、「天理」的意思。古人欲彰顯那本心、良知、天理於天下,要從哪裡做呢?曰:「先治其國」。天下跟國的不同在於,「國」是諸侯之國,而「天下」是以周天子為主的,這是帶有道德教化意味的「符號式」、「虛以涵實」的統治方式。「天下」的觀念在整個中國來講是非常非常的重要。

　　其實,以前並沒有像現代人所想像的民族主義的觀念,譬如我們說華夏跟夷狄之辨時,其實指的是文化的一個分別觀念,而不是現在民族主義的觀念。現在民族主義的觀念基本上是由於為了反抗被西方的列強帝國主義的打壓下而發展出來的民族主義。所以在以前的中國,「天下」是「一」;「國家」是「多」,是諸侯之國。這就是我常說的「一統而多元」的格局。所以孔老夫子才有列國可周遊啊!那是大一統,不是大統一,我們說「春秋大一統」而不是「春秋大統一」。秦漢帝國才是大統一,大一統是地方分權;大統一是中央集權。從整個中國歷史上看來,凡是地方力量比較強時,也就是文化比較昌明的時候;如果地方比較弱而中央大統一的年代,多半是剛開始還不錯,演變到後來就面臨到很多皇朝上的問題。[29]

　　「欲治其國者,先齊其家。」這個「國」是諸侯之國,這個「家」是士大夫之家。你要治理好你這個國度,首先得先讓整個「家」能夠好好的生長、挺立起來。「齊」,在這裡指的意思是生長、

---

28 參見林安梧:《儒學與中國傳統社會之哲學省察:以「血緣性縱貫軸」為核心的理解與詮釋》,第五章〈論血緣性縱貫軸所成之宗法國家〉「符號式的統治與實力式的統治」一節(臺北市:幼獅文化事業公司,1996年4月),頁77。

29 關於此,參見費孝通:《中華民族的多元一體格局》(北京市:中央民族大學出版社,1989年7月),頁1-36。

齊等生長,讓家庭裡頭的每一成員都能夠好好的生長,就是齊家。

「欲齊其家者,先脩其身。」從士大夫之家到脩其身,每一個庶民都能夠先脩好一己之身。「脩」這個字眼,在此指的是有所持、有所守。所以「齊」所取的是「平等義」;而「脩」所取的是「持守義」;而「治」就是「治理義」;「平」就是「常道義」,就是讓天下歸返於常道。

古之欲明明德於天下,要從諸侯之國做起,諸侯之國再往更基礎則從士大夫之家,士大夫之家是從每一個人的庶民之身做。所以,從「身」而「家」而「國」而「天下」,由內而外,一層一層的開展,此層層有序的開展和社會結構有密切的關係。這社會結構基本上是一個一圈一圈的泛出去,此正如同三十年代的社會學家費孝通先生所說的「波紋型的結構」。這「波紋型的結構」的特色是,由內而外、由小而大、由本而末逐層的往外開展。所以他想到整個宇宙造化時,也是用這一套人群結構去想。宇宙造化的方式也是如此一層一層的出去的,而這裡頭講宇宙造化的時候,就談「氣的運化」。

相對於西方來說,就不是這個樣子。在西方傳統中,他們的人群結構就不是這個「波紋型的結構」。因為西方人從家庭過渡到社會的時候,並不是這個家庭的擴大,它基本上是人從家庭獨立出來,而成為一個個別的個體,而這個個別的個體,它如同一根一根的木材棒一樣,再把它連結在一塊。我們將之稱為「捆材型的結構」。[30]

這「捆材型的結構」跟「波紋型的結構」很明顯的不同在於,「波紋型結構」可以由內而外、由小而大,有本有末;而「捆材型結構」是一個個別開來的,當大家要把它放在一塊關聯起來的時候,就

---

30 關於此,參見費孝通:《鄉土中國》(北京市:生活・讀書・新知三聯書店,1985年6月),頁21-28。

必須依靠著一條法律的繩索或者是大家所締結的契約、約定。所以它用的方式不是「氣的感通」方式、心靈的呼應，而是依循著一個客觀的原理，再由這個客觀的原理原則來決定什麼東西，這個說透了就是「言說的論定」。[31]

這樣的對比是貫穿整個東西文化傳統的，像基督教文化的《聖經》〈舊約‧創世紀〉第一篇裡頭就記載了：「上帝說：『要有光』，就有了光。上帝看光是好的，就把光暗分開了。上帝稱光為『晝』，稱暗為『夜』。」此「說」，就是「言說的論定」。也就是那個至高無上的人格。神是通過一種「言說論定」的活動，指向對象化，而使得萬有的一切事物存在，這跟整個西方的民族他們社群的結構方式有密切的關係。所以他們雖從家庭、從土地裡頭出來，卻游離於家庭、土地之外，而構結成一個新的團體。[32]我們不同，我們的家庭就在這個土地上生根，由這個生根再一步一步的擴大，如此的一直蔓延、擴展出去。所以家庭都是來自於一個共同的血緣命脈，有著生命本源的相通性，基本上強調的是心靈的互動跟感通。所以在這裡談到所謂的「治國、齊家、修身」最終是強調我們怎麼樣讓我們的生命從自己這個身內在裡頭，能夠一直保持到一個具有仁慈之心的狀態、一個活潑潑的具有生意的狀態。

那麼如何可能讓這個狀態時時刻刻保持很恰當呢？那就要有一個理論基礎的溝通，也就是再往下談到的「欲脩其身者，先正其心；欲正其心者，先誠其意；欲誠其意者，先致其知；致知在格物。」

---

31 關於此，參見林安梧：《儒學與中國傳統社會之哲學省察：以「血緣性縱貫軸」為核心的理解與詮釋》，第六章，頁85-108。

32 關於此，參見林安梧：《中國宗教與意義治療》，第一章〈絕地天之通與巴別塔：中西宗教的一個對比切入點之展開〉，頁1-20。

十 「格物致知」的兩個向度:「認知的了別義」與「道德的了別義」

「修身」往前追溯所提到的「正心」、「誠意」乃至「格物」、「致知」,其實都是一樣的,「格致誠正」莫非「修身」也。「身」,是一個最具體的存在,你可以感受到的一個存在、可以活動、可以看得著的一個存在。這個「身」裡頭就有「心」、有「意」。「身」,是就人之具體化的「形著化」而言;「心」,是就人的身的感通義而說;「意」是進一步就此感通的機能而說那感通的機能本身的「意向」或者「指向」而說。而就「身」來講,其心靈的活動本身有一個力量,由這個「意向」推向外在化的「物」,所以這個「物」指的就是「對象義」;而「知」就是「分別義」。整個意思是,你那心靈意識的活動推出去,使得對象成為一個對象,於是你對那個對象起一個了別的作用、起一個分別的作用。

所以由「修身」要講它理論的基礎在那裡呢?在「正心」、在「誠意」、在「致知」、在「格物」。「正心、誠意、致知、格物」其實是一件事,只是各個不同的理論層次來說。就心靈的「感通義」而說其為「正心」,再細微地說心的「指向義」的時候,而說其該為「誠意」,就其指向一個事物對象而說其為「格物」,就其知的分別來說是「致知」。「致知」是一個什麼樣的工夫?那就是指向一個對象而起一個了別的作用、起一個安頓的作用,是這樣一層一層的展開。

但是宋明理學家「程朱」、「陸王」兩派於此爭議就很多,而兩派最大的爭議點就在「致知」與「格物」。朱熹強調「格物以致其知」,格物所以窮理,窮理所以致知;而陽明強調「致知就是格物」,因為致知就是致良知於事事物物之上,致良知於事事物物之上,就使得事事物物由不正而歸於正,由不正而歸於那個正,這就是格物。當我們

說「知」是「了別」的時候,其實就隱含了兩個意思:一個是就「道德」上說的「了別義」,即良知;一個是就「認知」意義上的「了別義」,就是對於事物之理的把握分別。陽明講致良知學說的時候,是就道德這個層面;朱熹講格物以致知的著重點,在認知這一面,而這兩面可以把它整合起來而籠統用「了別義」這個話去說它。

　　欲脩其身者,先正其心;欲正其心者,先誠其意;欲誠其意者,先致其知;致知在格物。

　　工夫從哪裡做?從「指向」這個地方做嗎?從「了別」這個地方做嗎?是如何做對於「對象的了別」?其實做工夫,簡單的說就是要落實、要著實,不能澄心默坐,要在事上磨練,所以說「致知在格物」。

　　「物格而後知至,知至而後意誠,意誠而後身脩。」這個「而後」,它只是「理論的先後」,這是「本末」,不是「終始」。「本末」是就論理邏輯的層次說,「終始」我們說是就時間發生的層次說,兩者意義不同。「物格而後知至」,這個「格」有兩個意思:一是「窮盡」的意思;二是「正」的意思。解釋成「窮盡」的意思,比較接近朱熹的格物,就是窮盡事物之理;而陽明是把它解釋為「格物」,就是要使得物歸返於正,使得那個對象回到恰當的位分上,就是格物。

　　換言之,朱子所說的「物」著重點是在於就一件事本身,它跟你的關係,或者可以理解成「人事的對象」、「人物的對象」,這對象是有個「人」在,它跟「事物的對象」最大的不同是,對象與你的關係,也就是人跟物的關係,是一個不一而不異的關係,它不是兩個,也不是一個,是與人密切相關聯的一個整體。而就此整體,你也可以把它理解成一個對象,所以它不是客觀的對象,而是一個主客合一,或者互為主客的對象。

這意思是說那對象擺在那裡、但是你跟他的關係是關聯成一個整體。若是客觀的對象，則是強調「兩造」，強調對於這個客觀對象的清楚把握。但陽明是強調你跟這個對象之間，有一種互動而關聯成一個整體，這個整體不是一種清楚、而是一種明白。「明白」，是它關聯成一個整體而使它那個亮光自然朗現出來，就是明白；而「清楚」，是我把它當作一個對象、把它分辨釐析，就是清楚，所以這是不一樣的。

十一 朱子是一「橫攝歸縱」的系統，而陽明則是一「縱貫橫推」的系統

「物格而後知致」，這個「物」―對象我們一旦對它有所窮盡，而這個「知」因之而至。這意思就是說，我們的認知活動不只是從主體走向客體，而是進一步由此客體再迴向主體。正因為在事上磨練的過程，這使得它逐層顯現出來，所以是「物格而後知至」。譬如說你有某些能力很強，但是你沒有經過實踐，就沒有辦法讓你那能力顯現出來。或者也可以這樣的理解，「物」是對象，對象窮盡了：「物格」，而也就了別清楚了：「知至」。所以對象窮盡了，你了別之機能也就清楚了，這意思就是對象非外於認知，認知亦非外於對象，對象跟認知實有一種互動的關係。但是，著重點從那開始？從對象本身的窮盡開始。我以為要這樣解釋朱熹才是恰當的，陽明「格竹子」那是誤解了朱熹。簡單的說，我以為朱熹是「橫攝歸縱」。[33]

如果照陽明的「格」解釋為「正」，則解法又是另樣，對象之確立乃良知之所推極而至也；對象之能確立，是因為整個良知的發用使

---

[33] 關於朱子之為「橫攝歸縱」、陽明之為「縱貫橫推」，參見林安梧：〈儒學的轉折：從陽明的《朱子晚年定論》說起〉（臺北市：中國哲學會年會論文，2000年12月）。

它確立起來。在此，陽明著重點在於用心去實踐那個物。心之所發是「意」，意之所在是「物」，心的本體在「良知」，良知去面對那個物、讓那個物從不正歸於正，這時候的「物」，根本不是一個客觀的物理對象，它基本上是一個相互為主觀的人間世的事件或行為，此可以說不是物理客觀的事物，而是個「行為物」。[34]這個「行為物」是人心所滋潤，所加於其上而形成的，這是陽明「一體觀」的哲學。「一體觀」的哲學，是後人的良知說，良知則是後人的感動處說，而感動處其實就是「仁」，所以這也可以把它理解為「一體之仁」的哲學。[35]

這種一體觀哲學，強調的是人跟人之間、人跟物之間或人跟萬物一切之間，有一個存在的真實感；這存在的真實感要求著我跟外在事物能夠關聯成一個整體來設想，也就是我跟一個外在事物構成一個整體而來思想它，而讓它能夠有所安頓，也讓我有所安頓。這就是說把原來一個「我與它」（I-it）的格局，轉成一個「我與您」（I-you）的格局，而這個「我與您」的關係就是一個彼此互為感通、就把對方當成一個具有生命的主體。當我們用「它」（it）這個字眼的時候，它是沒有生命的；而「您」（you）卻是具有生命的，因為當我們提到這個「您」的時候，就必須留意到這個「您」是怎麼回應的。「我與您」是代表彼此互動關成一個整體。[36]

陽明是徹徹底底從這個樣子來解釋大學的，所以「心、意、知、物」依他來解是這樣的：心之所發是「意」，意之所發是「物」，心之本體是「良知」。那所謂的「致知」，就是致良知於事事物物之上，也

---

34 「行為物」是牟先生的論法，參見蔡仁厚先生：《王陽明哲學》（臺北市：三民書局，1974年10月），頁36。

35 關於一體觀的哲學，陽明於《大學問》中盛發此義，參見林安梧：〈王陽明的本體實踐學：以王陽明《大學問》為核心的展開〉，收入氏著：《中國宗教與意義治療》。

36 關於「我與您」、「我與它」兩個範型的區分，蓋得自於馬丁・布伯（Martin Buber）"I and Thou" 一書，但這裡所說的「一體之仁」亦有別於「我與您」，暫略其詳。

就是推擴此良知到事事物物之上，使其不正歸於正，所以「致知」其實就是「格物」；「格物」的意思就是讓物歸返於正，也就是「正物」。而致良知於事事物物之上的這個「物」，又是意之所在，即是物。換言之，致良知於事事物物之上，就是「誠意」；而意又是心之所發，所以這「誠意」就是「正心」；故陽明的「正心、誠意、格物、致知」是「一」，沒有時間先後的。至於原先《大學》那個「知」是否一定只解釋成「良知」，是有一點點爭議的。因為，如果取其「了別義」，則可以是良知之了別，也可以是認知之了別。

如同我們前面所說的，良知了別，指的比較偏向於道德層面；認知了別，比較偏向於知識層面，而這兩者是密切相連的。朱熹在解釋這個的時候，基本上比較是從「兩造」的觀點來理解，也就是「物」與「心」分隔開來，說「心」怎麼去認識那個「物理」；而這個物理又全都是由那個太極之理返照而來，而太極之理跟我們良知之理是同一個理；然後再從那個地方，再說道德實踐是如何展開出來。所以在這個地方朱熹跟陽明是不同的！簡單的說，我們可以說朱子是「橫攝歸縱」，而陽明則是「縱貫橫推」。

十二 從「固本培元」到「調身正心」，進一步到「道德理想國度」的實現

> 物格而後知至，知至而後意誠，意誠而後心正，心正而後身修，身修而後家齊，家齊而後國治，國治而後天下平。

你對於對象能夠有所端正，有所確立，那良知也就因之而顯現了；良知顯現，則你所發之意念是能夠歸於誠的；如此，你的心就已經端正了；你的心端正了，那你的身就有所持、有所守。「身」有所持、有所

守,那麼做為生活園地的「家」就能夠平等一起的生長;這整個家之生活天地能夠平等而一起的生長,那「國」(諸侯之國),自然而然也會治理得好;這諸侯之國能夠治理得很好的話,「天下」就太平了。

天下太平是如何太平,就是《孟子》書裡頭所說的:「人人親其親,長其長,而天下平。」「親其親」是「孝」,「長其長」是「弟」。在《論語》裡頭有記載:或謂孔子曰:「子奚不為政,」子曰:「書云『孝乎惟孝,友于兄弟』,施於有政,是亦為政,奚其為為政,」所以,孔老夫子認為政治其實就是「孝弟」的推廣。[37]這基本上是告訴我們政治是從孝弟人倫而擴充之而所生長出來的,也就是說是一個由家庭到家族的一個道德教化的落實,而這基本上還是大一統的小康之治的家天下。而孔老夫子是要往前再進一步、到達「大同之治」的「公天下」。「公天下」只是一個如堯舜的「恭己正南面」而已,可以想到的是,天下還需不需要國,國與國之間、其實是慢慢的消弭掉了,這裡也可以說是變成了一種接近於文化社區的觀念,這個時候,天子基本上不需要權力,因為這時候是「群龍無首」,大家都是龍,「人人皆有士君子之行」,不需要有個首腦人物,這才是整個儒家所想的理想政治啊![38]

> 自天子以至於庶民,壹是皆以修身為本。其本亂而末治者否矣,其所厚者薄,而其所薄者厚,未之有也!

從天子到庶民整個都是以「修身」為本。前面我們說過,「修」是「持守義」,有所持、有所守;持守於「仁」,因為「仁」是「人之安宅」;

---

[37] 前後分別見於《孟子》〈離婁上〉,頁281、《論語》〈為政〉,同前揭書,頁59。
[38] 關於此,熊十力於此頗有所論,參見《原儒》〈原外王〉(臺北市:明文書局,1988年12月)。

也可以進一步說,持守於「義」,「義」是「人之正路」。人有一個平安的宅第,那就是人跟人之間有一個真實的同情,那真實的同情就是一個非常寬廣的屋宇。但是孟子說現在的人常常是「曠安宅而弗居,舍正路而弗由。」所以修身是要持守仁義之道,就是守「仁」而持「義」;守,是守在這個家裡,守在一個具有感通所形成的整個天下。[39]那「仁」是很寬廣的,所以孟子就說:「居天下之廣居,立天下之正位,行天下之達道。」[40]居天下之廣居是「仁」,行天下之達道是「義」,立天下之正位,整體來講可以理解成「禮」。「壹是皆以修身為本」的這個「本」,是就一棵樹的根幹處而說其為「本」。當我們說「本末」是通貫為一的時候,則那「本末」是不能分先後的,而「終始」比較起來是能夠分的。也就是說「終始」是可以從時間上來區分;而「本末」卻不能從時間上來區分;這就好比一棵樹苗一長出來、當下就有本、當下就有末,而那個「本」一直在生長,那「末」也一直在生長,當下就有「本末」。所以,「本末」跟「終始」是不同的。分個「本」,「末」是理論上分,但是「本」、「末」當下就有,是一體。

「其本亂而末治者否矣。」不可本亂而末治,不可能那根幹都壞掉了,樹梢還能長得好。「其所厚者薄,而其所薄者厚,未之有也!」其「本」當為厚,而你卻使本為薄;那個「末」本為薄,你反而厚之;如此一來,是不能夠存在的,不應該有的。這意思是說,若要分個「本」與「末」,則這個「本」與「末」的分,其實是著重在本末的通貫為一,也就是「固本培元」;因為固本培元才能枝葉茂盛啊!其所當「厚」者,乃「本」跟「元」也。換言之,其所當厚者,你卻很不恰當的苟薄地對待它,而你又希望這個枝榮葉茂由「薄」而轉為「厚」,

---

39 以上所引俱見於《孟子》〈離婁〉上,前揭書,頁281。
40 引自《孟子》〈滕文公〉下,前揭書,頁265。

這是「未有之也」,是不可能存在的。最後,再特地強調一下:「自天子以至於庶人,壹是皆以修身為本。」這是就我們形著於生活世界的這個「身」所展開的一個起點,不是「心」,也不是「意」,而是「身」。所以整個中國哲學是強調「調身正心」,並不是「以心控身」。[41]

──孔子紀元二五五二年(辛巳,2001)四月八日於深坑養晦齋（案:以上原乃《大學》課程上課講詞之一,講於臺北華山講堂,由許霖園先生依錄音整理,再經由講者刪訂、加標題構成。)

---

[41] 關於此,參見林安梧:〈從「以心控身」到「身心一如」:以王夫之哲學為核心兼及於程朱、陸王的討論〉,《述說、記憶與歷史:以「情與文化」為核心的論述》學術研討會論文(臺北市:中央研究院民族學研究所,1999年6月4-5日)。

第七章
孟子思想、海外發展及其對廿一世紀人類文明的貢獻

本章提要

　　本文指出孟子思想不僅深刻影響中國傳統社會，在海外傳播中對其他文明也產生深遠影響。孟子以「仁」為核心，強調人性本善，並通過「心、性、天」的貫通，提出了「人人親其親，長其長，而天下平」的王道理想，為人類社會的和諧發展提供了理論基礎。儒學的三個維度——自然生命、血緣生命與文化生命，展現對人類生命意義的全面關懷。孟子的和平主義思想與美國的霸權主義形成鮮明對比，為廿一世紀的全球治理提供了啟示。在現代化進程中，從「文化搭臺、經濟唱戲」逐漸轉向「經濟發展、文化生根」，儒學逐漸成為東亞現代化的重要精神資源。儒學在古代已對朝鮮、日本、越南等地產生深遠影響。

　　日本神道與儒教的結合推動了其現代化進程，而陽明學派則為明治維新奠定了思想基礎。十六世紀後，儒學經由利瑪竇等傳教士傳入歐洲，啟蒙思想家如伏爾泰、萊布尼茲等對儒家道德理性推崇備至，認為其可取代基督宗教的道德體系。廿一世紀，文明對話取代文明衝突，孟子的「通天接地」思想為全球文明的和諧共存提供了方向。通過回歸生命本身，儒學的「孝、悌、慈」等核心價值將繼續為人類文明的發展貢獻智慧，推動世界大同與天下為公的理想實現。

關鍵字詞：孟子思想、仁、心性天、王道理想、傳播、文明對話、孝悌慈、世界大同

楔子：論題的引出與簡介

主持人：

　　同志們，今天下午的講課是孟子公開課第一個階段也是孟子十二講系列的最後一講。今天的收官之作我們請來了來自臺灣慈濟大學的林安梧教授，林安梧教授是海內外儒學的專家，在海內外擁有廣泛的影響，尤其是自上個世紀九〇年代提出了後新儒學這個概念，引起了廣泛的影響，同時也是臺灣和大陸多所學校和研究機構的客座教授。今天有這樣的機會林教授來給我所收官的講座，機會非常難得，希望大家認真地聽，認真地記。下面我們用熱烈的掌聲歡迎林教授給我們授課，謝謝。

林安梧：

　　謝謝剛剛市長的介紹。在座的各位領導、各位長官、各位女士、各位先生，下午好。

　　這應該是我第二次到鄒城，前年我到山東大學來講學，我的山東大學的學者朋友傅永軍教授帶我到孟夫子的廟去參拜，之後我又到尼山聖源書院去，路過這裡，那個下午在孟夫子廟待了還蠻久，感覺到那個廟的文化悠長，感受到古聖先哲的深仁厚澤。這次來，天氣比那天熱，那次是八月底九月初。今天我們要談談孟子學在海外，並且論及二十一世紀孟子學對人類貢獻的種種可能。上次來參拜孟夫子的廟，這次來是有任務的，在孟子講座的系列中談談孟子學在海外，兼論及二十一世紀孟子學對人類和平的可能貢獻。

　　我年輕的時候上課比較習慣用白板或者黑板，最早基本上使用黑板，往往興之所至，隨著自己的思維流動，再把需要補充的資料或者

你所記誦的句子記在上面。這些年來隨著科技的發展，我們就變得必須重新適應電腦，到現在我都覺得適應不了。有一次我應邀到深圳市民大講堂做一個講座，他也是要求我有課件，那天很有趣，電腦出了問題，課件放不出來。我只能空口講，那一天的效果卻獨特的好，因為沒有課件，所以只好搬出白板和黑板來，就可以恢復最原始的方式。我總覺得，我們現在教學講課往往變成得服務於 PPT 檔。現代文明影響嚴重的後果是，我們為現代文明來服務，而不是現代文明來為人類服務，彼此相互牽扯，後果更為麻煩。

一　夫子以仁發明斯道，其言渾無罅隙。孟子十字打開，更無隱遁

我們談孟子學，作為整個孟子學系列的講座，要談到他對整個世界的影響。孟子學對世界的影響不只是孟子學，而是通過整個儒學來影響全世界，不只是孟子單獨去影響。孟子之所論也必須放在儒學的整個脈絡中才能夠把握住。當然，孟子最重要的是繼承了孔老夫子，我們講到孔子是至聖先師，孟子是亞聖，齊魯大地可說真是聖賢之鄉。大家一想到的就有，至聖孔老夫子、亞聖孟子、復聖顏回、宗聖曾子、述聖子思，這是大家所知道的。當然現在已設有孔子研究院、孟子研究院，有人問是否也可能成立曾子研究院，我看難些，為什麼？因為曾子作《大學》，《大學》並不長，它是《禮記》的一篇。當然，沒有曾子研究院，並不意味曾子不重要。因孟子之學，正是由曾子、子思傳下來的傳心之儒的傳統。孟子的獨特性就是把孔老夫子的思想發揚光大。在南宋的時候，陸象山說，「夫子以仁發明斯道，其言無罅隙。孟子十字打開，更無隱遁，蓋時不同也。」前面的「夫子」指孔老夫子，孔老夫子指點了仁，把宇宙造化、人生價值根源之道的真

理、智慧發明出來,「發明」是闡發、彰顯出來。孔老夫子的論學講話是「渾無罅隙」,可說是春風和氣,如宇宙造化根源,滾滾而出。而「孟子十字打開」,「十字打開」說的是什麼?說的就是「仁義禮智四端」。孟子打開這四端,他強調心的四端之學。這四端進一步可說「仁義禮智信」,又將「仁義禮智信」連著五行來講。這五德五行的說法是思孟學派的重要主張。又在講「仁義禮智信」之前,先有「仁義禮智聖」的提法。我個人以為從「聖」到「信」,這牽涉到歷史社會共同體的變遷,及其強調的輕重問題。象山先生說孟子是「更無隱遁,蓋時不同也。」我們知道孟子是擴充了孔老夫子的思想,孔老夫子講仁,孟子講性善。孔老夫子根據周公的禮樂指點仁,「人而不仁,如禮何?人而不仁,如樂何?」、「禮云!禮云!玉帛云乎哉!樂云!樂云!鐘鼓云乎哉!」孟子把孔子所說這個「仁」進一步「十字打開」,開啟了「四端」。孟子說「今人乍見孺子將入於井,必有怵惕惻隱之心。」從惻隱之心說仁。惻隱、羞惡、辭讓、是非講仁、義、禮、智這四端之心,講「十字打開,更無隱遁,蓋時不同也。」

　　有人說孔老夫子如春風和氣,孟子具有秋煞之氣,孔老夫子強調的是交談與對話,而孟子則強調辯論。辯論跟交談有什麼不同?交談是我說給你聽,不過最重要的是我要聽你說,我聽你說,你也聽我說,交談最重要的是聽;但是辯論不是,辯論是我說你聽,而且你要聽懂,這是不同。孟子的年代不止禮壞樂崩而已,它是一個什麼樣的年代?「聖王不作,諸侯放恣,處士橫議。」孟子說這個年代很嚴重嘛,其實就是跟現代這個年代差不多,如果放在全世界來看更是如此。孟子要「正人心,息邪說,距詖行,放淫辭」,他說「予豈好辯哉,予不得已也。」所以孔老夫子跟孟老夫子氣象不同,孟老夫子帶有強烈的浩然之氣的那種正義凜然肅殺的味道,如秋之煞,而孔老夫子為春之生,後來研究孔孟之道的人做了這樣的區別。

二　儒學三個維度：自然生命，血緣生命，文化生命

　　儒學所重視的有三個維度，這是整個中華民族共通的，到目前為止也是如此。自然的生命講天地，血緣的生命講祖先，文化的生命講聖賢。荀子就提到，「禮有三本：天地者，生之本也；先祖者，類之本也；君師者，治之本也」。最後這「君師者，治之本也」，我把它轉成聖賢者，文化教養之本。我點出這一點是想跟大家說，不管是孔子、孟子、荀子還是儒學強調人的生命定位就這三個定位，自然生命的定位、血緣生命的定位、文化生命的定位。中華民族的生命特別的堅韌，就是因為我們的生命是由這三維生命來定位，想到自己的生命不是你個人孤零零的個體生命，你是放在天地間、放在列祖列宗古往來今，放在前輩聖賢，你一樣繼往開來。我們有非常深厚的時間意識，這一點非常非常重要，我們源遠流長的時間意識，是中華民族最重要的生命定位，不管了解儒家的任何一位，無論是孔子、孟子、荀子以及到後來的顏回、曾子，那當然全部儒家都是肯定孔子、孟子和荀子，即使道家也是肯定的。之後佛教進到中國，它原先不是這樣講問題，到了中國全部這麼講。佛教講「緣起性空」，一進中國重點不在「緣起性空」，而重點在「真空而妙有」，原來講「出世間」，現在講「不離世間覺」，原來是「彼岸的淨土」，現在是「此岸的淨土，人間的淨土」，其實這就汲取了最重要的儒家的精神，也有道家的精神。

　　生命的三個維度是儒家提出來的，道家也不違背它，佛教也不違背它。隨著時代的變遷而變化，這三個維度還存在，一開始強調五倫，到後來強調三綱，五倫是「父子有親、君臣有義、夫婦有別、長幼有序、朋友有信」，只是比較起來有一點相互的對稱關係。三綱是「君為臣綱、父為子綱、夫為婦綱」，顯然地，上下的隸屬關係強了。整個中國秦漢大帝國建立以後，經過兩千年帝皇專制，父權高

壓,男性中心,造成了一個非常封閉的兩千年,當然西方也經過了很長的專制時代,這兩千年所形成的「血緣性的縱貫軸」,這樣的政治社會的總體一直到一九一一年才打破,到現在又經過了一〇二年。其實我們現在正是由血緣性的縱貫軸正要邁向人際性的互動軸,從傳統社會要邁向公民社會,要建構更理想的民主憲政的年代,這也是整個中華民族的文化重新在自己的母土大地好好生長出來,並且要邁向全世界,要擔負起濟弱扶傾的責任,而不是像十五世紀到十八世紀由歐洲的傳教士把四書五經傳到歐洲去。

儒學經過他們強調,太注意以人為中心了,儒學不是以人為中心的,而是以人為參贊的起點。這不是人做中心,是人去實踐它,人作為天地間的存在,人作為古往來今繼往開來的一分子,而不是以此事此岸此時人做核心的,也就是不是現實的功利核心。這一點很重要,它不是功利下的核心。用西方學術界現在常用的話來講,它不是理智中心主義,不是 Logoscentrism。我們不是以人為核心的人文的思考,不是,我們現在卻常常誤認為是這樣,而且還這麼強調著。寬廣地說,我們應該是「三才者,天地人」,是三才思考,是三才主義,而不是以人為中心的主義。講中國文化是人本主義、人文主義要小心,要適當地說,它是放在天地、放在古往來今的人本、放在繼往開來的人文。講人的「參贊天地之化育」,而不是講「天地萬物皆為人所用」,這不一樣,這個差別很大。「參贊化育」,這才是儒學的思想,以人為中心,以自由意志為中心,這是近現代的西方式思考。

三 歐洲人讀到的儒家忽略了「通天接地」,這與整個歐洲擴張主義的強烈思考相應

須知:從十五世紀到十八世紀,歐洲文藝復興、宗教改革、科學

革命的發展過程裡,我們的儒學也傳到歐洲,並起了一個非常重要的作用,但這作用卻偏歧了。他們讀到了他們所要的人本,而忽略了「通天接地」的人本,這與整個歐洲擴張主義的強烈思考相應。其實,這不是儒學的本然。我們要說,歐洲的確受到儒學的鼓勵,但讀錯方向了,他們讀的不是儒學原來最重要的向度。儒學強調的是「天行健,君子以自強不息;地勢坤,君子以厚德載物。」孟子強調「盡心、知性、知天」,「盡其心者,知其性也。知其性,則知天矣。存其心,養其性,所以事天也。夭壽不貳,修身以俟之,所以立命也。」西方所傳的孟子學忘掉了事天立命,汲取到的只是一種很初步孟子學的一種道德理性的精神。這也是好的,但太強化了結合整個西方近現代發展的過程,還是個偏歧的發展,這部分值得我們去留意。

對比的回過頭來說,我們現在再談中國文化的復興,也常太近代化的思考,太西方現代化的思考。現在已經到了二十一世紀,是在現代化之後,人類的文明到了重新思考、重新理解的年代,所以不是西方現代化有什麼好,而是西方現代化產生了多嚴重的弊病。美國的霸權又有多嚴重?美國控馭了全世界,像最近大印美鈔,讓全世界的人都來負擔美國債務。美國霸權厲害的是,他讓全世界的人才為美國霸權使用。再者,美國人對於資源的浪費是世界所周知的,這些問題,以前沒得思考,好不容易有機會來面對,就要仔細去想一想。

四 中國民族永生的奧秘:「孝、悌、慈」

我們在闡述這個問題的時候,一定要回到我們民族的整個精神核心點去看,去思考這深刻的問題。我常常說中國民族永生的奧秘其實就三個字「孝、悌、慈」。《論語》講,「孝悌也者,其為仁之本歟。」大家一定都會背了。有子曰:「其為人也孝悌,而好犯上者,鮮矣;不

好犯上,而好作亂者,未之有也。君子務本,本立而道生。孝悌也者,其為人之本歟。」孝悌是實踐人的根本,而孝對於父母、對於祖先的尊敬,並且要能夠好好地侍奉它。「生,事之以禮;死,葬之以禮,祭之以禮。」「孝」是對於生命根源的崇敬,是縱貫而往上追溯的溯源。「悌」是順著生命根源,橫向地展開。「慈」是順著生命根源縱貫地繼續延伸。孟子很清楚地告訴我們,仁義之道是家庭倫常培育來的,所以講「仁者,事親是也;義者,敬長是也」。「事親」是孝、「敬長」是悌,「孝悌」,一縱一橫,剛好就是我前面講的「十字打開」。這個「十字」不是基督教的「十字」,而是一縱一橫,「孝悌也者,其為人之本歟」的十字。不要一聽十字就想到《聖經》,不要一聽《聖經》兩個字,就聽成基督宗教的。其實,就華人來說,《四書五經》才是聖經。基督教的 Bible 應該用音譯,就好像伊斯蘭教翻譯其經典為「古蘭經」,而不是「聖經」。伊斯蘭教也音譯其至上神為「安拉」。我認為相應來說,基督宗教的「God」應該音譯為「高特」。這個版權我應該說一下,這是我的老朋友孟祥森先生,他是個翻譯家,他是這樣主張的。「上帝」這兩個字早在《詩經》、《書經》,中國古典書籍多得是,不要誤認為「上帝」就是基督宗教的 God。《詩經》、《書經》也有上帝,我們不要混淆和誤會了。現在中國人跟著西方人說十二月二十五日是聖誕節,這是不如理的,應該說是耶誕節,這才準確。須知:九月二十八日才是聖誕節,孔子的誕辰即聖誕節。孟子亞聖是農曆四月二日,當然這個農曆是什麼樣的農曆,是不是周曆?不是我們現在講的夏曆的農曆,這裡還有很多爭議的地方,還有待考證。十二月二十五日應該為耶誕節,這很清楚。

　　我們這時代其實是最混亂的時代,人類的文明是在歐美中心主義、基督教文化中心主義的主導下,我們毫不懷疑地全部接收了。昨天我做的一個講座中也提到,我們的教科書寫著「一四九二年哥倫布

發現新大陸」，對印第安人、瑪雅人，就美洲土著來講，請問那是舊大陸還是新大陸？哥倫布怎麼發現新大陸？因為航海技術不是很好，哥倫布被颶風吹到了一個不知名的舊大陸，對白種人來講，因為他不知道，所以他起先誤認為那是印度，把它叫做印度群島，後來知道錯了，把它改為西印度群島。當地人原先被以為是印度人，所以叫印第安人，其實是錯的。但有沒有提出要把它改過來？沒有。我一定要提醒大家留意這個問題。「一四九二年哥倫布發現新大陸」，這說法是不適當的，竟然一直沒有改過來。

五　二十一世紀仍要「正人心、息邪說」、「距詖行，放淫辭」

二十一世紀，我們要學習孟子的「正人心、息邪說」，學習孟子的「距詖行，放淫辭」，要能夠面對這些錯誤的理解，回溯到我們自己的本源去看、去理解。像民國初年反對孝道有理由嗎？我們去追溯生命的根源、縱貫的追溯，並從而崇敬祖先，這有什麼錯嗎？我們由生命的根源而來，從而橫向展開的說「悌」，這有什麼錯嗎？我們順著生命根源而來，縱貫地延展這個「慈」，這有什麼錯嗎？民初以來，意識形態的災害，嚴重得很。順著近現代歐美中心主義的思考，順著中國現代的反傳統主義這樣的意識形態看下來，整個中國文化似乎一文不值。我們好像自來就是烏七八黑的，但果真是這樣嗎？不是的。

好不容易經過了一百多年，我們現在終於能清楚看到，有機會重新再反省，馬可波羅遊記怎麼引起西方對遠東的好奇，利瑪竇把中國經書翻譯成歐洲文字，對於德國、法國以及歐洲的思想起了什麼影響？對法國的大革命，對德國和英國的科學和人文上都起著什麼影響？以前，你跟他講這一段，他還會說這可能嗎？因為我們都忽略掉

了。也不是所有的前輩先生都在反中國文化,有關中西文化交流與會通的研究,自來就有,而且很早就有。朱謙之先生就寫過重要的著作,現在在清華大學的何兆武先生也寫過,還有許多學者對此做過許多貢獻。

到目前為止,在我們整個的信息場中,我們是不是還那麼崇洋媚外?我們是不是沒有正視歷史的事實?我們是不是仍然誤認為我們是一個文化精神無比窮困的國度?其實,就其本源來說,我們一點都不窮困。說不窮困,我們也很窮困。這怎麼說呢?如果好好地去看我們的漢字所承載的典籍以及東西方典籍的翻譯,那不得了。以漢字所留下的人類文明智慧結晶,可能遠超過其他不同的語言。只是,你家裡有無限的寶藏,但是你從來不知道,或者說你沒有好好地去運用它。經典的智慧你沒有去讀它,它擺在那裡,可能要等到西方人再重新看到的時候再告訴我們說,這很重要。

六 孟子思想核心是人性的、人倫的和平主義,美國是霸權主義

二十一世紀真的給我們機會,得好好重新去理解。在理解這個問題時,要多方地去看,去理解孟子的思想是什麼樣的,孟子思想的核心是人性的、人倫的和平主義。這個人性的、人倫的和平主義是通天接地的。「通天」的意思是有超越性,有神聖性;「接地」是不離生活世界,不離歷史社會總體,不離我們的文化母土。所以,它不是近現代的人文主義或者人本主義的思潮,它是個「通天接地的人文主義」,不是一個「理智中心主義的思考」,不是「邏各斯中心主義」(Logoscentrism)這樣思考的人文主義或人本主義。這一點要強調。

孟子所強調的是什麼?孟子說「以力假仁者霸,霸必有大國。以

德行仁者王，王不待大：湯以七十里，文王以百里。以力服人者，非心服也，力不贍也；以德服人者，中心悅而誠服也，如七十子之服孔子也。」這是兩千多年前王霸之辯的思考。「以德行仁者王，以力假仁者霸。」如果在二戰之後，二十世紀當時最大的強國美蘇兩國，而美蘇兩國特別強的其實還是美國。如果有孟子「以德行仁者王」的思想，這個世界不會是現在這樣。我們先來看一看當時是什麼思想。二戰剛完，美國擁有全世界百分之五十的財富，卻只有百分之六點三的人口，現在美國人口增加一點，只占到全世界百分之六點六七，一樣擁有全世界百分之五十的財富。二戰剛完的時候，國務院政策規劃主席肯南一九四八年的時候說，未來日子裡美國的真正任務是找出保住這個懸殊地位的方法，這是英文翻譯成中文的，所以語句有點怪，但是你仔細聽一下這段話：「未來日子裡，美國的真正任務是找出保住這個懸殊地位的方法。」你們聽了內在的感受是什麼——這是人講的話嗎？這是一個超強大國的國務院政策規劃主席講的話，用孟子的話來說，「以德行仁者王，以力假仁者霸」，你還要假借著仁那叫霸，赤裸裸地告訴你我要的是權力，是利益，我要擁有霸權保住這個懸殊地位，這個懸殊地位是什麼？繼續擁有全世界百分之五十的財富。怎麼樣可以擁有全世界百分之五十的財富？美元作為世界最主要的貨幣，一定是其他貨幣不能取代的，其他貨幣一定是次之又次之，所以你可以有理由去思考歐元何以難以成功，美國非常害怕我們亞洲弄個亞元出來，現在人民幣成為強勢，美國就很忌憚。

相對來說，若是孟子那時候當國務院政策規劃主席，孟子會怎麼說？大家設想一下。孟子會說：很慚愧，我們居然只占了全世界百分之六點三的人口，而用到全世界百分之五十的資源。這個世界上還有很多在饑餓死亡邊緣那麼多的同胞，我們未來絕對不可能繼續這個樣子，我們一定要想到，我們須擔負起一個濟弱扶傾的責任，一定要想

到我們的夫子所告訴我們的「大道之行也，天下為公」，我們一定要執行王道。「王道」這個詞在日常用語中好像又被誤用了。什麼是王道？好像勝出了就是王道，其實不是，現在有一點點被人誤用了。

七　從「文化搭臺、經濟唱戲」到「經濟發展、文化生根」的年代

　　回到前面來看，這個世界的問題怎麼來？大家有一些心理上的明白。如果還是處在一個非常現代化和現代性的思考，還是處在我們一直要文化搭臺、經濟唱戲的思考，那是落後的思考，現在早就該經濟發展、文化生根的年代。文化搭臺、經濟唱戲這是一個階段，現在又到了一個新的階段。就好像臺灣以前開始進入小康階段的時候，客廳即是工廠，現在你如果把客廳當工廠，那麼你會失去一個真正家的溫暖，會出現很多問題，現在也不再是客廳即是工廠的方式了。

　　辯證法的原則是講究一直往前邁進的。就這個辯證的原則來說，在儒學的發展裡，孟子最可貴的是：點化出人類生命中最可貴的東西，即「人有不忍人之心」。你擁有全世界百分之五十的財富，卻占全世界百分之六點三的人口，你看到非洲窮苦的國家，想到的是什麼？你去想一想，這有沒有問題。孟子說，「人皆有不忍人之心，先王有不忍人之心，斯有不忍人之政矣。以不忍人之心，行不忍人之政，治天下可運之掌上。所以謂人皆有不忍人之心者，今人乍見孺子將入於井，皆有怵惕惻隱之心──非所以內交於孺子之父母也，非所以要譽於鄉黨朋友也，非惡其聲而然也。由是觀之，無惻隱之心非人也，無羞惡之心，非人也；無辭讓之心，非人也；無是非之心，非人也。」孟子最了不起的是「十字打開，更無隱遁」。性善須從這裡說。朋友們，當我們看到一個小孩快掉到井裡去的時候，一定當下就升起了怵惕惻隱之

心,想去挽救他。你想一下,你跟這個孩子的父母親有什麼交往嗎?沒有。你有想要得到鄰里朋友的讚譽,要當好人好事代表嗎?還是怕人家說你見死不救嗎?都不是,這只是當下內在的本心之發現而已。

孟子的王道思想強調,作為人必須有一恰當的人倫的社群,這個人倫社群的思考跟天地人我萬物連接在成一個整體。「五畝之宅,樹之以桑,五十者可以衣帛矣;雞豚狗彘之畜,無失其時,七十者可以食肉矣;百畝之田,勿奪其時,數口之家可以無饑矣;謹庠序之教,申之以孝悌之義,頒白者不負戴於道路矣。七十者衣帛食肉,黎民不饑不寒,然而不王者,未之有也!」可充分的看出這是將天地人貫通為一的。是通天接地的人文主義,不是以人為中心的,而是強調人做為這個世界的參贊者、實踐者,人必須與天地合德,人必須敬畏天地。

八 儒學思想從古代對朝鮮、日本、越南就有很大影響,十六世紀後,再傳歐洲

我們進一步要跨到另一個問題來,孟子思想在海外的傳播與發展,這部分涉及的面很廣,這裡我只作為一個綱領來說。學術、思想與文化,這三個層面都會包括到。孟子學思想在東亞的過去、現在與未來,孟子學在韓國、孟子學在日本、在越南、在港臺(港臺暫時不說,港臺不能算海外,是境外)。我們談這個問題的時候,其實就離不開儒學,因為光談孟子學的海外思想,如果說起來,它是非常學術性的,只有少數漢學家所說的孟子學。我覺得那不是我們今天的重點,我把它放到儒家思想在海外,就此來說孟子思想,那才是落實於生活世界說的,才落實於文化與思想的層面來說。

儒家思想在古代,我們應該知道它本來不只是在中國,它其實對越南、日本有很深的影響。東亞許多鄰國在學習中國生產技術的同

時,也就接受了中國儒家思想文化,從而大大促進了它本國政治經濟文化的發展。儒家思想不僅是中國的,也是這些國家的傳統思想,它構成所謂的儒教的文化圈。十六世紀以後,儒學又由於傳教士的介紹,又超出了亞洲,傳到了西歐,法國、德國等國先進的思想家們從儒學這個完全不同於西歐教育思想體系中得到了很大啟發,儒學使他們傾倒、陶醉,他們從儒學汲取到了許多寶貴的思想。再者,廿世紀五六〇年代以後,整個工業東亞的崛起,讓歐美各國刮目相看,而且西方的社會倫理問題日益嚴重,有識之士對儒家思想的興趣大增,儒學研究的熱潮也伴隨著逐步興起,孟子也同樣就此受到了重視。

朝鮮北邊與我東北接壤,西隔黃海,與山東、江蘇相望,他很早就經由陸海跟我國交往,像我的經驗發現到我許多韓國朋友講的韓國話與臺灣話某些語彙、語音相近。臺灣人講閩南話,韓國人講韓國話,相距千里,竟然很多語彙是一樣的。為什麼?韓國話的漢音大概就是漢朝魏晉時的,臺灣的古音叫中原古音,大概也是漢代到魏晉時候,這很重要,而且用的語彙是古老的語彙。像臺灣人講「你有空嗎?」他是問「爾有閑否?」他問「一斤多少」,他問「一斤寡濟」,「寡」是多寡的寡,「濟」是濟南的「濟」,濟濟多士的濟。一聽聽不懂,而且發音也不一樣,語彙也不懂。你到韓國去,可能發音跟這有些一樣。韓國現在全部用拼音,所以我們看不到漢字。有一次我到韓國首爾(以前的漢城)去講學,韓國的民族主義很強,遍地看不到漢字。在一間住宅修理的店,我看到四個字,那四個字我看不懂,就問我的韓國朋友怎麼發音,朋友告訴我那個發音,我問他,如果寫成漢字是不是「住宅修理」這四個字,他說是,這個發音跟臺灣話(閩南話)的發音是一樣的,多有意思。

整個東亞原先是漢字文化圈,韓國現在慢慢恢復又使用漢字多一點,日本曾經想要廢棄漢字不用,後來還是得保留漢字,否則影響嚴

重。起先，聽說是這樣的，日本人在交通號誌上，全改用拼音，而不用漢字。像交通號誌的「停」，把它變成拼音，結果交通事故的肇事率增加，真是奇怪。有人說漢字有辟邪作用，其實問題並不神秘，他是有根據的。我們讀漢字，跟讀英文不同，英文是文字連著語言，我們是語言跟文字分家，我們的文字跟圖象相近，所以閱讀的時候左腦右腦都會用到，有一種藝術性的美學綜體，我們可以說是經由一種美學式的直覺去契接存在，令由存在彰顯其自己的，意義是由這樣生成的。值得注意的是，這樣的美學式的契接，其速度是比較快速的。這就是為什麼用漢字所構成的交通號誌，其效用比起拼音文字快速而且準確。顯然地，我們這個民族是比較均衡的，是很有趣的。

九　從西元前一世紀，直到一九一○年，朝鮮半島可說是儒教人倫的國度

再者，我們要談談韓國，韓國從西元前一世紀與中國就極為密切。《論語》〈微子〉說：「微子去之，箕子為之奴，比干諫而死。孔子曰：『殷有三仁焉。』」比干是我們林姓的祖先，另外的箕子跑到遼東，跑到韓國去。現在韓國民族主義高漲就不說了，韓國在清朝初年的時候，他們覺得非常榮耀，當時韓國還奉明為正朔，認為他們才是真正華夏道統的繼承人。明末後，還奉明為正朔達八十九年之久，他們以中華正統自居。即使現在，有些韓國漢學家還這樣認為。

其實，整個大東亞是個很值得重新反省的問題。當時儒學是不是自然而然的過去？是。從西元前一世紀，到三國時期（百濟、新羅、高句麗），再到後來，進入高麗時期。從三國（韓國的三國時期）到新羅，一直到李氏朝鮮，直到一九一○年，整國都以儒教為主。即使到目前為止，韓國的儒教教化仍然比中國還強。我韓國的朋友就認

為，孔子雖生於中國，但儒教是大興於韓國。特別是在李氏朝鮮取代高麗後，拋棄佛教全力推行儒教。當時，朱子學被尊為唯一的正統思想。朱子學是孟子學思想的突破發展。不管是宋代朱熹或者到明代的王陽明，他們對孟子都非常非常尊重。孟子談心論性，上達於天。

這樣的心性之學，如果你要說孔子跟孟子最大的差異何在。孔子強調家庭人倫實踐，孟子直接點出心性作為一切價值的根源。整個儒學到了宋明理學特別強調孟子的重要性，也就是更強化心性作為人實踐的一個根本，這在朱子、在陽明基本上這樣繼續地發展，只是朱子更強調心性之學的「性理」，而陽明強調心性之學的「本心」。我對韓國的儒學曾經有過研究，寫過幾篇文章。我雖不諳韓文，但我可以研究古代韓國的哲學，為什麼？古代韓國哲學都是用漢文寫的。而且他們的古文功力深厚，他們漢文寫得就跟朱熹、陽明差不多。理學在韓國的確有新的發展。在人性問題上，朱子學到了韓國有獨特的發展，特別有關四端七情的理論，在韓國的討論可以說是最深刻的。今天因主題所限，我們不去深化這個理論。

一九一〇年以後，日本帝國主義滅亡了李朝，占領了朝鮮，曾經一度廢止尊孔儒經，之後轉而利用儒教想要奴化朝鮮人民，不過正統的儒家學者也利用儒教宣傳動員群眾抗日復國。第二次世界大戰之後，朝鮮半島南北兩方分別實行社會主義跟資本主義制度，儒家思想不再是統治思想，他作為傳統文化，表象上看來，它似乎只是人們研究的對象而已。實則不然。它不只作為人們所研究的對象，它滲入整個生活之中，特別是南韓，對於現代化起了非常重要的調節性、及促進作用。這涉及到整個工業東亞的興起與儒教有著密切的關係。

十　一八八四年法國占領越南，廢漢文、南文，與漢文化的傳統被隔斷

　　我們再看看越南。越南作為中國的郡縣，直到十世紀。越南可說是中國組成的一部份，或者說是中國的近鄰，自古以來就接受中國文化，儒家學可說是其中最重要的組成部分。秦始皇設置郡縣，交趾郡在今越南北部；從兩漢到隋、唐、五代，越南作為中國郡縣達一千多年。越南自有歷史以來，一直到十世紀前，它都在我們中華民族的版圖之內。越南人也曾經在我朝為官，而且出了不少好官。我們對歷史慢慢地遺忘，特別是在西風東漸下，我們往往受制於西方觀點，遺忘了自家的歷史、文化。我們可要知道，越南也如中國居民一樣，自古以來接受中國文化，儒家學說是其中最重要的組成部分。另一方面，也有不少越南讀書人到中原遊學為官。到了唐代通過科舉考試在中原得功名任官，當時雖然沒有身分證，但可能已有所謂的戶籍。

　　直到西元九三九年，越人吳權（898-944）建立吳朝，宣布越南獨立。一○一○年李公蘊（974-1028）建立李朝，一二二五年底或一二二六年初，李朝末代君主李昭皇禪位給陳煚，建立了陳朝，繼續推行崇儒政策。這樣一直下來，後來儒學在越南全盛，後黎時期以及阮朝的前期，一直到一八八四年，儒家思想在黎阮兩朝達到鼎盛，但是，一八八四年法國占領越南，實行殖民統治，廢除漢文、南文（越南文），越南文原先是以漢字改造的，現在成了拼音文字，也廢除了科舉制度，推行法文和拉丁化的越文。這麼一來，儒學與漢文化的傳統被隔斷了。但是，由於兩千年傳統影響，許多人仍心向儒學，越南現在還是有研究儒學的，只是它弱了。在法國占領越南後，許多越南儒者仍努力學習研究，許多大儒寫出了研究專著，表達抗法復越的思想。我有一些越南朋友，他們中文講得很好，也能寫漢詩。但是越南

儒學基本上跟日本、韓國一比對，它不重在理論，它強調規矩、規範，很強調上下長幼尊卑的關係。韓國儒學心性之學達到很高的境地，朱子學的發展甚至超過了中國朱子學的發展，日本還沒那麼高，這是一個值得研討的有趣問題，我今天不能談太多那麼細的問題。

十一　日本孝謙天皇在八世紀下詔強調「孝為眾善百行之基，孝為治國安民知本」

　　日本跟中國是一衣帶水的鄰邦，它同朝鮮和越南一樣，很早就輸入了儒家學說，並且深受其影響。關於儒學傳入日本大體有兩種說法，其中之一是秦始皇時代，秦始皇為了長生不老，派遣了徐福帶著五百名童男、五百名童女到日本，可能隨船就帶了儒家典籍，而且這五百對到了日本去，成為了日本的祖先，日本一定不願意這麼接受。不過，一定有一部分人是這樣過去的，人類的祖先無非是一個，然後再生倆，或者如神話說的大洪水之後剩下兩個人，剛好是兄妹，不知道該怎麼辦，最後對天祈禱說能不能結為夫婦，得到上蒼的允可，繁衍越生越多。這是神話，但是否是這樣，這是不可考的。我想：民族的繁衍應該是多元的，不會是亞當與夏娃就生出這一大片。應該是多元的，這是可以想像的。但是到底怎麼一回事，是誰也搞不清楚。

　　關於日本的儒學有另一個說法，說是西元二八五年，韓國的百濟使者薦博士王仁到日本獻《論語》、《千字文》，此事中日史書均有記載。日本受中國文化的影響是很深的，日本的發展大體來講，整個儒學的載體跟它的整個記述以及其他種種是連在一塊兒的。一直到唐代，西元六四六年孝德天皇時期，在曾長期留華對隋唐社會、政治、文化、思想均有深刻了解的日本大儒南淵靖安等人幫助下實行「大化革新，廢除了舊貴族私有部民制，按唐朝的榜樣，建立中央集權的專

制政體,使日本成為以儒家思想為指導的大一統的國家。「大化革新」可說是關鍵時刻,他是很重要的。之後,又經過了奈良時期、平安時期,統治者雖然也推進佛教,但是從來沒有放鬆過對儒教的推進。或者說,他們甚至認為精神解脫靠的是佛教,但治國安民靠的是儒教。當時,日本天皇繼續派遣留學生到中國,而且還印製儒書,加強整個大學各方面的種種儒教發展。當時,孝謙天皇(749-758)曾下詔強調「孝為眾善百行之基,孝為治國安民知本」。

十二 日本神道與儒教天理結合一體,對日本現代化的發展起了重大的作用

大體來說,日本歷史上經歷了鎌倉幕府、室町幕府、江戶幕府三個幕府歷史時期。時間始於一一八五年源平合戰結束,終於一八六七年明治維新,前後達六八二年。在這種特殊的狀況下,演變成一種特有國情的政治體制。進入幕府時代,天皇大權旁落,幕府將軍實行獨裁統治,而當時將軍、大名、武士組成的等級制的武士地主階級,控制著從中央到地方的各級政權和土地。他們的理論家適應當時的需要,取儒家的忠、信、勇、禮、義、廉、恥等觀念和佛家不念生死的思想,加工形成武士道精神。當然,四書五經在日本仍然繼續為大家所閱讀,這也可看出那樣的儒學是伴隨著統治的需要而發展的。

直到十二、三世紀,德川將軍統一全國之後,認為武功已到頂點,但文治還不夠,因此,他更銳意崇儒重道。他拋棄佛教,提倡理學,重用藤原惺窩及其弟子林羅山等儒學大家,他們講學、著書,傳播發展,主要在朱熹理學。藤原惺窩遵從朱熹的性理說,認為天地萬物皆以理為本。他批評佛家思想,這使得日本儒學擺脫了禪學的影響。他的弟子很多,最著名的是林羅山。性理說在日本後來被儀式

化，形成日本後來整個日常規矩裡非常儀式性的東西，日本人給你行禮一定是九十度，日本人講話也有一定的形式，他們極重視階層的高低，位分不能弄錯，爸爸對兒子講話用什麼講，爸爸跟媽媽是怎麼講話的，兒子對爸爸怎麼講話的。

他們把朱熹的「理」變成一個客觀的禮儀的「禮」，這很有意思。這些思考已經不再是原先的儒學本真，但是他廣受、深受儒學影響。我想說日本人所傳習的已經不是原先的孟子學，儘管心性之學，最重要的構成，孟子學占非常多。《四書》是理學理論所根據的主要經典，它包括了《論語》、《孟子》、《大學》、《中庸》，而《孟子》更是理學、心性之學所重視的。林羅山心悅誠服地尊信程朱，既反對佛教，也反對耶穌教，著有《排佛論》和《排耶穌論》。這在在反映了幕府將軍對佛學的厭棄和對西方勢力的懷疑。值得注意的是，他還大力論證日本的神道和儒教理學的一致，強而有力的將它們更好地結合起來。這一點很重要。他把日本的神道跟儒教的天理結合在一塊兒，這和日本後來現代化的發展起了一個非常重要的作用，這是比較遠的，之後會慢慢提到相關的。

十三　陽明學派萌發代表市民階級利益的平等思想，重視生活世界的實踐，為明治維新做了思想準備

影響日本學術界除了朱子學之外，尚有古學派、陽明學派以及水戶、折衷、考據等學派，它們都表現了與朱子學不同的思想傾向。如古學派尊信三皇、五帝、周公、孔子，認為唐以後儒學是偽學，它代表的是以前的貴族。幕府大將軍把貴族都搞掉了，剩下幾個大軍閥，後來到明治維新的時候，就如同「尊王攘夷」一樣，而且是尊重的一個明治天皇。總的來說，程朱理學的天理之說與日本的統治者是有密

切關係的，就好像清朝康熙皇帝的統治跟程朱理學也是有密切關係。我們要知道思想的擴散往往與政治密切相關。儘管，馬克思主義思想跟馬列主義思想不同，馬列主義思想跟馬列毛思想又不同，馬列毛思想跟馬列毛鄧思想有延續，但是也會有不同，思想都是一樣，那還算思想嗎？思想是這樣延續的，思想需要的是承繼與轉化、發展。

陽明學派比起理學派，那繼承孟子學更多了。日本的陽明學派繼承了王陽明的良知說、明德說，他們認為整個世界及其秩序，乃至儒家倫理規範都是做為人的本心的產物。起先，陽明學派它作為傳播儒學的通俗學派而存在，後來慢慢壯大了，分庭抗禮，與朱子理學派可以說是另一對立的學派。後來，陽明學派的一些重要學者逐漸萌發出代表市民階級利益的平等思想，重視生活世界中實踐的思想，為明治維新做了思想準備，帶來了一個新的時代的來臨。

我們可以這樣去判斷，明治維新，一八六八年德川幕府被推翻，政權重新回到明治天皇。明治維新逐漸使得日本從原來的傳統社會過渡到一個新的資本主義的社會。不過，日本封建傳統的勢力仍然很頑固，因此明治初年被打擊的儒學，不久又受到當局的重視，而且有了轉進的發展。天皇和文部省連連發布，要求在中小學中加強道德教育，而道德教育的主要內容就是忠孝仁義，成為日本教育指導原則的明治天皇《教育敕語》，簡明扼要地簡述了儒家倫理規範，以為人人遵守，可以「扶翼天壤無窮之皇運」。你想這還是孟子學嗎，這還是儒學嗎？他會引用孟子，不會引用荀子，因為他從四書引用。這很有趣，思想這一演變，果真大有轉化與創造。

十四　利瑪竇翻譯《四書》向歐洲介紹中國和儒學，寫《天主實義》尋求儒耶匯通

在歐洲，中國、歐洲，通過古代絲綢之路早已有交往，但真正把儒家思想傳到歐洲產生影響的是明清時代來華的傳教士。在十六世紀下半葉，義大利傳教士來到了中國，其中最有名的是利瑪竇，一五八二年利瑪竇來華，遊居中國二十八年，接觸各階層人士，結交了徐光啟、李之藻等一批官僚士大夫，對中國國情、傳統思想有深刻的了解。他很了不起，中文很好，曾經寫了《天主實義》這樣的故事，向中國人傳播用儒學論證了天主教教義，現在談儒耶匯通的話，一定要回到《天主實義》去看。另一方面，他用拉丁文出版他翻譯的《四書》和他寫的《基督教傳入中國史》、《利瑪竇日記》，向歐洲介紹中國和儒學。他的著作在義大利和歐洲引起強烈反響，利氏因此得到「博學西儒」的雅號。

後來來華的傳教士有增無減，他們都強調天主教與儒教的相結合。講《聖經》也講儒教的經典，他們講耶經也講聖經，我這樣寫的話很多人看不懂，因為「聖經」這個詞被占用了，「聖誕節」也被占用了，連公元也被占用了，我們都渾然不覺。「聖經」應該指的是我們的聖典，怎成了基督宗教所獨享的呢。艾儒略在福建傳教多年，被當地人稱為「西來孔子」，但不管怎麼說，這些傳教士他們心裡還是以他們的天主為最大的。

如此一來，傳教士寫的關於中國儒家思想書籍在思想界造成強大的聲勢，使各國王公貴族到普通百姓都關注中國甚至形成了那個年代的「中國熱」（17、18世紀）。十七、八世紀的法國處在革命的前夜，先進的思想家們從各方面批判基督教的教會，以此來開啟人們的頭腦，而儒家這種非基督教思想體系出現在面前的時候，他們是何等驚

喜、何等振奮，那是可想而知的。儒學給了他們極大的鼓舞和啟迪，受到他們衷心的讚揚。當然有人懷疑說，他們隨便理解儒學，儒學那麼好。其實，儒學果真很好，我剛才說儒學是通天接地的，但是他理解過去之後，卻是以人為中心的。

十五　啟蒙思想家伏爾泰十分推崇孔子的德治思想，他是自然神論者，認為真正相信上帝的人只講道德不講迷信

近現代的思想最重要的就是以人為中心，到現在為止，仍然是以人為中心。我們中國古典的思想不是以人為中心，我們是「三才者，天地人」，這是我常強調的，一定要記得。

啟蒙思想家伏爾泰（Voltaire，原名：François-Marie Arouet，1694-1778）對孔子的學說極為傾倒，他十分推崇孔子的德治思想，其實，不只孔子，而是整個儒學，只要是《四書》所讀到的東西。孔子跟孟子，你說孟子的思想跟孔子有什麼不一樣嗎？有，但是一同質的發展。就孝悌人倫、人性本善，那是一樣的。你要講的不一樣，孟子是辯論、說服你，孟子辯論很厲害。看《孟子》書很有意思，孟子的書是一問一答，再問再答，很少三問，三問就三答。大家被他的浩然之氣所震撼，他們說，好吧，到此結束。孟子如果現在在這裡做講座的話，一定是非常有魅力的。浩然之氣，充塞乎天地之間，「其為氣也，至大至剛，以直養而無害」。孟子很會辯論，辯論得很有技巧，很能思考。他跟孔老夫子不同，孔老夫子是「剛毅木訥」的，孟子是「予豈好辯哉，予不得已也」！

伏爾泰說的雖是孔子，但不只是孔子。伏爾泰推崇儒家的德治思想，認為中國兩千年來從天子到庶人都以修養道德為本，孔子說修身

齊家治國平天下,都能做到國泰民安。由於孔子思想的強大威力,使得征服中國的人,到頭來都被中國文化傳統所征服。中國的確是如此。魏晉南北朝不是如此嗎?魏晉南北朝的時候,五胡亂華,北朝的北周,北周就有三省制、科舉制,幾乎北周的制度就是後來隋唐的制度,北周之後就是隋,隋之後就是唐,胡人、漢人最後就連到一塊兒了。整個中國的思想發展裡,伏爾泰他認為孔子是很好。伏爾泰反對當時的政治,他主張開明的君主制。在他心目中,中國正是開明專制的模範,中國的皇上做起來是很辛苦的,為什麼?皇上是要被制約的。三省即中書、門下、尚書,中書草擬好了以後交給門下審議,門下審議好了以後再交給尚書執行,這個是很複雜的。你以為皇上想怎麼樣就能怎麼樣嗎?不是的。

　　伏爾泰在信仰方面是個自然神論者,認為真正相信上帝的人只講道德不講迷信,孔子就是這樣。歐洲的教會恰恰相反,只講神學不講道德。這麼說來有點好像時空棄位。民國初年的時候,我們都講自己有多壞,而忽略了自己有多好;在十六、七世紀時,西方都講東方有多好,他們很不行,這一段歷史我們似乎常忽略掉了。為了宣傳孔子倫理思想,伏爾泰把元曲的《趙氏孤兒》改編為《中國孤兒》搬到法國的舞臺。伏爾泰在自己的著作中常常讚譽孔老夫子,把孔子的畫像掛在自己的禮拜堂中,朝夕膜拜。

十六　霍爾巴赫、狄德羅都認為歐洲要學中國,基督宗教的道德應用儒家道德理性取代

　　法國百科全書的代表人物霍爾巴赫(Paul-Henri Thiry, baron d'Holbach, 1723-1789)對孔子的德治思想頗為推崇。孟子也是德治思想,把孔老夫子的德治思想發揚光大。霍爾巴赫強調「中國可算世界

上所知唯一將政治的根本法與道德相結合的國家。這段歷史悠久的帝國向人們顯示，國家的繁榮須依靠道德。在這片廣大的土地上，道德成為一切合理理性的人們的唯一宗教。」他認為歐洲的政府一定要學中國，歐洲的基督宗教的道德也應用儒家道德取代。中國強調道德理性，他是通天接地的，並不只是以人為中心。儒家強調禮有三本，天地者，生之本也。先祖者，類之本也。君師者，治之本也。儒家認為人是要通祖先、通聖賢，也要通天地神明的，這點他沒有理解到，因為他所讀到的，無法傳遞過去這思想。他認為歐洲的政府一定要學中國，歐洲的基督教道德也應用儒家道德來取代，這點可是值得留意的。

狄德羅（Denis Diderot，1713-1784），百科全書派的代表，他認為孔子學說非常簡潔、可愛，只用理性和真理去治國平天下，令人欽佩。其實，這樣的理解並不全面，他只看到了一部分。孔子學說不只是用理性真理去治國平天下，他是通天接地的，他講君子有三畏：畏天命、畏大人、畏聖人之言，他也要講敬畏天地的，不只是理性。他其實更重視的是情感、情操的部分。

法國的重農學派的創始人魁奈（François Quesnay，1694-1774）認為真正創造財富的是農民的勞動，是農業，而不是貿易、經商。他對儒家學派的重農輕商的思想非常贊同，並且認為儒家舉賢才以及以科舉考試選拔官吏的做法，比法國貴族世襲，把持官場的做法要優越得多。衡情而論，中國科舉制實際是很不錯的，科舉是有弊病，但科舉讓人才流動。這就好像臺灣的聯考不錯，也讓人才流動。臺灣現在考試方式越來越複雜，這是這個時代的變化，大陸是不是也在變化？這就是問題。我們已經被西方的資本主義化慢慢地同化，資本主義是把權力、金錢、地位結合在一塊兒的，這很麻煩，這很難處理。我們大家想想，第一代領導人已作古了，他們在天上，以後的第三代領導人到天上彙報的時候，不知道怎麼彙報。我有一個朋友是做戲劇的，他

說近期要寫一個劇，叫第三代的領導人到天上見到第一代領導人做彙報的戲劇，這應該會是很有趣的戲劇。人類文明在發展過程中會碰到各種困境，挑戰回應，重新去思考。魁奈被認為是歐洲的孔子。

十七　萊布尼茲極喜歡《易經》和中國古老文化，認為中國的政治倫理堪稱模範，帝王賢明，平民有教養

　　法國如此，十八世紀的德國思想界一樣流行著孔子熱、儒學熱、中國熱。萊布尼茲（1646-1716）欣賞中國的《易經》和中國的古老文化。他認為中國的政治倫理堪稱模範，中國當時帝王賢明，平民有教養，如能把這些引進歐洲，而中國引進歐洲理論的自然科學也一定會增進人類的進步。《易經》對他有非常非常多的啟發，今天我們不講自然科學的問題，但是我們要知道報導的這樣的史實，我們常常把它忽略掉，好像這些從西方傳進來，我們忘記了我們這些東西都在西方有影響。

　　萊布尼茲的學生沃爾夫（1679-1754），一七五四年比鴉片戰爭稍早一百年，也就是鴉片戰爭前一百年歐洲還在風靡著中國，整個中國的沒落從乾隆末期之後，乾隆時期可以說是盛極而衰，乾隆中期問題已經很嚴重了，乾隆末期問題更嚴重，整個中國乾隆、嘉慶、道光，果真道光了，道光之後努力要延續，努力之後同治，同治沒多久就光緒，這個光要怎麼續？也續不了，就宣布結束了，叫宣統了，這很慘。中國落後幾百年，我們今天不一定記得那麼多，但是你一定記得，原來在鴉片戰爭前一百年歐洲還在中國熱，還在儒學熱，而我們居然在一百年之內把整個天下差不多敗掉了。從一八四二年之後的五十年就敗光了。到民國的時候，許多進步的知識分子發現我們一無所有，多慘。當時進步的知識分子認為中國文明一無是處，他們當時的

心情如何？好不容易，現在有機會讓我們重新看看這些史實。

沃爾夫也是一位儒家文化宣傳者，在這方面他影響更大，因為他不像他老師那麼偏愛拉丁文，他就用德語在大學裡授課。一七二一年，他在大學裡講中國的實踐哲學，認為儒學是關於政治倫理、實踐哲學，是由堯、舜、孔子等創立和堅持的傳統觀念。儒學以自然和理性為基礎，與基督教的神啟和信仰可以相輔相成。的確，儒學有自然和理性，但儒學不只是自然和理性，他的理解仍有可議處。

十八　啟蒙思想家渴望非基督教文化，主張理性、博愛，主張法治和開明君主制，他們借用儒學名義來發揮他們的主張

儒家思想在啟蒙運動盛行於西歐，特別是法德兩國，起著如此推波助瀾的作用，這是一個很奇特的文化現象。啟蒙思想家由於渴望非基督教文化，儒學變成為主張理性、博愛的道德，主張法治和開明君主制的學派，他們借用儒學的名義來發揮他們的主張。因此越是熱烈要求思想啟蒙的人，越是熱烈地頌揚儒學。他們所說的儒學未必是很準確的，卻可以說是一個理想，就好像我們今天中國人的崇洋一樣，他們的心理機制是類同的。

臺灣以前還是很崇美的，現在好一點。人家美國人是多麼守秩序，我們臺灣人都不守秩序，我們天生都不守秩序，有這回事嗎？現在臺灣人恐怕比美國人還守秩序吧。我想要強調，不要誤認為有個民族叫守秩序的民族，有個民族叫不守秩序的民族，一定要記住歷史在變化過程中，很重要的要談這個問題的。

很多人誤認為整個資本主義的發展、現代化的發展是跟儒學悖謬的，特別是德國的宗教社會學家韋伯（Max Weber），韋伯認為基督教的

文明跟資本主義、跟整個近現代文明有一種選擇性的親近（selected affinity），他考察中國，認為中國老早就可以發展出資本主義，為什麼沒有發展出來，就是因為有儒教的關係，這個話不完全錯，但也不完全對，這個話對一半、錯一半。這意思是什麼？真的儒學因為重農不是重商，所以它使得文明的發展會慢一些。二十一世紀的現在，已經讓我們有機會重新思考，文明發展那麼快，果真那麼好嗎？現在最新的思想就在講這個問題，人一定要「出人頭地」嗎，還是要「安身立命」？是要打敗人還是要共生、共長、共存、共榮？孟子思想不是叫你打敗人，孟子的思想是讓你共生、共長、共存、共榮。孟子的浩然之氣是為了「正人心，息邪說」。現代工業東亞興起，現在研究出來肯定是跟儒教文明有密切關係，但並不是儒教文明推動了工業東亞，這是我的論斷。工業東亞在整個世界體系的帶動之下，在華人文化主導下的勤勉努力，還有華人基本上的智慧是夠的，所以它上來很快。另外就是中華文明以儒教為主的特別強調那個恰當的倫理關係以及它擁有一個非常深厚的融通跟調節的能力，所以能夠度過在現代化、工業化、商業化的發展過程中種種艱難險阻而發展出來。工業東亞，說是受儒教文化、儒教文明的影響，其實不只是儒教，道與佛功勞都很大。西方的漢學家沒有好好地去論述，只把中國文化當做儒教了，其實不止如此。剛剛講的這一段，我補充了有關儒學跟現代工業東亞的關係。

十九　工業東亞沿著儒學而被論述，韋伯論述儒教文明發展不出類似工商的文明、資本主義式的文明，這個論斷已然被破解

二次戰後，日本從廢墟中重新崛起。蔣介石幫助了日本人，為什

麼?因為他跟美國商量同意日本繼續保有天皇制度。日本很奇怪,天皇對他們來講是神聖不可侵犯的,雖然是形式性的,但是對日本來講是必要的。日本兩個東西如果不在了就毀了,一是天皇制度,一是靖國神社,這兩個如果沒了,日本大概毀一半,日本會不會毀看他們了。我們不希望它毀,我們希望這個世界都能夠「萬物並作」,能夠「乾道變化,各正性命」。二次戰後日本從廢墟中興起,香港、臺灣、韓國、新加坡等地區也體進入發達的行列,被稱為「亞洲四小龍」,跟日本一起被稱為「工業東亞」。工業東亞的問題一直沿著儒學而被論述,韋伯的論述說,有儒教文明就發展不出類似工商的文明、資本主義式的文明,韋伯這個論斷被打翻了。

　　學者研究發現儒家倫理跟美國現代經濟民主主義的巧妙結合,是日本經濟成功的秘密所在,是叫做所謂的「儒家資本主義」。日本著名的企業家澀澤榮一就寫過一本書叫《論語與算盤》,也是這麼論述這個問題的。其實儒教文明不妨礙現代化,這很清楚了。二次戰後有一個地區的現代化腳步是比臺灣快的,那個地區叫菲律賓。但是,菲律賓現在卻淪落,而無法與四小龍相提並論,為何如此?就是因為它沒有像我們有一個豐厚的儒教文明,這是很重要的。儒教是廣義地講,其實也不只儒,有道、有佛。日本學者森島通夫認為,「忠誠、孝順和對年長者的義務一起塑造了一個價值的三位一體。這種三位一體的價值在社會內部調節著以權威、血緣紐帶和各自年齡為基礎的等級關係」。顯然地,在日本,忠孝等儒家道德觀念仍然起著重大的作用。有趣的是,日本的忠孝,與中國文化傳統,有其異同,他強調的是「忠父而孝君」。日本「孝」的概念被轉化為對長官的「絕對服從」,「忠」這個概念轉到家庭裡,強調的是一種忠誠。他們強調上下、尊卑、親疏、長幼等級的關係,而使之達到和諧。到了二十一世紀的現在,又面臨著新的挑戰,又在變化中。這個是有關我對於這些部分的一些理解。

二十　孟子不只是說「心」，是貫通「心性天」，不只是道德理性，更不是近代啟蒙意義的理性，而是「心性情」通貫為一

我們再回到原先的話題，從《孟子》〈盡心〉第一章，剛剛有提起，他不只是以人的本心為主導，孟子的心學是通天接地的。孟子的心學與身是連在一塊兒。孟子的心，往上講是智，所以他講「知言養氣」、「士尚志」，所以孟子如果要講心性之學往上提的就是那個「志」。「三軍可奪帥，匹夫不可奪志也。」「志」是心靈往上提升的一個定向，心有所主，有所定向，這個定向，孔老夫子也講得很清楚了，「志於道」，有志於道，才能「據於德」。孟子強調「盡心」，但不只是說心，他更且強調要知性、要知天。「盡其心者，知其性也。知其性，則知天矣。如何盡心、知性以知天？存其心，養其性，所以事天也。夭壽不貳，修身以俟之，所以立命也」。「事天立命」講的是人在社會的總體、古往來今的實踐過程中，超越了神聖的、永恆的這樣的一個嚮往，這樣才能真正地落實人的王道，王道是通天地人三才的實踐。這與《易傳》所說「大人者，與天地合其德，與日月合其明，與四時合其序，與鬼神合其吉凶」，是密切連在一塊兒的。他不會只講心，不講天，也不是拿心來證立天。

孟子學在海外的發展，特別是在歐洲的發展，有一塊是讓人誤解的，他跟理性特別強化聯繫在一塊兒的，而且是與近代的理性主義、理智主義聯繫在一起，這是一個誤解。即或不是誤解，也是傳釋過頭。不止是對孟子學的誤解，而是對儒學整個有誤解，他們認為儒學沒什麼宗教性，儒學只有道德理性，只有倫理，儒學不講形而上，這是誤解。這誤解被傳得很廣遠，我們的漢學家們又跟著講回來了，我們的學者也跟著講。孔老夫子《論語》裡面子貢講「夫子之言性與天

道，不可得而聞也。」就拿這話來證成，其實，這話他們沒讀懂。「夫子之言性與天道，不可得而聞也。」孔老夫子有沒有討論性命與天道？當然有。只是子貢說我聽不懂。「不可得而聞也」，是聽不懂，不是沒講。孔老夫子贊周易，你說怎會沒講。子貢的思考是比較實用性的，他透不上去，顏回就透得上去。把《論語》講到實用性還不夠，《論語》要講得既有實用性，又有底蘊，又有內蘊，又有奧蘊。不能把《論語》講得非常實用，人人都聽懂，每個人都認為是這樣。《論語》當然希望人人都能聽懂，但是有一個東西「天何言哉？四時行焉，百物生焉，天何言哉？」不是這麼簡單的。特別是被商品化以後，那就太淺了，那是不對的。

二十一　現代化之後，文明對話取代文明衝突，要以「我與你」的方式，回歸到生命本身，通天接地

　　進到了二十一世紀，我們就有機會重新來檢討，我們看到了現代化的問題。現代化之後，最重要的問題，得文明對話，來取代文明的衝突。要以一個「我與你」（I and Thou）的方式取代「我與它」（I and it）的對立方式。要回歸到生命本身，通天接地，人我萬物，通而為一，在這樣的狀況下，免掉現代性工具性的合理性使人棄化的狀態。「異化」（alienation），這詞可以說是「not at home」的意思，我將之譯成「亡其宅」，《孟子》說「仁者，人之安宅也；義者，人之正路也。「亡其宅」就是不仁。孟子學最重要的就是要找到生命安居的宅地，這一點是很重要的，後來的陽明學強調「一體之仁」，便是隨此而發展開來的。

　　最後，我要說，現在重新看孟子學，提倡孟子學的王道文化，王道文化就在我們身邊，它周流於天地之間，上下與天地同流。像今天

晚上吃飯的時候,當然會用筷子,且好好想一下,這是王道文化。相對來說,用叉子則是霸道文化。用筷子翻譯成哲學語彙是:「主體通過中介者,連結到客體,構成一個整體,達到均衡和諧,才能舉起客體」。大家使用筷子的時候,好好想一想,是不是這樣。使用叉子就不一樣,這是「主體通過中介者,強力侵入客體,控制客體」。

西方的道德實踐是「己所欲,施於人」,雖是好事,但卻免不了霸氣。西方霸權就是這樣,我們不能這樣,我們是筷子的文化,我們是王道的文化。我拿它做個對比,強調多元互動、交談對話。文化從經驗現成的去理解體會,我們希望能達到更高層的超越理想跟傳承。在這種狀態下,文化是要通天接地,是要「觀乎天文,以察時變,觀乎人文,以化成天下」。華夏的人文不是征服天下,而是化成天下。華夏的文明是強調「知止」,文明,文明以止,這是知止的文明,他不是無限擴張的文明。知止的文明是王道的文明。相對於西方的「己所欲,施於人」,我們的道德實踐,強調「己所不欲,勿施於人」。

二十二　孟子學的王道理想:「人人親其親,長其長,而天下平」、「乾道變化,各正性命」,世界大同,天下為公

孟子講仁、講義、講禮,是講我們生命的安宅、生命的正位,以及生命的正路。「仁者,人之安宅也;義者,人之正路也;禮者,人之正位也」。孟子說「大丈夫,居天下之廣居,立天下之正位,行天下之達道」。生命這樣就有真正的安頓之所,這是我們前面講到的王道之始就是如此。孟子思想的王道之始,如同《易經》所說「乾道變化,各正性命」。不是每一個人都要往「北、上、廣」這樣的城市去擠,不是每一個人都要在哪個特別好的大學裡,生命應有其各自安頓

的地方。生命的包容與生長很重要，不要被現實功利控馭一切，這是孟子非常強調的。

　　回到最前面，整個思考，來講這個問題，孟子學是儒學，是儒學深層的、根源的發展，他進一步「十字打開，更無隱遁」。二十一世紀的現在，我們談到自己國家民族的發展，談到人類文明的發展，更要把孟子的王道精神、以德行仁，實現出來。須知：王不待大，舜、文王原來所居之地都不大，卻能夠把他們的思想推而廣之，影響極大。我認為現在的中國，缺的不叫錢，缺的是，更重要的，是內在文化的底蘊。文化底蘊的內化可成為性情，性情是整個民族生生不息的動能。我們要用這樣的方式，用生生不息的思想，共生共長，共存共榮，我們要把王道思想，傳揚於全世界，我們要對世界，擔負起一個濟弱扶傾的責任。孟子是這麼講，孔老夫子是這麼講。堯是中國古代理想的人格典型，是聖王。孔子在《論語》〈堯曰〉說「興滅國，繼絕世，舉逸民」，說要達到世界大同的境地。孔子在《禮記》〈禮運〉就談到「大道之行也，天下為公。」孟子講「人人親其親，長其長，而天下平。」到了廿一世紀，這思想仍然閃耀著光輝，王道智慧溫潤了全人類的心，我們期待中國文化重新復興起來，能夠為人類盡一點我們作為文化大國的責任。這該怎麼辦？不是空口說白話，這是很重要的，首先我們要對經典熟悉。你既然在鄒縣，你對孟子應該熟悉，人人讀孟子。《孟子》很好讀，很有趣，有很多故事。你可以每天讀一段，或者摘抄裡面重要的句子，這很有趣。《孟子》我教過幾遍而已，《老子》教最多遍，因為《老子》只有五千言，《孟子》蠻長的。現在我還在講座《孟子》，在民間書院裡面講。這裡面有博士，也有只讀小學畢業的，你要讓他們都能聽懂，有趣。我主張講學一定要講到一定的高度，要講到一定的深度，並且深入民間的深度。我的老朋友顏炳罡教授最近強調「鄉村儒學」，這個部分的確是要有的，這才

能文化生根。期待我們的國家過渡到一個新的階段,有新的發展。

我今天的講話到這裡先告一段落,謝謝大家。

二十三　提問與回應

提問：林教授,你好。我有兩個問題,第一個問題,你說到日本的靖國神社和天皇制度,如果這兩者消失,日本就會毀掉一半。我在想,孟子思想或者儒家思想對日本的思想影響很大,其中靖國神社跟中國傳統的忠烈祠有些類似,不知道我的想法對不對。第二個問題,臺灣文化和大陸文化都來源於中國傳統文化,其中一個最主要的是儒家思想。兩岸統一是大勢所趨,在孟子文化上,能否對兩岸統一起一個促進的作用?也許我說的不太恰當。

林安梧：這個問題問得很好,這是一個很敏感的問題,越敏感的問題我會越有興趣回答。孟子講得很好「王不待大,文王以百里」,兩岸統一,誰統誰,很難說,大家應留意這個事。「以德行仁者王,以利假仁者霸」。當然,兩岸各有發展,也各有缺失,但如果一個非常愛好和平、以人倫為主,四書五經仍然繼承著的中國文化道統的孝子賢孫,我想這應是兩岸所應共同追求的。兩岸問題,關心可以,但不必太擔心,中國文化底蘊是深厚的,中國文化是夠用的。

日本的靖國神社對日本人來講,當然如同我們的忠烈祠。但問題出在哪裡?日本在二戰期間,最嚴重的問題,是侵略別人的國家。我們的忠烈祠裡,有哪一個將軍、哪一個烈士是侵略別人國家的?沒有。日本侵略中國,提出「三月亡華論」,南京大屠殺,史實斑斑,這是極為嚴重的。當

然，日本也有另外一派思想，日本大東亞的思想原來有兩派，一派是和平主義的，一派是武力侵略的。廿世紀以來，日本文人開啟了大東亞的論述，像高山岩男就是著名的例子。後來，一派文人被軍閥利用了，另一派文人則堅決跟軍閥劃清界線的，它很複雜。冤宜解，不宜結，這段歷史總要逐漸淡化過去的，我們要往前看。日本有一些不錯的孟子學者，不過現在日本的漢學家基本上對日本沒有什麼影響力，日本漢學家力量很小了，日本的人文學比起中國更沒有活力，這是沒辦法的事。中國的人文學很有活力，但是充滿著紊亂，它仍然很草莽；草莽有活力，但是也有問題。

我認為孟子的王道精神，對兩岸是有好處的，對東亞是有好處的。可以想一想，能不能不用劍拔弩張的方式，但還是用浩然之氣的方式。孟子有浩然之氣，但不劍拔弩張，這個很有趣。「至大至剛，以直養而無害」。是「集義所生」，非「義襲而取」。「義」是內在的，不是外在的，它不能像是一件衣服，披在身上，就可以。「以德行仁者王」，不是「以利假仁者霸」，這有很大的不同。我們借用佛教語彙來說，孟子既有怒目金剛相，又具有低眉菩薩相。塑造一個孟子像，要具有俠義的精神、那種氣象，卻有菩薩心腸，仁者心懷、王道的包容，所以給孟子塑像，要塑好，並不容易。

提問：你好，林教授，首先，歡迎你來到孟子故里鄒城。我的問題是，請林教授談一談你來到孟子故里的感受。第二個問題，你講到儒家思想在海外的影響，我想問儒家思想在臺灣的地位和研究現狀是什麼樣的？第三個問題，請你對儒學研究給我們提出一些建議。謝謝。

林安梧：從最後的問題推回去。我覺得國學或者儒學在中國大陸的

發展，應分上行之路和下行之路，來發展。上行之路是在知識性、理論性上要提高，而且這理論性要能通到世界各大思想，而且要有更多的交匯。我認為理論必須深刻，必須繼續研討；下行路線則要扎根於整個生活世界、整個政治社會總體之中。我主張恢復三祭之禮（祭天地、祭祖先、祭聖賢），而且把三祭之禮濃縮在一個很簡單的「天地國親師」（或者「天地聖親師」）的牌位上，做得很藝術，很道德，也很宗教，很人文；把這幾個向度，連接在一塊兒。就建築來說，平常居家，人人有一個心靈休息的空間，有個文化教養的空間、神聖祭祀的空間，這幾個可合而為一，我認為這是可行的，而且應該快點去做。

另外我覺得可行的，我在很多地方都提過，要讓祖輩、父輩和兒孫輩最好住在同一個社區。滿堂不容易，同堂更不容易，因為生活習慣會不一樣，但是住同一個社區。因為有祖輩、父輩和兒孫輩連在一塊兒，才構成了一個立體的建構，人倫才會繼續維繫，而且用人倫做起點能夠在社區推廣。怎麼樣獎勵？凡是祖輩、父輩和兒孫輩在同一個社區買房的，給予無息貸款。你們說好不好？（好）而且絕對可行，可以促進經濟發展。

在節日節慶方面可行的是，孔老夫子的誕辰作為教師節，孔子是聖賢師嘛，這沒什麼好說的，這很清楚。孟子的誕辰，孟母生孟子，孟母三遷教孟子，所以孟子的生日就是孟母生孟子那一天，是母親的受難日，偉大的母親生了亞聖孟子，所以就取那一天做母親節。鄒城的父老兄弟姐妹一定會贊同的，這是我覺得馬上可做的，而且應該去做。

再者，我要呼籲教育系的碩士、博士要對四書、《論

語》、《孟子》、《大學》、《中庸》有最基本的要念，我們歷史系要讀《史記》，政治系要讀《資治通鑑》。臺灣這廿年來，西化得很厲害，又有政客強調去中國化，因此，政治系不讀《資治通鑑》，歷史系不讀《史記》，教育系也不讀《論語》。臺灣的教育問題很嚴重，臺灣的中國文化正在退潮中，這也是我們擔心的事。大陸的中國文化在熱潮中，但是它有沒有生根，這也是我關心的，也是我擔心的。人類的文明到了生死存亡的關頭，這是一個危險的年代。現代化的腳步速度這麼快，它幾乎是一往而不復的，我們要怎麼辦？這是人類的文明所必須面對的問題，我們要好好地貢獻出我們經典的智慧，與人類其他更多的文明交談和對話。這是我所關心的。

提問： 感謝林教授的講座。我們知道儒家是最有憂患意識的，元朝張養浩有一句話講「興，百姓苦；亡，百姓苦。」中國歷史興亡是很頻繁的，儒家文化是很優秀的，為什麼還說興亡是人民的苦難？就這個問題請教林教授。

林安梧： 這就叫打天下的思想，打天下的思想是錯誤的，改朝換代打天下，當然苦。要有堯舜禪讓的思想，堯舜禪讓，要傳承給一個什麼樣的人？現代的民主憲政是一個新的方向，這是一個變遷。一九一一年，中國文明在發展過程，一個真正能夠苟日新、日日新、又日新的嶄新年代。又經過了一○二年，跌跌撞撞，我們受過了很多苦。中國文化最有憂患意識，中國文化也有悅樂精神，「學而時習之，不亦悅乎」，「有朋自遠方來，不亦樂乎」。孔老夫子說，「德之不修，學之不講，聞義不能徙，不善不能改，是吾憂也」。活著要學習內在的平靜、舒坦，唯有內在的平靜、舒坦、和諧，才能夠有生生不息的奮鬥。奮鬥意識是來自於內在長養的浩然之

氣，不是為外在的鬥爭生產出來的暴戾之氣，這是不同的。我們讀《孟子》，要體會他的可貴。我剛剛前面說到，有人說孟子有秋殺之氣，這個說法其實是不准的。你去看佛像的時候，觀怒目金剛，要能看到他低眉菩薩的意蘊，那才是好的佛像。你看低眉菩薩，你會看到他怒目金剛的堅毅精神，那個菩薩雕刻的才算是好。低眉菩薩一看就是很衰的樣子，那不行；怒目金剛看起來很張揚的樣子，那不行。低眉菩薩的胸懷、怒目金剛的意志，孟子同時具有。

主持人：再一次用熱烈的掌聲感謝林教授精彩的演講。在炎炎夏日有這麼一個清涼之所，聆聽大家演講，實屬不易。截止到今天，孟子十二講圓滿收官。在這十二講中，海內外一流的大家在這裡和我們分享孟子思想，尤其是今天林教授以孟子思想的「十字打開」為起點，從孟子思想在古代從東亞、南亞以及按照世界範圍的源流發展，詳細論述了孟子思想在海外的影響，最後落腳點在孟子思想在故里重新生根，也就是說經濟發展、文化生根這一主題上，可以說我們受益匪淺。同時，還有必須要說明的一點，林教授的國語比我們講得要好多了。在此，我們再一次以熱烈的掌聲向林教授以及之前的十一位專家表示熱烈的感謝。

　　講座到此結束，休息三分鐘，舉行一個簡短的結業儀式。（結束）

（本文原題為「孟子學在海外：兼論對廿一世紀孟子學對人類和平應有的貢獻」，作為「孟子公開課」的第十二講，於2013年7月6日講於山東鄒城，文章收錄於《孟子公開課》一書，北京市：商務印書館，2015年。）

第八章
從「性朴論」、「性惡論」到「善偽論」：在先秦儒學對比下，以《荀子》〈天論〉、〈性惡〉為核心的詮釋

本章提要

　　本文旨在經由先秦儒學的對比，以《荀子》〈天論〉、〈性惡〉兩篇，展開解讀與詮釋，指出荀子的性朴論、性惡論以及善偽論。荀子屬於傳經之儒，強調制度、典章的外在形鑠，這不同於傳心之儒強調內在覺性的喚醒和發現。荀子主張的「天人之分」不同於「天人合德」，乃是另一類型的哲學突破。荀子主張不要妄議天道的神秘性，而要去了解作為被知對象的自然之天。孟子的人性論是「道德本性論」，荀子的人性論是「本始材朴論」。由本始材朴，流俗而下，成為性惡論。人可「虛壹而靜」養大清明心，以心治性、化性起偽，偽起而生禮義，由禮義法度構建政治社會共同體。這在顯示荀子「天生性朴、墮落性惡」到「矯治善偽」的理論構造。最後則指出「孔仁、孟義、荀禮」三者都強調在共同體中安頓人的生命。

關鍵字詞：自然、道德、以心治性、化性起偽、禮義之教、師法之化、虛壹而靜

一　大學問家荀子是現實的理智主義者

相對於《四書》來說，大家對《荀子》的閱讀可能沒有那麼普遍，我便根據以前講授《荀子》時所做的講義大綱，來開展今天對於《荀子》的閱讀、理解與詮釋，以「天論、性惡」為其核心。

荀子約出生於西元前三一三年，逝世於西元前二三八年，另一個說法是西元前二一二年，到底哪一個是準確的還有待考證。這個時間點已很接近秦始皇建立大秦帝國的年代，其弟子李斯也已出現。

（一）《史記》〈孟子荀卿列傳〉指出荀卿最為老師，三為祭酒

> 荀卿，趙人。年五十始來遊學於齊。騶衍之術迂大而閎辯；奭也文具難施；淳于髡久與處，時有得善言。故齊人頌曰：「談天衍，雕龍奭，炙轂過髡。」田駢之屬皆已死齊襄王時，而荀卿最為老師。齊尚修列大夫之缺，而荀卿三為祭酒焉。齊人或讒荀卿，荀卿乃適楚，而春申君以為蘭陵令。春申君死而荀卿廢，因家蘭陵。李斯嘗為弟子，已而相秦。荀卿嫉濁世之政，亡國亂君相屬，不遂大道而營於巫祝，信禨祥，鄙儒小拘，如莊周等又猾稽亂俗，於是推儒、墨、道德之行事興壞，序列著數萬言而卒。因葬蘭陵。[1]

以上是《史記》〈孟子荀卿列傳〉中對於荀子的記載，短短一段，但是內容很豐富。荀子與孟子一樣，都是在年齡較大的時候發跡，於年五十才開始遊學，用現在的話來理解就是作為一位訪問學者。當是

1　司馬遷：《史記》〈孟子荀卿列傳〉。

時，齊國是經濟與學術均很發達的強國，議論紛發，可雖是國力強大，但國家意志卻不是很集中。戰國末期有三強，東方的齊國、西方的秦國和南方的楚國，在三強之中又屬齊國最強，秦、楚相當；若是論文化實力，則秦國最低。歷史有時候很奇怪，往往比較野蠻的、暴力的文化卻能征服其他的國家，之後便造就一個新的朝代。

當時齊國的有名學者談天衍、雕龍奭都已經過世，田駢之屬也都死於齊襄王時，只有荀子最為老師。齊國非常崇尚學術，因此荀子三為祭酒。又因荀子是趙國人，便有齊人誹謗他，於是荀子便去往楚國，而春申君以為蘭陵令。春申君死後，荀卿也廢除，因家蘭陵。他的學生李斯這個時候已經在秦國身居宰相之位。大家知道，法家的思想與儒家的思想有相關的地方，也就是從儒家的「禮」到法家的「法」。「禮」後面是一個「仁」字，「法」強調的是一個限制性的原則，「禮」強調的是一個分寸節度的實踐性原則，故「禮」所蘊含的是一個積極的文化教養意義，「法」所蘊含的則是政治刑法的限制意義。強調禮，還是希望建構一個好的人文教養共同體；強調法，則是希望建立一個強而有力的政治共同體。

荀子雖是一個現實主義者，但他還堅持著自己的文化道德理想，而法家則是要實現在現實中的稱霸，能夠經濟發展，賦稅增加，國力充實，抵禦外敵，擴張土地，儒與法的基本目的是不同的。禮與法最大不同在於處理禮與處理法的人不同。君主專制的年代，主道利周不利宣，也就是周密而不嚴。若是依道理來講，則是主道利宣不利周，宣是暢達明白，是一個朗暢的人格，是一個光明亮麗的人格，這是荀子所期待的一種好的政治。但到他的徒弟李斯、韓非走的路恰恰相反，是而我不認為他們是荀子的好學生，但他們是很有力量的學生。

荀卿嫉濁世之政，亡國亂君相屬，沒有成就的大道，而一般民間又營營於巫祝，信禨祥。所以，荀子對於民間的迷信活動很有意見，

荀子是一個現實主義者,同時也是一個理性主義者。鄙儒小拘,如莊周等又猾稽亂俗,於是推儒、墨、道德之行事興壞,他的《非十二子篇》都對當時的各家思想提出批評,序列著數萬言而卒,葬在蘭陵。

(二)傳經之儒強調制度、典章的外在形鑠,傳心之儒強調內在覺性的喚醒和發現

司馬遷很了不起,短短幾行把他的一生幾乎都概括出來,但並沒有直接點出他的思想。荀子屬於傳經之儒這個序列,循順著子游、子夏一直傳序下來。傳經之儒強調制度結構、典章教養的外在形鑠,傳心之儒強調人內在覺性的喚醒和發現。傳心之儒和傳經之儒各有所長又通而為一,以詩書禮易樂春秋來講的話,傳經之儒強調禮,傳心之儒強調《詩》、《書》。溫柔敦厚詩之教也,《詩》是用來抒發人的性情;《書》,疏通致遠,用來追溯文化的源頭。傳心之儒強調的是先王,而傳經之儒強調的是後王;先王是講堯舜,人倫孝悌的典型,後王是講周公大禹,勤政愛民的典型。我們要慢慢地在頭腦中形成一個儒學的圖譜,這樣才能更好地理解它。

二 「天人之分」不同於天人合德是另一類型的哲學突破

荀子的一個重要的思想,便是天人之分,這跟曾子、子思、孟子所講的天人合德不一樣,他強調的天人相分,是另一類型的哲學突破。

(一)自然之天需要人為的參贊作為

《天論》篇裡面提到「天職」與「人能」的區別。荀子說:

> 不為而成，不求而得，夫是之謂天職。[2]

很顯然，這裡所說的是自然之天。又說：

> 如是者，雖深，其人不加慮焉；雖大，不加能焉；雖精，不加察焉，夫是之謂不與天爭職。[3]

自然之天要大於人，那麼大於人的這部分便要讓給天去做。

> 天有其時，地有其財，人有其治，夫是之謂能參。舍其所以參，而願其所參，則惑矣。[4]

「參」這個字有念「參」，有念「三」。「參」是做動作來講，「三」是天地人並列為三。人若是捨棄掉了參贊化育的主動性，而一直期待著我們要去參贊的對象，那便生惑。很明顯，荀子在這裡強調的是人作為一個主體的參贊動能，就此來講，就是儒家的基本點，儒家強調人必須主動參贊天地之化育，只是傳心之儒強調如何去合德，傳經之儒特別是荀子更強調清楚分明地了知。

> 所志於天者，已其見象之可以期者矣；所志於地者，已其見宜之可以息者矣；所志於四時者，已其見數之可以事者矣；所志於陰陽者，已其見和之可以治者矣。[5]

---

2 參見《荀子》〈天論〉。
3 參見《荀子》〈天論〉。
4 參見《荀子》〈天論〉。
5 參見《荀子》〈天論〉。

人參贊天地、參贊四時、參贊陰陽，天顯示出一個天象，地顯示出地理之宜，四時有四時之數，陰陽有陰陽之和，人也就這個參贊進去的能力，自然之天依其職而顯示其能，而人則作為一個主體參贊進去。這是為傳經之儒和傳心之儒所共同強調的，只不過傳心之儒更強調天地人我萬物通而為一的奧秘之所在，在天地人合一之中有一個存在的律動，而這個存在的律動與我們的生命是通而為一的。有人曾問過我，按照這種說法，傳心之儒似乎有一種神秘主義的傾向，而傳經之儒似乎就是要剝離掉這些，我說你想的「多了一點點」，其實都是一個合理化的過程。一個是往道德性的合理化去說，一個是往知識性的合理化去說，只是以荀子來講，更強調去治理這個天。

天是個自然的對象，是個存在的場域，而孟子和《中庸》則是將「天」視為存在的源頭，就存在與價值的和合性來說，存在與價值和合為一的源頭叫作「天命」。天命落在人間世便是性，即「天命之謂性」，人循順著本性便是大道，即「率性之謂道」，修明大道就是最重要的文化修養，即「修道之謂教」。荀子在這裡則是將天地看作是一個客觀的場域，看作是一個客觀外在的認識對象，看作一個有其規律的自然之天，明於天人之分，這是一個突破性的思想。

（二）自然之天的運行是規律的，人們要懂得因應，應之以治則吉，應之以亂則凶

> 天行有常，不為堯存，不為桀亡。應之以治則吉，應之以亂則凶。彊本而節用，則天不能貧；養備而動時，則天不能病；修道而不貳，則天不能禍。故水旱不能使之飢，寒暑不能使之疾，祆怪不能使之凶。本荒而用侈，則天不能使之富；養略而動罕，則天不能使之全；倍道而妄行，則天不能使之吉。故水旱未至而飢，寒暑未薄而疾，祆怪未至而凶——受時與治世

同，而殃禍與治世異，不可以怨天，其道然也。故明於天人之分，則可謂至人矣。[6]

「至人」便是上上之人，莊子之至人是要無己，而荀子之至人不僅要有己，還要明於天人之分。你能夠發覺到在荀子這裡有一個知性主體高度發展，所以他在認識論上是主客兩端的，不是心物合一而是心物為二，以一個認識之心去了解對象之物，其結構是為「心知」對「物理」，而非混而為一。但這個思想並沒有成為主流，有人曾說如果荀子的思想成為主流的話，整個中國的歷史都將被改寫，但這只是一個假設，因為歷史不能夠重來，但我們可以看到荀子的思想在當時是非常進步的。

整個大自然的運行有其理，不為堯存，不為桀亡，問題在於要怎麼去應對，應之以治則吉，應之以亂則凶，治亂吉凶在於人不在於天，所以作為一個國君要能夠掌握住何為治、亂、吉、凶。如何做？要強本而節用，上蒼都無法使你貧困。國家之本在於何？在於禮儀之教才能夠成就一個好的文化的、政治社會共同體。平日注重長養儲備，待時而動，則天不能病。你能夠循順著大道而不爽失，則天不能禍，水旱不能使之饑，寒暑不能使之疾，祆怪不能使之凶，重點就在於強本而節用。相反，若是大本荒廢，又不懂節用愛民，財用奢侈，那麼老天爺是不可能讓你富有的；長養疏略，所有的行動都違逆時宜，那麼老天爺是不可能全順的；背逆大道，胡亂妄行，則老天爺不會讓你安吉的，水旱未至而饑，寒暑未薄而疾，祆怪未至而凶，老百姓過得不好都是因為君主治理得不好。你現在所受之時是與治世相同的，但是你所遭受的殃禍是與治世相異的，這是因為統治者、士大

---

[6] 參見《荀子》〈天論〉。

夫、人沒有做好的緣故，人不可以怨天。人文的世界是人要負起責任的世界，不能怨天、怨地、怨鬼神、怨祖先、怨命運。這是一個非常強悍的理性主義思考，我年輕的時候喜歡荀子，我第一篇期刊論文就是《荀子》，那是在一九七六年，你們都還沒有出生。

> 治、亂，天邪？曰：日月星辰瑞曆，是禹、桀之所同也，禹以治，桀以亂；治亂非天也。時邪？曰：繁啟蕃長於春夏，畜積收臧於秋冬，是禹、桀之所同也，禹以治，桀以亂。治亂非時也。地邪？曰：得地則生，失地則死，是又禹、桀之所同也，禹以治，桀以亂。治亂非地也。《詩》曰：「天作高山，大王荒之。彼作矣，文王康之。」此之謂也。[7]

這一段是用夏的開國之君大禹與夏的亡國之君桀做對比，一個是能夠安邦定國，一個是禍亂國家以至於滅亡，這是因為桀作為統治者沒有好好地拿出精神、理智和能力來面對問題。

> 其人存，則其政舉；其人亡，則其政息。[8]

我們常常在這句話上武斷批判中國是人治的國家，其實不是的，真正好的政治家，他是有好的政治制度，只有他在才能把這個政治制度執行好，如果只有好的政治家而制度不好，那麼他也會盡他所能去變革，人是很重要的。

> 夫日月之有食，風雨之不時，怪星之黨見，是無世而不常有

---

[7] 參見《荀子》〈天論〉。
[8] 參見《中庸》。

> 之。上明而政平，則是雖並世起，無傷也；上闇而政險，則是雖無一至者，無益也。[9]

當時天人感應說甚囂塵上，而荀子只是對此輕輕點過，不做正視。如果上位者智明而政平，即使日月之有蝕，風雨之不時，怪星之黨見也無大傷。若是上頭昏暗而政險，那麼就算無一所至，也毫無益處。

> 物之已至者，人祅則可畏也：楛耕傷稼，耘耨失薉，政險失民；田薉稼惡，糴貴民饑，道路有死人，夫是之謂人祅。政令不明，舉錯不時，本事不理，勉力不時，則牛馬相生，六畜作祅，夫是之謂人祅。禮義不修，內外無別，男女淫亂，則父子相疑，上下乖離，寇難並至：夫是之謂人祅。祅是生於亂。三者錯，無安國。其說甚爾，其災甚慘。[10]

上面說的經濟層面、政治層面、人倫教化層面的這三種災禍都是人造成，一個國家想要變好，那麼經濟層面要強，政治層面要對，人倫教化層面要確定。天地間之種種怪異現象無寓於人之吉凶禍福，人之吉凶禍福但看是否養備趨時、遵循禮儀，凡是出錯，均是人祅。

（三）人不必去妄議天道的神秘性，而要去了解作為被知對象的自然之天

所以，人要去了解天時地利，這些東西沒有什麼好神秘的，了解的目的是為了清楚該怎麼做。人要知天，天是作為被知對象的自然之天。但要不求知天，不去求天所展現出來的神秘性，這個部分是為人

9　參見《荀子》〈天論〉。
10　參見《荀子》〈天論〉。

所不知的，人不必急於知道，也完全不必知道，直接面對即可。

> 列星隨旋，日月遞炤，四時代御，陰陽大化，風雨博施。萬物各得其和以生，各得其養以成，不見其事，而見其功，夫是之謂神。皆知其所以成，莫知其無形，夫是之謂天功。唯聖人為不求知天。[11]

對大自然的理解、對天文曆法的研究，到春秋戰國末期已經發展的相當清楚了，並且包括對人的身體機能乃至病痛各方面的理解，醫術以及醫書的發展、種植農作等等，在那個年代已經達到很高的高度。在春秋戰國時期，中國的文明程度其實已經很高很高了。大自然的狀態，星辰日月，春夏秋冬，四時造化，有陰陽，風雨博施，而萬物各得其和以生，各得其養以成，不見其事而見其功，這就是其「神」。校園裡的樹木在秋冬的時候葉子都落得差不多了，萬物秘藏，但到了夏天又枝葉茂密，根本不用擔心第二年看不到樹的蔥鬱，只要到了春天，便發榮滋長，到了夏天自然草木繁盛。而我們都知道萬物一直都是以同一個方式在四季中化成，但是無法知道未形之先是什麼，這就是自然之功，而聖人要了解這樣的韻律，但聖人不會強求此韻律之上的秘密是什麼，也不可能知道，上帝是不可見的。上帝不會親自給你下達什麼指令，一切都靠你自己的頭腦去清楚地知道該當如何，命運掌握在自己的手裡。從絕地天通到荀子這裡，你會發現這是一個徹徹底底的理性人文主義。

> 聖人清其天君，正其天官，備其天養，順其天政，養其天情，以全其天功。如是，則知其所為，知其所不為矣，則天地官而

---

11 參見《荀子》〈天論〉。

萬物役矣。其行曲治，其養曲適，其生不傷，夫是之謂知天。[12]

這是非常充實飽滿的儒學。君，是主宰。要讓大自然的主宰能夠清澈，端正大自然所給予的自然之官能，天君是心，耳目口腹之欲是天官，心居中虛，以治五官。作為一個聖人你能夠清其天君，正其天官，將之落實在萬物之中，人從這裡有創作，但要順自然之養謂之「天養」，順自然之政謂之「天政」，順自然之情謂之「天情」，這樣才能夠成就大自然賦予我們的諸多可能使其大成，如此是謂天功。如此，便會知道天之所為如何，也知道何者為你所不能為，這樣在天地之中有所職司有所管制，這樣就能夠讓萬物為你所用。曲，是曲折而致，如此之所為就會具體而落實治理好，具體落實生養有能夠適當，如此就能夠合乎天地之韻律，是沒有傷害的，此就是「知天」。知天不是知道天地之奧秘，而是了解天地之韻律，人參與其中，和合它、曲成他、養護他、成就他，人具有這樣一種實踐的動能。道造天地萬物，但是人是參與天地萬物，要能夠理解天地萬物，然後依照你所理解的去實踐，此便是知通統類。通過理智能夠通達於天地萬物，知道其有所同有所通，知通統類你才能夠因此把整個天下事治理好，進而整個政治社會共同體的事才能夠確立起來。

三 本始材朴的「自然天性」須經由後天「人為學習」的努力

（一）孟子的人性論是「道德本性論」，荀子的人性論是「本始材朴論」

這裡隱含了一個自然之性與人為努力，自然之性就是「性」，人

---

[12] 參見《荀子》〈天論〉。

為努力就是「偽」，荀子認為這個世界是「天生人成」的，如何「化性起偽」？「以心治性」，「天生人成、以心治性、化性起偽」？這十二個字就可以把荀子最核心的思想囊括了。偽起而生禮儀，禮儀之教，往下掉就是法，師法之化往下掉就是以吏為師。所以，「以法為教、以吏為師」這並非是荀子的思想，而是荀子的學生韓非的，是為荀子所批評的。荀子要的是「禮義之教、師法之化」，對比很清楚。荀子的可貴而可惜在於整個時代是以強權獲取天下，那麼漢代為何不按照荀子的方式？因為有各種歷史因緣，但是荀子的思想在歷朝歷代都有影響，只不過沒有全面統領而已，從唐朝開始就重視的多了。

荀子所談的人性是本始材樸也，其根本是一個材樸質性，「性」就其根本原初來說，此原初本性就好像一個根本沒有刨開的木頭一樣，可以做成桌子、椅子、各種各樣，它是一個可以塑造之性，而不是已造之性。《中庸》的「天命之謂性，率性之謂道，修道之謂教」的想法與荀子是完全不同的，《中庸》說人的覺性可以上稟於天，而荀子則說天之性不可學不可就，而人之性能夠做主是人後天的學習，這個學習就是處理天之所就的層面，所以是「以心治性」，而不是「即心言性」。孟子是就惻隱、羞惡、是非、辭讓四端來言性，是一個「道德本性論」，而荀子這裡的性是「本始材樸論」；道德的心好好生長出來就會生長出一個孝悌人倫的世界，而荀子這裡是人必須好好治理自己的自然本性才能夠生長出一個好的世界。

> 生之所以然者謂之性，性之和所生、精合感應、不事而自然謂之性。[13]

---

13 參見《荀子》〈正名〉。

不是後來加在上頭,而是原先就其自然本性。

> 饑而欲食,寒而欲暖,勞而欲息,好利而惡害,是人之所生而有也,是無待而然者也,是禹、桀之所同也。[14]

這些是人生下來就具有的本能之性,是不必待後天的陶養,即使是大禹和夏桀也是如此。所以:

> 性者,天之就也;情者,性之質也;欲者,情之應也。[15]

性情連在一起,天生而就的性就其表現之質來說是情,就其落實感應是欲。人有自然之性,有自然之性就生出自然之情,有自然之情就生出自然之欲。就拿男女來說,男女是天之所生,有男女之性就有男女之情,有男女之情就有男女之欲,這怎有錯,過度了才有錯,所以要有「禮儀之教、師法之化」,使其好好的成就。

自然之性是中性的,怎麼會流於惡呢?人之惡怎麼來的呢?順著它才會往下流,為什麼會流?豬貓狗之類就是順著天性,但從未聞其會墮落,為什麼獨獨人會墮落?

(二)自然本性隨習氣墮落而趨向於惡,但人為努力克服才能做出善來

> 人之性惡,其善者偽也。[16]

---

14 參見《荀子》〈榮辱〉。
15 參見《荀子》〈正名〉。
16 參見《荀子》〈性惡〉。

人性有一個向惡發展的趨向，但是人又能做出善來，人有一個人為的努力才能夠做出善來。

> 今人之性，生而有好利焉，順是，故爭奪生而辭讓亡焉；生而有疾惡焉，順是，故殘賊生而忠信亡焉；生而有耳目之欲，有好聲色焉，順是，故淫亂生而禮義文理亡焉。然則從人之性，順人之情，必出於爭奪，合於犯分亂理，而歸於暴。故必將有師法之化，禮義之道，然後出於辭讓，合於文理，而歸於治。用此觀之，人之性惡明矣，其善者偽也。[17]

性惡之論證是對比人偽之善來說的，人有一種人為的能力去造就人文的世界，人就必須去治理自然之性，否則會形成一個不自然、不和諧的狀態，如脫韁之野馬出問題。

> 今人之性，饑而欲飽，寒而欲暖，勞而欲休，此人之情性也。今人饑，見長而不敢先食者，將有所讓也，勞而不敢求息者，將有所代也，夫子之讓乎父，弟之讓乎兄，子之代乎父，弟之代乎兄，此二行者，皆反於性而悖於情也。[18]

這並不是先天的自然之情，而是後天學習的禮讓之德，不敢休息是因為要努力而有所取代，是因為做兒子的要替代父親，做弟弟的要代替哥哥，因為父子有親，兄弟長幼有序，這樣做是反於性而悖於情的，並非出於自然之情性。

---

17 參見《荀子》〈性惡〉。
18 參見《荀子》〈性惡〉。

> 然而孝子之道，禮義之文理也。[19]

孝子不是自然狀態，而是人努力做成的，這與陽明的「見父自然知孝，見兄自然知悌」是完全不同的，但孟子的說法是錯誤的嗎？並非如此，要看「自然」一詞怎麼去解釋。自然不是果真是天生的本能，是後天的教養學習啟發，義精仁熟使之自自然然也，在一個教養的過程裡使之自自然然。

> 故順情性則不辭讓矣，辭讓則悖於情性矣。用此觀之，人之性惡明矣，其善者偽也。[20]

此在論善之為偽，性之為惡。人的自然之情性往下掉，往惡發展，人必須經由一個知通統類要造就一個更好的世界，才可能做出善來。

（三）「生之謂性」，小草從地裡生出來，有「自然生成」之義，有「道德創生」之義

哲學有一個困難，就是定義。荀子論性與孟子論性是兩回事，荀子的性是自然之性，放在人群中會往下掉，越來越糟糕；孟子論性就道德本性說，這種性來自於宇宙造化之源，具有一種神聖性，是從自覺性往上說。「性」這個概念可以往上說，也可以往下說，「生之謂性」是一個最老的傳統，一根小草從地裡生出來，所以「生」有一個「自然生成」之義，提高到「道德創生」之義。孟子就是道德本性義，「盡心、知性以知天」，總體是一個心性天通而為一的結構，而荀子是自然本性義，是「以心治性、化性起偽」。

---

19 參見《荀子》〈性惡〉。
20 參見《荀子》〈性惡〉。

荀子是現實主義者，孟子是一個理想主義者。

> 堯問於舜曰：「我欲致天下，為之奈何？」對曰：「執一無失，行微無怠，忠信無倦，而天下自來。執一如天地，行微如日月，忠誠盛於內，賁於外，形於四海，天下其在一隅邪！夫有何足致也？」[21]

這段與堯傳位於舜的說法不同，說明有關堯舜的傳說有很多套，這段也可能是荀子自己造的，莊子所談的孔子和顏回並不是《論語》中的孔子和顏回，那是莊子自己造說，地域不同，思想不一樣，很多故事都是傳說，並沒有筆錄成書，即使有，也會因為傳抄出現偏差錯誤。

我們在讀經典的時候要用欣賞的心情投入於其中，不要太在意所謂的正統，中國並不是只有一套學術體系，荀子的思想與孟子的思想雖說是天差地別，但荀子也屬儒家，他們都尊孔子，尊禮義之教，重師法之化，重視如何安頓生命，如何孝悌仁義，如何齊家治國平天下。道有其道，法無定法，不同的道有不同的法門。

（四）自然本性是人為努力的基礎點，同時也是人為要治理的對象

> 凡性者，天之就也，不可學、不可事。禮義者，聖人之所生也，人之所學而能，所事而成者也。不可學、不可事而在人者，謂之性；可學而能，可事而成之在人者，謂之偽，是性偽之分也。[22]

---

21 參見《荀子》〈堯問〉。
22 參見《荀子》〈性惡〉。

人為的努力與自然之本性做區別，自然本性是人為努力的基礎點，同時也是人為要治理的對象，性既是基礎也是被治理的對象。

> 若夫目好色，耳好聲，口好味，心好利，骨體膚理好愉佚，是皆生於人之情性者也。感而自然，不待事而後生者也。夫感而不能然，必且待事而後然者，謂之生於偽。是性偽之所生，其不同之徵也，故聖人化性而起偽。[23]

天命之謂性與以心治性，一個是天人相貫通的系統，另一個是人去治理的世界，將奧秘性徹底打掉。「偽」是人為努力，所以人從哪裡來努力呢？認知能力。牟宗三認為荀子之心是個認知心，而孟子的心是道德本心，心有多重側面。

四　從「心知之明」到「禮義之統」的確立

（一）心是主宰，是神明之主，心所以能知，要作一番「虛壹而靜」的功夫

> 心者，形之君也，而神明之主也。出令而無所受令，自禁也，自使也，自奪也，自取也，自行也，自止也。故口可劫而使墨（默）云，形可劫而使詘申，心不可劫而使易意，是之則受，非之則辭。故曰：心容，其擇也無禁，必自現，其物也雜博，其情之至也不貳。[24]

---

23 參見《荀子》〈性惡〉。
24 參見《荀子》〈解蔽〉。

心是主宰，是為神明之主，可以自作主張，心是不可被劫的，劫就是劫走使之失去主體性，心自己做主不可能被劫越，口可被劫去而使墨云，形可被劫走而使訕申，這與孟子所說的「三軍可以奪帥匹夫不可奪志」很接近。神明受之於天，落實到人間的人，人之心便可以做主宰，「心居中虛，以治五官，夫是之謂天君」，一個社會政治共同體，要知「道」，道是天行有常不為堯存不為桀亡，天有其自然之韻律，有四時之次序，有日月之朗照。心何以能知？需要做一番功夫，即「虛壹而靜」。

> 故治之要在於知道，人何以知道？曰：心。心何以知？曰：虛壹而靜。心未嘗不臧也，然而有所謂虛；心未嘗不兩也，然而有所謂壹；心未嘗不動也，然而有所謂靜。[25]

心會動，相對動有個靜，心能夠專注，能夠含藏很多，但有個真正的空間，虛是包容，一是專注，靜是寧靜，包容、專注，寧靜你才可以知通統類。

> 人生而有知，知而有志，志也者，臧也；然而有所謂虛，不以所已臧害所將受，謂之虛。心生而有知，知而有異，異也者，同時兼知之；同時兼知之，兩也；然而有所謂一，不以夫一害此一謂之壹。[26]

對一件事可以具體落實的長養，掌握它又能分辨它。

---

25 參見《荀子》〈解蔽〉。
26 參見《荀子》〈解蔽〉。

> 心，臥則夢，偷則自行，使之則謀。故心未嘗不動也，然而有所謂靜，不以夢劇亂知謂之靜。未得道而求道者，謂之虛壹而靜，作之，則將須道者之虛則人，將事道者之壹則盡，盡將思道者靜則察。知道察，知道行，體道者也。虛壹而靜，謂之大清明。萬物莫形而不見，莫見而不論，莫論而失位。坐於室而見四海，處於今而論久遠，疏觀萬物而知其情，參稽治亂而通其度，經緯天地而材官萬物，制割大理而宇宙裡矣。[27]

心包含天地萬有一切，處理萬有一切，心要養得虛壹而靜才有辦法，因靜才能處理動，因為能守一所以能處理萬有一切，因為能虛中所以能照見萬有一切。

（二）人心如同槃水，如其本然而不妄動，便可湛濁在下而清明在上，可以清清楚楚的照見

> 故人心譬如槃水，正錯而勿動，則湛濁在下，而清明在上，則足以見鬚眉而察理矣。微風過之，湛濁動乎下，清明亂於上，則不可以得大形之正也。[28]

人心如同槃水，如其本然而不妄動，便可湛濁在下而清明在上，就可以清清楚楚的照見。心需要做寧靜的功夫，老子第十六章講「致虛極，守靜篤。萬物並作，吾以觀復。夫物芸芸，各復歸其根。歸根曰靜，是謂復命。復命曰常，知常曰明。不知常，妄作凶。知常容，容

---

27 參見《荀子》〈解蔽〉。
28 參見《荀子》〈解蔽〉。

乃公，公乃全，全乃天，天乃道，道乃久，沒身不殆」，這跟荀子所說的可以關聯在一起，兩者之間也有可能是真的有聯繫。

　　老子的思想在當時已非常盛行，荀子肯定讀過，將其作為思想的資源拿來使用，但荀子所用已不再是道家的本意。道家的本意是要放寬、放鬆，天地有一個調節的能力，放回到天地之間，萬有一切自然會變好。荀子是心放寬、放鬆，回到寧靜之處，就可以照見清楚你所要處理的事物。荀子重在人為的努力，道家重在自然無為。道家的虛靜到了荀子這裡變成一個修養心性的功夫，從認識到積極實踐，到教養和裁成。

　　　　心亦如是矣，故導之以理，養之以清，物莫之傾，則足以定是非決嫌疑矣。[29]

這與《中庸》所說「博學之、審問之、慎思之、明辨之、篤行之」也可以連在一起，但是荀子落在心性之學上談得很深，不是孟子義的心性，而是以心治性，不是當下啟動良知良能的動能之學，而是虛壹而靜之學，照見清明，全盤掌握，人是處於一個管理者的角色之中。孟子之所重在人倫性情之教，荀子之所重在社會政治共同體的確立，所以需要一個頭腦清明的管理。

(三)荀子所處是上無君師、下無父子的至亂之時；儒家原先強調父子重於君師，而荀子則更強調君師

　　　　天地者，生之始也；禮義者，治之始也；君子者，禮義之始也。為之，貫之，積重之，致好之者，君子之始也。故天地生

---

29 參見《荀子》〈解蔽〉。

> 君子，君子理天地；君子者，天地之參也，萬物之摠也，民之父母也。無君子則天地不理，禮義無統，上無君師，下無父子、夫婦是之謂至亂。[30]

荀子感到其所處的年代乃是上無君師、下無父子的至亂之時。

> 禮有三本：天地者，性之本也；先祖者，類之本也；君師者，治之本也。[31]

荀子的禮義之教便是將此三者安排妥當，天地生養萬有一切，人經由禮義的治理，而禮義則是由君子所始。實踐、貫徹、累積以達到真正的成就，此乃是君子之始。沒有君子，則天地無法治理，禮義沒有統序，上無君師，下無父子，夫是之謂至亂。儒家原來強調父子重於君師，而荀子則更強調君師。

> 有師法者，人之大寶也；無師法者，人之大殃也。人無師法，則隆性也；有師法，則隆積矣。而師法者，所得乎情，非所受乎性，不足以獨立而治。[32]

沒有師法，自然之性就會大大地擴張起來，得不到遏制便會生亂；有了師法則會積禮義、習偽故。有君師，有禮法，這乃是人類人文的累積所成，不是自然天性所成。

---

30 參見《荀子》〈王制〉。
31 參見《大戴禮記》。
32 參見《荀子》〈儒效〉。

> 塗之人百姓，積善而全盡，謂之聖人。彼求之而後得，為之而後成，積之而後高，盡之而後聖，故聖人也者，人之所積也。[33]

百姓萬民能夠積善而全盡就是聖人，聖人之所以為聖人，是由人一步一步地走成，所以聖人近仁、王者近智，人倫以及政治社會國家都能夠處理好叫做聖王，而處理好必須有禮義之教、師法之化，君子上面有君、師。禮義是從外在的管理者來，荀子在這裡就開始推出一個歷史的權威，堯、舜、禹、周公，再落實的去想，現實的國君算不算？這就是從「法先王」到「法後王」再到「法今王」的一個轉變，孔孟強調「法先王」，荀子強調「法後王」，韓非強調「法今王」。如果以此作為一個話題來寫一篇文章，也是非常有現實張力的。

孟子講人皆可以為堯舜：

> 舜何人也，予何人也，有為者亦若是。[34]

端看做與不做。荀子則講：不，沒那麼簡單，只有通過禮義之教、師法之化人才可以成為聖人君子。那麼兩者誰的說法是對的？都對，因為時代不同、地域不同、生活條件也不相同。當我們講思想與理論體系的時候，是離不開大環境和小環境的，離不開地域文化、時代背景和歷史角度。

---

33 參見《荀子》〈儒效〉。
34 參見《孟子》〈滕文公〉。

（四）禮是「法之大分，類之綱紀」，禮法構建了政治社會共同體

> 學惡乎始？惡乎終？曰：其數則始乎誦經，終乎讀禮……禮者，法之大分，類之綱紀也……將原先王，本仁義，則禮正其經緯蹊徑也……倫類不通，仁義不一，不足謂善學。學也者，固學一之也。[35]

剛開始始於讀經，終乎讀禮，即社會政治共同體的構建，要有禮儀規範。而禮是「法之大分，類之綱紀」，禮使得落在政治社會共同體的法變得更加合理，種種的社會結構要從禮來，所以必須要原先王、本仁義，荀子說的這套是歸本於堯舜之道的。「倫類不通，仁義不一，不足謂善學」，「學」，就是學此一貫之道。此一貫之道落實有禮，禮再往上推有先王仁義，有一個歷史的賡續性，儒家非常重視。落在人間世裡面要去成就四個共同體。

> 人之所以為人者，何已也？曰：以其有辨也……夫禽獸有父子而無父子之親，有牝牡而無男女之別，故人道莫不有辨。辨莫大於分，分莫大於禮，禮莫大於聖王。聖王有百，吾孰法焉？故曰：文久而息，節族久而絕，守法數之有司極禮而褫。故曰：欲觀聖王之跡，則於其粲然者矣，後王是也。[36]

為什麼要法後王，因為要法聖王之跡，從其粲然作為我行動的起點，但也要往上追溯先王仁義之道，在這個過程裡面，「人」就區隔出來

---

35 參見《荀子》〈勸學〉。
36 參見《荀子》〈非相〉。

了,人有禮,有動物性,但不會如同動物只聽從自然之性,有男女之欲,但是不會像動物一樣無別,禽獸無別而人有男女之別,這是因為人有文化文明,有節度才能成就如這所說的一套合理的制度結構,形成一個聖王之治。

(五)荀子「法後王」重在禮義之教,孟子「法先王」重在仁義之道,禮義之教重乎行,仁義之道重乎心

> 王者之制,道不過三代,法不二後王。道過三代謂之蕩,法二後王謂之不雅。[37]

法與後王不能結合起來是為不雅,所說的道僭越過三代是蕩而無所為。荀子在這裡強調的是要有一個確實的參照點,荀子法後王在禮義之教,孟子法先王是為了仁義之道,禮義之教重乎行,仁義之道重乎心,行,重視的是現在的實際狀況是如何。

這樣看下來,我們就將荀子的天生人成、以心治性、化性起偽、偽起而生禮義、禮義之教、師法之化串聯起來講清楚了,何以能?因為心能虛壹而靜,便能思慮抉擇,便能知通統類,才能真正的分理出何為被治理的對象,何為治理的主體;這樣積禮義、習偽故,能夠一個有禮儀教化的好的社會政治共同體,也能成就一個好的自然共同體;知天而不強求其奧秘之處,對荀子來講,沒有什麼默契道妙,也沒有盡心知性則知天,也沒有天命之謂性、率性之謂道、修道之謂教,而是要以心治性。這是一個獨特的發展,非常突出禮義之教、師法之化,非常突出一個國家的體制和建立,在這個國家的體制裡面,禮樂教化、政治刑法包括農耕等等都要安排。以上是對荀子做了一個比較簡約的

---

[37] 參見《荀子》〈王制〉。

綜述，但我想以上所說對於理解荀子應該也有一定的價值。

五 從「天生性朴、墮落性惡」到「矯治善偽」

（一）人不是不要自然本能，而是要使其有個節度、規範，好好去治理它

> 人之性惡，其善者偽也。今人之性，生而有好利焉，順是，故爭奪生而辭讓亡焉；生而有疾惡焉，順是，故殘賊生而忠信亡焉；生而有耳目之欲，有好聲色焉，順是，故淫亂生而禮義文理亡焉。然則從人之性，順人之情，必出於爭奪，合於犯分亂理，而歸於暴。故必將有師法之化，禮義之道，然後出於辭讓，合於文理，而歸於治。用此觀之，人之性惡明矣，其善者偽也。[38]

「人之性惡，其善者偽也」，此句開宗明義。接下來就且來談談今人之性，生而有好利焉，為何？因為人有一個天生的自我保存之性，趨利避害、趨吉避凶，因為人有一個保存生命的基本本能，也就是一個要「活下去」的欲望，但順此自然之性，便會爭奪生而辭讓亡焉；生而有疾惡焉，順是，則會殘賊生而忠信亡焉；生而有耳目之欲，有好聲色焉，順是，則會淫亂生而禮義文理亡焉。

注意，這裡反覆出現兩個關鍵字「順是」，「順是」就是從人之性、順人之情。因為「順是」，好利會變成爭奪，嫉惡會變成殘賊，耳目之欲變成淫亂。如此便會犯分亂理，而歸於暴，這時候必須要逆

---

[38] 參見《荀子》〈性惡〉。

行而覺知，往上提，逆而覺知是人為，所以人的可貴就在於知道如何去做，人去為才能夠不「順是」，才能不順著自然本能往下掉。人對於自然本要能給與恰當的治理，並不是不要自然本能，而是要使其有個節度、規範。

有了辭讓，人的利便會有分寸；有了忠信，人的嫉惡不會發展成殘賊；有了文理，人的耳目之欲會得到恰當的節制而不會墮入淫亂。對比著說，人的材朴之性落在人群之中，有個向惡的傾向，在這個角度上說人之性惡，所以必須有一個調節、對治的過程，這邊是人為，故說「人之性惡，其善者偽也」，這便清楚了。所以，不用爭執是「性朴論」還是「性惡論」，性惡論是「標舉點」，而性朴論是性惡論背後的「立基點」。

（二）各個不同的理論系統各有其不同的價值認同，連帶著就詮釋的範式與實踐的方式也會不同

> 故枸木必將待檃栝、烝矯然後直；鈍金必將待礱厲然後利；今人之性惡，必將待師法然後正，得禮義然後治，今人無師法，則偏險而不正；無禮義，則悖亂而不治，古者聖王以人性惡，以為偏險而不正，悖亂而不治，是以為之起禮義，制法度，以矯飾人之情性而正之，以擾化人之情性而導之也，始皆出於治，合於道者也。今之人化師法，積文學，道禮義者為君子；縱性情，安恣睢，而違禮義者為小人。用此觀之，然則人之性惡明矣，其善者偽也。[39]

荀子所採用的論述方式是個「對舉」的方式。人如果不積禮義、

---

[39] 參見《荀子》〈性惡〉。

師法度便會往下墮落，沒有人為的努力就會變惡，要清楚荀子說「性惡」時的重點在哪裡。曲折的木材必要待檃栝、烝矯然後才能直，鈍金必將待磨礪方能變得銳利，今人之性惡，必將待師法然後正，得禮義然後治。荀子與孟子所處的年代所能看到的風俗是不同的，荀子很難看到風俗之美，滿目盡是風俗之惡，爭奪得一塌糊塗。如果他也能如孟子般見到人文之美，也許他所秉持的便不是人性本惡了。

　　人文學是以其生命參與覺知之所發現作為一個最基礎的前提，啟動他的論述，而這個論述就隱含了它的整套詮釋以及參與實踐的方式。而何者為對、何者為錯其實並沒有那麼絕對，各個不同的理論系統各有其不同的價值認同方式，連帶著系統就包含了詮釋的範式與實踐的方式。如果你相信性惡論，那麼面對的問題就是怎麼治理；相信性善論，便是怎麼調理、成就；相信原罪論，便是怎麼救贖；相信苦業論，就是如何解脫，各有不同。人類儘管有各種各樣不同的信仰，但是有一點是相通的，人與父母、與兄弟姐妹之間是有真實的關懷與愛的，儒家將此提煉為「孝悌慈」，建構了人倫共同體，作為一切共同體的基礎點，最真實的、最不會騙人的那一點情感就是一切的出發點。儒家發現了一個經常之道，任何一個外來宗教只要承認中國的「孝悌慈」，他就能夠發展，不同意且傷損之，那便很難發展。

（三）荀子重在外在塑造，孟子強調內在自發

> 古者聖王以人之性惡，以為偏險而不正，悖亂而不治，是以為之起禮義，制法度，以矯飾人之情性而正之，以擾化人之情性而導之也，使皆出於治，合於道者也。[40]

---

[40] 參見《荀子》〈性惡〉。

而在此禮法的後面是聖王。聖王為何可以有?「以人性惡,以為偏險而不正,悖亂而不治,是以為之起禮義,制法度,以矯飾人之情性而正之,以擾化人之情性而導之也」這麼大的能力?聖王為何有這個權力?荀子的理論也有很多限制,這樣歸到聖王會不會有什麼問題?荀子有一種歷史權威主義,但並不是政治權威主義,雖然是後王,但仍然是古時候的。

我們會發現荀子的這個論點與孟子正好相反,孟子是「乃若其情,則可以為善矣,乃所謂善也」[41],「可欲之謂善」[42],人性原初的本真性的善,是一個最為原始的生命的動能,是為一切人倫的所認可的善的起點,人性本善是連著「可欲」說的,儒家承認每個人的個體性。孟子被稱為「亞聖」是有道理的,最能夠把孔子的學問發揚光大的、並且將孔子推到這麼高地位的就是孟子,如果沒有孟子對孔子學問的推崇,可能孔子並不能有這麼高的地位。荀子是外在塑造論,孟子是內在自發論。

(四)不要誤認為民主法治來源於人性本惡的設定,不要忘了西方中世紀是專制而黑暗的

> 今人之化師法,積文學,道禮義者為君子;縱性情,安恣睢,而違禮義者為小人。用此觀之,人之性惡明矣,其善者偽也。[43]

今人能為師法之所化,為文學之所積,為禮義之所導方是君子;如果順性情而縱之,恣意跋扈並以此為安,這樣則是違背了禮儀成了小

---

41 參見《孟子》〈告子上〉。
42 參見《孟子》〈盡心下〉。
43 參見《荀子》〈性惡〉。

人。用此觀之,人之性惡明矣,其善者偽也。

下面荀子則是相對著孟子展開論述。荀子與孟子之間的差異,我們可以關照著西方的霍布斯和馬基維利來理解,霍布斯的社會契約理論認為人性如豺狼,很明顯是性惡論,洛克的政府論認為人在自然狀態下便有著自然理性,便自知人應該去做什麼,從而遵守自然法則,這一理論比較接近孟子的性善論。不要誤認為西方的民主法治均是來源於人性本惡的設定,一直以來,我們對西方的人性論都有一種誤解,認為西方只有原罪論,基於人人都是罪惡的前提,從而西方的法治特別的好,從而來批判我們的性善論,這乃是鄉野村夫都不會持有的論點,而有些大學者卻信口開河。首先原罪論不是性惡論,其次性惡論也導不出法治必然會好的結論。西方並不是一開始就是如此的民主法治,教會是非常專制的,西方的中世紀時代、教會殘害科學家難道沒有存在過嗎?

> 孟子曰:「今之學者,其性善。」曰:「是不然!是不及知人之性,而不察乎人之性偽之分者也。凡性者,天之就也,不可學,不可事。禮義者,聖人之所生也,人之所學而能,所事而成者也。不可學,不可事,而在人者,謂之性;可學而能,可事而成之在人者,謂之偽。是性偽之分也。今人之性,目可以見,耳可以聽;夫可以見之明不離目,可以聽之聰不離耳,目明而耳聰,不可學明矣。」[44]

孟子認為,人之所以有學,是順著天性所生之善,而非矯治。孟子的性善論是就一個理想來說的,理想是人們努力走的方向和目的地,並

---

44 參見《荀子》〈性惡〉。

不是一開始就是如此。而荀子的自然之性則是不可學、不可事的，禮義是聖人之所生，是人人之所學而能，所事而成的道德。不可學、不可事而在人者，是人的自然之性，可學而能、可事而成之在人者是人為，自然之性與人為是區別開的。「今人之性，目可以見，耳可以聽；夫可以見之明不離目，可以聽之聰不離耳，目明而耳聰，不可學明矣」，目所見之明並非學來，而是人的眼睛天生所具有的能力。

六　從「虛壹而靜、思慮抉擇」到「知通統類、化性起偽」

（一）人如果順承著性惡，便會殘賊生焉，人必須經由自覺的過程，化而裁之，運用自然之性的樸和資

> 孟子曰：「今人之性善，將皆失喪其性故也。」
> 曰：「若是則過矣。今人之性，生而離其樸，離其資，必失而喪之。用此觀之，然則人之性惡明矣。所謂性善者，不離其樸而美之，不離其資而利之也。使夫資樸之於美，心意之於善，若夫可以見之明不離目，可以聽之聰不離耳，故曰目明而耳聰也。今人之性，飢而欲飽，寒而欲暖，勞而欲休，此人之情性也。今人見長而不敢先食者，將有所讓也；勞而不敢求息者，將有所代也。夫子之讓乎父，弟之讓乎兄，子之代乎父，弟之代乎兄，此二行者，皆反於性而悖於情也；然而孝子之道，禮義之文理也。故順情性則不辭讓矣，辭讓則悖於情性矣。用此觀之，人之性惡明矣，其善者偽也。」[45]

---

[45] 參見《荀子》〈性惡〉。

「今人之性善,將皆失喪其性故也」這句還有一種說法是「今人之性惡,將皆失喪其性故也」,如今的人性惡,乃是由於失喪了本性的緣故,這種說法是比較合理的。如果依照原文本中「今人之性善,將皆失喪其性故也」的說法,那麼「今人之性善」後應該是句號,斷句為:今人之性善。將皆失喪其性故也。意為:所有的人不是依其本性(惡)而是所有人一起努力做到了性善的程度。

而荀子認為這種說法太過,要今人之性生來便離其樸、離其資,人性必會失而喪之,用此觀之,人之性惡明矣。人如果順承著性惡,便會殘賊生焉,人必須經由一個自覺的過程才運用樸和資,必須化而裁之才能運用自然之性的樸和資。樸和資就是作為我們生長資具的最原始材料,人不能離開人性,人對性的治理是一種處理並不是一種對抗,不能把人性摘離掉。

孟子性善與荀子性惡的衝突很難處理。因為,孟子所說的性是掛在天命上說的,是一個順著的論述,是一個道德的理想之性來談論人性論,從道德的理想之善啟動的人性論。荀子的人性則是自然之性,自然之性落在人群中便會產生一種惡的傾向,如果不去處理就會變得糟糕。

所謂的性善,其實是離不開樸而去美化它,離不開資而去利用它,讓資樸往美的方向走,讓心意往善的方向去,目明而耳聰是有一個往美善走的歷程的,靠的就是師法之化、禮義之教,靠著人為的努力,並非一開始就能目明而耳聰。性善不是天性本然的,是人為努力出來的。孟子似乎也有這個道理,樹木要去長養,若「火之始然」、若「泉之始達」。其實,努力的方向都是一樣的,只不過基礎論點不同。孟子所說的性是天命之性,是性情,是就道德的理想之性來談論。荀子所說的人性是自然之性,是情性,落在人群中便會產生惡的傾向,荀子說的是「自然情性」,須得治理。孟子說的是「天命性情」,須得養護。

(二)聖人能夠「虛壹而靜」，能夠養大清明心，從而生禮義，以起法度，禮義法度是生於聖人之偽

「饑而欲飽，寒而欲暖，勞而欲休」，這是人之情性，但人卻在欲飽、欲暖、欲休的本性上能有個節制，見長而不敢先食者，將有所讓也；勞而不敢求息者，將有所代也。為什麼會子之讓乎父，弟之讓乎兄，子之代乎父，弟之代乎兄？這些種種行為都是反於性而悖於情的。皆是因為禮義之文理的作用，禮義文理乃是聖人一代一代相傳下來的。人不能任順著自然之情性，順情性則不辭讓，若是辭讓則定是悖於情性。用此觀之，人的自然之性有個惡的傾向，其人為之努力才能造就一個良善的社會，而這一切就要靠君子，君子背後則是聖王之教，聖王之教便是天道之運行。

問者曰：「人之性惡，則禮義惡生？」
應之曰：「凡禮義者，是生於聖人之偽，非故生於人之性也。故陶人埏埴而為器，然則器生於陶人之偽，非故生於人之性也。故工人斲木而成器，然則器生於工人之偽，非故生於人之性也。聖人積思慮，習偽故，以生禮義而起法度，然則禮義法度者，是生於聖人之偽，非故生於人之性也。若夫目好色，耳好聽，口好味，心好利，骨體膚理好愉佚，是皆生於人之情性者也；感而自然，不待事而後生之者也。夫感而不能然，必且待事而後然者，謂之生於偽。是性偽之所生，其不同之徵也。故聖人化性而起偽，偽起而生禮義，禮義生而制法度；然則禮義法度者，是聖人之所生也。故聖人之所以同於眾，其不異於眾者，性也；所以異而過眾者，偽也。夫好利而欲得者，此人之情性也。假之有弟兄資財而分者，且順情性，好利而欲得，

> 若是，則兄弟相拂奪矣；且化禮義之文理，若是，則讓乎國人矣。故順情性則弟兄爭矣，化禮義則讓乎國人矣。[46]

這一段論述中非常明顯的表現出一種「性惡」與「性偽」之間的張力，一面是自然之性不斷地往惡的方向掉落，另一方面人為努力往善提，人如何才能成就一個良善美好的世界？禮義。「禮義者，是生於聖人之偽，非故生於人之性也」，為何聖王能夠生禮義？因為聖人能夠「積思慮、習偽故」，聖人能夠「虛壹而靜」，能夠養大清明心，從而生禮義，以起法度，所以禮義法度是生於聖人之偽。

（三）荀子講的是「自然之情性」，孟子講的是「天命之性情」；人順著個體欲望之情性就會出問題，順著天命之道德本性則是正道

> 曰：「聖可積而致，然而皆不可積，何也？」
> 曰：「可以而不可使也。故小人可以為君子，而不肯為君子。君子可以為小人，而不肯為小人。小人君子者，未嘗不可以相為也，然而不相為者，可以而不可使也。故塗之人可以為禹，則然；塗之人能為禹，則未必然也。雖不能為禹，無害可以為禹。足可以遍行天下，然而未嘗有遍行天下者也。夫工匠農賈，未嘗不可以相為事也，然而未嘗能相為事也。用此觀之，然則可以為，未必能也；雖不能，無害可以為。然則能不能之與可不可，其不同遠矣，其不可以相為明矣。」[47]

---

46 參見《荀子》〈性惡〉。
47 參見《荀子》〈性惡〉。

孟子所講的「人皆可以為堯舜」是在可以為而未必能為的層面上說的，人能為善然而未必然，如何成為必然？教化。荀子非常強調後天的教化和學習。難道孟子不強調教化學習嗎？也強調，孟子認為教化有方，應該循順著人的性情。荀子講到性情時經常用「情性」來說，兩人用的語彙不太一樣，性情是因性而情，性是就天命而言，情性是就人的自然之感官知覺而說的，所以這裡荀子講的是「自然之情性」，孟子是「天命之性情」；一個人順著個體欲望之情性、氣性走就會出問題，順著天命之性則是正道。

孟子分個大體小體，識其大體則是大人，拘吝於小體則是小人，耳目口腹之欲是為小體，整個天下、國家、人倫則是大體。人朝向普遍性、理想性，將自身的普遍性、理想性發現出來這是對的，孟子肯定人所具有的普遍性、理想性就是《大學》中的「明明德、親民、止於至善」。從明內在的本心之明德，跨出自身到社群之中而親民，再通達於整個世界之最高理想處即止於至善。將此至善之理想作為行動的起點，便是「知止而後有定」，從而「定而後能靜，靜而後能安，安而後能慮，慮而後能得」，整套系統非常的清楚。荀子則是一個獨特的系統，從人的心知對自然事物之理的掌握出發，而這種掌握和理解對於人倫之間的往下墮落的傾向看的格外清楚，所以在荀子這裡性偽之分很清楚，自然之性與後天之人為的對比很清楚。

（四）最重要的是後天的教養學習、各種制度的限制，以及提供各種實踐的規約可能

> 堯問於舜曰：「人情何如？」舜對曰：「人情甚不美，又何問焉！妻子具而孝衰於親，嗜欲得而信衰於友，爵祿盈而忠衰於君。

> 人之情乎！人之情乎！甚不美，又何問焉！唯賢者為不然。」[48]

妻子具而孝衰於親，很多人在娶妻生子組成小家後便忘記了父母所在的那個家，嗜欲得而信衰於友，爵祿盈而忠衰於君，人之情乎！人之情乎！甚不美，又何問焉。荀子所講的人情甚不美都是真實的情況，他是看見了的，而陽明講的見父自然知孝、見兄自然知悌則是一種帶有理想的說法。人之情有這種趨於惡化而不美的現象，只有聖賢之人不是如此，只有聖賢之人不是循順著自然本性而能夠做出人為努力。荀子的論述就是一層一層的嚴重化，為了強化這種論點，便搬出古者聖王說的話，這一段不是荀子說的，而是堯問於舜之言。

> 有聖人之知者，有士君子之知者，有小人之知者，有役夫之知者。多言則文而類，終日議其所以，言之千舉萬變，其統類一也：是聖人之知也。少言則徑而省，論而法，若佚之以繩：是士君子之知也。其言也諂，其行也悖，其舉事多悔：是小人之知也。齊給便敏而無類，雜能旁魄而無用，析速粹孰而不急，不卹是非，不論曲直，以期勝人為意，是役夫之知也。
> 有上勇者，有中勇者，有下勇者。天下有中，敢直其身；先王有道，敢行其意；上不循於亂世之君，下不俗於亂世之民；仁之所在無貧窮，仁之所亡無富貴；天下知之，則欲與天下同苦樂之；天下不知之，則傀然獨立天地之間而不畏：是上勇也。禮恭而意儉，大齊信焉，而輕貨財；賢者敢推而尚之，不肖者敢援而廢之：是中勇也。輕身而重貨，恬禍而廣解苟免，不卹是非然不然之情，以期勝人為意：是下勇也。[49]

---

48 參見《荀子》〈性惡〉。
49 參見《荀子》〈性惡〉。

這個社會上的構成有聖人、士君子、小人以及役夫,有上勇者、中勇者、下勇者,荀子有一套系統去看待人之分別,區別得很是清楚。

> 繁弱、鉅黍古之良弓也;然而不得排檠則不能自正。桓公之蔥,太公之闕,文王之錄,莊君之㔾,闔閭之干將、莫邪、鉅闕、辟閭,此皆古之良劍也;然而不加砥厲則不能利,不得人力則不能斷。驊騮、騹驥、纖離、綠耳,此皆古之良馬也;然而必前有銜轡之制,後有鞭策之威,加之以造父之馭,然後一日而致千里也。[50]

即使是良馬也不能自行,必須有銜轡之制、鞭策之威、加之以造父之馭才能一日千里。

> 夫人雖有性質美而心辯知,必將求賢師而事之,擇良友而友之。得賢師而事之,則所聞者堯舜禹湯之道也;得良友而友之,則所見者忠信敬讓之行也。身日進於仁義而不自知也者,靡使然也。今與不善人處,則所聞者欺誣詐偽也,所見者污漫淫邪貪利之行也,身且加於刑戮而不自知者,靡使然也。傳曰:「不知其子視其友,不知其君視其左右。」靡而已矣!靡而已矣![51]

最重要的是後天的教養學習、各種制度的限制,以及提供各種實踐的規約可能。

---

50 參見《荀子》〈性惡〉。
51 參見《荀子》〈性惡〉。

七　結語：孟學、荀學統合的可能

（一）荀子期許君王「知通統類」為民制禮法，使政治社會共同體有序運行。孟子穿透到底，強調施行仁政王道，呼籲世界和平

　　荀子的這一套理論是非常合理的，但其唯一的漏洞就是這一切都要訴諸聖王，但是考慮到荀子所處年代的情況，這個說法也有道理。當時整個社會看起來就是這樣，有聖人、士君子、小人以及役夫，有上勇者、中勇者、下勇者，那麼作為一個領導者面對著這樣的社會該當如何？荀子是期許著君王們能夠達到「知通統類」的君王之道，能夠到達為民制禮法，以使得老百姓能過上好的生活，使得政治社會共同體能夠有序和諧的運行。荀子面對的是一個紛亂的年代如何能夠回歸秩序以讓老百姓過上好的生活的巨大問題。

　　孟子則是直接穿透到徹底，真正懂得能夠行王道。如何是行王道？保障老百姓的基礎生活要好，孟子對於此有一套基本的理解：

> 五畝之宅，樹之以桑，五十者可以衣帛矣；雞豚狗彘之畜，無失其時，七十者可以食肉矣；百畝之田，勿奪其時，數口之家可以無饑矣；謹庠序之教，申之以孝悌之義，頒白者不負戴於道路矣。七十者衣帛食肉，黎民不饑不寒，然而不王者，未之有也。[52]

簡單來說，孟子認為要讓人回到一個人倫的、自然的共同體裡面，人與人、與自然能夠過上一個美好的生活，要從這裡做起，「養生喪死

52　參見《孟子》〈梁惠王上〉。

無憾,王道之始也」,孟子認為政治社會共同體怎麼構建的事情先不談,先讓老百姓過上好的生活才是最重要的,讓人回歸到一個好的人倫和自然場域之間生活。

(二)孔仁、孟義、荀禮三者都強調在共同體中安頓人的生命

孟子所處的年代比荀子要早,且是齊魯大地,而荀子則是處在秦晉之交,是個紛亂更嚴重的年代,是政治社會共同體正在重新建構的年代。孟子是處在一個改變起點的位置,孟子有個復古的傾向但不太嚴重,孔子的復古傾向比較嚴重,因為孟子所處的年代周天子還有些象徵性的力量,而到荀子這裡已經完全沒有了,是故孔仁、孟義、荀禮。孔老夫子講最真實的關懷與愛是從孝親開始的;孟子在仁義禮智之中更為重視義利之辨。孟子是從人的義利之辨說,孔子則是從人的覺性說,從人格與教養的確立上說,所以他還是以周朝的禮樂教化作為一個典型的理想。當然,後來的公羊學家認為孔子的思想在五十歲前後有個改變,孔子在五十歲後是希望從周朝的禮樂制度中開出一個新的道德理想國度,有一個更高的天下和平的嚮往。孔孟荀的思想都是能夠安頓人的生命的歸處,安頓人的生命要從人倫的共同作起點,而且不能離開政治社會共同體,不能離開教化共同體,最後回到自然共同體裡面,這是可以肯定的。

八　提問與回答

(一)荀子是否有一種聖王權威主義傾向?

提問:荀子的認知心是否有一種潛在的道德傾向?

答：荀子還是肯定人的心是可以學習到「禮義之教」的，那麼禮義之教的源頭何在？是由「師法之化」來的。師法之化又是由古聖先王之仁義處來，古聖先王何以能？有道。他們何以能知道？「虛壹而靜」的大清明心方能夠「知通統類」，才能「思慮抉擇」，而大清明心並不是每個人都可以做到的，在這裡你可發現荀子有一種聖王的權威主義傾向，聖王這樣一個權威是一切教化的源頭，作為一個人也是有這個能力的。荀子的神聖的道德權威在落實的過程裡面是否會走向一個絕對的威權主義？在這一點上孟子要更為強烈，孟子是一個既超越又內在的道德理想主義者，荀子是一個歷史主義者，同時也是一個現實主義者，所以他更容易走向權威主義，比如法家。荀子的這一套思想很容易有實效，而孟子的那一套很難，當時的諸侯都覺得說得很好，但太迂闊了。

（二）人的受誘惑性揭示了自由的渴求，被誘惑卻不受誘惑，這便是自由的勝利

提問：荀子既然說人性是惡的，便要「化性起偽」、「以心治性」才能成就一個好的社會，這樣的說法似乎是推翻了人性是惡的說法，人性裡面是隱含著向善的意志的。

答：這並不是一種推翻，正是因為荀子認為人性有惡的傾向，所以才呼籲人要向善，要建立一個好的社會。幾乎所有的人類文化都是在做一個向善的功業，人沒有向善的可能就不用做這些事了。我在一九九二年曾經跟傅佩榮做了一次對話，傅佩榮認為孟子是人性向善論，我說荀子也是人性向善論，如果用「向善論」就沒有辦法凸顯出孟子。我說孟子是「善向論」，「人之性善，如水之就下」，水可能向東向西向南向北，但是水之性是

向下,孟子在這裡用一個比喻的方式說明人性中有一個善的動向,善的動向本身是以善作為動向,善是內存的,本來就有的,由仁義行,非行仁義也。「向善論」沒有辦法很好地區分不同人性論的區別,所有的人性論都是主張向善的,告子也是向善的,原罪論也是肯定向善的,人之為人就是要肯定人有向善之可能,如果認為不可能,那麼所有的人文學問都不用談論了。人文就是為了要完善人,人文學問是肯定向善的,但人性的向善論背後有不同的詮釋基礎點,是性善論、性惡論、無善無不善論,或是原罪論、苦業論,在這個點上不同,人性苦業論就是要求苦業之解脫,人性原罪論就是要求原罪之救贖,人性本善論者就是要求教養之完成,人性本惡論者就是以心治性,無善無不善就是好好的向善走。人性中有一種墮落的傾向,而人也可以通過意志控制自己不墮落。

　　人很容易受到誘惑,這背後是因為人有一種對於自由的渴求,被誘惑卻不受誘惑,這便是自由的勝利,被誘惑且受誘惑,這便是墮落。人落在人群中就會有墮落之可能,墮落就會趨向於惡,而人也正在人群中可以免於墮落,需要以心治性、化性起偽,何以能?禮義之教、師法之化,而只有聖王才能作為師,如此人才能回到人的軌道,成就一個人文化成的世界。禮學背後的權威是聖王,心學背後的權威是良知本心。

(三)「性樸論」是就原初性說,「性惡論」是就現實判斷說

提問:荀子的思想是性樸論?還是性惡論?
答:就原初性來講,荀子的人性論是性樸論,樸就是本始材樸,沒有加上任何的人為的自然之本性,不做價值的判斷,但人不可

能這樣過日子,必然是跟人群牽扯在一起,資源的供需多少就會出問題,性惡論就這樣造成。荀子所說的人性之為惡是放在這個現實層面來說的,就其原初來講的話,人性是本始材朴,是個中性的狀態,既是成就的資具,同時也是要治理的對象,當以心治性時,並不一定是治理一個已成的惡,而是要去將未成的狀態處理好。如好色之心,能將這處理好也是個好事,能使得室無怨女,野無曠夫,有情人皆成眷屬,合其禮分成就人倫,再如好貨之心,治理好了則每個人都能得到想要的東西,也是件好事。儒家對於欲望基本上是節制的態度,並且要在節制中使其充實而又飽滿地發揮出來。這一點孟子講得很通透,經由宋明理學之後,有一種理解上的誤差,到了明末清初的王夫之那裡又開始強調理欲合一,對於欲望開始正視。存天理去人欲,存是存天理之公,去是去人欲之私,而不是將耳目口腹種種人欲皆視為不好的,耳目聲色能夠發而中節便是好的,便是天理。荀子的人性論,說是性朴論也對,說是性惡論也對,以其理論的預設來說,最就近的還是性朴論,性朴論中的「心」是獨特的,人之於自然草木鳥獸,其心除了基本的知覺能力還有一個更高的知通統類的能力,強化了這個部分,而這個部分是非常清澈的。

(四)天人相分:人有限而服從上帝與人自覺而成就人的世界

提問:荀子的性惡論與基督教的原罪論有何區別?

答:簡單來說,基督教的原罪論面對的是如何救贖的問題,基本上是一個神學的問題,人是有限的,必須要臣服於作為主宰的上帝,遵守上帝的命令。而我們則是人要做自己的主,要發揚作

為主體的覺性和知通統類的能力，建立一個理想的社會共同體。基督教的天人是徹底的區隔開來，人服從於上帝，而荀子這裡的天人雖然做了區隔，但是為了強調人要成就人的世界，而不要過多的考慮形上的世界，人之成就為人時是充實而又飽滿的，不需要上帝的救贖。西方基督教的救贖理論是一套系統，但不是唯一的，人類的文明裡有多套宗教，當某一宗教成為普世宗教的時候，它會擴大和提升。最適合做普世宗教的就是儒教，教化之教不是信靠之教，它是為了喚醒你內在的明覺之性而最後達到天人合德，儒家是沒有排他性的，教出多元、道通為一。教化之教相對於信靠之教是一個弱控制系統，不會說出「我就是真理、道路、生命」，而是「天命之謂性，率性之謂道，修道之謂教」，而是「人皆可以為堯舜」，而是「誠者，天之道；誠之者，人之道」，而是「致中和，天地位焉，萬物育焉」。儒家不是一個天啟的宗教，而是一個自覺的宗教。

（案：本文乃林安梧教授在山東大學易學與中國古代哲學研究中心，有關「中國古代哲學系列講座」第六講，講於2018年6月16日，全文由博士生周芳宇記錄整理，並經由講者修訂而成。刊載於林安梧：〈從「性朴論」、「性惡論」到「善偽論」——以《荀子》《天論》《性惡》兩篇為核心〉，曾振宇主編：《曾子學刊》第三輯，上海市：上海三聯書店，2021年11月，頁1-15。）

參考文獻

〔漢〕趙岐注,〔宋〕孫奭疏:《孟子注疏》,上海市:上海古籍出版社,1990年12月。
〔唐〕楊倞注:《荀子》,上海市:上海古籍出版社,2010年8月。
〔宋〕朱熹著:《新編諸子集成‧四書章句集注》,北京市:中華書局,2012年2月。
〔清〕戴震著:《理學叢書‧孟子字義疏證》,北京市:中華書局,2008年9月。
〔清〕焦循著:《十三經清人注疏‧孟子正義上、下》,北京市:中華書局,1987年10月。
〔清〕王先謙撰:《新編諸子集成‧荀子集解》,北京市:中華書局,1988年9月。
梁啟雄著:《荀子簡釋》,上海市:上海古籍出版社,1983年1月。
王天海校釋:《荀子校釋》,上海市:上海古籍出版社,2016年9月。

第九章
「儒家生死學」的一些省察：以《論語》為核心的展開

本章提要

　　本文旨在經由宏觀對比，深入儒家的底蘊，而以《論語》為核心，展開其「生死觀」之概括論述。筆者首先指出一切宗教咸歸於「敬」，皆於生死有其論點，此與各大教之世界觀相連。各大教生死觀有其共性，亦有其殊性在。儒家「未知生，焉知死」的理解，並非忽略「死」，而是將「生」與「死」關聯成一不可分的整體來理解。這與其通貫「過去、現在、未來」的時間觀關係頗為密切。筆者更而深入「喪、祭」之禮，展開詮釋，指出生命的「斷裂」與「連結」、「有限」與「無限」、「朽」與「不朽」等兩端而一致的詭譎性。

關鍵字詞：生死學、儒家、《論語》、敬、喪、祭、斷裂、連結、終極
　　　　　關懷

一　問題的緣起

　　我多年來一直以為學問是從「對談」中得來的。古希臘時代的蘇格拉底不是定了一個主題準備做怎麼樣的講話，再開啟他的思考，而

是走在路上,應機而發,碰到了什麼人,加入討論他們正在講的問題。其實,哲學就是「交談」,而「交談就是生活」。在生活交談中,慢慢將真理豁顯。一樣的,在東方的孔子也是如此。孔老夫子也不是定說今天我們要談孝道,於是來談孝道。在生活之中有人提起了什麼問題,於是孔老夫子就與他們談這些相關的問題。其實人類的學問是從生活中來,是從生活中的對答來的。學問是關聯到你的生命與生活及周遭的生長。

這一點非常重要,不只東方的孔子如此,東方印度的釋迦牟尼佛更是如此。你去看釋迦牟尼佛所說的每一部經典,有釋迦牟尼佛一個人在那裡說的嗎?一定不是,它前面一定會告訴你,釋迦牟尼佛在一個什麼樣的狀態下,跟弟子之間有了些什麼樣的活動,之後,怎麼擺定下來,當時有弟子因為什麼樣的機緣而問了什麼樣的問題,這也是在對答中。所以你看翻譯的佛經一開頭一定是「如是我聞,一時佛在」那裡,那裡……然後再開始。這點出了是什麼?這裡有一個聽聞的過程,因為有了「聽聞」,然後才有「問題」,有聽聞、有問題,而就當下的讓這個佛在那裡。佛是一個大覺醒的人,只要有大覺醒的人都是佛,不是你要皈依佛教才能成為佛,你成為一個大覺醒者,你就是佛了。因為有聽聞,才有問題,才有對答,中國的智慧如此,印度的智慧如此,古希臘蘇格拉底的智慧也是如此。

二 「生死學」源於「不安不忍」與各大宗教之終極關懷

「儒家的生死學」這題目很大,我們且先從「儒家」說起。儒家是什麼呢?你每天生活裡大概有一半以上和儒家是分不開的,譬如說你會對父母有一分孝敬,你會對你的兄弟有一分友愛,這就是儒家所謂的「孝悌」,也就是所謂的人倫之道,進一步說這孝悌人倫它的內

涵是什麼？那就是所謂的「仁義」，什麼是「仁」呢？就是「人與人之間的一種存在的道德真實感」，有一種真實感通的關係，孟子所謂的「怵惕惻隱」。用簡單的話來說你看得過，你忍不過，那個「看得過」是一般世俗上的，「忍不過」就是真實生命的一種觸動。「不忍人之心」謂「仁」，依循了這個「仁」落實在人間世裡頭有一些恰當的公斷是非那就叫做「義」，恰當的途徑那就叫「禮」，根據這些而有一個真正的判斷那就叫做「智」，仁、義、禮、智是這麼說的，這孟子所說的四端之心，其實最根源的就是那個不安不忍的怵惕惻隱。我們要說，其實「儒家的生死觀」是關聯著這個來說的。

擴而大之的說，任何一個不同的思想流派，它的「生死觀」都關聯著人的不安不忍。那佛教的生死觀是不是也就一樣呢？道家的生死觀是不是也和儒家的一樣呢？我以為如果關聯著我剛所說的不安、不忍來講的話，就全人類來說，就作為人來說，他們是有可共量性的。

換言之，當我們談起生死觀的時候，必然涉及於普遍性的問題。之後，我們再看看普遍性的問題，那落實在不同思想流派，又如何的由普遍性轉為特殊性的問題，這是兩個不同的層次。就其普遍性的問題來講，生死的問題到最後還是牽涉到人的不安不忍；但是在不同的思想流派、不同的宗教、不同的意識型態，對人們的生死有著不同的理解方式，這其實牽涉到他們對整個世界的理解，也就是所謂的「世界觀」的問題。

關於世界各個大教所理解的視點不一樣。譬如佛教理解世界，他要說「緣起」，由「緣起法」來說一切存在的「空無」，而又說一切存在的空無而彰顯一切的存在，這就是所謂的「緣起性空」的說法，又說「色不異空，空不異色」。如果就道家來講這個問題可能會落在所謂的「自然」來說。什麼叫「自然」呢？「自」就是回到自身，「然」就是那個樣子，「自然」的意思就是「本來就是那個樣子」，本

來就是那個樣子的意思是肯定你所處的這整個生活周遭,這個世界形成一個自然的機制,這自然的機制它有調節力,這個調節力使得你應該恰當的擺在那,就擺在那裡。

人在這裡不應該用太多自己心靈的造作在上頭,所以一方面談「自然」,一方面談「無為」。「無為」的意思並不是通通不做事,而是你不要有心作為,就是當你在做什麼事的時候,不必特別說我一定要達到什麼作為,因為當你一定要達到什麼樣子的話,很可能就把你那種想法變成一種工具了。一旦工具化以後,那麼人將會喪失了他自己。道家所強調的是在這邊,所以道家強調自然無為,強調人怎麼樣跟整個天地相處,所謂要「人法地,地法天,天法道,道法自然」[1],「人法地」是人要學習地的博厚,一種潤澤,一種溫順,一種渾厚。「地法天」,再進一步不止生命要有他的渾厚度,更要有他的高明度,生命要有他的剛健不息,這剛健不息,高明配合著地的渾厚,這就是「天地精神」。「人法地,地法天,天法道」,天得歸返到一整體根源性的動源,這根源性的動源就有一個常理、常則在,就這個「常」來說就是所謂的自然,所謂「道法自然」,所以道家強調「自然」,強調「無為」,強調「順成」,這道家整個想法就是這樣。

那麼儒家呢?儒家強調人以他的不安不忍進到這個世界,當然你說道家難道不是不安不忍嗎?也是的,佛教難道不是嗎?也是的,只不過儒家強調這個問題的時候,是就你的周遭生活最接近、最切身的,從家庭做為一個思考的起點。一個家庭裡,人跟人的關係最根本的是父子跟兄弟的關係,從這裡來談所謂的「孝悌」;父母跟子女的關係講的是「孝」,兄弟姊妹之間的關係是所謂的「悌」。很明顯的,兄弟姊妹的關係是個「橫向軸」的關係,而父母子女的關係是「縱向

---

[1] 王弼:《老子注》(諸子集成)(北京市:中華書局,1988年7月),第二十五章,頁14。

軸」的關係，縱向軸的關係是探索所謂的一個生命根源的關係，而橫向軸的關係是就這個生命的根源，是就其展開的結構來說。

儒家所說的「孝」，原來就是對於生命根源的追溯與崇敬。在中國傳統，儒家特別的把這一點提出來講，而提到一個最高的地步，而最後講「不孝有三，無後為大」[2]的時候，其實指的就是你的生命只有追溯你生命的根源，並且承襲了這個生命的根源再往前開啟。

或許我們會問：不安不忍到底什麼意思？是指什麼說？怎樣面對這不安不忍？

用《孟子》所舉的例子來說，「所以謂人皆有不忍人之心者，今人乍見孺子將入於井，皆有怵惕惻隱之心」[3]，現在有一個人突然看到有一個小孩快要掉到井裡頭去，這時候你內心裡頭一定會出現不安不忍的心情，我們當下可思量一下，設想那個情境，思想一下果真是必有怵惕惻隱之心，所以這個「必有」不是一個邏輯的論證，而是一個事實呈現，只要你在那個情境底下必然呈現，這是可以當下驗證的。

每一個人都有怵惕惻隱之心，這正如孟子所說：「非所以內交於孺子之父母也」（同上），並不是因為跟這個小孩子的父母你有什麼樣的交情，「非所以要譽於鄉黨朋友也」（同上），並不是你想得好人好事代表，你才去救他，「非惡其聲而然也」（同上），也不是你擔心人家說你見死不救，都不是，而是什麼？而是你當下從內心裡頭所發出來，不安不忍的一個心意，那個叫「怵惕惻隱」。那就是所謂的「仁」，那就是我剛剛所謂的「存在的道德真實感」。存在就是「當下」在這種狀況之下，這種狀況之下的不安不忍，所謂的不安不忍是從這裡來說的。

現在我們再回到儒家所謂的「孝悌」，儒家講的不安不忍從哪裡

2　參見〔宋〕朱熹集注：《四書集注》（臺北市：世界書局，1995年12月，初版31刷），頁313。

3　《孟子》〈公孫丑上〉，參見〔宋〕朱熹集注：《四書集注》，頁250。

開始呢?從最具體的你的生活周遭,我們都是父母所生的,我們的父母也是父母所生。人在天地之間就其血緣而說皆為父母所生,就父母來講,這經過一個文化的象徵化的活動而把「父」跟「母」,不只是當成一個生命的、生理上的根源,把它也轉成文化的、象徵的、意義的根源。也就是說我的生命,基本上是由我父母對於自己生命根源的一個追溯,由這個追溯而起一個崇敬之感。[4]所謂「孝敬」,所以「孝」最重要的本質是「敬」,「不敬何以別乎」,如果你對於父母親的孝順,只是在於供養他們,「至於犬馬,皆能有養。不敬,何以別乎?」[5]所以這個「敬」很重要。「敬」是古今中外,無論任何人種,一牽涉到人類最終極的、最內在的,它必然要有的一個德性,這一定牽涉到宗教,宗教依存在主義的神學家保羅‧田立克(Paul Tillich)所說的,是人類對於生命的一個「終極關懷」[6],這個終極關懷落實在你當下,就是一個「敬意」在。

　　基督宗教也講「敬」,儒家也講敬,道家也講敬,佛教一樣講敬,都是講敬,只不過他的著重點不同。基督宗教所講的「敬」字強調在「畏」字上,「敬畏耶和華是智慧的開端」;而儒家講的敬就著重在這個「敬」字上,〈曲禮〉曰:「毋不敬」,[7]這個「敬」,或者連著這個「敬」而講「誠」,所謂「誠者,天之道也;誠之者,人之道也」[8]。

4　「孝」是一種自覺活動。此自覺是人文的、符號的,是經由意義詮釋而開啟的,這是逆返於自家生命根源的。參見林安梧:《儒學與中國傳統社會之哲學省察》(臺北市:幼獅文化事業公司,1996年4月),第三章,頁37-38。

5　《論語》〈為政〉,參見〔宋〕朱熹集注:《四書集注》,頁68。

6　「終極關懷」(the ultimate concern)一詞由保羅‧田立克(Paul Tillich)在《love, power and justice》一書中所提出。見王秀谷譯《愛情、力量與正義》(臺北市:三民書局,1973年10月),第七章,頁111-126。

7　參見〔清〕孫希旦撰:《禮記集解》(臺北市:文史哲出版社,1990年8月,文1版),頁3。

8　《中庸》第二十章,參見〔宋〕朱熹集注:《四書集注》,頁42。

道家也講敬，道家所講的敬是連著整個生命的歸返到自己的原點，而不是處在顛簸不已的動態中，而是回到生命的寧靜上說，就這個「靜」上說，生命把不需要的東西取消掉，連著說「致虛守靜」[9]。佛教也講敬，佛教講的敬關聯著染執的去除與生命的貞定而說，而這個貞定背後從那裡呢？從「戒」上說，所以「因戒生定，由定發慧」，戒定慧是如此的！什麼叫「戒」呢？你的整個心靈能夠收拾回來，收拾你的精神，所謂「攝心為戒」。所以這個「敬」字可以說是一切宗教之所相遇的最根本處。

三 儒家「生死學」的核心：「孝」是對生命根源的追溯與崇敬

這麼說來，儒家說的「孝」是帶有宗教意味的，落在這整個生死學上來說的時候，就要「慎終追遠」了，就是講「生，事之以禮，死，葬之以禮，祭之以禮。」[10]在這裡，基本上我們來說這個「孝」字時，講的是一個對生命根源的追溯與崇敬，孝字它意思在這。所以我們以一個孝親的一個心情，再把它推而擴充之，人類在推而擴充之的活動裡面，它就不被你現實具體的存在情境所限制。它從這個具體的存在情境就可以擴及到另外一個具體的存在情境，也可以擴及到所有的具體存在情境。儒家講「孝」的時候，它其實不只是著重在對於自己的父母親而說孝而已。因為對於自己生命的根源，除了血緣性的一個根源以外，他可把它推而擴充之去思想，人生活在天地之間有沒有一個根源的東西在，我們說「天地」，就自然的生命根源──

---

9 《老子》第十六章：「致虛極、守靜篤。」參見王弼：《老子注》（諸子集成），頁9。
10 《論語》〈為政〉，參見〔宋〕朱熹集注：《四書集注》，頁68。

「天」與「地」。父母親是作為我們血緣的生命根源，人是落實在一個通過語言、文字、符號而開啟的世界，並且是不離其傳統的。

　　文化傳統有沒有一個生命的根源？有的。當講對於生命根源的追溯的時候，講孝道的時候，其實他不是陷在家庭而說的，從家庭擴到整個天地，這個天地分兩層，一個是「自然的天地」，一個是「人文化成的天地」。什麼是人文化成呢？人通過了語言、文字、符號、象徵而去理解詮釋這個世界，展開了教化活動，而成就人之為一個人，人之為一個人不能只是一個自然人（natural being），人之為人必須也是文化人（cultural being）。這是人跟其他萬物不同的地方。或者也可以說人是一個象徵的存在（symbolic being），是會運用語言文字符號，或者通過語言文字符號去說它的一種存在，這是人的一個特質所在。像這樣的一個定義，當然是比較現代的定義，德國哲學家卡西勒（E. Cassirer）說了一個定義「人是會使用符號的動物」[11]，當然這樣的定義就比亞里斯多德所做的「人是理性的動物」，這樣定義好得很多。

　　那麼在中國，孔老夫子說人是什麼呢？基本上人是就一個在人間世裡面可以展開人的活動的一種存在，而這個人的活動就是人跟人之間一個存在的真實感，所以他說「我欲仁，斯仁至矣！」[12]而孟子說這個人落在人間世來講呢？唯獨人之有的，所以說「人之所以異於禽獸者幾希！」[13]就那麼一點點，孟子是從這兒說的。如上所述，我們牽涉到的東西，已經非常廣、非常多了！我們現在要慢慢落在這裡說，人對生命根源的追溯，就以儒家來講最低的層次，先由「家庭」

---

11 恩思特・卡西勒（Ernst Cassirer）在 *An Essay on Man* 一書提出人類是符號的動物（animal symbolicum），參見甘陽譯：《人論》（臺北縣：桂冠圖書公司，1997年11月），第二章，頁39。

12 《論語》〈述而〉，參見〔宋〕朱熹集注：《四書集注》，頁107。

13 《孟子》〈離婁上〉，參見〔宋〕朱熹集注：《四書集注》，頁319。

進一步牽涉到整個「自然天地」，再進一步牽涉到整個「文化天地」，所以當人們展開他對生命根源追溯時，他是涉及到這三個項目的。

人對生命的追溯是用怎麼樣的一個活動開始的？那就是祭祀活動，任何一個宗教幾乎都免不了「祭祀」，只是有的名稱不同，或者就叫禮拜活動！或叫敬神的儀式，但是它總是一個禮敬的儀式整體來說，這個活動就是我們「人對生命根源的追溯」[14]，也是人要喚起他的「終極關懷」。這樣的問題就牽涉到生死的問題！這極重要的關聯到：「死怎麼安頓？」、「生如何處理？」其實，就只是這兩個問題而已。任何一個族群，任何一個文化，任何一個宗教凡是提到「死」的問題，必然關聯到「生」的問題存在。

凡是談到「生」的問題，必然談到「死」的問題，因為「生」與「死」是一個相對的兩個不同的概念，而這兩個不同的概念，是構成一個對立面的兩個端點，它們是「兩端而一致」的。不可能說一個宗教徒只處理「生」的問題，而不處理「死」的問題，也不可能說一個宗教徒只處理「死」的問題，而不處理「生」的問題。他一定是兩個連著處理的。就好像人們不可能永遠「活」著，他就永遠不會「死」。他當然要死去。人們既然有死去，他一定有出生，生跟死是個完成、是個完整的統一。從這個觀念來看，我們大概就可以反駁有些人以為儒家基本上沒有談論到死亡的問題，儒家好像只注意到人的生命，活在現實世界裡的問題。儒家好像就是不會注意到過去，也不會注意到未來，只注意現世的問題，其實不然。儒家將「生」與「死」關聯成一個整體，將過去、現在、未來三者關聯成一個整體。

---

14 「祭祀」是經由一儀式，讓你能與祖先神祇生命精神根源相接，而在漢文化的理解中，每個人的生命是與其祖先關聯起來的，因此經由祭祀的儀式去與祖先神明相接，其實是等同於去疏通自家的生命根源。見林安梧：《儒學與中國傳統社會之哲學省察》，第二章，頁21。

四　從「人倫孝悌」到「生生之德」的深化

　　生死學的問題是一個難度很高的問題。我們立在怎麼樣一個傳統來思考這些問題？我們要思考的是些什麼樣的問題？我們要思考生命的問題，當然要有「生」與「死」的問題，這是很基礎的。面臨這些東西，一個一個去檢查，一個一個去看，儒家當然有談論到死的問題，談論的不是那麼多，因為他著重點不在這邊，他透過「生」來談「死」。佛教談不談論死的問題？談論很多，那我們請問他們談不談論生的問題？當然也談論，也談論很多，特別以佛教來說，釋迦牟尼佛、佛陀說法，是因緣說法，因眾生之緣而說法，所以非常多元。與佛教相同，孔老夫子也是因緣說法，他是因緣說道，說儒家「人倫日用之道」。這個人倫日用之道有它的根本處，就是「孝悌」。由「孝悌」而講「仁義」，由孝悌仁義而說這是一個人間的倫理，而講人倫之道。這孝悌人倫之道如何安排過去、現在、未來？

　　生命的現在逝去了，劃下了一道斷裂點，那麼樣的過去，我們就叫它「死亡」。由這個斷裂點相對來說，其他就叫做「活著」。這個活著的過去那麼叫做已經過去了，但是再往前走的時候，那個叫「未來」。「現在」與「未來」其實只是一剎那間，所以嚴格地說，人的生命存在沒有所謂的現在，因為當下的現在馬上成為過去，還沒有來的剎那，那是未來，所以現在是當下的剎那，既是當下的剎那，基本上是不存在的。那麼你如果就當下的剎那去說他，那麼就佛教講剎那生滅，就剎那生、剎那滅本來講，那當然是「空無」。當人們去說過去、說未來的時候，其實是有一種「連續觀」，這個連續是由於人們的心靈的一個作用，把它連續在一起。人是通過心靈來操作語言、文字、符號，要留在過去並且瞻望未來，這是人，要留住過去，瞻望未來即使釋迦牟尼佛在說剎那生滅的時候，一樣的他也留住過去，瞻望

未來，因而他因緣說法，此中總離不開那個業識流轉問題。

那麼，儒家的說法它著重的是整個生命的連續，就這個連續上說的時候，它將整個過去收攝在當下現在，並且由這個收攝在當下的現在而開啟所謂的整個未來，這可以說是整個儒家的時間觀。當下的現在收攝了以往所有的過去，所以當下的現在是非常充實飽滿的。當然你也可以說他負擔很重，如果經過了你的心靈澄清，一番淘汰而使得他精純化，那麼當下那是豐富的；但是如果沒有的話，或者你的心靈喪失這種能力的時候，那你根本上是要背負著好久以來的整個傳統的問題。這裡你大概也可以想見儒家為什麼一直有傳統主義的傾向。

譬如說：就整個中國當代裡頭的新儒學來講的話，它被視為新傳統主義或新保守主義。依儒學而言，所謂的現在不是當下的剎那而已，因為當下的現在是整個過去的連續而貫注在現在，並且它要往前開啟，我們在這裡可以看到這樣的一種時間觀，我們可以發現到它土根性深厚，它的生命是扎在泥土裡頭。它著重整個生命，不是剎那生、剎那滅，而是在剎那生滅中一直都生生不息。它著重點在生生不息，著重在「生生之德」，「生」這個字眼成為整個儒家裡面非常重要的一個字眼，就「生」這個字眼而強調人跟人之間有一種互動感通，有一種真實的存在感，這就是所謂的「仁」。「生生之德」看似就存有論及宇宙論的提法，其實，這是與人生論息息相關的。陽明學中所說的「一體之仁」即可以這樣來理解。[15]

五　從「生生之德」到「臨終關懷」的重視

除此之外，儒家又強調「生生之德」，「天地之大德曰生」，儒學

15　參見林安梧：《中國宗教與意義治療》（臺北市：文海基金會出版，1996年4月），第四章。

可以說非常強調「生」。談到生死觀的時候，依照儒家的說法，你如何去面對鬼神的不可知？你應當就人的可知，而去面對鬼神的不可知，這時候你去理解所有的鬼神，這鬼神已經過一個自然哲學化的方式去說鬼神了。鬼神是什麼呢？鬼不是精靈，神也不是精靈，鬼跟神一樣是人們精神的一種體現方式而已。這精神的體現方式，精神這個字眼用古時候中國哲學老話來說最後終歸於「氣」，「鬼者歸也」，「神者申也」，就講精神的屈申。鬼是屈，神是申，講一氣之屈申，屈而歸之於地，申而充之於天。這樣子，就將整個人的魂魄、整個宇宙之間的鬼神問題還到人身上來說，也就是說我們必須要就人的可知來理解世界。人通過了語言、文字、符號去說世界，同時，進一步去了解那個不可知，這是儒家的一個基本例子。

儒家在談這個世界的時候，基本上是最合乎一般我們所謂的「人間性」而說的。但這其實也不是以人為中心，他是強調人必須正視人做為一個活生生的一個存在，正視人是一個活在這個世界上裡頭的存在，經由這樣的一個「活」動，人開啟了對世界的理解。從這裡來思考問題，這是整個儒家的一個基本點。最基礎的地方從這裡說，他談生死從這裡說，所以子路一方面問事鬼神，孔老夫子告訴他「未能事人，焉能事鬼？」[16]子路又問死，孔老夫子又告訴他「未知生，焉知死？」（同上）人們對於生命沒有一種恰當的體會，沒有真正進入到生命的當下是什麼，你怎麼可以了解死亡是什麼？有人說這句話表示儒家對死亡問題的逃避，我說不是，是代表儒家對死亡的一種正視方式。這種正視方式雖然有別於佛教的方式，但也是一種正視的方式，正面的看它。在這裡我們談儒家生死觀的時候，我們從這兒來看，儒家所說的「生」是把過去整個活在現在，並且瞻望著未來而說。

---

16 《論語》〈先進〉，參見〔宋〕朱熹集注：《四書集注》，頁131。

果真就人活在現在而言，人有沒有死亡問題？有！「生年不滿百，常懷千歲憂」。[17]為什麼「生年不滿百」會「常懷千歲憂」呢？人的生命如果只有從出生那一刻那才叫起點，而生命嚥下一口氣的時候，就叫終點，那個始終，這當然是一個始終，但是這始終果真就只是如此？那麼這樣的話，是不是很單調，還是很單純，自己想一下。如果「單調」的話是很乏味，如果「單純」的話那很寧靜，思索理解會不一樣，你們覺得呢？這個問題你們應該是想過的，或者你們小時曾經想過，依稀恍惚的想過，後來把它忘了，或者故意把它忘了，或者不小心忘了，總而言之，當你年紀慢慢長大以後，對現實的很多事物統統把我們架住了，讓我們沒有機會再去想這個問題，現在可以再想一下這個問題，其實想不通的，那麼還是可以再想，因為這個問題曾經出現在一個九歲的小孩子上，他曾問我說：如果我們活著到最後一定要死的話，那這個活著本身有什麼意義？這個問題看起來很弔詭。

　　為什麼活著面對死亡就沒有意義？他的意思是說，生命如果是斷滅的，那麼這生命值得活嗎？本來意思是這樣，那我告訴你，生命當然不是斷滅的，生命有生命的根源。什麼叫生命的根源？你是父母所生的，你的父母是他們的父母所生的，父母的父母是他們的父母所生的，再往前追溯其根源。對不起，不要忘了你不是從一個非生命的存在而成為你的生命存在，所以必須正視生命本身的一個特質。生命本身的特質是，凡是存在的，好像一直邁向死亡，卻是一旦存在就永恆存在，生命的弔詭性就在這裡，如何在這個弔詭性裡面取得一種安頓，就是生死的智慧了。這問題在這，請大家正視面對這個問題。

　　當我們正視這個問題時，我們現在可以想人活著當然是生年不滿

---

17 古詩十九首〈生年不滿百〉，見〔南朝梁〕蕭統編：《六臣註文選》（北京市：中華書局，1987年8月），卷29，頁542。

百,會常懷千歲憂。會常懷千歲憂是因人會思來想去,會想著過去,想著現在,會想著未來。人會通過心智的能力邁入過去,瞻望未來,所以死生幽明之際,統統不會對我們的心靈產生限制,當下一念比光速還快,可以穿透萬有一切,無所隔閡。一切都可以放進來,也可以往前開啟,但是落在人間有形的軀體的生命裡面,它畢竟有一個今世。最近來世今生的問題好像被談得厲害,但很多談來世今生的問題我總覺得未透徹。生命是有過去、有現在、還有未來,由於我們有個自然的生命軀體,所以它像拋物線一樣有生、有老、有病、有死,由生而盛而衰而死亡,這樣的一個自然軀體的生命。這時我們已隔開了所謂的活著跟死亡,這是免不了的,任何一個人都不能免,求長生不老是人們的一種嚮往,是個理想,而這個理想是錯置的理想。

　　歷來的宗教幾乎也都談人復活的問題,因為這是人的生命如何繼續存在的問題,但是幾乎都不能避免要面臨人是會死亡的,所以現代的存在主義哲學家定義人時,做了一個非常獨特的定義說「人就是一直邁向死亡的存在」。這個定義聽起來非常的悲慘,但你仍不要一直想著今天什麼時候能趕快結束,也不要想著禮拜天為什麼不趕快來,因為要約會,因為不是約會要來而已,不是今天要結束而已,因為死亡也將要到來,因為生命也將要結束。很可悲吧!不可悲!一個敢面臨死亡的人,他生命才有真實的活著。當人們能真正正視死亡時,正是生命的起點。那麼儒家怎樣面臨這個死亡呢?儒家倒過來說,當人們能夠真正正視活著是什麼時,他才能夠恰當處理什麼叫死亡。

　　你們覺得,如果你活了九十歲了,到最後是在加護病房中急救了三天,甚至三個月,甚至三年,在群醫束手無策下搶救,插滿了十幾根管子,而到最後宣布你已經死亡,家人也不在你身邊,你覺得那種死是一種死嗎?我說那種「死」就死得果真不是死的死。這意思也就是說,那種死是死在你生命沒有辦法真正安頓歇息下的死,用中國老

話來講叫「死不瞑目」。為什麼叫死不瞑目呢？就是那種死沒有讓我有種安頓感，那就死不瞑目了。有安頓感，那種死一定是非常美的，整個生命要回到他的一個真正原點時，他就要結束整個軀體生命，這時候又開始純粹地昇華出來，所以「人之將死，其言也善」[18]，是嗎？這個話我是驗查過的。鄉下婆媳不和，這是常見的事情，但婆婆要臨終時對媳婦講的話，一定有非常多的好話，而且懺悔的話很多。那種生命裡頭原先有的那種執著性，那染污性所造成的煩惱，這時候統統煙消雲散了。他開始面對自己，我的生命是什麼？他不由自主的面對自己，為什麼？因為那軀殼慢慢的要回到他應該要回到的地方，回到他應該要回到的地方，回到所謂的天地，所以人死了，中國老話叫「魂魄歸於天地」[19]，魂升於天，魄降於地，這三魂七魄歸於天歸於地，歸於整個自然之間，整個生命有所安頓，而這時候整個倫常禮教，在社會上，在家庭的倫理上就說他「壽終正寢」。

我們這麼說是要說生命的安頓是很重要的，死亡其實是生命的另一種安頓。人死了，不能夠把你的軀體去磨成肥料，因為你的軀體不只是軀體，你的軀體不是一個自然的存在而已，你的軀體也是一個文化的存在，你的軀體是具有意義的。你的軀體仍然是一個意義的存在體，而不是自然界裡頭一個空無的、荒蕪的存在，所以人死了以後要埋葬。埋葬要通過一個儀式，這個儀式代表什麼？我們都說叫告別式，是嗎？那個告別式就是你要讓這個人的軀體，這個生命意義的存在體，離開了整個人間的世界，而這個人離開是果真離開了，但也因而產生了一個新的連接方式，以後你還對他懷念、對他追思，那叫「祭祀」，叫「祭之以禮」。「葬」是代表「生命」與「死亡」斷裂的

---

18 《論語》〈泰伯〉，參見〔宋〕朱熹集注：《四書集注》，頁110。
19 《禮記》〈郊特牲〉云：「魂氣歸于天，形魄歸于地。」參見〔清〕孫希旦撰：《禮記集解》，頁714。

儀式，整個生命斷裂開來，跟死亡斷裂開來。死亡要有所安頓了，但是祭禮代表著人們活著跟這個已經離開了人間世死者之間，保存一個新的關係。這個新的關係再被純化為一個精神式的存在，所以你向他燒香，向他叩頭，你向他祈願種種。基本上，我們說「在生為人，死後為神」，你們可能連聽見這些話的經驗都沒有了，這些經驗都沒有了可能代表人間性慢慢喪失了。在殯儀館，這些東西都已經被形式化，僵化了。以前不是這樣的，是很直接、很人間性的。人要死以前總有一段臨終的過程。這一段臨終的過程，就是人們怎麼樣告別這個人間世，告別也就是一個總結，一個起點。

六　從「死生幽明」到「性靈實存」的肯定

有人問：「無形的存在是不是一種存在？」答：有形的存在是一種存在，無形的存在是不是一種存在？既是無形的，你能不能說他是一種存在？那就有各種不同的說法了，要看你對這種無形的存在是什麼詮釋方式。人們大概不甘心說無形的存在是算不存在，這是人的麻煩，但是這也是人的可貴。我剛剛說人最弔詭的地方就在凡是他最可貴的就是他最麻煩的地方。人跟動物不同，動物沒有什麼麻煩的地方，動物還歸於整個大自然，或者是老天爺，或者是上帝，反正都已經幫牠決定了，所以沒有什麼麻煩的地方。就是說有關這個情跟慾的問題，動物好像沒有這個問題，對不對？人才會有這個麻煩呀！動物也算是眾生有情呀！依照佛教來講也算，但是牠們那種存在幾乎就沒有辦法提到自覺的層面來處理。動物這個問題是不明顯的，人在這裡反而是很麻煩的。

你可以想一下，在《舊約聖經》〈創世紀〉神話裡面的「人」。在伊甸園中，動物也在裡面，為什麼蛇誘惑了人，難道蛇只誘惑人嗎？

我想一定不是,這麼說就是因為人可被誘惑。人的「可被誘惑性」,人的「可背叛性」,人的「自由性」,但也是人的「墮落性」。其實,人的可墮落性與可救贖性是一體之兩面。這一是個複雜難理的問題,人一旦有自由,人就要擔負起他的責任,他要擔負起他要為自由付出的代價。這代價很大,人從此不能夠在伊甸園裡過著無憂無慮的生活。人開始要憂慮他的生存,但是那憂慮是人自找的,人要求自己要找,他不是不小心被誘惑而已,他根本心存被誘惑。這人的麻煩就在這裡,可見人被逐出伊甸園那是命定的,上帝也知道,所以上帝只好可憐人,就派遣了祂的獨生子來救你。

人是萬物之靈,用中國傳統的哲學話語來講,人是領受著天地自然之氣,所謂「得天地陰陽五行之秀氣而最靈者」[20],人會思考,人自己生命裡頭有他的亮光在。不管這個亮光是不是吃了智慧之果而有的亮光,人總是有亮光在。這個亮光,它就是一個「自由的渴望」,而同時是「墮落的起點」。這弔詭就在這裡,用佛教來講,當下就是「法性」,而又是「無明」,這「一念無明法性」就是如此,既是煩惱,又是菩提在那裡。就儒家來講,那一念當下裡頭有天理在焉、有人欲在焉。「天理」跟「人欲」在儒家來講,落在人間世裡頭,把它實現出來,理跟欲合在一塊了,實現出來,把它連成一個人美的、善的世界,這個美善的世界就是一個人倫世界。儒家從這裡處理,所以儒家對人最根本的生命的一個欲求本身來講,賦給他一個絕對的善待,就是「飲食男女,人之大欲存焉。」[21]你要恰當的處理他,可以變得非

---

20 《禮記》〈禮運〉云:「故人者,其天地之德,陰陽之交,鬼神之會,五行之秀氣也。」又云:「故人者,天地之心也,五行之端也。」參見〔清〕孫希旦撰:《禮記集解》,頁608、612。又〈太極圖說〉提到:「五行之生也,各一其性。……惟人也,得其秀而最靈。」參〔宋〕周敦頤撰:《周子通書》(上海市:上海古籍出版社,2000年12月),〈附錄〉,頁48。

21 《禮記》〈禮運〉,參見〔清〕孫希旦撰:《禮記集解》,頁607。

常的好,所以儒家把夫婦之道叫做「敦倫」。敦倫者,敦化人倫也。

基本上肯定男女之欲的美,但這個美須經由一個「禮」去處理它。人活在世界上得通過很多個階段,人間世的儀式化以及人跟人之間相處一個恰當的途徑去處理,這叫「禮」。出生開始一個月就叫彌月之喜,過了一年周歲叫度晬,到了二十歲時,代表要離開家庭,可進入社會了,「二十曰弱,冠」[22],行冠禮,又《禮記》〈內則〉記載男子「三十而有室」[23];女子「二十而嫁」[24],像這些禮都代表一個生命的再生。一步一步的再生,即使死亡的時候,那個葬禮一樣的也是一個另外生命的再生,在整個儒家裡面非常重視這些。人們當然不止是重視那個有形的存在而已,他們會因為人在有形的時候,去思考一個無形的東西在,人們通過什麼思考?人們通過符號、語言、文字去思考。而這正反映出人是萬物之靈的存在。

我們說人是有性靈、有靈性的存在,這是什麼?當下這一念可突破時空的任何限制,到無始以來的那個地方去,也可以往後延伸到一個未來遙遠的地方。人的這個特性非常非常獨特,這便是所謂的「靈性」或所謂的「性靈」。如果人們喪失了它,操作的符號將永遠只是工具而已,那麼這種人就只是在人間世裡頭出沒而已,就只是在人欲場中過日子而已,他不會追溯什麼叫不朽。人可貴的是要追溯不朽,人雖是會朽的,但是人要追求不朽,這是人的弔詭,也是人的可貴處。既是如此,剛剛講的無形的存在,人們會不會認為它是種存在?當然會認為它是一種存在。如果認為無形的存在或者死亡是已經不存在了,人間世當下這個存在還有什麼好存在呢?都無所謂了是不是?那就要豁出去了是不是?那就豁出去了,有呀!這種人有沒有?這種

---

22 《禮記》〈曲禮〉,參見〔清〕孫希旦撰:《禮記集解》,頁12。
23 《禮記》〈內則〉,參見〔清〕孫希旦撰:《禮記集解》,頁772。
24 《禮記》〈內則〉,參見〔清〕孫希旦撰:《禮記集解》,頁773。

人有的。照理說當人要被槍決的時候，判了死刑應該有一種悔悟，有一種痛苦，他完全沒有了，這種人已經不再成為一種人的存在了，他成為一種根本不是在人間世裡頭那種存在的存在，換言之他不是一種靈性的存在了。社會上這種人不少耶！你不要以為沒有，是不是。這種人叫一種非常忍心的存在，很殘忍的，是對自己很殘忍，對這個世界也很殘忍的存在。

七 從「喪葬」到「祭祀」：生死的「斷裂」與「再連結」

就儒家來說，「葬禮」基本上是用來「安頓死者」，而「祭禮」跟「葬禮」是不同的。祭禮基本上是「提昇生者」，這意思是什麼呢？葬禮代表對於過去的告別，它基本上是站在那個死者的立場而想，已經一切成為過去了，我們在這裡要斷開來，有一個斷裂儀式。這個斷裂代表一種超越，由這個斷裂性而說「超越性」，由這個「超越性」說它的「純粹性」。經由這個斷裂性的儀式，而使得整個生命超越而純化了。一旦純化了，這時候建立一個新的符號或儀式關係來連接生者。這所謂新的連續性開始，所以有趣的是什麼呢？祭禮不同於葬禮，由斷裂性進而開啟超越性，開啟純粹性，這是針對原來的斷裂而作的連續；其實，這個「再連續」就是所謂的宗教了。

「宗教」這個詞在西方的字源原來就是再連接的意思。「宗教」，英文的 religion，拉丁文做 religare，就是「再連結」的意思，我們可以將之轉化擴大，說：再連結的意思就是對原來的生死之際的斷裂重新再連結，由這個連結起來而有新的連續性。[25]如此說來，這個死者

---

[25] 西文之religion隱含著「斷裂」（discontinuity）之義，而漢文的「宗教」則隱含著「連續」（continuity）之義；「連續」與「斷裂」正是中西最大分野。參見林安梧：《中國宗教與意義治療》，第一章〈「絕地天通」與「巴別塔」〉，頁4。又此亦參見曾仰如：《宗教哲學》（臺北市：臺灣商務印書館，1995年10月），頁73。

生命他就不止是成為超越性的存在而已,他這個時候內在化於你的生命中,由超越性轉成一種內在性,由這內在性再轉成什麼?轉成人間世裡頭的「人間性」,即是在這世界裡頭的一種存在,這麼一轉,所以祭禮跟葬禮跟喪禮是很不同的。

「喪禮」就以前的禮來分是「凶禮」,但是「祭禮」則是「吉禮」。一般說來,祭禮時候是不哭的,而喪禮時候是哭的。喪禮是依據了死者的身分來定禮的,祭禮是依據祭祀者的身分來定的。祭祀者當然是活著的人了,依據這活著的祭祀的人來定禮的。譬如說你的父親過世了,你的父親是公卿大夫,那麼你葬禮就應該用公卿大夫之禮葬之。但是你是平民,以後你去祭祀你的父親就用你的平民之禮去祭祀你的父親,這是很清楚的。

這禮分有它一個恰當的意義,這不能夠胡來的。舉例來說,我們很強調每年的四月五號「清明節」。「清明」這兩個字太有意義了,一是說自然、宇宙、天地運轉當下到那一刻的時候,是清明的時候;另外一個意義也就是人通過一個祭祀的活動,祭祀自己祖先的活動,疏通自己生命根源的活動,也使自己生命因為經由這個根源追溯的疏通禮敬的活動,讓自己生命清明,使整個天地自然跟整個人文宇宙合在一塊了。這是很重要的一個節日,非常重要,這是整個民族共同的節日,當然是儒家所最為強調的節日之一。

從這個問題大家可以了解到,所以喪禮、葬禮在安頓死者,而祭禮在提昇生者,祭禮什麼時候祭呢?你生了小孩了,去祭祀你的祖先,以前的習慣生了第一個男孩,因為以前是男性中心,男生去祭祀;再來你考上狀元了,開科取士你考上了,不一定狀元了,回去還是祭祖先一下,代表生命的一種躍進,躍進要回到自己生命的根源,是怎樣的,這個儒家基礎上非常強調。

「祭祀」其實就是整個生命的根源追溯而在當下展開,這當下展

開當然要有一個臨在感,一種臨在,所以祭祀要「祭如在,祭神如神在。」[26]祭祀時候要有當下的一種臨在感,你祭祀神明的時候,那個神明就有一種當下的臨在感跟你生命有一種相遇的關係。儒家並不是無神論者,所以「祭神如神在」,沒有神假裝有神在,像這種解釋是糟蹋中國文化。我曾經聽過大陸一個很有名的學者就講這個話,我真的很生氣,我說這怎麼可以。在香港中文大學去年三月開會時,他說:「『祭神如神在』,這可見儒家根本就是無神論者」。因為他是教條化的馬列主義信徒,儒家當然要講成無神論,他們才能講呀!儒家的神不是巫祝神祇的神,也不是基督宗教所的神呀,儒家所說的神是接近於精神的「神」呀!「神」是心靈的「神」呀!而這個神,他幻現出來可以各種不同的象徵而存在,所以禮敬神明強調的是對於你的天地有一種禮敬的態度。

　　因為人在天地中、在自然中、你的生命不只是你的生命而已。由你的父母的父母一直往前追溯的祖先,你的生命是活在一個社群裡面,這社群裡面,社群形成了總體,這總體有一個根源在,這根源有其社會意義與政治的,也有其文化意義。這統說就叫所謂的「君師」。荀子所謂「禮有三本」[27],這是說整個生命的追溯,其根源有三:即「天地」、「先祖」、「君師」,這代表了人自己對生命根源的三個不同的面向。一是天地自然的生命,二是血緣親情的生命,三是文化道統社會政治共同體的生命。人不能夠外於這三個生命,所以必須疏通這三個生命的根源。

---

26 《論語》〈八佾〉,參見〔宋〕朱熹集注:《四書集注》,頁75-76。

27 《荀子》〈禮論〉云:「禮有三本:天地者,生之本也;先祖者,類之本也;君師者,治之本也。……故禮,上事天,下事地,尊先祖,而隆君師。是禮之三本也。」參見李滌生:《荀子集釋》(臺北市:臺灣學生書局,1994年10月,初版7刷),頁421-422。

祭祀活動非常重要，祭祀活動從這兒說了，所以祭祀要有臨在感，如果你沒有參與那個祭祀，你不能夠派人代理，派人代理的話無效，這就好像你要去對一個神父懺悔，又說沒有空去懺悔，讓張三代替去懺悔一樣，這通嗎？當然不通嘛！所以「吾不與祭，如不祭」[28]，你不參與那個祭祀，就好像你沒有參與一樣，你找人替代那是不行的。

談到這裡，我們可以了解到整個儒家面對生命是什麼態度，死亡是軀體的過去，跟我們的整個生命好像有個斷裂，但是這個斷裂經過人們的儀式化處理，它由這個「斷裂性」轉為「超越性」、由「超越性」轉成「純粹性」。再者，人們不止是如此而已，因為當「斷裂」的時候，人們馬上要求再連接，而再連接的話，就能夠讓那原來斷裂就連在一塊。這個時候的連接就已經不是以前那樣子「自然連接」，而成為一種「符號意義的連接」。這符號意義的連接，就由「斷裂性」轉成「超越性」，再由那個「超越性」轉成「內在性」，由「超越性」轉成「純粹性」，由「純粹性」轉成整個「人間性」。這就是所謂的祭禮與喪禮最大不同的地方，人就在這裡安頓他的生命，安頓他的生命就安身立命了。

八 從「生死學」到「道德學」：從「安身立命」到「仁宅義路」

安身立命有兩個意思，一是當下的在你活著的時空範圍裡面，你的身能夠安、命能夠立。你自己生命的宅第是你自己的嗎？不是的，你自己生命的宅第是在這社會裡頭，人與人之間有一種存在的真實感。這就是那個「仁」字，所以講「仁，人之安宅也」[29]，你有這個

---

28 《論語》〈八佾〉，參見〔宋〕朱熹集注：《四書集注》，頁76。
29 《孟子》〈離婁上〉，參見〔宋〕朱熹集注：《四書集注》，頁307。

「安宅」讓你能夠「安身」，這個時候你才能夠從你這個家走出來，跟別人的家有一種交往的關係，那有一個恰當的途徑，那叫做「義，人之正路也」[30]。

這個「仁，人之安宅也」衍生出「義，人之正路也」，這都是說的是一種安身。其實，光安身是不行的，光安身還不夠的，因為人的生命有過去、有現在、有未來，人的生命必須疏通那過去，必須去瞻望他的未來，人必須面對當下的現代。人必須面對軀殼逐漸老去，逐漸的朽壞，而在這個朽壞裡頭，要求不朽，這種不朽是生命裡頭他轉化的一種意義的存在，慢慢凝聚成我們所謂的「德」字和「性」字。

所謂「德性」，德性是就人們經由語言、文字、符號、意義的詮釋，對於他的過去、現在、未來，做個通貫而有根源邁向未來的理解。再來，說到這個「生」字，整個活活潑潑的生命的過程，注意到整個過去最根本的整個總體有個根源，講那個「道」字就這個道字落實在人上說「德」，就這個「生」字落實在人說「性」，所謂「德性」是連著如此而說的。所謂的「志於道，據於德」[31]，所謂的「生之謂性」[32]，這是中國的老傳統。那麼在這過程裡面，就這個「道」字而講一個形象，在整個人之上的，就用「天」字去說它，而就那個「天」裡頭有一股力量，有一個根源的力量要發散出來，要落在人上而講「命」字，或者講「天命之謂性」[33]。人就處在這個天地之間，這裡有一個生生不已的過程，或者講「天地之大德曰生」，全部在這裡呀！整個人的安身立命，它基本上就是通貫了過去、現在、未來，以葬禮跟祭禮的方式連接，經由斷裂的儀式，再經由連接的儀式，由

---

30 《孟子》〈離婁上〉，參見〔宋〕朱熹集注：《四書集注》，頁307。
31 《論語》〈述而〉，參見〔宋〕朱熹集注：《四書集注》，頁102。
32 《孟子》〈告子上〉，參見〔宋〕朱熹集注：《四書集注》，頁362。
33 《中庸》第一章，參見〔宋〕朱熹集注：《四書集注》，頁25。

超越而內在，由純粹而人間連在一塊，而這種連在一塊的，他們是讓你的生命能夠當下無所遺憾。

這個當下無所遺憾的意思是什麼？是因為你的生命是通達的，通達什麼？能夠通達過去，通達現在、未來，能夠通達死生幽明，能夠通達四周圍的人。孔老夫子的學生問孔老夫子說：「死在首陽山那兩個人，伯夷、叔齊怨不怨呢？」孔老夫子回答他什麼呢？孔老夫子回答他「求仁而得仁，又何怨？」[34]他們求仁得仁有何怨呢？不怨，怎麼不怨？求仁得仁，因為他當下生命的感通，讓他的生命有個宅第可安居，並且走出去有一條可通到死生幽明，可通到過去、現在、未來的道路。孔老夫子說他自己不怨天、不尤人，下學而上達也是從這裡說，這是有非常通達的生死觀的一個說法。

這個說法落在人的臨終的時候，那整個生命是安頓而祥和的，所以他一定不會是語言、文字、符號象徵所牽涉到人所存在的問題。對於整個語言、文字、符號所詮釋的生活的世界裡頭的意義，那是什麼？讓你去想一想，你應該怎麼樣去參與他，你可能通過文學、通過藝術、通過音樂、通過哲學、通過技術，通過各方面。但是任何參與都要參與到整個生命根源的整體，這叫由「技」進於「道」，不是停留在作為一個工具性的存在，而是真正視人的生命本身的目的。

回到這裡，我們再去看：就整個儒家的生死觀，就我們剛剛在講，喪禮跟祭禮是最清楚的。不過，是這樣的方式，怎麼告別過去而有斷裂，但是同時連接著過去而開啟未來，因此有所連續。這告別過去，那個過去超越了，純粹了，而連接著新的，而有一個內在的人間性同時開啟。進一步來說，儒家談他生命的時候，他談不朽談什麼？談立德、立功、立言。「立德」是生命所謂德性的不朽，當然那德性

---

34 《論語》〈述而〉，參見〔宋〕朱熹集注：《四書集注》，頁104。

的不朽,是回到生命意義的根源而說的不朽。「立功」的不朽是你落在人間世裡頭,維護整個政治社會共同體以及人們的存在的社會共同體裡面,讓他好好繼續存在下去那個不朽。「立言」是屬於那符號意義的,那整個文化教養的,這個詮釋上的不朽,孔老夫子述而不作,以述為作那也是不朽。孔老夫子「刪詩書、訂禮樂、贊周易、修春秋」,這是立言的不朽,而這立言的不朽隱含了個立德的不朽。

由此可見,生命不朽的要求是整個儒學的一個要求,也是其他各個不同的宗派的要求,當然他們彼此有著不同的理解。如前面所說的,雖然有一樣的要求,只不過儒學談生死的問題,一定是連著「孝悌」來說的,連著他的「葬禮」、「祭禮」來說的,連著他怎麼樣面對生命的存在來說的。這麼說來,整個生命是連著天地,連著人類文化,連著血緣親情,一切是連在一塊兒的。他是以人這樣的一個存在,一種當下的存在,這當下在那裡的存在就縱攝了整個過去,而開啟了未來這樣的一個存在。

儒學這樣的存在方式所注重的是這個「生」,這個「生」沿著過去的生,講「生生不息」,正因如此,所以講「生生之謂易」[35],而這個生生有一個不可抹滅的當下內涵於人的真實東西,叫做「德」,這叫「生生之德」。從這裡而說這個世界本身就是「整體」,這整體就其形象而去說他的時候用「天」去說他,就其整全說他就講「道」,就其落實處就講「德」,就他的整個流行創造而說「命」,落在人間裡頭的,生命的德性上說是「性」,落在人跟人之間真實感通是說「仁」,而落在人跟人之間存在真實感,落實下來的途徑講「義」。還有很多講法,而落在整個人的一個感覺的一個最靈敏的一個體上說「心」,整個中國哲學,儒學裡面所說的東西,是環環相扣的,而總的來說,

---

35 《周易》〈繫辭上〉,參見林安梧:《中國宗教與意義治療》,頁153。

我們可以說就是整個存在的生死問題。

　　仔細思量的結果，落在人間世裡面的說法，它不同於基督宗教，經由主體的對象化活動超越的去說一個「上帝」。不是的，它不從這裡說。它也不像佛教，面對人的生、老、病、死之苦，而說一切執著、染污、煩惱如何去除，而這裡頭如何取得生命真正的寂靜，而講涅槃寂靜。它也不像道家要從人的有為造作那個麻煩說起，而想從這裡把它去除掉，因而講「為道日損」[36]，而「損之又損，以至於無為，無為而無不為」（同上），強調要怎麼樣回到天地，回到自然。這是道家所強調的。至於儒家所強調的不是回到天地自然，而是你以做一個人的觀點，進到人間世，展開你的文化教養，化解人間的問題，成就人間的志業，這叫「人倫教化」。

　　這儒家所強調的與道家、佛教自有不同，這不同並不意味著那一家為高，那一家為低。哲學或者人們對世界的理解就好像你使用語言的方式，不同的語言代表一套不同的理解方式，但是並不意味著那種語言比較高，那一種語言一定比較低。

　　總而言之，儒家所說的「朝聞道，夕死可矣」[37]，其實就是你整個生命能夠傾聽「道」（存有）的開顯，能夠傾聽整個宇宙總體的根源之開顯，這樣的開顯是整個生命進入到一種永恆裡面，所以當下的軀體即使已經死亡，那個死亡本身並沒有死亡，因為是歸屬於「道」的，所以講「朝聞道，夕死可矣」。當你傾聽存有的開顯，傾聽道的開顯，傾聽整個道的聲音的時候，那麼整個生命是看起來好像告別了現在吧！或者說即使告別了這個有形的人間世，那也無所謂了，因為生命已經進到一個新的起點，這就是這個意思啊！

36　《老子》第四十八章，參見王弼：《老子注》（諸子集成），第二十五章，頁29。
37　《論語》〈里仁〉，參見〔宋〕朱熹集注：《四書集注》，頁82。

九　問題與討論:「不朽」、「人性善惡」與「前世今生」

(一) 問:「不朽」是站在怎樣的立場來說的?

答: 我的想法可以從另一個角度來看,人們之所以會有「朽」這個字眼,是因為人會思考「不朽」,豬就不會思考「不朽」的問題,對不對。因為豬,牠是朽的,所以豬沒有墮落的問題,人才有墮落的問題,所以人才可以看出不朽。佛教講的分別心不就在那裡顯了,因為佛土眾生都有佛性,但是佛法難聞,人身難得,就六道裡面:天、人、阿修羅、地獄、餓鬼、畜牲,人道的自覺性是很高的。人跟動物不同,人跟豬不同,豬基本上自覺力很弱,或者甚至沒有。一般來講,我們不願意說牠沒有,眾生皆有佛性,佛性的意思是大覺醒的意思,眾生皆有大覺醒的可能性,那麼怎樣要輪迴很久嗎?人的話是可以的,放下屠刀立地成佛,沒有說豬走出豬圈馬上立地成佛,這地方就人跟豬不同,人有這個可能性,人這個可能性最大的地方是人會操作語言、文字、符號,人不止會操作語言、文字、符號,因為操作語言、文字、符號本身背後是什麼?人最難的地方在這裡,最可貴的地方,就是要「由那個分別去除分別,回到無分別」。無分別不是統統不分別了,根本都不管了,不是說豬跟人一體了,豬跟人一體同體大悲,不是說豬跟人不分,人跟豬一樣的。不是的,所謂「同體大悲」是指的:人有一個真實的菩薩心腸,一個慈悲的心情,希望豬本身的佛性能顯現,你怎麼樣幫忙他,讓他顯現,是這樣講的同體大悲,是就其大悲而說其同體,不是交相混雜,而說其為同體。如果是交相混雜,而說其同體,那叫同體不悲了,這不必了,是不是?人的

麻煩在這裡，人的苦痛在這裡，可貴也在這裡。因為人會想，我這樣叫墮落嗎？人的麻煩就這樣一想，他才開始要抗拒所謂墮落的問題，不然的話不必抗拒嗎？現在有些人根本像動物一樣，根本不必抗拒墮落，他也沒想什麼叫墮落，譬如某些政治人物，他們真的不必想什麼叫墮落的問題，他根本不必抗拒，他想「就給他去，免驚」，那叫揮霍，因為他們生命基本上常常不去想過去、現在、未來，基本上都是一種斷滅的存在，很可憐了。所以想這個「朽」跟「不朽」的時候，是對舉說的。人們使用語言、文字、符號，它有一個對偶性原則，當你使用 A 的時候，有一個非 A 觀念存在，因此才有所謂分別心，有分別相，但是任何的分別相都隱含一個消除的活動。你果真證實了那個消除活動，你就能回到它的原點。所謂 A，非 A，即是 A，這是佛教基本上的論式。

（二）講到孝悌，講到「人之初，性本善」，但「人之初，性本惡」是否可說，又怎麼說呢？

答：「人之初，性本善」或者「人之初，性本惡」，我想大概沒有人講「人之初，性本惡」，到目前為止我還沒有發現在儒家裡面有誰講「人之初，性本惡」，即使說荀子，荀子沒有呀！荀子說「人之性惡，其善者偽（人為）也」[38]，他的意思是什麼？人落在人群間，由於相互牽引，他就有一個趨向，趨向於惡，但人有一個化性的能力，化成這個自然性，而開啟一個人文的世界。你在基督宗教的文獻裡面沒有辦法找到「人之初，性本善」。基督宗教講的是原罪，由「原罪」而講「救贖」，其

---

[38] 《荀子》〈性惡〉，參見李滌生：《荀子集釋》，頁538。

實不只是「救贖」，更重要的是「救恩」。人們在還沒有吃了智慧之果前那個時候，那個存在是一個上帝恩寵的存在狀態，這時，人是一個善性的存在。只是人們由於自由意識，這自由意識促使人有新的開展，而這本身便隱含了異化與疏離，扭曲以及墮落，人的麻煩正是在這裡。原罪並不是人在伊甸園就有罪，而是人吃了智慧之果才有罪，所以「救贖」隱含了「救恩」，「原罪」背後就隱含了「恩寵」的概念。其實人原先整個生命是自由自在的，這裡頭是很有趣的，我們平常想只是想一面，沒有想到另外一面。照佛教講的，人有無明，無明即是法性，眾生皆有佛性，有大覺醒的可能，人雖然在輪迴、在痛苦中，在苦中，苦由那裡來？由「集」來，依「苦、集、滅、道」四聖諦來說，這仍然沒有「人之初，性本惡」的想法。

(三) 最近大家對「前世今生」很熱門，儒家對輪迴怎麼看法？

答：儒家基本上談生命的延續，從過去、現在而走向未來，他著重點在「德」上說，從你的祖先，你的父母、你後來的子孫，還有落在歷史文化總體的流衍上說，基本上可說是不談前世今生。儒家落在這個地方，它的「人文化」比起一般所謂的「宗教性」還高，它的宗教性是一種「人文的宗教性」。這話看起來好像不太通，但實際是通的。如此的宗教性所強調在於一道德的理性。理性有一個很重要的功能，就是把它封住，就某個範圍中，儒家可以說：「我要去說它，我可以不做佛、不做菩薩，但我要做一個真正合理的眾生，我不做神不做鬼，但是我要做一個真正合理的眾生。」這個合理的眾生一旦覺醒，這覺醒的人就叫做「佛」，那個佛也是眾生，菩薩那也是眾生。前

世今生這些問題,臺灣會變得那麼熱,是因為人活在這個世界上很苦悶,面對著存在的危機,所以才很熱,變得很重要。

其實,前世今生的問題,任何古老的宗教統統會有的,但是在我們的學問裡面常常被斥之為荒誕玄談。現在談「前世今生」是一個美國的心理學家所帶起的,他具有嚴格的學術訓練,經過這樣一說,大家想到他是有學問性的,便具有客觀性與普遍性,因而它是進步的,也應該是可以被接受的。大家不明就裡,一窩蜂接受他,其實這是相當危險的,因為沒有恰當的證實今生而去接受所謂的前生,卻強調那個前世並不一定能很恰當的接續,因為不恰當的接續會造成很多麻煩的問題。如果依照儒家系統來說,「恰當的接續」那就是「祭祀」。「祭如在,祭神如神在」,因為已由儀式化,經過理性化的轉化成為一個道德意識的表示方式。如此,神不是直接干預進來的,所以人們活在這個世界是必須通過一個斷絕封限,這個方式才有所謂的理性,假使人們動不動就要開啟那個門,人們的自由意識就要變低了,而為自己去負責任的能力也會變低了。

像《舊約全書》〈創世紀〉所記載的,上帝將人們逐出了伊甸園,一定要派神在那裡把守著,不讓人進來,一樣的,在中國傳統神話裡面,舜派遣了重黎絕地天之通,把守了天門地門,不讓天地的鬼神參與到人間世來,因為人屬一個人文的世界,人通過了語言、文字、符號開啟了一個合理的世界。[39]《淮南子》裡也有記載,倉頡造字的時候「天雨粟,鬼夜哭」[40],為

---

[39] 「絕地天之通」可以說是任何一個民族都有的古老神話,它代表的是人類由盲昧的洪荒走向文明的理性的第一步。參見林安梧:《中國宗教與意義治療》,第一章〈「絕地天通」與「巴別塔」〉,頁4。

[40] 〈本經訓〉,參見何寧:《淮南子集釋》(北京市:中華書局,1998年10月),頁571。

什麼鬼要夜哭？因為從此以後對人的干預已經沒辦法了，因為人們使用語言、文字、符號，就好像你們看那僵屍片一樣，那個「符」這樣一貼，他就不動，一點沒辦法。「封住」了那些門出不來，於是人們便想盡各種方式去詮釋，又覺得神鬼被壓抑有些什麼痛苦，於是設計了每年七月開鬼門的時候，讓他們出來一下，這時我們跟他有一種和樂的相處，於是把他叫好兄弟。但是好兄弟他總是要回去的，這鬼門還是要關的，這個「關」代表人世界的清理。

我認為做為一個人要以「今生」為主，假使什麼都想到前世、想到未來，而今生都由於前世，人在這種狀況之下，那麼人還有所謂責任嗎？人還有理性嗎？一切人間裡頭的法則，人間裡頭的理性、判準、正義都可以被搖動，所以前世今生的談法，基本上以我個人站在人文主義的觀點來講，我並不贊成。將「前世今生」的理論作為一種治療的基礎，我覺得必須要在小心翼翼的狀態下，在嚴格管制之下實行。要不然這裡頭一不恰當，很可能接通了不知道那裡來的東西，那可叫邪靈附身。若不分清楚催眠的結果，李四非常喜歡張三，而張三是有夫之婦，那麼這邪靈一催，經過催眠，那我前世跟他有什麼關係？所以我現在跟他又什麼關係？那很當然的是嗎？那不是很糟糕嗎？那人間世不是很紊亂，什麼都紊亂了嗎？人間倫理如何可以保全呢？這問題很重要！人生在世當以「人之生」為主要思考向度，孔老夫子所謂「未知生，焉知死」正是這個意思！

（案：本文原為甲戌年（1994）10月間於清華大學「生死學」一課上所做之講演，後經熊怡雯小姐、鄭以馨小姐依錄音整理，又經廖崇斐、楊淑瓊兩位同學查明出處，最後經講者修改而成。戊寅之秋10月12日

於清華元亨居,辛巳初夏6月4日定稿於象山居。本文以〈「儒家生死學」的一些省察:以「論語」為核心的展開〉,刊於《輔仁宗教研究》第3期,臺北市:輔仁大學,2001年6月,頁133-163。)

參考文獻

一　與本論文相關之中文重要著作

段德智：《死亡哲學》,臺北市：洪葉出版社,1991年。
傅偉勳：《死亡的尊嚴與生命的尊嚴》,臺北市：正中書局,1993年。
邱仁宗：《生死之間：道德難題與生命倫理》,香港：香港中華書局,1988年。
鄭曉江：《中國的死亡智慧》,臺北市：東大圖書公司,1994年。
黃天中：《死亡教育概論》,臺北市：業強出版社,1998年。
華治國：《死亡哲學》,哈爾濱市：黑龍江人民出版社,1989年。
李瑞全：《儒家的生命倫理學》,臺北市：鵝湖月刊社,1999年。
林安梧：《中國宗教與意義治療》,臺北市：明文書局,1996年。
林安梧：《儒學與中國傳統社會之哲學省察》,臺北市：幼獅文化事業公司,1996年。
曾仰如：《宗教哲學》,臺北市：臺灣商務印書館,1995年。
蔡瑞霖：《宗教哲學與生死學》,嘉義縣：南華管理學院,1999年。

二　與本論文相關之西文重要著作

Armstrong, Karen, *A History of God*（1993）,蔡昌雄譯：《神的歷史》,臺北市：立緒文化公司,1996年。
Bowker, John, *The Meaning of Death*,商戈令譯《死亡的意義》,臺北市：正中書局,1994。
Kastenbaum, Robert, *The Psychology of Death*, Second Edition, Springer Publishing Company, Inc., 1992；劉震鐘、鄭博仁譯《死亡心理學》,臺北市：五南圖書出版公司,1996年。

Keubler-Ross, Elisabeth, *On Death and Dying: What the Dying Have to Teach Doctors*, Nurses, Clergy, And Their Own Families, Prentice-Hall, Inc., New Jersey, 1969.

Levinas, Emmanuel, *Dieu, la Mort et le Temps*, editions Bernard Grasset, 1993，余中先譯:《上帝，死亡與時間》，北京市：生活·讀書·新知三聯書店，1997年。

Scheler, Max, *Tod, Fortleben und Gottesidee, Berlin*, 1933；孫周興譯:《死、永生與上帝》，香港：漢語基督教研究所，1996年。

Wilcox, Sandra G. & Sutton, Marilyin, *Understanding Death and Dying*, Alfred, 1977；嚴平等譯:《死亡與垂死》，北京市：光明日報出版社，1990年。

Tillich, Paul，Love, *Power and Justice*，王秀谷譯:《愛情、力量與正義》，臺北市：三民書局，1973年。

三 與本論文相關古籍部分已見於注腳中

第十章
儒教釋義：儒學、儒家與儒教的分際

本章提要

儒教作為一種獨特的宗教形態，與西方一神論宗教有顯著區別。它不僅是一種教化意義極強的宗教，更強調生命的生息感通與覺性修養。儒教具有完整的宗教體系，包括教典（如《四書五經》）、教儀（如祭祀禮儀）、教規、教主（孔子）、教團及崇拜對象（天地君親師），這使其在宗教性上不容忽視。

儒教的核心在於「天地之大德曰生」，強調生命的延續與人格的自我完善。其六藝之教（禮、樂、射、御、書、數）不僅是技藝的傳授，更是性情之教與生命之教，體現了多元而一統的包容性。儒教與儒學、儒家密切相關，但其重點在於公共領域的實踐與生根。我們應突破「儒學游魂說」，讓儒教重新紮根於常道，恢復三祭之禮（祭天、祭祖、祭聖賢），並在生活中實踐其價值。未來，儒教的發展應瓦解帝制儒學的束縛，紮根於生活儒學，發揚批判儒學，最終建立公民儒學，為現代社會提供精神指引與道德基礎。

關鍵字詞：儒教、生命感通、六藝、三祭、生活儒學、公民儒學、覺性宗教

一　緣起

　　非常榮幸應邀來參加這次學術會議，並且感謝世界宗教所鄭筱筠所長的安排，有這樣的一次講座，讓我能夠將自己微薄的理解，能提出來就教於在座的同道、方家。在座的朋友對儒學、儒教、儒家都有深入的理解，而且躬行實踐，像趙法生教授推行了鄉村儒學，基本上回到了以前儒學教化的傳統，這是非常難得的，也是整個中國文化儒學要復興的非常重要的起點。

　　今天借這個機會跟在座諸位朋友一起請教相關的議題，題目是「儒教釋義：儒學、儒家與儒教的分際」。其實儒學、儒教、儒家也可以說沒有分際，他們是相通的。儒家是各家各派的思想，先秦諸子百家中，儒、道、陰陽、法、名、墨、縱橫、雜、農、小說家，構成九流十家，九流十家是家派思想的研究。一般都說儒、道、佛三教，在西方宗教還沒有傳到中國來以前，魏晉、唐代時期說成儒、道、佛三教。三教不只是教化的意義，隱含著宗教的意義。

　　到了近現代，大家對於儒、道、佛，道、佛被承認為宗教，儒到現在還隱隱約約的說成儒只是宗教的精神，沒有宗教的形式，或者是宗教性比較弱的宗教，這是時代的刻痕讓我們沒有辦法真正正視儒教是宗教。有人說，因為清朝末年民國初年有著非常強的科學主義的氣氛，把宗教等同於迷信，等同於有權力者給老百姓的鴉片，無形中被認定為了挽救儒學，不願意把儒學劃歸到宗教範疇。

　　隨著時代的變遷，我們已過了一百多年糊裡糊塗不知道往哪走的年代。現在我們很清楚該怎麼走，特別是近一年多來，大家常聽到三句話──文化自覺、文化自信、文化自強，是習近平主席講的。其實，在三十年前，我讀研究生時，就聽唐君毅、牟宗三兩位先生這麼講。

我們非常高興，說明已經到了復古更化的年代，我們重新追溯自己的本源，重新面對自己好好生長起來。唐君毅先生所說的花果飄零，靈根自植這樣的生長非常難。我聽到文化自覺、文化自信、文化自強後，滿心期待著我們中華文明一步一步的發展，對人類文明善盡自己的文化王道主義的責任、濟弱扶傾的責任。文化自覺、文化自信、文化自強，文化自信是根本，必須好好從根救起，真正正視一百多年來因時代的刻痕使我們理解上錯位、偏差的地方，並做一些調整。

二 儒教是有別於西方一神論的宗教，是一教化意義較強的宗教

儒教是不是宗教？他就是一個不折不扣的宗教，他是有別於西方一神論的宗教。我們回到源頭去理解，儒作為宗教是教化意義的宗教。教化意義為主導的宗教是非常光明而朗暢的常道，這個常道強調人倫的位序、安排和建立。位序的安排、建立，最終回到整個大自然，它跟自然的常道是連在一起的。

我們回到「儒」這個字，「儒者，柔也，術士之稱」。這個「柔」是揉木的揉，也可說是溫柔的柔，但不是柔弱的柔。其實這個柔有調理、礰栝之意，樹在生長過程中調理它怎麼生長，順其樹木之性，但是我要恰當的調理讓它怎麼生長。這個柔其實有潤化、教養之意，並不是柔弱的。記憶中胡適先生寫了一篇〈說儒〉，我想他理解有問題，他把柔往柔弱解釋，這是不準確的。儒有潤化、教養、教化之意。

孝就是從老從子，省去了中間的匕字，為子女者對於生命根源的尊奉、崇敬。這裡可以看到我們教化非常強調對於生命根源的返本、開新。孔子講「溫故而知新，可以為師矣」。「因不失其親，亦可宗也」有兩個解釋，把「親」字解釋為「新」──「因不失其新，亦可

宗也」，他跟「溫故而知新、可以為師矣」搭配在一起。

總的來說，我們民族非常強調追溯根源，而繼續延伸。儒家倫理強調「孝、悌、慈」，父慈子孝，「慈」是順著生命的根源而來的縱貫的延伸；「孝」是順著生命根源向上縱貫的追溯，「悌」是隨順著根源而來的橫面展開。這一縱一橫剛好構成十字。很多基督徒聽到一定很高興，其實是會通的，很多聽上去不太相干的東西是連在一起的。

昨天韓星教授在會議上提一論文講《上帝歸來》，從古代追溯上帝的語彙，講到段正元的思想，我覺得很有意思。那個不是基督教神學的見地，其實可以是儒教的神學，其實儒教的神學跟基督教的神學是可以連在一起的，是可以會通的。儒、佛差別那麼大都可以會通，儒跟基督教差別沒那麼大，當然可以會通。儒教如果用語彙學、語義學來追溯，儒是強調潤化、教養的生命追溯而繼續延伸教養的學問。

三　我們應該喚醒漢語語感，回到原先的漢字去理解、深化詮釋

我喜歡圍繞漢字思考，我強調我們應該回到中國原先漢字去理解、深化他們。如「道德」一定要回到《論語》的「志於道，據於德」，還有《老子》的「道生之，德蓄之」，才能深化地去理解；「明白」一詞也是如此，「知人者智，自知者明」，「知常曰明」，就此看來我們講的「明白」一詞，可不那麼簡單，而是從具體的對象的認知到道體的通明與觀照。又像我們常說的「知道」也不只是對「話語」的了解，而是要上達於道。我們這個民族是時時刻刻要上達於道，而且要回到存在的覺知世界，這是我們民族的特性，是連續的（continuous），不是超絕的（transcendent）風格，而是整個存在的連續體。這個獨特性一定要標舉出來，因為如果不標舉出他的獨特性，那對於中國學問的

掌握會有問題。包括我們的圖象式的文字，我常常說我們圖象式的文字是最接近存在本身的。

我們民族的獨特性是我們的認識活動多使用右腦，他是一種直覺的、存在的感悟，不是以話語的理性邏輯構造為主導。所以我們的語法是全世界最簡單的語法，但是我們的意韻可以把握到全世界最深層的意韻，這是很獨特的。我不是佛教學者，曾聽一個朋友也懂梵文，他說德國佛教學家懂漢語，他發現漢文的佛經翻譯很獨特，意韻非常深厚。巴利文、梵文的佛經翻譯出來很簡單，但是漢字很深刻。他認為漢字的佛經有非常不可取代、可貴的東西。最能傳遞最早梵文、巴利文的東西。因為漢字是圖象表意文字，雖然書寫有些許變化，但是大家很清楚它是什麼圖象，圖象表意所含藏的意義是非常豐富的。

比如《般若心經》，「觀自在菩薩，行深般若波羅蜜多時」，你如果拿巴利文的《般若心經》翻譯成中文，就會發現好簡單，我們漢譯的意韻更深。一方面我們漢字的意韻也深，我常常說我們的漢字是金本位，更為保值。拼音文字比較像美鈔，是紙幣，紙幣隨著時代的變遷會有不同。

像我們稍作基礎的漢文教育，大概三年下來，基本上很多中國古書就可以讀懂。我父親那代人在臺灣日據時代，只跟著民間私塾老師學了三年就可以讀古文。漢字有很獨特的優位性，而且兩千多年毫無阻隔。我們現代化的教育本身對語文的學習有問題，很可能中文系的學生連一個對子都作不好。有一個朋友說，不僅是中文系的學生，連中文系的教授都作不好對子，這個很嚴重。

我父親那一代人，讀日本小學畢業的，我父親務農為業，只讀了三年漢語私塾，他還能湊合湊合作出對子，可以寫出七字調。說明我們大陸的教育有問題，大陸的古文教育更少，這部分需要調整。

總的來說，我們一百多年來，常常拿著西方的標準看一切，而對

西方的了解也有限。在臺灣我感覺常常拿著美國的標準做，很多東西做錯了。大陸朋友到臺灣，常常說臺灣是保留中華文化最多的地方，臺灣雖然沒有文化大革命，但是臺灣在現代化發展中，傳統文化也逐漸在稀薄中，臺灣的正式體制化的教育，基本上中華文化的氣氛越來越少了。而真正在引導臺灣有關教育方面還是西化派為多，還好民間傳統還保留著，在兩方的比較下，臺灣文化氛圍還比較重，但是總的來講在往下掉，這是值得留意和觀察的地方。

四　儒教當然是宗教，他有教典、教儀、教規、教主、教團、崇拜對象

我今天談論這個主題，就是希望大家思考作為宗教的儒教的特質在哪裡。我認為他肯定是宗教，因為他有教典、教儀，又有崇拜的對象，也有教主。只是他跟西方的教典不同，西方基督宗教有《舊約》、《新約》，我們是「四書、五經」，包括其他衍生出來的很多相關的典籍，這些典籍其實都是從「四書、五經」衍生出來的。

教儀，我們有《禮記》、《周禮》、《儀禮》，《儀禮》記述了冠、婚、喪、祭、鄉、射、朝、聘等禮儀。只是我們忽略掉了，但是有些民間還保留著。就以我生長為例，我們早晨起來梳洗完畢，第一件事情就是焚香。家裡的廳堂就是「教堂」，廳堂供奉著祖先的牌位，因為臺灣大部分佛化了，廳堂裡，三教不分，除了祖先牌位外，也供奉著觀音大士、土地公、土地婆。廳堂就是儒、道、佛的廳堂。焚香由家裡最重要的長輩出面，過年過節家裡所有的人都要焚香。大陸很多地方也是這樣的，福建、廣東都保留著這樣的傳統。這就是儀式，焚香一定要先祭天，再祭祀神明、神佛，然後祭祀祖先。排序從天地、神佛、祖先，這都是有道理的。過年過節、清明節一定要祭拜。臺灣

清明節幾乎家家戶戶一定要祭祀，因為工作原因，有種種不方便，但是也會堅持，比如看一個好日子，不一定是清明當天，但一定要祭祀。過年一定要回家，這就是儀式，或者有人常常把儀式當成民俗，其實他不只民俗，即使是民俗也就是宗教的延伸。

儒教當然也有教團，凡是以士君子為理想，以仁義道德作為規條；以士君子立身，就是教團的成員。只是儒教不是收斂性的教團，而是發散性的教團，所以不必登記，不必宣告，華人很自由，而且本身就這樣存在。這就是一獨特型態的教團。

既有教義：孝悌人倫、仁義道德，又有教典：四書、五經，也有教團：士君子，也有崇拜對象：敬天拜祖，儒教他是十足的宗教。而不能說他是宗教性比較弱的宗教，心胸比較寬廣，這樣說不對。很多東西現在語彙為什麼不準確，因為一百多年來的錯誤理解。

比如上帝這個詞，很多人認為是基督教獨占性的使用，基督教還沒有來之前，我們《詩經》、《尚書》都提到「上帝」。《尚書》裡面就提到「小心翼翼，昭事上帝」，其實，古代很多典籍裡面都有上帝的語彙，它說的是「至高無上，宇宙造化」之源。「帝」這個詞原先的語彙是象花萼之形，象徵著花萼的形狀，代表著生命之源，引申他作為生命之源，這麼一來就失去原先「帝」的意思，於是就加一個草字頭，成了「蒂」。像「白」、「伯」，「采」、「採」，「共」、「拱」……等，這文字學有這樣的通例。

經過一百多年來，連「上帝」這語彙都被篡奪了，甚至連「感恩」這個詞也被篡奪了。我有一次在湖南師範大學倫理學研究中心演講，講到中國儒學，後來有一個碩士生發問，他說我們中國人為什麼不講感恩，基督教講感恩？我很驚訝，我們是一個非常感恩的民族，他說基督教有感恩節，有感恩。像這些語彙在整個強勢文化侵擾下慢慢被忽略，感恩這個詞彙是中國古代常用的，現在講感謝。閩南話還

是講感恩,而越南話也是感恩,越南其實是原來中華文化教化之地,秦朝的交趾九郡,如果不是法國殖民,還是使用漢字的。

五 努力要改造筷子,做成比較良善的叉子,這是錯誤的方向

如果不是西方民族主義打過來,韓國也是使用漢文的。近一百多年來,我們整個時代對傳統的認知不夠,使得我們連儒教是不是宗教都要爭議。連中國哲學是不是哲學,哲學界也要爭議。這是非常無聊的事情。其實,我們應該有一個共識,中國當然有哲學,只是中國哲學是什麼樣的哲學,中國宗教是什麼樣的宗教。宗教跟哲學是屬我們人文、歷史文化之所產。他們有他的民族特性、文化產生的特性。要了解他的異同,而不是拿著固有的西方為主的標準來衡量。

我常常用一個比喻,筷子和叉子都是餐具,如果以叉子作標準,筷子是非常差勁的餐具。如果努力要改造筷子,做成比較良善的叉子,這是錯誤的方向,比較好的方向是你可以使用筷子和叉子。就像穿衣服一樣,比較良善的方式就是穿西裝和穿中裝,也可以穿改變式的中裝。我們現在吃西餐一樣可以用筷子。比如你去美國,到了他們的餐廳,他們看到我們黃皮膚、黑頭髮,會主動問我們需不需要筷子。

在臺灣碰到剛好相反的例子,十多年前高柏園院長請我去淡江大學講座,因為時間比較趕,就去義大利餐廳吃麵,我問服務員有沒有筷子,服務員就板起臉說,我們是義大利餐廳,沒有筷子。這個就很有趣,其實筷子是功能,為了方便。它雖然代表一種文化身分,但是其實是可以融通的,他們忘掉了自己的本。我們往往把標準唯一化,因為西方的力量太大。

就中國近代史來說,或許國共這一段不一樣,但是讀到世界史都

一樣，一四九二年，哥倫布發現新大陸，其實很不公平，他是舊大陸，對白人來講才叫發現新大陸，對整個美洲的土著、瑪雅民族來說，應該是舊大陸。哥倫布因為航行技術不夠好，在颶風的吹襲下他不知道自己到了哪裡，他以為到了印度，把那個地方叫做印度群島。後來才知道那不是印度，把印度群島改成了西印度群島。

比如 kangaroo，白人到了澳洲看到一個從來沒看到過的動物，他們不知道叫什麼，用英文問那些澳洲土著，澳洲土著聽不懂英文，就用澳洲土著語問你在說什麼，澳洲土著語的你在說什麼就是 kangaroo，後來袋鼠的名字就變成了 kangaroo。你說澳洲的袋鼠，豈不是蒙下了不白之冤。

六　一神論重在話語的論定，儒教則重在生命的生息感通

我舉這些例子就是想告訴大家，現在學界爭論的一些問題有些是沒有意義的。比如儒教是不是宗教，為什麼儒教不是宗教，只不過他不是西方意義的宗教，他是覺性的宗教，不是信靠的宗教；「吾日三省吾身」這是反思、反省力特強的「覺性的宗教」，「明心見性」的宗教，「盡心知性」的宗教，不是向上帝祈禱，上帝進到你身體來做工的宗教。我們是「存心養性以事天」、「修身以俟之所以立命」的宗教。我們不是以話語為中心的宗教，不是從超越、絕對的他者怎麼啟示，怎麼說下來的宗教。不是上帝說有光就有光，於是分成白晝和黑夜。而是天何言哉，四時行焉，百物生焉。西方是主客對立思考很強，上帝是絕對的、超絕的他者。

我們則從人去講，「朝聞道，夕死可矣」。天，天不言，「天何言哉？四時行焉，百物生焉，天何言哉？」這是一個氣的感通傳統，而不是話語的論定傳統，他不是話語中心論的傳統，他是氣韻生動、生

生不息的傳統。話語中心論者是一個強控制系統，我們的宗教是弱控制系統。弱控制系統的宗教，其教化義較強，內在的覺醒較強；強控制系統以話語為中心，他的戒律及律法，絕對他者是唯一的。我們強調總體的根源，而不是絕對的他者。

「一神論」和「非一神論」差太多，有很大的不同，我們文字的表意系統和西方語言控制系統不同，西方有語言才有文字，我們也是有語言和文字，我們文字和語言基本上是可以分開的。文字是圖象，更接近於存在本身，我們民族更注重於互動、感通、交感。話語只是借喻，話語只是一時之權，我們知道他不能直接等同於存在。

我們不是一個如同古希臘以來，從巴曼尼德到柏拉圖的「思維與存在的一致性原則」，不是通過思想去訂定存在。而是把價值與存在連在一起，他是「價值與存在的和合性」為主導。他不是「言以代知，知以代思，思以代在」的傳統，他們把話語、認知、思考存在拉在一起。我們是「言外有知，知外有思，思外有在」；存在大於思考，思考大於認知，認知大於話語。我們認為話語沒那麼重要，法律是話語構成的規條，沒那麼重要；我們認為道理比法律重要。一個人犯了法如果他有道理，我們還是很尊重他。一個人什麼都按照法律，但是是違反道理，我們鄙視他，這是我們的傳統。

包括我們面對紅綠燈的方式，臺灣人跟大陸人一致，不是那麼守交通規則。但是一個很有趣的事實，雖然臺灣人不是很守交通規則，但是臺灣的交通肇事率比德國低，德國的交通肇事比較高，德國很守原則，因為我們是以生命安全為原則，不是以交通規則為原則。三更半夜穿過十字路口的時候不是只看紅綠燈而已，還要兼看有沒有行人。

我們不是以話語為中心，不是以誡命為中心，不是以規矩為中心，我們以氣的感通為要領，我們強調儒教「默契道妙」、「下學而上達，踐仁以知天」。不是你去守著那個戒律，我們這個民族最為強調

的不是法則,而是律動。「道」究極來說,不是客觀的法則,客觀的法則是道所延伸出來,道講的是整個存在的根源律動。

七 儒教是「覺性的宗教」,強調的是「天地之大德曰生」的傳統

「一陰一陽之謂道,繼之者善也,成之者性也」,這是從生這個地方講。我們的宗教也是從生這個地方講。我們的宗教是通生死幽明,我們通此岸跟彼岸,並不是我們只重此岸。這個差別很大,有人說我們儒教只有此岸世界沒有彼岸世界,不是這樣,他是通此岸跟彼岸的。彼岸在哪裡?我們的祖先就在彼岸,你的祖先跟你連在一起,「生,事之以禮,死,葬之以禮,祭之以禮」,祭天地、祭先祖,祭君師,祭禮就是讓你此生此世的生命關聯著聖賢、關聯著祖先、關聯著天地。你的生命不是此生此世這一段而已。既然不是這一段就不只是此岸了,他是連續的,所以我們非常注重時間性,我們通過時間性來強調超越性,超越性跟時間性連在一起,這是一個連續體的概念,不是超絕的他者,他是連續體的總體根源,這是很大的不同。這部分很需要我們深層的理解。

比較外在地來說,這跟我們農耕、聚村而居、聚族而居有很密切的關係。西方的宗教,像基督教、伊斯蘭教與其為游牧民族有很大關係。游牧民族在大地上游動,游動必須強控制的系統,比較用強力的威權,頂到最絕對的唯一的他者,才有辦法把整個游牧民族收攏在一起。我們不是,我們在土地上生長,我們基本上不是話語論定、戒律為優先的傳統,不是唯一的、絕對的、超絕的一神論的傳統。我們是「天地之大德曰生」的傳統,是一個「氣的感通」的傳統。

我們的哲學也是,我們的形而上學也從「生」說起,「天地之大

德曰生」、「生生之謂易」、「一陰一陽之謂道,繼之者善也,成之者性也」,都是從「生」來講。西方哲學從話語所論定的存在的對象物,作為物去說,最後像亞里士多德一樣歸結到最高的共相去說。我們不是,我們完全從不分的整體去說,從一氣之所化那裡來說,「範圍天地之化而不過,曲成萬物而不遺」。

要是落在人來講,講一體之仁,人跟人,人跟物,人跟萬有一切有其存在的道德真實感。這樣就很容易了解了,這是宗教跟哲學密切結合在一起,宗教學、哲學上很多東西理解不同。形而上者謂之道,形而下者謂之器。形而上者謂之道,如果從亞里斯多德的意義上理解他是不準確的。要是我們借這個機會理解「形而上者謂之道」,是不是擴大了我們對形而上學的意呢,這當然是可以的。

八 回溯到漢字本身來思考,經由文化對比,拓深語意,開啟嶄新的創造

我們宗教不是西方一神論的宗教,那我們是不是擴大了宗教的意呢。就像洋人沒有看過我們黃種人的時候,誤認為人都長得一樣,這裡是有共通性的。我們宗教、哲學一樣有共通性,形而上者謂之道,形是一個具體而落實的意思,具體而落實上溯其源叫道,具體而落實下委其形,落實具體下,落實具體了那就是器。不是有形之上,有形之下,這個話不通,上下代表一個方向。

回到宗教去說,我們就可以回到 religion 去理解它,也有禮拜神明之意。宗教,「宗」是「尊祖廟」之意,「教」是「養子使作孝」之意。宗教兩個字用來翻譯 religion 不能盡其意,卻能夠擴大其意涵。用這兩個字去理解神,神對我們來講當然不是超越的、絕對的、唯一的人格神的意義,可以化作各種神明去說,那都是象徵意義的,這樣

連接在一塊有很多東西就比較好理解了。

　　包括「哲學」這個詞用來翻譯 philosophy 是等價嗎？當然不是等價。「哲」是智慧之彰顯，這與 philosophy 是「愛智」有所不同，但是用 philosophy 翻譯成「哲學」，哲學這個字眼也變寬了。

　　人類文明進入二十一世紀會有很多語彙的意義變得更寬了，變寬以後我們就有機會了，思考問題不一樣了。「知識」這兩個字我們不會想到 knowledge，我們會想到「知」與「識」，「識」為「了別」，「知」為「定止」，把「知」與「識」加在一起就不一樣了。知識強調的是從對象的認知，到主體的確定，這與 knowledge 意涵寬得多了。

　　我寫過一篇文章《明、知、識、執》，「執」是「陷溺於欲」，「識」是「了別於物」，「知」是「定止於心」，「明」是「通達於道」，顯然地，我們的知識論與工夫論是連接在一起的。記得兩年前，余紀元教授也留意到這問題，他注意到中國哲學工夫論的問題，我說這個沒有錯，這可以有「明、知、識、執」四個層次。我們不是沒有知識論，我們知識論的重點不在於主體認識客體的問題，主體跟客體是合二為一的，分別的過程裡面會是執，會是識，會是知，會是明呢？因為你的心性修養工夫不同、實踐的工夫不同，你的道法程度會不同。知識不是張三、李四、王五、趙六來看都一樣的東西，不一樣，他會不一樣。因為你的「明、知、識、執」四個層面的不同，是陷溺於欲，還是了別於物、定止於心，最後明通於道。這很有意思，這樣漢語活絡過來可以思考，擴大可以討論的知識論領域和工夫論領域。

　　如果我們漢語的語感沒有了，漢字的語意沒有釋放，我們原先的東西沒有了，我們拿著別人的東西，這個不準確，那個也不準確，當然不準確了，這是很明白的事情。好不容易一百多年來有機會重新思考這些問題。

九 儒教、儒學必然涉及公共領域,我們要突破「儒學遊魂說」,好好生根

回到儒教來說,儒教是教,儒教跟儒學是一體的,不能分的。但是做學問強調其學問的部分是可以的,但是不能說只做學問不求道,不能說我的學問跟道無關。有些前輩先生受西方教育多了以後,強調學問的客觀性,覺得學問一心向道就會陷入主觀,就會麻煩,這個不對。錢穆先生是大歷史學家,也是中國義理深刻的研究者,你問他作學問的目的是不是不要契及於道,你問牟宗三、唐君毅先生,他們的義理思想是不要契及於道。當然是。你問余英時先生,他會告訴你那不是。我聽他講了好幾次,他的書中也提到,他認為新儒家要契及於道,這樣便會失去客觀性,他強調有一種純客觀學問。

人所處的境遇不同,思考方式也會有不同。比如余英時先生的儒學遊魂說,若你沒到海外,你就沒有辦法體會。我可以體會到余先生的儒學遊魂說的起因,我在上個世紀九十年代中曾到普林斯頓拜訪過余先生,余先生的研究室很寬闊,他坐擁書城,博學多聞,十分難得。但我並沒看到孔子像。我以為他認取的是學術,是西方所謂客觀的學術,並不是道。這與錢穆先生是不相同的。我自己的研究室是供孔子像的,我回到家鄉每天都得敬天祀祖。我總覺得儒學就在生活世界裡面,就在公共領域裡面。現在很多人總覺得儒學是私領域的事情,公共領域讓位於給西方,這個說法不準確。道德這兩個字,道原先講的是大家行的路,德這個字本身也帶有公共性,德原先指的是「十目所視」,大家眼睛都看著你,眾人耳目昭昭,這是公共領域的所行所事。如國大家都不管你,就無所謂德了,魯賓遜一個人漂流到荒島上就沒有道德問題了,他想怎麼幹就怎麼幹,他腦袋裡面有別人,就會出現道德問題。道德不能夠沒有別人,道德與別人,與所謂

的他者,密切相關。

說儒學只能在私領域講不能在公共領域講,這個說法是錯誤的。千萬不能說是見仁見智,見仁見智的意思是仁者見之謂之仁,智者見之謂之智,錯者見之呢?當然謂之錯?儒學是不離公共領域的。社會轉型了,儒學也在變,不能說儒學只是私領域的。儒教在現在的公民社會又應該扮演什麼角色呢?應該這麼問。問題不能問錯了,問題問錯了,答案就是錯的,所以問題要問對。

什麼叫問題問對了?有一次跟朋友談論這個問題,舉例來說,媽媽問對了孩子就會走對,問錯了就會很難收拾。小孩都不喜歡理髮,媽媽不能問小孩要不要理髮,小孩一定會回答不要。媽媽怎麼問呢?媽媽應該帶小孩去理髮店問小孩,你今天要理髮了,你是讓張阿姨理,還是讓李阿姨理,小孩的回答就會不同。

現在問儒教是不是宗教,這個問題不對。儒教作為一個宗教它應該是什麼宗教,中國哲學有別於西方哲學,它是什麼樣的哲學,中國人作為一個人跟西方人不同,這個人有什麼不同?不是問我們中國人是人嗎?不能這麼問。我們現在常錯問問題,而且這情況太嚴重。像中國文化能否開出現代化,這個問題就問得不對,應該是在現代化的學習過程裡我們中國文化要扮演什麼角色,現代化是學習的過程。這個問題一問錯,開始爭吵了,就會出現很嚴重的問題。

十 儒教強調人的生命像是樂章一樣,強調人格的自我完善的教養歷程

基本上我認為儒教是教,儒學是學,跟其他思想放在一起是家派是儒家,他是多元中的一元,是諸多宗教的一個宗教,諸多學問中的一個學問,不能夠獨尊,你可以尊崇他、重視他,但是你不能說那樣

所有的唯一的，我覺得應該給出更寬廣的選擇權，這是很客氣、謙退的說。這也是很有自信的說，他們選擇他做主導，因為他是最中正、平常的一個宗教。

這就是人，人就是有血緣、有種性，「老吾老以及人之老，幼吾幼以及人之幼」，人倫的常道，他是所有人類裡面最適合人的，而且人本身就是這個樣子。我今天早上看一個節目《等著你》，是幫助尋人的節目，多半都是尋親人，這個節目很感人，這是很真實的常道。儒家就是人倫的常道，道家就是自然的常道，儒道同源互補，佛教是非常道。佛教到中國來以後，把儒和道的人倫常道和自然常道收攝了，收攝以後，它以大乘菩薩道構成一個非常豐富的宗教，要不然他沒有辦法這樣發展。在臺灣更明白，臺灣的人間佛教，儒道要做的，佛教都做了，就像臺灣的便利商店。臺灣的便利商店真的便利，可以繳稅、郵寄東西，幾乎什麼都有，佛教就像便利超商。佛教吸納了很多儒教的功能，而且做得很好，進一步發展了。

儒教既有敬天法祖，又有讀四書五經、人倫孝悌、仁義道德為主，以士君子立身，他的教主是周公、孔子、孟子，相繼不絕，他是多元教主。凡是與聖道有功，真正能夠傳承的都是很重要的。周公、孔子是最偉大的老師，他不是西方意義的教主，他是老師。儒學顯然是不離教化的學問，也是不離宗教的學問。儒學的「學」字，學者，覺也、效也，從效法學習到內在心靈的覺醒，「學而時習之，不亦說乎」，這個話從這裡說才通。學生跟我說：「老師，每次考試，學而時習之不亦苦哉。」因為經由教養學習而進到覺醒，內在深層生命根源的覺醒。還有「不亦說乎」的「說」，是講人與人之間的存在道德真實感通，悅樂說的是道喜充滿，就像佛教的法喜充滿一樣。

「有朋自遠方來，不亦樂乎」，人跟人之間的共學適道，一起學習，那種生命的存在的道德真實感的互動、感通。這是極可貴而純粹

的。「人不知而不慍，不亦君子乎？」他強調「君子」這個概念不僅僅是社會階層的概念而已，君子是德行的位階概念。德行是人格的自我完善，不再是社會上的認定。你在哪一個單位做事，那是憑你的能力，跟你的機遇、能力有關係。但是職務有高低，人格有品級，人格的品級是自我完善的過程。所以講「吾十有五，而志於學，三十而立，四十而不惑，五十而知天命，六十而耳順，七十而從心所欲，不踰矩。」「君子有三戒。少之時，血氣未定，戒之在色；及其壯也，血氣方剛，戒之在鬥；及其老也，血氣既衰，戒之在得。」孔子對整個人的生命的發展非常了解，生命就像一首樂章一樣，「始作，翕如也，從之；純如也、皦如也、繹如也，以成。」生命有一個自我完善的過程，他的重點就不在於外在怎麼看待他，別人怎麼看待他，君子了不起就是因為他是一個內在自我人格的完善過程，而這樣的人格自我完善的過程所構成的，就是社會最重要的中堅，是社會教化的風範，社會多元的輻射核心，這個非常重要。

十一　儒教的六藝之教就是性情之教、生命之教，多元而一統，富包容性

君子之道非常重要，君子之道非常強，可以造就非常高的 GDP。經濟不能只講利益，經濟最重要的是信。君子最重要的就是「言忠信」，沒有「言忠信」就不能創造經濟實際利益，如果有「言忠信」經濟效益很高。韓國《大長今》電視劇為韓國賺了大把美金，《大長今》要表達的就是君子之道，韓國幾個比較傳統的影片都是表現這種精神，這是咱們中國最重要的精神，儒家強調的忠信很重要。

儒教是教，不折不扣，是沒有爭議的，他確是一個宗教，只是這樣的一個宗教是有別於西方一神論的宗教，他是覺性的宗教、可大可

久的宗教。這個宗教當然具有教化意義。但是記住所有的教化意義在中國來講都是內通到我們生命的源頭，上通到宇宙造化根源。所以儒學是不能離開天道論說，儒教當然一定有天道，而且可能化為各種地方民俗特色。比如：閩南正月初九拜天公，臺灣也是。現在拜天公最正式、最徹底的地方是馬來西亞。有一次剛好農曆正月初九去了馬來西亞檳城，那裡家家設壇祭祀天宮，非常熱鬧，非常莊嚴，這就是我們的傳統，這就是我們的宗教。我們宗教看似散亂，其實他是多元而一統，他一點都不散亂，他有內在的核心點，這樣一種伸展。

我們回頭慢慢發現不管是「禮、樂、射、御、書、數」的六藝之教，還是「詩、書、禮、樂、易、春秋」的「六經」傳統，我們發現這樣的宗教傳統，強調的是有所宗，有所教。上尊天道、祖先，下教我們自己，以及萬民百姓，這是一體的，連在一起的。「興於詩，立於禮，成於樂」，「詩」是性情之教，溫柔敦厚，詩教也；「書」是疏通致遠之教；絜靜精微是「易」之教；恭儉莊敬是「禮」之教；廣博易良是「樂」之教；屬辭比事是「春秋」之教。

你可以發現他從內在的性情出發，到法則、規範、分寸的把握，直到和合同一。回溯到中國古代政治教化，教人們如何安身立命。易經是參贊宇宙造化之源，春秋是孔子借著魯國的歷史點化出「據亂世─升平世─太平世，」隱含著「大道之行也，天下為公」、「興滅國、繼絕世、舉逸民」的王道思想。「王」這個字本身就是貫通天地的，最上一橫是天，最下一橫是地，中間是人。從人來說是由下往上貫通，從道、從天上說是從上往下，天人合一的格局。

十二　儒教要趕快生根，回到常道去生根，應該恢復三祭之禮

談儒學不能外於宗教，談儒教也不能外於儒學，而都在我們生活世界，都在我們歷史文化傳統中。所以司馬遷說要「究天人之際，通古今之變，成一家之言」，所以歷史學家最後要通歷史之道。你可以發現紀傳體的史書很有意思，《伯夷列傳》，太史公為什麼把他放在第一，他是純粹的人格典型。世家則以《泰伯世家》列為第一，這意義深遠得很。當然本紀以《五帝本紀》為首，這意義何在，也是值得注意的。可惜的是，我們現在歷史系可能不一定讀《史記》，教育系也不一定讀《論語》，政治系多半也不讀《資治通鑑》，這是很荒謬的。我們真的應該呼籲，不管國學這門學科有沒有成為獨立的學科，其實應該要呼籲教育系本科生、碩士生至少要熟悉《論語》、《孟子》、《大學》、《中庸》等「四書」。政治系至少要熟悉《資治通鑑》，歷史系至少要熟悉《史記》《漢書》，這些都是應該要做到的。現在我們的教育往往「拋卻自家無盡藏，沿門持鉢效貧兒」，還是美國的月亮圓，這個很奇怪，從歐洲人來講美國文明那還是遠遠不及的，我們許多人卻太過崇仰美國，這是不對的。

我們並不是文化封閉主義者，我們要多元融通，但是我們要立定自己的腳跟，要文化自信、文化自覺、文化自強，儒教是宗教，所以儒教要趕快生根，回到他原來的常道去生根，應該恢復三祭之禮，祭天地、祭先祖、祭聖賢。

儒教要在法律上有明白的位置，應該把儒教列入五大宗教之一。基督教、天主教，系出同源，只是新教舊教區別而已，應該將這兩個教連在一起構成基督宗教，而讓出一個位置，這個位置應該放在最前面，儒、道、佛、耶、回，這樣就清楚了，沒有爭議了。如果連這都

還要爭議,中華文明的復興就會緩慢些。

　　三祭之禮,簡單設一牌位:「天、地、君、親、師」,也可以是「天、地、親、君、師」。「君」因為有兩千年的帝制色彩,有人以為應該把君拿掉,那也可以,這就成了「天、地、聖、親、師」。其實,「君」這個字很廣的,「君者,能群者也」,這說的是「君」能夠領導一個群體,或者直接說,「君」就是「領導」,君臣關係就是領導跟部屬的關係。「君臣」這組範疇被運用的很廣,我們身體一樣有君臣關係,你去看中醫,中醫告訴你什麼藥為君,什麼藥為臣。連參禪打坐也會告訴你,什麼是君,什麼臣。這些語彙不要自己用很西方化的觀點誤認,要深入到我們自己的文化中,才能真正恰當的理解。

　　再者,就「中國」這名稱,也有許多議論,西方人認為中國非常自大,自認為自己是居於世界之中,是世界的中心。這理解是錯誤的。我們根本沒有西方意義的中心概念,我們是天下的概念。「中」其實就是「內」的意思。中國者,國內也。「國」原先指的是「城」,中國指的是城內,擴而大之,就是域內,就是四海之內。以前日本與韓國早先用漢字的時候,他們也將他們稱為中國,指的就是他們的四海之內。中國這個語彙不是近現代西方意義的中心概念,西方許多洋漢學家看不懂,他們認為中是中心主義意義下的中。其實不是,《中庸》說「喜怒哀樂之未發謂之中,發而皆中節謂之和」,「致中和,天地位焉,萬物育焉。」像這樣來理解「中」是恰當的。

十三　結語:瓦解帝制儒學,扎根生活儒學,發揚批判儒學,建立公民儒學

　　嚴重的是,我們總是跟著人家的誤解在誤解,又跟著人家的誤解問該當如何,這是非常糟糕的狀況。二十多年前,我剛到臺灣清華大

學任教的時候,臺灣有個社會人類學研究所,我們當時跟他們共用一台影印機,我去影印一個東西,剛好看到著名社會人類學的華人學者留下了影印的廢紙,他對比中國宗教跟西方宗教有什麼不同,中國宗教是功利的,西方宗教是神聖的。我一看頭就昏了,請問西方在販賣贖罪券的時候他是神聖的,還是功利的?他是宗教墮落以後就變成功利的,宗教往上提就是神聖的,你怎麼可以拿我們不好的跟西方好的作對比呢?

　　這樣不公平的對比,國內大有其人,包括哲學論法也是這樣,譬如我的老朋友鄧曉芒教授,有一次我們在中西論壇上,他說中國意志是無自由的意志,中國的自由是無意志的自由。我就說你這個了解是某一個向度的某一個層面,你如果回到《孟子》去看,中國文化傳統中所說的意志是有自由的意志,自由是有意志的自由。你應該問如果從儒學、孟子學角度去看,他是既有自由的意志,又是有意志的自由,為何在中國兩千年帝王專制以後變成了無意志的自由、無自由的意志,這樣問才有意義。雖然我跟他的意見有很大的不同,但是我們是很好的朋友。

　　包括金觀濤先生,他提出的中國超穩定結構的諸多著作中有關意識形態部分的討論就有問題,他就是把兩千年帝王專制下的儒學當作儒學本身了。你可以說儒學在兩千年來深深染上了君主專制、父權高壓、男性中心,這是「三綱」惡質化的後果。但是他不是儒學本身,你只要好好讀過「四書」就知道不是這樣。我曾試著要去說服他,但是很難說服他,因為他的想法固定就是這樣。我跟他說你前面加個話就可以,說那是「帝制式的儒學」,不就行了嗎?儒學除了帝制式的儒學以外,批判性的儒學、生活化的儒學,那才是儒學重要的部分。「帝制式儒學」可以隨著政體的變化去變化,隨著社會的變遷變化。我這幾年提倡公民儒學,在公民社會意義下的儒學,也可以是民主憲

政下的儒學，當然會有不同，會有差異。無疑的，我們該當瓦解兩千年來的帝制式儒學，扎根於生活化的儒學，發揚批判性的儒學，在民主憲政下建立公民社會的儒學。

儒教是個教，儒學是個學，儒家當然是諸子百家的一家，我們期待有更多元的互通、融通式的發展，但是我們無論如何一定要立穩腳跟，我們的文化本身的主體性必須要穩住，這也是我的一點心得，謝謝大家。

（本文乃林安梧教授於2014年12月15日，應中國社會科學院世界宗教研究所建所五十週年所慶系列，邀請所做之講演，本文依講座錄音經趙法生教授整理潤稿，最後由林安梧教授訂定成稿。刊於《鵝湖月刊》第41卷第7期〔總號487期〕，2016年1月，頁43-53。）

第十一章
「天人相與」的兩個型態及其融通的可能:以「儒教」與「基督宗教」為對比

本章提要

　　本文採宗教文化類型學的對比方法,經由一整體的概括,展開論述。首先檢討了中華文化的儒教傳統與宗法國家,及其所涉之權力、符號與象徵諸層次,與一政治社會共同體其權威的確認、權力的獨占、神祇的安排與儀式的置定等息息相關。再者,經由一對比的方式指出在「言說的論定」下,其相應的是一絕對的一神論,是一「斷裂型的理性」,而這與征戰、權力、語言、命令、執著性、對象化、理性、約制、絕對、專制、共相等觀念有其內在的親近性。在「氣的感通」下,其相應的是一萬有在道論,是一「連續型的理性」,而這與和平、仁愛、情氣、感通、無執著性、互為主體化、道理、調節、和諧、根源、整體等觀念有其內在的親近性。經由以上這些了解,我們清楚的彰顯宗教的兩個型態:連續的、斷裂的,前者是一「因道以立教」的傳統,後者則是一「立教以宣道」的傳統。最後,則試圖指出此兩個不同的「天人相與」之型態,彼此融通的可能。

關鍵字詞:宗法國家、宗教、理性、連續、斷裂

一　前言

　　就一般理解來說，宗教既是人類各個不同文化傳統之所產，同時也是各個不同文化傳統之能產。它是花果，同時是種子。本文要論及的是一文化型態學下的比較宗教議題，我將這議題關聯到更高的存有學之對比來處理。指出兩個不同的存有學視野，相應著兩個不同的宗教型態。一是連續的、一是斷裂的，一是「多元而一統」的「萬有在道論」傳統，一是「超絕於一」的「一神論」傳統。

　　大體而言，我們可以說傳統的中國是一「宗法國家」，它經由一血緣性的縱貫軸為核心，並以一符號式的統治方式展開。這與西方傳統社會之為以一人際性的橫面軸為主導，而以一實力式的統治方式頗有不同。連帶的，我們發現其所相涉的經濟生產方式、經濟交換方式、貨幣，對於所有物的觀念，及由此返照回來的自我觀念，人與人之間的交往與連結的方式，乃至中西名實觀皆有頗大差異。[1]

　　顯然地，這些論點主要是要闡明「宗法國家」並不只是經由一實際的權力來統治，而是經由血緣性的縱貫軸所連結成的脈絡，經由符號、象徵及身分的方式來統治。我們這樣的論略方式主要是要先確立中國傳統的政治乃是一血緣性的縱貫軸所成的宗法國家，至於此宗法國家之如何穩立起來，則待我們更進一步來闡明它。

（一）宗法國家涉及到的權力、符號與象徵

　　談到如何穩立的問題，這便牽涉到政治社會共同體的最高權力、

---

[1] 於此「血緣性縱貫軸」所成之「宗法國家」，請參看林安梧：《儒學與中國傳統社會的哲學考察》（臺北市：幼獅文化事業公司，1996年），第五章〈論血緣性縱貫軸所成之「宗法國家」〉。

符號、象徵等問題,因為當我們說一個政治社會共同體確立起來,它至少指的是此政治社會共同體有其大家所共同信守的符號、象徵,並且依於一至高的權力規約,這也就是孔老夫子所說的「足食、足兵、民信之矣!」「民無信不立」所強調的「信」。這「信」字便涉及到符號、象徵,以及因之而發之權力,及人們引以為溝通之管道等等,而更重要的是,在這裡「信」指的是「政治社會共同體的確立」[2]。

這「信」字,在一政治社會共同體下,若就其理想的層次而言,則是「宗教」,若就其現實的層次而言,則是「政權」。就「宗教」與「政權」兩者來說,不論現實上它們是合一,還是兩分,在理論上總是極為密切的。它們一起長於同一個政治社會共同體,相互影響,相互支持,甚至是相互抗衡。對於它們的深度理解將可幫助我們對於整個政治社會共同體存在的確定性,做更深度的詮釋,同時,也有助於我們對於人之為人其生命的確定性有一更深度的認識。對於政治社會共同體存在的確定性深層的理解,則可使得我們更透徹了解其禮俗、規約之為何物,了解其實踐的法則或動力之為何。

(二) 權威的確認、權力的獨占、神祇的安排、儀式的置定等息息相關

宗教可以說是人們心靈內在根源性的理想呼喚,亦可以說是根源

---

[2] 《論語》〈顏淵篇〉第七:子貢問政,子曰:「足食、足兵、民信之矣!」子貢曰:「必不得已而去,於斯三者何?」曰:「去兵。」子貢曰:「必不得已而去,於斯二者何先?」曰:「去食。自古皆有死,民無信不立。」子夏亦言「君子信而後勞其民;未信則以為厲己也」(《論語》〈子張〉),當可相互發明。中國傳統國家之確立其基礎如何多半以儒家為主,參見薩孟武:《儒家政論衍義:先秦儒家政治思想的體系及其演變》(臺北市:東大圖書公司,1982年)。近代西方國家之確立多半強調權力、權威、支配等問題,此可參見Alan C. Isaak著,朱堅章主譯:《政治學的範圍與方法》(臺北市:幼獅譯叢,1978年),第二章第一節〈何謂政治〉,頁14-23。

性、終極性的關懷,這理想的呼喚與終極的關懷,經由一種寄情的方式,去體現其奧秘,並同時獲得此奧秘的權力,畏懼之、禮敬之,從而經由人最內在而深沉奧秘的方式,想像之,並經由一符號或象徵之方式表徵之[3]。起初,這自然是極為多元的,而且是以我們生活世界之任何相關的物象為符號、象徵以為表徵的。當然,這些符號、象徵經由一相關的儀式,自必能發出一相當的力量,因而人們便在這樣的歷程中有著一種確定感,此即我們一般所謂的「信」。隨著政治社會共同體的建立,人的交往,互通聲息到一地步,自也就有了所謂的共識(common sense),或者說是共信。共識與共信,一方面指的是理性的確認,另方面則是共同權威的建立,由此共同權威可以發出一為大家所信守之權力來。

就宗教而言,這指向神祇的安排,與儀式的置定;就政治社會共同體而言,則指向共同權威的確認,以及權力的獨占。此時,這政治社會共同體的人們有了對世界共同的理解與詮釋方式,以及其所信守不逾的指針、實踐的法則,我們便將此種種稱之為理性[4]。當然不同的政治社會共同體,也就有著不同的理性型態。它是與其共同權威的確認、權力的獨占方式,還有神祇的安排、儀式的置定等息息相關的。

---

[3] 「終極關懷」(the Ultimate Concern)一語乃保羅・狄利希(Paul Tillich)在 Love, Power and Justice 一書中所提出者,參見王秀谷譯:《愛情、力量與正義》(臺北市:三民書局,1973年),第七章,頁111-126。筆者此處所使用雖有所取於此,但又參酌了維科(G. Vico)、卡西勒(E. Cassirer)所做成之總結而成者。參見維科著,朱光潛譯:《新科學》(臺北市:駱駝出版社,1987年),第4卷第9部分,第一章〈神的理性與國家政權的理性〉,頁537。參見卡西勒著,劉述先譯:《論人》(臺中市:東海大學,1959年11月),第七章〈神話與宗教〉,頁84-125。又筆者於此所運用之方法學,顯然多受維科《新科學》之影響,並附記於此。

[4] 楊向奎論及絕地天之通的神話時,便以為這便是獨占了交通上帝的大權,認為此是權力的獨占,參見氏著:《中國古代社會與古代思想研究》上冊(上海市:上海人民出版社,1962年),頁164。又參見馬伯樂:《尚書中的神話》(無出版社資料,1937年),頁49-52。

二　「言說的論定」下的「絕對一神論」

（一）言說的論定下之權力、理性、結構樣態與宗教之神之確立

　　如前所說，中國文化傳統之基本建構乃是一血緣性之縱貫軸所開啟者，這樣所成的一政治社會共同體，是以氣的感通的方式而凝聚其共識的，它預取其為一不可分的整體，而這不可分的整體有其共同的生命根源，此生命根源又不外於此整體，而即在此整體之中[5]。或者說，在整個共同體凝固的過程裡，並沒有發展出一客觀對象化的理性優位性，而一直是處在主體的情志之互動的優位性上；「言說的論定」一直未成為一優先性的原則，而是「氣的感通」這一原則一直是具有優位性的[6]。若是在一客觀的對象化的過程裡，理性又取得優位，則推極而致，則有一超乎世上之絕對的客觀對象。再者，這樣的一客觀對象，它並不會停留在做為一對象的身分為已足，因為人們經由自家生命內在理想的呼喚，以及來自於生命不可知的畏懼，轉而為一深度的虔敬，他們會發現此呼喚有一極高的權能，由此權能轉而使

---

[5] 若落在民族學、人類學的角度而言，我們實可說中華民族乃是一統而多元型態或一體而多元的格局，費孝通即做此說，他以為它所包括的五十多個民族單位是多元，而中華民族則是一體。中華民族做為一個自覺的民族實體是近百年來中國和西方列強對抗中出現的，但作為一個自在的民族實體則是幾千年的歷史過程所形成的。見氏著：〈中華民族的多元一體格局〉，收入費孝通等著：《中華民族多元一體格局》（北京市：中央民族學院出版社，1989年7月）。

[6] 關於「氣的感通」與「言說的論定」之對比，乃筆者近十年來對中西宗教、思想、文化之整體概括，參見林安梧：〈絕地天之通與巴別塔——中西宗教的一個對比切入點的展開〉，「東方宗教討論會第四屆論文發表會」（1989年8月），《鵝湖學誌》第4期（臺北市：鵝湖月刊社，1990年6月），頁1-14。又參見林安梧：《臺灣、中國——邁向世界史》（臺北市：唐山出版社，1992年），第一章。

得他是至高無上的，能動的主體。那客觀的對象即是那絕對的能動的主體，兩者看似相反但卻相合為一。就理性上來說，它是一客觀的絕對者，是一對象化所成一客觀絕對者，是一至高至善至美的純粹形式，亦是亦無所遮蔽的實現。它看起來是一切理性與存在的基礎，然而若論其發生的歷程來說，則是經由理性化的過程，充極而盡所成就的。就政治社會共同體而言，它逐漸凝固聚結，就在這過程中，人類的理性伴隨著權力，而達到一穩定的狀態，至於其理性的狀態則與其權力的狀態是相吻合的，而這將與整個共同體之凝固方式吻合。權力、理性、結構之確定，宗教之神亦因之而確定，它們彼此是相吻合的。

或者，我們亦可說，要是吾人經由一「言說的論定」這樣的方式來理解、詮釋這個世界，我們亦用這樣的方式來構造我們所處的生活世界，並因之而構造一政治社會共同體。這裡所說的理解、詮釋、構造，其實骨子裡一定要涉及到權力的問題，我們如何的理解、詮釋與構造，其實也就是指的我們是如何的將權力伸展出去，而取得一恰當的確定性。再者，我們一方面經由理解與詮釋的歷程而構作人間的政治社會共同體，同時，我們也在釐清我們與那冥冥中的神人關係。我們若用言說的論定這方式去理解、詮釋這個世界，那我們將發現上帝亦是經由「言說的論定」來創造整個世界。當然，我們用的若是「氣的感通」的方式，則整個都不一樣。

（二）絕對的一神論與征戰、權力、語言、命令、執著性、對象化、理性、約制、絕對、專制、共相等觀念是聯在一起的

在西方基督宗教的傳統，上帝是由原先的希伯來之戰神發展而來，配合著中東地區的集權官僚體制，而逐漸演變成一天上之王的最高神觀念，這位最高的神從空無中將人類與世界創造出來，並且成為

一超俗世的倫理支配者，他要求每一個被造物都要來做他的工。這裡，我們可以了解到這樣的政治社會共同體所重在通過一種權力的約制而建立起來的，而且之所以能恰當的通過權力而約制起來，這必得經由一主體的對象化的歷程，此即是言說的論定。即如現在所可見到的《舊約全書》〈創世紀〉一開頭便說「上帝說有光，就有了光，於是把它分成白晝和黑夜」。「言說」乃是一主體的對象化活動，而「分」亦是一主體對象化活動所衍生出來的主客對立的活動。

在這裡，顯然地，我們發現「創造」與「支配」的觀念是連在一起的。若落在宗教倫理的立場，我們亦可發現「愛」與「權能」是合在一起的。主體的對象化充極而盡的發展，一方面擺定了這個世界，另方面則置立了一至高無上的上帝，這上帝便成了一切的起點，以及一切的歸依之所，而且它是在這個世界之上的，因為它若不在這個世界之上便不足以顯示其絕對的神聖性、絕對的威權性。再者，這樣的政治社會共同體是由一個個原子式的存在，經由一言說的論定、權力的約制而逐層的紮合在一起，最後則統於一[7]。在每一層階的紮合所成的單元都有其自主性、圓足性，以及獨立性。而他們之所以紮合在一起，則起於實際利害上的需要所致。

這就好像逐層上升的共相一般，每一共相之統結紮合了許多的殊相，都起於彼此能統合為一具有自主性、圓足性、獨立性的單元，而且一旦成了一個單元，它就具有其本質性的定義。這樣的過程看起來只是理性在作用，其實其中自也包括了權力、欲求、利害等等的作

---

[7] 費孝通即謂此為一「捆材型格局」，而有別於中國之為一「波紋型格局」，見氏著：《鄉土中國》（上海市：上海觀察社，1984年），〈差序格局〉，頁22-30。又如此之「差序格局」不只行於中國內地，實亦行於漢人之移民社會。參見陳其南：《家族與社會——臺灣和中國社會研究的基礎理念》（臺北市：聯經出版公司，1990年3月），第二章〈臺灣漢人移民社會的建立及其轉型〉。

用。用佛教的話來說，凡是執著的、必然也是染污的，由執生染，似乎是不可避免的。佛教立基於一「無執著性」，此與西方之立基於「執著性」，是迥然不同的。廣的來說，中國本土所生的儒、道兩家亦都具有此「無執著性」的特色在[8]。

如上所說，我們發現那絕對的一神論，與征戰、權力、語言、命令、執著性、對象化、理性、約制、絕對、專制、共相等觀念是連在一起的。

三 「氣的感通」下的「萬有在道論」

（一）萬有在道論與和平、仁愛、情氣、感通、無執著性、互為主體化、道理、調節、和諧、根源、整體等觀念是連在一起的

相反的，如果我們在另一個政治社會共同體中，發現他們較為優先的概念是和平、仁愛、情氣、感通、無執著性、互為主體化、道理、調節、和諧、根源、整體等等，那我們可以斷定與他們相關的不是絕對的一神論，而是一種天地宇宙萬有一切和諧共生的根源動力，或者我們就將此稱之為「道」，而主張的是一「萬有在道論」（Panentaoism），不是「絕對一神論」（Absolute Monotheism）[9]。更值得注意

---

[8] 筆者於此所論，顯然地是將哲學裡所謂的「共相」之形成與社會權力、人群之組構等相關聯來談，這一方面是受近現代以來知識社會學的啟發，而另方面則是由佛學之「執」與「無執」、「染」與「無染」諸問題所引發而來的思考。為人群組構、社會權力的型態等之異同，我們實可說中國並無西方古希臘哲學所謂的「共相」觀念。「太極」、「道」等辭與「共相」雖屬同位階之概念，但涵義卻頗為不同。

[9] 「萬有在道論」（Panentaoism）一詞乃筆者所擬構者，其義涵在強調「萬有一切」咸在於「道」，如老子《道德經》所謂「道生一，一生二，二生三，三生萬物」即可為證。「絕對一神論」（Absolute Monotheism）所強調者在一超越的、唯一的人格

的是,我們甚且就將此和諧而共生的根源動力徹底的倫理化。像這樣的宗教,我們仍然可以歸到「血緣性的縱貫軸」這基礎性的概念來理解。

相對於西方的征戰與防禦,在中國來說,其政治社會共同體乃因治水、農耕等而建立起來,自然他們的構造方式就與西方原來的方式不同,因而其共同體之最高的精神象徵就不是絕對唯一的人格神。在中國傳統裡,最先由血緣性的縱貫軸所開啟的聚村而居,從事農業的生產,形成了氏族性的農莊村落,他們的宗教,或者說祭祀對象非常繁多,但大體離不開他們的生活世界所開啟之象徵、符號[10]。他們大體都從日常生活的感應中,發現到生命本身的奧秘,他們參與此奧秘,而希望能得其奧援,廣的來說,泛靈的信仰仍到處可見,當然與此泛靈信仰相關的巫術自也就不在話下了。就這個層次,看起來好像還很原始,但我想要說,原始是原始,但並非原始就是落後。更何況,他們亦不只是這個較為原始的層次而已,他們還有許多更為豐富與可貴的向度,值得我們注意[11]。

神。就宇宙萬有造化而言,前者多主張「流出說」或「彰顯說」,而後者則強調「創造說」。此又與天人、物我、人己之為「連續」與「斷裂」有密切的關聯,參見林安梧:《絕地天之通與巴別塔》一文,如前所述者。

10 參見瑪克斯・韋伯著,簡惠美譯:《中國的宗教》(臺北市:新橋譯叢,1989年1月),第二章、第三章。

11 「泛靈信仰」與相關的「巫祝傳統」一直是中國傳統中極重要的組成,它與後來儒、道、佛教等信仰有著不一樣的關係。甚至我們可以說,泛靈信仰與巫祝傳統形成了中國文化傳統中極為重要的調節性機制,以及一切宗教、道德實踐極為良好的生長土壤,而此即筆者所謂的「氣的感通」所構成之傳統。若以韋伯來了解便是所謂「宇宙非人格性的規範與和諧凌駕於眾神之上」。見前揭書,頁95。又此仍見於臺灣當今社會之中,參見李亦園:〈和諧與均衡——民間信仰中的宇宙詮釋〉,收入氏著:《文化的圖象(下):宗教與族群的文化觀察》(臺北市:允晨叢刊,1992年1月),頁64-94;呂理政以為中國文化傳統有多重的宇宙認知,參見氏著:《天、人、社會——試論中國傳統的宇宙認知模型》(臺北市:中央研究院民族學研究所,1990年3月)。

(二)上帝的言說與天的氣運造化

如果我們說原先西方政治社會共同體的建立在於「權力的約制」與「理性的確定」，那我們可以說原先中國傳統政治社會共同體的建立在於「生命的感通」與「情志的相與」。前者，推極而盡必產生一至高的、理性的、絕對權能；而後者，推極而盡則產生一整體的、生命的、情志的根源。前者是外在的，而後者則指向內在，此又與前者之共同體是一「外向型的共同體」，而後者則是一「內聚型的共同體」密切應和。前者之為一「契約型的共同體」，相應的是一最後的契約或者言說的命令者與創造者，後者之為一「血緣型的共同體」，相應的是一最後的根源或者生命之氣的發動者與創生者。前者即一般所以為的 God（上帝），而後者即一般所以為的「天」。

上帝是通過「言說」的方式而創造這個世界的，但是「天」則不然，「天」是經由「非言說」的方式，是經由氣的運化的方式，是以默運造化之幾的方式，而創造了天地萬物。《論語》書中，孔老夫子說「天何言哉！四時行焉，百物生焉，天何言哉！」這與基督宗教的《舊約全書》〔創世紀〕開首所說「上帝說有光就有了光，於是把它分成白晝與黑夜」形成有趣而且強烈的對比[12]。

(三)類型學之對比方法之恰當理解

再者，需要再補充說明的是，我們之用一對比的方式將兩者做一類型學的區分，這是為了彰顯兩方的特質，並不是說凡屬於中國的特點，西方就沒有，凡屬於西方的特點，中國就沒有。其實，類型的區分重在怎樣的去區分何者真具有優先性，至於其他即使有共同處，亦

---

12 關於此對比，筆者於〈絕地天之通與巴別塔〉一文中論之頗詳，參閱前揭此文。

因彼是被導生出來的,而沒有首出的地位[13]。比如,如前所說的「征戰、權力、語言、命令、執著性、對象化、理性、約制、絕對、專制、共相」等觀念,在中國文化傳統中仍然是有的,而且亦有其一定的重要性,但它們不是首出的,而是被導生出來的。相反的,在西方文化的傳統中我們一樣可以看到諸如:「和平、仁愛、情氣、感通、無執著性、互為主體化、道理、調節、和諧、根源、整體」等觀念,當然,它們亦不是首出的,而是被導生出來的。

(四)中國的理性化是在氣的感通的格局下強調調節性原理、互為主體性

換言之,中國歷史傳統亦自有其理性化的過程,然而此理性化的過程確有其獨特處,它不同於西方的理性化過程。西方的理性化過程是連著征戰、權力、語言、命令、執著性……等而說的,而中國的理性化則是在氣的感通的格局下,強調調節性原則,強調互為主體[14]。

理性化是伴隨著政治社會共同體的建立而起的。就人與宗教的關

---

[13] 所有類型學的對比,其所謂的「類型」乃如韋伯所謂的「理想類型」(Ideal Type),此並不是從經驗中綜和而來,而是經由一心智的先驗構作,而運用於經驗之中,當然在操作的過程,實必經由經驗的理解與體會,而促動吾人心智的先驗構作。參見林安梧:〈方法與理解——對韋伯方法論的認識〉,《鵝湖月刊》110期(1984年8月),頁38-46,又參見Max Weber "Objectivity" in Social Science and Social Policy 一文,收入"The Methodology of the Social Sciences"(臺北市:臺灣虹橋書店影印發行,1983年7月)一書中,又參見蔡錦昌:《韋伯社會科學方法論釋義》(臺北市:唐山出版社,1994年3月),頁77-86,又參見顧忠華:〈韋伯的社會科學方法論——價值問題與理念型方法〉,收入《韋伯學說新探》(臺北市:唐山出版社,1992年3月)。

[14] 韋伯以為「儒教」與「清教」(基督新教)同樣是理性主義者,只是前者強調理性的適應於世界,而後者則理性的支配世界。參見韋伯著,前揭書,頁315。筆者以為韋伯所言雖亦齊整而可理解,但見解未透,且多有基督教中心主義的傾向,故所見之儒、道、佛等難免問題叢生,但因韋伯頗有洞察力,故於世界宗教之理解與詮釋多有「洞見」,但有時仍難免「洞」見。

係來說，原始的人們以為可以通過一宗教的儀式或咒術，進入到忘我神迷的地步，而去觸動冥冥中的不可知，因而產生一對現實人間世的直接干預，顯然地，這樣的狀態是還沒有進到理性化的狀態的。理性化的特點在於人的心智起了一執著性的確定指向，自主的做出了決定，而擺脫了宗教儀式及諸如咒術等種種神秘的溝通管道。在理性化以後，即使還有宗教儀式，那儀式也果真是被儀式化了，並不是當真般的去耍，而是當成一「禮儀」罷了。或者，我們可以說，所謂的「理性化」就是解咒，就是絕斷了（或絕限了）人原先與冥冥中不可知的神秘管道，而訴諸於人自家生命的力量。[15]由於政治社會共同體建立起來了，人們開始有其力量，足以確定其自家生命的存在，因而理性誕生了。

四　「絕地天之通」的兩個類型：「斷裂的」與「連續的」

（一）絕地天之通與理性的誕生

理性的誕生是與共同體之能發出一確定指向的權力有著密切的關係，而這當然就與整個政治社會共同體的組構方式、符號象徵有著密切的關係。一個具有教義，而且體制化了的宗教，定是在整個政治社會共同體建立起來，人們已走向了理性化之後的產物。而這最明顯的是告別其原始的巫術信仰，斷絕了（限絕了）一般人上天下地的管道，甚至沒有任何條件的斷絕了來自人生命原鄉咒術般的權能。

在人類文化的發展史上看，起初，人們之與冥冥中不可知的神秘

---

15 筆者於此特地點出「絕」之有「絕斷義」與「絕限義」是要說明因為理性化的差異，也就有著兩個不同的「絕」的方式，此請參見〈絕地天之通與巴別塔〉，前揭文。又任何類型的「絕」又要求著另一「再連結」的可能性，其神秘管道雖絕而不絕，只不是原先之神祕管道而已。

管道之「絕」（斷絕或限絕），在表面上好像是那政治社會共同體的統治者對於此管道的「獨占」，但骨子裡，卻就在這獨占的過程中轉化成另一非獨占的型態。這也就是說由於統治者獨占了此神秘的管道，而開啟了理性化，再由於此獨占者喪失了其獨占地位後，於是原先其推展的理性化便全面的展開了。理性之為理性原是這些獨占者用來軌持整個政治社會共同體而生之物，它是將原先的共同體從渾淪未分的狀態擘分開來，以主體的對象化活動，而將它分成兩個對立面，由某一對立面去宰控另一對立面，由主體去掌握對象，因而達到某一確定性，此即是所謂的理性。真正的宗教，在人類政治社會共同體中大家所相信的宗教，不是原始的巫術信仰，而是經由此「絕」之後的「再聯結」。Religion，「宗教」這個字在古希臘時代其本義就是「再聯結」的意思[16]。

（二）絕與再聯結的不同型態：神人分隔與天人不二

一說到「再聯結」就有不同的型態，而其型態之不同大體是隨著原先「絕」的型態之不同而來，亦即看是什麼樣的「絕」，就是什麼樣的「再聯結」。大體說來，若是整個文化走向一神論格局的，其「絕」的方式便是「斷絕」的「絕」；若是整個文化走向一非一神論格局的，其「絕」的方式便是「限絕」的「絕」。若是「斷絕之絕」，則此聯結非人內在之力所能完成，因而須得有一外在之力，做為中介者，方有可能聯結。若是「絕限之絕」，則此聯結則多強調人內在之

---

[16] 羅竹風、黃心川以為「宗教一詞，一說為拉丁語中的religare，意為聯結或再結，即『人與神的再結』，一說在拉丁語中為religio，意為敬神。在漢字語源中，宗从『宀』、『示』，意為『宇宙神祇所居』。宗也有『尊祀祖先』或祭祀『日月星辰，江河海岱』之意。宗教是奉祀神祇、祖先之教。」見氏著：〈宗教〉一文，收入羅竹風等編：《中華大百科全書（宗教卷）》（上海市：中華大百科全書出版社，1988年1月），頁1。

力可以完成,因此不須有一外在的第三者以為中介,即可完成。

　　前者,可以西方的基督宗教為代表;而後者則可以東方的儒道佛三教為代表。前者,最重要之觀念在於「上帝救贖」,而後者最重要的是在於「自力成就」。但不管怎麼說,一個政治社會共同體之由一個個原子式的存在逐層上升而統於一絕對的法則(或權威),此自與一個政治社會共同體的每一分子,在生命的歸依上皆統屬於一至高無上的「上帝」(God),此是同一結構,是在同樣的歷史情境與過程中發生的。一個政治社會共同體之由彼此生命聲息的互動感通交融為一個整體,並就在此血緣性的縱貫軸的構組之下,而尋其生命的根源,在人間則由於權力的軌持而有一至高的象徵,至於宗教層面則以為有一根源乃從屬於整個政治社會共同體的,就名之為「天」。天是一共同體之至高象徵,但並非是一超越的絕對者,而是人間的根源嚮往,人與天是關聯成一個不可分的整體。或者,我們可以說,前者採取的是「神人分隔」,而後者則採取「天人不二」。

(三)斷裂型的理性與連續型的理性

　　如上所說可知,天人或神人的關係是和人與人的關係相應的,而這又與人之對待天地事物的關係相應。簡單的說,天人、物我、人己這三個面向是相應的。「天人不二」顯示的是一連續觀,其表現出來的理性,則姑名之曰「連續型的理性」,至於那「神人分隔」所顯示的則是一斷裂觀,其表現出來的理性,則姑名之曰「斷裂型的理性」[17]。所謂「連續型的理性」,這裡的「連續」指的是天人、物我、人己這

---

17 杜維明於所著〈試談中國哲學中的三個基調〉中曾清楚的指出「這種可以用奔流不息的長江大河來譬喻的「存有的連續」的本體觀,和以「上帝創造萬物」的信仰把存有界割裂為神凡二分的形而上學絕然不同。」參見《中國哲學史研究》1918年第1期(1981年3月),頁20。

三個面向中任何一個面向，其中兩端的連續。即天人連續，物我連續，人己連續，由連續而形成一連續體，或者說形成一合一體，因而亦有名之曰：「合一」的，亦有名之為「不二的」，其義並無不同。

理性乃是人們經由長久的歷史摸索，逐漸形成一個社會總體，就此歷史社會總體之構成而有此歷史社會總體下的理性。換言之，理性不是一個懸空的東西，而是一歷史社會總體的現實產物。即如我們所謂的「先驗的理性」亦宜置於歷史社會總體之中來加以審視，才能確立其所謂的先驗究竟是什麼意思。其實所謂的先驗乃是就方法論上而說的，若就存有論的層次，則無所謂的先驗可言。

（四）與連續型理性相應的是天人、物我、人己連續為一體

連續型的理性指的是以天人、物我、人己連續為一體這樣所構成的理性狀態，因為它是在一所謂的「連續而為一體」的情況之下而形成的理性，所以它在天人、物我、人己這三個面向的兩端之間，沒有斷裂，也因此，它不必有一個異質的東西做為兩者的連結。甚至，我們可以說所謂的「天人」、「物我」、「人己」這三大面向的兩端是不能是真正的兩端，它們的兩端只是方法上的訂定而已，並不是存有上的論定就有這兩端[18]。換言之，當我們一再的強調天人合一、物我合一、人己合一，其實在所謂的「合一」之前，已先預取了一「不二」的立場。就理論的構築來說，「不二說」是先於「合一說」的。不二說是就理想的本原狀態而說的，合一說則是就現實的實踐與修養之要求而說的。不二說乃是就因位上說，而合一說乃是就果位上說。

---

18 如此之兩端實可以如王船山所謂的「兩端而一致」，此可參見林安梧：《中國近現代思想史論》（臺北市：臺灣學生書局，1995年9月），第三章〈王船山的歷史詮釋學〉，第四節「『兩端而一致』對比辯證的思維模式」，頁84-92。

(五)與斷裂型理性相應的是天人、物我、人己裂而為二

所謂「斷裂型的理性」指的是就「天人」、「物我」、「人己」這三個面向下的兩端不是連續為一體的,天人裂而為二,物我裂而為二,人己裂而為二。值得注意的是雖然它們裂而為二,但是必然的要有一合而為一的要求。就此從裂而為二,到合而為一,須有一個獨立於兩端之外的第三者以為中介,通過這樣的中介才能將這兩端連結起來。

無疑的,斷裂型的理性乃是以這個第三者為核心的一種理性,它具有統合兩端為一個總體的作用。起先這個第三者是做為兩端溝通及連結的一個中介而已,就理論的層次來說,它應只有方法上的意義,而沒有本體上的意義。就好像只是一個轉運站而已,它並沒有自家的貨品。換言之,起先它只是暫時的「假」而已,不是恆常的「真」。問題就在於,它「弄假成真」,「以假控真」。其實,就這「斷裂型的理性」之理性其最大的功能便是撐成一總體的功能,就這撐成便不免有所謂的「異化」與「宰制」的情形[19]。當然,前面,我們所提及的「連續型的理性」亦有「異化」與「宰制」的情形,只不過兩者的類型及內涵有天大的差別。

就此連續型的理性而言,它預取的是一萬有在道論(Panentaoism)的傳統,它所強調的便是一天人、物我、人己三者皆通統而為一,萬有一切皆為道之流布,而且萬有一切皆一統於道。若就其文化的基底而言,雖不再停留在原先的巫術信仰的層次,但它並不與之「斷絕」,而是與之「限絕」,就在這限絕的過程中發展出其實踐的理性。

---

[19] 筆者以為西方現代化的總體機制,若溯其源頭,當可追溯至此,此問題之處理當可有助於西方後現代之種種問題。韋伯在《基督新教倫理與資本主義精神》一書中以隱然發其端倪,頗值注意。又費爾巴哈在《基督宗教本質講演錄》對於上帝的理解亦與此可關聯合參。而尼采之「反基督」更可視為來自生命內在深沉的呼喚,可以視為對「弄假成真」、「以假空真」的顛覆性省思。

這樣的理性可以說即是一「連續型的理性」，或是說為「合一型的理性」。這樣的理性並沒有一個所謂的「理體」做為核心，因而它也沒有來自這理體核心所造成的宰制，同時也就沒有一種理的偏至型的表現，及一徹底對象化而客觀的法。連續型的理性乃是一相容而互攝的理性，這理性並不形成一總體的核心狀態，而是一連續的、氣之感通的合和為一的理性狀態。這樣的理性狀態，是情、理、法三者互動而互涵的[20]。

五　結語：「差異」與「融通」

（一）天、命、性、道、德、行諸字義

承上所述，我們可說在中國文化傳統，如孔老夫子所說的「志於道，據於德」，老子所說的「道生之，德蓄之」，他們所說的「道」都是不離生活世界的，它所指即是此生活世界之根源性的總體[21]。人即生活於此中，而且每一個人的生命都通極於此，其內在根源有其同一性。若要顯示其至高無上，廣袤無邊則用「天」這個字去稱謂它。就此根源性之整體之流行不已，則吾人說其天命流行，此即所謂的「命」，「命」有命令義，有其流行義，再而引申之則有其流行所成之定形，以其為定形而說其命限義。命令義、流行義、命限義，這三者

---

[20] 就此而言，我們可以清楚的分別出儒家所謂的「道德實踐理性」並不同於康德的「實踐理性」。牟宗三先生雖力言康德哲學與儒家哲學之共通性，但彼此亦有深切的揀別，彼於所譯注之《康德的道德哲學》（臺北市：臺灣學生書局，1982年9月），小字注處多有揀別。又其所著《圓善論》（臺北市：臺灣學生書局，1985年7月），第六章〈圓教與圓善〉對此論之甚詳）。

[21] 參見林安梧：〈「道」「德」釋義：儒道同源互補的義理闡述〉，《鵝湖月刊》第28卷第10期（總號334期，2003年4月），頁23-29。

是通而為一的。落在人之所以為人上說,則說其為「性」,「性」原指的是「生」,通泛平鋪而言,當為「自然義」,而落實於人而言,則特顯其「自覺義」,以其自覺義,則說其為「創生」,落在人間實踐之道德之根據上說其為「本性」。再者,就「道」之開顯於人,落實於人來說,則亦有以「德」字去說它的。此「德」字連著其所開顯之根底的「道」,則合稱「道德」。若將此「德」字連著落實於人間實踐之本「性」而說的,則合稱為「德性」,若強調其必在一實踐之行動中,則稱之為「德行」。經由這些詞彙的簡易疏解,我們可以更進一步指出中國文化傳統中,凡涉及於道德實踐,必然由倫常日用,調適而通極於道,此正可見即道德即宗教的義涵。

(二)連續型理性是在「我與您」這存在樣式下而展開的理性

凡上所論,皆可歸之於「血緣性的縱貫軸」這基本架構來理解,因為是一血緣性的縱貫軸,所以是以「氣的感通」為基本的模態,而不是以「言說的論定」為基本的模態。再者,其政治社會共同體之構成則是以符號式的統治方式展開,宗教上則成就了一天人不二(或天人合一)這樣的格局,強調「因道以立教」,一統而多元,在理性上則是一連續型的理性,是在一「我與您」(I and Thou)這樣的存在樣式下而展開的理性。

(三)因道而立教與立教以宣道

對於政治社會共同體構造的方式、權力的控制方式、理性的生長方式,以及神人(或天人)的問題,做了一番對比的分解之後,我們可以更清楚的了解到為何中國的宗教是一種即倫理即宗教、即宗教即道德的方式,而且傳統的中國對於宗教一直是採取極大的包容,甚至

被一些一神論的宗教徒誤認為中國沒有較高的宗教意識，所以信仰歸屬極為隨便[22]。其實不然，中國民族與其說是歸屬於某一言說層次的「教」，毋寧說是歸屬於另一較高層次，非言說層次的「道」。依中國傳統來說，「道」是一，而「教」則可為多，是「因道而立教」，並不是「立教以宣道」，其實周代所形成的政治社會共同體即便是這種「一統而多元」的狀況。後來，中國走向了帝皇專制，政治社會共同體看似大統一了，但骨子裡仍然是這種一統而多元的狀況，特別在宗教這個層面為一統而多元。中國歷史上幾乎沒有什麼大的宗教戰爭，充分的體現了宗教的寬容度，這是其他民族所少見的。這牽涉到的因素當然很多，但卻與其為「因道以立教」的格局，與其「一統而多元」的格局有著極為密切關係。

（四）「創造性之自身」與「生生之德」的融通之可能

如前所述，「因道以立教」與「立教以宣道」，各有所異，然是否就殊途而不可能同歸呢！或者我們仍然可以找尋到一個會通的可能呢！比較而言，基督教「立教以宣道」的型模在表面上似乎沒有中國傳統所強調的「因道以立教」來得寬廣，但近幾百年來的發展與轉折卻有一嶄新的風貌，上帝與其說是一超越的人格神，毋寧說祂是一創造性自身（Creativity），說祂是一以一種「我與您」（I and Thou）的關聯性而關聯為一體[23]。顯然的，若就此而言，我們似可以通過中國

---

[22] 關於此，梁漱溟即以為中國是「以道德代宗教」，見氏著《中國文化要義》（臺北市：問學出版社，1977年11月），第六章，頁96-124，又牟宗三《中國哲學的特質》一書亦於此列有專章處理，而唐君毅於所著《文化意識與道德理性》（臺北市：臺灣學生書局，1975年再版），第七章〈人類宗教意識之本性及其諸形態〉於此亦有所論，請參看。

[23] 保羅・狄利希（Paul Tillich）於所著「系統神學」（Systematic Theology）中強調一創造的關聯的上帝（God as Created and Related），參見龔書森、尤隆文譯：《系統神

文化的最基本型模的《易經》所強調的「生生之謂易」或「天地之大德曰生」作為一溝通及接榫的過渡，以創造性自身作為兩者匯歸之所。再者儒學所強調的「仁」，那做為存在的道德真實感的怵惕惻隱之仁，那強調經由人生命深處深沉的感通振動而關聯為一體的「一體之仁」[24]，正如馬丁・布伯（Martin Bubber）所說的「我與您」的關聯性。從創造性自身找著了兩者存有論的溝通管道，從「我與您」找著了兩者實踐論的會通可能，筆者以為這或許是作為中西文化下的兩個大教（儒家與基督教）的對話的可行途徑。

學（第一卷）》（臺南市：東南亞神學院協會臺灣分會，1971年），第十一章。又馬丁・布伯（Martin Buber）於所著「I and Thou」之中亦盛發此義，請參見陳維剛譯《我與你》（*I and Thou*）（臺北市：久大桂冠，1991年）。

[24] 儒學自孔子孟子以來即作如是之強調，直到王陽明的〈大學問〉始盛發此義，參見林安梧：〈王陽明的本體詮釋學：以王陽明《大學問》為核心的展開〉，收入林安梧《中國宗教與意義治療》（臺北市：明文書局，2001年），第四章，頁81-115。

參考文獻

〔清〕阮元:《校刊》。
《十三經注疏》,臺北市:藝文出版社,1956年。
牟宗三:《圓善論》,臺北市:臺灣學生書局,1985年。
牟宗三:《中國哲學的特質》,臺北市:臺灣學生書局,1982年。
杜維明:《中國哲學史研究》,北京市:無出版社資料,1981年。
李亦園:《文化的圖象:宗教與族群的文化觀察》,臺北市:允晨叢刊,1992年。
呂理政:《天、人、社會——試論中國傳統的宇宙認知模型》,臺北市:中央研究院民族學研究所,1990年。
馬伯樂:《尚書中的神話》影印本,1937年。
林安梧:〈方法與理解——對韋伯方法論的認識〉,《鵝湖月刊》110期,1984年。
林安梧:〈絕地天之通與巴別塔:中西宗教的一個對比切入點的展開〉,《鵝湖學誌》第四期,1990年。
林安梧:《臺灣、中國——邁向世界史》,臺北市:唐山出版社,1992年。
林安梧:《中國近現代思想史論》,臺北市:臺灣學生書局,1993年。
林安梧:《儒學與中國傳統社會的哲學考察》,臺北市:幼獅文化事業公司,1996年。
楊向奎:《中國古代社會與古代思想研究》,上海市:上海人民出版社,1962年。
費孝通:《鄉土中國》〈差序格局〉,上海市:觀察社出版,1948年。
費孝通:《中華民族多元一體格局》,北京市:中央民族學院出版社印行1989年。

陳其南：《家族與社會——臺灣和中國社會研究的基礎理念》，臺北市：聯經出版事業公司，1990年。

羅竹風編：《中華大百科全書（宗教卷）》，上海市：中華大百科全書，1988年。

梁漱溟：《中國文化要義》，臺北市：問學出版社，1977年。

唐君毅《文化意識與道德理性》，臺北市：臺灣學生書局印行，1975年再版。

蔡錦昌：《韋伯社會科學方法論釋義》，臺北市：唐山出版社，1994年。

顧忠華：《韋伯學說新探》，臺北市：唐山出版社，1992年。

薩孟武：《儒家政論衍義：先秦儒家政治思想的體系及其演變》，臺北市：東大圖書公司，1982年。

Alan C. Isaak 著、朱堅章主譯：《政治學的範圍與方法》，臺北市：幼獅譯叢，1978年。

卡西勒（E.Cassirer）著、劉述先譯：《論人》，臺中市：東海大學出版社，1959年。

保羅・狄利希（Paul Tillich）著，龔書森、尤隆文譯：《系統神學（第一卷）》（*Systematic Theology*），臺南市：東南亞神學院協會臺灣分會，1971年。

保羅・狄利希（Paul Tillich）王秀谷譯：《愛情、力量與正義》（《Love, Power and Justice》），臺北市：三民書局，1973年。

維科（G. Vico）著、朱光潛譯：《新科學》，臺北市：駱駝出版社，1987年。

Max Weber. *The Methodology of the Social Sciences*，臺北市：虹橋書店影印發行，1983年。

瑪克斯・韋伯（Max Weber）著、簡惠美譯：《中國的宗教》，臺北市：新橋譯叢，1989年。

第十二章
「儒、耶會通」：關於「人性」的「罪」與「善」之釐清與融通

本章提要

　　「性善」一般用來指的是儒家孔孟一系的人性論，而「原罪」則用來指基督宗教對於人性的看法。關聯著「性善」說，其「天人」、「物我」、「人己」的關係乃是一「連續」的關係，而不是「斷裂」的關係。關聯著「原罪」說，其「天人」、「物我」、「人己」的關係乃是一「斷裂」的關係，而不是「連續」的關係。關聯著「連續觀」，是經由一「氣的感通」而關聯成一個整體。「氣的感通」所強調的是主體的互動，而不是主體的對象化。關聯著「斷裂觀」，是經由一「話語的論定」而分裂成主、客兩端，這是經由一主體的對象化活動而開啟的主客對立格局。「原罪」經由「話語的論定」，由「本無一物」轉而為「如有一物」，再落而為「果有此物」，既「果有此物」便非得「救贖」不可。「性善」經由「氣的感通」，由「本之在天」轉而為「本之在人」，再落而為「本之在心」，既「本之在心」，便即心言性，因而說其為「性善」。解消「原罪」之「果有此物」，知其「如有一物」，進而溯源，體悟其「本無一物」。因其本無一物，故可以解消話語之論定，而與其他宗教融合之可能。正視「本之在心」的「性善」之論，知其「本之在人」，進而溯源，識其「本之在天」。經由主體能動性與超越總體性的對比，而走出氣的感通之渾淪，再濟之以話

語之論定,而有一與基督宗教相對比、相融合之可能。基督宗教之「原罪說」當得回本,而儒家之「性善說」當該貫末,兩者或可有融通之可能。

關鍵字詞:神、人、存有、連續、斷裂、氣的感通、話語的論定、救贖、本末

一 論題緣起:儒家「性善說」與基督宗教「原罪說」的對比

「性善」一般用來指的是儒家孔孟一系的人性論,而「原罪」則用來指基督宗教對於人性的看法。「性善」不是天生本質之為善,不是就本質論上去了解人性而說其為善,不是將人性定義為「善」。此所強調重在其非本質論式的思考,而是回到人之為人之存在本身,如其本真之端,本真之始而說的。如孟子所謂的「怵惕惻隱」之為善[1]。這亦不是理論之設定,而是存在之當下呈現。[2]

「性善」指的是人之為人,就其生命的根源處,而說其為「善」,此「善」乃是就一生命之定向上而說。入於生命根源,故可上溯至存在源頭之律動說,如《易傳》所說「一陰一陽之謂道,繼之者善,成

---

[1] 參見《孟子》〈公孫丑上〉:孟子曰:「……今人乍見孺子將入於井,皆有怵惕惻隱之心;非所以內交於孺子之父母也,非所以要譽於鄉黨朋友也,非惡其聲而然也。」

[2] 當代新儒家於此有一極具爭議之公案,民初馮友蘭與熊十力對孟子之性善各有所論,前者以為是預設,後者則以為是呈現。此可參見牟宗三:《五十自述》(臺北市:鵝湖月刊社,1989年),頁88。

之者性」。順此「存有之道」的律動,能「繼之」而為「善」也。這強調人的參贊化育而為善,王夫之即順此說「道大而善小,善大而性小」,言之頗深刻[3]。如孟子之言其為定向也,彼說「人性之善,如水之就下」,信然。[4]

「原罪」則在基督宗教的發展史上,由一深切的負面的對人性的刻劃,轉為本質性的定罪。就基督神學來說,「任何違背、違抗神律法或旨意的思想、行為、言語或狀態。」[5]便是「罪」。在《羅馬書》裡保羅更強調「罪是人內在的一個律;罪不單是一種行為,罪也是住在人裡面的一個律」。保羅也提過他自己與罪的律掙扎[6];所有人都有罪性,[7]而這罪之被解釋為「原罪」主要起因於《創世紀》之人類始祖亞當、夏娃違背上帝旨意,吃了智慧之果所致。

「定罪」並不是「原罪」,換言之,今所謂的「原罪」是經由一「定罪」的歷程而成的,並不是一存在的實然,而是一話語的定然。即若亞當、夏娃是人類始祖,但也不是生而有罪,而是違悖上帝旨意

---

3 參見船山:《周易外傳》,卷5:「道大而善小,善大而性小,道生善,善生性。道無時不有,無動無靜之不然,無可否之不任。受善則天人之際,有其時矣!善具其體而非能用之,抑具其用而無以為體,萬彙各有其善而不相為知,而亦不相為一性則斂於一物之中,有其量矣!」拙於此有論,參見林安梧:《王船山人性史哲學之研究》(臺北市:東大圖書公司,1987年),頁59-60。

4 見《孟子》〈告子上〉:告子曰:「性,猶湍水也,決諸東方則東流,決諸西方則西流。人性之無分於善不善也,猶水之無分於東西也。」孟子曰:「水信無分於東西,無分於上下乎?人性之善也,猶水之就下也。人無有不善,水無有不下。今夫水搏而躍,可使過顙,激而行之,可使在山,是豈水之性哉?其勢則然也。人之可使為不善,其性亦猶是也。」水之向東、向西,可東可西,甚至搏而躍之,可使過顙,激而行之,可使在山,但這都不是水的性子。水的性子,是它有一定向,孟子以此說人之性亦有定向。

5 《提多書》2:14。

6 《羅馬書》7:14、7:17-25。

7 《加拉太書》3:22。

才有罪,在未食智慧之果前是無罪的。即若犯了罪也是可悔改的,至其不能悔改,只能取決於上帝之預定,而說其為可悔改,此便是一奇詭之辯證歷程。此其實是人類文明與人意志自由辯證之所產,此即我所說乃「話語之定然」,而非「存在之實然」。

關聯著「性善」說,強調的是回到生命源頭處,由此源頭處發出一根源性的動力,即能有所成就其原本可能成就的理想人格。此根源性之動力實如《易經》蒙卦所說「山下出泉,君子以果行育德」,亦如孟子所說「原泉混混,不舍晝夜,盈科而後進,放乎四海,有本者如是」「可欲之謂善。有諸己之謂信。充實之謂美。充實而有光輝之謂大。大而化之之謂聖。聖而不可知之之謂神」[8]。此是自性之善的生長與完成。天人不二,本可合德也,肉身可以成道也。

關聯著「原罪」說,強調的是一超越的救贖,由一超越的人格神經由一道成肉身的耶穌而來的救贖,由此救贖才能免於永劫之地。未始之前,原本無罪;違悖誡命,犯之成罪。罪原可宥[9],其罪既定,定之難解,唯繫於救贖。此救贖來自於超越界,來自於那唯一的超越人格神之經由道成肉身之耶穌基督,方可完成。此是神人隔限之格局,與天人合德者,大相逕庭。

二 「性善說」與存有的連續觀

關聯著「性善」說,其「天人」、「物我」、「人己」的關係乃是一「連續」的關係,而不是「斷裂」的關係。連續的關係,所以關聯成

---

8 此所引言,前見《易經》〈蒙卦・大象傳〉,後見《孟子》〈離婁下〉、〈盡心下〉。
9 如伊斯蘭教之系統即以為罪為可宥,該教認為人類的始祖阿丹(亞當)和好娃(夏娃)違背阿拉的旨意食用禁果並不是「罪」(只是犯錯誤),他們向安拉悔過後,安拉已經原諒了他們。

一個整體,不在此世界之上另立一彼岸,或者說若以「此岸」與「彼岸」對舉的來說是不恰當的。在語言上若仍以「此岸」與「彼岸」對舉,則此亦不能相違。如實說,此岸與彼岸通而為一,不分彼此也。既不分彼此,則生死幽明,通而為一。孔子有言「未知生,焉知死」這並不是說只論生,不論死,而是說應由「生」去了解「死」。所謂「生,事之以禮,死,葬之以禮,祭之以禮」也。應由此岸去了解彼岸也。或說此岸與彼岸之區別,只在一念之「覺」與「不覺」而已。

　　因為此岸與彼岸之關係如此,所以「超越」與「內在」這兩組辭亦不是對舉而相悖的,而是相容為一個整體的。因此,或有詮解「性善」乃是既「超越」而「內在」的。就其超越處說為「天理」,就其內在處說為「良知」(或「本心」),一般華人將此兩者和合為一,謂之「天良」。或亦可說依華人哲學傳統之大流,主張「天人合德」,天道論與心性論本通而為一。此非先有天道論再落實而為心性論,亦非以心性論證立天道論也。關於此,拙有專文〈關於「天理、良知」的超越性與內在性問題的一個反省〉論及於此,可參看。[10]

　　實則,既超越而內在,並非由超越降而為內在,而是以「內在之根源」而收攝「外在之超越」。今人又有「內在超越」與「外在超越」對舉的說,皆當本於此,然所用辭語不善巧,易流失滑轉也。此所說以「內在之根源」而收攝「外在之超越」,此大體順當代新儒家之思路說,此一九九五年時之思路也。若今,則更而主張此兩者為「交藏而互發」,是一互為主體際之相生相涵[11]。雖互為主體際之相生相涵,然畢竟人為參贊之主體,故說其為收攝亦無不可,以王夫之哲

---

10 參見林安梧:〈關於「天理、良知」的超越性與內在性問題的一個反省〉,收入於香港浸會大學哲學系編:《當代儒學與精神性》(桂林市:廣西師範大學出版社,2009年4月),頁134-147。

11 船山論及「藏互宅而各有其宅,用交發而各派以發」之論,參見《尚書引義》(臺北市:河洛圖書公司,1975年),卷1〈大禹謨〉,頁22。

學視之為近,蓋「兩端而一致」也[12]。

　　「性善」說所成之儒教,亦是一宗教,唯此宗教不是一具有超越人格神的宗教,而是一強調內在根源而成就其終極關懷的宗教。吾以為宗教不可只限於一神論為中心之思考,應做一寬廣之解釋,我以為狄利希(Paul Tillich)終極關懷(ultimate concern)之說,最為可取[13]。又關於此,我於第一屆全國儒教學術研討會上曾有一發言,主要申明就教義、教主、教團、教規,儒教之可為一宗教是一發散型之宗教,而非一收斂型之宗教[14]。

　　這樣所成的宗教強調的是內在的、自力的成就,而不是超越的、外力的救贖。儒教之為「內在而自力」,基督宗教之為「超越而外在」,此是就其大要之分判,並無高下之別。既為宗教,落於人間,不免各是其所是,非其所非;然「恢詭譎怪,道通為一」,實亦可各有其所擅長者,不必相非議也。儒教之「內在而自力」其所缺者,正基督宗教之「超越而外在」也。基督宗教之「超越而外在」其所缺者,正乃儒教之「內在而自力」也。

三　「原罪說」與存有的斷裂觀

　　關聯著「原罪」說,其「天人」、「物我」、「人己」的關係乃是一

---

[12] 船山有關「兩端而一致」之說,參見曾昭旭:〈王船山兩端一致衍論〉《鵝湖月刊》21卷第1期,1995年7月,頁133-139。又參見林安梧:《王船山人性史哲學之研究》,頁111。

[13] 參見林安梧:《中國宗教與意義治療》(臺北市:明文書局,2001年),第一至二章。

[14] 參見林安梧:〈關於「儒教」、「儒家」與「儒學」的基本義涵之厘清——在第一屆全國儒教學術研討會上的主題發言〉,收於陳明編:《激辯儒教》(貴陽市:貴州人民出版社,2010年)。又關於此次論議之報導,首先由陳占彪主筆,刊於《社會科學報》(上海市:上海社會科學院出版社,2005年2月23日),第1,4版。

「斷裂」的關係，而不是「連續」的關係。斷裂的關係，所以分裂成兩個部分，於是就在此世界之上另立一彼岸，「此岸」與「彼岸」是對列而分的。此所說之彼岸、此岸，與佛教之說不同。佛教之彼岸、此岸，其所關聯的是業力因果輪迴，此有一時間之循環概念。基督宗教所關聯者是一原罪之救贖，此有一線性的時間概念。其所關注者在罪之赦免與否，以是而有永生與永死之問題。儒教則通此岸與彼岸而為一，從人倫定位去處置生生世世之問題，其時間觀亦是一循環往復之概念。儒教原是一家庭宗族之連續觀，此與佛教之業力循環觀雖有不同，然較易融通。其於人間倫理，耶為「罪感文化」，佛為「業感文化」，儒為「恥感文化」，此或可相提並論。[15]

因為此岸與彼岸是對列而分的，因此「超越」與「內在」這兩組辭是對舉而相悖的，超越必然指向外在，此與內在當然是相悖的，是不相容的。美國學者安樂哲（Roger Ames）即有此論，他以為當代新儒學講既超越而內在，是圓鑿方枘[16]。其實，這是中西宗教文明總體類型之差異，其批評屬各是其是，各非所非，並不中理。但若置於西方觀點來說，此論點是自然、當然、果然的，無庸置議。於此，我們看到任何詮釋都離不開其歷史性，離不開其詮釋的視域，各有限制。其實，正因承認有此限制，凡可以解開此限制也。

就其「超越」而言，則指的是上帝，而就其「內在」而言，則指的是「人」。上帝是一無限者、圓滿者、絕對者，而人則是一有限者、

---

15 關於此，參見林安梧：《儒學與中國傳統社會之哲學省察》（上海市：學林出版社，1998年），頁71。又關聯著此三者的異同，「恥感」強調的是反躬自省，「罪感」強調的是上帝救贖，而「業感」強調的是解脫輪迴。又「恥感的文化」之論法，請參見朱岑樓：〈從社會、個人與文化的關係論中國人性格的恥感取向〉，收入李亦園、楊國樞編：《中國人的性格》（臺北市：中央研究院民族學研究所，1972年）。

16 Ames, Roger T，安樂哲：〈孔子思想中宗教觀的特色：天人合一〉，《鵝湖月刊》第9卷第12期（總號108期）（1984年6月），頁42-48。

缺漏者、相對者。此之所謂「上帝」專就基督宗教之 God 而言，非中文原先於詩經、書經所說之上帝也。中文原先之脈絡所說「小心翼翼，以昭事上帝」，此與基督宗教之虔敬上帝雖頗不同，然亦有其可再探討者。至大之異同在於，東土華夏是一「天人合德」之傳統，西方則是一「神人分隔」之傳統。東土華夏強調人雖有限而可以無限也，基督宗教則斷然強調人之為有限也。甚至，強調此有限之人，截然不可與於上帝也。其與於上帝為上帝之所預定也[17]。

「原罪」說所成之宗教強調的是一具有超越人格神的宗教，而不是一強調內在根源而成就其終極關懷的宗教，原罪經由那超越的人格神所派遣而來的獨生子，以其寶血來清洗。這樣所成的宗教強調的是超越的、外力的救贖，而不是內在的、自力的成就。在伊甸園，未食智慧之果前，人本無罪。人違反上帝之意旨，食了智慧之果，因而犯罪。犯罪而被定罪。如此，由無罪、犯罪，而定罪，定之既久，說此犯罪之原，成了本質之原。人因之而無能力解決此罪，是謂原罪。因之而須有一道成肉身者，耶穌基督，以其寶血，為人類救贖此罪。若入於根源，以其救恩處，以其光照處，以其恩寵處，則亦可以跨出「原罪－救贖」之格局來思考問題。此亦可以如其為一內在根源，而成就一終極關懷之宗教也。

四　「存有的連續觀」與「氣的感通」

關聯著「連續觀」，是經由一「氣的感通」而關聯成一個整體。「氣的感通」所強調的是主體的互動，而不是主體的對象化。強調

---

[17] 參見林安梧譯：〈神學中的決定論：預定論〉，文刊於《鵝湖月刊》第13卷第6期（總號150期）（1987年12月），頁34-41。此文乃早歲承乏擔任觀念史大辭典之翻譯所為者。

「主體的互動」,故其基本的存在模式乃是一「我與你」(I and Thou)的方式,而不是一「我與它」(I and it)的方式。此借西哲馬丁・布伯(Martin Buber)之《我與你》(I and Thou)一書之言以為論也。「我與你」是兩個位格之主體互動,然於東土,此特別強調的是「氣的感通」下之主體互動,亦可以關聯著「一體之仁」來理解。陽明《大學問》所論[18]及程明道《識仁篇》[19]所述皆可與於此也,皆乃主體之互動,非主體之對象化也。

因其氣的感通而關聯成一個整體,故人之為一主體亦是涵攝於此整體之中的主體,主體並未經由主體對象化的過程,從整體擘分出來。人之為主體,其與整體之關係,如熊十力所說體用之關係,即用而言,體在用,即體而言,用在體,體用一如。亦如眾漚之與大海水也,眾漚即是大海水,大海水即是眾漚也[20]。整體之極者,道也。道者,天地萬物人我通而為一以為道也。人之與於此道,而道亦生之,人以德蓄之,如此而為人也。人是居於天地之間,成就其為三才的主體能動性之存在,然此主體能動性實不能外於此天地也。此是一天地人三才之傳統,不同於西方近現代之人文主義,以人之理智為中心之思考也[21]。

換言之,如此之主體只是知識作用上所暫立之主體,而不是一存在上恆立之主體。或者直說主體乃是一作用或功能,而不是實體。東

---

18 關於陽明一體之仁,參見林安梧:〈王陽明的本體實踐學:以王陽明《大學問》為核心的展開〉,收入《中國宗教與意義治療》(臺北市:明文書局,2001年)。
19 程顥《識仁篇》有言「學者須先識仁。仁者,渾然與物同體,義、禮、智、信皆仁也。識得此理,以誠敬存之而已」。
20 熊十力於《新唯識論》、《體用論》、《明心篇》、《原儒》等著作皆盛發此旨,參見林安梧:《存有、意識與實踐:熊十力體用哲學之詮釋與重建》(臺北市:東大圖書公司,1993年)。
21 參見林安梧:《中國人文詮釋學》(臺北市:臺灣學生書局,2009年),特別在第三章〈人是世界的參贊者、詮釋者〉,頁65-89。

土華夏傳統並不從 to be，去講 Being，而是從生生不息，去講存在，特別講的「存」「在」，都強調人之參與於天地之間而為存在也，都從物之生生處去說存在也[22]。說存在就由人之及於那不可分的天地萬物人我通而為一之總體，人之為一主體非剝分出來之主體，而是一作用功能，而與於整體之道的主體，這是一「參造化之微」，「審心念之幾」，也是一「觀事變之勢」之主體[23]。但如是主體總在生生化化之大流之中，及此生生而為德也。

如上所說的主體義，則人之為一實際的存在，其「個人」義便不能豁顯。或者說，最基本的一單位並不是一獨立的個人，而是一小型的整體，如「家」便是。或者說，東土華夏非「個人本位」之思考，而是一「人倫定位」之思考；人倫也者，於家庭中長養以成者，「孝悌也者，其為仁之本與」[24]，「仁者，事親是也，義者，敬長是也」[25]。這是一波紋型之結構，非一捆材型之結構，費孝通於此論之甚詳[26]。吾以是而論此為一「血緣性縱貫軸」之結構[27]。此血緣性縱貫軸是由

---

[22] 蓋「在」之古字是「从土才聲」，這是一形聲兼會意字，指的是萬物始生也。「存」是「从子从在省」，這是一個「子」字與「在」字結合的縮簡寫法，意思是說人之參與於在也。

[23] 此處所論，可參見林安梧前揭書第四章〈語言：存有之道落實於人間世的居宅〉、第五章〈道（存有）：語言調適而上遂的本源〉，又「參造化之微」，「審心念之幾」，「觀事變之勢」三句乃余講習《易經》廿餘年來之心得也，可參見林安梧：〈「易經」思想與二十一世紀文明之發展〉，《鵝湖月刊》第28卷6期（總號330期，2002年12月），頁36-48。

[24] 語出《論語》〈學而篇〉第二章：「有子曰：「其為人也孝弟，而好犯上者，鮮矣；不好犯上，而好作亂者，未之有也。君子務本，本立而道生。孝弟也者，其為仁之本與！」

[25] 語出《孟子》〈離婁〉下：孟子曰：「仁之實，事親是也。義之實，從兄是也。智之實，知斯二者弗去是也。禮之實，節文斯二者是也。樂之實，樂斯二者，樂則生矣。生則惡可已也？惡可已，則不知足之蹈之、手之舞之。」

[26] 參見費孝通：《鄉土中國》（北京市：生活・讀書・新知三聯書店，1948年）。

[27] 該書起稿於一九九三到一九九四年間，時在Wisconsin University at Madison訪問，後

「血緣性的自然連結、人格性的道德連結、宰制性的政治連結」所構造而成者。

以其為「氣的感通」，因此交光互網，通而為一，是由一小的整體擴大而為一較大的整體，再而擴大為一更大的整體。《大學》之講「格、致、誠、正、修、齊、治、平」所指即為如此。順前所論，此是一波紋型之格局，是一血緣性縱貫軸，是一存有的連續觀，逐層而擴散發展開來的，這是一生生之不容已。「修身、齊家、治國、平天下」步步推展而開，這是一實踐之理序，是一生命生長生生之理序。「自天子以至於庶人，壹是皆以修身為本」，至於「修身」則本乎「格物、致知、誠意、正心」也，此是論理之次序也。身家國天下，本為一體也。於人間學，皆可以「一體之仁」以為論也。於自然哲學，則可以「一氣之化」以為論也。

五　「存有的斷裂觀」與「話語的論定」

關聯著「斷裂觀」，是經由一「話語的論定」而分裂成主、客兩端，這是經由一主體的對象化活動而開啟的主客對立格局。強調「主體的對象化活動」，故其基本的存在模式乃是一「我與它」（I and it）的方式，而不是一「我與你」（I and Thou）的方式。亦在此「我與它」為主導之模式下，進而言「我與你」的可能，蓋宗教神學者，皆不免於「我與你」之論也。一神論之宗教，其所論之「我與你」為第二義，其第一義者，仍為「我與它」，而且就在絕對的它化、神聖的它化、超越的它化，終而使得此「它」，晉昇為一「祂」，此即是一「上

來刪修為《儒學與中國傳統社會之哲學省察：以「血緣性縱貫軸」為核心的展開》（臺北市：幼獅出版社，1996年；上海市：學林出版社〔簡體字版〕，1998年）。

帝」的「他者」之「祂」。人之對此「祂」，而形成一新的「我與你」的關係，這不同於東土華夏傳統之「我與你」的關係。蓋前者為話語話語之論定所成之格局也，後者則為生命之氣的感通所成之格局也。基督宗教由「我與你」而可進及其「冥契上帝」也，此近於東土華夏之「默契道妙」也，然是又不同也。

經由主體的對象化活動，而將人從整體中分離出來，成為一切對象化的起點，以話語的論定去論定其所對的對象，並從而使此對象成為一定象性的存在。上帝經由話語而造此天地萬物，唯人是上帝依其肖像所摶揉而成者，然人亦用話語來論定此天地萬物。其為主體之對象化活動，其論理之結構是與上帝一樣的。近世以來，人之以其理智做為萬有存在之起點，此是話語之論定、主體之對象化活動之極致表現也。如此一來，使此存在之對象之為一話語之對象化、主體之對象化所成之定象性存在，並以此定象性之存在當成存在之自身也。此是順西方之主流傳統，加之中世紀之神學所致的一個極致表現，它導致嚴重的「存有的遺忘」[28]之後果。

如此一來，此主體與對象便不只是一知識作用所成之主體與對象，而且是存有所成主客對立格局下的主體與對象。主體與對象都有其實體義，此實體是相待而起的。實者此實體之為實體，非真乃存在之本真之體，而是一在主客對立格局，經由主體的對象化活動，經由話語的論定活動所成之相對待之「權體」以為實體也。此以權為經，以假為真，以暫為恆之實體，此造成了一嚴重的「具體性的誤置」

---

28 鍾振宇認為「海德格終其一生以批判傳統形上學對於存有的遺忘為己任，並嘗試由各種不同的角度闡發存有的真義。在此一科技發展迅速，人性深層意義為人所遺忘的時代，其理論之深度與廣度均是中華文化所應吸收與參照」。文見《海德格之有無同一說與任其自然：兼論中國哲學對海德格哲學之一判教可能》，《香港人文哲學會》第3卷第1期（2005年5月），頁56-68。

（misplaced concreteness），如懷悌黑（A Whitehead）之所論[29]。

主體、客體皆有其實體義，因而人之為一實際的存在，其「個人」義便得豁顯。即此個人而為一獨立之存在，即為一不可化約的個人。如此之個人就是在話語論定中所置定之個人，人並以此做為立基點，並以話語再去置定這世界。此即，我前面所述，經有一主體的對象化活動，經由一「我與它」的方式而開啟的定位活動。這較接近於一原子式的思考（atomic thinking），它不同於東土華夏之為一脈絡性的思考（contextual thinking）。我以為這是在共相之昇進中所做的原子式的定位、個人本位的定位；它不同於在生命的感通下所做的脈絡性定位、人倫性定位。

以其為「話語的論定」，因此主客對立、個我相待，於是須由一外於此個我之上的法則將此些個我連結成一個整體。基督宗教之特別重視律令、誡律者在此。依費孝通言，此即為一捆材型的格局，與東土華夏之為一波紋型之格局不同。前者之為一神論（Monotheism）的傳統，而後者則為一萬有在道論（Panentaoism）。前者重在對於上帝誡命的遵從，並強調「因信稱義」；後者重在一氣之感通，並強調「一體之仁」。此「話語之論定」與「氣的感通」適成為一有趣之對比，後者與於「無言」，而前者則以「神聖之言」為底據。蓋《論語》有言「天何言哉！四時行焉，百物生焉，天何言哉！」；《舊約全書》〈創世紀〉有言「上帝說有光，就有了光，於是把它分成白晝與黑夜」，此為最明白之對比[30]。

---

29 此說借自於A. N. Whitehead所論，參見傅佩榮譯：《科學與現代世界》（臺北市：黎明文化，1981年），第三章〈天才的世界〉。

30 拙於〈絕地天之通與巴別塔：中西宗教的一個對比切入點之展開〉一文有詳論，收入林安梧：《中國宗教與意義治療》，第一章。

六 基督宗教的「原罪說」其被論定的邏輯

「原罪」經由「話語的論定」，由「本無一物」轉而為「如有一物」，再落而為「果有此物」，既「果有此物」便非得「救贖」不可。「本無一物」之原罪觀，是在《新約》、《舊約》之前的原罪觀，此非經救贖而消罪，而是經由包容（愛）而消罪。人類始祖亞當、夏娃在未破上帝之誡命前，未食智慧之果前本為無罪。此時，若說其原罪應說是原本無罪，但此原本無罪卻亦潛隱著犯罪之可能。此可說是原罪之潛隱狀態，亦可說是一無罪狀態。或說其為一潛隱狀態，經由上帝之恩寵、光照而可歸返於原本之無罪。甚至就此無罪而說其有一積極為善之可能，亦可如上帝之誡命而為善也。[31]

《舊約》是由「如有一物」落而為「果有此物」，既為「果有此物」故此物之不可解。關聯社會史之演進來看，基督宗教之上帝由原先希伯來之戰神發展而來，配合著中東地區的集權官僚體制，而逐漸演變成一天上之王的最高神觀念，這位最高的神從空無中將人類與世界創造出來，並且成為一超俗世的倫理支配者，他要求每一個被造物都要來做他的工。「話語」乃是一主體的對象化活動，而「分」亦是一主體對象化活動所衍生出來的主客對立的活動。「創造」與「支配」相連，「愛」與「權能」和合為一。[32]如是演變之過程，其實也是人類文明的發展過程，也是「罪」之「固結」的過程，同時也是人類「自由意志」之「固結」的過程。此時之由「如有一物」落而為「果有此物」，就果真定下此物。

---

31 如此之論，與靈恩運動（Charismatic Movement）或可比擬討論，但卻不相同，最主要的是，靈恩運動截至目前為止，仍只是有別於正統之論的另一個對立面，並未能超越出來，入於本源。

32 可參見林安梧：《儒學與中國傳統社會之哲學省察》（臺北市：幼獅文化事業公司，1996年），第六章〈血緣性縱貫軸下的宗教與理性〉。

《新約》是由「果有此物」,再承認「果有此物」,並將此物全幅交給耶穌,而此物因而得以放下。此放下即為得救。主體的對象化充極而盡的發展,一方面擺定了這個世界,另方面則置立了一至高無上的上帝,這上帝便成了一切的起點,以及一切的歸依之所,而且它是在這個世界之上的,因為它若不在這個世界之上便不足以顯示其絕對的神聖性、絕對的威權性。再者,這樣的政治社會共同體是由一個個原子式的存在,經由一話語的論定、權力的約制而逐層的紮合在一起,最後則統於一[33]。在每一層階的紮合所成的單元都有其自主性、圓足性,以及獨立性。而他們之所以紮合在一起,則起於實際利害上的需要所致。「果有此物」的「論定」,再全幅「臣服」,並因其「臣服」而「信仰」,因此信仰而得「放下」此罪,因此罪之放下而為「得救」。《新約》重點不在「創造」與「支配」,而是「愛」與「權能」。

　　以「原罪」之為「果有此物」,因其不可解,而有一莫可如何之必然性;但又信其當為耶穌所贖罪而得救,此又有其必然性在。此必然性與西方「言以代知,知以代思,思以代在」之傳統密切相關,此是一因執而染,因染而執,相與纏縛所成之統系。將此關聯到西方哲學自古希臘亞里斯多德(Aristotle)以來的主流傳統,就朗然明白了。好像逐層上升的共相一般,每一共相之統結紮合了許多的殊相,都起於彼此能統合為一具有自主性、圓足性、獨立性的單元,而且一旦成了一個單元,它就具有其本質性的定義。這樣的過程看起來只是理性在作用,其實其中自也包括了權力、欲求、利害等等的作用。用

---

[33] 費孝通即謂此為一「綑材型格局」,而有別於中國之為一「波紋型格局」,見氏著:《鄉土中國》〈差序格局〉(上海市:上海觀察社,1984年),頁22-30。又如此之「差序格局」不只行於中國內地,實亦行於漢人之移民社會。請參見陳其南:《家族與社會——臺灣和中國社會研究的基礎理念》(臺北市:聯經出版公司,1990年3月),第二章〈臺灣漢人移民社會的建立及其轉型〉。

佛教的話來說，凡是執著的、必然也是染污的，由執生染，似乎是不可避免的。佛教立基於一「無執著性」，此與西方之立基於「執著性」，是迥然不同的。廣的來說，中國本土所生的儒、道兩家亦都具有此「無執著性」的特色在[34]。

前一必然性乃是一事實之必然性，而後者之必然性乃是一信仰之必然性，此兩必然性而成「預選說」（Predestination），至於「天職說」（Calling）亦可由此來理解。顯然地，絕對的一神論，與征戰、權力、語言、命令、執著性、對象化、理性、約制、絕對、專制、共相等觀念是連在一起的。此不同於東土華夏之萬有在道論，與和平、仁愛、情氣、感通、無執著性、互為主體化、道理、調節、和諧、根源、整體等觀念是連在一起的。經由如此之對比，基督宗教迭有變革，後來如喀爾文教派之提出預選說，路德教派之提出天職說，皆與此所論之必然性有著難以分隔的關聯。這甚至可以說是其極致的表現，這表現又緊關聯著現代性。[35]

七　儒家「性善說」其被證成的邏輯

「性善」經由「氣的感通」，由「本之在天」轉而為「本之在人」，再落而為「本之在心」，既「本之在心」，便即心言性，因而說

---

[34] 筆者於此所論，顯然地是將哲學裡所謂的「共相」之形成與社會權力、人群之組構等相關聯來談，這一方面是受近現代以來知識社會學的啟發，而另方面則是由佛學之「執」與「無執」、「染」與「無染」諸問題所引發而來的思考。為人群組構、社會權力的型態等之異同，我們實可說中國並無西方古希臘哲學所謂的「共相」觀念。「太極」、「道」等辭與「共相」雖屬同位階之概念，但涵義卻頗為不同。

[35] 此可以Max Weber所著：《基督新教倫理與資本主義精神》所論為代表，參見林安梧：〈理性的弔詭：對《基督新教倫理與資本主義精神》一書的心得與感想〉，文刊於《鵝湖月刊》106期（1984年4月），頁24-30。

其為「性善」。「本之在天」之「天」是就其總體義說,而非就一超越於人世之上的形上義、超越義說。然就歷史言,因古巫教之餘緒,則有歧義。相對於前面所述,東土華夏傳統其政治社會共同體較為優先的概念是和平、仁愛、情氣、感通、無執著性、互為主體化、道理、調節、和諧、根源、整體等等。他們強調天地宇宙萬有一切和諧共生的根源動力,或者我們就將此稱之為「道」,而主張的是一「萬有在道論」(Panentaoism),不是「絕對一神論」(Absolute Monotheism)[36]。更值得注意的是,我們甚且就將此和諧而共生的根源動力徹底的倫理化了。像這樣的宗教,我們仍能歸到「血緣性的縱貫軸」這基礎性概念來理解。就這血緣性縱貫軸的方式而銷融了此巫教之統緒,也弱化了其可能的形上義與超越義,而朝一總體義、內在義、根源義趣。

「本之在天」之原性觀,是在孔子之前的原性觀,商、周之際可以為代表。此是由「本之在帝」之權威性轉而為「本之在天」的普遍性。相對於西方的征戰與防禦,東土華夏之政治社會共同體乃因治水、農耕等而建立起來,自然他們的構造方式就與西方原來的方式不同,因而其共同體之最高的精神象徵就不是絕對唯一的人格神。在中國傳統裡,最先由血緣性的縱貫軸所開啟的聚村而居,從事農業的生產,形成了氏族性的農莊村落,他們的宗教,或者說祭祀對象非常繁多,但大體離不開他們的生活世界所開啟之象徵、符號[37]。商、周之

---

36 「萬有在道論」(Panentaoism)一詞乃筆者所擬構者,其義涵在強調「萬有一切」咸在於「道」,如老子《道德經》所謂「道生一,一生二,二生三,三生萬物」即可為證。「絕對一神論」(Absolute Monotheism)所強調者在一超越的、唯一的人格神。就宇宙萬有造化而言,前者多主張「流出說」或「彰顯說」,而後者則強調「創造說」。此又與天人、物我、人己之為「連續」與「斷裂」有密切的關聯,參見林安梧:《絕地天之通與巴別塔》一文,如前所述者。
37 參見瑪克斯・韋伯著、簡惠美譯:《中國的宗教》(臺北市:新橋譯叢,1989年1月),第二章、第三章。

際之由「本之在帝」之權威性轉而為「本之在天」的普遍性，正可以視為一道德理性化的過程。「文王之德之純」蓋如是之謂也。[38]

由「本之在天」而「本之在人」的原性觀，此是由一超越而普遍的總體義轉而為內在普遍的具現義的原性觀。如果我們說原先西方政治社會共同體的建立在於「權力的約制」與「理性的確定」，那我們可以說原先東土華夏傳統政治社會共同體的建立在於「生命的感通」與「情志的相與」。前者，推極而盡必產生一至高的、理性的、絕對權能；而後者，推極而盡則產生一整體的、生命的、情志的根源。前者是外在的，而後者則指向內在，此又與前者之共同體是一「外向型的共同體」，而後者則是一「內聚型的共同體」密切應和。前者之為一「契約型的共同體」，相應的是一最後的契約或者話語的命令者與創造者，後者之為一「血緣型的共同體」，相應的是一最後的根源或者生命之氣的發動者與創生者。前者即一般所以為的 God（上帝），而後者即一般所以為的「天」。正因如此，原先的「本之在帝」，經由「本之在天」落實而為「本之在人」的原性觀，這是由一超越而普遍的總體義轉而為內在普遍的具現義之歷程。

「內在普遍具現義」之原性觀，強調其為內在，其為普遍，並經由具體體現的歷程而彰顯，此是由「王」而「聖」，並因之而說「聖王」。上帝是通過「話語」的方式而創造這個世界的，但是「天」則不然，「天」是經由「非話語」的方式，是經由氣的運化的方式，是以默運造化之幾的方式，而創造了天地萬物。《論語》書中，孔老夫子說「天何言哉！四時行焉，百物生焉，天何言哉！」這與基督宗教的《舊約全書》〔創世紀〕開首所說「上帝說有光就有了光，於是把它分成白晝與黑夜」形成有趣而且強烈的對比[39]。「聖王」之為

---

38 語出《詩經》〈周頌〉：維天之命，於穆不已。於乎不顯！文王之德之純。
39 關於此對比，筆者於〈絕地天之通與巴別塔〉一文中論之頗詳，請參閱前揭此文。

「聖」、「王」,「聖」是耳聽於天,口宣之於人,「王」是通「天、地、人」三才而為「王」。這在在是內在普遍具現義之原性觀之體現者,如此而可上達於超越之境、絕對之境,這亦可理解為「肉身成道」,而非「道成肉身」者。蓋此是即有限而及於無限也。

再由「本之在人」而「本之在心」,即此心而言性這樣所成的原性觀,即為我們所謂的「性善」之論。其極至則說「此心即是天」,此是將內在的主體能動性即等同於一超越而普遍的總體。顯然地,「本心論」的性善論是存有連續觀的極致,而「原罪論」的「性惡論」是存有的斷裂觀的極致。前者,強調「天人、物我、人己」通而為一內在根源的總體,即此總體而為道體,即此道體而為心體;後者,強調一「神人、物我、人己」分而為二,主張有一超越的、絕對的、神聖的人格神的一神論。從「本之於帝、本之於天、本之於人」,進而「本之於性」、「本之於心」,這其實亦是一人類文明的發展歷程。

八 結語:儒耶會通的可能

解消「原罪」之「果有此物」,知其「如有一物」,進而溯源,體悟其「本無一物」。因其本無一物,故可以解消話語之論定,而與其他宗教融合之可能。正視「本之在心」的「性善」之論,知其「本之在人」,進而溯源,識其「本之在天」。經由主體能動性與超越總體性的對比,而走出氣的感通之渾淪,再濟之以話語之論定,而有一與基督宗教相對比、相融合之可能。基督宗教之「原罪說」當得回本,而儒家之「性善說」當該貫末,兩者或可有融通之可能。

——壬辰七月廿六日初稿,九月十五日修訂,甲午之秋八月十九日完稿於臺北元亨居

引用及參考文獻

〔清〕阮元校刊：《十三經注疏》，臺北市：藝文出版社，1956年。
基督教聯合聖經公會：《聖經》（和合本），香港：香港聖經公會，1961年。
〔宋〕朱熹：《四書章句集註》，臺北市：鵝湖月刊社，1982年。
〔明〕王守仁：《王陽明全集》，上海市：上海古籍出版社2011年。
〔明〕王夫之：《船山易學》，臺北市：廣文書局，1971年。
〔明〕王夫之：《尚書引義》，臺北市：河洛圖書出版社，1975年。
牟宗三：《圓善論》，臺北市：臺灣學生書局，1985年。
牟宗三：《中國哲學的特質》，臺北市：臺灣學生書局，1982年。
牟宗三：《五十自述》，臺北市：鵝湖月刊社，1989年。
安樂哲（Ames, Roger T）：〈孔子思想中宗教觀的特色：天人合一〉，臺北市：鵝湖月刊社，第9卷第12期（總號108期），1984年。
杜維明：〈試談中國哲學中的三個基調〉，《中國哲學史研究》，北京市：無出版社資料，1981年。
李亦園：《文化的圖象：宗教與族群的文化觀察》，臺北市：允晨叢刊，1992年。
呂理政：《天、人、社會——試論中國傳統的宇宙認知模型》，臺北市：中央研究院民族學研究所，1990年。
李亦園、楊國樞編：《中國人的性格》，臺北市：中央研究院民族學研究所，1972年。
林安梧：〈理性的弔詭：對「基督新教倫理與資本主義精神」一書的理解與感想〉，《鵝湖》106期，1984年。

林安梧：〈方法與理解——對韋伯方法論的認識〉，《鵝湖》第110期，1984年。

林安梧：《王船山人性史哲學之研究》，臺北市：東大圖書公司，1987年。

林安梧：〈絕地天之通與巴別塔：中西宗教的一個對比切入點的展開〉，《鵝湖學誌》第4期，1990年。

林安梧：《存有、意識與實踐：熊十力體用哲學之詮釋與重建》，臺北市：東大圖書公司，1993年。

林安梧：《儒學與中國傳統社會的哲學考察》，臺北市：幼獅文化事業公司，1996年。

林安梧：《中國宗教與意義治療》，臺北市：明文書局，2001年。

林安梧：〈《易經》思想與二十一世紀文明之發展〉，臺北市：《鵝湖》28卷6期（總號330），2002年。

林安梧：〈關於「儒教」、「儒家」與「儒學」的基本義涵之釐清——在第一屆全國儒教學術研討會上的主題發言〉，刊於《社會科學報》，上海市：上海社會科學院出版社，第1、4版，2005年2月23日。

林安梧：〈關於「天理、良知」的超越性與內在性問題的一個反省〉，收入香港浸會大學哲學系編：《當代儒學與精神性》，桂林市：廣西師範大學出版社，2009年。

林安梧：《中國人文詮釋學》一書，臺北市：臺灣學生書局，2009年。

曾昭旭：〈王船山兩端一致衍論〉《鵝湖》21卷第1期，1995年。

陳明編：《激辯儒教》，貴陽市：貴州人民出版社，2010年。

楊向奎：《中國古代社會與古代思想研究》，上海市：上海人民出版社，1962年。

費孝通：《鄉土中國》，上海市：上海觀察社，1948年。

費孝通：《中華民族多元一體格局》，北京市：中央民族學院出版社，1989年。
陳其南：《家族與社會——臺灣和中國社會研究的基礎理念》，臺北市：聯經出版公司，1990年。
羅竹風編：《中華大百科全書（宗教卷）》，上海市：中華大百科全書，1988年。
梁漱溟：《中國文化要義》，臺北市：問學出版社，1977年。
唐君毅：《文化意識與道德理性》，臺北市：臺灣學生書局，1975年。
鍾振宇：〈海德格之有無同一說與任其自然：兼論中國哲學對海德格哲學之一判教可能〉，《香港人文哲學會》第3卷第1期，2005年。
蔡錦昌：《韋伯社會科學方法論釋義》，臺北市：唐山出版社，1994年。
顧忠華：《韋伯學說新探》，臺北市：唐山出版社，1992年。
薩孟武：《儒家政論衍義：先秦儒家政治思想的體系及其演變》，臺北市：東大圖書公司，1982年。
Alan C. Isaak 著、朱堅章主譯：《政治學的範圍與方法》，臺北市：幼獅譯叢，1978年。
卡西勒（E. Cassirer）著、劉述先譯：《論人》，臺中市：東海大學出版社，1959年。
保羅・狄利希（Paul Tillich）王秀谷譯：《愛情、力量與正義》（《Love, Power and Justice》），臺北市：三民書局，1973年。
維科（G. Vico）著、朱光潛譯：《新科學》，臺北市：駱駝出版社，1987年。
Max Weber. "The Methodology of the Social Sciences"，臺北市：虹橋書店影印，1983年。

瑪克斯・韋伯（Max Weber）著、簡惠美譯：《中國的宗教》，臺北市：新橋譯叢，1989年。

A. N. Whitehead 著，傅佩榮譯：《科學與現代世界》，臺北市：黎明文化，1981年。

Robert M. Kingdon 著，林安梧譯：〈神學中的決定論：預定論〉，臺北市：《鵝湖》第13卷第6期（總號150期），1987年。

Paul Ricoeur 著，翁紹軍譯：《惡的象徵》，臺北市：桂冠出版社，1993年。

第十三章
孔子思想與「公民儒學」

本章提要

　　本論文旨在針對孔子思想，開展一「公民儒學」下的「道德思考」。這樣的儒學不再是以心性論、主體自覺為核心；而是要以廣大的生活世界為反省的對象、以廣大而豐富複雜的歷史社會總體為反省的對象，並把自己放在天、地、人交與參贊而構成的總體之中。從這總體之根源來說，即是從中國人的「道」上來說，這時候的「道」就不是我們生活世界之外的道，不是一個掛空的形而上之道，而是「天、地、人交與參贊所構成的總體」，並落到我所謂的存有實踐這一層。如此一來，要以「社會正義論」為核心的道德哲學思考、以「責任倫理」為核心的道德哲學思考，來取代以「心性修養論」為核心的哲學思考；或者，簡單的說：要由「傳統儒學」進到「公民儒學」。

關鍵字詞：公民、心性、普遍性、公共論述

一　問題的緣起

　　「公民儒學」的提法是近二十年來慢慢導生出來的，它起先胎動

於《儒學與中國傳統社會之哲學省察》[1]一書，這書主要是經由「三綱」來檢討中國傳統社會，指出中國傳統社會是一「血緣性縱貫軸」所成之社會。「血緣性縱貫軸」指的是由「血緣性的自然連結」、「人格性的道德連結」，以及「宰制性的政治連結」所構成。相對應的是「父」、「聖」與「君」，其理想的次第關係，也應當是「父、聖、君」；但縱觀歷史的發展，我們發現它形成了一「道的錯置」[2]（misplaced Tao）的狀態，「君」成為一切管控的核心點，次第翻轉成了「君、父、聖」這樣的關係。

隨著時代的變化，原先帝皇專制以「君」為最高管控者的結構瓦解了，那「宰制性的政治連結」被「委託性的政治連結」所取代了；還有，那原先由家庭、家族擴大而為國族的思考變化了，原先「血緣性的自然連結」不能直通出去，而有了另一較為獨立的「社群、社會的組織結構」，我名之曰「契約性的社會連結」。

就華人社會、文化、歷史的變遷來說，臺灣的民主化、自由化可以說是走在前面的，這政治社會的現代化，我認為可以說是從「血緣性的縱貫軸」所成的格局轉而為「人際性的互動軸」所成的格局。這可以說是千古未曾有之大變局，這大變局使得儒學到了非變不可的年代。因為載體變了，儒學在不同的載體下，儒學必須要有一新的發展。或者，更簡明的說：在血緣宗族的文化土壤下生長的儒學，截然不同於在公民社會的文化土壤下生長的儒學。前者，或可名之曰「傳

---

[1] 林安梧：《儒學與中國傳統社會之哲學省察》（臺北市：幼獅文化事業公司，1996年）。癸酉年到甲戌年（1993-1994），我在威斯康辛大學訪問學習，寫成了這本專著，該書許多論點曾與林毓生教授請教過，與陸先恆、呂宗力、黃崇憲、鄭同僚、馬家輝等朋友商討過，志之於此，以表謝意也。

[2] 「道的錯置」（misplaced Tao）可以說是我對中國政治思想的總的概括，此思考發軔於上個世紀八〇年代，廿年後，在二〇〇三年集結成書，題為《道的錯置：中國政治思想的根本困結》（臺北市：臺灣學生書局，2003年）。

統的宗法儒學」，而後者則可稱之為「現代的公民儒學」。

「傳統的宗法儒學」不同於「現代的公民儒學」，但這並不意味他們全然相異，因為畢竟他們都是「儒學」，儒學之為儒學其核心處是共通的，如「仁」、「義」、「忠」、「恕」這些核心性概念即是。只是這些核心性及其衍生出來的意義系統、話語結構，隨著世代的變遷、載體的不同，因此也就有了大大的變動。做為實踐性的學問，儒學的落實處也不同了，落實的方法也不同了。在「現代的公民社會」揭櫫「公民儒學」這個概念，顯然地是必要的。

「公民儒學」下的「道德思考」，這樣的思考不再如宋明新儒學之以心性論、主體自覺為核心，而是以「公民社會」，以「契約性」、「責任性」為核心。用我以前在《儒學與中國傳統社會哲學的省察》一書的說法，它不能只是一順服的倫理，不只是一根源的倫理，而是一公民的倫理。我這麼說，並不意味說「公民倫理」要從心性論、主體自覺，要從根源的倫理徹底脫落開來；而是說要去釐清彼此的分際，去了解進一步發展之可能。

二 由「內聖」開「外王」的理論限制

儒學不只是心性修養之學，所以不應該只從這個角度來談儒學，也不應該只從這個角度去說中國人如何作為道德的存在、良知的存在。我們應該進一步去思考這樣良知的存在，要如何走出心性修養的封閉圈子？如何進到生活世界？如何進入歷史社會總體？又如何開出民主科學？我想當代新儒學，尤其是牟宗三先生的哲學系統一直在強調如何從良知的自我坎陷以開出知性主體，以知性主體涵攝民主科學。此一開出的說法看起來是很大的進展，但我以為這恐怕只是陷溺在以心性論為核心的詮釋之下，才構作成此一系統。因為這是一個詮

釋構作的系統,再由此詮釋構作的系統去強調如何開出。也就是說,在這樣理解之下的中國傳統圖象或是儒學傳統圖象,是一套形上化了的、以心性論為核心的「知識化的儒學」,也可以說是一套「道德智識化的儒學」[3]。

由這樣的角度切入談論,如何開出民主和科學呢?我覺得這樣的提法頗為曲折,因此,我不太贊成這樣的提法。我認為這個提法基本上是通過形而上的溯源方式所構造出的詮釋系統,最後肯定人與宇宙內在的同一性,強調「道體」和「心體」之等同合一,再由這道體和心體等同起來的良知去談這個世界,諸如民主、科學如何安排的問題。這樣的安排基本上是一種解釋性的、體系的、理論的安排,其實和實際的歷史發生是兩回事,另外再說其為一實踐的學習次序,那又是另一回事。這三個層面是不同的,我在許多篇章都提到了[4]。

這也就是說,在歷史的發生歷程中,所謂的民主和科學並不是非得由良知的自我坎陷,開出一個知性主體,再由此一知性主體之所對而開出民主和科學。當由良知的自我坎陷而成為認知的主體,這不同於原本的良知,因為良知是絕對的、是包天包地而無所不包的、是無分別的。這個坎陷落實下來有主客對立之呈現,才有所謂的民主與科學,才會出現客觀的結構性。然而這樣的提法,基本上是一種理論上的、邏輯次序的安排,不等於歷史的發生次序[5]。若從歷史的發生程序而言,其實在各個不同的地方所發展出來的民主科學應會有其不同的歷史發生次序。當然西方所謂先進國家的民主科學有其發展過程,

---

3 參見林安梧:〈解開「道的錯置」:兼及於「良知的自我坎陷」的一些思考〉,《孔子研究季刊》,1999年第1期。

4 參見林安梧:《儒學轉向:從「新儒學」到「後新儒學」的過渡》(臺北市:臺灣學生書局,2006年),第九章,頁283-340。

5 參見林安梧:《儒學轉向:從「新儒學」到「後新儒學」的過渡》,又牟先生關於此論,參見〈現象與物自身〉與〈中國哲學十九講〉相關篇章。

配合著經濟發展、宗教改革、整個政治社會總體的變遷而慢慢長出所謂的民主制度,亦在此過程中慢慢長出科學思潮,而成為現代化重要的兩個機制——就整個政治社會方面而言,是民主制度;在整個對世界的理解上來說,則是一套科學的思維。

我認為這牽涉到各個歷史發展的不同成因,這並不意味著要發展民主科學必須照著西方的方式重走一遍。因為任何歷史的發生過程都是具體實存的,因不同的歷史條件、不同的族群、不同的歷史文化傳統而有不同的發生歷程。但是顯然的,這不是可以經由一個詮釋的方式、一種形而上的追溯方式,追溯到源頭,奠立一個良知的主體,再由良知主體之奠立導生出民主和科學來。這是一種理論的、詮釋的次序,是經由形而上理由的追溯而產生的理論邏輯次序,它和實際發生的次序其實是兩回事,它並不能直接的推導出來。

依上所述,如果依照這歷史發生的次序,我們要發展民主和科學未必要照西方的方式重來一次。其實,民主和科學對我們來講,並不是先發,而是後發的,我們是學習西方的,所以這應該是一種「學習的次序」,我們如何學得民主和科學和西方如何發展民主和科學是二層不同的次序。「實踐學習的次序」是一層次序,加上前面我們說的「理論邏輯的次序」與「歷史發生的次序」,便有三層不同的次序。也就是說,民主和科學在理論的脈絡下如何安頓,這是理論的邏輯次序;在歷史的發生過程中,探討它們是如何發生,則是歷史的發生次序;而我們作為後發的民主科學學習者,可以去思考哪些條件可以加速我們的學習,因而安排出實踐學習的次序。[6]

我認為牟宗三先生所說的「良知的自我坎陷」以開出知性主體、

---

[6] 關於理論的邏輯次序、歷史的發生次序以及實踐的學習次序三者之異同,參見林安梧:〈牟宗三先生之後:「護教的新儒學」與「批判的新儒學」〉,《儒學革命論:後新儒家哲學的問題向度》(臺北市:臺灣學生書局,1998年)。

涵攝民主科學，或是新儒學所說的，由良知開出民主、科學之「民主開出論」與「科學開出論」，這是誤將那理論的、解釋的、經由詮釋的理論邏輯次序當作我們該當去學習的、實踐的學習次序，我覺得這裡有所混淆。當然，我們會問：「為什麼當代新儒學會提出此一方式？」這牽涉到當代新儒學所要克服的是中華民族當代的意義危機。因為從清朝末年一直到民國初年的這一百年間，中國人尚一直在努力克服生命存在的危機。此一存在的危機深沉地滲透到我們心靈的深處，與整個文化心靈最高象徵的幾乎瓦解而密切關聯。張灝教授認為，這是整個族群文化的意義危機，林毓生教授則認為這是整個中華民族的意識危機。[7]他們用這些語詞無非是在說明：中國人那時面對著嚴重的自我迷失。如何克服這種自我迷失的深沉狀態？各家各派都提出了各個不同的看法。其中，徹底的反傳統主義者認為，就是因為傳統掛搭在我們整個族群身上的業力，使得我們處於嚴重的困境裡面，攪亂我們，並使我們陷入嚴重的危機之中，所以認為我們應該要徹底地反傳統，將傳統清洗掉，使我們有機會以清清白白的存在，有機會學習西方的東西。但是，這樣的思考基本上不止是不切實際，而且是完全不合道理的。因為人是不可能通過一個徹底的反傳統的方式來擺脫傳統，再回過頭來說明其自我同一性（自我認同，self-identity）。這樣的思考，只是造成整個族群的貧弱與匱乏，到最後失去整個族群自身的主體性、失去整個族群自身的自我認同，終而陷入嚴重的文化認同危機。

歷史語言學派強調國學的追求到最後必須追溯到更遠古，通過語言和文字而對更遠古的歷史文獻有更真切的把握，他們認為通過整個歷史還原的方式可以更了解自己，因此用此一方式來定立其自我認

---

7 參見張灝：*New Confucianism and the Intellectual Crisis of Contemporary China*，中譯文收入周陽山編：《保守主義》（臺北市：時報出版公司，1980年）。

同。但這種方式是通過訓詁到義理的方式，是通過外在話語系統之把握，回過頭來肯定自我的內在主體，最後必然是鑽進到新的故紙堆之中。我們可以看到，早從清朝乾嘉之學開始，這種研究方式一直存在。他們作學問十分強調客觀性，但無法尋得內在的文化主體性來克服存在的危機。相反，當代新儒學接續宋明理學，特別強調陸王學而找尋到生命內在實存的道德主體性，以實存的道德主體去找尋內在的本體，並以此內在的本體肯定這主體以克服存在危機。

在此過程經馬一浮、梁漱溟、熊十力、唐君毅一直延續到牟宗三。牟先生的哲學創造能力特別強，他吸收了西方的哲學思想，特別以康德哲學來強化儒學、重構宏偉的嶄新系統。他以儒學為核心，將道家、佛教吸納進來，通過判教理論去說：儒學以「性智」為主，道家是以「玄智」為主，佛教則以「空智」為主，而他們皆具有康德所謂的「智的直覺」（Intellectual Intuition）。康德認為人不具有「智的直覺」，只有上帝才具有；但牟宗三先生卻通過中國儒、道、佛的智慧去肯定人具有「智的直覺」。所謂「智的直覺」，其實就是良知。他認為「良知」（性智）就是道體、心體通而為一的，宇宙造化的本源是與我們的心性之源通而為一的，那個絕對的道體就是內的主體，牟宗三先生基本上就是通過這個方式來肯定的。[8]

顯然，牟先生經由形而上理由的追溯來樹立起儒學系統。他想通過此一方式擺脫整個歷史的、帝王專制的、宗法封建的，以及其他種種歷史業力的糾纏，樹立起儒、道、佛，甚至是整個中國哲學，包括人心靈意識的一種宏偉的、崇高的、帶有強烈道德信仰或宗教信仰式的良知學系統。就其特點來說，牟先生乃至唐君毅先生的哲學之於當

---

8 以上所說，其詳情參見牟宗三：《現象與物自身》（臺北市：臺灣學生書局，1975年）。

代中國文化的實存危機來說,他們是帶有一種「意義治療」效用的[9]。或者,我們可以說「良知學」的高漲,本就帶有這樣的一個傾向。

這樣一套良知學系統極為崇高,它不會停在一個地方,而必得落實開顯。此系統一旦安立了,接下來就是要安排現代化的發展,就必須去處理良知學與整個民主、科學的問題該當如何。那麼,為什麼牟先生會用如此曲折的方式,來說民主科學在我們這一族群之中要如何開出?這是因為他安排了這樣一套解釋系統之後,必然要有的下一步的轉出。但是我認為這一步的轉出只是在這系統之中的一套安排方式,而這樣的安排方式其實只有解釋上的功能,說明民主和科學在我們這個族群的發展裡,其實是不違背心性學與良知學的系統。這套理論的詮釋功能就在於此,而其他的功能則不重要。

如果可以開出民主和科學,我認為在理論上可以和良知學、良知的自我坎陷作一關聯,但與實際的發展相提而論,則很明顯地是兩回事。顯然地,我們要問的不是:儒學怎樣開出民主和科學?而是要問:當我們在學習民主科學的發展過程中,儒學應如何重新調適?我們應該要在這個新的境域之中去思考儒學新發展的可能,我覺得這才是主要的思考方向。

這問題有兩個層次:在外王的發展過程中,儒學究竟有多少資源來參與?而原本的資源之中又是否有需要釐清之處?內聖學不是可以孤立而說的一種學問,內聖學是在具體的生活世界裡,是在歷史社會

---

[9] 唐君毅先生的哲學思想,緊密連接到整個人的存在、文化的深層底蘊也含藏其中,他的作品有著充實而有力的生命力,特別是《人生之體驗續篇》可以說是隱含著「意義治療學」,關於此,我於一九八八年在香港法住文化書院及中文大學合辦的唐君毅先生逝世十週年的紀念會議上提出論文,此文參見林安梧:《中國宗教與意義治療》(臺北市:明文書局,2001年),第五章〈邁向儒家型意義治療學之建立〉,頁115-138。又牟宗三先生力主儒家是一「生命的學問」,在《五十自述》一書裡,也讓我們充分的體會到他的學問帶有深刻的意義治療之傾向。

面,又要如何面臨調整?當然,以前的聖賢教言所構作出的體系仍是可貴的,但必須接受考驗。

任何一套道德哲學、形而上學的系統並非憑空而起,它與歷史發展背景、經濟生產方式、政治變遷和文化傳統的發展有密切關係。正因如此,所以我根本上無法贊成認為康德學與孟子學多麼接近的觀點。雖然孟子所說的「性善」,在某一個向度上和康德所說的「無上命令」(Categorical imperative)有某種程度的接近,但康德的道德哲學其實是建立在西方的市民社會下的契約論傳統之上,要是沒有洛克(John Locke)、魯索(J. J. Rousseau),就不會有康德的道德哲學,所以康德的道德哲學必須關聯著這樣的歷史社會總體去理解[12]。而孟子的性善論如何能找得到社會契約論基礎呢?顯然不能。孟子的性善論建立在宗法封建、小農經濟,建立在我們原來的家族宗法那樣的親情倫理之上,是由親情倫理往上溯而得出的性善論[13]。

宋明理學則是進到帝王專制的宗法、親情倫理、小農經濟這樣的情況下生成的,怎麼可能和康德的道德哲學等同呢?當代新儒學之所以作此詮釋,以牟先生來說,也不是將其等同起來而是強調可透過此一方式重建孟子學、重建宋明理學,他的重建方式其實就是接受整個西方啟蒙以來的一種唯理智的思考。從啟蒙運動以來,西方哲學的主流就是非常地強調理智中心的思考。

大體說來,牟宗三先生所建構的當代新儒學充滿著「道德理智主義」之色彩,這樣的道德理智主義之色彩其實與原來孟子學或是陽明學所強調的「一體之仁」有一段差距。就整個氣氛而言,牟先生還是

---

[12] 參見林安梧:《契約、自由與歷史性思維》(臺北市:幼獅出版公司,1996年),第二章。

[13] 參見林安梧:《儒學與中國傳統社會的哲學省察》(臺北市:幼獅出版公司,1996年),頁173-178。

總體之下所生長出的學問,所以當整個外王學已經有了變遷,整個歷史社會總體與我們生活世界的實況也有了變遷的話,我們的內聖學其實也是應該調整的。我的意思也是說,內聖學的理論邏輯的層次與其實際發生的層次有密切關聯,並不是透過形而上的追溯,或是去訂立形而上的內聖學之「體」,再說明由內聖學之「體」如何開出「用」來;而應該是用「體用不二」的全體觀點,來思考內聖學系統應如何調整的問題。因此,我的提法就不再是「如何由內聖開出外王?」而是「在新的外王格局下重新思考內聖如何可能?」這樣的話,就會有很大的不同。因為外王並不是由內聖開出的,內聖、外王其實是本來就是一體之兩面,是內外通貫的。[10]

我們應當知道,並非只有內聖學而無外王學。傳統的內聖學是在帝王專制、家族宗法、小農經濟狀況下的內聖學。在帝王專制、小農經濟與家族宗法構作成的一套外王之下,所強調的內聖是孝悌人倫、上下長幼、尊卑有序,強調以禮讓、謙讓、忍讓為主導,以「知恥近乎勇」為主導的這種知恥的倫理,以禮讓倫理為優先[11]。但是在整個外王的情景已經變化的情況下,內聖修養的道德向度也必須作調整。

也就是說,我們不能夠通過一種以內聖學為核心的思考方式,也不能夠只沿著原來的聖賢教言,構作一套新的心性學理論,再由此心性學理論去導出外王學理論。我認為應該要具體了解民主發展的程度、科學性思維發展的程度,或者就整個西方所說的現代化或現代化之後我們所面臨的實況來說儒家還能扮演何種角色?而在內聖學方

---

10 參見林安梧:《從「外王」到「內聖」:後新儒學的新思考》,發表於1999年12月18-19日成功大學中國文學系主辦的「第二屆臺灣儒學國際學術研討會」。

11 「知恥的倫理」與「責任的倫理」是不同的,參見林安梧:《臺灣文化治療:通識教育現象學引論》(臺北市:黎明文化事業公司,1999年),第22篇〈「知恥」與「負責」〉。

儘量保存著中國傳統文化中儒學「一體之仁」、「怵惕惻隱」的氛圍。牟先生認為，當代新儒學有進於康德，而且進一步認為康德是有所不足的，所以要補康德之不足。牟先生在他那本《康德的道德哲學》之譯著中，一方面翻譯，又加上詮釋批評，很清楚地表達出這樣的訊息；其他像《現象與物自身》、《圓善論》等著作，也都透露出這樣的訊息來。我個人以為，就此點來說，牟先生比勞思光先生的中國哲學氛圍強很多。當然，熊十力先生、唐君毅先生那又更強些！

三 論「心性之學」與中國專制傳統的麻煩關係

勞思光先生基本上還是透過康德哲學的整個架構方式來了解儒學，並且認定儒學是以心性論為核心；他甚至認定像孟子、象山、陽明基本上是不談天道論的，認為談天道論的儒學容易落入宇宙論中心的儒學。勞先生的思考顯然不同於中國文化傳統天人合一的基本模式，這較不切合中國文化的精神脈絡；但在港臺地區他對中國儒學的詮釋卻頗有影響力。其實，天道論在整個中國儒學之中非常重要，而並非所謂宇宙論中心的思考。

在中國文化裡，天道不離人道，「天、地、人」交與參贊所構成之整體叫「道」。當我們說天道的時候，講宇宙自然法則的時候，並不是離開價值判斷、離開道德而說的純客觀宇宙法則。因此，並沒有宇宙論中心這樣的哲學，即使有一點點這樣的傾向，也不應從此角度來看。若將其作為宇宙論中心來看待，中國哲學很多東西不值一談。勞先生的《中國哲學史》[14]未能切合天人、物我、人己通而為一，未

---

14 勞思光《中國哲學史》所提出的「基源問題研究法」對學界有一定的影響，而勞氏對於儒學的理性化解釋亦有其難得的苦心孤詣，但卻問題叢生，此非久於其中者所能知也。

切合在「存有連續觀」之下中國文化最基本而深沉的文化模型之理解方式。牟先生基本上還觸及到這一點，但勞先生則深受康德哲學架構的影響。當然，牟先生還是局限在「現象」與「物自身」的超越區分之下，並在這樣的格局下建立起他的兩層存有論。

我這樣的思考所要強調的是，我們面對儒學的發展其實不應該以本質主義式的思考方式，認為儒學有一核心性的本質，就是心性論。應該說，心性論只是整個儒學理論構作成的一個組成成分。心性論在儒學中具有非常重要的位置，正如同儒學也具有其他社會哲學、政治哲學的面向一樣，都有著非常重要的位置，而天道論在儒學之中也有它非常重要的位置。所謂的「天道」，基本上是「天地人我萬物交與參贊所成的一個總體」，這一點是我所要強調的。如果以這樣的觀點來看的話，心性論只是環繞於其他各個不同的因素，而在不同時代會出現不同的向度，並不是有一個永世不遷的、唯一的、正統的心性論。

再者，我們進一步要考慮的是「意圖倫理」與「責任倫理」，做一對比釐清，這涉及到諸多歷史因素。對整個中國文化情境的理解，就是要對它整個歷史的、文化的總體，對於原來傳統所散發出來的生活實境與樣態有更深的契入與了解。這裡有人情、有道義、有情感、有仁義道德、有理性、有專制、也有世故顧頇，等等。怎樣對這些東西有某種契入的理解呢？我覺得在整個知識系統方面，必須具有人類學、文化學、考古學的知識，必須要有對於整個中國文化史的知識、對於中國政治思想的發展乃至其他種種知識。治中國哲學如果只隨順著古代聖賢的教言，再通過西方某些系統，展開一種「逆格義」的比附；或者連當代的幾位大師的成就也沒有恰當的理解，一味順著他們的系統往下走，那只會愈歧愈遠、愈走愈窄、愈走愈偏。

我覺得像儒學所強調的「責任」概念就很重要。儒學所強調的「責任」概念，其實也就是「忠」的概念。然而，「忠」這個概念在

儒學傳統裡被混淆了，從「宗法封建」到「帝王專制」，從原來「忠於其事」的責任概念變成了「忠於其君」一種「主奴式」的忠君概念，而這已經是違背原本「忠於其事」的概念了。[15]

「忠於其事」是個什麼樣的概念呢？曾子曰：「吾日三省吾身，為人謀而不忠乎？與朋友交而不信乎？傳不習乎？」[16]這裡所說「為人謀而不忠乎」的「忠」字，就有責任倫理的意義；再者，子張問曰：「令尹子文三仕為令尹，無喜色；三已之，無慍色。舊令尹之政，必以告新令尹。何如？」子曰：「忠矣！」[17]楚國的令尹子文三次當上令尹，令尹就是宰相，三次被罷黜，「舊令尹之政必以告新令尹」，這就是「忠於其事」；又孔子說：「言忠信，行篤敬，雖蠻貊之邦行矣。」[18]這所說「忠」字，也是責任的概念。《論語》的「君禮臣忠」到了後世變成了「君要臣死，臣不得不死，不死謂之不忠」，這時候這個「忠」已經是離開了原來忠於其事、忠於良知的概念，而變為主奴式的忠君概念，這種主奴式的忠君概念其實已經不是原先儒學的責任概念。原來儒學的責任概念到了秦漢大帝國的建立之後，慢慢不見了，忠的概念慢慢不見了。責任的忠轉化為主奴式的愚忠，這是很嚴重的[19]。

我為什麼要談這個問題？因為韋伯在〈政治作為一種志業〉的講

---

15 參見林安梧：《〈論語〉中的道德哲學之兩個向度：以「曾子」與「有子」為對比的展開》，發表於2000年1月14日輔仁大學哲學系主辦「士林哲學與當代哲學學術研討會」，後刊於《哲學與文化》第29卷第2期（2002年2月），頁108-116。

16 參見《論語》〈學而〉第一。

17 參見《論語》〈公冶長〉第五。

18 參見《論語》〈衛靈公〉第十五。

19 參見林安梧：《儒學與中國傳統社會的哲學省察》（臺北市：幼獅出版公司，1996年），頁177-197。

演詞中提到兩種倫理：一種叫「意圖倫理」，一種叫「責任倫理」[20]。以他的說法再延伸，中國似乎就變成沒有責任倫理只有意圖倫理。這個分判很有意思，但卻是有問題的，因為這個分判只看到整個秦漢大帝國建立後中國文化的表像，中國先秦的典籍顯然不是這樣的。就以《論語》這個典籍來說，很顯然地具有責任倫理的概念。所以我們要問：《論語》之中的責任倫理概念為什麼後來不見了？這跟整個帝王專制的建立、高壓極權有著密切的關係，因而使得整個儒學原來非常強調社會實踐的向度、非常強調責任倫理的向度，慢慢萎縮不見了[21]。

久而久之，儒學開始強調心性修養優先於社會實踐，因而人們把道德實踐直接定位在心性修養之上，強調心性修養是道德實踐的基礎，也是社會實踐最重要的基礎，到宋明理學時大體上是如此。但我認為，這與帝王專制、中央集權有密切的關係。從唐末五代石敬瑭割讓燕雲十六州後，華人所領有的疆域變窄，北宋一直想克復原來的失土，卻沒有辦法，因為遼、金太強了。中國陷入內憂外患之中，整個社會政治總體必須要進行改革，但是改革從北宋開始就一直失敗。范仲淹、王安石政治改革的失敗、社會實踐的不可能，使得知識分子轉向內求，強調心性修養的優先性，宋明的心性之學就是這樣產生的[22]。

心性之學當然有它非常重要的功能，可以起到儒學生機的形而上的保存功能；但是它同時也走向一種良知的自虐方式，跟帝王專制連在一塊而形成一種「暴虐性」。並且，伴隨著整個社會的中央集權、父權中心、男性中心而更為嚴重化。從五代到宋以後，中國趨向於封閉

---

20 參見韋伯，錢永祥編譯：《學術與政治》（臺北市：允晨文化實業公司，1985年），頁210。
21 參見林安梧：〈道德與思想意圖的背景理解：以「血緣性縱貫軸」為核心的展開〉，收入《本土心理學研究》（臺北市：桂冠圖書公司，1997年），第7集〈中國人的思維方式〉，頁126-164。
22 參見錢賓四：《國史大綱》（上海市：上海商務印書館，1940年），頁398-399。

的世界觀，知識分子的心靈走向封閉，由封閉而開啟了一個形而上的理境。原來外在的燦爛慢慢地萎縮下去，因而往回強調內在的精神。

在文學上我們看到相同的情形，有的人稱讚宋詩是：「皮毛落盡，精神獨存」；而在繪畫方面，慢慢地以黑白兩色為主；從儒學發展史中我們更可以看到，心性修養與嚴肅主義愈來愈強，但社會的男盜女娼卻也愈來愈厲害，這是個非常有趣、也非常弔詭的現象。我把這個舉出來是要說，不能孤離地說一套非常偉大、非常崇高、非常莊嚴的道德哲學，並以一種本質論式的思考作為它的基礎，從那個地方應該要導出其他的面向。因此，我們應正視歷史的實況，從實際的發展過程之中去看。

我覺得這個問題其實一直到黃宗羲時候才開始有比較完整的思考，而到王夫之的時候則是打開了很大的格局。但非常不幸地，清朝基本上就是運用了宋明理學的心性之學，並且是運用了保守的程朱學。清朝以程朱學為主導，把程朱學的整套道德意識形態與其專制主義連在一塊，形成一套新的高壓統治。在這非常有效率的、非常有次序的、也非常精明的統治之下，康、雍、乾三朝的經濟生產方式有了變遷，引進了很多南美、南洋的作物，使得中國的人口在短短的一百三十幾年之間增加為四億，這與朱子學的整個系統有很密切的關係。但是，到了乾隆晚年，這套專制主義已經沒辦法維繫整個大帝國的秩序了，程朱學成為「以理殺人」的工具[23]。

我把這個事實順著這樣說下來是想指出，如果我們正視這些事實，就必須去深刻地審視現代儒學。顯然地，我們該去面對的問題，已經不是如何由內聖開出外王的問題；而是在新的外王情境裡，如何調理出內聖的問題、如何面對正義的問題。或者說，相對於以前的傳

---

23 參見林安梧：《中國近現代思想觀念史論》（臺北市：臺灣學生書局，1995年），頁95-121。

統社會,現在的公民社會該有怎樣的「公民儒學」。

傳統中國是宗法親情、帝王專制、小農經濟所構作成的一個我所謂「血緣性縱貫軸」的社會。血緣性縱貫軸由三個頂點建構起來:一個是國君的君,一個是父親的父,一個則是聖人的聖。君,是指君權、帝王專制;父,是指父權、家族宗法;聖,則是指聖人、文化道統。君,是一套我名之為「宰制性的政治連結」的控制方式,這是整個血緣性縱貫軸的核心;父,就是我所謂的「血緣性的自然連結」;聖,就是「人格性的道德連結」。

古代	現代
君:宰制性的政治連結 父:血緣性的自然連結 聖:人格性的政治連結	政　　　治:委託性的政治連結 家　　　庭:血緣性的自然連結 道德與宗教:人格性的政治連結 社　　　會:契約性的社會連結

關於這部分的理論,我在《儒學與中國傳統社會之哲學省察》一書中有比較完整的鋪陳。[24]以前的儒學是在這樣的狀況之下長成的,這樣長成的「人格性的道德連結」是以「血緣性的自然連結」為背景,以「宰制性的政治連結」為核心。但是現代社會已經有了很大的變化,不再是「宰制性的政治連結」,而是「委託性的政治連結」;不只是「血緣性的自然連結」,還有「契約性的社會連結」。公民社會不能從「血緣性的自然連結」直接推出來,原先從這個血緣親情所推出來的,現在就必須被分別開來。人們必須以一個獨立的個體進入到這個社會,因為現代社會通過一個客觀法則性的原理所構成的一個「契約性的社會」。在這個契約性的社會裡所談的社會正義就跟從親情倫理所長出來的道德是兩回事,儘管兩者有密切的關係,但還是兩回

---

24 特別是該書的第二、三、四這三章。

事。也就是說,一個孝順父母、友愛兄弟的人,他在社會上有可能不一定是個正義的人,所以不能那麼簡單就認為他在社會上一定是正義的。這兩者是有所不同、是分開的。我們對社會必須要有一種正義的認識,這正義的認識當然可說與孝悌人倫有密切的關係,但是卻不是直接可以從孝悌人倫中推出來的[25]。

我們必須通過制度結構來安頓身心,而不應是通過一種宗教式的、修身養性的方式,安頓了身心來適應這個不合理的制度結構。宋明理學以來的傳統就是通過一種宗教式的、修身養性的身心安頓方式,來適應一套不合理的制度結構。這樣的良知學帶有自虐性的性格,所以一碰到問題就會開始反躬自省,而沒有機會反省制度、結構的問題,因為只要一反省便會遭遇到更嚴重的問題。

在帝皇專制的高壓下,有兩件事情是不能問的:一個是君,一個是父。君運用了父,成了「君父」;而且「君」還運用了「聖」,成了「聖君」。那最高權力的、威權的管控者,運用了「聖」、也運用了「父」。良知學在這種氛圍下,受制於一主奴式的迫壓之下,做為一弱勢者,就會有一種自虐性的出現[26]。相對來說,做為一強勢者,便帶有暴虐性。在帝王專制之中,論談天理良知就很難去反省這些問題。我覺得一直到現在我們才可以反省這個問題,我們也才有機會去反省這問題。當然你會發現,我們如果只從這個角度去理解良知的暴虐性和專制性那就太偏了。良知學仍有它非常強的主體能動性,有一種瓦解的力量,以及根源性的自覺動力。

以「社會正義論」為核心的儒學思考不再是在帝王專制底下修身

---

25 參見林安梧:《儒學與中國傳統社會的哲學省察》(臺北市:幼獅出版公司,1996年),頁157-198。

26 參見林安梧:《儒學轉向:從「新儒學」到「後新儒學」的過渡》(臺北市:臺灣學生書局,2006年)。

養性的方式,也不再是那樣的良知的自虐方式,我們能說這是一嶄新的「公民儒學」。一說到這個問題,我們除了要回頭到內在的心性之源上說,還必須回到整個歷史社會總體之道,從道的源頭上去說。我們的心性必須參與到道的源頭,而這個道的源頭是歷史社會的總體之道。我們必須去正視,當自己作為一個具有主體性的個體時,是以何種身分進入社會,並且如何面對具體的制度結構問題?顯然地,這時候的修行方式便會有所不同。這個修行方式我覺得是會在一個具體的發展過程中慢慢去學習到,而不是去選一個懸空的、構作的理論。

　　大體說來,它不再是從原先的孝悌人倫直接推出去的社會正義,這在儒學裡面並不是沒有資源,因為儒學是務實的。儒學是「聖之時者也」,具有時代意識、歷史意識,並不是固守著原來的基本的東西,而是隨時代的變遷而轉化。正因如此,我才會強調「契約」與「責任」。這其實並不是說要怎樣去強調,而是說我們應該正視在公民社會下有一種契約理性所建立起來的社會,在這樣的契約理性所建立起來的社會,當你作為一個主體參與進去以後,是通過一個客觀的法則所連結成的「契約性的社會連結」,這樣就形成了一個普遍的意志(general will)。如魯索所說,你的「自由意志」與「普遍意志」必須有一種理想上的呼應,甚至是同一,在這種狀況下才能夠談論在一個公民社會下的自由與自律的活動[27]。如此一來,這樣的儒學與康德的道德學便有接近的可能。當然並不意味接近就一定好,而是說這自然而然就會有某種程度的接近。

　　這樣的轉化、發展並不是內部的轉化,而是從外在的互動融通裡面所找尋到的。我們作為一個獨立的主體,是我們展開討論、行動的一個不可化約之起點,因此我們就應該鼓動且相信在一個制度結構下

---

[27] 參見卡西勒著,孟祥森譯:《魯索、康德與歌德》(臺北市:龍田出版社,1978年)。

能夠讓我們暢其言、達其情、上遂於道,能夠如此,儒學基本上就能在這樣的過程裡面被調適出來,我相信是這樣的。所以,修行在哪裡?修行不在那吞吞吐吐的壓抑底下,不再只是一直落在該說不該說之下拿捏分寸;它已經不是在宗法親情底下的那個「禮」,而是應該在一個社會正義底下的正義之「理」。

如此一來,修養當然重要,但是它是第二階的而非第一階的。例如,有一個人說話難聽、脾氣不好,但是這不代表他道德不好、沒有正義。在一個理想的規範體制下,我們能夠容忍他的脾氣、他激烈的話語,而讓他激烈的話語、他的脾氣通通表現之後還能沉澱下來、還能跟人溝通而能達到更好的共識,這就是我們要應該要走的方向。因此,我們必須將原來用了很多氣力完成的修養轉化成更理想的制度跟結構,並締造一個更好的言說空間或是話語空間,讓我們能好好交談,經由交談而得到新的共識。這點我認為是儒學所必須要做的。

四 邁向「公民儒學」道德學之建立

儒學重點不只在涵養主敬,而必須想辦法將涵養主敬化成一套客觀的制度結構。人作為一個自然的存在(natural being),放在社會裡面則是個社會的存在(social being),他不需思考儒家聖人般的道德存在,就可以很自然地把話說出來,而這話也會很自然地得到別人的互動、批評,當別人批評的時候你也自然而然有其雅量,別人再怎麼激烈也會有一種雅量,當談到任何問題的時候就會想到,這只是我的想法,因為我的主體是由我的個體出發的。至於那普遍的總體則是必須通過這樣的交談空間,一步步而上升到的,並不是我這個主體就跟道體連在一塊,並不是我說的話就是種全體、全知的觀念。你有沒有發覺到,當我們現在問「你有沒有什麼意見」的時候,很多人都不敢

發言。為什麼？因為怕錯！為什麼怕錯？因為腦袋裡面已經預期有一個標準答案。

　　為什麼會預期有一個標準答案？因為是以良知來說，而良知之所說一定要對不能錯。良知即是道體，道體就是全體。你能發現在這樣的思考中，人通常會失去個性，會壓抑自己，而當壓抑自己到受不了時，所突出來的個性就是被壓抑而尋求解放的個性，並不是真正具有個體性又能尊重別人個體性的個性。其實我們現在常常處在這樣的困境，所以當我們談論「以社會正義論為核心的儒學思考」時，應該反省，心性論不再是那樣的方式，實踐論也不應該是那樣的方式。唯一應該要保留的，就是誠懇，就是真正的關懷。誠懇即《中庸》中的「誠」，關懷即《論語》中的「仁」，其他的都能從這裡延伸出去說。

　　我們不必再去強調主體的自覺該當如何，而應當強調，當我在一個開放的、自由的言說論述空間裡，通過清明理性的思考，彼此交換意見之後，就能夠慢慢地得出新的共識；並且預期，當我們展開一個自由的交談之後，共識就會浮現出來。我們在一個契約的社會裡慢慢尋求一個恰當的制度結構，在這個制度結構裡，我們可以依著自己的個性本身想說什麼就說什麼，在這想說什麼就說什麼過程中，就會慢慢地調適出恰當的方式。這時候我們便能夠正視自己是有七情六欲的存在，而不需要想到一個問題時馬上想到「存天理、去人欲」，因為我們不是以這樣的道德論式作為我們時時刻刻去警覺的核心，而是作為一個人就是這麼自然地進到社會裡頭來開始展開我們的論述。這樣的倫理學不再是高階思考之倫理學，不是個要求九十分、一百分的倫理學，而是只要求六十分的倫理學。這樣說的社會公民，就是一個以六十分為基礎點的社會公民，可以暢達其情，回溯到自然本身的存在

而說的,而不是個宗教苦行式的倫理學[28]。我們再也不必把整個族群都視為聖人,然後說這樣的聖人無分別相,再由此去求如何地展開分別相、安排民主與科學,因為根本就沒有這樣的問題了。

我以為當代新儒學已經完成了它某一些的使命,一九九五年牟先生的過世代表一個里程碑,也即新儒學的完成。但是新儒學的完成並不代表儒學已經發展完成,而是代表新一波的儒學必須有新的發展。因此,我提出了「後新儒學」的向度,也就是在新儒學之後的發展[29]。我認為這不再是以心性論、主體自覺為核心;而是要以廣大的生活世界為反省的對象、以廣大而豐富複雜的歷史社會總體為反省的對象,並把自己放在天、地、人交與參贊而構成的總體之中。從這總體之根源來說,即是從中國人的「道」上來說,這時候的「道」就不是我們生活世界之外的道,不是一個掛空的形而上之道,而是「天、地、人交與參贊所構成的總體」,並落到我所謂的存有實踐這一層;換種提法,就是要以「存有三態論」取代原來《現象與物自身》的「兩層存有論」;在道德哲學方面,是要以「社會正義論」為核心的道德哲學思考、以「責任倫理」為核心的道德哲學思考,來取代以「心性修養論」為核心的哲學思考;或者,簡單的說:要由「傳統儒學」進到「公民儒學」。

我認為,這樣的提法並不違背原來儒學所強調的「一體之仁」。「一體之仁」是王陽明在《大學問》之中所提到的,就是「仁者與天地萬物為一體也」,這其實在程明道的《識仁篇》中也有提到。這樣的「一體之仁」,如果放在現在我們所說的「從外王到內聖」的思考

---

[28] 參見傅偉勳:〈儒家心性論的現代化課題(上、下)〉,收入《從西方哲學到禪佛教:「哲學」與「宗教」一集》(臺北市:東大圖書公司,1986年),頁225-277。

[29] 參見林安梧:《儒學革命論:後新儒家哲學的問題向度》(臺北市:臺灣學生書局,1998年)。

模型裡面，強調人際性的互動軸，以契約、責任作思考的基底，而以一體之仁為調節的向度，便能夠對多元、對差異有所尊重，且能化解一種單線性的對象定位，擺脫工具性理性的執著，以求一更寬廣的公共論述空間，讓天地間物各付物，乾道變化，各正性命，雖是殊途而不妨害其同歸，這樣百慮而可能一致[30]。

當然問題的焦點並不是在於如何由道德形而上學式的一體之仁轉出自由民主，而是在現代性的社會裡面，以契約性的政治連結為構造、以責任倫理為準則，重新審視如何達到「一體之仁」；不是如何地「由舊內聖開出新外王」，而是「在新外王的格局下如何能夠調理出新的內聖學」。所以當我們談社會哲學的時候，並不是說這就跟內聖學、跟道德哲學切開，而是一個新思維向度的提出。

這些年來每講儒學總覺得該是再一波儒學「革命」的年代了。說是「再一波」，這便意味著以前也有過好幾回的儒學革命，而現在又得到新的一個階段。沒錯！以前最早的原始儒學先是誕生於周代，大行於兩漢，又重複於宋明，再生於現代。周代重的是「宗法封建，人倫為親」的「大一統」格局，到了漢代以後，一直到民國以前是「帝皇專制，忠君為上」的「大統一」格局。孔子完成了第一波「革命」，使得原先所重「社會的階層概念」的「君子」轉成了「德性的位階概念」的「君子」，使得「君子修養」成了「人格生命的自我完善過程」，當然這是在親情人倫中長成的。用我常用的學術用語來說，這是在「血緣性的自然連結」下長成的「人格性的道德連結」。語云：「人人親其親，長其長，而天下平」，書云：「孝乎惟孝，友於兄弟，施於有政，是亦為政，奚其為為政」；就這樣，孔子主張「為政以德」，強調「政治是要講道德的」。

---

[30] 參見林安梧：〈後新儒學的社會哲學：契約、責任與「一體之仁」——邁向以社會正義為核心的儒學思考〉，《思與言》2001年第4期。

孔子這一波革命，要成就的不只是「家天下」的「小康之治」；他要成就的更是「公天下」的「大同之治」，像《禮運大同篇》講「大道之行也，天下為公」，《易傳‧乾卦》講「乾元用九，群龍無首，吉」，這說的是因為每個人生命自我完善了，人人都是「真龍天子」，人人都有「士君子之行」，當然就不需要「誰來領導誰」，這是「群龍無首」的真義。有趣的是，現在世俗反將「群蛇亂舞」說成「群龍無首」。不過，這倒也可見孔子的「道德理想」畢竟還只是理想，並沒真正實現過。

　　第二波革命，則是相應於暴秦之後，漢帝國建立起來了，這時已經不再是「春秋大一統」的「王道理想」，而是「帝國大統一」的「帝皇專制」年代了。帝皇專制徹底將孔老夫子的「聖王」思想，做了一個現實上的轉化，轉化成「王聖」。孔夫子的理想是「聖者當為王」這樣的「聖王」，而帝皇專制則成了「王者皆為聖」這樣的「王聖」。本來是「孝親」為上的「人格性道德連結」，轉成了「忠君」為上的「宰制性政治連結」。這麼一來，「五倫」轉成了「三綱」，原先強調的是「父子有親、君臣有義、夫婦有別、長幼有序、朋友有信」，帝制時強調的是「君為臣綱，父為子綱，夫為婦綱」。顯然地，原先「五倫」強調的是人與人的相對的、真實的感通；而後來的「三綱」強調的則是絕對的、專制的服從。原先重的是我與你真實的感通，帝制時重的是他對我的實際控制，儒家思想就在這兩千年間逐漸「他化」成「帝制式的儒學」。

　　一九一一年的第三波革命推翻了兩千年的帝皇專制。我們強調「社會正義」是第三波儒學的重心所在，但這波儒學來得甚晚，以前在救亡圖存階段，為了面對整個族群內在心靈危機，強調的是以「心性修養」為主而開啟了「道德的形而上學」。現在該從「道德的形而上學」轉為「道德的人間學」，由「心性修養」轉而強調「社會正

義」，在重視「君子」之前，更得重視「公民」這概念。一言以蔽之，該是第三波儒學革命的階段了，這是「公民儒學」的革命。

再者，近十年來，蔣慶有「政治儒學」[31]之論，提出儒教憲政的理想，我以為這是值得討論的，當然我提出的「公民儒學」與蔣慶的「政治儒學」是頗為不同的。將另為文以論之。

如上所述，我們可發現對於傳統文化與現代的關聯，其詮釋的向度與進路是十分重要的，如何關聯到我們的生活世界，如何立基於我們的歷史社會總體來展開思考，這是值得留意的。這便是我們這十多年來關心的「詮釋學」的真切落實問題。其實，臺灣有關詮釋學方面的發展還算不錯，它對人文學有一定的影響。對於教育學、社會學、心理學都有些影響。像臺灣的本土心理學在楊國樞的大力推動下，慢慢跟中國文化的傳統有密切的結合。原來他本土的心理學重在對於「本土的心理現象」展開研究，但他的方法論還是西方心理學的方法論，經過幾十年的努力以後，他慢慢調整了，發展出一個本土心理學研究室，進而轉型成華人心理學研究中心。他們在這裡做了很多可貴的工作，他們也慢慢找尋怎麼去了解中國人的心靈機制。他們也面臨很大的限制，主要是他們對古代的典籍太不熟悉，對中國文化的氛圍的體會太少。這是現在人文學者最嚴重的問題，懂西方的，就不懂中國的，懂中國的，卻又不了解西方，彼此的互動連通發生嚴重的後果。

這些年來，一方面強調實踐的必要性，但另方面，我更強調須從實踐中，提繹出來，揀擇構成一新的理論可能。尤其，我們要重視如何從古漢語的深入理解與詮釋中，開出學問的嶄新可能。最後，我願意說「道德意識」這四個字可以這樣理解，「道」是總體的根源，

---

31 關於蔣慶的著作，最具有代表性的有《公羊學引論》（瀋陽市：遼寧教育出版社出版、遼寧省新華書店發行，1995年），《政治儒學：當代儒學的轉向、特質與發展》（北京市：生活・讀書・新知三聯書店，2003年）等書。

「德」是內在的本性,「意」是純粹的指向,「識」是對象的了別。「道德意識」指的便是「回到總體的根源,落實而成為自家的內在本性,由此而發出一純粹的指向,而涉及於對象,起一清楚的分別」。「公民社會」這載體它異於「傳統社會」,參與於社會的「人」也就不同。正因如此,「道」既有異,「德」亦有分,「意」的向度也不同,作為「了別」的「識」當然也就不同了。同是「道德意識」,在「公民社會」強調的是「公民的責任」,這不同於「傳統社會」強調的是「知恥的倫理」。當然,這兩者並不是截然無關的,它們其實是密切相關的。

——庚寅之秋十一月四日訂定於臺灣太平洋之濱花蓮之元亨居。
(本文刊於《文史哲》2011年第6期,2011年11月5日,頁14-24。)

參考文獻

韋伯（Max Weber），錢永祥編譯：《學術與政治》，臺北市：允晨文化實業公司，1985年。
林安梧：《中國近現代思想觀念史論》，臺北市：臺灣學生書局，1995年。
林安梧：《契約、自由與歷史性思維》，臺北市：幼獅文化事業公司，1996年。
林安梧：《儒學與中國傳統社會的哲學省察》，臺北市：幼獅文化事業公司，1997年。
林安梧：〈道德與思想意圖的背景理解：以「血緣性縱貫軸」為核心的展開〉，《本土心理學研究第七集：中國人的思維方式》，臺北市：桂冠圖書公司。
林安梧：《儒學革命論：後新儒家哲學的問題向度》，臺北市：臺灣學生書局，1998年。
林安梧：〈解開「道的錯置」——兼及於「良知的自我坎陷」的一些思考〉，《孔子研究季刊》，濟南市：中國孔子基金會，1999年。
林安梧：〈「心性修養」與「社會公義」：中華文化邁向二十一世紀的糾結之一〉，陳明、朱漢民編：《原道》（第六輯），貴陽市：貴州人民出版社，2000年。
林安梧：〈後新儒學的社會哲學：契約、責任與「一體之仁」——邁向以社會正義為核心的儒學思考〉，《思與言》，臺北市：思與言人文社會學社，2001年。
林安梧：《儒學轉向：從「新儒學」到「後新儒學」的過渡》，臺北市：臺灣學生書局，2006年。

黃進興：〈清初政權意識形態之探討：政治化的道統觀〉，《中央研究院歷史語言研究所集刊》第58本，臺北市：中央研究院歷史語言研究所，1987年。

孫明章：〈清初朱子學及其歷史的反思〉，鄒永賢：《朱子學研究》，廈門市，廈門大學出版社，1989年。

卡西爾（E.Cassirer），孟祥森譯：《魯索、康德與歌德》，臺北市：龍田出版社，1978年。

傅偉勳：《從西方哲學到禪佛教：「哲學」與「宗教」一集》，臺北市：東大圖書公司，1986年。

錢穆：《國史大綱》，上海市：上海商務印書館，1940年。

第十四章
「內聖」、「外王」之辯:「新儒學」與「後新儒學」的迴環

本章提要

　　本論文旨在針對「內聖」與「外王」這組概念,對比於「新儒學」與「後新儒學」,做一總的回顧與思考。當代新儒家不同於以往儒家的內聖直通外王之道,改而強調由「內聖」開出「新外王」,特別經過一「良知的自我坎陷」以開出「知性主體」,並以此而開出現代化的民主、科學。我則以為應該有一大進展,這是經由「新外王」的學習,進而啟其「內聖」,有一新內聖之發展可能。這些論題將涉及於「方法論之本質主義」(methodological essentialism)與「方法論之約定主義」(methodological conventionalism)的差異;另外,也涉及於「歷史的發生次序」、「理論的邏輯次序」、「實踐的學習次序」三者的差異。

　　本文首先溯及於一九九〇年代以來所引發的思考,對比的呈現出「後新儒學」與「新儒學」的總體異同。再者,指出第三波的儒學革命主張的是「民主憲政,公義為主」、「多元而一統」,此不同於往昔之第一波之「宗法封建,人倫為親」的「大一統」,也不同於第二波之為「帝皇專制,忠君為上」的「大統一」。在此新局下當有一嶄新之思考也。吾人以為儒學該從「道德的形而上學」轉為「道德的人間學」,由「心性修養」轉而強調「社會正義」,在重視「君子」之前,

更得重視「公民」這概念。這已經不是如何從「內聖」開出「新外王」的思考，而是如何在「新外王」的學習過程裡，如何調理出「內聖」，並由此「新內聖」再調理於「新外王」之中。「內聖」與「外王」是交與為體用的，這種「兩端而一致」的船山式的思考，正是後新儒學思考的特點之一。

梳理傳統，面對「血緣性縱貫軸」三綱之限制，解開此中所含之「道的錯置」，經由「公民」與「君子」之對比與釐清，朝向「公民社會」之建立。從「內聖──外王」到由「外王──內聖」的結構性轉換，是伴隨著儒學的現代性與後現代性而開啟的，這是儒學不得不要有的轉化與創造。

關鍵字詞：多元一統、本質主義、約定主義、道的錯置、公民社會、君子、兩端而一致、船山、身心一如

一　楔子

自上個世紀九〇年代後期，我體會到整個時代已有了巨大的變化，原先的新儒學面對的存在處境及其所昇起的問題意識已大有變革，我以為承繼新儒學當有一嶄新的開啟，面對實存的新境域，尋到新的問題意識，這應是「後新儒學」的年代了。起先由「護教的新儒學」與「批判的新儒學」[1]的對比，我寫了篇文章。之後則在一九九

---

[1] 此文原在一九九六年十二月的第四屆當代新儒學國際會議上發表，後收入林安梧：《牟宗三前後：當代新儒學哲學思想史論》（臺北市：臺灣學生書局，2011年），第十二章〈牟宗三先生之後：「護教的新儒學」與「批判的新儒學」〉。

四年二月寫了「後新儒學論綱」[2]，並在當年四月間，趁訪美之便，在杜維明教授所主持的哈佛大學的儒學討論會上，第一次演繹了這個想法。往後，我順此論綱，繼續發展，寫了不少文章，做了不少講論。經過了這近二十年，自不免愈清楚起來了。

「後新儒學」之不同於「新儒學」者何在？我曾有一表格以應之[3]。大體說來，「新儒學」所重在「心」、「主體性」，而後新儒學則重在「氣」、「生活世界」。在方法論上「新儒學」重在「方法論的本質主義」（methodological essentialism），而後新儒學則為「方法論上的約定主義」（methodological nominalism）。在道德哲學上，新儒學強調「道德先驗論」，以「陸王哲學」為主導，後新儒學則強調「道德發展論」，以「船山哲學」為主導，前者重在「超越的分解」，而後者重在「辯證的綜合」。新儒學最關心的是「如何開出現代化」，並主張「良知的自我坎陷以開出民主科學」，而後新儒學則強調在「現代化學習過程裡，如何重新調理」，主張「文化的互動與融通，以調劑民主科學」。新儒學所重在「心靈修養的境界圓善」，並「以聖賢教言之詮釋為核心」；後新儒學則重在「社會正義的公民道德」，並漸轉「以歷史社會總體之詮釋為核心」。在宗教哲學方面，新儒學偏向於「否定巫教之信仰價值」，並主張「巫教」與儒學之斷裂性，主張「良知」超邁一切；而後新儒學則偏向於「肯定巫教之信仰價值」，主張巫教與儒學之連

---

[2] 一九九七年四月間，由成功大學中國文學研究所舉辦的「第一屆臺灣儒學國際學術研討會」，我寫了〈咒術、專制、良知與解咒——對「臺灣當代新儒學」的批判與前瞻：對於《後新儒家哲學論綱》的詮解〉，同年國際中國哲學會，並在韓國漢城的東國大學召開，我亦在會上宣讀了此文的修訂版。之後，我又修訂了幾處，而刊登於《鵝湖月刊》第23卷第4期（1997年10月）。後來收入林安梧：《儒學革命論：後新儒家哲學的問題向度》（臺北市：臺灣學生書局，1998年），第三章。

[3] 此表格繪於林安梧：〈「新儒學」、「後新儒學」、「現代」與「後現代」——最近十年來的省察與思考之一斑〉一文，刊於《鵝湖月刊》第30卷第12期（總號360期）（2005年6月），頁8-21。

續性,主張「良知、專制、咒術」有其糾結。新儒學強調「主體的開出」,這是由「內聖」而「外王」;後新儒學則強調要釐清「道的錯置」,並主張由「外王」而「內聖」。

「新儒學」與「後新儒學」的對比,當然不只是時間先後的對比,而是有一內容的發展性、批判性關係。二〇〇三年五月《牟宗三先生全集》出版了,我認為這標誌著牟宗三哲學的完成,但這並不標誌著牟宗三哲學的結束;相反的,它標誌著牟宗三哲學的嶄新起點。這嶄新起點是一轉折,是一迴返,是一承繼,是一批判,是一發展[4]。

二 第三波的儒學革命:「民主憲政,公義為主」、「多元而一統」

無疑地,該是再一波儒學「革命」的年代了。說是「再一波」,這便意味著以前也有過好幾回的儒學革命,而現在又到了新的一個階段。沒錯!以前最早的原始儒學先是誕生於「周代」,大行於「兩漢」,又重複於「宋明」,再生於「現代」。周代重的是「宗法封建,人倫為親」的「大一統」格局,到了漢代以後,一直到民國以前則是「帝皇專制,忠君為上」的「大統一」格局。民國以來,發展到現在,可應該是「民主憲政,公義為主」的「多元而一統」的格局。

孔子完成了第一波「革命」,使得原先所重「社會的階層概念」的「君子」轉成了「德性的位階概念」的「君子」,使得「君子修養」成了「人格生命的自我完善過程」,當然這是在親情人倫中長成的。用我這些年來所常用的學術用語來說,這是在「血緣性的自然連結」下

---

[4] 我曾有《迎接「後牟宗三時代」的來臨──《牟宗三先生全集》出版紀感》之作,刊於《鵝湖月刊》第28卷第9期(總號333期)(2003年5月),請參看。

長成的「人格性的道德連結」[5]。《孟子》云:「人人親其親,長其長,而天下平」[6],《書》云:「孝乎惟孝,友于兄弟,施於有政。」[7];就這樣,孔子主張「為政以德」[8],強調「政治是要講道德的」。孔子這一波革命,要成就的不只是「家天下」的「小康之治」;他要成就的更是「公天下」的「大同之治」,像《禮記》「禮運大同篇」講「大道之行也,天下為公」,《易傳》〈乾卦〉講「乾元用九,群龍無首,吉」,這說的是因為每個人生命自我完善了,人人都是「真龍天子」,人人都有「士君子之行」,當然就不需要「誰來領導誰」,這是「群龍無首」的真義[9]。有趣的是,現在世俗反將「群蛇亂舞」說成「群龍無首」。不過,這倒也可見孔子的「道德理想」畢竟還只是「道德理想」,並沒真正實現過。

第二波革命,則是相應於暴秦之後,漢帝國建立起來了,這時已經不再是「春秋大一統」的「王道理想」,而是「帝國大統一」的「帝皇專制」年代了。帝皇專制徹底的將孔老夫子的「聖王」思想,做了一個現實上的轉化,轉化成「王聖」。孔夫子的理想是「聖者當為王」這樣的「聖王」,而帝皇專制則成了「王者皆為聖」這樣的「王聖」。本來是「孝親」為上的「人格性道德連結」,轉成了「忠君」為上的「宰制性政治連結」。這麼一來,「五倫」轉成了「三

---

[5] 關於「血緣性縱貫軸」之提法,包括了「血緣性自然連結」、「人格性道德連結」、「宰制性政治連結」,此說約成於上世紀九〇年代,參見林安梧:《儒學與中國傳統社會之哲學省察》(臺北市:幼獅文化事業公司,1996年)。

[6] 語出《孟子》〈離婁〉。

[7] 語出《論語》〈為政〉。

[8] 語出《論語》〈為政〉。

[9] 吾此說多得力於春秋公羊學,特別是熊十力的《原儒》,吾曾應明文書局創辦人李潤海先生之邀為彼重版之《原儒》做導論,著為〈熊十力的孤懷弘毅及其《原儒》的義理規模〉,此文收入林安梧:《牟宗三前後:當代新儒家哲學思想史論》(臺北市:臺灣學生書局,2011年),第四章。

綱」，原先強調的是「父子有親、君臣有義、夫婦有別、長幼有序、朋友有信」，帝制時強調的是「君為臣綱，父為子綱，夫為婦綱」。顯然地，原先「五倫」強調的是「人」與「人」的「相對的、真實的感通」；而後來的「三綱」強調的則是「絕對的、專制的服從」。原先重的是「我與你」真實的感通，帝制時重的是「他對我」的實際控制，儒家思想就在這兩千年間逐漸「他化」成「帝制式的儒學」[10]。

不過，第三波革命來了，一九一一年，兩千年的帝皇專制被推翻了。孫中山開啟了民主革命，但如他所說「革命尚未成功，同志仍須努力」，不過這「民主革命」總算向前推進了近一百年；如此一來，使得華人不可能停留在帝皇專制下來思考，華人想的不能只是帝制時代下的「三綱」，也不能只是春秋大一統的「五倫」，而應是「公民社會、民主憲政」下的「社會正義」如何可能[11]。

強調「社會正義」應是第三波儒學的重心所在，但這波儒學來得甚晚，以前在救亡圖存階段，為了面對整個族群內在心靈危機，強調的是以「心性修養」為主而開啟了「道德的形而上學」。現在該從「道德的形而上學」轉為「道德的人間學」，由「心性修養」轉而強調「社會正義」，在重視「君子」之前，更得重視「公民」這概念。一言以蔽之，該是第三波儒學革命的階段了，這是「公民儒學」的革命。這是「後新儒學」必然要走出的一遭[12]。

---

10 此帝制式之儒學含有一「道的錯置」之成分，參見林安梧：《道的錯置：中國政治傳統的根本困結》（臺北市：臺灣學生書局，2003年）。
11 吾關心此已閱十數年矣，參見林安梧：《儒家倫理與現代社會》（北京市：言實出版社，2005年）。
12 此可參見林安梧：《儒學轉向：從「新儒學」到「後新儒學」的過渡》（臺北市：臺灣學生書局，2006年）。

三　後新儒學思考的特點：「兩端而一致」

　　大體來說，後新儒學的發展頗有取於王夫之「兩端而一致」道器相須相輔的理論思考，這是由「道德的超越形式性」之哲學（如程、朱），而「道德的內在主體性」之哲學（如陸王），進一步而強調「道德的存在歷史性」之哲學，他可以視作總結了宋明理學，批判、融通之後的進一步發展[13]。一九八六年之後，我並未專力從事船山學之研究，但船山學一直成為我學問構成的最重要來源之一。我深深為他將歷史性、社會性、道德性融鑄一體的思考所折服。我由是更為肯定，儒者之學不能停留於「以心控身」而當進一步調適而上遂到「身心一如」，這才是康莊大道。

　　這樣的思考是：將人的生命主體之源與所謂的倫理儀則關聯起來處理，將宇宙造化之原與客觀的制度規章關聯起來處理；這是將「身」關聯著「心」，並將「心」形著於「身」而成就者。此亦可以理解為「心」、「身」互為體用的哲學思考。[14]

　　「身」、「心」互為體用，一者「身」以藏心，「心」以發身；再者，「心」以藏身，「身」以發心。這就是所謂的「交藏」、「交發」，互為體用的思考。「身」之藏心，這是「具體而實存」的藏，是以此活生生之實存而具體化的身將「心」具體化、實存化、內在化，經由

---

13 這思想發軔於一九八〇年代初，多受西方之歷史哲學、社會哲學啟發，自一九八六年寫定《王船山人性史哲學之研究》（臺北市：東大圖書公司，1987年）以來，船山的本體發生學式的思考、兩端而一致的思考，一直深深影響著我。歷史哲學多蒙郭博文教授、徐先堯教授之啟發，船山學則多蒙曾昭旭教授、牟宗三教授、蔡仁厚教授、張永儁教授之啟發。

14 此段所論以及以下該節所述，主要採自林安梧：〈從「以心控身」到「身心一如」：以王夫之哲學為核心兼及於程朱、陸王的討論〉，《國文學報》第30期（2001年6月），頁77-96。

此進一步才可能「心」以發身,這樣的「發」是將原先普遍、絕對之真實的心融入具體而實存之境域,身心通而為一。「心」以藏身,這是「本體而根源」的藏,是將此活生生之實存而具體化的身,藏於本體之源的「心」,經由此,進一步才可能「身」以發心,這樣的「發」是將此本體之源的心經由具體而實存的身,顯露出來,身心通而為一。將此「身心交藏交發」的互為體用過程,再推擴為「身、家」,「家、國」,「國、天下」亦皆為交藏交發、互為體用的過程;若以「內聖、外王」兩者論之,亦為交藏交發、互為體用也。

當代新儒學對於「心性論」與「道統論」的再提出,為的是擺落中國歷史的業力習氣,一如宋明理學心學一系是以「良知」做為內在的主體,而這亦是超越的道體,它做為一切生發創造之源。不同於康德的「窮智見德」而當代新儒學則主張「以德攝智」,此中有一明顯之有趣對比[15]。如此一來,我們發現當代新儒學將心性主體理論化、超越化、形式化、純粹化,這與原先儒學之重真存實感、社會實踐便有了極大的分隔。

其實,相對而言,儒家的人學不應是「以心控身」,而應是「身心一體」之學。它之所以成了「以心控身」,這與帝皇專制、巫祝咒術與道德良知的詭譎糾結密切相關[16]。須得經由歷史社會總體的深度理解,我們才能真切的展開一專制與咒術的瓦解活動;如此,我們才能擺脫原先專制意識型態所主導的封閉型的心性修養論。進一步,我們才能從「心性修養論」為核心的儒學,進到以「社會正義論」為核心的儒學;我們才能從原先的主體性哲學解開而進到處所哲學與場域

---

15 參見林安梧:〈牟宗三的康德學與中國哲學之前瞻——格義、融通、轉化與創造〉,《鵝湖月刊》第31卷第2期(總號362期)(2005年8月),頁12-24。
16 參見林安梧:《儒學革命論》(臺北市:臺灣學生書局,1998年),第五章〈第三章、咒術、專制、良知與解咒——對「臺灣當代新儒學」的批判與前瞻:對於《後新儒家哲學論綱》的詮解〉。

哲學,而存有三態論便在這樣的過程中逐步構成。

當然,原先當代新儒學強調「良知的自我坎陷以開出知性主體,進而涵攝民主與科學」,這樣的思考亦因之有了新的轉折,因為真正重點在於學習民主與科學,這是一學習次序,與理論的次序有別,與歷史發生的次序亦當區別開來。我們應該就在現代化的過程中,調理出新的心性之學、新的道德實踐方式。我們若強化的說,這已不是「由內聖如何開出外王」的思考,反而是「如何由外王而調適內聖」的反思[17]。總的說來,牟先生高度的發揮了「道德智體」,強調「智的直覺」之可能,這多少帶著啟蒙智光的理想。在理論上,這大體做的是「形而上保存」的工夫,而且是在「道德智識化」的思考下所做成的。熊十力的體用哲學強調直入造化之源、境識一體而不分,經由理論的詮釋與轉化,我因之闡發此中所含之「存有三態論」。其實,在思考的回溯與轉進之中,船山「兩端而一致」的思考,對我的啟發極大,他讓我疏通了「兩層存有論」的可能限制,讓我正視到由體用哲學往存有三態論的路徑,有著嶄新可能。從道器不二、理氣不二、理欲不二、理勢不二,擺脫了以心控身的格局,強調身心一如;進而,也用兩端而一致的思考,重新審視了「傳統」與「現代」,重新審視了「內聖」與「外王」,不再老以「心性修養論」為核心,而該擺置在「社會正義論」為基礎,重新思考儒學的可能。我願意期待,由牟宗三而熊十力,由熊十力再上溯王船山[18],不辜負船山先生「六經責

---

17 林安梧:〈解開「道的錯置」——兼及於「良知的自我坎陷」的一些思考〉,《孔子研究季刊》1999年第1季(總第53期,1999年3月),頁14-26。

18 又吾於二〇〇一年秋九月參加由武漢大學主辦之「熊十力思想與傳統文化國際學術研討會」,再度提出由「牟宗三」而「熊十力」而「王船山」的思考,參見林安梧:〈「牟宗三」到「熊十力」再上溯「王船山」的可能〉,《鵝湖月刊》,第27卷第7期(總號319期,2002年1月),該文收錄於林安梧:《牟宗三前後:當代新儒家哲學思想史論》,第十四章,如前揭書。

我開生面，七尺從天乞活埋」[19]的深心孤憤！

四　後新儒學「外王—內聖」的思考建構

　　如前所論，後新儒學與新儒學的身心論是有所不同的，而這影響到存有論、實踐哲學、政治哲學，乃至兩性論種種，都有著類型學上的轉變，當然，最明白的就表現在對於「內聖」與「外王」這對概念理解上的差異，以及兩者次第關係之異同。不順服於「內聖—外王」的思考，而強調另一種嶄新可能的是「外王—內聖」，這是我多年來的思考之一。我以為這是繼續當代新儒學所強調的「由內聖開出外王」的進一步思考，是「後新儒學的新思考」[20]。我強調要回溯到「內聖外王」的原型思考來衡量，以《大學》所說「壹是皆以修身為本」做為起點，指出「身心一如」的基本向度，做出「內外通貫」、「心物不二」的論斷[21]。進而，對於儒學的「人性本善論」的「論」做出闡釋，指出它與「血緣性縱貫軸」的基本結構：血緣性的自然連結、人格性的道德連結、宰制性的政治連結，密切相關。再者，我順此強調要進而瓦解「三綱」所含的「男性中心」、「父權中心」、「君權中心」的思考，才得解開「道的錯置」；重新面對人之做為「活生生實存而

---

19 此乃王船山自書之堂聯，參見《王船山詩文集》〈序言〉（臺北市：漢京文化事業公司，1984年9月）。

20 關於「內聖」、「外王」之論，參見〈從「外王」到「內聖」：後新儒學的新思考〉（臺南市：國立成功大學中國文學系「第二屆臺灣儒學國際學術研討會」，1999年12月18-19日）。該文曾引來陳立驤、李宗立、王季香等年輕學者等寫了幾篇文章加以討論，後來我又將此文刊於《鵝湖月刊》第30卷第2期（總號350期，2004年8月），再度引來了周群振教授的批判，之後，譚宇權又對此提出再批判與再討論。

21 林安梧：〈關於《大學》「身」「心」問題之哲學省察——以《大學》經一章為核心的詮釋兼及於程朱與陸王的討論（上）〉，《鵝湖月刊》第36卷第9期（總號429期，2011年3月），頁4-13。

有」的存在，以其惻怛的存在真實感通之「仁」，由「血緣性縱貫軸」邁向「人際性互動軸」的建立[22]。我以為，這是「柔性的顛覆」與「自然的生長」，這是有別於以前之以「心性修養論」為核心的哲學思考，改之以「社會公義論」為核心的哲學思考。

依此，我們可以對原先之「由內聖推向外王」的思考，做一修正[23]。「內聖」做為「外王」之本體根源，由此內聖通向外王，這是將此內聖之學經由一具體化、實存化而彰顯形著的過程，「內聖」之做為「外王」形而上之宅第，外王藏於此內聖之宅第之中。同時，「外王」之做為「內聖」落實體現之根本，由此外王而使得內聖得以安頓，這是將此外王之學經由一調適而上遂於道的過程，得以存聚於內聖之源中，「外王」之做為「內聖」形著為器的宅第，內聖藏於此外王之宅第之中。如此說來，「內聖」之做為「外王」之本體根源，這時「心性修養」之為外王之學的首出本源；相對言之，「外王」之做為「內聖」之具體根本，這時「社會公義」之為內聖之學的落實依據。

如此說來，「內聖」、「外王」並不是「由內而外」的單向過程，而是「內外通貫為一」的過程。所謂的「內外通貫為一」，是「由內聖通向外王」以及「由外王而迴向內聖」的雙向互動。「內聖」、「外王」之關係如此，「心」、「身」之關係亦如此，並不是單向的「正心」而「修身」，而是「內外通貫為一」的過程；是由「正心」通向「修身」，「心」為「身」之形上之根源；既而「修身」迴向「正心」，「身」為「心」形著之根本，身心通貫為一。

由傳統走向現代，由內聖走向外王，這不只是舊內聖、舊外王，

---

22 參見林安梧：《儒學與中國傳統社會之哲學省察》（臺北市：幼獅文化事業公司，1996年4月），第九章〈從血緣性縱貫軸到人際性互動軸〉，頁157-176。

23 此段所論，以及本節所述，參見〈心性修養與社會公義〉（國立中央大學哲學研究所、南華學院哲學研究所生命倫理學國際學術會議，1998年6月）。又見〈從「外王」到「內聖」：後新儒學的新思考〉，如前揭文。

也不是舊內聖走向新外王,而是新內聖、新外王。這是一個「學習」的過程,此與「理論的追溯」不同,與由此理論的追溯進而轉為理論的開出亦不同;再者,此與「發生的次序」亦不相同。今人有「外在超越說」、「內在超越說」對比以為論,此亦可有所見,但以為「外在超越說」與現代之民主自由有必然關係則謬矣!甚至有以為西方基督宗教傳統之「幽暗意識」與民主自由有必然關係,此說大謬不然也。馬基維利、霍布斯之支持專制即可見其反例[24]。

如上所說,可知就實來說「心性修養」不必為「社會公義」的先決條件,反而是「社會公義」可能成為「心性修養」的基礎;而且這樣的基礎將使得心性修養更為平坦自然,人人可致,是在一新的倫常日用間顯現。顯然地,「心性修養」與「社會公義」對舉的說,前者指向「內聖」,而後者指向「外王」。筆者想經由此來彰明此兩者的關係,顯示其弔詭相,並明白標出此兩者並非如昔所以為的「內聖」而「外王」;相反地,「外王」反而是「內聖」之所以可能的先決條件。

這些年來,我一直以為中國文化傳統的資源是多元的,是融通的;但在兩千年帝制壓迫下,使得它有著嚴重的一元化、封閉化的傾向,如何去開掘出一條道路來,這是許多當代知識分子所關切的志業。我深切同意須得應用韋伯式的理想類型分析(Ideal typical analysis)對傳統的質素有所定位,再展開進一步的改造與重組[25]。問題是如何深入到中國文化傳統中,恰當的理解、詮釋,然後有所定位,才有進一步發展的可能。否則,只是片面性的定位,或者將表象點出,便予以定位,雖欲有所轉化、創造,甚至是革命,這往往難以成功。當然,

---

24 持此說者,可以張灝為代表,參見張灝:《幽暗意識與民主傳統》(臺北市:聯經出版事業公司,1989年),關於張灝之說,錢永祥曾有所論評。
25 參見林毓生:《政治秩序與多元社會》(臺北市:聯經出版事業公司,1989年5月),頁349。

我這麼說,並不意味片面的定位就沒價值,而是要呼籲,不要以片面的定位當成全體,片面如果是「開放性的片面」,那是好的,不要落入「封閉性的片面」就可以了[26]。

筆者仍想強調「道德」是一不離生活世界總體本源的思考與實踐,在不同的傳統、不同的文化、不同的族群、不同的情境,將展現著不同的風姿。如今,進入到現代化的社會之中,契約性的社會連結是優先於血緣性的自然連結的,原先長自血緣性的自然連結的「仁愛之道」,現在當長成「社會公義」。真切的涉入到公共領域中,經由「交談」互動,凝成共識,上契於社會之道,在這樣的社會公義下,才有真正的「心性修養」,才有真正的內聖。

如上所述,後新儒學意在跨出「內聖—外王」的格局圍限,而改以「外王—內聖」為思考模型,強調「人際性的互動軸」,以契約、責任做為思考的基底,以「一體之仁」做為調節的向度,尊重多元與差異,化解單線性的對象定位,擺脫工具性理性的專制,但求一更寬廣的公共論述空間,讓天地間物各付物,乾道變化,各正性命,雖殊途而不妨礙其同歸也,雖百慮而可能一致也。當然問題的焦點,不是如何由道德形而上學式的「一體之仁」轉出「自由與民主」,而是在現代性的社會裡,以契約性的政治連結為構造,以責任倫理為軌則,再重新來審視如何的「一體之仁」;不是如何由舊內聖開出新外王,而是在新外王的格局下如何調理出一新的內聖之學來。

如上所述,顯然地,從「內聖—外王」到由「外王—內聖」的結構性轉換,是伴隨著儒學的現代性與後現代性而開啟的,這是儒學不得不要有的轉化與創造。

---

26 此段所論,以及以下兩段所論,多取自於〈後新儒學的社會哲學:契約、責任與「一體之仁」邁向以社會正義論為核心的儒學思考〉一文,刊於《思與言》39卷第4期,頁57-82。

五　結語：解開「道的錯置」，建立「公民社會」

如上所論，其實對於中國傳統儒學知之愈多，也就愛之愈深；但連帶地，愛之深，責之切。我愈發體會到「儒學」在中國文化傳統中所沾惹的習氣，以及所形成的業力，這要是不經一番洗脫，不經一番澄澈，儒學是很難大有所為的。

儒學之難不在儒學本身，而是在與儒學連帶縮結在一起的父權傳統、帝制傳統，以及男性中心主義傳統；總的來說，我將此名之為「血緣性縱貫軸」的思考。這是以「君、父、聖」三者為頂點而構成的傳統，而且「君」是絕對的管控者。正因這「君」是唯一的、絕對的、至高無上的管控者，也因而使得儒家所強調的「道」（道德理想），因之轉為倒反的錯置。本來儒家強調的是「聖者當為王」、「有德者居之」；倒反錯置為「只要是擁有現實權力的王，他就宣稱自己是聖者」，「只要居於其位就為有德」。我將這種現象稱之為「道的錯置」（misplaced Tao）[27]。

在「道的錯置」下，往往有權力者就誤認為自己是「道」的化身，以為所行所事，莫非良知；如此一來，成了「良知的專制」、「專制的良知」，「良知」與「專制」就連在一塊，難解難分。世間多少「以理殺人」的事，就這樣做成了。就另一面來說，那沒權力者，又被有權力者要求命令「行有不得，反求諸己」；如此一來，成了「良知的自虐」、「自虐的良知」，「良知」與「自虐」成了不可分的整體。如上所說，有權力的時候，「良知」不覺就「專制」起來了；而沒權力的時候，「良知」不覺就「自虐」起來了。或者是對那更高的權

---

[27] 參見林安梧：〈「道德與思想之意圖」的背景理解：以「血緣性縱貫軸」為核心的展開〉，《本土心理學研究》第7期（1997年6月），頁126-164。

力,回頭來自虐;對那權力比你低的人,你卻專制起來;而這往往與「上下長幼尊卑」的倫理連在一起說的[28]。

每讀舊史掌故,印證今人今事,莫不見此所謂「良知」就落到「專制」與「自虐」兩端來。還得進一步分疏的是,在強大的歷史業力與習氣的摧迫下,人們將這與那冥冥不可知的造化之源又連在一起,說這是「命」,是「天命」;這麼一來,原先儒學所強調的宇宙造化、生生之德,說的那道德實踐的創造力,現轉而成了一種宿命般的不可自已的被決定狀況。更有趣的是,相信我們若擁有一獨特神奇像咒術般的力量,我們就可以入於此造化之源,輕輕撥動,乾坤自可定位,萬物自可生長。

就在這「道的錯置」下,弔詭的事出現了,原先強調「自由的意志」以及「意志的自由」,扭曲錯置成「無自由的意志」與「無意志的自由」。我固然知道儒學所強調的明不是這「無自由的意志」,明不是「無意志的自由」;但我們卻不得不問,是什麼因素使得儒學在中國歷史上會落到這地步,中國民族是在什麼樣的歷史業力習氣下會扭曲異化成這等狀況。這是值得注意,而且亟待釐清的事[29]。

隨順著公民社會的建立,公共論述的發展,我以為儒學該從原先的業力習氣解脫出來,以多元而包容的論述,參與於天地人我之間,謙懷虛心,彼此傾聽,而不是自居於「主流」,或者攀附權力者做為主流;以為自己是良知,是道的化身,繼續行那自虐而虐人的事來。

---

28 參見林安梧:〈良知、良知學及其所衍生之道德自虐問題之哲學省察〉,收入《儒學轉向:從「新儒學」到「後新儒學」的過渡》(臺北市:臺灣學生書局,2006年),第四章。

29 關於「無自由的意志」與「無意志的自由」原在第二次中西馬論譚中為鄧曉芒所提出,我有分辯,參見林安梧、郭齊勇、鄧曉芒、歐陽康:〈中國哲學的未來:中國哲學、西方哲學、馬克思主義哲學的交流與互動〉,《學術月刊》(總第454期,2007年4月)。

須知:「道的錯置」不解開,儒學是沒希望的。

什麼是「公民社會」?顯然地,這不同於「家族社會」,不同於血緣親情為主導所構成的社會。「公民社會」是由「公民」所成之社會,是公民經由社會契約為主導所構成的社會。當然,這經由社會契約所構成的社會仍然不免要在他原先所處的傳統裡,受到傳統文化氛圍的影響與作用。若以華人社會來說,傳統社會的教養可以說是「君子教養」,但公民社會則是「公民教養」[30]。在公民教養下的公民倫理,自不同於原先君子教養下的「君子倫理」。

或有人說:君子倫理是八十分、九十分的倫理,但公民倫理則是六十分、七十分的倫理。這說法有些趣味,但並不準確,因為重點不在幾分,而是兩者型態不同,方式不同,養成也不太相同。

君子倫理是由家庭、而家族所養成的,他是由血緣親情的「孝悌人倫」來養成的。公民倫理雖亦要有這樣的孝悌人倫做基礎會更好些,但他的養成主要是在社會人群、公共領域中養成的。

血緣親情所構成的天地,自也有其公共領域,但其公共性是不同於公民社會義下的公共性。公民社會的公共性是建立在每一公民的個體性及由此個體性為出發點來思考那公共的總體性所形成的。血緣親情的公共性則是有孝悌人倫之血緣的連續性所構成的總體性而形成的。

用費孝通的話來說,傳統社會是「波紋型的社會」,是由親及疏,是一差序格局所構成的社會。這樣的社會是要由私及於公,並且要「公而忘私」,甚至是「大公無私」的。相對來說,現代公民社會則是「捆材型的社會」,是由公民,經由一憲治格局所構成的社會。這樣的社會是不忘個體性之私所成之社會,是「大公有私」的社會,

---

30 關於此,我曾將在湖南中南大學倫理學研究所講述的講稿,集結成《儒家倫理與社會正義》(北京市:中國言實出版社,2005年)。

是一可以「公私分明」的社會[31]。

華人的傳統社會要的是經由家庭教養的孝悌人倫,來長養仁義道德,從好子弟、好子民,到善人,到士人、君子、賢者、大丈夫,乃至最高理想人格的聖者。這是一從血緣親情,而推而擴充之,以及於天下,所謂「四海之內皆兄弟也」[32]。或者從血緣親情,而上溯至宇宙造化之源,進而「範圍天地之化而不過,曲成萬物而不遺」。或者順此而說「中也者,天下之大本也,和也者,天下之達道也,致中和,天地位焉,萬物育焉。」[33]這樣的教養是由血緣親情為基底而構成的倫理教養。

這樣一套倫理教養可說是由「血緣性縱貫軸」的宗族社會所導生的。血緣性的縱貫軸是由「血緣性的自然連結、人格性的自然連結、宰制性的政治連結」所構成的。「血緣性的自然連結」強調「孝悌」,「人格性的自然連結」強調「仁義」,而「宰制性的政治連結」則強調「忠君」。這三者,又以宰制性的政治連結做核心,忠君做為最優先的位置。

我曾在《儒學與中國傳統社會的哲學省察》一書對此做過較為深度的闡析,並指出現代的公民社會應該由此「血緣性的縱貫軸」轉化為「人際性的互動軸」。這並不是要全然的瓦解,而是要順當的轉化與調解。應該瓦解的是「宰制性的政治連結」(帝皇專制),而代之以「委託性的政治連結」(民主憲政)。「血緣性的自然連結」仍須保存,但隨順世局而應有所轉化,這轉化是由原先的基底再轉而為「契約性的社會連結」,去構成一公民社會。至於「人格性的道德連結」

---

31 以上所論大體是我在《儒學與中國傳統社會哲學之省察》(臺北市:幼獅文化事業公司,1996年)一書之綜括。
32 見《論語》〈顏淵〉篇。
33 語出《中庸》,參見朱熹:《四書章句集註》(臺北市:鵝湖月刊社,1988年)。

仍宜保留，只是他必然在總體結構的調整下，有一新的構成方式，這雖亦可以是由原先的結構長養轉化而出，但卻與其原先的方式與型態已有所不同[34]。

公民社會重視每一公民的個體性，進而關注由此個體性所映照而對比的公共性。他不諱言做為一具有個體性的公民應有其個體效益與功利的考慮，從而要有一公共性所成之總體的效益與功利的考慮，因為唯有如此才能公私兩得，不會「以私害公」，也不會「以公害私」。

這兩端效益與功利均衡的考慮，正是一公民理性的思考。這是建立在每一個具有自由意志的公民，所攏總而形成的公民社會總體的思考。這樣的思考可以名之為一公民社會義下的公共性思考，關聯著這樣的公共性思考，我們願意說這樣所成的是一公民倫理的教養。他是以公民意識為基本而導生出來的教養，是建立在具有個體性的公民，以及映照對比那總體性、公共性的社會，而同時衡量其效益及功利的倫理教養。

公民社會義下的倫理教養，無遮無掩的、無罣無礙的，明明白白的說要維護我做為一個公民的效益與功利，並從而要維護這公民社會的效益與功利。人權是重要的、自由是重要的，安全是重要的，幸福是重要的。這些都是公民意識所該涉及的內涵，基於這樣的公民意識我們當有著重效益、重功利，但又不外於社會公共理性的倫理教養。

舉例來說，當我們去公共停車場停車時，一定得索取停車費的發票或收據，如果他告訴你發票機壞了，那你無論如何要他得開收據，並且詢問何時可以修好，有無公共事務，可以幫忙的。不可以因為不好意思，不聞不問，更不可以說他免了你的停車費或減收，你就了事

---

34 請參看林安梧前揭書，第九章。又有關公民社會及所涉契約論之諸多理解，多得力於在臺灣大學求學時郭博文、林正弘兩位老師之啟發也。又友人莊文瑞所譯 Karl Popper《開放社會及其敵人》，及相與之論談，亦多所助益也。

了。又或者你去寺廟捐款，你這時要脫去以前為善不欲人知的觀念，而轉成「為善可以為人所知」，而且為人所知，將可以傳遞更多善事善舉。捐款一定要開列捐款的收據，這樣才明明白白，免去從中可動手腳的可能，免了別人墮入惡業的可能，這便是大功德。

如上所說，這樣的「功德」可以說是一社會倫理教養下的「公德」。這是立基於每一公民的個體性都得受到保護的公德，是「大公有私」之德。「私」不再只是偏私，「私」其實指的是「個體性」。[35]公共性建立在個體性上，諸多個體性成就了公共性，真正的公共性成就了諸多的個體性。讓個體性與公共性調節和諧，這樣所成的倫理教養是公民社會最重要的倫理教養。須知：這公民社會的倫理教養並不同於君子社會的倫理教養。他是最為基本的。有了他，才能進一步談公民社會下的知識分子，公民社會下的君子聖賢。

──辛卯二〇一一年秋暮，十一月六日晨曦已啟，成稿於臺灣花蓮太平洋濱慈濟大學之元亨居

（本文原發表於2011年11月12-13日，臺灣大學哲學系所主辦的「儒道佛三家的哲學論辯」國際學術研討會，後經修訂登載於林安梧：〈「內聖」、「外王」之辯：一個「後新儒學」的反思，成都市：《天府新論》，2013年第4期，2013年7月，頁8-15。〉

---

[35] 關於公私之問題，我原先受到J.S.Mill《自由論》（*On Liberty*）的影響，後又讀嚴復的翻譯《群己權界論》，而起了一番新的看法。大體說來，我在「個體性」與「人格性」上做了一些對比與融通的工夫。參見林安梧：《契約、自由與歷史性思維》（臺北市：幼獅文化事業公司，1997年），第三章〈個性自由與社會權限：以穆勒《自由論》為中心的考察兼及於嚴復譯《群己權界論》之對比省思〉。又友人黃克武及其師墨子刻教授（Thomas Metzger）對嚴復的研究對我之啟發甚大。於此一併言之，以誌其念也。又日本溝口雄三教授於公私問題之討論頗多，彼曾來臺灣清華講學，亦曾論述及此，二〇一〇年，氏逝於東京，學界耆老，竟爾凋零，可傷也矣！

第十五章
後新儒學的思考：對牟宗三「兩層存有論」的批判與「存有三態論」的確立

本章提要

本文首先就牟宗三先生「兩層存有論」的理論構造加以反省。牟先生繼承了宋明理學傳統中所強調的心性論與天道論，主張人可以經由一種修養的工夫，使內在的本然之我與宇宙的造化之源通而為一。雖然牟先生也主張良知可以經由一個客觀化的坎陷歷程以開出知性主體與民主科學，但這種「民主科學開出論」的「開出」基本上只是一種「超越的統攝」意義之下的開出，說明了理論上的一個轉出的可能，而非實際的發生過程。牟先生兩層存有論的關鍵點在於強調人具有「智的直覺」，然而這樣的一個哲學構造方式卻可能忽略了中國傳統中作為生命動源意義下非常重要的「氣」的問題，使得心性主體過分傾向於純粹義與形式義，而忽略了主體在場域之中的具體實存義。

對此，作者認為，儒學不只是心學，而應是身心一體之學，應該要從主體性的哲學回到一種「處所哲學」或「場域哲學」之下來思考。因此，作者提出了「存有三態論」的理論架構，認為必須要解開與「存有的執定」相伴而生的種種文蔽，返回到「存有的本源」，才能使存有之總體本源於生活世界中加以開展。這樣一個「存有三態論」的理論構造，可以化解掉儒家只是作為心性修養之實踐意義下的

形態，而回到一個總體的生活世界，在歷史社會總體裡談安身立命。不僅可以貫通傳統儒、道之經典傳統，也可以開展出儒家之「實踐人文主義」的真實意義。

關鍵字詞：兩層存有論、存有三態論、良知的自我坎陷、牟宗三、康德、心性、良知、氣、咒術、專制

一 牟宗三先生兩層存有論之構造

牟宗三先生的哲學，一般來講，可以用所謂的「兩層存有論」去概括它。所謂的兩層存有論，是通過康德「現象與物自身」的超越區分，把現象界視為「執」的存有，把物自身界、睿智界叫做「無執」的存有。所以，牟先生在《現象與物自身》一書中，談到所謂「執相」與「無執相」的對照，構造了現象界與睿智界的存有論，或者說是構造了兩層的執的存有論與無執的存有論。

這兩層的存有論和康德的建構其實是不同的。康德哲學的建構，重點是在於知識論的建構，也就是通過「知性為自然立法」而說明如何從現象界來建構客觀知識。至於屬於睿智界的那個部分，則並非人的智慧所能及，因為人只具有「感觸的直覺」（sensible intuition），而不具有「智的直覺」（intellectual intuition），康德認為，只有上帝才具有智的直覺。但是在牟先生的系統裡面，他通過了中國傳統儒、道、佛三教工夫論的傳統，強調通過修養實踐的工夫，可以使人從做為一般性的存在，提昇到一個更高存在的狀態，而當提昇到一個更高存在狀態的時候，他認為那是一個本然之我的狀態，或者說那是一個回到

本來面目的狀態。就儒家來講的話，那是一個具有「性智」的狀態，也就是孟子所說的「仁義禮智」的狀態。那樣的狀態，用傳統哲學的語詞歸約起來，儒家就是所謂的「性智」，而道家用的是「玄智」，佛教則是用「空智」這個詞。

不管是儒家的性智、道家的玄智、佛教的空智，牟先生借用了康德「智的直覺」這個詞，而說東方儒道佛三教的哲學都認為人不只是具有感觸的直覺，更具有智的直覺。智的直覺跟感觸的直覺有何不同呢？感觸的直覺只能及於「現象」，而智的直覺可以及於「物自身」。也就是說，感觸的直覺把抓的是現象，智的直覺則創造了物自身，而物自身與現象是同一事物的兩個面向。從這個地方，隱約可以看出智的直覺與感觸的直覺，總的來講，是歸到本心、歸到一心說的。在這裡我們可以約略把兩層存有論的構造，歸到用「一心開二門」的那個構造說出來。所謂「一心開二門」，是牟先生借用了《大乘起信論》的構造，將心分成兩門：心真如門與心生滅門。心真如門所對應的是物自身、睿智界；心生滅門所對應的則是一般生生滅滅的現象界，但心真如門與心生滅門最後都還是要歸於一心的。

牟先生兩層存有論的構造，還有一個特殊的地方，就是當論述回到了哲學的人類學的時候，他是怎麼樣去正視人的？他又是怎麼樣去正視人那個本來面目的我的狀態呢？那個我其實就是一個純粹的、超越的、自性的我，或睿智界的我，即可以及於物自身界的那個我。那個我不是經驗所能限制的，也不是歷史所能限制的，遠超乎經驗與歷史之上，而又作用於經驗與歷史之中。所以牟先生講的這樣的一個我，其實是一個超越的、純粹的形式之我。在儒家這個我是個道德的我，在佛家這個我是個解脫的我，在道家來講的話，就是那個返璞歸真的真我，牟先生便是以此作為他哲學最高的一個支柱。

二　宋明理學和當代新儒學皆主張主體與道體的同一性

　　從這裡我們可以發現到牟先生這樣的作法，在整個哲學史的發展上有一個很重要的意義，他擺落了這個民族幾千年來歷史的業力、社會的習氣以及在經驗中、歷史中種種沾惹在其身上的那些應該甩脫掉的東西。宋明理學家已經很接近這個方式，他們基本上就是從「本心」這樣的主體，上溯到超越的主體，也就是內在的主體和超越的道體，兩者通而為一。譬如在象山和陽明的系統中，就把這兩者徹底的通而為一，或者我們也可以說，他們是去揭示了人內在的本源和宇宙的本源原本就有一種同一性，所以，這樣的哲學基本上是一種同一性的哲學，是主體和道體的通而為一的哲學。

　　在宋明理學家中，程朱學派基本上並不這麼直接地把道德的本心和那個天理通而為一；但是，他們也強調要經由修養工夫而涵養主敬、格物窮理，最終也是要讓本心與天理通而為一。大體來講，這是整個儒學非常重要的根本所在，宋明理學和當代新儒學所走的路大體上都是如此。也就是經由一種修養的工夫，讓你內在的本然之我跟宇宙的本源能夠通透起來，這樣的方式是整個儒學很重要的心性論之本源。

　　儒學另外一個很重要的方式，則是經由一種道統論、一個理想的歷史延續性，把現實的、不合乎理想的部分給跨過去。最明顯的就是直追三代，堯、舜、禹、湯、文、武、周公、孔子、孟子，一直跨到宋代，這就是宋代理學的道統論。當然當代新儒學基本上仍然延續這樣的道統觀，只是不太強調罷了。當代的道統論裡面，國民黨也提了一套，堯、舜、禹、湯、文、武、周公、孔子、孟子，然後是孫中山、蔣介石，當然這是黨國威權之下的道統論，這是把黨國威權的思考，也就是將三民主義的思想，與中國文化傳統的道統連在一塊，而取得其政權形而上的合法性。

三　牟宗三先生強調良知學必須經由客觀化的歷程於具體生活中展開

　　就當代新儒學而言，並沒有努力去區隔這之間的不同，也沒有再去努力地締造自己的道統論，基本上只是繼承了心性論。如果就宋明理學以來的儒學而言，有三大重要的支柱，即「心性論」的傳統（或叫良知學的傳統）、「道統論」的傳統，還有一個就是「宇宙論」的傳統。如果談到「天命之謂性」、談到宇宙本源的生生之德，就宇宙論這個部分而言，當代新儒學談的比宋明理學少，而在道統論這個部分，談的也比宋明理學少。當代新儒學主要還是抓住了心性論、良知學這個向度，予以徹底的發揮。

　　良知學這樣的一個發揮方式，在牟先生的兩層存有論中，幾乎達到了一個最高的高度。良知作為一個內在的主體，同時也是一個超越的道體，牟先生說出了「既超越而內在」這樣的一個詞，來連結良知與天理。基本上，這還是對於宋明理學以來天理良知一致性的一個新的詮釋。這新的詮釋有別於宋明理學的地方，在於他強調這個良知學必須在我們具體的生活中展開，而這展開的過程必須經由一個客觀化的歷程，或者一個主體對象化的歷程。用牟先生的術語來說，即是所謂「良知的自我坎陷」以開出知性主體，由知性主體開出對列格局思考下的民主和科學。這樣的說法，一方面是在強調民主和科學與中國傳統的良知學之間並不相妨礙，另一方面也將現代化兩大支柱的民主和科學收到了良知學裡面來。

四　康德是「窮智見德」，牟宗三先生是「以德攝智」

　　在牟先生的哲學架構中，作了一個有別於康德哲學的轉向。康德

強調要「窮智見德」，牟先生則藉由中國心性論的傳統，回溯到那個心性和道德的本源，由心性道德的本源開出知性主體，再由知性主體開展民主和科學，這很顯然地是所謂「以德攝智」的傳統。

「以德攝智」的傳統，跟「窮智見德」的傳統，思考問題的方式是不同的，整個解決問題的方式當然也有所不同。「窮智見德」的傳統，一方面是要釐清科學的知識如何可能，一方面也要釐清這樣的客觀知識的界限何在，而進一步則保留了道德的、信仰的領域。當然，很重要的是，在康德的哲學系統裡面，他是一個道德的主智論者，也希望讓道德成為一種客觀法則現象所能論定的東西，所以康德是一個道德的法則主義者、道德的主智論者。而牟先生所詮釋的儒學或哲學系統，主要的問題意識還是以儒學為主，《現象與物自身》雖然也有談到道家，談到佛教，並且在判教上借用了佛教的一些道理，像圓教、圓善的觀念都是借用於佛教的判教觀念，但基本上他的思想還是儒家的。就儒家而言，其問題意識並不在於去探討知識所能及的境界究竟何在，也並不是要去為科學找尋一個客觀的、知識學的基礎，他的重點是在於經由道德實踐、經由心性修養工夫，去證成那個內在本心是真實的呈現，而不是一種哲學的論證。而牟先生更進一步，從心性之本源是一個本然的呈現，再經由《易傳》「曲成」的觀念轉出「主體的對象化活動」的方式，而強調由「良知的自我坎陷」開出知性主體，由知性主體開出主客對列之局，來涵攝民主和科學。

五 「民主科學開出論」的「開出」是「超越的統攝」，而非實際的發生過程

其實牟先生這樣一種「民主科學開出論」的「開出」，基本上是一種「超越的統攝」意義之下的開出。我認為與其說是開出，毋寧說

其在現實上不相違背、在實際上可以和現實共存，而在理論上可以轉折地開出。也就是說，牟先生這樣的一個論據，並不足以說明從良知學如何可以經由良知的自我坎陷工夫去開出所謂的民主和科學。牟先生所說的開出論，當然是曲折的開出，這樣曲折的開出只是要說明：這是兩個不同的知識狀態或知識系統，而這兩個知識系統可以連結在一塊，並且是以道德學作為主導的。在整個系統的建構上，良知是作為現實的民主科學之用、知性主體之用的超越基礎，但是，卻不足以說是現實民主與科學之實踐的、現實的發生學上的動力，因為良知只是一個理論上的超越基礎。

因此，牟先生只是做了一個形上學的、本源的追溯，做了一個理論上的疏通，來回答從民國以來的反傳統主義者、科學主義者、民主論者、自由論者背後徹底的反傳統思考。他們都認為，中國文化傳統其實是妨礙了整個現代化、妨礙了民主和科學的發展，而牟先生這樣的一個論點，則是針對這些人之所說而發的，是有針對性的，這個針對是一個「對反上的針對」。牟先生提出這樣的論點主要是在告訴他們，中國文化傳統並不會妨礙現代化，即使現代化之民主和科學這兩大支柱，仍然跟儒學的良知學不相違背。從這裡我們可以發現，牟先生跟整個三民主義的黨國威權所強調的民主、倫理、科學有若干符合的地方，但是其實還是不同的。因為三民主義所說的民族主義、民權主義、民生主義之倫理、民主、科學三者是分開來說的，而這三者又統合於黨國威權的最高頂點，這跟牟先生將其統於良知學的思考是不同的。但是，就整個大思潮來講，兩者顯然都是傳統主義者，也都是保守主義者。

這樣說下來，我們可以發現，所謂民主科學開出論的這個「開出」，與其說是「開出」，不如說是「涵攝」要來得更加地準確。說「開出」也只不過是理論上的一個轉出的可能，並不是說在實際上、

在發生上是經由這樣的一個過程。從事民主和科學的活動,並不是起先以一個道德修養工夫達到良知的一個狀態之後,再用良知學的方式轉折地開出知性主體。發生的過程跟理論的疏清是兩回事,這點必須區別開來。

六 心性主體被理論化、超越化、形式化、純粹化之限制

當我們這麼說的時候,可以發現牟先生兩層存有論的關鍵點在於:以康德的語詞來講,即人具有「智的直覺」。人如何具有智的直覺呢?牟先生認為,這只能通過儒、道、佛三家的修養工夫論回溯地去闡明它。這個地方,他一再地強調良知並不是一個「假設」,而是一個「呈現」,這是關聯著熊十力所說的方式來說的。這樣一個兩層存有論的構造,有其時代的背景,但最大的一個限制,就是將一個活生生的實存的人、有血有肉的人,高調化、理論化、道德化、超越化、純粹化了。

這樣一個人的主體,是一個形式性的主體、抽象的主體、空洞性的主體;這樣的實踐,往往也是屬於心性修養的實踐多,在現實社會發生意義上的實踐少。在整個解釋力上來講的話,則是變成必須環繞著人的道德主體為核心,來展開解釋。這樣解釋的最後模型,是回到「心即理」的傳統,但是它的意義其實是歧出而帶有混淆的,既可以上溯到理,強調其純粹性和形式性,也可以往下降於心,強調其主體性和能動性。

牟先生在他的哲學系統裡,一再地強調這是「即存有即活動」的,就「活動義」講是「心」,就「存有義」講是「理」。雖然「即存有即活動」的提法,在牟先生的系統裡,不知道出現了多少次,但是,當他說「理」這個存有,包括「心」的活動義的時候,其活動義

仍然是一個純粹義的、形式義的活動,而不是一個實存義的活動;雖然牟先生偶爾也會強調實存義的活動,但那個強調只是一般形式義的強調,這是我們可以看得到的。

七 當代最大的「別子為宗」之確義:疏忽「氣」的生命動源義

在這樣的一個提法之下,其實跟朱子學是有很大的差別;但牟先生那個「即存有即活動」的活動,如果只是一個純粹義的、形式義的活動,這麼一來就變成跟朱子具有某種同調的意義了。這也就是為什麼我說,如果牟先生說朱子是「別子為宗」,那麼牟先生本身亦可以被歸類為另一個類型的「別子為宗」。因為這樣的哲學構造方式,疏忽了一個非常重要的問題,就是「氣」的問題。牟先生在處理「理、氣」這個問題上,基本上還是通過「理氣二元」的方式,把「氣」認為是屬於形而下的,認為「氣」是作為一個材質意義下的氣,而「理」是作為形式意義下的理。「氣」在牟先生來講,比較難理解為生命的一個動源;但是如果回到中國哲學的傳統來講的話,「氣」這個字的意義其實是非常豐富的,具有材質義,也具有動力義,在動力催促著它的發展過程裡,也成就其條理義和形式義。

所以「氣」這個字眼,由於其重點在於生命之源,所以格外具有豐富的意涵。牟先生的兩層存有論,其實很難安排在中國那麼龐大的「氣」學系統裡,因為他談到「氣」的問題的時候,並沒有一個恰當的安頓。就這點而言,我認為兩層存有論在理論的建構上,是有瑕疵的。因為兩層存有論的重點在於回到本心之上,而這樣的本心,我認為也並不能夠很正式地去正視它,只是把它純粹化、形式化了去說,而不是就其活生生實存之動源去說,也不是就一個存在的本源上去

說。因為就其為存在的本源去說的時候，很難說其為主客的對立，也不能夠將其歸為主體所創造。我們應該如其所如地回到主客交融為一處的那個混然為一的狀態，而這點是牟先生所忽略的，也是我們在看兩層存有論的過程中可以發現的。

八 「咒術型的轉出」與「解咒型的轉出」之對比

整個新儒學其實有一個轉出的過程，我以前在〈良知、咒術、專制與瓦解〉一文中，便討論到良知學本身一直跟巫祝的傳統與專制的傳統混雜在一塊。當代新儒學也意識到了這點，而思考要如何從這裡轉出來。我認為這個轉出有兩個方式，一個是「咒術型的轉出」，一個是「解咒型的轉出」。這個部份，我在《儒學與中國傳統社會之哲學省察》一書中有談到，在〈咒術型的實踐因果邏輯到解咒型的實踐因果邏輯〉中，有一大段都在談這個問題。我認為當代新儒學仍然處在一個「咒術型的轉出」方式，而不是一個真正「解咒型的轉出」。當代新儒學其實是希望回到那個咒術之源，回到良知、專制、咒術連在一個整體的裡面，企圖從那個地方轉出來，並且認為其本身就具有那麼強大的力量可以轉出來，這就是我在〈解開道德思想意圖的謬誤〉一文裡主要處理的問題。

道德與思想的意圖，基本上就是將良知、專制、咒術連結在一塊。咒術的意思是，人們經由一個特殊的、神聖的語言，經由儀式及其它的實踐活動，能夠去觸動那個宇宙最原初的動源，由那個動源開啟一個非常強大的力量，並由那個強大的力量改變現實上的各種狀態。當代的中國人到現在為止都還相信這個，相信這個總體裡面有一個不可知的力量，而這個不可知的力量可以藉由某種道德實踐的修養方式，經由一個符咒的儀式，去觸及到祂，並且造成一個改變。牟先

生的民主科學開出論,良知的自我坎陷以開出知性主體,進而去涵攝民主科學,基本上仍然是停留在這種思考裡面,這基本上是一種「咒術型的轉出」方式。

相對而言,所謂「解咒型的轉出」,就是要去釐清良知學與巫祝傳統、專制傳統之間複雜而難理的關係,當那些複雜而難理的關係釐清之後,我們才得以還給良知學一個恰當的分位。所謂恰當的分位就是說,良知其實是平平坦坦,沒有那麼偉大的,只是平平常常而已。良知學本身即具有一種動力,足以瓦解顛覆夾雜在它身上的巫祝傳統與帝皇專制的傳統,這是我一直非常強調的。我認為當代新儒學並沒有徹底地轉出來,這牽涉到當代新儒學忽略了「歷史發生」這個層次的考量,而太強調形上層次的追溯。這也就是我在前幾年寫〈良知、咒術、專制與瓦解〉時,探討中國文化核心與邊緣「兩端而一致」的思考;這也即是我所強調的,必須從「血緣性的縱貫軸」走出來,轉成一個平鋪的、橫面的、主客對列的橫面軸,從「血緣性的縱貫軸」到「地緣的、主體際的互動」的一個平鋪的互動面,這是必須、也是一個艱辛的過程。

九 儒學不是心學,而是「身心一體」之學

至於西方形上學的傳統,是否也是屬於這種兩層存有論之構造?就牟先生而言,他認為現象界與物自身界的超越區分,這種經驗界與超越界之構造,是從柏拉圖以降的一種基本構造。但是在現象學的傳統中已經不是這個樣子了,在解釋學的傳統也不是這個樣子,而牟先生認為哲學一定要開二門,這是他的一個想法。我們現在在討論牟先生的思想時,基本上是在說這樣的兩層存有論到底是怎樣的一個構造方式?有哪些限制?其特點就在於這是一個人學的系統,而有別於基督教系統。

即使康德學非常強調人學的系統，但是依照牟先生的看法，康德學只成就了一個道德的神學，並沒有成就一個道德的心性論或道德的形而上學，就這一點來講是不同的。因為在東方的儒家、道家或佛教的傳統下，都可以成就一套心性論，而這心性論在西方是沒有的，這也是牟先生一直強調的。

但我所要質疑的是，現在所強調的心性論固然是傳統中非常重要的，但是卻是太過於強調它了，而使它變得不太恰當。也就是說，儒學不是心學，道學也不是心學，儒學是身心一體之學，道學也是身心一體之學。身心一體之學跟心學是不同的，這就牽涉到我等會要談的「存有三態論」。因此，我認為應該要從「一心開二門」的結構過渡到「存有三態論」的結構。

十　良知學本身具有專制性的結構，與巫祝、咒術的思維方式

兩層存有論就中國哲學一本論的傳統來講，這個一本的「本」，就是本心，也就是道心、道智、主體。但是這個地方，畢竟良知的部分很重。本心論之所以會在中國哲學中成為一個重要的傳統，基本上是和中國的帝王專制、原先的巫祝咒術有著密切的關聯。因為在整個中國的帝王專制制度中，皇帝是成為一切存在之價值的、實踐的一個現實上的頂點，這跟中國傳統巫祝咒術思考下所認為的那個最高頂點有相同性，只要皇帝是親民的，只要皇帝是如同天地之本源一樣的，那麼這個世界就好了。

現在這個良知學即是連帶著這樣一個社會總體的結構，強調如果那個頂端的、最高的絕對主宰是處在一個道德的、良知的真實狀態，那麼整個宇宙的問題也就都解決掉，整個存在的問題也都可以解決掉

了。所以我們可以發現良知學的傳統，是在明代達到巔峰，而明代也正是中國帝王專制最為顛峰的時代。

我這麼說，並不是說良知學就是帝王專制之學，而是說良知學就是在一個極端的不合理的帝王專制高壓統治下，知識分子為了要對抗那個帝王專制，所形成的另外一個對立面的思考。但是兩者在結構上是一致的，也就是良知學與帝王專制思考的內在本質結構往往是一樣的；然而卻是往兩個端點上走，一個是朝一個最高的絕對者走，另一個則是強調那個內在的本心作為最高的絕對者，而不是一個外在的最高絕對者。這是很有趣的結構狀態，也就是我說的超越的、絕對的、權威的主宰，跟內在的、良知的那個本心、那個主體，有一種內在的同一性，或者一種相同的構造關聯，這點非指出來不可。

這也就是說，良知學本身具有專制性的結構，良知學本身即具有巫祝的、咒術的思維方式，跟帝王專制之具有巫祝的、咒術的思維方式是一件事，這就是我與新儒學的朋友們在理解上最大的不同之處。對於良知學，我強調必須通過一個具體的、真實的歷史社會結構的總體理解，通過整個中國人深層意識的理解，關聯到我們本土的宗教理解，恰當地指出良知學本身具有什麼樣的內容。我認為兩層存有論的構造即是疏忽了這一點，對此沒有給予恰當的釐清。

十一　要從主體性的哲學回到一種「處所哲學」或「場域哲學」

現在我做這樣釐清的時候，其實就是要強調：那個主體是一個什麼樣的主體？主體之為主體，並不是能生發宇宙萬有的主體，而是在主客對立之後才有所謂的主體；在主客對立之前，則是一個主客交融下、境識俱泯的狀態。那樣的哲學如果以哲學建構來講的話，其實應

該回到一個總體場域的本源之中,而就那個本源來講,用《易傳》的話來說,就是「寂然不動,感而遂通」那個「寂然不動」的狀態,也就是一個「空無」的狀態、「境識俱泯」的狀態。這樣的一個說法,其實是強調:當我們要去作哲學建構的時候,不應該繫屬在一個「超越的形而上的本心」說,而應該回到一個「存在的、本源的真實狀態」去說一個「主客不分」的狀態、一個「境識俱泯」的狀態、一個寂然不動的那種寂靜而空無明覺的狀態。這樣的一個哲學,基本上我們可以理解成一個場域、一個處所,那樣的一個主體客體不分、泯除分別相而回到一個無分別狀態的哲學。這樣的哲學不同於主體性的哲學,而是一種「處所哲學」,或者說是「場域哲學」。

我們所強調的不在於主客對立,也不在於泯除客體、強調主體。因為當代新儒學以牟先生的方式,有泯除客體、回到主體,再由主體重開生源、穩立客體之趨勢。而我們的方式乃是要回到一個主客不分、境識俱泯的存在之本源,回到寂然不動、感而遂通的本源狀態裡。那樣的詮釋,叫做「存有的根源」,是一個不可分的狀態。用道家的語言來說,就是一個「不可說」的「道」的狀態;用儒家的語言來說,就是「生生之德」,創造不已的「生」的狀態;用佛教的語言來講,就是「一念無明法性心」,那個「即無明即法性」的一個空無的本源狀態。

十二　中日之文化類型對比:情實理性與儀式理性

那個本源的狀態,用日本京都學派的講法,則是接近於「絕對無」的狀態。但不同的是,日本京都學派之「絕對無」的狀態,其「處所義」、「場域義」比我們中國哲學還要強。也就是說,中國哲學的重點仍然在於人參贊於天地之間,所構成的一個「人與天地交與參

贊的總體之本源」；日本的哲學重點則不在於人參贊於天地的總體之本源，而是人在天地間展現，天地是作為一個背景，人則是一個活生生的、有情欲的，跟大自然交融成一個整體的人，是一個徹底的感性的、欲望的人，那個背景是一個場域的絕對無，這當中所隱含的是一個神道的思想。

就人本身尊崇神道而言，它所產生的莊嚴肅穆感，引發了一種客觀法則性的要求，但就作為一個在場域中徹底感性的人的欲求而言，是極壯烈也極脆弱的，既具有所謂「劍」的性格，也具有所謂「櫻花」的性格。就其法則性來講，有一種對於神道莊嚴肅穆的要求，這個要求便是日本人所強調的法則性的那個「理」，也就是平常我們所說的「有禮無體」。這麼一來，就把理提昇到最高的形式之理的狀態，整個人的生命則可以為那個理而犧牲。當「理」成為一個最高的、不能質疑的意識型態，就產生了日本的天皇系統、神道系統。所以日本用「天皇」這個字眼，而我們是用「天子」這個字眼，是有所不同的。「天皇」是神格化的，而「天子」則是神人合一、天人合一的。如果說，日本是一個「儀式理性」，相對而言，中國則是一個「情實理性」，這一點可以這樣去理解。

所以日本講到「絕對無」的時候，重點在於「場域」。因此日本人顯偏鋒相，不顯中和相；顯儀式相，不顯充實相。我們可以發現，凡在中國日常之間屬於「游於藝」這個層次的東西，日本通通把它轉為「道」，把「游於藝」轉為「心向於道」，所以我們的花藝、劍術、書法，它們稱之為花道、劍道、書道。這就是原來在我們生活世界中一種主客交融的狀態、一種在倫常日用裡品嚐潤澤的狀態，在日本都把它分立開來，把它極端地客觀化、形式化、超越化，作為主體心嚮往之的那個東西。

然而，如何心嚮往之呢？就是要通過一個儀式化的過程。人恆言

其所不足,正因為沒有,所以要猛強調,而日本人也深知很難契之於道,所以要努力地心嚮往之,透過儀式化的方式企及於道,這個儀式理性竟然成為日本接榫現代化最重要的一種理性。中國在接榫現代化時,是經由調節的過程,慢慢容受現代化,而對現代可以起一個治療的作用。日本人不是經由這個方式,所以接受西學比中國人為快。但不要擔心,二十一世紀整個華人的文化傳統,在面臨現代化的時候,會比日本本身的文化更能起調節性的作用,這是我的判斷。

十三 「存有三態論」的基本結構:從「存有的根源」、「存有的開顯」到「存有的執定」

我們回到剛才所說的「存有的根源」與京都學派「絕對無」的觀念,基本上兩者還是有所不同的。「存有的根源」所強調的仍是具有道德創生意義的總體本源,這總體本源不是良知而已,而是良知與萬有一切存在事物通通混而為一的不可分的狀態,這是就「無名天地之始」那樣一個狀態下說的。這存有的根源,在寂然不動中隱含了感而遂通,即寂即感,在不可說中即隱含了可說,在境識俱泯中就隱含了境識俱顯的可能。

在「存有三態論」中的第二個階段為「存有的開顯」。存有開顯之階段即主客一時俱顯而還未劃分之狀態,就是人與萬物一時明白起來的那個狀態。就這個狀態本身而言,就是鳶飛魚躍、造化流行,純任自然生機的狀態。然而,人文世界的建立不止於這個狀態,還要透過「名以定形」的過程,經由人們透過語言文字的構造去說這個世界,這便是我所謂的「存有的執定」,以這樣的方式去決定這個世界。所謂的決定,包括理解、詮釋、構造、運作、利用,以這樣的過程,讓人的生命能夠在這個語言文字符號所構造的系統下安身立命。

但是問題也是從此而生,也就是在這個過程裡,人的欲望、人的癡心妄想、人們的種種其他活動都會掛搭在上面,伴隨而生。「名以定形」、「主體的對象化」活動的過程,其實就是一個「自我的他化」過程,而在自我的他化過程裡面,一方面成就了宇宙的客觀的存在,同時亦不可避免地導生了異化的狀態。因此,在這異化的狀態裡面,我們人類的文明,一方面「文明」,一方面則產生了「文蔽」的狀態。

對於這樣的後果,我們必須要除蔽、解蔽。去除遮蔽,讓那個存有如其本如地彰顯,這也就是老子所說的「道生之,德畜之,物形之,勢成之」。如其本源而說,是謂「道」;如其本源落實為本性,是謂「德」;成為存在的事物,經由語言文字的構造與主體的對象化活動,使萬物成為「物」;物之形成一個不可自已的趨「勢」,於是造成了我們所說的遮蔽、疏離、異化的狀態。這時候就必須「莫不尊道而貴德」,回到那個生命之本源,由其本源之開顯而落實為本性,以此本性為貴。因為道德就是一種生長、一種畜養。如其「道、德」地生長和畜養,而不是在「物、勢」的驅動之下離其自己、遠而不復。這一點我覺得老子有很深的洞察力,隱含了非常深的治療學的思維。一切回到道家的治療,我名之曰:「存有的治療」。

十四 「存有的三態論」隱含有治療學的思維

所以這個存有的三態論,其實隱含了一個治療學的思維。對於經由語言文字、主體的對象化活動所構作成的存有之執定,這相當於牟先生所說的執的存有論,我們要對這樣的執的存有論應該要給與治療。給與治療就是要恰當地處置它,讓它由染歸淨,除病不除法。也就是說,我們肯定存有的執定本身的必要性,但是也留意到存有的執定本身所可能相伴隨而生的那些病痛,因此我們要除病而不除法。「存

有的執定」是個「法」,由存有的執定伴隨而生的病痛是「病」。像這樣的一個詮釋方式,其實是有意地要避開良知學本身太嚴重的負擔,也趁這個機會,可以解開良知學所可能隱含的咒術性以及專制性。

我們所要強調的就是要回到那存有總體之本源,而存有總體之本源,其實就在我們生活世界的點點滴滴中展開。「道」與「場域」有其同一性,「道」是就總體說,「場域」是就展開說,「道」是二層都可以說。「道」就其總體,可以往上說,就是其本源,這是就其理想義說;就落實為具體的實存義說,也可以講「道」,那是在場域中實存的狀態。所以我們談「存有的三態論」,其實就是「道論」。這個「道」就那個生命之源說,其實就是「氣」。這樣來看,兩層存有論是以「本心論」為主,而存有的三態論則是以「氣論」為核心概念。

十五 以「存有三態論」通貫儒、道諸經典傳統

問:存有三態論之本源要如何去證成它呢?

答:這個地方我所採取的是現象學的傳統,借助於《易傳》所謂的「見乃謂之象」。什麼是「象」呢?「象」就是道體之「顯現」,即我耳之所聽、眼之所視、手之所觸,當下那個無分別的狀態,有覺知而無分別的狀態,那就是作為我們這個哲學的一個基礎點。你的知覺是就主客交融而不分、一時明白起來的那個狀態下做為一個起點來說。往上逆推的時候,我們說一個還沒開顯的、先天地生的那個狀態,這隱含了「可說」,而可說之上還有一更高層之「不可說」,大體上我們將它區隔開來。就其「寂然不動」的狀態,我們稱為「存有的根源」;就其彰顯而說,則是「見乃謂之象」;至於針對其所說,已經是「形乃謂之器」。「形」便是具體化,如何具體化?乃是透過「名以定形」。「見乃謂之象」之前是「無名」(不可說)的狀態,通過

「現」的過程而進入「名」，這個「無名」而「不可說」的狀態就是「形而上」的狀態、「道」的狀態；而「形乃謂之器」則是「形而下」的狀態。我以為《易傳》所謂「形而上者謂之道，形而下者謂之器」，這個「形」是作為動詞，即「形著」、「彰顯」之義。就其形著而上溯其本源，我們說其為道；就其形著而作為一個具體存在，我們叫做「器」（或「物」）。這個區分在《老子》、《莊子》、《易傳》及儒學中都是相通的。道家從「道法自然」往下說，「道生之，德畜之，物形之，勢成之」，講「萬物莫不尊道而貴德」；儒家則從心能自覺處說，「志於道，據於德，依於仁，游於藝」。由於心對於道的總體之本源有一個真實的嚮往，因此道方得開顯；因道之有開顯，落實於存在的事物，落實於人而有一個生生之德、生生之本性，這叫做據於德，「道」就本源說，「德」就本性說；依於仁，則「仁」就感通處說，你所依存的是人跟人之間真實的感通；而游於藝，強調的是悠游涵養於生活之中。於是，我們就可以把儒家所說的「志於道，據於德，依於仁，游於藝」和道家所說的「道生之，德畜之，物形之，勢成之」關聯在一塊恰當地說，並且也可以把《易傳》的「見乃謂之象，形乃謂之器」、「形而上者謂之道，形而下者謂之器」通通連在一塊說，而《老子》的「無名天地之始，有名萬物之母」亦可以連在一塊說，通通可以恰當地擺定。

十六　從「意識哲學」到「場域哲學」：熊十力先生體用哲學的新詮釋

由這樣的說法，我們就可以說明中國傳統基本上是儒道同源，儒跟道其實是一體之兩面。總地來說，是一個總體的，只是儒家是從「自覺」處強調，而道家從「自然」處往下說。而這麼一來的話，就

可以化解掉以儒家為主流,以道家為輔助的說法,甚至可以化解掉道家只是一個境界形態形上學的說法,也可以化解掉儒家只是作為心性修養之實踐意義下的一個形態的說法,而可以回到一個總體的生活世界,在歷史社會總體裡談安身立命,這存有三態論的優點就在這裡。

另外,在文獻詮釋上,譬如《論語》、《孟子》、《大學》、《中庸》和《易傳》也可以徹底地連貫起來,而不必把《易傳》推出去,不必避諱什麼宇宙論中心。這樣一個處理問題的方式,我認為是回到那個生活的場域,回到那個總體上去。這樣就可以使得牟先生的哲學從「意識哲學」轉入到「場域哲學」,或即是唐力權先生所謂的「場有哲學」。這個場域即人與天地交互參贊之總體的本源,即是交互參贊所構成之總體的場域;即其場域即其為本源,即其存有即其為活動。

當然這裡仍含有牟先生所談之本心論的影子,但這已是轉了好幾轉了。我以為這比較接近於熊十力先生的體用哲學——即用顯體,承體達用。就用處說,是就構成的總體之存在的事物,彼此之間的交互顯現;就此所顯現的,即用顯體,可以推顯出原初總體的本源;承體啟用,是承受這總體之本源的創生動力,而開顯為萬物之用。

十七　儒學是「實踐的人文主義」,而不是以「宗教之冥契」為優先

所以我們這樣的一個說法,是掃除了另外一種太強調內在心性修養能夠跟宇宙動源合而為一的神祕氣氛,儘量把人可以經由儀式、經由修養、經由咒語,直接冥契於宇宙之動源的東西擺落,而強調所謂的「仁以為己任,不亦重乎?死而後已,不亦遠乎?」我認為這才是儒學最重要的精神。所以儒學不是以「宗教之冥契」為優先,而是以「歷史的傳承」為優先,所以是人文主義。因為從冥契主義去講儒

學，有時候會太過，雖然有那樣的向度，但那個向度並不是儒學最強調的。儒學最重要的就是剛才所講的「仁以為己任，不亦重乎？死而後已，不亦遠乎？」當下能夠體悟、證悟「吾欲仁，斯仁至矣」、「朝聞道，夕死可矣」。但是不要忘了，在「吾欲仁，斯仁至矣」的時候，是說如果我對於那個當下的感通，有一種來自生命內在的願望欲求的話，當下我就有那個感通的能力，它的重點是在這裡。這還是要去實踐的，並不在於跟冥冥的絕對者之冥契。

「朝聞道，夕死可矣」是說：當我們的生命真正面對死亡的時候，才能夠對於那個最高的、回到一個存有的空無狀態，有一種冥契之感。其他在儒學裡談論這個問題的時候，通通都是擺在一個人文的領域說的。所以，要說儒學是一個「超越的冥契主義」，還是一個「實踐的人文主義」，我認為還是要從實踐的人文主義去定位。所以在宋明理學家的整個發展過程裡，太過強調超越的冥契主義這樣的工夫論，就某一個意義下來講的話，儒學實踐人文的那一面相對地也就慢慢減少了，這是一個很值得重視和思考的問題。

（本文乃1999年春夏間於中央大學哲學研究所教授「當代儒家哲學專題」一課之講詞之一，經由劉謹鳴、楊馨綺兩位同學整理，再經何孟芩潤筆，最後經講者修訂而成。）

第十六章
「新儒學」、「後新儒學」、「現代」與「後現代」：最近十年來省察與思考之一斑

本章提要

　　本文將對比於「新儒學」與「後新儒學」、「現代」與「後現代」，對近十年來的思考發展做一省察。首先，針對的是一九九四年以前的一些思想生命史的回顧，而歸結於《麥迪遜手記：後新儒學的懷想》。之後，對於「新儒學」與「後新儒學」的對比區分，提出梗概。再者，隨著世代的變遷，後現代的存在處境與現代及前現代並不相同，連帶地，後新儒學有著新的轉折、迴返、承繼、批判與發展。相對而言，這是由「以心控身」轉而「身心一如」，「內聖外王」轉而「外王內聖」的發展。凡此種種，又緊密關聯到「存有的連續觀」與「存有的斷裂觀」的對比。在這樣的張力中，有一可能的新視點，對於存有論、知識論、實踐哲學諸層面展開新的論述，進而有助於人類文明多元互動與交談之可能。

關鍵字詞：牟宗三、兩層存有論、存有三態論、理想溝通情境、存有的遺忘、外王、內聖、身心、存有連續觀、存有斷裂觀

一　楔子：我學習儒學的一些回顧（1994年以前）

　　從高一（1972）受教於楊德英先生起，我之進學修業，矢為儒學勠力，算來已有三十餘年。我之進入儒學之門，原由楊師的國文課（論語課）感悟而興，又順此而讀了陽明《傳習錄》及相關新儒家的學者，如唐君毅、牟宗三、蔡仁厚等先生的著作；到大學進師大國文系之後，更廣讀新儒學之書，熊十力、馬一浮、梁漱溟、徐復觀，皆其選也；又聽牟先生、唐先生的課，更而多了些契入。從一九七二到一九七八年，大體來說，我是全然服膺新儒學之說的，儘管我仍有些許自家的反省，但總的來說，仍未有自己的見解。一九七八到一九七九年間，我寫了《疏通歷史的本原》、《中國政治傳統中主智、超智與反智的糾結》等文章，對於儒學開始有了更多思想史方面的關注。當然，由於我對新儒學的開山祖熊十力著作有著深情與體悟，就此而對比的體會到牟宗三先生與其異同。他們師生彼此學問體系的張力，引發了我也保持一種「張力式的批判」可能。

　　一九八〇年我入伍服役，因緣際會結識了一些研究社會哲學的朋友，我當時又深愛歷史哲學，這兩個學問向度對我起了很大的作用，因而引發了我對當代新儒學有著更多的反省，這期間也譯讀了幾篇歷史哲學及社會哲學的著作。在一九八二年初寫了〈當代新儒家述評〉[1]，也寫了〈梁漱溟及其文化三期重現說〉，這兩篇就帶有相當多的歷史哲學與社會哲學的反省向度。自一九七八到一九八二年，我對

---

[1] 值得一提的是，這篇文章是在《中國論壇》上刊出的，劉述先先生曾去函對於這篇文章所提起的「獨我論」提出批評與指正，編者將這篇文章轉給了我，好讓我能得回應。我謙謹地寫信給劉先生闡述了我的看法。後來，這篇文章收入羅義俊編纂《評新儒家》一書之中。

新儒學漸有理解，但這理解是帶著批評性的吸收，但對自家的學問路向，還沒有摸出個頭腦來。

一九八二年我進臺大繼續攻讀哲學所，歷史哲學與社會哲學的學習日多，後來我選擇了船山學做為研究的對象，處理「人性」（human nature）與「歷史性」（historicity）兩者的辯證性問題，一九八六年寫成了《王船山人性史哲學之研究》一書。從一九八二到一九八六年，我大體找到了自家學問的歸依之所。師友往返，談論啟思，惠我良多，像曾昭旭、沈清松、林正弘、張永儁、郭博文、王邦雄、蔡仁厚、陳榮灼、袁保新、葛安臺、王財貴、李正治等諸位師友都是我常請益、論談的對象。當然，牟宗三先生的學問資源對我來說是最為重要的，因為沒有牟先生的課，我就不會有那麼切要而真實的思考。

一九八六起，我一方面對於中國政治哲學中的根本困結，我歸結為「道的錯置」之問題，體會日深；但另方面，我對存有學的探索亦日亟，在牟先生的課上，對於他有關「兩層存有論」的建構，對比於熊十力的體用哲學，我愈發覺得彼此的異同。終而選定了以熊十力的《新唯識論》做為研究的對象，而我之研究不是「學究性的探索」，而是「思想性的闡發」。一九九一年我寫定了《存有、意識與實踐：熊十力體用哲學之詮釋與重建》一書（1993年修訂，正式出版），將熊十力的體用哲學轉化的創作，成了「存有三態論」的基模，這基模成了由「兩層存有論」轉向的根本。大體說來，從一九八六到一九九三年，新儒學思想的轉化創造，已成了我未來要努力的定向。

一九九三年，我赴美國威斯康新大學（麥迪遜校區）訪問研究，對於韋伯（Max Weber）、法蘭克福學派（Frankfurt School）有更多理解，對於儒學之反省也愈深，而師友來往，論談頗多，思路日明，像陸先恆、鄭同僚、黃崇憲、王遠益都是當時常相講論的朋友，而林毓生、傅偉勳、李澤厚等先生不在一地，但卻都是我曾請益的前輩。崇

憲以為我的儒學應可以「左派新儒學」名之，我則認為這是承繼牟先生之後的發展，宜視之為「後新儒學」。當時，我日有所思，即有所記，成稿為「麥迪遜手記：後新儒學的懷想」，並寫定了《儒學與中國傳統社會之哲學省察》一書。一九九四年二月在麥迪遜寫了〈後新儒家哲學論綱〉，新儒學與後新儒學的對比逐漸清晰起來。

二　「新儒學」與「後新儒學」的對比與區分（1994年以後）

「新儒學」與「後新儒學」做一對舉，最早應在一九九四年二月間，當時我在威斯康新大學麥迪遜校區（University of Wisconsin at Madison）訪學，頗有所思，寫了〈後新儒家哲學論綱〉，這論綱同年四月間就在哈佛大學由杜維明教授主持的「儒學討論會」上做了第一次講述[2]。那篇文章的要點在於強調了後新儒學的實踐概念是有別於新儒學的。我是這樣說的：

> 往昔，儒家實踐論的缺失在於這實踐是境界的，是宗法的，是親情的，是血緣的，是咒術的，是專制的，這些一直都掛搭結合在一起，分不清楚；這樣的實踐概念是將對象、實在及感性做一境界性的把握，而沒有提到一自為主體的對象化情況下來理解。換言之，對象只是境界主體所觀照下的對象，實在只是境界主體所觀照下的實在，而感性只是此渾淪而境界化之感

---

[2] 這篇論綱寫了之後，我隨即傳給了當時在美國講學的李澤厚先生，他來電笑說我會被逐出師門，十多年了，證明我們的師門是寬廣的，而且是發展的，並不是那麼狹隘的。我在麥迪遜（Madison）訪學研究期間寫的手記《麥迪遜手記：後新儒學的懷想》曾刊於石朝穎主編的《文明探索叢刊》。

性，不是可以擘分開來的起點。

後新儒家的實踐概念是要去開啟一個新的「如」這樣的實踐概念。這是以其自為主體的對象化活動做為其啟點的，是以感性的擘分為始點的，是以整個生活世界為場域的，是以歷史社會總體為依歸的。

這篇論綱之前，我正著手寫《儒學與中國傳統社會之哲學省察》，另外在一九九三年秋冬之交，以書信的體裁寫了八封，後來總結成一篇文章，題為〈「當代新儒學」及其相關問題之理解與反省〉[3]。此文著筆與平日之論文稍有所異，其問題感則特深，概從「實存的感知」到「概念的架構」乃一連續，而非斷裂故也。筆者首先論及「知識分子的株連及當代新儒家的自我定位」、再論及於「內在心性修養、道德實踐、社會實踐」，並及於「時代的業惑及其消解之可能」。再者，筆者省察了「由『傳統』走向『現代化』的迷思」，進而指出「偽啟蒙的迷思」及其轉進之可能。還有對於牟先生所題「良知的自我坎陷」做一創造性之詮釋與批評。最後，筆者強調儒學之為儒學當重視「生活世界」與「主體際性」。

明顯地，這八封信件的主題，成了「後新儒學」所要去省思與發展的標的。後來，我又在〈牟宗三先生之後：「護教的新儒學」與「批判的新儒學」〉[4]。本文旨在經由「護教的」與「批判的」做一顯題式的對比，指出前者是以康德為對比及融通之主要資源，而後者則以王船山兩端而一致的哲學思考做為模型，並注重西方歷史哲學、社會哲學乃至現象學、解釋學之發展，回溯當代新儒學之起源，重新詮釋熊

---

[3] 該文發表於《鵝湖月刊》第19卷第7期（總號203期，1994年1月）。

[4] 這文寫於一九九六年十二月，並且在由中央研究院中國文哲研究所、中央大學、東方人文基金會於臺北所舉辦的「第四屆當代新儒學國際會議」上宣讀。

十力,對牟先生則採取一既批判又繼承的方式。再者,筆者對比的對「理」、「心」、「氣」,「主體性」、「生活世界」,「心性修養」、「社會實踐」,「本質主義」、「唯名論」,「傳統」、「現代」等相關問題,做一概括輪廓式的描繪。最後,則指出「後新儒學」薪盡火傳的往前邁進。

到一九九七年四月,我將原先的〈後新儒學論綱〉做了一新的詮釋,而寫成了〈咒術、專制、良知與解咒——對「臺灣當代新儒學」的批判與前瞻〉[5]。另外,我在一九九六年間,因南華哲學所之啟教式,講了《「道」與「言」》,強調「道顯為象,象以為形,言以定形,言業相隨,言本無言,業本非業,同歸於道,一本空明」,在一九九七年南華大學哲學所創刊號的《揭諦》學刊,做為創刊詞。這篇文章,繼續延展為一九九九年,寫定成稿,並在國際中國哲學會上宣讀[6],收在《道的錯置:中國傳統政治的根本困結》的第一章[7]。

一九九七、一九九八兩年間,我又寫了多篇文章,還寫了〈「生活世界」與「意義詮釋」論綱——後新儒學的「存有學」與「詮釋學」〉[8]。這篇文章試圖經由一論綱的方式,對當代新儒學做一批判性之繼承與發展也。當代新儒學之所重為良知主體及躬行實踐,而於此文,余則進言之論其「生活世界」與「意義詮釋」。本文可以視為後新儒學有關「存有學」及「詮釋學」之總綱。筆者以為生活之為生活是因為人之「生」而「活」,世界之為世界亦因人之參與而有「世」

---

[5] 此文曾在成功大學所舉辦的「第一屆臺灣儒學國際學術研討會」會上宣讀。修訂後,又在國際中國哲學會一九九七年學術年會(漢城:東國大學,1997年7月)上宣讀。後來定稿刊於《鵝湖月刊》第23卷第4期(1997年10月)。

[6] 該文曾在國際中國哲學會一九九七年學術年會(漢城:東國大學,1997年7月)上宣讀。

[7] 該書《道的錯置:中國傳統政治的根本困結》(臺北市:臺灣學生書局,2003年5月)。

[8] 這篇文章首先於一九九八年四月間,在中國哲學會年會上發表,後來收入拙著《儒學革命論》中。

有「界」。所謂的「生活世界」是「生─活─世─界」,是「生活─世界」,是「生活世界」,是天地人三才,人參與於天地之間而開啟之世界。再者,筆者以為「意」之迴向於空無,而「義」則指向於存在。「詮」之指向「言說」與「構造」,而「釋」則指向「非言說」與「解構」。「意義詮釋」是「意─義─詮─釋」,是「意義─詮釋」,是「意義詮釋」,是人由其「本心」,經其「智執」,參與於天地人我萬物而開啟者,而生之解放者。顯然地,筆者重在解消主體主義及形式主義可能之弊,故多闡發熊十力體用哲學之可能資源,由「存有的根源」(境識俱泯)、「存有的開顯」(境識俱起而未分)、「存有的執定」(以識執境),等諸多連續一體之層次以疏解「生活世界」與「意義詮釋」之論題。

這些文章後來結集成《儒學革命論:後新儒家哲學的問題向度》一書,我的重點大體在於人之做為一個人如何的參與到生活世界之中,並關注到整個歷史社會總體,自覺的活出意義來,並面對現實上諸種種現象,展開批判與重構。並直宣稱所謂的「後新儒學」乃是繼牟先生之後的進一步反省與發展,是第二波的儒學革命,是吾人進入廿一世紀於人類新文明所當有的獻禮。我強調「哲學革命」的立場是:

> 哲學是追求根源性的智慧之學!是邁向生活世界的實踐之學。
> 沒有本土,就沒有國際!沒有思考,就沒有哲學!沒有自家傳統,就沒有主體性!沒有歷史的連續性,就沒有同一性!
> 「本土」不是光禿禿的鄉土而已,而是和著深厚的傳統,豐富的詮釋而締造成的本土。「國際」不是孤零零的掛在帝國霸權下,做為人家的不奴僕而已;而是以自己的本土所成之國,在與其他國對比之下,平等往來,才有所謂的「國際」。

「思考」不是範限在餖飣考據、錙銖必較;而是面對生活世界,回到事物自身!「哲學」不是某某哲學家講說了什麼;而是為什麼他這麼講,如我所言,又能怎麼講?關聯著這個生活世界,我當如何講,不只如何講,而且是如何做?

「傳統」不是過去式的記載,而是現在式的詮釋,由詮釋而邁向未來;「傳統」不是閉鎖性的記憶,而是過去、現在、未來通而為一的開放性締造!

「主體性」不是超越的,不是抽象的;而是實存的、是具體的;是在不斷的開放與豐富過程中形成的!是在歷史的連續性中,因之使得這樣的主體性有其同一性!

哲學就是哲學,只重西洋哲學徒成帝國主義的馬前卒,只重中國哲學徒閉鎖於僵化傳統之中,這都不是哲學界之福,但願「哲學界」把「界」去掉,回到「哲學」!

「哲學革命」是面對整個臺灣社會總體、人類歷史文明,關懷自家生活世界,做一根源性的追求,永不止息!

若以我寫的書來說,《儒學與中國傳統社會之哲學省察:以「血緣性縱貫軸」為核心的展開》、《儒學革命論:後新儒家哲學的問題向度》應可以視做後新儒學開展的重要歷程。

當然,之後,我又續有文章,並在海峽兩岸廣泛的參加學術會議,並且多次發表相關的學術講演。先後發表的文章超過十五篇,學術講演則超過五十場以上,已經集結成書的有《人文學方法論:詮釋的存有學探源》、《兩岸哲學對話》、《道的錯置:中國政治哲學的根本困結》等書,正在整理,準備出版的有《後新儒家哲學的開展》、《後新儒學講論》以及《儒家倫理與社會正義:後新儒學在現代社會中的轉化與創造》。這十多年來,大體已走出了「後新儒學」的一些可

能。但我要強調的說，以上這些都只是預備工作，它們都是我在構造《存有三態論》的前奏而已。

三　後新儒學的轉折、迴返、承繼、批判與發展

從上所述，顯然地有個「新儒學」與「後新儒學」的對比，這當然不只是時間先後的對比而已，而是有一內容的發展性、批判性關係的。二〇〇三年五月《牟宗三先生全集》出版了，這標誌著牟宗三哲學的完成，但這並不標誌著牟宗三哲學的結束；相反的，它標誌著牟宗三哲學的嶄新起點。這嶄新起點是一轉折，是一迴返，是一承繼，是一批判，是一發展。[9]

牟先生蘇活了中國哲學的慧命，他深入闡述了儒道佛三教哲學，並獨立譯述了康德（I. Kant）三大批判；更難能可貴的是，牟先生將康德三大批判銷融於中國傳統儒道佛之中，經由體系性的建構，成就了規模宏偉的「兩層存有論」。近一百年來的中國哲學發展，無疑的，這是一最為重要的里程碑。牟先生跨過了「逆格義」的限制，經由「譯述」、「銷融」、「重鑄」的過程，讓中國古代典籍的話語、現代的學術話語、當前的生活話語，和合融通，鑄成偉辭，他生產了鮮活的哲學語彙，開啟了活生生的覺知與思考。

面對廿世紀初以來，中國民族的存在意義危機，牟先生隨順著熊十力先生「體用哲學」所開顯的「乾元性海」，經由一「形而上的保存」，進一步以智識化的理論構造，穩立了道德主體；並冀求「以德開智」，經由「良知的自我坎陷」以開出知性主體，並以此融攝民主

---

[9] 此所論，及以下數段所論，請見拙文〈迎接「後牟宗三時代」的來臨——《牟宗三先生全集》出版紀感〉，刊於《鵝湖月刊》第28卷第9期（總號333期，2003年5月）。

與科學。當然，牟先生將康德哲學之「窮智以見德」經由儒道佛三教的銷融，轉而為「尊德以攝智」。他看似承繼康德「超越的分解」以穩立知識體系，但卻直契陸王，上接孔孟，穩立道德之自我，再下開知識界。這樣的「下開」即是「良知的自我坎陷」之轉出，這是一「辯證的轉折」而開，這卻是近於費希特（J.G. Fichte），而遙遙指向黑格爾（G.W.F. Hegel）。只不過，康德哲學強調的超越分解，使得牟先生做了一形而上的追溯，而有了一形而上的安宅。居於此安宅中，牟先生以一「詭譎的辯證」達到一「圓教」與「圓善」的境界。

「超越的分解」為的是一「形而上的追溯」，進而凸顯由古代經典所喚起的「存在覺知」，就在這存在的覺知的召喚下，讓這難以跨越的鴻溝有了一「詭譎的辯證」之銷融與連結。當然，所謂的「圓教」與「圓善」就是在這詭譎的辯證銷融下完成的。牟先生雖然一再的強調辯證的開展的重要，但他做的卻是辯證的銷融，經由銷融而尋得一形而上的安宅，一純智所思的安宅。他做了「現象」與「物自身」的超越區分，以「一心開二門」的方式，成就了「執」與「無執」的「兩層存有論」。他雖然一再的強調兩層存有論並不是截然區隔，而是融會通貫；但他卻居於無執的存有論所成的純智所思的安宅，指點人間善惡，規範那執的存有論。他亦贊同天臺宗所說之「一念無明法性心」，欣賞其「即九法界而成佛」這種「不斷斷」的精神；但由於時代精神的限制，牟先生仍只能經由一「詭譎的辯證」而達到一銷融性的和合同一，做成一形而上的圓善。我們要說這樣的圓善並不就是牟宗三哲學的完成，而是預示著一個嶄新的轉折、迴返、批判與發展。

我們當該將牟先生在形而上的居宅中，「結穴成丹」的「圓善」再度入於「乾元性海」，即用顯體，承體達用，讓他入於歷史社會總體的生活世界之中，深耕易耨，發榮滋長，以一本體發生學的思考，

正視「理論是實踐的理論,實踐是理論的實踐」,「兩端而一致」的辯證開啟,重開儒學的社會實踐之門。

一、「轉折」,不再只停留於「主體式的轉折」,而應通解而化之,由「主體性」轉折為「意向性」,再由「意向性」開啟活生生的「實存性」。

二、「迴返」,不再只停留於「銷融式的迴返」,而應調適而上遂,入於「存有的根源」,進而「存有的彰顯」,再進一步轉出一「存有的執定」。

三、「承繼」,不再只停留於「哲學史式的論述」,而應如理而下貫,一方面上遂於文化道統,另方面做一理論性的創造。

四、「批判」,不再只停留於「超越的分解」,而應辯證的落實,入於「生活世界」所成的歷史社會總體,「即勢成理,以理導勢」,成就一社會的批判,進而開啟一儒學的革命。

五、「發展」,不再只停留於「古典的詮釋」,而應展開哲學的交談,面對現代的生活話語,經由一活生生的存在覺知,重構一嶄新的學術話語,參與於全人類文明的交談與建構。

顯然地,從「新儒學」到「後新儒學」,這個「後」字並不是顛覆、不是瓦解,而是這樣一個「轉折」、「迴返」、「承繼」、「批判」、「發展」的連續發展。

若以新儒學這些年來的發展,若區分為左右兩翼的話,我們可以「右翼護教的新儒學」、「左翼批判的新儒學」名之。大體說來,「右翼護教的新儒學」是以孔、孟、陸、王及康德(I. Kant)為其學問最重要的資源,大量肯定牟宗三哲學之成就,並衛護之,學究性較強。所擁有之學術權力資源較多。相對來說,「左翼批判的新儒學」除孔

孟陸王外，特重王船山，並注重西方歷史哲學、社會哲學乃至現象學、解釋學之發展，回溯當代新儒學之起源，重新詮釋熊十力，對牟宗三哲學採取既批判又繼承之角度，思想性較強。所擁有之學術權力資源較少。[10]

若做一表格做區分，大體是這樣子的：

新儒學	後新儒學	附註
主體性	生活世界	
主「心」	重「氣」	
方法論上的本質論	方法論上的唯名論	
道德先驗論	道德發展論	
以「陸王哲學」為主導	以「船山哲學」為主導	
重「超越的分解」	重「辯證的綜合」	
重「如何開出現代化」	重「如何調劑後現代」	
主「良知的自我坎陷」以開出民主科學	重「文化的互動與融通」以調劑民主科學	
重「心靈修養」的境界圓善」	重「社會正義」的公民道德	
以聖賢教言之詮釋為核心	漸轉以歷史社會總體之詮釋為核心	
偏向於否定巫教之信仰價值	偏向於肯定巫教之信仰價值	
主張「巫教」與儒學之斷裂性	主張巫教與儒學之連續性	
主張「良知」超邁一切	主張「良知、專制、咒術」有其糾結	

---

10 這些反省是一九九六年寫下的，以下這個圖的規模也是當時的反省。

新儒學	後新儒學	附註
強調主體的開出	強調要釐清「道的錯置」	
強調「內聖──外王」	強調「外王──內聖」	對比不是相反

四　後新儒學的「身心論」與「新外王」的理論建構

　　如前所論，後新儒學的發展頗有取於王夫之「兩端而一致」道器相需相輔的理論思考，這是由「道德的超越形式性」之哲學（如程、朱），而「道德的內在主體性」之哲學（如陸王），進一步而強調一「道德的存在歷史性」之哲學，他可以視做總結了宋明理學，批判、融通之後的進一步發展。[11] 一九八六之後，我並未專力從事船山學之研究，但船山學一直成為我學問構成的最重要來源之一。我深深為他將歷史性、社會性、道德性融鑄一體的思考所折服。我由是更為肯定，儒者之學不能停留於「以心控身」而當進一步調適而上遂到「身心一如」，這才是康莊大道。

　　這樣的思考是：將人的生命主體之源與所謂的倫理儀則關聯起來處理，將宇宙造化之原與客觀的制度規章關聯起來處理；這是將「身」關聯著「心」，並將「心」形著於「身」而成就者。此亦可以理解為「心」、「身」互為體用的哲學思考。[12]

---

11 這思想發軔於一九八〇年代初，多受西方之歷史哲學、社會哲學啟發，自一九八六年寫定《王船山人性史哲學之研究》（臺北市：東大圖書公司，1987年）以來，船山的本體發生學式的思考、兩端而一致的思考，一直深深影響著我。歷史哲學多蒙郭博文教授、徐先堯教授之啟發，船山學則多蒙曾昭旭教授、牟宗三教授、蔡仁厚教授、張永雋教授之啟發。

12 此段所論以及以下該節所述，主要採自拙著《從「以心控身」到「身心一如」：以王夫之哲學為核心兼及於程朱、陸王的討論》，《國文學報》第30期（2001年6月），頁77-96。

「身」、「心」互為體用,一者「身」以藏心,「心」以發身;再者,「心」以藏身,「身」以發心。這就是所謂的「交藏」、「交發」,互為體用的思考。「身」之藏心,這是「具體而實存」的藏,是以此活生生之實存而具體化的身將「心」具體化、實存化、內在化,經由此進一步才可能「心」以發身,這樣的「發」是將原先普遍、絕對之真實的心融入具體而實存之境域,身心通而為一。「心」以藏身,這是「本體而根源」的藏,是將此活生生之實存而具體化的身,藏於本體之源的「心」,經由此,進一步才可能「身」以發心,這樣的「發」是將此本體之源的心經由具體而實存的身,顯露出來,身心通而為一。將此「身心交藏交發」的互為體用過程,再推擴為「身、家」,「家、國」,「國、天下」亦皆為交藏交發、互為體用的過程;若以「內聖、外王」兩者論之,亦為交藏交發、互為體用也。

當代新儒學對於「心性論」與「道統論」的再提出,為的是擺落中國歷史的業力習氣,而一如宋明理學心學一系是以「良知」做為內在的主體,而這亦是超越的道體,它做為一切生發創造之源。不同於康德的「窮智見德」而當代新儒學則主張「以德攝智」,此中有一明顯之有趣對比。如此一來,我們發現當代新儒學將心性主體理論化、超越化、形式化、純粹化,這與原先儒學之重真存實感、社會實踐便有了極大的分隔。

其實,相對而言,儒家的人學不應是「以心控身」,而應是「身心一體」之學。它之所以成了「以心控身」,這與帝皇專制、巫祝咒術與道德良知的詭譎糾結密切相關。須得經由歷史社會總體的深度理解,我們才能真切的展開一專制與咒術的瓦解活動;如此,我們才能擺脫原先專制意識型態所主導的封閉型的心性修養論。進一步,我們才能從「心性修養論」為核心的儒學,進到以「社會正義論」為核心的儒學;我們才能從原先的主體性哲學解開而進到處所哲學與場域哲

學,而存有三態論便在這樣的過程中逐步構成。

當然,原先當代新儒學強調「良知的自我坎陷以開出知性主體,進而涵攝民主與科學」,這樣的思考亦因之有了新的轉折,因為真正重點在於學習民主與科學,這是一學習次序,與理論的次序有別,與歷史發生的次序亦當區別開來。我們應該就在現代化的過程中,調理出新的心性之學、新的道德實踐方式。我們若強化的說,這已不是「由內聖如何開出外王」的思考,反而是「如何由外王而調適內聖」的反思。總的說來,牟先生高度的發揮了「道德智體」,強調「智的直覺」之可能,這多少帶著啟蒙智光的理想。在理論上,這大體做的是「形而上保存」的工夫,而且是在「道德智識化」的思考下所做成的。熊十力的體用哲學強調直入造化之源、境識一體而不分,經由理論的詮釋與轉化,我因之闡發此中所含之「存有三態論」。其實,在思考的回溯與轉進之中,船山「兩端而一致」的思考,對我的啟發極大,他讓我疏通了「兩層存有論」的可能限制,讓我正視到由體用哲學往存有三態論的路徑,有著嶄新可能。從道器不二、理氣不二、理欲不二、理勢不二,擺脫了以心控身的格局,強調身心一如;進而,也用兩端而一致的思考,重新審視了「傳統」與「現代」,重新審視了「內聖」與「外王」,不再老以「心性修養論」為核心,而該擺置在「社會正義論」為基礎,重新思考儒學的可能。我願意期待,由牟宗三而熊十力,由熊十力再上溯王船山[13],不辜負船山先生「六經責我開生面,七尺從天乞活埋」[14]的深心孤憤!

---

[13] 又吾於二〇〇一年秋九月參加由武漢大學主辦之「熊十力思想與傳統文化國際學術研討會」,再度提出由「牟宗三」而「熊十力」而「王船山」的思考,參見林安梧:〈「牟宗三」到「熊十力」再上溯「王船山」的可能,《鵝湖月刊》,第27卷第7期(總號319期,2002年1月)。

[14] 此乃王船山自書之堂聯,見《王船山詩文集》(臺北市:漢京文化事業公司,1984年9月),〈序言〉。

如前所論，後新儒學與新儒學的身心論是有所不同的，[15]而這影想到存有論、實踐哲學、政治哲學，乃至兩性論種種，都有著類型學上的轉變，當然，最明白的就表現在對於「內聖」與「外王」這對概念理解上的差異，以及兩者次第關係之異同。

不順服於「內聖－外王」的思考，而強調另一種嶄新可能的是「外王－內聖」，這是我多年來的思考之一。我以為這是繼續當代新儒學所強調的「由內聖開出外王」的進一步思考，是一「後新儒學的新思考」[16]。我強調要回溯到「內聖外王」的原型思考來衡量，以《大學》所說「壹是皆以修身為本」做為起點，指出「身心一如」的基本向度，做出「內外通貫」、「心物不二」的論斷[17]。進而，對於儒學的「人性本善論」的「論」做出闡釋，指出它與「血緣性縱貫軸」的基本結構：血緣性的自然連結、人格性的道德連結、宰制性的政治連結，密切相關。再者，我順此強調要進而瓦解「三綱」所含的「男性中心」、「父權中心」、「君權中心」的思考，才得解開「道的錯置」；重新面對人之做為一「活生生實存而有」的存在，以其惻怛的

---

15 關於儒家的身心論，楊儒賓教授、黃俊傑教授等近年來多有成績，特別是楊儒賓的《儒家的身體觀》（臺北市：中央研究院中國文哲研究所籌備處，1996年11月）一書，頗有開闢之功。

16 關於「內聖」、「外王」之論，參見〈從「外王」到「內聖」：後新儒學的新思考〉（臺南市：國立成功大學中國文學系，第二屆臺灣儒學國際學術研討會，1999年12月18-19日）。該文曾引來陳立驤、李宗立、王季香等年青學者等寫了幾篇文章加以討論，後來我又將此文刊於《鵝湖月刊》第30卷第2期（總號350期，2004年8月）。再度引來了周群振教授的批判，之後，譚宇權又對此提出再批判與再討論。

17 關於此，乃得力於吾於一九九五年間於華山書院講習《大學》而有得，這些講辭多得力於張文城、許霖園諸君整理，後來我在華梵大學舉辦的第五次儒佛會通學術研討會上，曾取其中的一部分宣讀，題為〈關於《大學》「身」、「心」問題之哲學省察〉，時在二〇〇一年四月間。關聯於此，我以為朱子之理解《大學》作「格物補傳」，未必即如牟先生所說，只是一「橫攝認知系統」而已，我於「身、心」論之思考，亦因之有別於牟先生。

存在真實感通之「仁」,由「血緣性縱貫軸」邁向「人際性互動軸」的建立[18]。我以為,這是一「柔性的顛覆」與「自然的生長」,這是有別於以前之以「心性修養論」為核心的哲學思考,改之以「社會公義論」為核心的哲學思考。

依此,我們可以對原先之「由內聖推向外王」的思考,做一修正。[19]「內聖」做為「外王」之本體根源,由此內聖通向外王,這是將此內聖之學經由一具體化、實存化而彰顯形著的過程,「內聖」之做為「外王」形而上之宅第,外王藏於此內聖之宅第之中。同時,「外王」之做為「內聖」落實體現之根本,由此外王而使得內聖得以安頓,這是將此外王之學經由一調適而上遂於道的過程,得以存聚於內聖之源中,「外王」之做為「內聖」形著為器的宅第,內聖藏於此外王之宅第之中。如此說來,「內聖」之做為「外王」之本體根源,這時「心性修養」之為外王之學的首出本源;相對言之,「外王」之做為「內聖」之具體根本,這時「社會公義」之為內聖之學的落實依據。

如此說來,「內聖」、「外王」並不是「由內而外」的單向過程,而是「內外通貫為一」的過程。所謂的「內外通貫為一」,是「由內聖通向外王」以及「由外王而迴向內聖」的雙向互動。「內聖」、「外王」之關係如此,「心」、「身」之關係亦如此,並不是單向的「正心」而「修身」,而是「內外通貫為一」的過程;是由「正心」通向「修身」,「心」為「身」之形上之根源;既而「修身」迴向「正心」,「身」為「心」形著之根本,身心通貫為一。

由傳統走向現代,由內聖走向外王,這不只是舊內聖、舊外王,

---

18 參見林安梧:《儒學與中國傳統社會之哲學省察》(臺北市:幼獅文化事業公司,1996年4月),第九章〈「從血緣性縱貫軸」到「人際性互動軸」〉,頁157-176。

19 此段所論,以及本節所述,參見:〈心性修養與社會公義〉(生命倫理學國際學術會議,中央大學哲學研究所,南華學院哲學研究所,1998年6月,臺灣、中壢)。又見〈從「外王」到「內聖」:後新儒學的新思考〉,如前揭文。

也不是舊內聖走向新外王,而是新內聖、新外王。這是一個「學習」的過程,此與一「理論的追溯」不同,與由此理論的追溯進而轉為理論的開出亦不同;再者,此與「發生的次序」亦不相同。今人有「外在超越說」、「內在超越說」對比以為論,此亦可有所見,但以為「外在超越說」與現代之民主自由有必然關係則謬矣!甚至有以為西方基督宗教傳統之「幽暗意識」與民主自由有必然關係,此說大謬不然也。奧古斯汀、霍布斯之支持專制即可見其反例。[20]

如上所說,可知就實來說「心性修養」不必為「社會公義」的先決條件,反而是「社會公義」可能成為「心性修養」的基礎;而且這樣的基礎將使得心性修養更為平坦自然,人人可致,是在一新的倫常日用間顯現。顯然地,「心性修養」與「社會公義」對舉的說,前者指向「內聖」,而後者指向「外王」。筆者想經由此來彰明此兩者的關係,顯示其弔詭相,並明白標出此兩者並非如昔所以為的「內聖」而「外王」;相反地,「外王」反而是「內聖」之所以可能的先決條件。

這些年來,我一直以為中國文化傳統的資源是多元的,是融通的;但在兩千年帝制壓迫下,使得它有著嚴重的一元化、封閉化的傾向,如何去開抉出一條道路來,這是許多當代知識分子所關切的志業。我深切同意須得應用韋伯式的理想類型分析(Ideal- typical analysis)對傳統的質素有所定位,再展開進一步的改造與重組。[21]問題是如何深入到中國文化傳統中,恰當的理解、詮釋,然後有所定位,才有進一步發展的可能。否則,只是片面性的定位,或者將表象點出,便予以定位,雖欲有所轉化、創造,甚至是革命,這往往難以

---

20 持此說者,可以張灝為代表,參見張灝:《幽暗意識與民主傳統》(臺北市:聯經出版事業公司,1989年),關於張灝之說,錢永祥曾有所論評。

21 參見林毓生:《政治秩序與多元社會》(臺北市:聯經出版事業公司,1989年5月),頁349。

成功。當然,我這麼說,並不意味片面的定位就沒價值,而是要呼籲,不要以片面的定位當成全體,片面如果是「開放性的片面」,那是好的,不要落入「封閉性的片面」就可以了[22]。

筆者仍想強調「道德」是一不離生活世界總體本源的思考與實踐,在不同的傳統、不同的文化、不同的族群、不同的情境,將展現著不同的丰姿。如今,進入到現代化的社會之中,契約性的社會連結是優先於血緣性的自然連結的,原先長自血緣性的自然連結的「仁愛之道」,現在當長成一「社會公義」。真切的涉入到公共領域中,經由「交談」互動,凝成共識,上契於社會之道,在這樣的社會公義下,才有真正的「心性修養」,才有真正的內聖。

如上所述,後新儒學意在跨出「內聖-外王」的格局囿限,而改以「外王-內聖」為思考模型,強調「人際性的互動軸」,以契約、責任做為思考的基底,以「一體之仁」做為調節的向度,尊重多元與差異,化解單線性的對象定位,擺脫工具性理性的專制,但求一更寬廣的公共論述空間,讓天地間物各付物,乾道變化,各正性命,雖殊途而不妨礙其同歸也,雖百慮而可能一致也。當然問題的焦點,不是如何由道德形而上學式的「一體之仁」如何轉出「自由與民主」,而是在現代性的社會裡,以契約性的政治連結為構造,以責任倫理為軌則,再重新來審視如何的「一體之仁」;不是如何由舊內聖開出新外王,而是在新外王的格局下如何調理出一新的內聖之學來。

如上所述,顯然地,從「內聖-外王」到由「外王-內聖」的結構性轉換,是伴隨著儒學的現代性與後現代性而開啟的,這是儒學不得不要有的轉化與創造。

---

[22] 此段所論,以及以下兩段所論,多取自於〈後新儒學的社會哲學:契約、責任與「一體之仁」——邁向以社會正義論為核心的儒學思考〉一文,刊於《思與言》39卷第4期,頁57-82。

五 從「存有的連續觀」與「存有的斷裂觀」的對比論現代化之後的可能發展

　　大體說來,這些年有關中西哲學之對比討論,逐漸浮現的是「存有的連續觀」與「存有的斷裂觀」的對比。我以為:中西文明的確有著相當大的異同,我們華夏族群強調「氣的感通」,而相對來說西方文明的重點則在「言說的論定」。[23]我們重在天人、物我、人己通而為一,天人合德、物我不二、人己為一,我們沒有像希伯來宗教所強調的超越人格神為主導的一神論傳統,代之而來的是「天地人交與參贊為一不可分的總體」而自這總體的根源而有的道德創生論傳統。

　　我們沒有像西方古希臘以來那麼強的言說話語傳統,我們雖然也有科學,但我們更講求的是在言說話語之上的氣的神妙處,落實而有的巧奪天工。我們沒有像羅馬以來所強調的法律契約傳統,我們雖然也有國法、鄉約,但我們更注重的是「道生之、德蓄之」,「一體之仁」孝悌人倫的傳統。[24]更有趣的是,截至目前為止,很少一個那麼完整且又歷劫而不衰的文化傳統,竟然是使用著圖象性的文字。它將「言」與「默」,將「具體」與「普遍」,將「有」與「無」等看似兩端矛盾的範疇,居然徹徹底底的將他們連結成一不可分的整體。

　　古希臘的科學傳統、宗教傳統及羅馬的法律契約傳統,構成了西方文明中「物我」、「神人」、「人己」三個向度的主要內涵,充分的顯示了「存有的斷裂觀」的實況。中國文化中的「物我」是一氣之感

---

[23] 關於此論題,我首先受到的啟發是杜維明,並循線讀了張光直以及費孝通的著作,最先在《臺灣、中國:邁向世界史》第一章起了論綱,之後在《中國宗教與意義治療》的第一章〈「絕地天之通」與「巴別塔」:中西宗教的一個對比切入點之展開〉,討論了這個問題,後來在《儒學與中國傳統社會之哲學省察》一書中,大量討論了這個問題,這樣的論法已成為我整個系統脈絡的主旋律。

[24] 前引自《老子道德經》,後引自王陽明的《大學問》。

第十六章 「新儒學」、「後新儒學」、「現代」與「後現代」：
——最近十年來省察與思考之一斑 ❖ 449

通，「天人」是「和合其德」，而「人己」則是「一體之仁」，這充分的顯示了「存有的連續觀」的實況。[25]

在宗教的向度上，我們立基於人雖有限而可以無限，因此人要的是經由原先就有的根源性的道德之善的實踐動力，去完善自己，成就自己，所謂「成聖成賢」，都可以置於這樣的規格下來理解。這不同於西方基督宗教的傳統，強調人的「原罪」，及上帝對於人的救贖；也不同於印度宗教的傳統，強調人的「苦業」，及相對而有的「解脫」。[26]在社會的向度來說，我們強調的不是契約性的社會連結，不是客觀法則性的重視，而是血緣性的自然連結，以及此中所隱含的人格性的道德連結；與其說是國法、天理的優位，毋寧我們強調的是親情、倫理的重視。

我們重視的不是主體的對象化活動，我們不強調「存在與思維的一致性」，我們強調的是「存在與價值的和合性」，我們不強調「以言代知，以知代思，以思代在」，我們深深知道「言外有知，知外有思，思外有在」，「存在的覺知」一直是我們所注重的，至於「話語的論定」，我們則一直以為那是使得主體的對象化所以可能的必要過程，是一切人間符號的執定過程，它使得那對象成了一決定了的定象，人間一切話語的操作與控制因之而生。[27]換言之，我們對於人使用符號系統因之而導生的科學與技術，一直保持著警惕之心的。

伴隨著西方現代化之後的大幅反省，海德格（Martin Heidegger）

---

25 關於此，我曾衍伸的做過許多講演，參見林安梧：〈叉子與筷子：東西方文化的差異與融通〉一文，刊於《中國文化》第21期（2004年6月），頁24-34。

26 關於儒、耶、佛的對比，最早得於牟先生的教誨，參見牟宗三：《生命的學問》（臺北市：臺灣學生書局，1974年）。

27 此段所論，我曾於《人文學方法論：詮釋的存有學探源》一書中有詳細之闡述，見該書第三章〈人：世界的參贊者、詮釋者〉（臺北市：讀冊文化事業公司，2003年7月），頁73-100。

對於「存有的遺忘」的呼籲，人做為一活生生的實存而有這樣的「此有」（Da-sein）深廣的受到重視。[28]正因如此，人們原先所操控的「話語」也受到極深切的注意，詮釋學的興起導向了話語的轉向，使得人們有機會涉及到更為真切的實存向度，但由於長久以來的「存在與思維的一致性」原則，更使得人們警惕地要去從此中掙脫出來，而後則是陷入嚴重的虛無之中，「解構」的呼聲已繼「權力意志」的追求，而成為時下的口頭禪，以前尼采喊著「價值重估」，而現在則不知「價值何在」，人處在意義虛無之中，所不同的是卻沒有早先存在主義者的荒謬感，而代之而來的卻是「虛幻即是真實」。似乎，大家仍然清楚的知曉哲學的目的在於對智慧的追求，一方面呼籲著對於「權力」的解構，但另方面卻任由文化霸權夾雜著真理的神聖，作弄著其他的次殖民地，只是因為話語的糾纏與夾雜，人們更無法去處理而已。

科學主義似乎曾被反省過，但只是話語的反省，無助於事，其實，它仍然強而有力的作用在這世界之上，它從資訊信息業跨到了生命科學、生物科技，雖然因之也引出相關的生命倫理學之檢討，但生命的複製已然產生，人的複製也在既被反對，但又被偷偷的進行中。可以想見的，人的自我認同（self-identity）以及其他相關的文化傳統、價值確認、知識結構必然面臨嚴重的問題。信息產業的過度膨脹，話語的傳達數量突破某個層次，正如同話語通貨膨脹，幣值貶低，甚至形同糞土，此時真理還可能引發人們的真誠嚮往嗎？當人們宣稱不再有真理時，哲學能做的將不再是追求真理，而是去審視為什麼會這樣，恐怕已經來不及。

現代性工具理性的高張使得人陷入嚴重的異化之中，但工具理性

---

28 關於此，林鎮國先生頗有所論，參見林鎮國：〈重訪人文主義：從沙特、海德格、德希達到牟宗三〉，《國立政治大學哲學學報》1999年第5期，頁197-216。轉載：《開放時代》第1期，頁75-86。

並沒有因此就可能被掃卻,儘管人們呼籲須要正視價值理性,但這樣的呼籲就在工具理性的話語氛圍中被繳纏在裡頭,那又有什麼辦法呢!人們也會強調「理想溝通情境」的必要性,但可能做為嚮往都不可能。[29]問題就在於人已在現代工具理性的話語系統中被宰制、被異化,一切已矣!一切已矣!不過正因為是如此的紛雜與多音,也讓出了一些可能性,儘管這些可能性是微乎其微的,但我們卻得正視這樣的「微明」之光。

由於話語系統的纏繞糾葛相繳使得工具理性的高張成了一種奇特的困境,這困境卻因之讓人得去正視真切的存在覺知,這樣的存在覺知宣稱是要跨過原先的話語中心來思考的。於是,人們將話語中心、男性中心、理性中心做了另類的清理,甚至異性戀中心也受到了波及,人們的話語在多音中,開始找尋新的可能。社會的結構開始變動得讓人難以理解,國家性、民族性、男性、女性、理性、話語的對象性、人的主體性,……凡此種種都在瓦解之中。虛無、懷疑、神秘、……實存、覺知、場域的思考悄然升起,大家並沒有宣稱它們的重要,甚至是排斥,但卻不覺已然接受了。經濟力量,最直接的顯示新世代的來臨,東方興起,已經不必宣稱,因為這樣的事實,是確然無可懷疑的。在多音下,文化的多元思考、多中心思考,已經是人們必得承認的事情[30]。當原先的話語系統已經疲憊,話語貨幣已然貶值,新的話語貨幣之船正升火待發,在對比之下,我們的儒道佛傳統,印度的古奧義書傳統、印度教傳統,乃至伊斯蘭的可蘭經傳統,正在醞釀中。

---

29 關於理想溝通情境批判理論者哈貝瑪斯頗有所論,參見黃瑞祺:《批判社會學》(臺北市:三民書局,1996年),頁261-264。

30 關於此,近年來,劉述先教授頗有所論,參見氏著:〈從比較的視域看世界倫理與宗教對話——以東方智慧傳統為重點〉一文,見《道風:基督教文化評論》(香港:漢語基督教文化研究所公司),第14期,頁185-207,

敏感的杭丁頓說這是文明的衝突，卻果真通過了九一一來示現悲慘的事實，但我們特別是站立在儒道佛傳統的我們卻要說，文明要有新的對話與交談，宗教要有新的傾聽與交融，人的生命要在話語褪去後，用真實的天機交往。

這點在華人的思考裡是很值得正視的，所以人之為人本身就作為一個陰陽，他可上可下，可左可右，可高可低，這本身就有一個轉折的可能，所以「禍兮福所倚，福兮禍所伏」，長短、高下、前後種種相對的兩端都構成不可分的整體。所以人跟人之間，人跟物之間，人跟天地之間不是一個定準，而是在我認識清楚的後頭有個更原初的覺知、場域、存在，這樣的一體狀態，這裡頭會生發出一個確定性的力量。你的安身立命從這裡說，這就是「三才者，天地人」，人生於天地之間說，地的博厚、天的高明，地的具體實存生長、天的普遍的理想，人就在這樣一個象徵、隱喻、參與、實踐裡面，連在一塊。如果我們從這角度再去看哈貝瑪斯的溝通理性，或是其他一些西方思想家所做的一些反省的時候，我們可以發現到，我們自己的文化傳統其實有一些新的可能。

——乙酉年二〇〇五年四月十九日　安梧初稿於臺灣師大元亨居
（本文刊於林安梧：〈「新儒學」、「後新儒學」、「現代」與「後現代」：最近十餘年來的省察與思考之一斑〉，《中國文化研究》季刊，2007年冬之卷，總號58期，北京市：北京語言大學出版社，2007年11月，頁19-28。）

第十七章
當代新儒家哲學中的「格義、融通、轉化與創造」：以牟宗三康德學及中國哲學為核心的討論

本章提要

　　本論文著重於牟宗三所著《現象與物自身》、《智的直覺與中國哲學》、《心體與性體》、《中國哲學十九講》等書為核心，展開相關之思索。首先，宏觀審視康德哲學的中文譯介，指出牟先生是當代中國哲學之融釋、傳述康德哲學最有創見者，從而概述當代新儒學派諸多康德學的傳述實況。再者，指出牟先生之經由華人文化傳統儒、道、佛三教的修養工夫論，以確立「智的直覺」，解決康德哲學中人之「有限性」的問題。進一步，對比的指出康德哲學有其西方哲學、文化意識及社會契約論的傳統為背景，牟先生則對此多所忽略。

　　再者，我們發現「智的直覺」與「物自身」在牟先生的體系裡已做了相當大的轉折與創造，早已不是康德哲學體系中的意義。牟先生更將原先康德學的「窮智以見德」的脈絡轉成「以德攝智」，然而太強調道德主體，亦因此窄化了儒學多元的發展向度。最後，我們檢討了中國哲學中有關從「逆格義」到「融通」、「淘汰」、「轉化」、「創造」的歷程，並從而指出牟先生哲學與康德學之對話、重鑄與限制。

關鍵字詞：智的直學、物自身、有限性、格義、窮智見德、批判

一 中國近代學者對於康德哲學的譯介大體經由日文轉譯而來

華人介紹康德學,最早的可能是嚴復[1]與梁啟超。梁啟超讀了日本人中江兆民所翻譯有關康德(Immanuel Kant,1724-1804)的傳述,因之介述了康德,但以梁啟超的哲學功力,其實不太容易讀懂康德哲學。梁啟超是帶著比較屬於知識分子或新聞記者趣味的,或者說他用讀書人經世濟民的心情去讀康德學。他了解到康德在整個西方近代哲學中有重要的位置,在啟蒙運動中扮演著一個重要的角色。他也知道康德學在追問的問題是「知識的客觀性是怎麼來的?」──知識有其客觀性,知識的客觀性如何可能?道德是有客觀法則性的,道德實踐是有客觀性的,但是道德是怎麼來的?這客觀性如何可能?這是康德學主要要問的幾個問題。至於整個康德學的體系為何,我想梁啟超並沒有真正了解。有關於梁啟超對康德學的研究,以及梁啟超對其他學問的研究,我知道中央研究院黃克武先生作過一些相關的研究。[2]

除了梁啟超以外,王國維也讀過康德。王國維基本上並不能夠欣賞康德,王國維有一句名言說:「可愛者不可信,可信者不可愛。」王國維獨衷叔本華(Arthur Schopenhauer,1788-1860)。叔本華在他的《意志與表象的世界》這本著作裡面,基本上是想克服康德學裡面「現象」與「物自身」這超越的區分如何泯同的問題,而叔本華基本上多少是吸收了一些佛教唯識學的論點,但我認為他仍未恰當地彌縫

---

[1] 根據陳啟偉在〈康德、黑格爾哲學初漸中國述略〉,《德國哲學論叢2000》以為華文公開發表文字述及康德者以嚴復為最早。一八九五年嚴復譯《天演論》時提及,但並未詳論,較有論述者則是梁啟超。

[2] 參見黃克武:〈梁啟超與康德〉,《中央研究院近代史研究所集刊》第30期,1998年12月,頁101-148。

「現象」與「物自身」這個裂縫的問題。其實現象與物自身裂縫的問題從康德之後，就變成一個重要的問題，包括費希特（Johann Gottlieb Fichte，1762-1814）、黑格爾（Georg Wilhelm Friedrich Hegel，1770-1831）、叔本華都在這上面下過工夫。當然，當代新儒家的牟宗三先生也在這下工夫，只是他與前面所述幾位先生擁有的學問資源是不同的。就王國維來說，他對康德學並沒有真切的了解，而就他的性情來講，他也不能喜歡康德學，他倒是比較喜歡叔本華。以王國維的性情來說，他還是比較適合做一位文學家，他也帶有一些史學的氣質，做了一些相關的東西。在哲學方面，王國維在美學也有相當高的成就，像他的《人間詞話》，以現在的角度重新去審視，其實還是很有價值的。

近代中國全面把康德學翻譯成中文的，第一波是鄭昕，他也寫了一部《康德學述》，大家應該在圖書館看過這部書，這部書大體來講寫得算是公允，到目前為止我覺得還是有值得參考的。另外，老一輩的學者，如臺大的吳康，寫了《康德哲學》，也寫了《柏格森哲學》。吳康是法國的博士，是研究公羊學的，這很有趣。吳康先生他的古文很好，寫起文章前面一定要加一個贊語，寫一首詩，但是除非你的古文很不錯，白話文也很清楚，對康德學也理解得很清楚，你才能夠區別他寫得怎麼樣。也就是說，他的漢文的表述系統很強，但是這個很強是放在自己的脈絡裡面，所以因此當他去理解康德學的時候，康德學往往被他拉過來，拉到後來什麼是康德學，什麼是吳康自己的想法便有點搞不清楚。像柏格森（Henri Bergson，1859-1941）和康德其實是差很遠的，但是看吳康的筆調，除非你很內行，不然會覺得文字的意味沒有差太遠。這個地方我也曾經想過，包括中國關於印度佛教的一些翻譯，有的派別差別很遠，但是經過漢文翻譯以後，很多東西其實就帶有一種奇特的融會的性格，就把它拉在一塊了。另外關於康德的翻譯，還有宗白華、韋卓民的《第三批判》，但這翻譯一般來講

不算太好,牟先生便認為宗白華和韋卓民的翻譯是有很多錯誤的。這些年來又出現了許多康德著作的譯本。

二 牟宗三先生大幅地消化康德學,建構了自己龐大而謹嚴的體系

牟先生自己重新翻譯了康德的三大批判,在中國當代這樣大幅地、徹底地消化康德學的大哲學家,大概就只有牟先生一個人。[3]牟宗三先生的學生們,像黃振華先生,如果黃振華先生也算他的學生的話。黃振華先生不完全算是牟宗三先生的學生,但也可以算,黃振華先生的中國哲學主要是跟方東美先生學習的,而黃振華先生基本上並沒有直接受教於牟宗三先生,但他非常尊敬牟宗三先生,並稱牟先生為老師。就牟先生的弟子們而言,大概就是黃振華先生對康德學的研究是最深入、最有成就的。黃振華先生有一部《康德哲學論文集》,我認為到目前為止還是華人世界研究康德哲學非常重要的一部書。[4]

在新儒家陣營,還有李明輝教授對康德學的研究作品也相當多。他繼承了牟先生所作的研究,並且翻譯了康德學一些相關的著作,包括康德有關道德哲學方面、知識論方面他都有翻譯。除了李明輝外,像陳榮灼、李瑞全、楊祖漢、李淳玲多少都對康德下過工夫。楊祖漢對康德學的理解基本上是順著牟先生,而比較是從宋明理學的角度重新對牟先生的一些論點,一方面講習,一方面提出一些自己的看法,這些年來他一直在這裡做相當多的工作。另外老一輩的像蔡仁厚先

---

[3] 這三部書,牟先生依序出版為《康德的道德哲學》(譯註)(1982)、《康德純理性之批判》(上、下)(譯註)(1983)、《康德判斷力之批判》(上、下)(1992、1993),均由臺灣學生書局印行。

[4] 黃振華先生所著《康德哲學論文集》自行出版於一九七六年。

生,主要雖不是在康德學,而是繼承牟先生的宋明理學,但這就含有牟先生的康德學在,像他的《宋明理學・北宋篇》、《王陽明哲學》都蠻重要的。其他還有一位是朱高正先生,朱高正也可以算是牟先生學生的系列,因為他基本上是黃振華先生的學生,黃振華先生原來是臺大哲學系的教授,也是哲學系系主任。朱高正是黃振華先生的學生,朱高正在康德哲學方面,除了在法律哲學方面很有見地,社會哲學、政治哲學方面也是。前一兩年在學生書局出了一本《康德四論》,這部書寫得算不錯,大體來講他注重了康德哲學的歷史哲學、社會哲學、法律哲學、政治哲學這幾個側面。[5]一般來講,除了康德哲學的「三大批判」,這個部分就有人把它說成「第四批判」,這本康德的重要著作翻譯集子已經譯出來了,由大陸的商務印書館出版,就叫《歷史理性的批判》,由何兆武先生翻譯。[6]何兆武先生現在已經七十好幾了,是一位非常傑出的學者,主要研究科學哲學、西方哲學,有很多譯著,是北京清華大學思想史的教授。大陸一直還有一些康德學繼續延伸著,有些我並不是太熟悉,還有一些在臺灣出版過相關的書,像韓水法,他是北京大學哲學系的教授。[7]其他大陸的康德學專家,譬如武漢大學的陳修齋、楊祖陶都做過相關的研究,再下一輩的鄧曉芒也做過相當多的研究,人民大學的李秋零也都有深入研究。[8]

---

5 朱高正《康德四論》(臺北市:臺灣學生書局,2001年)。
6 〔德〕康德著、何兆武譯《歷史理性批判文集》(北京市:商務印書館,1997年)。
7 韓水法:《康德物自身學說研究》(臺北市:臺灣商務印書館,1990年)。
8 鄧曉芒對三大批判都有翻譯,李秋零譯有《純粹理性批判》。

三 黃振華先生認為康德所說構成知識的統覺，就是最高善的一個表象

　　我自己並不是康德哲學的專業研究者，我接觸康德學是由於牟宗三先生的因緣，他講授的「宋明理學」、「隋唐佛學」、「中西哲學會通十四講」、「中國哲學十九講」，我都是座下學生。牟先生《現象與物自身》（1975）可以視作體系性的總結作品之一。再早的是《智的直覺與中國哲學》（1971），更早的則是《認識心的批判》（上、下）（1956、1957）。我一方面上課，一方面閱讀，就在這樣一個過程裡，對牟先生的康德學有了一些理解。之後我在西洋哲學史的宏觀底下對康德學也有了一些理解，在這理解之後，我修讀了黃振華先生的「康德哲學」一課。黃振華先生對康德的熟悉度，就好像我對《老子》或《論語》的熟悉度一樣，可以隨時背出一段、講它一段，他可以用德文把康德著作的原文背出一段，非常熟悉，國內沒有人對康德的熟悉度是超過他的。據他所說，他是把康德的三大批判都翻譯過了，但是黃先生本身是非常惜墨如金的，他寫的東西很少，他的翻譯一改再改，現在到底有沒有面世機會我也不知道，因為他人已經過世了。牟先生的三大批判已經出來了，我也不知道黃先生的底稿會不會再印出來。

　　黃先生對康德哲學的理解頗有特色，他認為康德所說構成知識的統覺，就是最高善的一個表象，也就是說那最高善落實在知識層面的展開上的一個東西就稱為統覺，這是相當有意思的。這個提法就是說，你不要小看知識本身的構成，這是必須通過一個主體的能力才能夠展開這個構成的活動。這個主體本身，跟道德的、跟最高善是有密切關係的。也就是說在這一層是最高善，落實在這一層作為認知主體來講的話，作這個統覺的效用，其實是這最高善落實在這個上面的一

個效用。⁹這麼說其實就很能夠接上了我們過去討論過的「德性之知」與「知性之知」。宋明理學不是常討論這個問題嗎？德性之知跟知性之知並不是截然分開的，也就是說那個知性主體本身，其實是道德主體的另一個表現方式，這是一個很有趣的提法。在他的《康德哲學論文集》裡面隱約的看到一面，他上課時很強調這個部份，但他卻沒有把它寫上去，我認為可能寫了，但是並沒有正式把它發揮在可以看到的一些文章裡面。後來他在詮釋《易經》，詮釋佛教的時候，大體來講常常取用這樣一個觀點。這個觀點我們也可以去設想，跟牟宗三先生所謂的「良知的自我坎陷以開出知性主體」這個提法有何異同？看起來有一些相似的地方，其實是不同的，倒是比較像熊十力所說的「性智包涵量智」，也就是「德性之知」包涵了「知性之知」。¹⁰

前一陣子中央研究院開了一個會，討論詮釋、理解與儒學傳統。在會中，劉述先先生對中國古代知識跟道德的理解說了一些看法，他的看法大體來講是認為：強烈地去分別「什麼是應然」、「什麼是實然」這樣的區隔方式是不恰當的，而勞思光先生大體來講就是順著這條路特別清楚的區別實然是「知識之所對」，而應然是「道德實踐之所做」。但是在中國傳統中所說的知識，其實即隱含了一個道德的實踐。「乾知大始，坤作成物」，這個「知」，我想不只「認知義」，還有「主宰義」、「實踐義」。陽明其實就是抓住了這樣的「知」去解釋「知行合一」，這是值得留意的。

---

9 這些論點黃先生並未正式完整的形諸文字，他在上課中屢屢提起，相關資料，參見黃振華先生：《康德哲學論文集》（臺北市：作者自印發行，1976年8月），〈六、論康德哲學中之「必然性」概念〉，頁325-358。

10 牟宗三先生與其師熊十力先生的哲學系統是不同的，參見林安梧：《存有、意識與實踐：熊十力體用哲學之詮釋與重建》（臺北市：東大圖書公司，1993年5月），〈第一章導論〉，頁4-8、〈卷後語〉，頁367-376。又參見林安梧：〈從「牟宗三」到「熊十力」再上遡「王船山」的可能〉，《鵝湖月刊》第27卷第7期（總號319期，2002年1月）。

四　從康德的第三批判中可以看出，美的藝術活動跟整個人的心靈意識、社會總體與共識是有密切的關係的

　　我們從這個角度去理解，如果我們願意恰當地去理解康德哲學，康德哲學並不是那麼截然地將第一批判《純粹理性批判》、第二批判《實踐理性批判》，嚴格地對立起來。康德的第一批判是處理知識客觀性如何可能的問題，第二批判是處理道德實踐客觀性如何可能的問題；第一批判是處理「自然」的問題，第二批判是處理「自由意志」的問題，而第三批判是作為一個中介者而連結第一批判、第二批判。一般常講康德是用這麼一個方式去說的，其實這麼說也無所謂，因為看第三批判的時候，可以看得出來，他在《判斷力的批判》裡面有談到的〈審美的判斷力批判〉及〈目的論判斷力批判〉。〈審美的判斷力批判〉裡基本上處理了一些美學的問題，〈目的論判斷力批判〉基本上處理了相當多與歷史哲學和社會哲學相關起來的問題，在他來講這些問題是結合成一個整體的，他認為這與道德哲學有密切的關係。他非常強調「美是道德之善的象徵」，而這樣的一些提法裡基本上我們可以看得出來康德強調美的這樣一個藝術活動，跟整個人的心靈意識、社會總體，跟所謂的共識（common sense）是有密切關係的。[11] 這個部分其實就為李澤厚先生所重視。李澤厚先生在中國當代的康德哲學研究裡面算是獨樹一幟而很有成就的，他後頭的根本思想可以說是馬克思主義（Marxism），是辯證唯物論（dialectical materialism），但是他是接通了康德的第三批判而與馬克思主義這個傳統，用這樣作一個底子來重新審視整個康德學。在他的《批判哲學的批判》裡面，

---

11 關於此，參見林安梧：〈康德及其〈審美判斷力的批判〉中的歷史性思惟〉，該文收入氏著：《契約、自由與歷史性思惟》（臺北市：幼獅文化事業公司，1996年），第十章〈審美判斷與歷史性思考〉，頁183-204。

他非常強調整個歷史社會總體,整個人放在歷史社會總體所可能闡發的那樣一個歷史意識、社會意識及整個心靈意識活動的變遷,這些都是我們可以重視的。李澤厚後來之會寫《哲學人類學提綱》,我認為在寫《批判哲學的批判》時已見其端倪。[12]

　　回到牟先生所理解的康德,大體來講,他非常強調康德學的兩個特色,一個就是康德學延續著西方哲學「兩個世界的區分」而有一個新的發展。原來兩個世界的區分大體說來,比較是放在形而上學的意義裡頭。譬如說柏拉圖的「理念界」(觀念世界)(ideal world)與「現象界」(經驗世界)(empirical world),在康德來講則把它轉成一個比較知識論意義的,一個叫做「現象界」(Phenomenal world),一個叫作「物自身界」(Noumenal world)。他認為知識所能及的僅及於「現象」,而「物自身」只是作為同一個對應面的、兩個面向的另一端,而預取著它是作為現象、同一個事物的另一端。這個說法就令人十分難解,但是他的目的是要說人的知識只能及於現象(pheno-mena),人的知識是不能直接把握到事物本身(thing-in-itself)。譬如這個杯子本身,我們知識能及的只是這個杯子向我們所顯現的象。用佛教的話來講,就是我們六根對應六塵而生發出六識:這「眼、耳、鼻、舌、身、意」對著「色、聲、香、味、觸、法」,引起了我們眼識、耳識、鼻識、舌識、身識、意識的六識活動,因此對這樣一個存在事物有了恰當的把握。他認為我們所把握的那個 phenomena,就是表象、現象。問題來了,現象是變動不已的,由現象而來的知識,怎麼可能有客觀性呢?因為我們知性有一個構造的能力,才可能對這個現象、這個事物所給出的表象,經由我們的感觸直覺之所攝取,再經由我們知性主體的構造,因此成就一個客觀的知識。這是康德學一個非常重

---

[12] 李澤厚:《批判哲學的批判:康德述評》(臺北市:谷風出版社,1986年),特別是附論〈康德哲學與建立主體性論綱〉,頁508-526。

要的地方：強調知識的客觀性並非來自於外在的經驗事物，而來自於我們主體的構造能力，知識不是客觀的給予，而是主體的構造。[13]

一般來講，康德這樣的主張，在知識論上這名之曰「哥白尼式的革命」（Copernican revolution），這樣「哥白尼式的革命」之重要的意義是顯示出啟蒙時代的一種主體的意識，即啟蒙時代人對自我的一種更為突出而清楚的穩立。這清楚的穩立就是人的主體對經驗世界所構成的客觀性，而不只是如笛卡爾（René Descartes，1596-1650）所說的「我思故我在」（Cogito ego sum）而已。因為「我思故我在」是回到你能思的那個主體，通過這樣一個能思的主體，在反省的一個確立之下，因此而確立你自己。換言之，笛卡爾所說的「我思故我在」是在理性主義的傳統之下所確立的，而康德則是接受了經驗主義的挑戰之後所重新的一個確立，而因此能免於獨斷主義的可能。這是很可貴的一個地方，所以康德說他讀了休姆（David Hume，1711-1776）之後，對他原來獨斷主義的思考提出了一個警醒，驚醒了他那獨斷主義的迷夢。因此，他在命題方面就有所謂的分析命題、綜合命題，還提出一個「先驗的綜合命題」。「先驗的綜合命題」就是他認為知識的客觀性是這樣構成的。這樣的一個構成方式其實正在說明了康德很清楚的知道，知識的客觀性基本上並不是被給予而擺在那裡的，知識的客觀性是經過主體的構造能力所構造成的。也就是說，我們主體可以通過一個普遍的範疇，通過一個概念範疇具有普遍性，因此才會使得一個我們所接收到的現象訊息能夠構成一個客觀的知識。[14]

---

13 參見牟宗三：《現象與物自身》，第四章〈6.2康德論三層綜合〉，頁135-152。又參見氏譯註：《康德純理性批判》，（上冊）第2卷，第二章〈純粹知性底一切原則之系統〉，頁354-474。

14 參見黃振華，前揭書，二〈康德先驗哲學導論〉，頁7-30。又參見Hans Michael Baumgartner著，李明輝譯：《康德【純粹理性批判】導讀》（臺北市：聯經出版事業公司，1988年）。

這在康德來講是非常重要的一個部分，在這提法裡，如果重新去思考康德第三批判，就能發現他隱約的強調 community、common sense。在第一批判裡面講時，好像純粹理性的批判只是講純粹理性是如何可能，它的活動，它的內在機制，整個系統機制如何可能，使得我們所謂的科學知識，或者客觀知識如何可能。但在第三批判告訴我們，我談的那些東西其實是與整個歷史社會總體，跟所謂的社群（community）、所謂的共識（common sense）是有密切關係的。這點我想是非常非常重要的，這部份大概為後來康德哲學的研究者所忽略。新康德學派當然後來有所區別，像西南學派跟馬堡學派。西南學派特別強調他知識論的部分，馬堡學派強調跟第三批判相關的東西，並試圖調和康德與馬克思，這部分相當複雜，細的部分我們就不去說了。[15]

五 牟先生經由華人文化傳統儒、道、佛三教的修養工夫論，以確立「智的直覺」，解決康德哲學中人之有限性的問題

我們從這個角度去想，其實牟宗三先生是在他所要理解的狀況下去理解康德哲學，不一定是康德哲學放在西洋哲學的脈絡裡的一個恰當的理解。不過這無所謂，這就好像我現在要在臺灣做一道義大利麵，我不一定要對義大利麵的歷史有多清楚的了解，我只要把它做好，好吃就可以了，義大利人吃了也覺得不錯，覺得不下於我們義大利人，對於義大利麵的來龍去脈，是不是知道的很原本，那已經是不

---

[15] 關於此，參見Bernard Delfgaauw, translated by N.D. Smith, "TWENTIETH-CENTURY PHILOSOPHY", pp.41-48, Printed in the Republic of Ireland by Cahill and Company Limited. Dublin. 傅佩榮譯：《二十世紀的哲學》（臺北市：問學出版社，1979年4月），問學叢書11，第二章〈基於傳統的解答〉〈新康德學派〉，頁56-64。

重要了。牟先生的康德學大體來講是先建立在對於康德第一批判之非常清楚的掌握，而在清楚的掌握之下發現了第一批判本身的限制。這最大的限制就是在他的《現象與物自身》的一開頭的第一章所提到的：康德哲學有兩個預設，第一個預設「現象與物自身的超越區分」，第二個預設是「人是有限的」。[16] 牟先生認為第一個預設他還能夠接受，現象與物自身必須做一個超越的區分；然而第二個預設：人是有限的，他認為這是可懷疑的，就這個問題的理解上是可以鬆動的。他認為在華人的文化傳統，包括儒教的傳統、道教的傳統、佛教的傳統，並不同意人只是有限的。中國文化傳統強調人雖然是有限的，卻具有無限的可能。他通過這三教的修養工夫論，或者廣義的方法論，重新去確立「智的直覺」（intellectual intuition）的可能。也就是說，在康德來講，從知識論的角度來講的話，人是通過感觸的直覺，再通過知性主體的構造，使得客觀知識成為可能，至於客觀知識之所及，只及於 phenomena，並沒有及於 thing-in-itself。

因為人的感觸的直覺僅能及於現象而不能及於物自身，而物自身與現象是同一事物的兩個面向，或同一現象的兩個端點，而人之感觸直覺僅及於現象，而相應於物自身的直覺不叫「感觸的直覺」（sensible intuition），而叫「智的直覺」（intellectual intuition）。康德認為只有上帝（God）才具有智的直覺，因為上帝通過智的直覺才使得物如其為物，事物之在其自己（即「物自身」這個概念）。牟先生通過儒、道、佛三教的修養工夫論、方法論去強調儒家認為人們也可以通過良知「生天生地，成鬼成帝」，「良知是造化的精靈」；[17] 道家

---

16 牟宗三：《現象與物自身》，〈第一章、問題的提出〉，頁1-19。
17 陽明先生語，關於陽明思想我大體受益於牟宗三、蔡仁厚諸位先生的教導，並進一步做一本體實踐學之闡釋，參見林安梧：《中國宗教與意義治療》（臺北市：明文書局，1996年），第四章〈王陽明的本體實踐學〉，頁81-114。

（道教）可以通過「致虛守靜」的工夫，可以使「萬物並作，吾以觀復，夫物芸芸，各復歸其根」；[18] 而佛教一樣的可以通過就「從無住本而立一切法」。[19] 他通過這樣一個方式，認為儒家的「知」，不只是世俗的知識之知，他反而提到上一層，名之曰「性智」，而道家（道教）把它叫「玄智」，佛教則把它叫「空智」。相對來講，空智對空理、性智對性理、玄智對玄理，而總的來講，他認為這都是回到事物自身的一個理、一個智。[20] 他認為在華人儒、道、佛三教裡都有這樣一個修養工夫論的活動，可以讓人不祇侷限於有限性，還可以邁向無限。顯然地，「物自身」這個問題在牟先生的處理裡面，是通過修養工夫論就把它處理掉了。也就是說，「物自身」是人的智慧之光之所照、之所顯、之所對，而在這個對裡頭，使它成為一個具有對象義的物自身，也因此這個對象義的物自身成為我們認知的一個基礎，雖然我們所把握的是它的現象，不過是由這物自身所顯之現象。這樣的一個提法裡，基本上就是通過了一個廣義的道德修養論，來彌補康德哲學對於「現象」與「物自身」這樣的一個裂縫。

牟先生通過這樣一個道德修養論，認為人都有一個真正的本心，這個本心可以上通到物自身界，往下則可以轉折成為知性主體，涵攝、構造成知識界，而它之所對的就是現象世界，這就是他所說的「一心開二門」這個格局。借用《大乘起信論》：一心上開「心真如門」，就是所謂的物自身；一心下開「心生滅門」，就是所謂的現象界。[21] 在「一心開二門」這樣的一個提法裡面，他告訴我們在華人文化傳統裡基本上是具有智的直覺，而且是以智的直覺為大宗，就是

---

18 參見老子：《道德經》第十六章。
19 這是佛教天臺宗所強調者，參見牟宗三：《佛性與般若》。
20 參見牟宗三：《現象與物自身》〈序〉，頁1-17。
21 參見牟宗三《中國哲學十九講》、《中西哲學會通十四講》，

儒、道、佛。然而我們所缺的就是由感觸直覺所定立的這樣的一個客觀的知識世界,所以才會有一個一方面膾炙人口,一方面也引發諸多爭議的提法,就是所謂「良知的自我坎陷以開出知性主體」,而知性主體之所涵攝、建構一套知識系統,這套知識系統是相應於現代化裡頭的民主與科學。[22]

六 康德哲學有其西方哲學、文化意識及社會契約論的傳統為背景,牟先生忽略康德所涉及到的社會總體意識其中所引申出來的關聯

在牟先生的提法裡,基本上對於康德哲學背後思想史變遷的意涵,以及相關的社會史、政治史、經濟史各方面種種,是暫時擺一邊的。他只是就康德哲學體系建構之為何,抓住了第一批判和第二批判,之後以儒學為主導,加上道家跟佛學,而把握住康德學第二批判作一個對比,強化了儒學、道家、佛學裡頭所強調的道德哲學的側面,並且把這樣一個方式提到通過一個道德修養論,而強調它具有智的直覺(intellectual intuition),並藉此來解決人的有限性的問題。換言之,一個有修養的人,或者一個理想的人,一個道德的人,一個具有性智、具有玄智、具有空智之人,依他說就如同是上帝一樣,可以具有 intellectual intuition。[23]我們可以發現到牟先生高揚了人的主體性,而把人的「主體」往上提到那個「道體」,提到那個絕對之體,提到那個 God 的地位上去說。至於這樣的一個說法裡面,當然還有

---

22 關於這些問題參見林安梧:《儒學革命論:後新儒家哲學的問題向度》(臺北市:臺灣學生書局,1997年12月)。
23 傅偉勳生前對此亦常有批評,參見氏著:〈佛學、西學與當代新儒家〉,收入劉述先主編:《儒家思想與現代世界》(臺北市:中央研究院中國文哲研究所籌備處,1997年,頁9-31)。

很多可以繼續梳理它的，但是我們顯然可以看到的是牟先生基本上是忽略了康德知識論跟道德哲學後頭所涉及到的那麼豐富的背景因素。也就是說，康德會出現那樣的道德哲學及那樣的知識論是有他的整個西洋哲學的背景、西洋人的文化意識做為基礎的，在那種狀況之下才會出現的。譬如說，如果沒有西方社會契約論的傳統，或者更直接的說，沒有盧梭（Jean Jacques Rousseau，1712-1778）的話，我想康德的道德哲學不是那麼寫的。也就是說，盧梭在社會契約論中所強調的普遍意志（general will），就轉成了康德道德哲學中所強調的「無上命令」（categorical imperative）。[24]

這也就是說，在盧梭來講是寫成一個社會哲學或政治哲學這樣人與community之間的契約關係，後頭所涉及到更為根源的general will的問題，而康德學把它轉譯成作為一個人，他的道德實踐的動力的來源如何的問題。也就是做為人道德實踐的時候，動力是來自於一個道德的法則，而這個道德的法則是人的自由意志所定立的，這就是所謂意志的自我立法。而人之所以作為一個人會去遵循這意志的自我立法，形成了所謂的「道德自律」（moral autonomy）。這樣的自律其實落在community裡頭說，人作為一個社會的人，必須遵從一個理想的社會規範，而這理想的社會規範其實是關聯著一個社會的普遍意志，而社會的普遍意志跟作為一個自由的人、自由的公民基本上骨子裡是相通的。所以，社會的公則、公約，其實就是你自律裡頭的律則，所以一個自由的人就是一個遵守自律的人，而這個遵守自己內在律則的人，同時也是遵守社會普遍意志所定立的律則的人。在西方的傳統裡面，這一點非常重要。

---

24 關於此，參見林安梧：〈論盧梭哲學中的「自由」概念〉，收入氏著：《契約、自由與歷史性思惟》，頁21-46。又參見Ernst Cassirer著、孟祥森譯：《盧梭、康德與歌德》（臺北市：龍田出版社，1978年），〈康德與盧梭〉，頁15-97。

就思想史的宏觀觀點，康德學的自律應從這個角度上去理解，而在牟先生所理解的自律裡，卻很容易從人之具有「智的直覺」，人經過「一念警惻便覺與天地相似」、「反身而誠，樂莫大焉；強恕而行，求仁莫近焉」、「天人合德」[25]處去說自律。從「天人合德」處去說的道德自律，也就是說人的自由意志所定立的法則，跟宇宙的意志所確立的法則是同一的。當然，如果說在康德學裡頭再往前推進，它是不是跟自然法（natural law）密切關聯，沒有錯，是這樣的。也就是說 general will 其實跟 natural law 是有密切關聯的，但是所不同的是從 natural law 到 general will 這裡有一個很大的轉折。因為在 natural law 裡，所講的是自然的法則，general will 講的是社會契約的一個普遍理性。在我們華人來講的話，從孔孟的傳統，一直到陸王，乃至於程朱的傳統，所強調的天地所隱含的是一種關懷、一種愛、一種氤氳造化，它重點不在於這個法則性，這一點我想與西方哲學的自然法其實有一點不同的。這倒有些像荀子所說「天行有常，不為堯存，不為桀亡」的意味。但顯然地，這不是大宗，大宗還是在「怵惕惻隱」、「一體之仁」上，不在自然法上，宋明儒學中的陸王學其實是接續孟子學，程朱學也是接續孟子學，而不是接荀子。

七　「智的直覺」與「物自身」在牟先生的體系裡已做了相當大的轉折與創造，早已不是康德哲學體系中的意義

　　牟先生強調人的道德情感、怵惕惻隱、道德動力，其實是作為一

---

[25] 這三段引文，依序出自《象山先生全集》、《孟子》，「天人合德」則是《易傳》的思想，所謂「大人者與天地合其德，與日月合其明，與四時合其序，與鬼神合其吉凶」。

切道德法則,甚至在發生上是一個非常重要的端點。或者,更進一步的說,你那個本心的動力,這忧惕惻隱的動能,其實就是那個法則,這也就是所謂的「心即理」。從「心即理」的角度去說自律,其實自律這個概念已經轉了好幾折了。或者從「心即理」這個角度要去說道德實踐所展開的那個活動(良知的活動),你要把它理解成所謂的「智的直覺」,這又轉了好幾層了。顯然地,這是通過道德哲學的向度、修養工夫的向度,來詮釋上帝「智的直覺」那個活動。上帝的智的直覺的活動,我想是康德學所必須預設的一個活動,它並不是真實的,並不是你可以覺知到的活動,因為人是有限的,不可能覺知到上帝的這個問題。但依儒學來說,是人之有忧惕惻隱之仁,人的「良知是造化的精靈」,那不就是預取的,是當下呈現的,這點是不同的。[26] 所以牟先生在這裡又把康德原先所強化的、所強調的只有上帝才具有那個「智的直覺」轉了過來。這麼一來,才能夠理解成牟先生所說的儒、道、佛的意向下的道德自主性。同樣的,儒、道、佛通過這樣的方式,而說其為「智的直覺」之所對的「物自身」,這已不是康德哲學意義下的物自身,而是牟先生義下所說的物自身。這或者可以理解成,禪宗所說的「見山是山,見山非山,見山是山」,這到最後的「見山是山」那樣的物自身,這是第二序所說的「見山是山」那個物自身了,就是事物在其自己這樣的一個提法。

我們這樣來說,其實已經講了幾個不同向度。牟先生對康德的第三批判基本上是忽略的,特別是第三批判所可能涉及到的那個社會總體意識,以及那裡所引申出來的審美與道德的關聯,以及所謂的共識(common sense)是未及處理的。所以牟先生在**翻譯**康德第三批判的

---

26 當代儒學有一膾炙人口的公案,是熊十力與馮友蘭爭議論辯「良知」是呈現,而不是假設,參見牟宗三:《五十自述》(臺北市:鵝湖月刊社,1989年1月),第五章〈客觀的悲情〉,頁88。

時候，導生出他對康德美學的一個反省，他在第三批判康德的《判斷力批判》的翻譯前面寫了一個頗長的導論，闡述他自己的美學主張。牟先生所說的美學，其實純只是一個美的興味的活動，而這樣純美的興味活動帶有一種純粹的理型的方式，他把它提到直覺的方式。所以他之於美，他能夠理解並欣賞像嵇康的〈聲無哀樂論〉這樣的一個說法，他也提了一些美的欣趣的相關問題，這個部分我是覺得可以欣賞，也可以檢討的。[27]另外，牟先生對於西方的社會契約論的傳統是忽略的，他對於盧梭的理解也是忽略的，所以，如何把康德跟盧梭聯繫在一塊兒理解，對他來講是非常少的。牟先生比較急的是通過儒、道、佛去聯結著康德的道德哲學跟知識論，而展開的論辯活動，然而由康德第三批判所可能導生的相關議題，牟先生基本上是忽略了，這個部分其實是可以重新再去看的。

八　牟先生將原先康德學的「窮智以見德」轉成「以德攝智」，然而太強調道德主體，亦會窄化了儒學多元的發展向度

如上所述，其實一方面我們在說，康德哲學也有重視歷史社會總體這個側面，也有重視生活世界這個側面，只是他有很多部分是隱而不彰的。因為康德學他強調的是要問：客觀知識如何可能？道德實踐的客觀性如何可能？對於如何可能，他給出的是一個後返的理論的處理，用康德哲學的話來講，這叫做「超越的分解」（transcendental analysis）。這樣的分解是先肯定一個事物之為可能，再問它如何可能。

---

[27] 參見牟宗三：《中國哲學十九講》（臺北市：臺灣學生書局，1983年10月），〈第十二講〉，頁245-264。

譬如說,他不會問「婚姻是什麼?」他會問「婚姻如何可能?」他認為婚姻已經是一個客觀的事實,所以他問「如何可能?」就是類似這樣的活動。知識,到底有沒有客觀性呢?他不問這個問題,他問的問題是「知識的客觀性如何可能?」因為我只要回答「知識的客觀性如何可能?」我就間接地回答了「知識是具有客觀性的」,他是用這個方式,積極地去面對這個問題。

我們這樣說下來,其實已說了牟先生在吸收康德學的時候,在很多概念上會有所轉換,有所遞移,他會轉型到一個新的概念系統上。譬如說他把儒家的性智、道家的玄智、佛教的空智,詮釋成康德學意義下的「智的直覺」(intellectual intuition),這其實是可以探討的。他把這樣的空智、玄智、性智之所顯露,這樣的一個心性修養實踐的活動之所對,是如其所如的。譬如說佛教講「真如」、「心真如」,道家講「物各付物」,儒家講「首出庶物,萬國咸寧」、易經講「乾元用九,見群龍無首,吉」,也就是講到事物如其為事物本身。他用康德哲學的「物自身」這樣的一個方式去詮釋,其實已經是轉移了很多。當然在這樣的一個理解裡面,就我個人理解很重要的是說,牟先生因為建立在一個很不同的哲學預設上,正如他在《現象與物自身》這個著作裡剛開始就提到:康德學認為「現象」與「物自身」是超越的區分,而「人是有限的」。相對而言,在中國文化傳統,人雖然在軀體上是有限的,但他卻具有無限的可能。然而,「人具有無限可能」這樣一個提法,在康德是不是完全不能夠接受呢?其實在這個地方是有爭議的。要不然在康德學之後不會出現費希特,不會出現黑格爾。也就是說,像費希特、黑格爾某個程度上已經處理了類似牟先生一直在問的問題:現象與物自身如何彌縫的問題。黑格爾通過絕對精神,謝林通過整個整體,而費希特是通過絕對的我,牟先生「良知的自我坎

陷」，其實很像費希特那個「絕對我」的否定。[28]

我們說到這裡，其實一方面可以看出來牟先生具有非常強的道德主體主義的傾向，在康德學看來是「窮智以見德」，而這「窮智以見德」並不隱含著一定「以德攝智」。因為在西方哲學裡頭，「德」與「智」之為一體，是通過「思維與存在的一致性」去強化的一體，不是我們所說「以德統智」的方式的一體。在華人文化傳統裡，如在《論語》裡面講「仁智雙彰」，但畢竟仍是「以仁統智」，「智及之，仁不能守之，雖得之，必失之」。在原來整個中國哲學所使用的概念範疇構成裡面，牟先生做了很多位移的構成，因而他建構了一宏偉的系統：現象與物自身這個兩層存有論的系統。依照牟先生這個說法，當然就是「以德攝智」的系統，不是「窮智以見德」的系統。「以德攝智」的系統裡必須「由德開智」，不然這個「德」將會成為一個孤立的德，或者說是一個渾淪的德。正因如此，牟先生才會那麼強調道德主體如何開出知性主體的問題。[29]

牟先生在這裡，完全從一個道德主體的絕對性、超越性、普遍性、理想性，從這個地方把握住了這一點。他認為人作為一個人應該是一個「智的直覺」的存在，具有智的直覺的能力，人是「道德的存在」（moral being），人是良知的存在。至於人之為人作為一個「自然的存在」（natural being），這樣一個側面反而是為牟先生所疏忽的，人作為一個「社會的存在」（social being）也是為牟先生所疏忽的。但是人作為一個人在歷史的發生過程裡，先是作為自然的存在，在作為自然的

---

28 彭文本對於牟宗三與費希特的關係，曾做過相關研究，極具見地，參見氏著：〈論牟宗三與費希特「智的直覺」之理論〉，收入李明輝、陳瑋芬主編：《當代儒學與西方文化：哲學篇》（臺北市：中央研究院中國文哲研究所，2004年5月），頁131-172。
29 關於此，參見林安梧：〈後新儒學的社會哲學：契約、責任與「一體之仁」——邁向以社會正義論為核心的儒學思考〉，《思與言》39卷第4期（2001年12月），頁57-82。

存在的發展過程裡,才成為歷史的存在,成為社會的存在,同時在歷史的存在、社會的存在的時候,也才成為道德的存在。因為你必須正視人具有道德的存在,才能夠深切地去理解人之作為歷史的存在跟社會的存在。同樣的,你必須去正視人作為歷史的存在、社會的存在,才能夠真切地去理解人之作為人的一個道德存在的意義在哪裡。相對於宋明儒學來說,王船山對此有深刻的認識,他強調了「人性」與「歷史」、「社會」的辯證性。[30]

九 從「逆格義」到「融通」、「淘汰」,「轉化」、「創造」,牟先生邁向了一嶄新哲學系統的建立

其實,牟先生建構的兩層存有論系統是繫屬於他那主體主義的思考方式。牟先生顯然是這樣的一個思考,他順著宋明理學的陸王學一系,特別是陽明學,而特別強化了陽明學的「良知即是造化的精靈」,道德主體也就是那宇宙的道體。或者,直接地說,以那個主體就等同於道體。他在強化的過程裡,其實也強化了他的形式的側面,他並沒有真正正視了陽明學落實在人間世裡頭所面臨的浮沈昇降,那個忧惕惻隱面對世俗中浮沈昇降所面臨的問題。牟先生基本上把它純化成良知的一個亮光,他所謂「一心之申展、一心之遍潤、一心之朗現」,而他認為這就是當下能夠發露顯現的良知的作用。[31]所以,牟先生一再地提熊十力先生跟馮友蘭先生的一段對話,強調良知並不是一

---

30 關於此,參見林安梧:《王船山人性史哲學之研究》(臺北市:臺灣學生書局,1987年),特別是第一章、第二章。
31 關於此,參見牟宗三:《王陽明致良知教》(臺北市:中央文物供應社,1954年4月),又參見林安梧:《中國宗教與意義治療》(臺北市:明文書局,1996年),第三、四兩章,頁51-114。

個假設,良知是當下的呈現。[32]從這個角度來看牟宗三先生,他已經跨出了原先我們通過西方的哲學話語系統來格義中國哲學這樣的方式,他其實做了很多融通與淘汰。雖然他在融通淘汰的過程裡,那種取用概念的方式,如何位移,如何轉化,是否完全合乎一種哲理交談的正當性,我想這是可以問的,但很顯然地,他朝向了一個新的哲學詮釋跟建構。

我們去看牟宗三先生這樣一套儒家哲學的時候,其實我們可以看到,他之所重就是以這樣的道德主體來涵攝一切。他把原先康德學的「窮智以見德」轉成「以德攝智」,並且要「以德開智」。這時候良知、道德主體仍然有獨大的傾向,這是非常清楚的。這樣的一個思考,他認為是陸王學的主流,同時也是孔孟的主流,他從這個角度來認為這就是正統,他認為心性之學就是儒學的核心點。這個說法其實並無不可,但是他太強化了它,也太窄化了其他儒學。就在這個過程裡面,他肯定了第一期的儒學是先秦儒學,第二期的儒學是宋明儒學,當代新儒學則是第三期的儒學,包括杜維明先生,也是朝這個角度上去思考的。[33]就我個人來講並不同意這樣的思考,譬如說《論語》裡面講「仁智雙彰」,講「仁禮合一」;再到孟、荀的時候,孟子講「仁義之教」,講「惻隱之仁」,荀子講「禮義之教」,講「師法之化」,這裡可以明顯地看到有幾個不同的向度,很難分其軒輊。何者為正統?何者為非正統?應該說是多元的,構成一個一統的這樣一個方式。我想我大體的把牟先生的康德學,跟儒家的哲學、中國哲學,以及他做了那些可貴的貢獻,他哪個地方做了一些位移的活動,他構

---

32 同註24,前揭書。
33 牟先生始暢此說,其門弟子蔡仁厚、杜維明、楊祖漢諸先生等多贊成其說,杜氏有〈儒學第三期發展的前景〉一文,收於《現代精神與儒家傳統》(臺北市:聯經出版事業公司,1996年),第十一講,頁411-442。

造的系統,及可能的限制作了一些相關的理解。[34]

十 我們不能圍限在牟先生的兩層存有論的系統裡去理解,而應正視典籍文本,深入詮釋

中國哲學的研究其實已經到了一個新的階段,不再只是作為一個「格義」或「逆格義」的方式,可以說是到了一個詮釋學時代的來臨。這個詮釋經過了翻譯、融通、淘汰、瓦解、重建的過程,牟先生可以說是作為一個非常重要的轉捩點。也就是說,牟先生在西方哲學和中國哲學互動的過程裡面,他既具有格義的方式,他又想要跨過那個格義方式。但他在那個格義的過程裡面,其實跟很多帶有格義氣味有很大的不同。比較起來,他強調了中國哲學的主體性,但是在這個過程裡面仍然有他很大的限制。多半學者是通過西洋哲學來格我們自己,但他不是,他是比較具有自己的主體性去格西方哲學。所以他在理解康德的時候,譬如說,他譯注《康德的道德哲學》,到後來他所寫的《圓善論》,他提了很多要如何補康德哲學之不足。

牟先生補康德哲學之不足是通過中國哲學之所看到的康德哲學,譬如說他認為康德哲學認為上帝才有「智的直覺」,因此沒有辦法穩立「物自身」,也因此整個知識是沒有辦法確立起來的。但是在康德哲學來講的話未必是如此。[35]就像你從一神論的角度去看佛教,認為沒有一個真主,算什麼信仰,但是我想從佛教的角度來講這絕對是很荒謬的。為什麼一定要有一個真主,像耶穌基督,才像一個宗教呢?

---

34 參見林安梧:《儒學革命論:後新儒家哲學的問題向度》。
35 關於此問題,近些年來或有檢討者,而以李淳玲教授所做的思考最有見地,見氏著:《康德哲學問題的當代思索》,〈牟宗三與康德哲學:吹縐一池春水:論感性直覺的邏輯性〉(嘉義縣:南華大學社會學研究所,2004年1月),頁141-194。

這也就是我覺得牟先生是在自己的立場去看康德哲學。不過這也是一個階段，沒什麼不好，總比什麼都站在別人的觀點來說，要好得許多。做個比喻好了，中西餐，用的筷子與叉子是不同的，現在換牟先生的角度來說，就會覺得西方人怎麼用叉子的方式在吃飯呢？筷子是很方便的啊？有點類似這樣。我想，這總比用西方人的觀點來質疑說：你們怎麼那麼蠢啊？怎麼用筷子來叉，而不用叉子。至少他開始反省到我們自家哲學的主體性問題，他開始反省我們能不能走出自己哲學的路。

——甲申之冬十一月廿九日修訂於北京中國人民大學賢進樓旅次（本文原為2002年11月間為臺灣師大研究生所講，由何孟芩、李彥儀等同學記錄完成，後經刪修，發表於《2004年康德哲學會議》，臺北市：政治大學哲學系，2004年9月29日、30日，再經勘定，於2004年12月20-23日，在「香港中文大學的當代儒者：錢穆、唐君毅、牟宗三、徐復觀對當代儒學發展的貢獻」會議上宣讀。現正式發表於《鵝湖月刊》第31卷第2期〔總號362期〕，頁12-24。）

第十八章
存有、方法與思考：對於「方法論」的基礎性反省

本章提要

　　本文從「存有」、「方法」與「思考」三個維度，對方法論進行了基礎性反省。首先，強調「存在」與「生活世界」的優先性，指出「存有」並非獨立於主體之外的客觀存在，而是通過主體的對象化活動在生活世界中顯現的。客觀性並非外在的符應，而是主體際性（inter-subjectivity）的共識結果。方法論不能脫離生活世界，方法與態度、情境密切相關，必須回歸存有的實況，讓存有自身顯現。

　　其次，方法具有具體性與實存性，同時也具備抽象性與普遍性。方法的形成是一個動態的過程，通過自我檢查、瓦解與重建，不斷調整與更新。概念性思考是方法運作的核心，但概念不僅是工具，更是主體反思的對象化產物。真正的學問應與生活結合，培養對存有的恰當態度與感知能力，而非僅依賴技術性操作。

　　最後，本文呼籲學術研究應避免盲目跟隨西方方法，而是通過精讀經典與自我反思，培養創造性思考能力。學者應扎根於自身的生活世界，從中提煉出適合本土的理論與方法，實現學問的自主性與創造性。這不僅是對方法論的反思，也是對現代學術研究路徑的深刻啟示。

關鍵字詞：存有、生活世界、方法論、主體對象化、客觀性、概念性思考、創造性思考

一　「存在」與「生活世界」是優先的,「存有之一般」則是其次的;「方法」、「思考」必與「生活世界」密切相關

這次的演講是想對「方法論」做一個較徹底的反省,所以我本來想要和大家談談自己在求學的過程,有些什麼樣的經驗,可是我想還是要有一個主題比較好。「存有、方法與思考」這個題目,第一個我所要提到的是「存有」的二層意義和它的先後次序。這裡所謂的「次序」所指的是存有有兩層,而那一層為優先,而其次的是什麼。從講綱上來講,大家可以很清楚的看到,第一個小標題:Existence 及 Life world 之優先性,這就是說:我們一般所講的「存在」與「生活世界」的優先性。第二個是 being in general,存有之一般的理解。這個怎麼去說它呢?我們一般在使用「存有」這個名詞時,原則上來講,指的是一切的存在事物(beings)。這些語詞對有些同學來講可能比較陌生。在講解「存有」的二層意義及它的次序的時候,當我們說一個存在的事物的時候,指的是什麼呢?比如說:這個粉筆是個存在的事物,這張紙是個存在的事物,這錄音機是個存在的事物,這都是所謂的 being,而就整個存有之整體來講,當我們說這是個粉筆,這是個什麼的時候,其實這不是你看是個粉筆,它就是個粉筆。提出這一點的目的為的是說:當我們能夠稱呼一個東西叫做粉筆的時候,背後並不是一個獨立的客觀的存在。粉筆之為粉筆在這稱呼情況下,是經由你做為一個人這樣的 existence,做為人這樣的一個存在,你進到一個生活世界之中,你進到這個生活世界之中,這基本上,這樣一個生活、世界是混在一塊的;也就是說:你要說這枝粉筆是一枝粉筆的時候,最重要的是你進入到了這個生活世界領域,你現在才用一個分別

的，主客對立的方式去說它是一枝粉筆。換言之，你說它是一枝粉筆時，最優先的來講：應該是從人做為個存在，而這個存在是在生活世界中的（life-world）；其次你才能夠說出它是一枝粉筆。換言之，當我們說它是一枝粉筆的時候，這是通過了你的主體的對象化活動，通過這主體對象化活動所造成的一種邏輯的決定，在還沒有經由主體的對象化活動及邏輯的決定前，其實是你做為一個 existence，進入到生活世界之中，跟所有的事物都融合於這個生活世界裡面。這點的體認是很重要的，因為我們常常誤認為有一個獨立於我們心靈之外的事物，擺在那個地方，做為我們認識的基礎，做為我們講的真理的一個基礎，這是我們平常容易造成的一個不恰當的想法。也就是說，並不是本來就有一個東西在這地方，它叫做粉筆，其實不是；而是說，因為你進到了生活世界裡面，通過你的命名把它叫做粉筆。從這裡開始，而之所以要特別指出這一點來談方法論，最主要的目的就是說一切的「方法」與「存在」跟你的「生活世界」是密切相關的。現代有些人迷信方法，誤認為有所謂獨立於學問之外的一個方法，其實沒有。或者，誤認為有獨立於整個生活世界之外的方法，其實也是沒有的。甚至誤認為唸過哲學的一定比較懂得方法，其實也不見得。甚至誤認為惟有唸過邏輯的，才能懂得方法，其實也不見得。這意思是說，在這地方，最重要的，其實你要了解一下；所以當我們說一個東西叫做什麼的時候，其實是經過了「主體的對象化活動」，而造成一種「邏輯的決定」，說它叫做什麼，而其實這個是 secondery，是第二序的，它並不具有優先性，它沒有 Primacy，所以就存有的意義跟它的二層次序而言是「存在」跟「生活世界」具有優先性。

二 客觀性乃是主體的對象化活動所給予的邏輯決定，它涉及生活世界中人的共識

　　值得注意的是，這裡所說的「存在」，特別指的是「人」，一個活生生，有血有肉、有情慾、有思想、有靈魂的人，從現象學晚期到詮釋學的發展，特別把出現在 life-world 之上這樣的人謂之 existence。existence 的意思指的是那顯現出來，站立在那個地方。在哪個地方顯現出來，在 life-world 這地方顯現出來，進到這個生活世界，我們要點出這一點。這一點它具有優先性，我們點出了這一點之後，我們就可以發現到，我們腦子中以前可能有很多不是很恰當的想法。譬如說：對於什麼是「客觀性」，什麼是 objectivity，可能有很多並不是很恰當的想法。這裡我們所謂的「客觀性」，並不是真有一個 foundation，真有一個基礎，擺在那個地方，然後你現在說一個什麼東西「符合」於它而說其為客觀性。不是的，那是神話，那是種知識論上的神話，那是在知識論所謂的「符應」說下，它指的是當我們說一個東西之為真的時候，指的是我說的跟一個外在的事物是相互符應的，那麼我們就說它是真的，它以為這就真正取得了客觀的確定性。但是，如果根據我們剛剛所做的分析的話，無異這是一種神話，因為客觀性不是這樣來的，客觀性其實是由於一個人做為一個 existence，進入了生活世界，經過了主體的對象化活動之後所給予的一個邏輯的決定，而這個主體的對象化活動所給予的決定，其實是關涉到這個生活世界裡頭的人的 consense（共識）。當你說什麼叫做「清楚」的時候，其實是關聯這個生活世界一般人的共識所造成的，它之為清楚、明瞭與否，之為客觀與否，是就如此而說的。所以客觀性之為客觀性，其實是在生活世界裡頭的一個「主體際性」（inter-subjectivity）的完成。也就是「互為主體性」，點出這點來是很重要的。我們要談到「方法論」時，或者

談到「方法論意識」時，我們不要誤認為有一個絕對超然物外：超然於心靈之外的方法，其實沒有。方法之為方法，那是從「過程」中得來的。譬如說：我們問一個問題，外國人叫 uncle，請問中國人應該叫什麼，其實你傻眼了，請問翻譯成伯伯可不可以呢？又能不能翻成舅舅？可以的，那麼再請問：到底姑丈、姨丈、舅舅、伯伯、叔叔這樣的區分比較清楚，還是都不區分，都叫 uncle 比較清楚。很明顯的，這是各清楚其清楚，那麼，為什麼能夠各清楚其清楚呢？因為，它是在不同的生活世界而顯現的，各有不同的方式，所以在這裡我們要點出來「方法是不能離開它的生活世界的」，包括它知識的整個結構，知識的客觀性是在生活世界裡，而經由人進入到世界之後，才開啟了生活世界，經由這主體的對象化活動之後，再給予一個邏輯的決定。其實，早在一、二千年前老子的註解家王弼說「名以定形」這指的便是：我們經由了一個「命名」的活動，而對於存在的事物給予一個決定，這個決定其實是依據主體的對象化活動而來的，我們點出這一點，是說他們思考所謂「方法」的問題時，必須注意到這個。那麼，在這之後才有所謂的「存有之一般」，因為當我們把這個東西視為存有的時候，其實所指的是經由你的主體的對象化活動，經由你邏輯的決定之後的一個存在的事物，這是第二序的，這是存有之一般。所以不能夠以為這個存有之一般，它就是有它的「本質」，其實不是，本質之為本質，其實只是人們暫時設立的一種表達方式，暫時性的表達方式，我借用那樣的一個功能，來說它叫什麼，並沒有一個獨立於我們心靈之外，或生活世界之外的一個 essence。換言之，我們在這裡談這個問題的時候，其實是想要避免一種「方法論上的本質主義」（methodological essentialism），避免一種方法論上已經肯定有一個本質，以為只要通過這本質的把握就能夠把握什麼；而是希望還原到一個「活生生的世界」來說，這點是要在這裡特別指出來的。

三　方法和態度、情境密切相關，根源的說，必須歸返到存有的實況，讓它自己顯現它自己

　　接下去，所要講的便是「存有的實況及其開展所隱含的方法論問題」，其實就如我剛剛所說的，我已經隱約的說存有的實況是什麼，以及它所隱含的方法論問題。存有的實況是什麼？存有的實況並不是說有一堆客觀的，獨立於我們之外的東西擺在那裡，存有的實況是由於人進到那個生活世界才開展了這個存有，這是「存有的實況」。所以，我們說這裡所隱含的方法論問題是在於方法論是環繞著人進入到這個世界而開啟的，方法論並不是能夠超出於我們的人及我們的生活世界，這是我們這裡要強調的。接著我提到方法是不外於存有的，方法不外於存有，但存有在哪裡呢？存有在整個生活世界，而所謂生活世界是人的存在進入到這個世界裡而開啟的。在這種情形之下，我們就要強調一個很重要的問題，方法跟態度與情境有非常密切的關係。譬如當古希臘哲學家蘇格拉底說「我確知我是無知的」，這樣一個對存有的態度，所指的是當我進到這個生活世界時，我並不是意圖用我的主體的對象化能力去把握什麼東西，而是以我全生命的參與而使得這個存有自己顯現它自己。但是，這怎麼可能呢？因為人在生活之中，必須使用語言，語言一定是有所指涉的，語言一定要說出個東西來，語言就是一種對象化過程的產物，所以語言本身就造成對於存在事物的一種決定，這時候怎麼可能讓那個存有自己顯現它自己呢？這顯然是不可能的，這是不是造成一種矛盾呢？沒有的，於是，他提了一個主張，是通過「交談」的方式。所謂交談的方式，就是我自己拋出了我的想法，你自己拋出了你的想法，而這種拋出的過程，其實是又折回來的清理了整個言說之場，你清理了言說之場，才使得你跟對方所形成的那個生活世界的存有處在一種開放的狀態，而使得真理顯

現它自己。交談的藝術是這樣的。交談的意思是，我說話，你說話，但並不是我說話的時候，要用這話去定住你，你也不是用你的話來定住我；而是說：彼此說出了話之後，其實是在一個折衝的過程，回過頭來把自己的一些東西揚棄掉，就好像你清理了一些東西把它丟到垃圾桶一樣，而當這一些東西丟到那裡去的時候，就使得這樣的一個生活世界它顯現一個新的可能。舉這個例子是要說，蘇格拉底對「存有的態度」隱含了他開啟的哲學方法——「交談的方式」。孔老夫子也有類似的地方，孔老夫子說「吾有知乎哉？無知也」這是一個面對存有的態度。「我無知」怎麼辦呢？「有鄙夫問於我，空空如也，我叩其兩端而竭焉」！一樣地在這交談的過程裡，「叩其兩端而竭焉」就是通過這樣一個交互的歷程，徹底的清理了整個言說之場，而使得你們彼此所共同形成的生活世界的存有開放，而自己顯現它自己，過程是這樣的。

所以在這裡我們說談到一個什麼「方法」時，不妨去談它背後的基礎，其實是要注意到這個問題。你怎麼養成一個對「存有」的恰當態度，這是很重要的。如果你對整個存在的事物沒有恰當的態度，你是不可能有恰當的方法的，所以我們說「存有」與「方法」的密切關聯性是從「態度」上說，而這態度關聯，更具體一點說，也就是「情境」。在情境上，你如何恰當的通過一個情境的進入而能夠進到那個生活世界，使這個生活世界自己顯現它自己。我們現在從源頭來講，待會兒慢慢具體落實。在此，我們必須強調對「方法論意識」的喚醒乃在於，做為一個人，你的生命態度是什麼？對於存在的事物態度是什麼？對於自己的態度是什麼？態度是很重要的，你對於整個情境的感知能力是怎麼樣的，你對於情境是否能容人，你能不能學習一種當下的進到一個情境中穿過了一切表層障礙而進到活活潑潑的那個存有裡頭，這個能力是很需要培養的，所以「方法之為方法」，並不是有

一些做為技術性的東西,讓你操作。其實是要培養出一個非常敏銳的一個心靈,非常恰當的一個生活態度,或者更簡單的說「學問就是生活」。如果你只有坐在研究室裡,只有坐在書桌旁,才是做學問的時候,那你的學問永遠趕不上人家。因為人家每天的生活都是處在做學問的狀況,那你再怎麼努力,時間都沒有他多。所以,學問是應與生活結合在一起的,不要誤認為只有「生命的學問」才是跟你生活在一塊,那麼未免把學問太窄化了,任何一個學問有它系統性的部份,有它超系統的部分。跟你整個生命結合在一塊很可能不是直接屬於系統的部分,而它的超系統部分涉及到你的宇宙觀及存有的態度,而且徹徹底底結合為一。如果不是的話,那麼你仍在故紙堆中討生活,你只是個「屍體的整治者」而已,學問之為學問,它是個活的東西,不是個死的東西,所以一個「方法論意識的喚醒」大體說來,就是要強調這一點。方法論的意識被喚醒了,你才有可能進一步地了解方法到底是為何物?

四 方法有其具體性、實存性,亦有其抽象性、普遍性;在兩者的互動過程中,方法能夠自我檢查,由瓦解而重建

我們大體提到了「方法」、「方法論」、「方法論意識」,再者,我要談談「方法的具體性與實存性」及「方法的抽象性與普遍性」,還有「方法的自我檢查與瓦解跟重建」。方法它有它的具體性跟實存性,方法一定從具體中,從一個實際的存在裡頭得來,這是談方法具體性的第一點,再者,你所使用的方法一定涉及到具體的事物跟實際存在的事物,這是第二點。換言之,方法從實際具體中來,也回到實際跟具體中去,方法是這樣一個東西。所以,我們要怎麼去培養一個

對於具體實存之物的一種感知（perceive）能力，這能力很重要。你進到這裡，你第一個感知是什麼，能夠喚醒你些什麼？這點非常重要，要是你沒有辦法喚醒，那麼你就不用做學問了。而「方法本身之為何物」，方法本身是從具體跟實存中來的，又回到具體跟實存中，這裡提到方法的具體性與實存性，但是方法從具體跟實存中來時，並不是方法就限在具體而實存的而已。方法它具有抽象性跟普遍性，「具體性、實存性」與「抽象性、普遍性」剛好形成對比的兩端。具體跟抽象是對比的，實存跟普遍是對比的。一般講到實存一定是個別的，普遍關聯的是整體，所以在這裡所說的方法的抽象性是怎麼來的，其實中國老早以前就有這個傳統，也就是「即事言理」的傳統，你怎麼樣就一個具體的「事物」而得出一個抽象而普遍的「道理」，而這個具體的「事物」跟抽象普遍的「道理」，它是一個互動跟循環的關聯，這一點很重要的。所以你現在如果運用一個原則時，這時你就把過程當成方法的途徑，這個方法的途徑是要讓這個抽象的、普遍的法則落實到一個具體的、實存的一個事物之上，或者一個事件之上。當你要這樣做的時候，你可不要忘了，你不能夠完全的把自己交託給人，你千萬要記得，你之為你只是一方面我要通過這個原則來 control 這個東西，來控御這個具體而實存的事件，而得出了一個結構，然後你由這個結構進一步去構造一個系統，然後你說它是什麼。但是，可不要忘了，你應該培養另外一個能力，這個能力就是你須從你自己出發，進到這個具體而實存的世界，整個生活世界之中。這些過程是同時一起出發的，一方面這條路，一方面那條路，一起出發。而這個時候，它會導生一個消極性的力量。所謂消極並不是不好，「積極」的意思是說「我要怎樣推出去，達到一個怎麼樣的效果」，而「消極」的意思就是說，「我要怎麼辦，使得那個那樣推出的方式可能會造成好的後果，能夠有所檢查的可能」。從你進到這個生活世

界,從這個具體而實存的事件之中,你湧現出一個感知,一個整體的知覺。這整體的知覺,它對應著這個狀況:整體的知覺,它是具體而實存的,整體的,這意思不是指普遍的整體,而是指實存的整體,那麼,在這個抽象而普遍的對比法則之下,它就能夠產生一種自我檢查的作用。這種自我檢查,它不是說只有一次,而是一直在往復循環的過程,不斷的自我檢查。在這種情形,它有一個嚴重的可能後果,就是說不定你所發現到的這個原則整個錯了,整個瓦解掉了,但是並不意味著這個原則沒有用,因為你自己說它完全錯的時候,再一個長的往後的過程,你已經提出了另外一個代用的東西,而這個代用的東西一直在這互動的過程中慢慢地形成暫時性的原則,記得它是暫時性的。根據我們這樣說呢!甚至任何的原則都可以說是暫時性的,它沒有一個恆久不變的。例如牛頓定律,那也是暫時性的,愛因斯坦整套對自然理解的 law 就跟牛頓不一樣。它是暫時性的,它環繞著人對世界的理解而展開,在這個過程還有一個新的可能,這就是我提到的「方法的自我檢查」,它可能因此導致「自我瓦解」,也可能導致「自我重建」。經過以上,我們這樣繼續來說的話,慢慢地便知道問題的關鍵點在那裡。其實,問題的關鍵點在「方法」之為方法,是後起的,而最為優先的是人這樣的一個「存在」,他怎樣可能有一個確當的位置,做為一個起點,這才是重要的。

五 方法的運作起於概念性的思考,而概念之為概念是經由自我的反思而推拓出去的對象物,概念不只是做為人的工具而已

接下來講「思考」跟「生活世界」,如何從生活世界中開展出概念性思考來,我想最嚴重的一個問題是:一般人都不懂得使用「概念

性的工具」來思考問題,當我這麼說的時候,請你不要誤認為「概念」只是人們「思考的工具」而已。概念它固然做為人們思考工具的其中一個面向,不過,概念之為概念本身並不是永遠做為工具而已。換言之,概念跟人有關係,跟存有有關係,並不只是做為人的工具而已;它有工具性的一面,另外,概念有其非工具性的一面。這個意思就是說:概念之為概念是人們經由自我的反思而推拓出去,形成一主體的對象化活動的對象之物,這叫「概念」。我現在能夠用一個什麼東西說一組現象或者一組事件的時候,是因為我整個人進到這個生活世界以後,經由自我的反思,然後再把它推出去的過程,便形成了主體的對象化活動,而這個主體的對象化活動的一個對象之物,我用這個對象之物去說它,這時候我們叫這個東西為「概念」,這個過程是很複雜的。如何從生活世界中開啟,開展出概念性思考呢?那你要懂得常常運用自己的反省而推拓出去而產生一個對象之物來說,你要有這個能耐。概念性的思維是很重要的,而所謂概念性思考的應用是不要把概念絕對化變成一個孤立性的東西,因為概念其實有它非工具性的一面,而且非工具性的一面是優先的,工具性的一面反而是其次的。你要了解一下概念是經由自我的反省推拓出去而形成一個主體的對象化活動的對象之物,不是一個被用來塑造規範事物的工具,你如果把它誤認為工具,那便是誤用。會認為說假使我學得了誰的方法後,我就能怎麼樣。那你是把它當成工具,這樣你就永遠不可能成為一個具有自主性的人文思考。那麼,你就只有跟風的份。這就是說,現在流行一個新的什麼方法,你就跟著一個什麼新的方法,而這流行過了以後,又是一個新的方法,你就又跟著一個新的方法,在這過程中永不停止,你永遠都沒有沉澱,留下些什麼東西。這是整個臺灣人文學問的嚴重問題,因為大家並沒有企圖好好地回到自己的「生活世界」裡頭,自己找出自己的東西來,大家並沒有在自己的生命土壤或

生活世界的土壤之中去種植什麼，或讓它長出什麼。大家只習慣於去買一些盆栽回來家裡擺一擺，然後澆澆水，已經不錯；偶爾陽光曝晒太大，又枯槁而死了。枯槁而死，沒有關係，反正這是一個消費的社會，一樣的，你思考變成另外一種消費，開始又努力地啃書，於是又讀了一大票東西進來了，如此一而再、再而三地，周而復始，你永遠都沒有種下一棵樹苗。我們知道盆栽是不可能長果實的，即使開花也不可能長果實，即使長果實，那果實也是很小很小，做為觀賞之用的，不足以來養育我們。這是很重要的觀念，我們目前來講，整個人文學問在臺灣的困境就在這裡。接下來我想和大家一起討論。

問題與討論

請問林老師，現今學術界很多人用西方研究的方法來解析中國文學，而學生在學習之後，應以什麼樣的態度來自處？

答：今天的講題是「方法論」的基礎反省，我之所以要特別強調這一點，不是說其他方法都不用學了。剛剛所講的是有助於去多看看別人有那些不同的方法，而當你看了很多不同的方法，甚至於他們彼此都矛盾的時候，它對你不妨礙，這沒有關係，你進來以後，你處理你的。那怎麼處理呢？你怎麼面對這麼多的方法呢？我這裡所提的是「方法的方法」，對於目前既有的方法你怎麼去重新處理它？你能不能提出一套道理出來？我覺得著重點應該在這裡。這是一個方法的基礎反省，這是「方法」跟「存有」跟「思考」關聯起來的問題，我基本上是談這三個論點。我自己一直在想的是：應該讓現在年輕的人文學者，培養出一種創造性的思考能力，而這創造性的思考能力必須對於「方法」、「存有」跟「思考」的基礎性反省要有一些了解才有

可能。我個人其實曾經在這個路上努力過，而自己也做出一點微薄的成績，所以我是想把這個觀念提出來讓大家一起來討論，是不是能這樣做。那我所提的，譬如說：現象學方法其實很複雜，那你怎麼樣去讀它呢？我建議你不要貪多，找引介它的東西先讀一下，第二個，找現象學的著作——重要的、基礎的著作，精讀它，其他的泛觀博覽。剛開始可從中文的引介開始，因為我們還是較習慣中文。接下去，你可找一下外文的引介，之後你可找現象學最重要的著作，最小部的著作，例如：胡塞爾的《現象學觀念》可找它的中文譯本，配合外文來看，完了之後，把書擺到一邊去，將你的理解寫下來。這種鍛練才是貨真價實的，寫過之後，再去找別人對此書的評論，看看別人對此書的看法，這樣的方式對自我的磨練是非常重要的。以後，當你遇到專家對你套用一大堆專有名詞，你就不用害怕，因為你實際地走過，你知道有些什麼東西，這些東西它沉澱下來就是你的，一輩子都不會離你而去，其他，以此類推。譬如說，你現在想處理宗教跟社會的問題，在文學裡面跟社會的相關問題。首先，你應該去讀一本有關宗教社會的名著。例如：很探而且有決定性，一直到目前為止，大家還在討論的就是韋伯的《基督新教倫理與資本主義精神》，一樣的，用原來的方式，或者你先看別人怎麼說它也可以，然後你仔細地從頭到尾來讀它，讀完了把它寫出來，然後再找個恰當的老師來問，這樣，那個東西就是你的。經由這樣的訓練，在經歷十本到廿本的經典。閱讀以後，你的能力就培養起來了。不只是西洋的，中國的也是一樣，你說你對《論語》很有興趣，你去找一本有關《論語》的書來看，接下去把《論語》精讀一遍，再把你所讀到的東西寫出來，再找行家來看一看。這就是要逼使思考了

以後要落實為文字的言說活動，要逼自己徹底地做一概念性的反思活動，這樣子經過了西方十本、中國的十本，五年之內，你的思考力就養成起來了。我談這個的意思，並不是從此以後都不必去看了，而是說：這是一個基礎性的反省。我之所以能做成這個基礎性的反省，那我想說的是：我們若受過這樣訓練的過程，大約有十幾年，當你思考一個問題時你才可能立論，你便不必一直引述別人的說法。你可以「立論」是因為你一直從事於創造性的「自我反省」、「自我檢查」、「自我重建」的這個過程，所以我勸你們書要有精讀的部分。尤其研究所階段，若自覺對西方東西把握不了，勸你趕快找到那篇文章的翻譯，並仔細的對讀洋文原典，細細咀嚼推敲，這對你的中英文準確度是個很大的考驗。這種磨練是必要的，因為只有表達，才能達到反省的功能。

（案：1992年3月24日淡江大學中國文學研究所邀請本刊社長林安梧教授前往講演，本篇即是當時的錄音全文，由淡江中文所系盧曜煌、林倩如兩位同學整理完成者。本文曾以〈存有‧方法與思考——對於「方法論」的基礎性反省〉〔林安梧主講，盧曜煌、林倩如記錄〕發表於《鵝湖月刊》〔總號214期〕，1993年4月，頁5-11。）

第十九章
科技、人文與存有三態論

本章提要

　　本論文將經由「存有三態」：存有的根源、存有的開顯與存有的執定，這基本結構來重新省思科技與人文的關係。

　　首先，筆者將指出科技也是一種人文，是一種走向「存有的執定」義下的人文，在主體的對象化活動過程而成就一「我與它」（I and it）的思考格局。衍而申之，它可能走向一「具體性的誤置」，而這正是現代科學理性的特質；這將造成工具性理性的偏歧作用與人實存的異化有密切的關係。

　　再者，筆者將深入探索「人文」的不同層階與區隔，強調「由人而文」是一實存者的開展與定位；而「由文而人」則是經由定位而溯到實存者的回歸。這正是一往復循環、知雄守雌，回復與開啟是當下的、同一的活動。這也就是由「我與它」的範式迴返到「我與你」（I and Thou）的範式的必要活動。之後，筆者將藉用「境識俱泯」、「境識俱起而未分」、「以識執境」及「存有三態論」的架構來闡明科技發展與人文重建的可能。

關鍵字詞：存有三態、科技、人文、我與你、我與它、境、識、具體性誤置

一　總論

「存有三態」指的是「存有的根源」、「存有的開顯」與「存有的執定」這三態，它們彼此有迴環相生的連續關係。

「人文」可以說是人之做為參贊者，參贊於天地之間，經由語言、文字、符號、象徵系統的去理解、詮釋這個世界，並展開其實踐活動。這是上通於形而上之道（存有的根源），下達乎形而下之器（存有的執定），通徹天地人的志業。

「科技」可以說是依其不同的「科別」，而有其專門之「技術」，求其實踐與運用，它是一種特殊的「人文」，一種「控馭式的人文態」，此不同於「交融性的人文態」。這是由「存有的開顯」落實而為「存有的執定」，並依此存有的執定之自為一工具性的合理性，以此工具性的合理性做為一圓滿自足的系統。

「科技」與「人文」究源而說，它們並不是分離而對立的，而是連續為一的，總的來說是「控馭式的人文」與「交融式的人文」的異同。兩者之所同是「人文」，而再由「人文」而上遂於「存有的根源」，此即是「調適而上遂於道」的工夫。

以是之故，並不是「科技」與「人文」之調和，也不是整合，而是融通統貫，上遂於道，能如此是之謂「天地有道」。「天地有道」則「人間有德」，科技與人文便不再衝突，而能「不同而和，和而不同」的和同相處。

二　分論

（一）「存有三態論」的基本構成

「存有三態」指的是「存有的根源」、「存有的開顯」與「存有的執定」這三態，它們彼此有迴環相生的連續關係。

這裡所說的「存有」並不是一夐然絕待、離心自在的東西，而是「天地人我萬有一切交融」的狀態。就此源出狀態而說為「存有的根源」，相當於華夏文化傳統所說的「道」。「道」是「人參贊於天地萬物而成的一個根源性的總體」，它是具有生發動能的總體之根源。

「形而上者謂之道」、「道顯為象」、「見乃謂之象」，那具有生發動能的總體之根源，它不會只是處在潛隱狀態，它必然要開顯，它之會開顯是因為有做為天地之靈的人之觸動。此即前述所說「存有的開顯」，就華夏文化傳統之儒家所重在「人」之「志於道、據於德」，而道家則重在根源性的彰顯，說「道生之、德蓄之」。

「象以為形」、「言以定形」、「形乃謂之器」、「形而下者謂之器」，經由「存有的彰顯」轉而落實為「存有的執定」，這是經由一「主體的對象化活動」所成的一個決定了的定象，這些定象自有其理緒法則的通貫起來，而形成一執著性的理緒，它便於控馭與運用。依道家理路則可說「物形之、勢成之」，依儒家理路，它重在人與人之間的真實互動說，故言「依於仁、游於藝」。

若借用馬丁‧布伯（Martin Buber）「我與你」（I and Thou）、「我與它」（I and it）這兩個存在範式來說，「存有的根源」是經由「我與你」這範式上溯到一通而為一的渾淪不分的狀態，「存有的開顯」則是「我與你」這範式之所涵，而「存有的執定」則是「我與它」這範式之所定。

「存有的根源」既是存有論的本源，也是知識論的本源，也是價值論的本源，也是實踐論的本源，因所謂「存有」究其源來說是通貫為一的，這是「一本」，它有其「寂靜相」，由此一本而彰顯為萬殊。「存有的開顯」則顯萬殊之「交融相」，而「存有的執定」則是萬殊的「分別相」。

若以唯識學之語彙言之，「存有的根源」此是「境識俱泯」，而「存有的開顯」此是「境識俱起而未分」，而「存有的執定」此是「境識俱起而以識執境」。依此為存有之道的寂靜相、交融相、分別相。

「道」（存有）之由其「寂靜相」而「交融相」，進而「分別相」，此是一開展之過程；「道」之由「分別相」而「交融相」，進而上溯至「寂靜相」，此是一回歸之過程。兩者是連續的、迴環的、相生的。

「存有的執定」並不是「存有之自身」，而是其彰顯後的執定相、分別相，誤以為此執定相、分別相即為存有之自身，此是「存有的誤置」，即是「道的錯置」（misplaced Tao）。這將遺忘了真實的存有，是之謂「存有的遺忘」。科技理性的高張，使得人們誤以為只此理性足以涵蓋一切，而忽略此乃一偏枯之理性，是一工具化之理性，是一分別相、執著性之理性，人將因之而被對象化成為一工具性的存在，人因之而離其自己，此之謂「異化」（alienation）。

正視此「異化」之內在邏輯，釐清其限制與開啟其「迴溯」之可能。「科技」自有其分位，彼乃是一「控馭的人文」，而「人文」亦自有其分位，彼乃一「交融的人文」，人文既定，方能返乎天地，此是「尊道而貴德」，此是「志道而據德」。

(二)人文:「人」經由「文」去彰顯、詮釋、參贊天地萬有

「人文」可以說是人之做為參贊者,參贊於天地之間,經由語言、文字、符號、象徵系統的去理解、詮釋這個世界,並展開其實踐活動。這是上通於形而上之道(存有的根源),下達乎形而下之器(存有的執定),通徹天地人的志業。

「人文」是「人」借由「文」而去彰顯天地萬有一切,是經由「文而明之」的活動,因此稱之為「文明」。人亦得經由這樣的「文明」而得以「化成」其自己,這就是「觀乎人文以化成天下」之義。

值得注意的是,「觀乎人文以化成天下」,在《易傳》前先有一句謂「觀乎天文以察時變」,就《易傳》來說,〈賁卦〉強調的是「文明以止」,這樣的「人文化成」才不會導致不知其所止,而造成遮蔽與異化。換言之,人文必須上遂至天文,達乎天人不二的境地,才可以免除人文偏枯之蔽。

「文明」是經由「文」而「明」,但如何會有「文」,此則是經由「我與你」這範式之展開而有的「互照感通」之明,經由如此之「明」,才可能有「文」。「文前之明」是為「道明」,「文後之明」則為「文明」,有道明而後有文,有文而後有文明。「道明」即是「存有之照明」,「文明」則是「文物之明」,是指向於對象化的「定象之凝明」。「定象之凝明」是一指向於對象的執著性之明,它之所以能「明」是因為有一存有的照明,有道明,如若失去了此源頭之明,則此「定象之凝明」將因其執著性、因其定象之凝,而因之走向「文蔽」。

西方近現代之文明可以說是單向的「定象之凝明」,是一執著性的、控馭性的人文;是失去了根源性的存有之照明的枯槁之明,是文蔽之明,亦即今人所常說的工具性的理性化所形成之工具性的對象化,是一往而不復的異化之明。

西方近現代的人文之由對象化而走出其自己，離其自己，反由此走出人自己、離其人自己的「文」，回過頭來由此「文」，而控馭「人」；如此一來，「人」成了為「文」所控馭的「工具」與「對象」，人因之而「異化」其自己，成為「我與它」這範式下的「它者」。

「人」之成為異化的「它者」，「人」遠離了「我與你」的範式，人失去了「我」，失去了「你」，人只成了「它」，而所謂的「它」是在「我與它」這範式下而說的「它」，這是一「控馭態」下的「它」，是一「執著性」的「它」，這樣的「人」失去真正的主體性（authentic subjectivity），而只成了「工具性」的「異化」之物。

弔詭的是，做為「人」必當得尋求其主體性，而在控馭態下的它者，在執著性異化的它者，它所尋求的主體性是以此控馭性、執著性的異化之它者所形成的控馭力而反過頭來說明其為具有主體性的人。這樣的工具化的、控馭化的、執著性的、異化的它者的主體性是一虛假的主體性，這樣的主體性當以前面所說之工具性、控馭性、執著性而滋養其自己，此便成了以「權力」與「利益」而相生相養的存在。

忽略了「權力」與「利益」相生相養的奇詭狀態，而直以「人」之做為「本」，而強調「人本」，這將導致一「權力與利益」之自我的高張，是一虛假主體性的高張，是一異化其自己的工具理性高張，這將促使一掠奪性自我的高張，但卻以「追求卓越」為名稱。這勢必帶來「人文的失落」，「人本的喪失」，蓋「以文為人」、「以末為本」，將帶來人文的衰頹，思之，寧不悲乎！

三　「科技」是「科別技術」是一「控馭的人文態」

「科技」可以說是依其不同的「科別」，而有其專門之「技術」，求其實踐與運用，它是一種特殊的「人文」，一種「控馭式的人文

態」，此不同於「交融性的人文態」。這是由「存有的開顯」落實而為「存有的執定」，並依此存有的執定之自為一工具性的合理性，以此工具性的合理性做為一圓滿自足的系統。

「科技」之為「科別技術」，之為分別相、執著性的定象之凝明，置於存有三態論來審視，它是「存有的執定」這層次，是「言以定形」而且「言業相隨」，是經由話語系統所決定了的定象這個層次，這層次必然伴隨而生的是一執著性的染污力量，它勢必因為這主體的對象化活動，而走向它者。

「科技」之指向對象而成了一工具化、控馭化的狀態，它所具有的「它者」性格，一往而不復，這將使得工具之做為目的，控馭之奴位當成控馭者之主位，主奴異位，而奴其自己。

科技理性這控馭性的人文態的偏枯將使得人自限於「定象之凝明」，進而以此「定象之凝明」為天地之大明，而將人們之話語統結起來，以替代上帝，以替代存有之照明。這時人以為自己可以上而昇之以成為萬物主宰的上帝，以為自己即是道；而這只會造成新的紊亂，早在《聖經》〈創世紀〉的巴別塔故事已預示此理。

當知「科技」之為「科別技術」，而此科別技術之為科別技術有其賴以論定者，此即是「科學」。「科學」是經由「學問」而使之能如其「科別」而有分位之論定；再者，此學問之為學問，又當上遂於存有之根源而調適之，定位之，蓋學問有學問之道也。

「科技」而「科學」，而科學的「學問之道」，此即是由「存有的執定」一層下，強調工具化的、實用主義式的「定象之凝明」而逐漸瓦解融通，以歸返到「理論之釐清」，進而上溯至「存有之照明」。此亦即由「控馭之人文態」轉返「交融之人文態」。

「科技」之為「科別技術」，因此所謂「自然科技」只是以科別技術為導向所理解之「自然世界」；須知：「自然科技」是「科技」，

並不自然，它乃是一特殊的人文態，是一控馭式的人文態下的技術所控馭下的自然。它必須被安立在這恰當分位下來理解與限定，才不會導生弊病，近現代之弊病皆導因於不知此分際。

科技理性的過分高張將使得「它者」的越位與獨大，甚至成了唯一絕對的判準，或者，它經由話語系統而吞噬了「我」與「你」，最後以一話語的它者做為新的它者，並且宣稱可以解決現代性的問題。其實，它仍陷溺在現代性的泥淖裡，只是由工具性的理性轉為話語系統而已。

西方文明史的發展由古希臘的宇宙論時期而轉為蘇格拉底（Socrates）以後的人事論時期，再到柏拉圖（Plato）以後落入存有學的探討，中世紀以降，至近代哲學笛卡兒（R. Descartes）開始有了新的轉向，至康德（Immanuel Kant）完成了知識論的轉向，也開啟了實踐的契機。直到黑格爾（G. W. F. Hegel）之後的契爾克伽德（S. Kierkegaard）才有了「存在」優先性的呼籲，但畢竟仍限在主體性，未得轉出；終又被另一波的語言哲學所取代，未能完成存在的轉向，反以「語言學的轉向」取代之，殊為可惜。

實則，科技理性高張的問題，並不能化約到話語系統脈絡去處理；但之所以會化約到話語系統脈絡，這正闡明了整個現代性合理性的特質——以言代知、以知代思、以思代在。不過，語言學的轉向實則預示新一波的「存在的逆轉」之可能。

四　由「科技」調適而上遂於「人文」：從「控馭式的人文態」回到「交融式的人文態」

「科技」與「人文」究源而說，它們並不是分離而對立的，而是連續為一的，總的來說是「控馭式的人文」與「交融式的人文」的異

同。兩者之所同是「人文」，而再由「人文」而上遂於「存有的根源」，此即是「調適而上遂於道」的工夫。

「科技」之為科別技術，此是落在存有的執定一層而說，是在「我與它」這範式下作成的，它是一特殊的人文態，是一控馭式的人文態，是在主體的對象化活動所成的定象而串組成的客觀法則性，依此客觀法則性的運用而求其效益，在這樣的機制下所形成的一大套系統。

在「我與它」之前是一「我與你」的存在範式，在意識所及的層次（conscious level）之前是一意識之前的層次（preconscious level），這是一交融的人文態，它是一切走向話語論定之前的狀態，它是一切客觀法則性的基底。換言之，科技之客觀法則性是建立在人文之主體互動的感通性上頭的。

「我與它」是由「我」之主體的對象化活動而走向它者，定位它者；「我與你」則是主體際之互動感通而交融為不可分的總體。再者，「我與你」不只是橫面的、平鋪的交融而已；更且是一縱貫的、根源的回溯，回溯至一渾淪不分的總體之中。

「我與它」重在話語的定位，與此定位下的脈絡釐清，這樣所成之文明，是關聯著「名以定形、文以成物」而成的「文明」，這是一種「定象之凝明」，它所能達到的是分別相的清楚，而不是兩相照面，相互融通的明白。這可以說是「認識」所及的層面，而未達「智慧」開顯的層面。

「我與你」則重在「存在的覺知」，在此覺知下的當下明白，這樣而說的文明，是跨過了話語系統，而回到主體之相照相覺的一體明白，這是通化了定象之凝明，而回到存有之照明，這是無分別相的朗現。這是跨過了認識所及的層面，進到智慧的開顯之層次。

從「我與你」而走向一「我與它」，這是一曲折的發展，如同《易經傳》所說的「曲成萬物而不遺」，但須知：在此之前則更有一

「範圍天地而不過」之境地，此正如同《老子道德經》既說「有名萬物之母」，而在此之前則是「無名天地之始」。萬物是就名以定形、文以成物之定象而說，天地則就未始有形、未始有物之場域而說。

如上所說，究極而說之「存有」實則就「場域」、「天地」而說，此有一開顯之力量，顯現其自己；既顯現其自己而必經由話語之曲折歷程，而成就為一定執的存有，此是就「對象」、「定象」而說。科技之人文乃以對象之定象說，以定執的存有說，以一控馭態下的存有而說。更為根本的人文則是以「場域」、「天地」之根源性之交融而說，此是一非定執的存有、無執著性的存有、主體際交融的存有。

「我與它」、「我與你」這兩個範式之所對，看似兩層，但卻是通貫為一的，它並不是斷裂的，而是連續的，而若以存有之道的展現來說，它實則是以存有三態而表述之，此即是「存有的根源」、「存有的開顯」、「存有的執定」。「存有的根源」應是「我與你」調適而上遂，歸顯於密的寂然狀態，此是一縱貫的根源狀態；而「存有的開顯」則是「我與你」的平鋪交融狀態，「存有的執定」則是「我與它」的橫面論定狀態。

由「存有的根源」而「存有的開顯」，進而為「存有的執定」，這是一個「曲成萬物」（或者說「致曲」）的過程，這是由上而下貫於物的工夫。由存有的執定，存有的開顯，而回溯到存有的根源，這是一調適而上遂於道的工夫，有此工夫才得「範圍天地」，能夠如此，才能「乾道變化、各正性命」。「科技」之為科別之技，自可以有其限定，並上而通之，入於「科學」，科學是由科別之技回到學問之場域；並進一步，再入於學問之道，回溯到存有之源。

五　結論

　　以是之故，並不是「科技」與「人文」之調和，也不是整合，而是融通統貫，上遂於道，能如此是之謂「天地有道」。「天地有道」則「人間有德」，科技與人文便不再衝突，而能「不同而和，和而不同」的和同相處。

（刊於林安梧：〈科技、人文與「存有三態」論綱〉，《杭州師範學院學報（社會科學版）》，2002年第4期，2002年7月，頁16-19。）

第二十章
後新儒學：《存有三態論》諸向度的展開：
心性論、本體論、詮釋學、教養論、政治學

本章提要

　　本文探討「後新儒學」的理論框架，環繞「存有三態論」而展開，並對傳統儒學、新儒學及後新儒學進行分期與反思。首先，指出儒學應擺脫「正宗嫡傳」的意識，回歸歷史社會總體的視野，強調儒學與天道論、歷史哲學、心性論及政治社會哲學的關聯。他批判當代新儒學過於強調「本心良知」，忽略了經學、史學及社會經濟史的豐富傳統。

　　再者，論述「存有三態論」，包括「存有的根源」、「存有的開顯」與「存有的執定」，強調從「道」的總體根源出發，通過人的參贊與實踐，實現存有的開顯與執定。他認為儒學應從「血緣性縱貫軸」轉向「人際性互動軸」，適應現代民主憲政與公民社會的需求，並解構「道的錯置」，避免將「聖王之治」誤解為「王聖之治」。

　　作者更而指出，儒學的「心性論」應結合「志、意、心、念、識、欲」的結構，並通過「道、意、象、構、言」的詮釋層級，實現從「不可說」到「可說」的轉化。他主張儒學應在現代化過程中，重新詮釋傳統經典，並與西方哲學對話，推動儒學的創造性轉化。總體而言，「後新儒學」旨在通過「存有三態論」與社會實踐，重建儒學

的現代意義,並在民主社會中實現「內聖外王」的調適與發展。

關鍵字詞:存有三態、心性、本體、詮釋、實踐、教養、內聖、外王、縱貫軸、互動軸

一 「後新儒學」與儒學道統系譜之重新釐清

儒學應該到了一個「新儒學之後」的年代了,關於儒學,我的提法有「傳統儒學」、「新儒學」、「後新儒學」。一般所謂的「傳統儒學」我是把它定位成,從先秦一直到宋明之前,或者說時間更長一點,一直到近代清朝末年民國初年。民國初年之後有一大段新儒學的發展,這些儒學的發展可以往前追溯到宋明理學,之後到牟先生,整個體系有了一個總結。牟先生在一九九四年去世,從一九九四年標誌著從當代新儒學到後新儒學的一個里程碑。

關於儒學的分期,我認為不一定要硬說三期或者四期,儒學應該順著整個歷史的發展,它是一步一步地往下發展,所以我認為應該破除掉儒學血緣上誰是正宗嫡傳的意識。我覺得將儒學正宗嫡傳的意識去除,而回歸到一歷史社會總體的視野來看儒學,就會有很大的不同。就這一點來講,我認為儒學應該關聯到整個天道論,也就是自然哲學,關聯到它的歷史哲學,關聯到它的心性論,關聯著它整個政治社會的哲學。因為儒學是在一個非常豐富的文化土壤下所長出來的,它跟它的經濟的生產方式,跟它整個社會結構的方式、政治組織的結構方式,是有密切關聯的。

我覺得近幾十年來研究儒學的、研究當代新儒學的,有一種錯誤

的想法,認為好像儒學就只有強調本心良知天理之學,而整個歷史上其他種種,好像跟本心良知之學並不是那麼密切關聯,所以只要單提本心天理良知之學,就可以從這裡繼續地去開展一些什麼東西,這樣的一個儒學思考裡面,它有幾個缺點:它忽略了更豐富的經學傳統,豐富的史學傳統,也忽略到整個中國經濟史、社會史、政治史、文化史的整體的理解,這一點我是期期以為不可的。

先秦是一個宗法封建的年代,而秦漢一直到隋唐乃至於到宋元明清,姑且把它叫做帝皇專制的年代。帝皇專制的年代跟宗法封建是不同的,宗法封建是一統而多元的,而帝皇專制的年代是單元而統一的。近現代的儒學整個基本上是已經進入到帝皇專制被破解了,它必須進到一個民主,更現代化的年代。在這樣的狀態下,儒學的精神內涵,隨著時代變遷而做了一些改變,這點是我們必須要去正視的。

破除了這個所謂的正宗嫡傳意識,它並不意味著儒學沒有所謂的核心論點,我想本心論、天理論,即「心、性、天」通而為一,這論點可以作為儒學核心的論點,但這樣子核心性的論點只是詮釋系統上核心性的論點,它並不意味著以此為正宗。如果要從儒學所面對的不同歷史環境來分別儒學,那麼諸代學問又根據什麼標榜都是儒學?它們的共通點何在?我這麼說,是要說儒學有一個共通的地方,儒學非常重視孝悌人倫。在先秦時候的儒學就已經非常重視孝悌人倫了,秦漢以下也是非常重視孝悌人倫,一直到當代也是重視孝悌人倫,但是先秦時代孝悌人倫思維空間,跟帝皇專制時代的孝悌人倫的思維空間,以及當代的孝悌人倫的思維空間,是不太一樣的。

以儒學的系譜來講,我認為應該好好的還原到儒學本身,至少我們應了解到先秦儒學它後頭所關聯到的意義結構,秦漢以來又是什麼,當代以來又是什麼。在當代之後,我們應該正視的是,在現代化之後的社會歷史方面不同的發展,儒學不必花那麼多工夫去問如何從

傳統開出現代化,而應該好好思考,在現代化的發展過程中,面對到什麼樣的新問題,必須好好重新去理解這些前所未有的環境。

二　心性論結構:「志、意、心、念、識、欲」之詮釋

孔孟儒學經過兩漢、魏晉南北朝、隋唐,而進入宋明階段,有關人的心靈意識結構問題上,已發展相當完整,而這個部分是受到了佛教的挑戰。換言之,東漢之後,整個中國人對自己內部心性意識的結構性分析,已開始逐層深入。大體來說,可以用下列結構作說明:

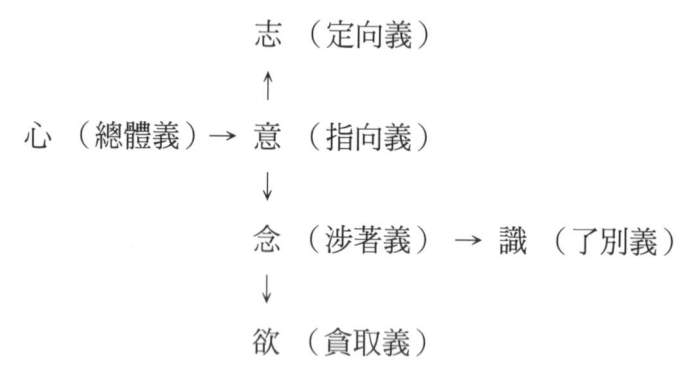

```
                    志 （定向義）
                     ↑
     心 （總體義）→ 意 （指向義）
                     ↓
                    念 （涉著義） → 識 （了別義）
                     ↓
                    欲 （貪取義）
```

「心」是就總體來說;「意」是就心靈總體所發的指向;意往上提是「志」,是個定向;意往下墮是「念」,我認為是涉著於對象;而在於涉著於對象上面起一個分別作用,是「識」;而念再往下墮是「欲」,是個貪取、占有的意思。大體來講,我認為宋明理學家,對整個心靈意識的結構性分析可以用上述的圖加以說明,其所做的工夫在於如何「化念歸意」、「轉意回心」、「致心於虛」。

這裡有幾個不同的作用方式:以程朱學來說,強調從「識」,也就是認知上,即對對象的了別下功夫,程朱認為對於一個對象越清楚地了別,我的心裡也就越為明白。而不管是程朱或是陸王,都預取著

最後要志於道（志通於道），「致心於虛」，心的虛極即是通於道。但是，程朱學從「格物致知」、「誠意正心」著手，強調我們對於對象的客觀認知，是必要且優先的，唯有我們對對象所形成的一套知識系統能夠清楚地掌握，才能展開恰當的道德實踐。這裡對知識的認知與道德的實踐，在程朱這裡，隱含了一個辯證性的結構，並關聯成一個不可分的整體。換句話說，它（程朱學）的下手處，在於對客觀事物的認知開始，而這個認知就隱含了一個道德實踐的指向。這便是程朱學。

另外，陸王學則是強調在其「心」之本體，「心」中含了一個道德實踐的發展動力，而此道德實踐的動力也就是道德實踐的法則，亦即「心即理」，這樣的一個結構所強調的是──（陽明學）重點是從心的本體出發，將心的本體顯露出來，而引發出道德實踐的動力，並要求著我去把它（道德法則）實踐出來，所以要致良知於事事物物之上。

總結來說，宋明理學是從一個「超越的形式性原則」，發展到一個「內在主體性原則」，而這個內在主體性原則再往前進一步地發展，就發展到一個「純粹意向性的原則」，這也是從朱子學到陽明學再到劉蕺山學的一貫發展。另外，這樣的展開，劉蕺山代表了一個重要的轉換點，一方面是歸顯於密，另一方面是走到整個生活世界上去，譬如（劉蕺山的學生）黃梨洲便主張走到整個生活世界上去（盈天地皆心也，盈天地皆氣也），也繼承了整個宋明理學的進一步發展。

當代新儒學對於整個儒學心性論結構上，太強調於陽明學，而將其視為正宗；而陽明學之為正宗是以主體主義的正宗為正宗，也就是說，陽明學還隱含一個朝向意向性發展的路向，但是這個路向被忽略了。換言之，當代新儒學在牟先生的系統下，太強調「良知作為本體，而良知本體直接上溯道體」，在這個體系下強調良知本身能夠生天生地、神鬼神帝，能夠因此展開一個道德實踐的動力。總而言之，因為它那主體主義跟本質主義的傾向太強，這點是我不贊同的。就我

的理解而言，我認為應該從劉蕺山到黃梨洲，以及同一年代的王夫之，非常注重的「人存在的歷史性」出發，其與「道德本心」和「天理」的關係，我認為是更為可貴的，這也就是王船山（夫之）所強調的「理氣合一論」。「（陸王）道德本心論」以及「（程朱）超越形式原理的天理論」，基本上都是走向「以心控身」的結構，到了王夫之，才是一個「身心一如」的結構。「身心一如」的結構比較接近最傳統儒學的原始結構，也就是陰陽和合的結構、回到易學的傳統結構。

三　存有三態論：「存有的根源」、「存有的開顯」與「存有執定」

　　牟先生最重要的理論建構是「兩層存有論」，其基本上是藉著《大乘起信論》的「一心開二門」的結構，來關聯到康德哲學所開啟的「現象界」與「物自身界」，以強調我們的一心可以開出「執的存有論」跟「無執的存有論」。「執的存有論」指的是現象界的存有論，「無執的存有論」指的是物自身界的存有論。它有什麼樣的限制？第一個，有主體主義的傾向；第二個，太強化了人作為一個無限的神聖者的可能性，甚至是必然性，也就是通過心性修養工夫就可以去說它的實踐必然性，並通過實踐必然性而往上提，提到一個形式意義下的絕對必然性。因此，在這裡就可以看出非常強的獨斷色彩。

　　然而，兩層存有論也自覺到其本身的限制，所以牟先生非常強調如何從智的直覺往下開，但康德學強調的是人只有感觸的直覺，而沒有智的直覺，牟先生卻以為人的一心可以開這二門，中國的儒學乃以智的直覺作為大宗。這麼一來，就使感觸的直覺這一邊弱了，所以他強調要從智的直覺下開感觸的直覺，從道德的主體性下開知性的主體。他認為道德主體性是每一個人當下就能朗現的，而朗現時是無所不

在,也因此造成了跨越,而導致出缺點,所以必須要由良知的自我坎陷開出知性主體,從原來通而為一的完整性開出對列格局。牟先生這樣的提法是有新意的,但這樣的新意是建立在他的一套詮釋系統下,依康德而言,智的直覺是只有上帝才有可能,牟先生的提法變成把人提到上帝的層次再下返到人間作為菩薩,作為現代化開出的可能。

這樣的理解,我認為這是一套「高狂俊逸」的哲學系統,上提到天,再往下走出人間世界,而我認為這樣的一套詮釋方式是對應當時的時代,對應當時的存在意義危機。其實如果回到中國文化的傳統上,這樣的詮釋系統會受到很大的挑戰。也就是說,中國文化傳統所強調的並不是以「本心」的概念作為核心性的概念;關於理、心、氣三個核心性概念,在我的理解上,中國哲學的文化傳統是以「氣」最為優先的,這個「氣」指的是形上、形下通而為一的,強調的是生命性的原理原則。我認為整個儒學應該回到這樣一個以「氣」為核心所開顯出來的「三才」(天、地、人)傳統去說,『人生於天地之間』,是作為人理解這個世界,不管是 nature world,或者是 human world 這樣的一個起點。人是參贊於天地之間而生起的種種詮釋系統,從這裡去重新理解,其實是「道」造化了這世間,並不是人的本心體現了這個世間。什麼是「道」?是人參贊天地所形成的不可分的總體,就這總體的根源說「道」。因此當我們說「道」的時候,是天地萬物以及人通而為一的,不過人跟萬有所不同的是人具有靈性,具有參贊的能力,就人具有參贊的能力,這時候才具有存有的開顯,道的開顯的問題。

氣是「對比於心物兩端而成的辯證性概念」,非一物質性的概念,它既是心又是物,既非心又非物,用唐先生的話就是「流行的存在,存在的流行」,它重視存在的歷史性,是一真情實感,是萬有一切跟人的互動。用馬丁·布伯的話,它是「我與你」(I and Thou)那當下所顯露的,作為一總體性根源時它是寂然不動的,即寂即感,感

而遂通的,就其「寂然不動」我們說它是「道」,是「存有的根源」。而就其「感而遂通」,說它是「存有的開顯」,而存有的開顯必須走向整個知識系統的建立,這時說它是「存有的執定」,存有的執定是一對象化的活動,用王弼的話即「名以定形」,也就是說用話語的給出,使得對象化的對象成為一被決定的定象。以「氣」為核心概念,是朝這角度理解整個中國哲學的傳統,我以為這是更為適當的。

「存有三態論」即存有的根源、存有的開顯、存有的執定。也可以說:從境識俱泯到境識俱起,從境識俱起而未分,到境識俱起而兩分,境識俱起而兩分的時候,就是以識執境。即從「存有的根源」到「存有的彰顯」,存有的根源是「寂然不動」,而存有的彰顯是「範圍天地之化」而不過,或者是「感而遂通」,到存有的執定是「曲成萬物而不遺」。這是一個經由縱貫的創生到橫面的執定的發展過程。我以為「存有三態論」的結構是從牟先生的兩層存有論回到熊先生體用哲學的脈絡,進而再一步,回到王夫之哲學的脈絡。這是由《四書》(論語、孟子、大學、中庸),再回到六經(詩、書、禮、樂、易、春秋),並調適而上遂於道的傳統。

四 存有的連續觀:「天、人」「物、我」「人、己」通而為一

「存有」這個概念不同於西方亞里斯多德意義下「存有」的概念,「存有」相當於中國「道」的這個概念,「道」不是一形而上實體性的概念,道之為道,是天地人我萬物通而為一的、不可分的總體性根源,或者說這樣一個根源性總體它具有生發一切力量的根源,而這樣的一套說法並不是宇宙論中心的,它既是宇宙論的,也是人生論的、實踐論的。這部分應是關聯到中國文化傳統「存有的連續觀」

（相對於西方文化傳統「存有的斷裂觀」），我們是天人、物我、人己通而為一，而西方主流傳統是神人、物我、人己分而為二的。而這部分必須通過整個文化人類學及社會人類學的總體理解上可以看到，它是會影響到我們整套思考、整套價值的異同，這部分我們必須正視。

在中國哲學中，價值與存有具有和合性，在西方從巴曼尼德以來的傳統就強調「存在與思維的一致性」，而在中國，從《易傳》以來的傳統，就強調「價值與存在的和合性」。例如「天行健，君子以自強不息」天行健所指的是對大自然的理解，但其中已含價值的指向，所以導出「君子以自強不息」。所以在華人的文化傳統中，就其根源來講，存有與價值是通而為一的。

我認為唯有透過此一恰當對比的理解，才能理解牟先生所說中國具有智的直覺的可能。牟先生跟康德所說的「智的直覺」根本是兩套不一樣的理解，康德那套哲學成就一套「道德神學」而牟先生所說成就一套「道德的形而上學」，它的意義在哪裡？這唯有通過一套更寬廣的哲學對比架構才有辦法理解，也就是說從中國古代的話語中我們看到「智的直覺」的可能，然而為什麼可能？這點是我們必須要正視的。我們並不以「智的直覺」最為核心，而是以「三才」（天、地、人）的傳統來說，人進到天地之間，就天人、物我、人己通而為一的不可分的總體。我們必須設想的從這裡說，並非設想從宇宙都不存在的狀況說，而是當我們要去理解這個世間它最原初的狀態，理論設定上原初的狀態，從未開顯、到開顯、到我能夠分明的掌握的過程，所以我認為中國沒有西方意義的宇宙論，至少不是主流的傳統，也不是西方意義的存有學傳統。

就整個華夏歷史發展來講，它是從宗教色彩的「帝之令」，逐漸轉到人文色彩的「天之命」，更而轉到「道之德」，到了「道之德」已經到了春秋戰國時代，這時候說「道」這個字眼已經回溯到總體的根

源上說了。我們若以此再回頭去探究「帝」的觀念,就可以有一恰當的定位,「帝」代表萬物始生之根源,當然也帶有人格神的意味;但是它跟西方的「人格神」概念還是差距很遠的,因為後來中國文化的詮釋系統朝向一個內在的總體根源去說,並不是一個超越的、絕對的人格神去說。這是一個走向「存有的連續觀」,另一個走向「存有的斷裂觀」的兩個不同傳統。此外,雖然最初人類本源上有某種的類似性,但人類文明的發展過程中產生了不同的宗教,文明走向亦有所異同。宗教是人類文明之「能產」,也是文明之「所產」,「宗教」成為一套系統之後,整個宗教受到文化傳統的發展、整個政治運作的方式、經濟生產的方式、社會組織結構等等總體的結果。大體說來,這兩個類型:往人格神的方向走與往內在總體根源的方向上走,有很大的不同,定了方向後,整個詮釋系統、意義系統都往此發展,包括倫理學、道德學、知識論、人生論等,總體來講都是不同的。

　　回到天地人三才的傳統說,回到「道生之、德蓄之」、「志於道,據於德」的傳統上來說,「道」是就總體根源義說,「德」是就內在本性義說,而所謂「總體的根源」人已參贊於其中,就人的自覺說,就講「志於道」;就道的開顯處說,就講「道生之」;講「道生之」就講「德蓄之」;講「志於道」就講「據於德」。我以為儒道是同源的,是互補的,交融為一不可分的整體。

五　詮釋的五個層級:「道」、「意」、「象」、「構」、「言」

　　在《存有三態論》的基本理解裡,是一從「不可說」而「可說」,從「可說」而「說」,「說」而「說出了對象」,這樣的一個發展過程,這就關聯到一套哲學詮釋學,我曾在《人文學方法論:詮釋的存有學探源》一書裡提出「道、意、象、構、言」這五個層級。

「道、意、象、構、言」其實可以與王弼所說的「道、意、象、言」相提並論。「道」是就寂然不動的存有之根源處說,「意」是就純粹的意向性上說;「象」是就圖象說;「構」是就結構說;「言」則是就文本語句說。相對於「言」來講,是記憶;相對於「結構」,是掌握;相對於「圖象」,是整個想像,相對於「純粹的意向性」,是體會;而到「道」的層次,則是體證。這是五個不同層次的理解。

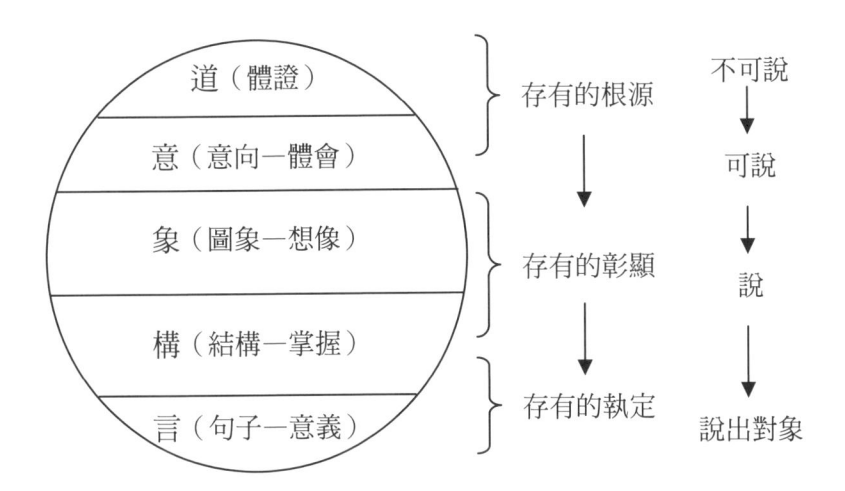

```
┌─────────────────┐
│   道（體證）    │ ─┐         不可說
├─────────────────┤  ├ 存有的根源   │
│  意（意向─體會） │ ─┘              ▼
├─────────────────┤                 可說
│  象（圖象─想像） │ ─┐              │
├─────────────────┤  ├ 存有的彰顯   ▼
│  構（結構─掌握） │ ─┘              說
├─────────────────┤                 │
│  言（句子─意義） │ ── 存有的執定   ▼
└─────────────────┘              說出對象
```

若以《存有三態論》做一對照,則如上圖。若就「道生一,一生二,二生三,三生萬物」來說,就此「不可說的整體根源義」說「道生一」;而此「根源的整體」就涵有對偶的動勢,這是「一生二」;而此「對偶的動勢」必往一對象之凝成上發展,這是「二生三」;再由此「對象之凝成」而凝成為一決定了的定象,這是「三生萬物」。「道」是就根源義說;「一」是就整體義說;「二」是就對偶性說;「三」是指向對象,就對象性說,而「萬物」是一對象化的活動使其成為一對象物。也就是從不可說而可說,由可說而說,再到說出一個對象,這也就可以關聯到「道、意、象、構、言」的系統。此外,這五個層次彼此之間又是一互動循環關係。

再者，須強調的是在以上詮釋方法論裡，我所強調的是人跟整個存在的脈絡、整個生活世界與文本脈絡通而為一，但要怎麼樣的通而為一則要透過已顯題的文本，熟讀之後，而從這顯題的文本進到這個未顯題的文本，未顯題的文本就包括它整個存在的脈絡，例如：禪宗就很喜歡用那些未顯題的文本來作為它的本源。也就是說，我所要強調的是文本脈絡，並不只有文本本身，這更牽涉到整個存在的語境。

六 人：參贊天地人我萬物所成之「道」的主體

所謂「道」是「天地人我萬物通而為一」的總體，而這天地人我萬物為一的總體，有一個特別獨特的觀點就是「人」。我強調人是一個參贊的主體，而人這樣的一個主體並不是把天地萬物收到「人」這樣的一個主體上去說。就整個天地萬物之總體根源曰「道」。道，生養出天地萬物一切，然道就在現實世界中，並不是在天地之外有一個「超越的絕對者」，來到這個世界。這一點就是我們強調的「總體內在的根源」。易言之，道不是「絕對的他者」，道是一個「總體的根源」。

就根源說「道」，是優先於一切的，但「道」要彰顯，這時道是如何可能彰顯？是因為人的觸動使得道彰顯，而道跟人的關係，是一個交與參贊而不可分的總體。人基本上是在「道」之中，你不能說我設想一個跟人無關的道，人已經在這個世間中，我們不能設想一個「我」來看這個世界，在這世界之外來看這個世界。我已經進入這個世界，所以我看這個世界的時候，我是經由這個主體對象化活動而看這個世界。我參贊這個「道」時，是因為我預取了參贊的可能性。

在華人文化傳統裡面強調的是一個總體的根源，而不是一個絕對的他者。我現在的提法與牟先生比較大的不同的是：牟先生有一個傾向全部都收攝到「本心」、收攝到「良知」，再從這裡往外說，收攝到

了道德主體說。這一點，我的看法不同，我以為人必須放到整個天地人我萬物來說；道德是在天地人我萬物中發生的，認知也是在天地人我萬物中發生的，而不是在人展開認知後才發生了天地萬物，不是人在展開道德實踐之後才發生了天地萬物。關於這一點，我非常注重「場域」（「天地」）的概念。關於這個概念，道家在中國哲學上的地位很重要，道家就強調這個東西，牟先生認為道家是「主觀境界型態的形而上學」，我認為道家不只如此。我認為道家講求的是「人我萬物通而為一」的根源總體之彰顯，從那個地方說。

牟先生太強調道德主體的優先性，他把天地萬物都收攝到我的主體上，這雖然不是獨我論；但推極而致，卻會有這樣的可能，甚至會導致無世界論的傾向。因此，我注重的是那個場域，我注重的是天地人我萬物通而為一的總體根源，但是，它的落實必須經過場域、天地，來彰顯。天地、場域是人的主體作用於其中互動發生的，並不是人的主體作用了以後它才發生的，而是人當下觸動一體呈現的。

七　文化教養：暢其欲、通其情、達其理，上遂於道

就前面所論「心性結構」而言，要進一步指出的是，我所作那麼一個上下的區別並不是就價值說，而是就結構上說，因為不能夠沒有上、下之別，下代表的是落實，上代表的是根源。所謂「形而上者謂之道，形而下者謂之器」，「形」是「形著義」，上、下有所別，然「道」和「器」仍是通而為一的。即此一「心性結構」是就人的心靈來說，是就人的活動而言，所以它是一個不可分的整體，心識的活動必須要跟身連結在一塊兒，是總體的。雖然是不可分的總體，但基本上是我們人都有這麼樣的一個現象，而最重要的即是如何恰當理解。「道、理、性、心、情、才、欲」是通而為一的。這樣才是充實而飽

滿的「人」的顯露。所以在這方面，王夫之說得最好，王夫之認為一般所說的縱欲根本是遏止欲望，是縱一欲而扼百欲。我們應該正視欲望本身的重要性，所以不能夠壓制欲望去呈現天理，你壓制欲望去呈現天理的「天理」本身就有壓抑性了，而那樣的一個專制化壓抑性的「天理」是會有問題的。這就是我反對「存天理去人欲」的絕對化發展，我認為應該強調理欲合一，中國基本上是一個節欲的概念，而不是一個禁欲的概念。

因此，在我的想法裡面，教育就是生長，教育不是控制、教育不是壓抑。而所謂生長是必須要「暢其欲，通其情，達其理，而上遂乎道」。教育不是交給人們生存的基本能力而已，它也要教人們如何恰當而安適的生活，更進一步的它要教給人們一個生命意義的認定，此三層次：「生活的安頓」、「生存的基本需求」、「生命意義的認定」，在教育裡面都必須被滿足。且必須要以「生命意義的認定」作為根源的一種追求，必須把它放在我們的教育中，作為最為根源性的一種要求，作為一核心。那如果把這個地方拿掉了，只強調生活的安適以及生存的基本需求，基本上這是一個「沒有頭」的教育哲學。但儘管沒有頭，其實不可能沒有頭，它是以目前既有的、最強大的歷史文化的現實驅迫力：「消費化」、「現代化」、「合理化」、「工具化」等為其核心，但其實人在其中逐漸疏離自己，這是現代人最大的危機。

整個教育目前基本上它是為了資本主義化、消費化、現代化、合理化甚至人的工具性、人的非人化服務。這聽起來很可悲！教育本是要求人化，結果非人化。這是一個逆轉，我名之為「錯置」。其實我們就要好好正視東方的教育哲學：東方的教育哲學傳統非常強調人作為人這個存在——這個「我」本身是一個執著性、染污性，是一個殘缺的、不完整的，所以必須經過心性修養、道德的教化，不斷地陶冶而讓自己才能回到人之本身性。儒學如果不去面對剛才我們所講的問題，

你談那麼多形而上的、那麼高明的,那個儒學真的也不用了。這是一個很嚴重的問題,必須要面對。「士以天下為己任」。「士」就是對於「生命意義的認定」能夠追求與探索的人。這個傳統一定要有、一定要保住。如果沒有了,那就糟了。這就是「謀道不謀食」、「憂道不憂貧」[1]、「士志於道,而恥惡衣惡食者,未足與議也」[2],這個是很重要的。在儒學傳統中,這個部分我們認為是精神所在、神髓所在。所以我們自己認定上是什麼,這很重要。教育並不是教每一個人作為一個在世俗之流裡頭如何生活跟如何生存的人而已;因為世俗之流如何生活、如何生存,它要如何可能,必須要有一群人對於生命意義的認定,這是非常重要。如果這個沒有,沒有生命意義的價值認定的這一群人,那個生活的安頓以及生存的基本需求,到最後它就會被人們目前既成的整個意識型態拉過去,就會朝向一個最強大的驅力往下走,而往下走的後果就是文化的衰頹、文明的破滅,這是很可怕的。所以我們可以去想:為什麼人類文明裡有很多文明都斷裂、破滅過?唯獨中國文明一直發展,綿延不絕。怎樣會斷裂、怎樣會破滅呢?就是你要往下趨的力量超過了你要往上的力量,就是你對生命意義的認定方面力量不夠,被整個生活的安頓以及生存的需求的驅力給吞沒掉。

八 政治社會:從「血緣性縱貫軸」到「人際性互動軸」之建構

在我的理解裡面,我認為傳統儒學是在血緣性的縱貫軸之下所發展出來的。所謂的「血緣性的縱貫軸」,是在帝王專制時代以「宰制性的政治連結」為核心,以「血緣性的自然連結」作為背景,而以

---

[1] 參見《論語》〈衛靈公〉。
[2] 參見《論語》〈里仁〉。

「人格性的道德連結」作為方法或工具,就在這種情況之下所發展出來的,它是適應於一個小農經濟、一個家族社會、一個帝皇專制這樣一個結構。清朝中葉以後,由於西風東漸,已經告訴我們這套結構是必然要解開的;到了民國,這套結構其實已經解開了,所以儒學它有著一些新的發展的可能。這新的發展的可能就是它已經不再是個宰制性的政治聯結的構造,它必須以原先的血緣性的自然連結跟一個人格性的道德連結,作為一個重新構造的背景跟可能性,去構造一個新的東西。而要構造一個新的東西,其實就必須從宰制性的政治聯結轉出一個契約性的社會連結,而要從血緣性的自然連結轉出一個契約性的社會連結,必須瓦解了宰制性的政治聯結而轉出一個委託性的政治聯結。委託性的政治聯結就是現在的民主憲政的國家概念,所謂契約性的社會聯結就是現在的公民社會的概念,必須在這樣的一個現代的民主憲政國家、一個公民社會底下才能夠有恰當的長養、生長,在整個發展過程裡面。我想這一點是非常重要的,必須去正視它的。

我想在這個狀況下,儒學有著一個新的發展可能,也就是儒學不應該只放在從「親親仁民,仁民而愛物」、「人人親其親,長其長,而天下平」這種「血緣性的縱貫軸」裡。原先,它依循著「血緣性的自然連結」、「人格性的道德連結」,從家庭、家族而逐漸擴散出去就可以完成的這個血緣性的縱貫軸結構,其實不是。儒學必須要正視一個「公民社會」建立的可能性,儒學必須正視一個「民主憲政」的可能性,也就是原來儒家所強調的「內聖外王」到必須要真正好好去適應一個民主的憲政跟現代的公民社會。就在這樣的一個狀況下,讓整個儒學有一個新發展。這個新發展可能是整個儒家政治哲學必須重新好好去正視中國傳統帝王專制所造成的:我所謂的「道的錯置」的後果。

九　解開「道的錯置」：邁向公民社會與民主憲政

「道的錯置」就是原來儒家所要求的「聖王之治」變成「王聖之治」，儒家強調：「凡聖者當為王」，結果剛好變成「凡在權力上已經作為王者，他就是聖」，這是一嚴重的誤置。儒學必須好好的恰當的去理解到整個中國的帝王專制造成了中國內聖學上的扭曲，所以儒學必須在整個民主憲政、公民社會的建立過程裡，恰當的重新去釐清內聖學的發展性可能，這也就是我強調的：必須要從外王的發展跟建立過程裡面，好好的去正視儒學內聖發展的可能；並不是如何的從舊內聖去開出新外王，而是好好的在一個新外王發展的過程裡面去調解出一個新的內聖的可能。我的意思也就是說：在這樣的一個發展裡面，一個公民社會、一個民主憲政，它當然跟人作為一個道德的存在有密切的關係，不過，人作為一個道德存在必須要更為優先的正視人作為一個自然的存在。

人作為一個自然的存在、人作為一個社會的存在，人同時作為一個道德的存在，而去正視這個問題時，重新去調整。因為在一個帝王專制下的人，作為一個道德的存在的實況跟在一個民主社會、民主憲政、公民社會的意義下，人作為一個道德存在，那個意義是不一樣的。它基本上整個內在的體會是不同的、整個內聖的實況是不同的。在這裡，我認為必須好好地重新去正視孔老夫子的「仁學」。孔老夫子的「仁學」最強調的是什麼？人與人之間一種「存在的真實感」，而這人與人之間存在的真實感通如何可能？這問題是我們必須要正視在公民社會跟在家族社會有什麼不同，也是我非常強調：我們必須去正視原來在孔老夫子的學生裡面的曾子傳統跟有子傳統的不同，有子傳統強調的是「孝悌人倫」的傳統，而曾子強調的是「忠信」的傳統——「為人謀，不忠乎；與朋友交，不信乎」。所謂社會責任的問

題,也就是儒學的仁學必須關聯到整個「社會正義」與「社會責任」,關聯到人跟人之間最真實存在的感通,以這個作為起點。而不是放在上下長幼尊卑的家庭倫常中作為優先考慮,這一點是我所強調的。

我認為這樣的一個理解裡面,那我們就必須從血緣性縱貫軸的基本結構走出一個真實的人跟人之間,人際性互動軸發展的可能,而這人際性互動軸發展的可能中,若符合於整個時代的發展而重新去締造一個嶄新的公民社會。這公民社會不一定是現代化意義下的公民社會,它可能應該是在現代化之後重新去思考一個恰當的公民社會如何可能的問題。這問題也就是說同樣我們去正視原來我們認為的民主憲政是非常強調「權力制衡」的問題,我們現在可能必須更去正視「道德的教養」與「文化的傳達」以及整個「人的資質提昇」的問題。

十 以「社會正義」為優先的「心性修養」

文化的傳達、資質的提昇以及道德教養如果不足,只強調權力的制衡,基本上到最後只落入到一種道德匱乏、人文的匱乏、人存在意義的匱乏下的那種鬥爭,這種狀況我覺得就不是一個良性的民主政治。我認為儒學在整個政治哲學的發展中,反而有一個新的可能。這個新的可能就是我們必須好好的去正視一個實際的民主憲政跟公民社會的建立可能,而在這個建立可能的調節過程中,一方面釋放出儒學的意義。在此過程中展開互動與交談的可能,儒學能夠給予出什麼樣的貢獻,同時回過頭來對儒學未來發展的可能亦能起一新的調節性作用。就發生學角度來看,這是從外王的學習過程中調節內聖,而在實際的發展中則是外王與內聖「兩端而一致」,彼此調節性的發展。

在此,內聖與外王是互為主體的,尤有進者,社會正義也是在互為主體中彰顯,但是它仍需要一個「絕對的他者」,因為它強調原理

與原則的東西。我們又必須談社會正義、心性修養與道德實踐的關係。社會正義與心性修養的關係若無恰當地釐清，道德實踐將會產生扭曲；而道德實踐也不能沒有社會正義，只有心性修養。沒有社會正義的道德實踐，就會落入愚民自愚的境地；相對地，若只強調社會正義的道德實踐，如此的道德實踐也很難達到恰當的生長。因為權力的制衡充其量只是消極性的規約與控制而已，很難達到積極性的生長。儒學非常強調積極性的生長，像《論語》裡說，「子帥以正，孰敢不正」，儒學在此一觀點上不當理解為「泛道德主義」，而應當理解成在春秋年代，孔老夫子能有什麼作為？我們當然可以再反省，到了漢代落為帝王專制又有什麼限制？而到了當代又有何新發展的可能？在當代的新發展可能中，就會有很大的調節，這一點我認為非常重要。

十一　傳統經典之詮釋、轉譯與創造

　　如何讓傳統強調「總體根源性」的人之忧惕惻隱，這個觸動如何可能？從何開始？應當是從「教養」，那如何教養呢？一者當機指點，一者培養氣氛，培養一人性化的母土。如今日的「兒童讀經」，如何讓它健康生長是一大問題，也就是說如何從「兒童讀經」進到「少年習經」。教師很重要，每一個教師都很重要，學校的教師、父母以及每一個人都可以是教師，基本上，當我們面對任何人的時候都是教與學的活動，必須正視這個教與學的活動。這一點，若牽涉到傳統經典的話語，其重要性便在如何用現代的學術話語、生活話語把它點出來。而且進一步要跟西方的學術話語、西方的生活話語溝通、會通。若此一活動沒有展開，則我們本身會有很多很多的限制。這裡是必須要投入很多人的努力的。

　　易言之，在學術上，通過現代學術話語將傳統經典話語釋放出

來,加入到現代學術的話語系統中討論、交談。這一部份就是我們研究中國哲學的人要去努力的,要以此為職志,也就是你必須要作為一個重要的溝通與媒介者,又不只是溝通與媒介,還要轉化跟創造,如傳統的「禮、樂、射、御、書、數」,不能僅只是照翻,而應該有一新的轉譯:「禮」是「分寸節度」;「樂」是「和合同一」;「射」是「指向對象的確定」;「御」是「主體的掌握」;「書」是「文化教養」;「數」是「邏輯思辨」。經過如此的轉譯,意義就有所不同了,傳統經典的話語就有更大的豐富性,更高的發展可能,這一個部分是我所強調的。將古典話語以現代的哲學語言呈現越來越必要,而從事這工作的人仍然很少,因為一個非常僵化的學術規格已經形成。我們必須跨到現代的生活世界裡面來相關聯,雖然用傳統的方式做出來的研究成果也很有意義,但需要有人把它接引出來,如果每一個人都不作接引的工作,那這樣的研究成果將會與生活世界隔離。

此外,面對批評,我的思維習慣是:凡是批評我都會思考他的道理在哪裡,如果沒道理,我就會想:如果轉個彎可能有道理,那道理究竟在何處,它也是一種新的可能。雖然他所批評的「不是問題」沒有錯,但是他批評的這個不是問題的問題,可能原有另外一個問題,使他誤認成這個問題,我必須要把它回到真正的問題點上去解決。我們必須解決了自己所發現的問題,而不只是解決他人所批評的問題,這是我的思維習慣。我認為我們作思想史、作哲學的,這個思維習慣很重要。因為我們的文壇論爭裡面常常是在回應人家的提問,卻告訴對方說:「你那個不是問題」,或許,其實別人所談的根本不是根源性問題,但他那個非根源性問題,是因為他不了解你的理論系統中本身所可能隱含的潛藏問題,你本身的潛藏問題才是根源問題所在,而由此一問題導生對方的疑惑與提問,甚至造成誤以為此乃根源性問題,若雙方的對談並沒有藉由他的提問而回到理論系統本身的、真正的、

根源性的潛藏問題來，這是相當可惜的。這一點大概是我個人思維習慣的優處。找到問題背後真正的根源性問題，接下來思考問題如何解決，解決這個真正的根源性問題是比較重要的，因為學問是為己之學，我在解決我本身的問題。

所以當我看魯迅的《阿Q正傳》，我覺得講得很好，進而思索其他相關的問題，也寫了一篇〈孔子與阿Q〉這樣的文章。阿Q跟孔子有關係嗎？有。如果孔子跟阿Q沒有關係的話，孔子就不會被罵得那麼厲害，他誤解了孔老夫子，孔老夫子被轉了好幾個彎就被誤解了，我要進一步去釐清它到底是轉了幾個彎而被誤解的。我習慣說：對的恐怕沒有那麼對，錯的恐怕沒有那麼錯；大家都說對的，恐怕仍有問題，它可能是在什麼因素下使得大家認為是對的，在什麼條件下它又可能會錯；而大家都認為它是錯的，又可能有些對，而因為哪些部分使得大家認為它錯了，我現在要理解出它對在哪裡。

十二　問題與討論

問：就您所說牟先生的哲學主體主義太強，那麼，對老師而言，宋明理學也有這樣的特徵嗎？又老師所強調的「道論」，是就天地人我萬物通而為一的根源性總體、總體性根源說，與宋明理學家中所表現的「天道性命相貫通」一特色，是本質上有差異或只是偏重性的不同而已？

答：對，基本上宋明理學就是主體主義傾向太強，境界形態太強。它之所以這麼強，最主要是因為整個宋明理學發展是在帝皇專制年代，外面的力量壓迫得非常厲害，知識分子要求政治、經濟、社會改革皆沒有成功，整個體制結構很難轉動的強況下，只能先要求意義認定。宋明理學的可貴處在於「人對生命意義

認定上的強化」，宋代能夠生存下去，是依靠在「人對生命意義認定的強化」一點上。須知當時整個時勢是如此：外部強敵環伺，內部結構混亂，然而在「人的生命意義的認定強化」後卻能產生維繫。臺灣現在就是「生命意義認定」這個部分出了問題，內部很多力量相互衝突而抵銷。臺灣如果在「生命意義認定」部分能好好調理，能成為非常重要的華人地區。所以我覺得應該為臺灣找尋一個生命意義的恰當認定：「存中國文化道統以保臺灣，保臺灣以促進兩岸的和平，兩岸和平以促進人類文明的發展」。這個意義認定如果得以釐清，則臺灣的未來是很有希望的。

　　回到第二個問題，明道注重的是主體（心體）跟道體，他忽略了物體；明道、象山都忽略了物體，而陽明強調心體跟道體，更要實踐到物體上，所以陽明學我是蠻喜歡的。象山學我很欣賞，明道學我也心嚮往之，但我不是那種性格。象山的理境很美、明道也美，明道跟象山接近，象山跟陽明不是那麼接近；陽明「縱貫橫推」，象山與明道「一體圓融」。象山強調從主體透上去的圓融，明道是在天人性命相貫通上說，〈識仁篇〉非常強調圓融。究極地說，我的整個思想格局是比較接近船山，船山強調的是「兩端而一致」，由「兩端而一致」而底乎圓融；相較於明道的虛靈而圓融，船山則是充實而圓融的。

問：儒學當然不會只是本質主義或主體主義，但牟先生詮釋下的儒學對於主體的傾向，我覺得太強，老師似乎是要把這一部分鬆開，回到原始儒學充實而豐富的狀態，就我的理解牟先生的這一套道德開出說，在實踐上由內聖開出新外王是有問題，我請教老師的是在實踐上的問題可能會是什麼？

答：就牟先生的理論詮釋系統而言，目前我的看法是不足以盡中國

思想之全，即他強化某個向度，但其他向度可能解釋不通，如荀子怎麼定位？程朱學他都判以「別子為宗」，那荀子又如何安排？如此一來，他的詮釋系統在中國哲學史上、儒學史上會面臨到一些困境，這是他的理論詮釋尚不周延之故。另一方面，落實到道德實踐的動力來講，在結構上理解疏忽，結構上理解疏忽了並不意味他就沒有實踐動力，而是當他展開現實實踐的時候，可能在實踐上就不準確，這一問題可能涉及到現實經驗世界的理解情況上，牟先生他早年對現實經驗世界的理解很強，他早年受馬克思主義、受社會哲學影響，你看他著作全集中早年寫作之文章，一直到他為張君勱先生寫國社黨的《立國之道》的文章時，我覺得他的社會關切亦很強，但到了寫《圓善論》，已經有所不同了，這可能是人的變化，或整個時代的變化與壓力促使之，然而我認為牟先生是當代中國哲學中理論最具有創造力，理論建構性能力最強。論及面對問題最切，面對時代問題最切者，我覺得唐先生對整個時代掌握最為肯切，且他的理論系統能轉向我名之曰「意義的治療」的路上去，而「心通九境」，從《道德自我之建立》，到《人生之體驗》、《人生之體驗續編》至《生命存在與心靈境界》，這套「生命存在與心靈九境」和我所提的「存有論三態論」雖有不同的見解，但是相近的，也就是他對存有論的觀點，不是主體主義的，雖然之於他而言這個傾向不是沒有，但這是當時整個時代的因素，總之，唐先生不是「一心開二門」的系統，我所理解的唐先生，是從明道心學的另個可能的開展向度。他還是心學，但唐先生的心學開展出另個面向跟牟先生不太一樣。

（本文原乃2004年6月間在臺灣中壢市中央大學哲學研究所暨中文研

究所「當代儒學專題」一課之結業講詞,由研究生游騰達總潤其稿,最後由講者加標題並修訂而成。本文部分刊登於《鵝湖月刊》365期,2005年11月。)

第二十一章
「心靈意識」在漢語脈絡下的闡析：以《存有三態論》的本體實踐學為核心的展開

本章提要

　　本論文旨在汲取儒、道、佛思想，以漢語為其脈絡，對於華人的「心靈意識」做一詮釋，並經由《存有三態論》之理論建構而展開其深度的闡析。「心」是就「總體義」說，而「靈」是就「感通義」說，「意」是「指向」，而「識」是「了別」。通過了漢語式的詮解，以儒、道、佛的文化土壤做為背景，因之而企圖建構一漢語脈絡的心理闡析方式。就「意」之「調適而上遂於道」，而有一「定向」，如此為「志」，合稱「意志」。就「意」之「下委於形」，而「涉著於物」，如此為「念」，合稱「意念」。再就此意念而起「貪取」、「占有」，如此而為「欲」（欲望）。就此「意念」之及於物，而起一「了別」則為「識」，合稱「意識」。

　　「存有三態」指的是「存有的根源」、「存有的開顯」以及「存有的執定」，這與「心靈意識」的闡析是和合為一的。「志」同於「道」，意志的定向必得通極於存有的根源之道，而「識」別於「物」，意識的了別必得落實於存有的執定之物。「識」而有「知」，此為「知識」，「知」而周及於天地萬物之為「常」，是為「知常」，這便是上溯於「道」，是「知常曰明」。「道」為「總體的根源」，「德」

為「內在的本性」，關聯著以上的闡釋，最後我們強調「志道、據德」，「尊道、貴德」之和合為一。

關鍵字詞：道、德、心、意、念、識、欲、存有、根源、總體、本性

一 「存有三態論」的道德實踐學：以道德的真存實感作為主流，而人在宇宙萬有一切之間，與天地人我萬物通而為一

「存有三態論」是這十多年來，我嘗試繼牟宗三先生「兩層存有論」之後，構造的一套論述系統。相關的議題大體我在《後新儒學：《存有三態論》諸向度的展開──關於後新儒學的『心性論、本體論、詮釋學、教養論與政治學』》一文已略有所述。[1]就「存有三態論」的基本結構來說，是由「存有的根源」到「存有的彰顯」到「存有的執定」。起先我們問：人如何存在，人是生活在一個什麼樣的世界呢？通過話語系統，它是個「存有的執定」所成的世界。但「存有的執定」其先是個「存有的彰顯」，更上而遂之則是「存有的根源」。所以在這個過程裡面，人之為人，活在人間世裡面，要開啟他的道德實踐，在整個華人文化傳統，並不是依循著一個超越的絕對者：唯一的人格神所給出的戒律，而展開道德實踐；我們是在一個天地人我萬物通而為一，一個和諧觀、一致觀融通為一個不可分的整體，那樣的狀況之下，去調適而來談道德實踐。

---

[1] 全文刊於《鵝湖月刊》第31卷第4期（總號364期，2005年10月）。

我們的道德實踐是以「仁」,「仁」愛的「仁」這個字眼為主,而不以朱熹所說的「性即理」那個「理」為主。簡單的說,我們道德實踐所依循的是一個主客互動,或者人與人、人與物,所成的場域之間互動的和諧調節一致,而找尋到我該當如何,以這樣的分寸節度,做為一個起點,並且再往上追溯而說人與宇宙萬有的一切有一種真實內在的互動感通。我們華人的道德哲學不以道德的法則定律作為主流,而以道德的真存實感作為主流。道德的真存實感是預取了人在宇宙萬有一切之間,是與天地人我萬物通而為一的,是可以上遂於「道」的這個傳統。就上遂於道落實其為本性的「德」這個傳統,中國文化裡不管儒家、道家最強調的都是道德傳統。這個道德傳統不依主體而立,它是依「主客交融」、「境識俱泯」、「能所不二」彼此通而為一的方式,去說的一套道德傳統。[2]

道家講「道生之,德蓄之」,是從上往下說;儒家講「天命之謂性」,也是由上往下說。儒家也由人的主體往上說,講「志於道」,講「據於德」;道家也有由人的觸動處往上說,說要「尊道」而「貴德」。這樣的道德哲學既不依於超越的、唯一的、絕對的人格神的戒律而說;也不是依據著康德(Immanuel Kant,1724-1804)意義下所說的「自由意志」(free will)的自我立法而說。它是個「天命之謂性」的傳統,是個「道生之,德蓄之」的傳統,是一個「志於道,據於德」的傳統,是人參與到宇宙萬物總體裡,就其能所、主客、境識渾而為一而說,人在這裡適應融貫一致,就在這個和合的過程裡,找尋到「我該當如何」。就其「分寸節度」而說,這個學習已慢慢凝成一個社會的禮儀規範,這叫「禮」。人必須從這個地方去合乎這個禮,

---

2 關於此,拙文〈「道」「德」釋義:儒道同源互補的義理闡述〉有明白的闡述,見《鵝湖月刊》第28卷第10期(總號334期,2003年4月),頁23-29。

而合乎這個禮的目的，是能夠克服了人一己之私欲，因此能夠展開真正「仁」的實踐，這叫「克己復禮為仁」。孔老夫子答顏回說，「一日克己復禮，天下歸仁焉」[3]，這是究竟了義說。這究竟了義說，其實已經預取了人們在這個道德的傳統中說。所以「道」是就「總體的根源」說，「德」是就「內在的本性」說。人是活在這個「總體的根源」之中（或者說是「根源的總體」）裡面，因為「根源的總體」與「總體的根源」是同一的，我們強調「總體的根源」是就其根源性強調，而「根源的總體」則就其總體性來強調。「道」之為「道」，既是總體，也是根源。這裡所說的「根源」義，是具有「理想義」與「普遍義」的。是我們在講「存有三態論」所說的「存有的根源」。

二　「存有的根源」：儒家從主體的自覺處說，道家從宇宙造化總體根源落實在天地場域中說。「人」的參贊使得「道德哲學」既是形而上學又是實踐的哲學

「存有的根源」即是所謂的「道」。這個「道」並不是一個與人我區隔開來、超絕於這個世界之外的「道」。「道」是在宇宙人我萬物通而為一的這個總體裡面的「道」。這樣的一個論點，我名之為「萬有在道論」（Panentaoism）的傳統[4]，這不同於超越這個世界之上的形而上的實體這樣的傳統。它其實是內在於整個宇宙萬有一切之間的那樣一個總體、那樣的一個根源。我們的道德學，如果以儒家來論，宋明理學家雖然「程朱學派」與「陸王學派」有那麼大的不同，但是都

---

[3] 語出《論語》〈顏淵〉第一章。
[4] 萬有在道論（pan-entaoism）這個詞是從萬有在神論（pan-entheism，指的是God indwells in all things）脫胎而來。

同意「體用一源，顯微無間」[5]，都同意人活在這個世間的道德實踐活動，是涉及於整個宇宙總體這個造化之源的，這是儒學、也是道學非常重要的。只是儒學強調的是從「主體的自覺處」說，從「怵惕惻隱」處說；而道家是從宇宙造化總體根源落實在它的天地與場域，人就落在這個天地場域之間。這個很重要，不要誤認為理學與心學是截然區隔的，理學與心學或者道學基本上是通的，而理學與心學的悖反，應該通過像王夫之的道學去通而化之、消而融之，來處理掉這個問題。這是我在理解牟先生的系統時發覺到這裡必須重新調整過。這樣說的一套哲學，就不是從道德本心、道德主體而去說一套「道德的形而上學」，而是回過頭來說，這個形而上學指的就是「道學」，這個「道學」就隱藏了一套「德學」，經由這樣所構成的「道德哲學」，既是形而上學又是實踐的哲學。

三 上溯於「道」：話語活動之前，「存在根源」與「價值根源」通而為一

形而上學在古希臘是 Metaphysics，而在中國來說，如《易傳》所說「形而上者謂之道，形而下者謂之器」，這是就其「形著」而上溯其「源」，謂之「道」；「形著」而下委其「形」，謂之「器」[6]。當其上溯為道的時候，既是「存在根源的追溯」，也是「價值根源的追溯」，最後，存在的根源和價值的根源是通而為一的。因為華人文化傳統非常清楚地告訴我們，存在的根源與價值的根源，就話語之前（先天未

---

5 伊川易傳在序言中，即作如此之解。
6 關於此，參見林安梧：〈關於中國古代經典詮釋的一個問題：對《易經》〈繫辭傳〉「見乃謂之象，形乃謂之器」的一個理解〉，收入《經學論叢：第三屆中國經學國際學術研討會論文集》（臺北市：洪葉文化事業公司，2003年12月），頁67-74。

畫前），它是通而為一的。人們展開話語的活動，使存在之為存在可以朝向認知的路上走，而這裡頭隱含著，「存在」如果就其實踐來講，就往一般我們所說的「道德」，也就是實踐理性的意義上說。我們把西方的「morality」用道德這兩個字去翻譯，其實也可以。不過，原先我們「道德」這兩個字是更寬、更廣、更高、更深。就華人文化傳統來說，整個脈絡其處理方式，就不是以道德的法則為依據，也不以道德的本心為依歸而已；而是要回溯到那個「存有之道」，「天地人我萬物通而為一」的「道」，既是「存在的根源」又是「價值的根源」，既是你認知必須所依循，必須上遂於道的地方，也是你實踐必須依循，必須上遂於道的地方。

四 「盡心、知性、知天」的落實：通過「存心養性」來「事天」，通過「殀壽不貳，脩身以俟之」來「立命」

　　從形而上的根源，從最高點往下說，就如《中庸》之講「天命之謂性」。從人的主宰處往上說，就如《孟子・盡心》講：「盡其心者，知其性也；知其性，則知天矣」。如何「盡其心者，知其性也；知其性，則知天矣」，這便得「存其心，養其性，所以事天也」，得「殀壽不貳，脩身以俟之，所以立命也」。「盡心、知性、知天」，心、性、天通而為一，這是一個總標目，而其落實之方則是「存其心，養其性，所以事天也」，是「殀壽不貳，脩身以俟之，所以立命也」。這是通過「事天」、通過「立命」，來達成前面所說的「盡心知性以知天」。所以回頭去看〈盡心篇〉的第一章所提到的，那個語法結構是：「盡其心者，知其性也；知其性，則知天矣」，接下去那句話是：「存其心，養其性，所以事天也；殀壽不貳，脩身以俟之，所以立命也」，這三句，第一句是立宗旨，第二、第三兩句，是用來闡述第一

句的[7]。這從句法的結構上就可以看得很清楚。「所以事天也、所以立命也」，這是通過「存心、養性」來「事天」，通過「殀壽不貳，脩身以俟之」來「立命」，通過「事天」與「立命」來達成前面所標的宗旨。所以陽明的解釋不切、朱熹的解釋也不切，問題是他們未能重視句法結構，就急得發揮自己的想法。仔細端詳句法結構，應該如上這樣解釋才切。如這樣解釋才切，那麼儒家的道德哲學是「志於道，據於德」；儒家的道德哲學是「天命之謂性，率性之謂道，修道之謂教」；儒家的道德哲學是「誠者，天之道也；誠之者，人之道也」。

五　人通過話語系統，參贊、詮釋世界，故能「曲成萬物而不遺」

儒家的道德哲學是「天道性命貫通為一」，而真正用功夫處是在「心」的入路上去說，心的入路是放在這個心、性、天的傳統，而落實是「存心養性」、是「殀壽不貳，脩身以俟之」。這樣才能「事天」、才能「立命」、才能「盡心、知性，以知天」。這樣說的實踐哲學就不是以道德主體作為核心點而展開的道德哲學，不是道德主體主義，而是放在一個「道論」的傳統和「德論」的傳統，「通而為一」的立場去說。這也就是說，並不是經由道德主體之確立，而去「一心開二門」，一個上開本體界、睿知界，一個下開現象界；一個下開而成就一套「執的存有論」，一個上開而成就一套「無執的存有論」。不是這樣的，而是人就放在這個天地人我萬物通而為一的、溯其本源的「道」來理解、來參贊。「道生一，一生二，二生三，三生萬物」，道

---

[7] 關於此，參見郭鶴鳴：〈心性與天命：孟子盡心篇首章新詮〉，《國文學報》第24期（1998年12月）。

就在這個不斷的生發、不斷的開展、不斷的落實的過程裡，從「無名天地之始」，通過「名以定形」的功夫，「有名萬物之母」「天下萬物生於有，有生於無」。「道」是由「無」而「有」，從「無分別」到「分別」，從「不可說」到「可說」，從「可說」到「說」，而「說出對象」，經由這個過程發展出來的。人就在這個過程裡面，參與進去。人在這參與的過程裡，通過話語系統，才構成了整個存在事物的掌握與規定，通過這樣的方式而「曲成萬物」[8]。

六 「存有根源」的體證：儒家強調「仁」的實踐動力；道家強調「尊道貴德」的傳統

以一套話語系統去說這個世界，當然人類的趨向、人類的欲望、人類的權力、人類的利益……總總就滲透進去了，所以造成了如《孟子》所說「物交物，引之而已矣」的一種勢態[9]，這也如老子《道德經》所說「物形之，勢成之」[10]。這時候該怎麼辦呢？必須回溯到那個本源，以這個總體之根源、那存有之根源的總體作為你所尊崇的，這個叫「尊道」。你以這個總體根源為尊崇，就是回溯到那邊，這時

---

8 關於此，參見林安梧：〈關於中國哲學解釋學的一些基礎性理解〉，《安徽師範大學學報（人文社會科學版）》，第31卷第1期（2003年1月），頁31-39。後收入林安梧：《人文學方法論：詮釋的存有學探源》（臺北市：臺灣讀冊文化事業公司，2003年7月），第六章。

9 《孟子》〈告子上〉公都子問曰：「鈞是人也，或為大人，或為小人，何也？」孟子曰：「從其大體為大人，從其小體為小人。」曰：「鈞是人也，或從其大體，或從其小體，何也？」曰：「耳目之官不思，而蔽於物。物交物，則引之而已矣。心之官則思；思則得之，不思則不得也。此天之所與我者，先立乎其大者，則其小者不能奪也。此為大人而已矣。」

10 老子：《道德經》第五十一章：「道生之，德畜之，物形之，勢成之，是以萬物莫不尊道而貴德。道之尊，德之貴，夫莫之命而常自然。」

候你才能夠以你落實的那個本性為貴,就是你重視那個本性。你尊崇那個總體的根源,重視你所落實那個本性,這個叫「道德」——「尊道而貴德」,這個是道家的傳統。儒家的傳統更強調人有一個主體的實踐動力,而這個主體的實踐動力,就是儒家從孔子所開啟的仁學傳統,到孟子學所開啟的「怵惕惻隱」這良知良能的傳統,也就是一種道德實踐的不可自已的實踐動力——「仁」。這個實踐動力,它是從哪來的?它必須人們落在這個天地人我萬物通而為一的場域裡,它對於存在的根源、對於價值的根源、對於宇宙造化之源,也就是對於道德實踐之源,有一個真實的嚮往,這叫做「志於道」。當你「志於道」而進一步落實了,你才能夠依據著所落實的本性「據於德」。有「志於道」才有「據於德」,有「據於德」才有「依於仁」,有「依於仁」才能夠「優游涵泳於六藝之間」。這是從上往下一層一層往下說,要不然「志於道,據於德,依於仁,游於藝」要怎麼說?這樣說才通!這樣說才能夠上遂到最本源的地方。

七 「善」,是宇宙造化根源「存有」律動處的一個定向,人就在參贊的過程裡「凝成其性」,就此性而說其為「性善」

我們的道德學不是從主體所訂定的法則來說;不是從超越的、唯一的、絕對的、至上的人格神所給的戒律來說;而是在一個總體的根源裡,最後能所、主客、境識渾而為一,這其中就隱含著實踐的動向。這個動向,就落實其「幾」來說,它可善可惡,但是再究其根源而說,沒有人為造作的,我們給它一個價值定向去說即是「誠」。用

「誠無為,幾善惡」[11]這話來說,倒也充分。就其「幾」處而說,它的律動其源何來?因為有「一陰一陽」,所以有「幾」的律動。而一陰一陽,就其為和合之總體,即為「道」。人就在參贊這個宇宙造化之「幾」,參贊這個存有的律動,人「繼志述事」的參與了它,這時候人的善性在這個過程裡面彰顯出來。所以,人不是生而就是善,而是在參贊宇宙造化之「幾」起了一個定向。因此,你參與它了,承繼了宇宙造化的、存有開顯的、存有根源將顯未顯之「幾」,那裡有一個往前發展的動力,這就叫「善」。此處的善,仍然沒有固結在你的主體中,成為你的主體所定義的善,你必須進一步去落實,在你的本性裡去成就它,這叫「成之者性」。

「性善論」的傳統,是不能悖離《易傳》所說「一陰一陽之謂道,繼之者善,成之者性」[12]這個傳統的。這也就是說孟子「性善論」的傳統,其實是連著中國文化傳統最原初的巫祝傳統,在哲理化發展的過程裡,隱含的一套姑且仍然把它叫做「本體宇宙論」的彰顯方式。或者,用我的話說,就是從「存有的根源」到「存有的彰顯」到「存有的執定」的發展過程裡面,從宇宙造化之根源的存有律動處,人就在參贊的過程裡面,有一個定向,那叫「善」。你把這個定向徹底落實了,凝成其性,就此性而說其為「性善」。這樣的性善是在動態的成長中所說的性善,這樣的「性善論」不是直接就主體說。因為,主體之為主體,是在一個「天命之謂性」這個傳統下說的。而「天命之謂性」是「命日降,性日生、日成」的傳統下說的。並不是

---

[11] 參見《宋元學案:濂溪學案(上)》,「誠無為,幾善惡。德,愛曰仁,宜曰義,理曰禮,通曰智,守曰信。性焉安焉之謂聖,復焉執焉之謂賢,發微不可見、充周不可窮之謂神」。

[12] 關於此,文本來自於《易經》〈繫辭傳〉第五章,所做詮釋多本乎王船山易學,參見曾昭旭先生:《王船山哲學》,林安梧:《王船山人性史哲學之研究》。

就一生下來的定性說,也不是可以完全悖離經驗、悖離整個文化傳統,直接就執持的那個先驗的善來說。

因為先驗的善只是在理上說的先驗,而不是人在時間上生而有之的。理上說的生而有之,與在時間上說的生而有之是不同的。因為人本身活著的生而有之,就會如荀子所說:為了生存下去、為了資源的不夠而開始掠奪。從這個角度去說,是就經驗的角度往下說,就變成了「性惡論」。但就其生而有之,如其理往上提的說,那才能夠談性善。所以,孟子是就超越面說,荀子就經驗面說,這樣談的人性論是可以通的。如果我們通而化之到《易傳》的傳統裡頭去說,「道」原來可以在巫祝傳統哲理化的發展裡面,通過「存有三態論」去通而化之、化而融之。而從這個角度上去說道德哲學,我認為可以免除康德道德哲學那種主體主義的傾向,也可以免除以西方意義下的基督宗教文化傳統來詮釋,誤認為這「天命之謂性」的傳統是神學的道德學（Theological moral）。總的來說,它既不是神學道德學,也不是透過宇宙造化源頭所形成的形而上法則來訂定人間的法則。它是人的參與因此而生發的一個定向點,那個定向點必須通過一個「命日降,性日生、日成」,也就是王夫之所說的「習與性成」的發展過程裡所說的人性論。[13]這樣的人性論、這樣的性善論,我認為是儒學裡頭重要的實踐哲學,與道家的實踐哲學是兩個不同向度。

八 「道」：究竟是「實有型態」的形而上學？抑或為「境界型態」的形而上學？

如上所論,「道」可以通過「存有三態論」去通而化之、化而融

---

13 參見曾昭旭先生:《王船山哲學》,林安梧:《王船山人性史哲學之研究》。

之的角度來看，這進一步可以解決一個問題——「道」究竟是形而上的實體，還是心靈主體所顯露的境界？這也就是說，這樣的形而上學究竟是所謂「實有型態」的形而上學，還是「境界型態」的形而上學？這是牟先生所提出的問題，袁保新先生曾對此花了大氣力要去解決這問題。[14]我認為一旦糾纏在這問題裡就沒得解決，其實這是一個不是問題的問題，是牟先生那個年代常陷入的問題。就好像牟先生努力解決中國哲學、中國文化傳統不妨害民主、不妨害科學發展的問題；他努力解決這個糾纏，因為徹底的反傳統主義者、科學主義者一再地宣稱：中國文化是妨礙民主、妨礙科學發展，牟先生就在他們問題的糾纏底下，努力解決他們的糾纏，然後告訴他們，中國文化傳統是不妨礙民主、科學的發展。但是因為糾纏在裡面，所以努力用他整套的系統去說明中國文化傳統是「如何開出民主」「如何開出科學」。

　　這很可憐了，意思就像你們所有人都糾纏一個問題，問我說林老師你根本不姓林，我通過你們這個問題，很努力的告訴你們我姓林，接著想了一大套東西說明我如何是姓林。這沒有意義啊！然後接下去問，當我姓林時如何能夠容納各個非姓林的人，好像我們姓林的人原來是只照顧姓林的人，不是這樣的，這個問題是個假問題，完全是假問題，但是為什麼假問題那麼重要，因為現在說我不是姓林，那麼我不是漢人，我不是漢人……接下去可以衍生出很多很嚴重的問題，我當然要努力的證明我是。就好像澳洲土著曾被懷疑是否是人，因為澳洲土人長得很矮，據云曾有洋人懷疑他們不是人，而是一種存在很奇怪的動物。當有人認為儒家、道家不是宗教時，你不是努力證明你有宗教嗎？當有人認為儒家、中國文化所說不叫哲學的時候，你不是努力證明你有哲學嗎？這就是我說的用「筷子」與用「叉子」的不同，

---

14 參見袁保新：《老子哲學之詮釋與重建》（臺北市：文津出版社，1991年9月）。

當人們看到你用筷子,而認為你怎麼用那麼差的叉子,用兩根「叉」怎麼叉呢?他不知道原來你是一套不同的東西,你努力的去證明它。[15]

其實近一百多年來中國哲學在西方哲學強勢的侵迫之下,形成一個非常麻煩的東西,使得中國哲學就在一個文化霸權下努力的要去證明說如何、如何。牟先生努力達到了某些那個年代的使命,但牟先生理解的中國哲學的系統、中國文化的系統雖有他那個時代的可貴,同時也有他那個時代的限制,那個限制蠻大的。我認為就好像牟先生對西方的基督宗教文化,真的有一種很嚴重的民族情緒的排斥,但是你要了解他為何會有這種理解,因為在他那個年代就會有這種理解,依我看現在不需要了,為何可以不需要,因為事情走過了,你有機會重新理解這些問題。在牟先生的詮釋系統裡,他有他的偏執處,這些偏執處我認為現在是個機會,應該重新去正視它,並有一些新發展。

至於牟先生最重大的貢獻就是通過現代的西方哲學話語恰當的、合理的,當然也有他的限制的,重新對中國哲學有一個新的建構,這個建構使得中國哲學以西方哲學的話語哲學化,與西方哲學產生對話的可能。你不能否認牟先生這個重大的成就,你更不能說牟先生那個時代有他的限制,而不用這一大套話語系統。你不能說牟先生這一大套話語系統通通與中國哲學經典不相干,你還用中國哲學經典裡頭的話語,在那些地方混在一塊,與現在的哲學學術區隔開來,然後自己區隔成另一個領域。現在有一些人做的中國哲學,既不用牟先生的話語系統,也不用現代的哲學話語系統。這是一種倒退,區分程度遠遠倒退,譬如說強調朱子學是要希聖希賢的,那他這個話有意義嗎?這個話當然有意義,但意義不大,為什麼意義不大?因為所有儒學都要

---

[15] 關於此,參見林安梧:《儒家倫理與社會正義》(北京市:中國言實出版社,2005年12月),第一章〈東西文化的差異與融通:從「筷子」與「叉子」為例示的展開〉,此文原為二〇〇二年十一月十四日應中南大學之邀,所做之講演。

希聖希賢,這個話就沒有進一步的區分,懂意思嗎?我為什麼會指出這點呢,因為臺大有一位學弟朋友,提到這個問題時,對牟先生的系統很不滿意,但是他對牟先生不了解,他批評牟先生對朱子學的詮釋時,因為他對牟先生不了解,說朱子怎麼樣,講了半天,我認為根本沒有進到前人所講的程度,前人所講的到什麼程度,你要跟著往前走。人文學現在最糟糕的是矇著眼,不看別人走到哪裡,他經營自己的視域系統,反正就是另外一個視域,要不就講勢力均衡就可以了。人文學基本上,我認為中國哲學進步很緩慢,這是很可惜的事。

九 在天地人我通而為一的整體裡面,道家強調場域彰顯的可能,儒家強調主體實踐的能動性,進而化解「境界」和「實有」的對立區隔

回到我剛剛說的道德實踐問題,你們可以了解到這樣的道德學,這樣的實踐概念怎麼去理解它,那麼我們剛剛說的關於「境界型態」的形而上學與「實有型態」的形而上學,其實是不分的。因為在中國哲學所說的「實有」莫非「境界」,中國哲學所說的「境界」亦是「實有」。因為「實有」之為「實有」,並不是可以區隔作為一個主體之所對,一個被給予存在那樣的「實有」;而「境界」之為「境界」,是主客交融為一個不可分的整體,之所揭露、之所顯發、之所彰顯的那樣的一個世界,那樣的一個理境,同時是一個實境,你不能說它是主觀的境界,它是主客交融不二的說,能所交融不二、境識渾而為一所彰顯的那樣一個境界,既是「實有」又是「境界」,既是主又是客,你不能說它是主觀境界型態的,我以為這並不適合只通過心性修養論的觀點,而說道家只是主觀境界的形而上學。因為道家並不是人通過致虛守靜所彰顯的那個理境,正如同儒家並不是通過道德主體的實踐才

去開啟那樣一套的道德形而上學。相反的，人就在天地人我通而為一的整體裡面，道家強調場域彰顯的可能，儒家強調主體的觸動、主體自覺的參與、主體實踐的能動性。這樣說的時候，「境界」和「實有」的區隔就化掉了。這也就是說，在我們的文化傳統裡面，不是把主客對立、主客分隔，能所分隔、境識分隔為二視為當然，我不認為那是當然。我們視什麼為當然，「天地人我萬物通而為一」是當然。天地人我通而為一是當然，所以物之為物是「名以定形」、「文以成物」，非論其不同的[16]。在這個過程裡面，你只要能夠把那個論、把那個話語系統通而解之，它就可以「恢詭譎怪，道通為一」，它就可以通過論的解消，而讓物之不齊、物之性還歸於一，此之謂「齊物」[17]。

十　「本體的實踐學」、「社會的批判學」與「意義的治療學」：儒家通過「道德」的實踐開啟「意義的治療學」；道家則回溯至「道」的根源進行「本體的治療學」或「存有的治療學」

　　因為「天地人我萬物通而為一」的過程能夠「上遂於道」，因之能「道生之」、「德蓄之」，能夠如其道，著於德。這樣的道德傳統能讓人在「尊道」而「貴德」的過程裡面，讓你回溯到根源，獲得一個「存有的根源」的治療，回到本性，讓你如其本性增長，因此獲得一種恰當的批判、恰當的治療。在這種過程裡，你就在天地人我萬物交

---

16 這些看法，我在《道的錯置：中國政治思想的根本困結》（臺北市：臺灣學生書局，2003年8月），第一章〈導論：「道」的彰顯、遮蔽、錯置與治療之可能：後新儒家哲學擬構——從「兩層存有論」到「存有三態論」〉，頁1-36。

17 所引文本見《莊子》〈齊物論〉，又有關莊子之論，參見張默生：《莊子新釋》（臺北市：天工書局，1993年）。

與參贊的過程裡，開啟一套道德的、實踐的形而上學。這套道德實踐的形而上學並不是以道德主體為中心的，而是以人迎向這個世界，這個世界迎向人，交與為一體，而為場域，而為總體[18]。這樣來看的時候，我們說這樣的實踐學如果上遂於「道」，我們姑且把「道」稱為「本體」，那可以叫做「本體實踐學」。這樣一套詮釋學，你如果把它上遂於「道」，可以叫做「本體詮釋學」。這樣一套實踐學是如其本體實踐落實在社會百態的批判，而它的批判是通過一套意義治療來批判，這種意義治療的方式，就儒家來講的話，是通過道德的實踐，使「人」這個活生生實存而有的主體自覺，從「我，就在這裡」確立的，開啟一套我名之曰「儒家型的意義治療學」[19]。

如果以道家來講的話，是回溯到道的根源，回溯到整個場域那調節的、和諧的可能性，因此獲得一種調節、和諧，能從「我，歸返天地」，而能夠依其道、如其德，能「尊道而貴德」，能「道生」而「德蓄」，因此而獲得一種我名之曰「本體的治療學」或「存有的治療學」，也就是「道療」[20]。

十一　對於人的心靈意識結構的總體闡釋：志、意、心、念、識、欲

就中國哲學史的發展來說，孔孟儒學經過兩漢、魏晉南北朝、隋唐，而進入宋明階段，有關人的心靈意識結構問題上，儒學已經發展相當完整。這個部分顯然的是受到了佛教的挑戰，換言之，東漢之

---

18 關於「人」與「世界」的交與迎向，有取於馬丁・布伯（Martin Buber），參見馬丁・布伯著，陳維綱譯：《我與你》（北京市：生活・讀書・新知三聯書店，2002年）。
19 關於此，參見林安梧：《中國宗教與意義治療》（臺北市：明文書局，1996年4月）。
20 林安梧：〈「存有三態論」與「存有的治療」之構建－道家思惟的新向度〉，《鵝湖月刊》第26卷第6期（2000年12月）。

後，整個中國人對自己內部心性意識的結構性分析，已經開始逐層深入。大體我們可以看到，從先秦《孟子》論及「知言養氣」及其心性相關的問題，後來《管子》裡頭也談到相關心性的問題，到了漢朝之後，道教的一部經典《太上老君說常清靜經》裡面說及「元神本清、人心本靜」，而「人欲牽擾」等等，其實已受到佛教很深的影響，而佛教的「唯識學」、「般若學」在魏晉南北朝的長期與深層發展之後，到了宋明理學，對於心靈意識的分析也非常深刻。大體來說，我的理解詮釋，可以用下列結構作說明：

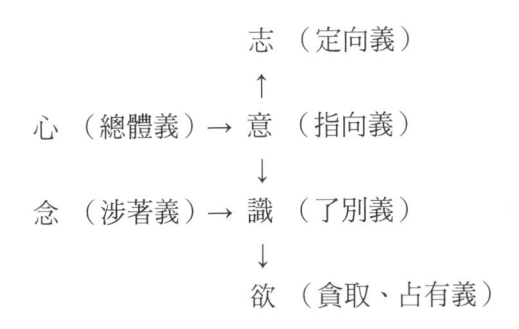

$$
\begin{array}{c}
\text{志（定向義）}\\
\uparrow\\
\text{心（總體義）} \rightarrow \text{意（指向義）}\\
\downarrow\\
\text{念（涉著義）} \rightarrow \text{識（了別義）}\\
\downarrow\\
\text{欲（貪取、占有義）}
\end{array}
$$

「心」是就「總體」來說；「意」是就心靈總體所發的「指向」來說；「意」往上提是「志」，「志」是就其「定向」來說；「意」往下墮是「念」，我認為是涉著於對象，「念」是就其「涉著」來說；而涉著於對象上面，起一個分別的作用是「識」，「識」是就其「了別」來說；而「念」再往下墮是「欲」，是個貪取、占有的意義，「欲」是就其「貪取」來說。大體來講，我認為宋明理學家，對整個心靈意識的結構性分析可以用上述的圖加以說明，其所做的工夫在於如何「化念歸意」、「轉意迴心」、「致心於虛」。儘管程朱、陸王，還有其他諸門派各有不同，但總的不離我現在做出的闡析。

十二　程朱的「道德天理論」、陸王的「道德本心論」、明末的新發展及當代新儒學的可能發展

　　這裡有幾個不同的用功方式：以程朱學來說，強調從「識」，也就是認知上，即對「對象」的了別下功夫，程朱認為對於一個對象越「清楚」地了別，我的心裡也就越為「明白」。而不管是程朱或是陸王，都預取著最後要「志於道」（志通於道），「致心於虛」，心的虛極即是通於道。但是，程朱學從「格物致知」、「誠意正心」著手，強調我們對於對象的客觀認知，是必要，而且優先的，唯有我們對對象所形成的一套知識系統能夠清楚地掌握，才能展開恰當的道德實踐。這裡對知識的認知與道德的實踐，在程朱這裡，隱含了一個辯證性的結構，並關聯成一個不可分的整體，換句話說，它（程朱學）的下手處，在於對客觀事物的認知開始，而這個認知就隱含了一個道德實踐的指向，這便是程朱學。

　　另外，陸王學則是強調在其「心」之本體，「心」中含了一個道德實踐的發展動力，而此道德實踐的動力也就是道德實踐的法則，亦即「心即理」，這樣的一個結構所強調的是「心」與「理」的內在同一性，人是做為一道德本體性的存在。陽明學重點是從心的本體出發，將心的本體顯露出來，而引發出道德實踐的動力，並要求著我去把它實踐出來，所以要致良知於事事物物之上。總結來說，宋明理學是從一個超越的形式原則，發展到一個內在主體性原則，而這個內在主體性原則再往前進一步地發展，就發展到一個純粹意向性的原則，這也是從朱子學到陽明學再到劉蕺山學的一貫發展[21]。另外，這樣的

---

21 關於此，參見林安梧：〈明清之際：從「主體性」、「意向性」到「歷史性」的一個過程：以陽明、蕺山、船山為例的探討〉，《國文學報》第38期（2005年12月），頁1-29。

展開，劉蕺山代表了一個重要的轉捩點，一方面是「歸顯於密」，另一方面是走到整個生活世界上去，譬如劉蕺山的學生黃梨洲便主張走到整個生活世界上去，他主張「盈天地皆心也，盈天地皆氣也」，他繼承了整個宋明理學，有了進一步的發展。

　　當代新儒學對於整個儒學心性論結構上，太強調於陽明學，而將其視為正宗；而陽明學之為正宗是以主體主義的正宗為正宗，也就是說，陽明學還隱含一個朝向意向性發展的路向，但是這個路向被忽略了，換言之，當代新儒學在牟先生的系統下，太強調「良知」做為「本體」，而這個良知本體直接上溯「道體」，在這個體系下強調良知本身能夠生天生地、神鬼神帝，能夠因此展開一個道德實踐的動力。總而言之，因為這個主體主義跟本質主義的傾向太強了，這一點是我不贊同的。就我的理解而言，我認為應該從劉蕺山到黃梨洲，以及同一年代的王夫之，進一步好好思考這問題。王夫之非常注重從「人存在的歷史性」出發，並論及於「道德本心」和「天理」的關係，我認為這是更為可貴的。陸王的「道德本心論」以及程朱超越形式原理的「道德天理論」，基本上都是走向了「以心控身」的結構，到了王夫之，才是一個「身心一如」的結構，而「身心一如」的結構比較接近最傳統儒學的原始結構，也就是陰陽和合的結構，用船山學的說法是回到易學「乾坤並建」的結構。[22]

---

22 又關於此請參看林安梧：〈從「以心控身」到「身心一如」：以王船山哲學為核心兼及於程朱、陸王的討論〉，收入余安邦主編：《情、欲與文化》（臺北市：中央研究院民族學研究所，2003年）。

十三　「人」參與的「道德實踐」，是不離存在、不離價值、不離天地人我萬物通而為一的

其實這樣的實踐哲學，它是不離社會的、不離歷史的、不離整個生活場域的，同時也是不離你內在主體、不離外在客體，不離宇宙萬有一切總體根源的那個道體。這樣說的道德哲學，我們就應該去留意一個很重要的問題，就是它還是有一個很重要的觸動點，這個觸動點是從「人」說，但不是以「人」為核心，而是以「人」作為參贊的啟始點。道德學在儒道的傳統裡談到徹底，就得回溯到人來立說，「人」之能「有諸己之謂信，充實之謂美，充實而有光輝之謂大，大而化之之謂聖，聖而不可知之之謂神」，[23]這是從具體的落實實踐，由下往上說的。道家也說「人法地，地法天，天法道，道法自然」。[24]人是活在天地場域間的，人學習地的博厚、具體的生長；而地的博厚、具體的生長，是效法學習天的高明普遍之理想；天的高明普遍之理想，是效法回溯到道的總體根源，而道的總體根源，也是一個根源的總體，它本身是要依循著和諧的、自發的、調節的次序，而使得它融貫交融、和合為一。

依華人的老傳統，人在天地之間任何存在的樣相，都隱含了價值的意向。人之為人，既能夠去理解這個存在的樣相，去認知它、去把握它，同時也能夠從存在的樣相裡，與價值的意向結合為一，而開啟一種既是象徵又可以通往認知，又可以通往道德之門，而成就一套道

---

23 語出《孟子》〈盡心下〉浩生不害問曰：「樂正子，何人也？」孟子曰：「善人也，信人也。」「何謂善？何謂信？」曰：「可欲之謂善。有諸己之謂信。充實之謂美。充實而有光輝之謂大。大而化之之謂聖。聖而不可知之之謂神。樂正子，二之中，四之下也。」

24 見老子：《道德經》第廿五章，關於此章之詮釋，參見林安梧：《老子道德經新譯》（臺北市：讀冊文化事業公司，2000年10月）。

德哲學。以《易經》為例,「天行健,君子以自強不息」;「地勢坤,君子以厚德載物」;「雲雷,屯,君子以經綸」;「蒙,山下出泉,君子以果行育德」。[25]從「存在的樣相」隱含「價值的意向」,去談道德實踐。這樣的道德哲學,是不離存在、不離價值、不離天地人我萬物通而為一的那個傳統去說的,所以不從道德的主體,而是從道德主體實踐的動力,那個參與的地方做為一個觸角,一個深入參贊的起點。

這樣說的話,我覺得這個道德哲學基本上可以免除一些不必要的誤解,也可以對宋明理學家一些不同的派別有恰當的釐清與論定,對於孟、荀也可以有一些恰當的釐清與論定,我是從這個角度來安排的。從這個角度來安排,就是我所說的「存有三態論」的本體實踐學。「存有三態論」的實踐哲學其實是預取了「存有的連續觀」而說的,這裡無關乎是「境界型態」還是「實有型態」,因為它本來就不是這個問題。是道德的形而上學,還是形而上學的道德學?是神學的道德學,還是道德的神學?無關乎此,它是天地人我萬物通而為一,即存在的樣相,隱含價值的意向,人體貼之,從而有一個道德實踐的定向,就此道德實踐的定向作為觸發點,而參與天地人我萬物的那個總體,開啟了它的可能,而在這裡學習它的分寸,學習它的節度,並且造為一個禮儀法制,成就一套「曲成萬物而不遺」、[26]「名以定形」、[27]「始制有名」[28]的一套非常豐富的人文化成的傳統。大體來講,我是從這個角度來理解它。

---

25 以上見《易經》〈乾、坤、屯、蒙四卦・大象傳〉。
26 語出《易經》〈繫辭上〉第四章。
27 語出王弼《老子道德經注》第廿五章:「名以定形,混成無形,不可得而定,故曰不知其名也,夫名以定形,字以稱可,言道取於無物而不由也,是混成之中,可言之稱最大也,吾所以字之曰道者,取其可言之稱最大也」。
28 語出老子:《道德經》第三十三章。

(本文原乃乙酉年春夏間為東華大學中文研究所博士班《人文學方法論》一課之結業講稿，由江佩珍、鄭柏彥、蔡幸娟、蔡妮芳、陳靜容依錄音紀錄，經由筆者下標題並刪修增訂數次完成，乙酉7月29日首修，丙戌4月23日，安梧二修於臺北深坑之元亨居。）

第二十二章
「存有三態論」及其本體詮釋學

本章提要

　　本論文旨在闡明「存有三態論」的基本構造，以及由此而衍生成的本體詮釋學。首先，回溯到一九九一年有關「存有、意識與實踐」之探討，並經由一九九六年之「道言論」而展開；指出「存有的根源」、「存有的開顯」與「存有的執定」三態，而這是承繼王船山「因而通之，調適而上遂於道」進一步的發展。

　　再者，經由「道、意、象、構、言」這五層次，而論述「本體詮釋學」的基本結構，指出由「存有根源的體證」而「意向的體悟」、「圖象的想像」、「結構的把握」以及「話語的記憶」，這是彼此多階而相互回環的不休止過程。詮釋與生活，意義與世界，原是通而為一的，經由生活世界而有意義詮釋，其中便隱含著溝通、詮釋、批判與重建，永續不止。進一步，我們將此置於經典詮釋的角度來看，我們將發現「人」、「經典」與「道」這三者互為核心，以「兩端而一致」的方式，交互循環。一方面訓詁明而後義理明；另方面，義理明而後訓詁明，兩者通貫，本末為一。

關鍵字詞：道、存有、根源、開顯、執定、詮釋、兩端而一致、經典

一　楔子

「存有三態論」是我在寫博士論文時逐漸發展出來的一套理論，在《存有、意識與實踐：熊十力體用哲學之詮釋與重建》[1]一書中，已有相關的章節論述。這十幾年來，「存有三態論」可以說是我思考的主要向度。在一九九六年秋，南華大學的哲學研究所的「啟教式」（開啟教學儀式）時所講的〈「道」與「言」〉，後來以〈道言論〉正式發表在一九九七年南華大學哲學所《揭諦》學刊上，做為創刊的〈發刊詞〉。關於〈道言論〉原以八句構成，即：

道顯為象，象顯為形，言以定形，言業相隨，言本無言，業乃非業，同出於道，一本空明。

一九九九年在國際中國哲學會會議上，我進一步地以「後新儒家哲學之擬構：從「兩層存有論」到「存有三態論」——以《道言論》為核心的詮釋與構造」為題闡述了這個思想。後來，我將這篇文章增訂修飾，做為《道的錯置：中國政治思想的根本困結》[2]一書的第一章〈導論：「道」的彰顯、遮蔽、錯置與治療之可能：從「兩層存有論」到「存有三態論」〉。今天我們要講「存有三態論」及其詮釋學，這一方面關聯我們這學期來的課程，一方面是想藉這機會，更集中而系統地，對存有三態論可開啟的詮釋學做一簡要的概述。首先，我們將對「存有三態論」做一簡單的引介，之後，再展開其與詮釋學的關係。

---

[1]　《存有、意識與實踐：熊十力體用哲學之詮釋與重建》（臺北市：東大圖書公司，1993年）。

[2]　《道的錯置：中國政治思想的根本困結》（臺北市：臺灣學生書局，2003年）。

二 「存有三態論」的基本構造

(一) 存有三態：存有的根源、存有的彰顯、存有的執定[3]

「存有」這字眼乃藉西方哲學的話語而來，相應的是「Being」這個詞，但在這裡，我們並不以此自限。我們不以其自柏拉圖（Plato）、亞里斯多德（Aristotle）以來主導的概念來說，或者它較接近海德格（Martin Heidegger）《存有與時間》（Being and Time）》裡所說的意涵。但這樣來理解「存有」這個詞仍然易出問題。或者能回到中國傳統「道論」的脈絡上來理解，會較為恰當。「存有」指的不是「存有一般」（all beings in general），不是做為一個對象義去把握的「存有」，而是「天、地、人交與參贊所成的總體根源」。「存有」指的是：「人」迎向「世界」，「世界」迎向「人」，天地人我萬物通而為一且不可分的總體，如其根源而說其為存有，這並非與主體區別開來，而做為一主體認識的對象。「存有」之做為天地人我萬物通而為一且不可分的總體而說之「存有」，這並不是人認識的對象，而是做為人參與而構成的那個場域、總體、根源。這麼說來，「存有」此一字眼相當於中國古代哲學所說的「道」，存有的根源即隱含一開顯的動力，「道」之為「道」即隱含一開顯的動力，因「道」其中已隱含天地萬物人我通而為一的總體根源性動力。

「道」之所以能夠彰顯，因為人之做為一「活生生的、實存而有」的存在，若藉海德格的話來說即人做為「在世存有」（Da-sein），具有一使得存有能開顯的可能。以中國老話來說「人能弘道，非道弘人」，但老子也說「道生之」，這並非道來弘人，其實是人「志於道」

---

[3] 關於此，參見《存有、意識與實踐：熊十力體用哲學之詮釋與重建》，第五章，頁107-150。

而「道生之」;進一步「道生之」而「德蓄之」,因其「德蓄之」而人可以「據於德」。存有根源之所以隱含開顯的動力,因為那存有之道,姑且用海德格(Martin Heidegger)的「Sein」去說它,人之做為「Da-Sein」,存有之道落實在那兒,因其「活生生的實存而有」使得那存有之道彰顯。存有的根源不停留在存有的根源,它必然得開顯,就如同「道」不停留於一隱匿的狀態,他必要開顯出來。至於如何彰顯,用中國古代的話來說,他隱含一開顯動力,即陰陽開闔,翕闢成變。這是講道體本身彰顯的動力、律動,此律動能夠彰顯的關鍵,就在人這活生生實存而有的參與。所以自來華人文化傳統談本體論、宇宙論,均不能離開人來說。這不是將它視為一客觀對象而凝視它的傳統,而是人動態的去參與它,這樣所成的傳統。更精確的講,是人含於其中,去觸動、參與,而使之開顯,並不是人去開顯它。

(二) 從「存有的根源」到「存有的彰顯」進而「存有的執定」之過程

由此談「存有的根源」到「存有的彰顯」,若藉用佛教唯識學所說,這是從「境識俱泯」到「境識俱顯而未分」,境識俱泯相與為一體所構成的整體稱為「道」,而「道」之揭露即「境識俱顯而未分」。由於人做為一活生生實存而有的人,在觸動參與的過程中使之彰顯了,此彰顯使「境」與「識」(即外境與人的心靈意識主體)同體彰顯,相互迎向而彰顯,人觸動道、參與道,道即迎向人,所揭露者還未分別,即未形成主客對立之貌。再進一步,才有所謂「以識執境,以主攝客,以能攝所」,才有所謂「存有的執定」,即「主體的對象化」活動,才使對象成為被決定的定象。這重要的過程即「話語」進到其中,也就是主體對象化活動,即人們通過一「言以定形」(即王弼所謂「名以定形」)、「文以成物」的方式,使「形、器、物」成為

一被決定的定象[4]。換言之,一個對象物之所以為對象物,這是經過一非常複雜的過程,是一主體對象化過程使得它形成定象,才有所謂一與我這個主體區隔開來的對象,即物之為物並非本有可擺在那個地方、一被拋擲(be given)在那個地方的東西。其實,這是人們去建構它,而成為對象物,過程中人們有其規定及隱含的詮釋,在其中人範限、構造了它,說它是什麼。這過程中也把人所隱含的意趣、欲望、權力、作用等都摻和了進去,使得話語所規定的對象所構成的一大套系統隱含了這些東西。借用佛教的話來說,即「業力」伴隨而生,經由語言文字所範限構造的對象物均有這些問題。

二 關於「道、意、象、構、言」的詮釋層級

(一)「道論」較接近中國哲學的原型

關於「存有三態」的展開,我曾透過道家《老子道德經》「道生一,一生二,二生三,三生萬物」來詮解這個問題。「道」之為「根源性」,「一」之為「整體性」,「二」之為「對偶性」,「三」則為「對象性」,而「三生萬物」之為「萬物」即為「對象物」。「道」之為道,其根源之為一總體,此即隱含對偶的兩端,進而經由一「主體的對象化活動」,而成一決定了的「定象」。這也就是如我們前面所述,是從「境識俱泯」到「境識俱顯而未分」到「以識執境」的過程。由「根源性」而「對偶性」轉為「對象性」,由對象性才能對象化成為一被決定的定象。這樣說來,我們可將「道生一,一生二,二生三,

---

[4] 參見王志銘編:《老子微旨例略・王弼注總集》(新竹市:東昇書局,1980年10月),頁65。王弼於《老子》第二十五章「吾不知其名」下,注曰:「名以定形。混成無形。不可得而定。故曰不知其名也。」又於「字之曰道」下,注曰:「夫名以定形。字以稱可。言道。取於無物而不由也。是混成之中。可言之稱最大也。」

三生萬物」的哲學理路釐清了，這與「存有三態論」是相合的。[5]就總的說來，這較符合中國哲學傳統中儒道原型。中國哲學談宇宙萬有一切，談存在如何開啟，存在是什麼，談對象物如何成為對象物，談存在又如何的與價值和合為一。

華人文化傳統談「存有之道」，乃言「天地人我萬物通而為一且不可分的整體」。此存有之道，當我們講物時，是經過一複雜的彰顯生發的過程，因為彰顯生發而被決定，而再經過一認定的過程，此中有一「縱貫的發展」及「橫面的執取」；「縱貫的發展」是從「境識俱泯」到「境識俱顯而未分」，「橫面的執取」是進一步到「以識執境」的過程。[6]這樣的說法避免了「主體主義」及心靈獨大的傾向，因中國哲學乃以「道論」做為歸依。「道」所貴為天下以前，天下萬物一切皆為道。「道」的內涵是什麼，就其能動性來說，就隱含開展為物質的可能，「道」其實是心物不分的，化而為一的，姑名之為「氣」。「氣」是「對比於心靈與物質兩端而成的一個辯證性概念」，[7]它是最源初的概念。我以為：中國哲學既非以主體能動性的「心」做主，亦非以客觀的法則性的「理」為主，而是以總體的根源性之「道」為主。用唐君毅先生的話來說，此中隱含著「存在的流行」及「流行的存在」[8]，這存在的流行，亦是存在的律動。

---

5 關於此請參見林安梧：《人文學方法論：詮釋的存有學探源》（臺北市：讀冊文化事業公司，2003年7月），第七章，頁177-203。又參見林安梧：〈「道」「德」釋義：儒道同源互補的義理闡述〉，《鵝湖月刊》第28卷第10期（總號334期，2003年4月），頁23-29。

6 關於此，參見林安梧：〈「存有三態論」與「存有的治療」的構建〉，《鵝湖月刊》第26卷第6期（總號306期，2000年12月），頁28-39。

7 這個理解，得自於船山學，參見林安梧：《王船山人性史哲學之研究》（臺北市：東大圖書公司，1987年），第五章。

8 請參見唐君毅《中國哲學原論原教篇（上）》（香港：新亞研究所出版，臺灣學生書局發行，1979年），頁87。

(二)話語的介入後使得萬物成為萬物

我認為以「氣論」(或道論)為核心的詮釋較接近於中國哲學的原型。這裡所說的原型是就整個理論系統的原初而言原型,這並不是通過時間之追溯而溯其源。因為時間的溯源,此為不可能,頂多只能溯至最初最古老的巫教傳統即薩滿教(shmanism)的傳統,而此一傳統又可與「道論」的傳統連接在一起。我們這樣的詮釋方式,可避免牟宗三先生以《大乘起信論》「一心開二門」的哲學思維來處理康德(Immaneul Kant)「現象」與「物自身」的區分,而構作成兩層存有論的問題。這一思維有主體主義傾向,這是以道德主體的優位性來涵攝一切。此一方式對整個中國哲學中許多層面的解釋上有其限制,而且在整個哲學的詮釋上,忽略了漢代哲學、唐代哲學,以及清代哲學。視漢代哲學宇宙論傾向為歧出,視漢代重氣的哲學為一種陷溺,這是不當的。這類問題我曾於二〇〇〇年在中央大學(臺灣中壢)講座中提出。我當時主要是從「兩層存有論」到「存有三態論」去談相關問題,在此處暫不多談。回到「存有三態論」的構造來說,一個嚴重問題在於,我們常誤認為萬物之為萬物是一既與的存在而為萬物。實則不然,通過我們的名言概念、文字符號象徵,通過非常複雜的主體對象化活動後,才使得萬物成為萬物。簡單的說,是話語介入後才使得萬物成為萬物。所以「凡物皆論」,無論即無物,無可懷疑的,我們其實是透過話語來建構、理解世界。

(三)「道、意、象、構、言」:存有根源的體證、意向的體悟、圖象的想像、結構的把握與話語的記憶

凡物皆論,無論就無物,沒有通過話語的介入,就不可能有物。從這樣來理解,就可以發現一個非常重要的事實:我們其實是通過話語去建構這個世界。同時,我們是通過話語去理解這個世界。建構跟

理解是一體之兩面，而我們對於那一大套已經被建構成的語言文字符號系統，你又如何重新去理解它，這時候很重要的是，我們必須去理解這套系統建構的過程。我們在這裡談「存有三態論」，隱含建構所成的結構脈絡。這個結構脈絡是從「存有的根源」到「存有的彰顯」到「存有的執定」。

建構與理解是一體兩面，對於已有的一大套語言文字系統，我們如何重新去理解它？此時我們必須理解此一建構的過程，所以我們談存有三態論即隱含一建構所成之結構脈絡。這就是先前所說「存有的根源」到「存有的彰顯」，再到「存有的執定」，若通過一話語系統去說它的話，再往前追溯在話語之前有其結構，結構之前有圖象，圖象之前有意向，意向之前即在宇宙造化之幾，這是說心意初幾前那個渾然未分的「道」的狀態，或者我們可用《易經》所說「寂然不動」之態去詮解它。由此「寂然不動」而有「感而遂通」，由此「誠無為」而有「幾善惡」，由此一不可分的整體，所以在它開顯的過程才會有一心靈意向，由意向才構成圖象，由此圖象才化為結構，由此結構才化為一大套語言文字符號系統。[9]

從這層級我們可以看到，其實是隱含著道的開顯到展放的層級，同時也隱含我們去理解去詮釋的層級。理解與詮釋剛好與存有的開啟與展放是一個互為不可分的整體；但是它們的向度，一個是由上而下，一個是由下而上。理解、詮釋是由「言」到「構」到「象」到「意」到「道」，而「存有」的開展則是由「道」到「意」到「象」，到「構」到「言」。我們這麼說是想要說明：在華人傳統有個非常可貴的東西，凡是我們去詮釋任何一個存在的事物，我們預取在這個事物是可以上昇到渾然不可分的層級，這個最高層級是存在也就是道，

---

9 這在拙著《人文學方法論：詮釋的存有學探源》第六章所提「道、意、象、構、言」的層級系統，有詳細的闡發。

我們預取會有這個體證。

　　從話語、結構逐層而上，以更簡單的語詞來說，我們對「話語的記憶」，到「結構的把握」，再往上昇到「圖象的想像」，再到「心靈意向的體會」，最高到達「存有之道的契入」、道的體證。「道的體證」是無言，是不可說的，而落實到我們對於句子的認知、記憶，這其實是已經說出了對象，有個對象你去記憶它認知它是什麼。換言之，我們有個從「不可說」到「可說」，到「說」，而說出對象，這個複雜的過程。在我們的哲學裡面，從不可說到可說到說出是一個連續的發展過程，「言」上及「無言」，言之成為物，而無言則契及於道，道器原是沖和為一的。作為定象的物，它可以恢詭譎怪地沖而化之，而上及一個無言之境，不可言說的道。在我們的文化傳統裡，非常強調這個「道」。換言之，你對於話語系統，當然要去把握它、理解它、詮釋它，但重要的是在認知、把握、理解、詮釋的過程中，不斷地瓦解，不斷地往上昇進，最後到達這個「道」。

　　基本上，我們肯定人能伴隨這樣的發展過程，而到達「體道」或是「證道」的活動；這同樣是詮釋不斷發展的層次，在華人文化發展裡非常強調這點。而且，我們相信人們其實必須要擺脫話語結構的限制，不斷地解構，不斷地一層一層往上昇進，才可能達到道的體悟。人們不一定要完完全全通過整個語言的結構系統的把握，才能往上昇進。在存在的當下，本身就有個機會直接契入於道。華人文化傳統強調這個過程是要告訴我們「存在優先於思考」，「思考優先於認知」，「認知優先於話語」，「話語優先於被話語決定的定象」。正因為這樣的氛圍，禪宗的六祖慧能可以告訴他的弟子無盡藏，你要我講《法華經》可以，不過「字即不識，義即請問」，字我不懂，但道理我是懂得的，你就直接問吧！「道理」之為道理，是如其道，彰顯而為理，稱之為「道理」也。回到那個最高存有根源的契入，如其本身所顯露

的,這裡便隱含一套脈絡系統,這叫「道理」。所以我們說這樣的詮釋學是上及到「道」那個最高本體的活動,而成的「本體詮釋學」。

三 「生活世界」與「意義的詮釋」

(一)在「生活世界」裡展開「意義詮釋」

「道、意、象、構、言」這五層是層層互動、兩端一致、和合為一的。「道」與「言」有個循環互動,「道」跟「意」也有個循環互動,「道」到「象」也有個循環互動,「道」到「構」也有個循環互動,「道」到「話語」之間也有個循環互動,彼此之間又不斷有循環互動。我們之所以做這樣的強調,正因為我們回到華人的世界去看,我們會發現那複雜而有趣的經傳注疏解等等的解釋學傳統。它看起來萬變不離其宗,卻在萬變不離其宗裡生根,往下扎根,往上生長,不斷彰顯,不斷地讓意蘊在這個彰顯、擴大、轉化與創造的過程裡,一而再、再而三地生長下去。如上所述,就是我對「道、意、象、構、言」的詮釋層級以及隱含存有的開顯層級的一個互動所強調的幾點。

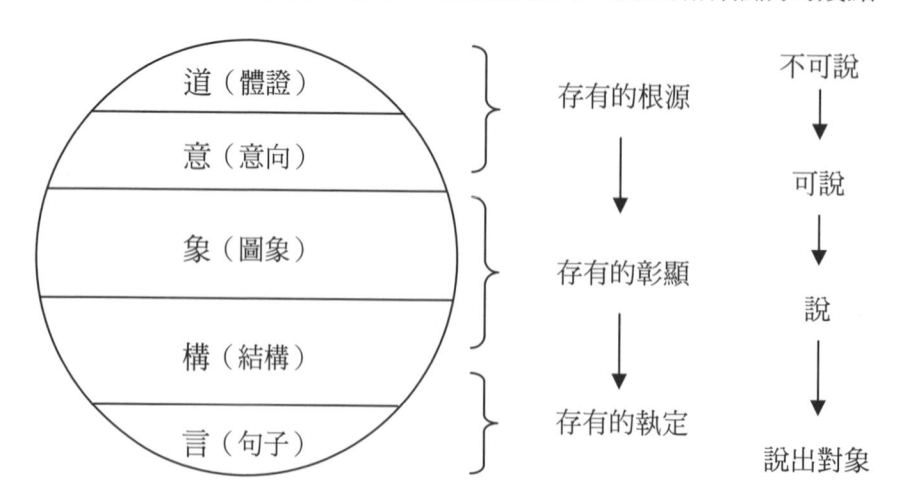

層級	存有	可說性
道(體證)	存有的根源	不可說
意(意向)		↓
象(圖象)	存有的彰顯	可說
構(結構)		↓ 說
言(句子)	存有的執定	↓ 說出對象

人去展開意義的詮釋,其實是不離您的生活的,你在閱讀經典,這就是生活,這也是修持的活動、體證的活動。印順法師有個說法我非常贊同,他認為做經典疏解的活動本身就是修持。印順法師是非常了不起的學問僧,他的修習法門依我來看以及他自己所說的,整個經典詮釋的活動就是修持的活動。[10]大家不要誤認為經典詮釋活動與修持無關,經典的詮釋與實踐無關,他要告訴你這其實是不可分的東西。當我們展開意義的詮釋,其實不是緊抓著字句不放,而是要注重在字句後頭的結構,後頭的圖象,在更後頭的意向,在最後頭最高的道,在存有之道整個彰顯的過程所構成的那個生活世界。在這個生活世界裡面,展開我們的意義詮釋。

(二)溝通、解放、批判與建立

　　生活世界之為生活世界是什麼呢?是「天地人我萬物通而為一」的那個當下,那個場域,這就是生活世界。譬如現在我們的生活世界,就是現在的生活場域所構成的。像我一來到東華,就會讓我有種休養生息的體會,放開了、放鬆了,就會有創作的欲望。由於這個地方它所構成的生活世界氣息交感不同。我們說那個「道」就是「天地人我萬物通而為一」,氣息交感的原初狀態。「道」不同,它彰顯的就不同,你當下的意向不同,你所揭露的那個想像圖象就不同,那個結構不同,話語表達方式也就不同,所以它整體就會有影響。我們在展開意義的詮釋的時候,其實就在天地人我萬物通而為一所構成的生活世界所展開。這意義詮釋隱含了實踐的向度,這個實踐向度落實來說,很重要的就是「人迎向世界」,「世界迎向人」,人迎向你所想要迎向的,也因此構造著它,它也迎向你,又回應到你自身。就在這不

---

10 語見印順法師:《法海微波》(臺北市:正聞出版社,1987年)。

斷迎向、不斷溝通的過程裡,你獲得一種解放,同時你也因之而解放,同時你也構成自己,又構成了它。

在生活世界裡展開意義詮釋的過程,同時也展開了批判性的活動,這批判的活動就是剛剛我們所講的,在詮釋的過程隱含著轉化,這個轉化帶有批判性的活動。批判之為批判,其實有個更高的東西作為一切批判的依準,這依準就是道。這批判的依準就是「和其光,同其塵」,[11]這裡所說的「批判」與康德意義下的批判不同,它比較接近黑格爾意義下的辯證。它也不像哈伯瑪斯意義下的批判,它其實比較像海德格意義下所說的融通與開顯,我們通過歷程而達到更高的「存有的實在」,那個「實在」其實是人們參與那個場域中的整個構成。

四　「人」、「經典詮釋」與「道」的結構性關聯

(一)「兩端而一致」的交互活動與三端互為核心的循環結構

這麼說下來,經由存有三態論的基本構造,它所隱含著一套詮釋學的理解,一方面是順著存有之道的開顯過程,就其開顯的層級來說,從道生一,一生二,二生三,三生萬物,從道的根源而為總體,由此總體而有對偶性,由此對偶性引發了對象性,由此對象性而生出了萬物,而生出了作為決定的定象,作為對象的萬物。這剛好配合「道、意、象、構、言」這結構,相對來說,詮釋是由下而上的,由言而構,由構而象,由象而意,由意回到了道之本原。這樣的提法其思想資源,有一大半以上是來自於王夫之對於《易傳》的詮釋,他強

---

[11] 語出老子:《道德經》第五十六章。

調「兩端交與為一體」，兩端而一致。[12]就人與經典，一方面人詮釋經典，同時經典也詮釋著人。人能詮釋經典，是因為人在詮釋的過程裡是上及於道，而這個道又經由人之詮釋又下貫到經典。這個過程是「兩端而一致」的交互活動，一方面又是經典、詮釋與道，這三者互為核心的循環結構。

人對經典的詮釋必須調適而上遂於「道」，人之所以能夠調適上遂於「道」，是因為這個道是源泉滾滾，沛然莫之能禦，把它的道理彰顯於人，所以使得人具有詮釋的能力。人之為人，就在這樣的過程裡面，逐漸長成，經典也在這過程裡面被詮釋被彰顯，道也就在這過程裡面，從不可說到可說，又從可說回到不可說。「道」、「經典」與「人」這三端各自作為核心，其他兩端而一致，互為循環，這三者構成不可分的整體。以「人」作為核心時，「道」與「經典」是兩端；以「經典」為核心時，「人」與「道」作為兩端；以「道」為核心的時候，「人」與「經典」作為兩端。這可以參考我所著《王船山人性史哲學之研究》的第四章，在方法論裡面提到互動循環的部分。

(二)「義理明」、「訓詁明」的互為「先」與「後」

詮釋的活動不只是字句訓詁的問題，不只是歷史文物制度考證的問題，不只是地上所能掌握的資料，也不只是地下所挖掘出來的資料，不只是如何上天下地去把握而已，因為這些都只是基礎。這些基礎是作為展開理解的一個起點，但不是理論性的基礎建構。真正理論性的基礎建構應該是我們這裡所說的這五層的詮釋層級、五層的存有之道的開展層級。我認為人文學的研究必須要以字句的訓詁、歷史文

---

12 關於「兩端而一致」請參見林安梧：《王船山人性史哲學之研究》（臺北市：東大圖書公司，1987年），第四章第四節〈「兩端而一致」對比辯證的思維模式〉，頁87-93。

物制度考證或者地上你能掌握的、地下能挖掘的種種東西作為一個起點，但是不能以此起點當作終點。這個起點能不能清楚還必須放到這五層詮釋層級或是存有之道的開展層級裡去加以論證，才能夠對字句的訓詁、歷史文物的考證，地上或是地下所挖掘的下判斷。

清代考據學者所說的「訓詁明而後義理明」說的很簡單，字句訓詁你必須能把握到作為認知的起點，這是最為基本的。更高一層的說，「義理明而後才使得訓詁明」，因為唯有存有之道的照明，這義理明了，訓詁之為訓詁，才得明白起來。[13] 存有三態論落實到五層存有之道的開展層級來說，可以有五個詮釋層級的詮釋學。我認為這樣的詮釋學的時時刻刻要去面對與調整，一方面必須正視理解與詮釋的起點，不能忽視它；但你不能就此為止，必須把它放到那裡面去看。譬如說大學之道，講三綱領、八條目，八條目裡面講的「格、致、誠、正、修、齊、治、平」，這「格、致、誠、正、修、齊、治、平」一直有個問題就是：「物格而後知致」、「知致而後意誠」、「意誠而後心正」、「心正而後身修」、「身修而後家齊」、「家齊而後國治」、「國治而後天下平」，這個「而後」如何解？這時候，其實你就必須回到整體的結構上去理解，不能夠只抓著一句話的話語結構就去說，你必須放在更高的結構上，而這個「結構」隱含著「圖象」，這個「圖象」又隱含著「意向」，這個「意向」又隱含著「道」，也就是說你有一個「體道」的活動。如何有一個「體道」的活動，《大學》裡講的「大學之道，在明明德。」還是回到那個「明明德」，「明」其「明德」，「在親民」，「在止於至善」，「使知止而後能定」、「定而後能靜」「靜而後能安」、「安而後能慮」、「慮而後能得」；然後再落實而說：格

---

13 訓詁與義理本是兩端而一致的，互為一體而不可分。清儒常主張「訓詁明而後義理明」，而新儒學者則從另角度說，亦唯有「義理明，訓詁方能明」，錢穆、唐君毅、牟宗三等都可以說是如此。

物、致知、誠意、正心、修身、齊家、治國、平天下。

物格而後知致、知致而後意誠,意誠而後心正,心正而後身修、身修而後家齊、家齊而後國治,國治而後天下平。看起來好像這個次序很清楚,格物是最優先的,但是,我們發覺到真正的功夫不是從格物、致知,而一步步往前展開,進而誠意、正心、到修身、齊家、治國、平天下。什麼是「本」呢?其實這裡有一句很清楚告訴我們,「自天子以至於庶人,壹是皆以修身為本。」換言之,修身之本呢,由本貫末,這樣的發展裡,這個「本」從修身作為一個起點講齊家、講治國、講平天下。這個「而後」有著時間發展的先後,這是很清楚的。但是,你去講格物、致知、誠意、正心到修身,其實並不是一個時間先後的關係,這時候我們就必須用另外一個詮釋方式說,其實這不是一個時間的先後,這是一個理論上或邏輯的先後,也就是說,為修身找尋一套理論的程序說:格物、致知、誠意、正心、修身……。

換言之,「修身」這個活動是當下的,而這個當下就隱含了前面所說這個東西作一個整體。這個意思也就是說,我們要去了解這個「而後」在這裡就可以區隔成兩個意思。從「格物」到「致知」到「誠意」到「正心」到「修身」,這個「而後」我們說它是一個「理論邏輯的先後」;從「修身」到「齊家」到「治國」到「平天下」,我們說它是一個「時間歷程的先後」[14]。我們之所以作這些判斷的時候,一方面了解前後次序所構成的結構,而我們更高的再往上去理解,已經觸及到「明明德」、「親民」、「止於至善」。「明明德」、「親民」、「止於至善」是從你內在的一個「明」其「明德」而又參與於整個生活世界,落實為歷史社會總體講,「親民」而最後到達一個道德

---

14 關於這樣的闡析,我首發之於〈關於《大學》「身」「心」問題之哲學省察——以《大學》經一章為核心的詮釋兼及於程朱與陸王的討論〉,《第五次儒佛會通學術會議論文集》(臺北市:華梵大學,2001年)。

理想國度,再「止於至善」。

(三)從「道的根源」去思考問題

如果從這樣的方式去看,我們其實可以對諸如牟先生所說的:《大學》是一個橫面的橫攝的系統,提出不同的見解。因為《大學》其實無關於橫攝或縱貫,而這裡就牽涉到牟先生在詮釋《大學》時,太強調朱熹的格物,而他在強調朱熹的格物的時候又太強調心性二分學說,又太強調了朱熹的格物窮理,而忽略了朱熹講「格物」、「窮理」是與「涵養」「主敬」,合而為一的說。正因為他太強調這一面,就把它貶到另外一邊去了,所以他認為《大學》、《中庸》、《論語》、《孟子》、《易傳》,這五部宋明理學家重視的經典,他認為《大學》是一個橫攝的順取系統,是比較不妥適的,而比較不是一個縱貫的系統。它是一個橫攝的系統,而不是一個逆覺體證的系統,這是牟先生的詮釋方式。但是依照我們前面所做的詮釋,便可以有一個調整。這個「調整」,我認為應該重視《大學》之為《大學》本身它並不是悖離《中庸》的傳統,《大學》之為《大學》它其實不必被視為一個橫攝的順取系統,不是一個知識認知的系統,即使強調「格物」、「致知」,其實就隱含了一個「涵養主敬」的活動在裡面;隱含一個「明明德」的活動在裡面;隱含一個「止於至善」這樣一個活動在裡面。

我們這樣詮釋的時候其實是放到更高的結構上看,更高的層級上去看,放到一個圓滿的一個結構上,也就是回到一個最高的「道」上去看,不然的話我們會覺得:解不通,怎麼解會比較好?譬如說:「形而上者謂之道,形而下者謂之器」,一般人很習慣的就把這個「形」解釋成「有形」,「有形」之上者為「道」,「有形」之下者為「器」,這大不通的。其實「形」是一個「形著的活動」(embodiment),「形著的活動」「上溯其源」謂之「道」,「下委其形」謂之「器」。這也就

是說以這個「形著的活動」作核心，往上追溯它叫「道」，「上溯其源為之道，下委其形謂之器」。可以發覺到，我們如果用這樣的一個詮釋，就可以把「形而上者謂之道，形而下者謂之器」理解了，也可以定案了。所以我說一個問題應該放在這裡去看，這是值得關注的。

再者，當我們通過這樣的一個處理方式，我們再把它放到整個古代經典的話語系統與現代的生活話語系統，跟現代的學術話語系統，該當如何詮釋，那又是另一個問題。這必須通過另一個專題去說它，通過中國哲學研究這個話語問題，就先不去說它，就「存有三態論」的結構跟詮釋層級的構造，以及這裡所可能彰顯出來的脈絡，到這裡我們先告一段落。

——乙酉之秋十一月九日訂定稿於臺北深坑之元亨居（案：2005年6月7日先在臺灣花蓮縣東華大學中文系博士班「人文學方法論」授課結業講述，後在武漢大學與臺灣鵝湖學社共同舉辦之「第七屆當代新儒學國際學術會議」宣讀，此文經由東華博士生翁燕玲、余欣娟、程志媛、林菁菁、陳沛淇據錄音筆錄，略去了討論部分，並重新潤稿，加注完成。）

第二十三章
新儒學之後與「後新儒學」：
以「存有三態論」為核心的思考

本章提要

　　本論文旨在檢討「新儒學之後」的思想可能向度，「存有三態論」如何從原先的「兩層存有論」（牟宗三哲學）轉折而出，以面對全球化與文化多元的新局。

　　「存有三態論」融攝儒、道、佛三教及西方宗教哲學，而以「存有的根源」、「存有的開顯」與「存有的執定」三者為體系建構支柱，它重視在現代化（外王）的歷程中重新調適公民正義與心性修養（內聖）的方法途徑。一方面恰當的調適而上遂於「道」，另方面則具體而落實於「生活世界」之中，在「多元」中調理出「一統」。進一步，檢討了「全球化」所可能帶來的普同性危機，並尋求其克服之道，作者以為儒道佛三教思想隱含了一極可貴的意義治療學思維。這將有助於開啟諸多現代化之後的思想對話，並尋求進一步融通的可能。最後，我們將指出「語言是存有的安宅」而「存有是語言形而上的家鄉」。

關鍵字詞：存有、話語、治療、現代性、多元、一統、儒道佛

一　問題的緣起：「新儒學」之後的焦思與苦索

「後新儒學」是我這二十多年來講學的基本向度，它有別於我的老師輩們所提出的「當代新儒學」。有些朋友誤以為我在牟宗三先生過世之後，就提出與老師不同的向度，甚至有批評我是背叛師門者。其實不然，此論點早在九〇年代初，即已發表，而更清楚以此為名的是一九九四年初夏四月間，我在哈佛大學杜維明先生主持的儒學討論會上，首次發表了《後新儒學論綱》[1]這篇論綱可以視為我對「後新儒學」總的理解。一九九六年，我又發表了一篇《牟宗三先生之後：「護教的新儒學」與「批判的新儒學」》，[2]這篇論文旨在經由「護教的」與「批判的」做一顯題式的對比，指出前者是以康德為對比及融通之主要資源，而後者則以王船山「兩端而一致」的哲學思考做為模型，並注重西方歷史哲學、社會哲學乃至現象學、詮釋學之發展，回溯當代新儒學之起源，重新詮釋熊十力，對牟先生則採取一既批判又繼承的方式。再者，筆者對比的對「理」、「心」、「氣」，「主體性」、「生活世界」，「心性修養」、「社會實踐」、「本質主義」、「唯名論」，「傳統」、「現代」等相關問題，做一概括輪廓式的描繪。最後，指出「後新儒學」薪盡火傳的往前邁進。

一九九七年我繼續擴大了一九九四年的「論綱」，進一步寫成了〈咒術、專制、良知與解咒：對「臺灣當代新儒學的批判與前瞻」〉，

1　這論綱是那年春天二月間在威斯康辛大學麥迪遜校區訪問時寫下的。這論綱後來收在林安梧：《儒學與中國傳統社會之哲學省察》（臺北市：幼獅文化事業公司，1996年4月），附錄三〈後新儒家哲學論綱〉，頁265-269。

2　此文於一九九六年十二月，由中央研究院中國文哲研究所、中央大學、東方人文基金會等於臺北所舉辦的「第四屆當代新儒學國際會議」上宣讀。

這篇文章[3]旨在對一九四九年以後於臺灣發榮滋長的「臺灣當代新儒學」,展開批判與前瞻。首先筆者指出往昔,儒家實踐論的缺失在於這實踐是境界的,是宗法的,是親情的,是血緣的,是咒術的,是專制的,這些一直都掛搭結合在一起,分不清楚。再者,筆者指出實踐概念之為實踐概念應當是以其自為主體的對象化活動所置成之對象,而使此對象如其對象,使此實在如其實在,進而以感性的透入為起點,而展開一實踐之歷程,故對象如其對象,實在如其實在。後新儒家的實踐概念是要去開啟一個新的「如」這樣的實踐概念。這是以其自為主體的對象化活動做為其起點的,是以感性的擘分為始點的,是以整個生活世界為場域的,是以歷史社會總體為依歸的。這麼說來,後新儒家的人文性是一徹底的人文性,是解咒了的人文性,而不同於往前的儒學仍然是一咒術中的人文性。這旨在強調須經由一物質性的、主體對象化的,實存的、主體的把握,因而這必然要開啟一後新儒學的哲學人類學式的嶄新理解。總而言之,老儒家的實踐立足點是血緣的、宗法的社會,是專制的、咒術的社會;新儒家的實踐立足點是市民的、契約的社會,是現代的、開放的社會;後新儒家的實踐立足點是自由的、人類的社會,是後現代的、社會的人類。

總的來說,我所強調的後新儒學之不同於牟宗三先生的「道德的形而上學」,而將之引到了人間而成為一「道德的人間學」。在理論體系的構造上,我亦不同於牟先生所建構的「兩層存有論」而轉化為「存有三態論」。「存有三態論」是我從熊十力先生《新唯識論》所開啟的「體用合一論」所轉譯而有的建構。一九九一年我完成博士論文

---

3 參見〈咒術、專制、良知與解咒:對「臺灣當代新儒學的批判與前瞻」〉為題,在一九九七年發表於臺灣成功大學所召開的「第一屆臺灣儒學國際會議」,現收在拙著《儒學革命論:後新儒家哲學的問題向度》(臺北市:臺灣學生書局,1997年12月)。

時,即預示了自己要走的路向是「由牟宗三而熊十力,再經由熊十力而王船山」的哲學發展可能。從「牟宗三」到「熊十力」標示著由「兩層存有論」回到「體用一如論」,這意在「驗諸倫常日用,重溯生命之源」。進而再由「熊十力」歸返「王船山」,這標示著由「體用一如論」再轉而為「乾坤並建論」,其意在「開啟天地造化之幾,落實歷史社會總體」。筆者以為經由這樣的回溯過程,將可以有一新格局之締造。筆者近年即依此路徑而提出「存有三態論」:存有的根源、存有的彰顯與存有的執定。依此存有三態論,筆者進一步對於當代新儒學所強調「內聖」開出「外王」做一深度反省,指出當今之儒學當立足於「公民社會」,再回溯生命之源做一身心之安頓。這可以說是一「由外王而內聖」的逆轉性思考,這一逆轉將使得「社會正義」優先於「心性修養」,而我們亦可以因之而成就一嶄新的「社會存有論」。再者,這樣的社會存有論與存有三態論是合會一體的,這是由熊十力的哲學轉折到王船山哲學向度,它特別著重的是歷史社會總體的物質性與精神性,此中隱含著「兩端而一致」的辯證關聯。「存有三態論」與「社會存有論」的合會同參,將可以免除以心控身的弊病,可以免除主體主義的限制;而真切地正視身心一如、乾坤並建,重視歷史社會總體,建構一以「社會正義」為核心的儒學思考。[4]

二 從「兩層存有論」到「存有三態論」的轉化與發展

牟先生的哲學,一般來講,可以用所謂的「兩層存有論」去概括它,所謂兩層的存有論,是通過康德「現象與物自身」的超越區分,

---

[4] 以上所述是,二〇〇一年九月七至十日,中國武漢大學舉辦「熊十力與中國傳統文化學術會議」的論文,這篇文章〈從「牟宗三」到「熊十力」再上溯「王船山」的可能〉後經修改,刊於《鵝湖月刊》第27卷第7期(總號319期,2002年1月)。

把現象界視為所謂「執」的存有,把物自身界、睿智界叫做「無執」的存有,所以,他在《現象與物自身》那本書中的一章,談所謂「執相」與「無執相」的對照,他構造了現象界與睿智界的存有論,或者說是「執的存有論」與「無執的存有論」兩層。

這兩層的存有論和康德的建構其實是不同的,康德哲學的建構,重點是在知識論的建構,也就是通過「知性為自然立法」而說明如何從現象界來建構客觀知識,至於屬於睿智界的那個部分,並非人的智慧所能及,因為人只具有「感觸的直覺」(sensible intuition),而不具有「智的直覺」(intellectual intuition),只有上帝具有智的直覺。但是在牟先生的系統裡面,他通過了中國傳統的儒、道、佛三教工夫論的傳統,強調通過修養實踐的工夫,可以使人從做為一般性的存在,提昇到一個更高存在的狀態,而當提昇到一個更高存在狀態的時候,他認為那是一個本然之我的狀態,或者說那是一個回到本來面目的狀態。就儒家來講的話,那是一個具有「性智」的狀態,也就是孟子所說的「仁義禮智」的狀態,那樣的狀態用傳統的語詞歸約起來,就是所謂的「性智」;那麼道家,他用「玄智」這個詞;而佛教則用「空智」這個詞。[5]

不管是儒家的性智、道家的玄智、佛教的空智,牟先生借用了康德「智的直覺」這個詞,而說東方的哲學儒道佛三教所呈現出來的,都說人不只是具有「感觸的直覺」,更具有「智的直覺」。智的直覺跟感觸的直覺有何不同呢?感觸的直覺只能及於「現象」,而智的直覺可以及於「物自身」,也就是說感觸的直覺把抓的是現象,而智的直

---

[5] 以上所述,具可從牟宗三先生所著《智的直覺與中國哲學》、《心體與性體》、《現象與物自身》諸書中見到,這裡做了一概括而總持的說。又參見筆者〈當代新儒學之回顧、反省與前瞻:從「兩層存有論」到「存有三態論」的確立〉,《鵝湖月刊》第25卷第11期(總號299期,2000年5月),頁36-46。

覺創造了物自身,而物自身與現象是同一事物的兩個面向,這個地方,隱約可以看出智的直覺與感觸的直覺,總的來講,是歸到那個本心,歸到那個一心說。可以發現到,簡單的說,可以約略把兩層存有論的構造,歸到「一心開二門」的那個構造說出來。所謂一心開二門是牟先生借用了《大乘起信論》的構造,心分成兩門——心真如門和心生滅門。心真如門所對應的是物自身、睿智界;心生滅門所對應的就是一般生生滅滅的現象界,心真如門與心生滅門都還歸一心。[6]

　　牟先生的兩層存有論構造,還有一個特殊的地方在於論述回到了哲學的人類學時,他怎樣去正視人呢?正視人那個本來面目的我的狀態呢?那個我其實就是一個純粹的、超越的、自性的我,或睿智界的我,即可以及於物自身界的那個我,那個我不是經驗所能限制的,也不是歷史所能限制的,遠超乎經驗與歷史之上,而又作用於經驗與歷史之中的,所以牟先生講的這樣的一個我其實是一個超越的、純粹的形式之我,在儒家這個我是個道德的我,在佛家這個我是個解脫的我,在道家來講的話就是那個返璞歸真的那個真我,他以這個作為他哲學最高的一個支柱。就實來說,這樣具有智的直覺能力的真我,可以說成就了一形而上的保存,但並未真切的真有一實踐的開啟。[7]

　　相對來說,自一九九一年以來,從熊十力體用哲學轉化而出的存有三態論,不同於「兩層存有論」,將問題的根結擺置在「一心開二門」的格局來思考。「存有三態論」是以「存有的根源」、「存有的彰顯」、「存有的執定」這三階層而立說的,這樣的立論雖頗有得於熊十力的體用哲學,而最重要則來自於《易經》及《老子道德經》的理

6　參見牟宗三:《中國哲學十九講》。
7　參見林安梧:〈無盡的哀思:悼念牟宗三先生兼論「形而上的保存與實踐的開啟」〉,收於《當代新儒家哲學史論》(臺北市:明文書局,1996年1月)。

解、詮釋與轉化。[8]依筆者之見,《易經》所謂「形而上者謂之道,形而下者謂之器」、「見乃謂之象、形乃謂之器」與《老子道德經》所說「道生一、一生二、二生三、三生萬物」(見《老子道德經》四十二章)、「天下萬物生於有,有生於無」(見《老子道德經》第四十章)、「無名天地之始,有名萬物之母」(見《老子道德經》第一章)等都可以關聯為一個大脈絡來理解。

「道」是不可說的,是超乎一切話語系統之上的,是一切存在的根源,原初是處於「境識俱泯」的狀態下的,這可以說是一空無寂靜的境域,亦即老子所說的「無名天地之始」,也就是存有三態論的第一層狀態,是意識前的狀態(pre-conscious level),也可以說是「寂然不動」的狀態,是秘藏於形而上之道的狀態。[9]

再者,須得一提的是,「道」不能永遠秘藏於不可說的狀態,「道」必經由「可道」而開顯,「道」之一字重在其不可說,由此不可說而可說,此是「道可道」一語的解釋。再者,如此之「道」之必然開顯則可以理解為一「生」,「生」者不生之生也,如其道而顯現也,即如《易經》所說「見乃謂之象」也。若總的來說,我們實亦可以說「道顯為象」也,而如此之顯現即為「不生之生」,由此不生之生,必具體實現之、內化之,此即是「德」,「德蓄之」,蓋蓄之而為德也,承於道、著於德也。就此而言,此當屬存有的彰顯,是境識俱起而未有分別的狀態,是即境即識,亦可以理解為純粹意識的狀態(pure conscious level),是道生德蓄的狀態,這是存有三態論的第二

---

8 關於「存有三態論」的基本結構,這想法初啟於九〇年代初,參見林安梧:《存有、意識與實踐》(臺北市:東大圖書公司,1993年),第五章,頁107-150。

9 此見解實脫胎於M.Merleau-Ponty的《覺知現象學》(*Phenomenology of Perception*),有趣的是此書的許多論點,就連書名都似乎可以與熊先生的《新唯識論》(臺北市:臺灣雙葉書店影印發行,1983年)連在一起思考。

層狀態,是「感而遂通」的狀態。[10]

老子除說「道可道」外,他又說「名可名」,而其「道德經」則由此「有名」與「無名」而展開,這是說「道」必經由「可道」開啟,而「可道」當落在「名」上說,否則不足以為說。「道」重在說其「不可說」,而「名」則重在說其「一切話語、言說之源」,論其「言說、話語之源」,是一切言說話語之所歸,然非一般言說話語之所能涉,就其隨言說話語之源而說亦是不可說者,此亦當經由一言說話語之命定活動(名以定形)而展開,但此展開已非原先恆常的話語言說之源,也因此說「名可名,非常名」。

「名」必經由一「可名」的活動,而走向「名以定形」,但「名」必本於「無名」,這正是「天地之始」。這正闡釋了在一切言說話語未展開之前,原是一虛空靈明的場域,我以為從《老子道德經》所開啟的「處所哲學」、「場域哲學」是迥異於以「主體性」為首出概念的哲學思考。[11]因之,所謂「存有的根源」並不是一夐然絕待的形而上之體,而是渾淪周浹、恢詭譎怪、通而為一、境識俱泯、心物不二的場域生發可能。

「無名」本「不可名」,此「不可名」又當隱含著一「可名」,由此「可名」之彰顯而為「有名」,有名者,經由命名的活動、主體的對象化活動,使一對象成為一決定了的定象,這亦是老子所說的「始制有名」,這樣的一個活動即是「有名萬物之母」一句的詮解。相對於「形而上者謂之道」,此即是「形而下者謂之器」,經由一形著具體

---

10 參見林安梧:〈《揭諦》發刊詞——「道」與「言」〉,《揭諦學刊》創刊號(1997年6月),頁1-14。
11 關於處所、場域、天地等概念多啟發自日本京都學派的見解,特別是西田氏的《善的經驗》一書,關於此,參見江日新譯:《日本近代哲學思想史》(臺北市:東大圖書公司,1989年5月)。

化的活動，經由主體的對象化活動，使得那對象成了一決定了的定象。又《易經》所說「見乃謂之象，形乃謂之器」，「器」即此之謂也。又老子「物形之」「物」即此之謂也。落在存有的三態論來說，這屬第三層，是「存有的執定」。這是境識俱起而了然分別，以識執境的狀態，是意識之及於物的狀態，是意識所及的階層（conscious level），是念之涉著於物，並即此而起一了別的作用。《易經》所謂「曲成萬物而不遺」當可以用來闡釋此。若以一九九六年所為之《道言論》來說，這是順著前面所說的「道顯為象，象以為形」，進而「言以定形」的活動。

「名以定形」，「言以成物」，言說話語才使得對象物成為對象物，但一落言說話語的脈絡便會因之形成一不可自已的出離活動，這樣的力量之不能自已，可以成為「物勢」，是隨著「物形之」而有的「勢成之」。這樣的「物勢」正標明了「言說話語」所可能帶來的反控與異化，真正的問題並不是「物」，而是「名以定形」的「名」，「言以成物」的「言」，這名言（言說話語）所挾帶而來的趨勢，是會導致反控與顛覆的，所謂「天下皆知美之為美，斯惡矣！天下皆知善之為善，斯不善矣！」[12]正是這寫照。伴隨著言說話語挾帶而生的利益、性好、權力、貪欲、趨勢，將使得我們所展開的認識活動與價值實踐活動因之而扭曲、異化、變形，甚至是倒反。就此來說，即《道言論》所論「言業相隨」也。我也在這點上接受了哈柏瑪斯（J. Habermas）有關「知識」與「趣向」（Knowledge and interest）的論點。[13]

---

12 語出老子：《道德經》第二章。
13 關於此，顯然受到西方知識社會學傳統之影響，如卡爾曼罕（Karl Mannheim）等之影響，又哈柏瑪斯之見地，參見Jurgen Habermas, "Knowledge and Human Interests," Translated by Jeremy J. Shapiro, Beacon Press, 1971, Boston, USA.

三　「存有三態論」的建立與「存有的治療」之可能

「天下萬物生於有，有生於無」，[14]落在存有三態論來理解，可以豁然明白。天下間一切對象物之所以為對象物，是經由一「有名」（「始制有名」）[15]這樣的命名活動，這樣的主體對象化活動而構成的。再進一步推溯，這「有名」原生於「無名」，「言」始於「無言」，「言」與「默」是連成一個不可分的整體，「可說」必上溯於「不可說」，這便是「有生於無」。顯然地，「天下萬物生於有，有生於無」，這是從「存有的執定」往上溯而及於「存有的彰顯」，更而往上溯而及於「存有的根源」。

相對來說，「道生一，一生二，二生三，三生萬物」，[16]就存有的三態論來說，這是從「存有的根源」往下說，「道生一」是就「存有的根源」說，而「一生二」是就「存有的開顯」說，「二生三」是就「存有的執定」說，由此存有的執定因之對象物始成為對象物，此之謂「三生萬物」。[17]

若關聯著「默」與「言」，「不可說」與「可說」來論，「道」本為不可說，如此之不可說是渾合為一的，是一不可分的整體，「道」本為空無，而有一不生之生的顯現可能，即此顯現而為一不可分的整體，這即為「道生一」，「道生一」總落在「存有的根源」一層立說。道既顯現為一不可分的整體，如此不可分的整體雖仍為不可說，但這樣的不可說之整體便又隱含著另一對立面的可能，如此之對立面實由此整體所分別而來，既有分別，便由原先之「不可說」轉為「可

---

14 語出老子：《道德經》第四十章。
15 語出老子：《道德經》第三十二章。
16 語出老子：《道德經》第四十二章。
17 參見前揭文〈《揭諦》發刊詞——「道」與「言」〉，第三節「言以定形」，頁5-6。

說」。如此「不可說」而「可說」，此即所謂的「一生二」是也。進到此「一生二」之境域，實即為存有的開顯之境域。如此之「可說」又必然的指向於「說」，「可說而說」，這是主體的對象化活動，如此使得一切存在之對象成為一決定了的定象，這即是「二生三」。「道生一」是由空無性進到總體的根源性，而「一生二」是由此總體的根源性進到兩端的對偶性，而「二生三」則是由此兩端的對偶性進到具體的個別性，由此具體的個別性才能說天地萬物之存在，這即是「三生萬物」。這是由「說」而「說出了對象」，由具體的個別性具體化成為一個別之具體物。

若進一步闡述之，我們亦可說此「道生一、一生二、二生三、三生萬物」，「道」是「未顯之不可說」，而「一」是「已顯之不可說」，「二」是「未執之可說」，「三」是「未執之說」，「萬物」即為「已說之執」。若關聯到我多年來所闡述的中國詮釋學的五個層次：「道」、「意」、「象」、「構」、「言」，「道生一」即為「道顯為意」，「一生二」即為「意顯為象」，「二生三」即是「象以為構」，而「三生萬物」則是「以言為構」。「道」是總體渾淪而未發，「意」是將發未發之幾微，「象」是顯現而無分別，「構」則是顯現而有分別，「言」則是分別而為對象物。[18]

由於道家思想的薰陶，讓我深切的體會到我們這個族群有一極為可貴的地方，迥非西方文化主流所能及，這就在於我們在言說話語之上有一「超乎言說話語的存在」，「可說」與「不可說」、「言」與「默」，並不是斷裂的，而是連續的。我們早在二千餘年前即清楚的

---

18 關於此「道、意、象、形、言」首見於「革命的孔子：熊十力儒學中孔子原型」一文，涉及於「詮釋方法論及其相關問題」處，參見《儒學革命論：後新儒家哲學的問題向度》，頁169。關於此，進一步的論述，參見林安梧：《人文學方法論：詮釋的存有學探源》（臺北市：讀冊文化事業公司，2003年7月），第六章，頁145-176。

了知「名以定形」、「言以成物」,[19]任何一個客觀的對象物都不是一既予的存在,而是經由言說話語所建構的存在。正因如此,凡所謂的存在的異化都不是來自於存在本身,而是來自於言說話語的建構,這應說是「話語的異化」,而不是「存有的異化」。[20]

就西方當代哲學涉及於此者來說,我以為工夫倒做了。他們判之為「存有的異化」,再企求一「話語的治療」;實則,應該判之為「話語的異化」,所當求的是「存有的治療」。我認為這在在可以看出西方是以「Logos」為核心的思考,此不同於我們中土是以「道」為核心的思考。正因我們這「道」論的傳統,我們才不拘於「語言是存有的居宅」,我們更而說「存有(道)是語言形而上的居宅」,而「語言則是存有(道)落實於人間世的居宅」。[21]「存有」(道)與「語言」兩者的關係,借用王夫之的哲學用語,應是一「兩端而一致」的關係。[22]所謂「異化」的克服即須在此「兩端而一致」的格局下來思考。

如前所述,在「存有三態論」的格局看來,所謂「存有的治療」便是真切去面對「存有的執定」及其伴隨而生的貪取、利益、權力、占有、欲求等等,經由一種「存有的歸返」活動,回到原先存有的開顯,乃溯及於存有的本源;再如其所如依此存有之本源開顯其自己,並在此場域中獲得一種甦醒與調劑的可能。換言之,道家義下的存有

---

19 「名以定形」(頁65)最早由王弼提出,相關者,他亦有「名以定物」(頁6)、「名者,尚乎定真」(頁5),參見王志銘編:《老子微旨例略、王弼注總輯》(臺北市:東昇出版事業公司,1980年10月)。

20 參見林安梧:〈語言的異化與存有的治療〉,收入《中國宗教與意義治療》(臺北市:明文書局,1996年4月),第六章,頁139-175。

21 關於「語言」與「存有」的見地,頗受海德格(Martin Heidegger)啟發,海氏見解,參見氏著,孫周興譯:《走向語言之途》(臺北市:時報文化事業公司,1993年4月)。

22 關於「兩端而一致」的思考,參見林安梧:《王船山人性史哲學之研究》(臺北市:東大圖書公司,1987年),第四章「人性史哲學的方法論」,頁71-96。

的治療,它所重的並不在於存有的執定這層次的對治,而是經由存有的歸返活動,讓自己能回到境識俱泯的根源性狀態,因之而使生命能如其自如的生長。

現在,我們且以老子《道德經》為例闡述之:

> 致虛極,守靜篤,萬物並作,吾以觀復,夫物芸芸,各復歸其根,歸根曰靜,是謂復命,復命曰常,知常曰明,不知常,妄作凶。知常容,容乃公,公乃王,王乃天,天乃道,道乃久,沒身不殆。[23]

這是我講習老子最常引用的經文段落,我亦因之而於存有三態論所隱含的治療學思維,更無所疑。[24]「致虛」、「守靜」這是對於存有的執定與伴隨而生的染污的撤除活動,是一「滌除」的工夫,由此「滌除」,才得「玄覽」也[25]。由這樣的撤除活動,我們才能「損之又損」,回到「存有的根源」,才能有一「存有的光照」(即所謂「玄覽」,或作玄鑒)。換言之,致虛守靜看似一消極性的撤離活動,但實為一積極性的光照也,是來自於存有之在其自己的光照也。經由如此之光照,萬物如其自如的生長著,這便是所說的「萬物並作」。能致虛、守靜,能得存有的光照,方得「觀復」。「觀復」是就人往上說,而「玄覽」則就道往下說,是一體之兩面。「觀復」是就存在的現實

---

23 語出老子:《道德經》第十六章。
24 關於將儒、釋、道三教視為治療學的論點來看,傅偉勳先生首發其端,見氏著:《弗蘭克爾與意義治療法》,收入氏著:《批判的繼承與創造的發展》(臺北市:東大圖書出版社,1986年6月),頁171-179。後來,我循這理路發展成了一《中國宗教與意義治療》的總體脈絡。
25 語出老子:《道德經》第十章「載營魄抱一,能無離乎?……滌除玄覽,能無疵乎……生而不有,為而不恃,長而不宰,是謂玄德。」

居宅往上說,而「玄覽」則是就形而上的居宅往下說。玄覽是一道體的照明,而觀復則是一修養功夫,這功夫是連著前面所說的「致虛」與「守靜」而開啟的。

「致虛」、「守靜」、「觀復」、「歸根」、「復命」這些字眼或可以做多方的闡釋,但總的來說,它們都指向一存有的回歸,並經由這存有的回歸而獲得存有的治療。「存有的回歸」,無他,只是回復生命之常罷了,能體會得此生命之常,即為智慧通達之人。不能體會生命之常,無知妄作,必然招致凶禍。能體會得此生命之常,便能有所容,能有所容,則無不公矣。當回到生命的存有之源,得此存有之源的浸潤,有了一生命的溫潤之情,自能有一相與融通合會之可能(知常容),如此才能凝成一有力量的社會共同體(容乃公),能如此才能通天地人,成為此共同體之領導者(公乃王),這樣的一個現實政治的領導者才能朝向普遍理想(王乃天),如此之普遍理想並不是夐然超於物外,而是通同於一根源性的總體(天乃道),能通於此根源自能長久不息(道乃久),終其身永不停歇(沒身不殆)。顯然地,存有的回歸便隱含著存有的治療,而所謂的治療便在於存有的照明,總的來說,這是一修道與體道的活動。[26]

如上所述,這樣的「存有的治療學」得之於道家的啟發頗多,它走出了境界型態的形而上學的詮釋角度,而往社會存有學、社會實踐學邁進。他意圖跨過「儒主道輔」的儒家主流思考,而強調「儒道同源」、「儒道相生」、「儒道互補」。依這樣的詮釋,我們發現道家不再只是強調主觀修證的境界型態的形而上學,儒家也不再是以「心性修養論」為核心的「道德的形而上學」。當然,也就不再是以「一心開

---

[26] 參見老子:《道德經》第十六章:「致虛極,守靜篤;萬物並作,吾以觀復,夫物芸芸,各復歸其根,歸根曰靜,是謂復命,復命曰常,知常曰明,不知常,妄作凶;知常容,容乃公,公乃王,王乃天,天乃道,道乃久,歿身不殆」。

二門」的格局來建立「兩層存有論」，而是以「天地人交與參贊成的根源性總體」、「境識一體」、「物者心之物也，心者物之心也」[27]的去闡釋「存有三態論」的理論可能。當然，這也就不再是「如何由內聖開出外王」的思考，而得思考「內聖外王交與為體」，甚至是相對於以前，反過來要思考「如何由外王而調理出新的內聖」來。[28]

四　克服「存有的遺忘」：中西哲學之對比及其交談辯證之可能

如上所說，後新儒家哲學之哲學觀，強調的「哲學」是無法離開我人生活世界的。再說，哲學是我們生活於天地之間，對於宇宙人生萬有一切的根源性反省。哲學之為一種追本溯源、後設反思的學問，這是不變的；哲學仍然免不了要處理存在、知識與實踐的問題，哲學仍須得正視「天人、物我、人己」等基礎性、根源性的問題。或者，更徹底的說，哲學必須從人之處於天地之間的「參贊姿態」來思考起，哲學必須從「人」之「生」所可能的「自由」之渴求來思考問題，人必須從這最基礎最根源的地方來思考他與世界的連結問題。

舉個比喻來說，我們用餐時，使用「筷子」與使用「叉子」就表現了兩套不同的連結方式，它甚至可以說是「東西文化」異同的具體表現。使用「筷子」是「主體」通過「中介者」連接到「客體」，而構成一個整體，並且在達到一均衡狀態下，我們才能適度的舉起客

---

27 「天地人交與參贊成的根源性總體」此語可用來詮釋「道」，是這十餘年講習諸家經典而後訂定的；而「境識一體」則有取於熊先生體用哲學之理解；「物者心之物也，心者物之心也」則是王船山哲學的觀點。參見〈「道」「德」釋義：儒道同源互補的義理闡述〉，《鵝湖月刊》第28卷第10期（總號334期，2003年4月），頁23-29。

28 參見林安梧：〈後新儒學的社會哲學：契約、責任與「一體之仁」——邁向以社會正義論為核心的儒學思考〉，《思與言》第39卷第4期（2001年12月），頁57-82。

體。相對來說，使用「叉子」是「主體」通過「中介者」強力的侵入「客體」，並確立此客體，因之而舉起這客體。前者，可以視為「主客和合不二」的連續體式的思考方式，而後者則可以視之為「主客對立，以主攝客」的斷裂型的思考方式。如果關係到「天人」、「物我」、「人己」等向度來思考，我們將可以說「筷子」式的思考方式是「天人、物我、人己」通而為一的思考方式，它是存有的連續觀下的思考方式；而「叉子」式的思考方式是「神人、物我、人己」分而為二的思考方式，它可以說是存有的斷裂觀下的思考方式。「存有的連續觀」與「存有的斷裂觀」的對比下，中西文明的確有著相當大的異同，我們華夏族群強調的是「氣的感通」，而相對來說西方文明的重點則在「言說的論定」。我們重在天人、物我、人己通而為一，天人合德、物我不二、人己為一，我們沒有像希伯來宗教所強調的超越人格神為主導的一神論傳統，代之而來的是「天地人交與參贊為一不可分的總體」，而自這總體的根源而有的道德創生論傳統。[29]

我們沒有像西方古希臘以來那麼強的言說話語傳統，我們雖然也有科學，但我們更講求的是在言說話語之上的「氣」的神妙處，落實而有的巧奪天工。我們沒有像羅馬以來所強調的法律契約傳統，我們雖然也有國法、鄉約，但我們更注重的是「道生之、德蓄之」，「一體之仁」孝悌人倫的傳統。更有趣的是，截至目前為止，很少一個那麼完整且又歷劫而不衰的文化傳統，竟然是使用著圖象性的文字。它將「言」與「默」，將「具體」與「普遍」，將「有」與「無」等看似兩端矛盾的範疇，居然徹徹底底的將他們連結成一不可分的整體。

古希臘的科學傳統，希伯來的宗教傳統，羅馬的法律契約傳統，構

---

[29] 關於「筷子與叉子」的對比思考，是關聯著「存有的連續觀」與「存有的斷裂觀」而展開的，參見林安梧：《儒學與中國傳統社會之哲學省察》（臺北市：幼獅文化事業公司，1996年4月），第六章，頁85-108。

成了西方文明中「物我」、「神人」、「人己」三個向度的主要內涵,充分的顯示了「存有的斷裂觀」的實況。中國文化中的「物我」是一氣之感通,「天人」是「和合其德」,而「人己」則是「一體之仁」,這充分的顯示了「存有的連續觀」的實況。在宗教的向度上,我們立基於人雖有限而可以無限,因此人要的是經由原先就有的根源性的道德之善的實踐動力,去完善自己,成就自己,所謂「成聖成賢」,都可以置於這樣的規格下來理解。這不同於西方基督宗教的傳統,強調人的「原罪」,及上帝對於人的「救贖」;也不同於印度宗教的傳統,強調人的「苦業」,及相對而有的「解脫」。在社會的向度來說,我們強調的不是契約性的社會連結,不是客觀法則性的重視,而是「血緣性的自然連結」,以及此中所隱含的「人格性的道德連結」;與其說是國法、天理的優位,毋寧我們強調的是親情、倫理的重視。我們重視的不是主體的對象化活動,我們不強調「存在與思維的一致性」;我們強調的是「存在與價值的和合性」,我們不強調「以言代知,以知代思,以思代在」,我們深深知道「言外有知,知外有思,思外有在」。[30]「存在的覺知」一直是我們所注重的,至於「話語的論定」,我們則一直以為那是使得主體的對象化所以可能的必要過程,是一切人間符號的執定過程,它使得那對象成了一決定了的定象,人間一切話語的操作與控制因之而生。換言之,我們對於人使用符號系統因之而導生的科學與技術,一直保持著警惕之心的。在《老子》、《莊子》書中對於這些反省是很多,而且很為切要的。

　　正因為我們強調的是「存在與價值的和合性」,所以我們格外重視人與天地萬物之間的價值意味關係,將「天、地、人」稱為「三才」,並強調人參贊於天地之造化,人要效天法地,像《易經》說「天行

---

30 參見林安梧:《人文學方法論:詮釋的存有學探源》(臺北市:讀冊文化事業公司,2003年7月),頁142-143。

健,君子以自強不息;地勢坤,君子以厚德載物」,而老子《道德經》說「人法地,地法天,天法道,道法自然」,原來「存在」都隱含著價值意味,都能經由價值意義的象徵而開啟其實踐的指向。「存在」並不能單只是經由話語符號文字的控馭來「利用」就可以,華人強調這裡必須經由一「正德」的基本工夫,才能進一步利用、厚生。

伴隨著西方現代化之後的大幅反省,海德格（Martin Heidegger）對於整個西方哲學史的深切批判,他對於「存有的遺忘」的針砭,他強調:人做為一活生生的實存而有這樣的「此有」（Da-sein）,他是一切生活場域的啟動點,是人參贊於天地之間的觸動點,人生活在這活生生而當下的生活世界的。人不能外於此,而將那主體的對象化活動所成的定象世界,當成存有自身來處理;人不能如此自棄的遺忘這真實的存有。自十九世紀末、廿世紀,乃至進入了廿一世紀,人們原先所操控的「話語」也受到極深切的注意,詮釋學的興起使得哲學史的發展有了「語言學的轉向」（linguistic turn）,它使得人們有機會涉及到更為真切的實存向度。不過,由於長久以來「存在與思維的一致性」原則,更使得人們警惕地要去從此中掙脫出來,而後果則是陷入嚴重的虛無之中。顯然地,「解構」的呼聲已繼「權力意志」的追求,而成為時下的口頭禪。早先,尼采（F. Nietzsche）喊著「價值重估」,而現在則不知「價值何在」,人處在意義虛無之中,所不同的是卻沒有早先存在主義者的荒謬感,而代之而來的卻是「虛幻即是真實」。似乎,大家仍然清楚的知曉哲學的目的在於對智慧的追求,一方面呼籲著對於「權力」的解構,但另方面卻任由文化霸權夾雜著真理的神聖,作弄著其他的次殖民地,只是因為話語的糾纏與夾雜,人們更無法去處理而已。

科學主義（scienticism）似乎曾被反省過,但只是話語的反省,無助於事,其實,它仍然強而有力的作用在這世界之上。它從資訊信

息業跨到了生命科學、生物科技，雖然因之也引出相關的生命倫理學之檢討，但生命的複製已然產生，人的複製也在既被反對，但又被偷偷的進行中。可以想見的，人的自我認同（self-identity）以及其他相關的文化傳統、價值確認、知識結構必然面臨嚴重的問題。信息產業的過度膨脹，話語的傳達數量突破某個層次，正如同話語通貨膨脹，幣值貶低，甚至形同糞土，此時真理還可能引發人們的真誠嚮往嗎？當人們宣稱不再有真理時，哲學能做的將不再是追求真理，而是去審視為什麼會這樣，恐怕已經來不及。現代性「工具理性」的高張使得人陷入嚴重的異化之中，但工具理性並沒有因此就可能被掃卻，儘管人們呼籲須要正視「價值理性」，但這樣的呼籲就在工具理性的話語氛圍中被繳纏在裡頭，那又有什麼辦法呢！像哈貝瑪斯（J. Habermas）就提出「理想溝通情境」的必要性，但很可能這即使做為嚮往都不可能。問題就在於人已在現代工具理性的話語系統中被宰制、被異化，一切已矣！一切已矣！不過正因為是如此的紛雜與多音，也讓出了一些可能性，儘管這些可能性是微乎其微的，但我們卻得正視這樣的「微明」之光。

由於話語系統的纏繞糾葛相絞使得工具理性的高張成了一種奇特的困境，這困境卻因之讓人得去正視真切的存在覺知，這樣的存在覺知宣稱是要跨過原先的話語中心來思考的。於是，人們將話語中心、男性中心、理性中心做了另類的清理，甚至異性戀中心也受到了波及，人們的話語在多音中，開始找尋新的可能。社會的結構開始變動得讓人難以理解，國家性、民族性、男性、女性、理性、話語的對象性、人的主體性，……凡此種種都在瓦解之中。虛無、懷疑、神秘、……實存、覺知、場域的思考悄然升起，大家並沒有宣稱它們的重要，甚至是排斥，但卻不覺已然接受了。

五　結論：「語言是存有的安宅」而「存有是語言形而上的家鄉」

　　東方已然興起，已經不必宣稱，因為這樣的事實，是確然無可懷疑的。在多音下，文化的多元思考、多中心思考，已經是人們必得承認的事情。當原先的話語系統已經疲憊，話語貨幣已然貶值，新的話語貨幣之船正升火待發，在對比之下，我們的儒道佛傳統，印度的古奧義書傳統、印度教傳統，乃至伊斯蘭的可蘭經傳統，正在醞釀中。敏感的杭丁頓（Samuel P. Huntington）說這是「文明的衝突」（The Clash of Civilization），不幸的是，文明卻果真通過了「九一一」來示現這悲慘的事實。[31]但話說回來，特別是站立在儒道佛傳統的我們主張，文明要有新的對話與交談，宗教要有新的傾聽與交融，人的生命要在話語褪去後，用真實的天機交往。我們正等待著，正升火待發。顯然地，在我們這個不是以「話語、理智」為中心的族群來說，「生命存在、場域覺知」一直是我們所重視的，正因為我們強調的「不可說」與「可說」的連續性這樣的道論傳統，我們反而有一嶄新的可能。這可能是：當西方一直喊著「語言學轉向」的時候，我們卻可以進一層的去問，在語言學轉向之後，進一步的發展可能，那卻是回溯到一「不可說」的「寂靜空無」之中。

　　因為我們知曉的不只是「語言是存有之道落實於人間世的居宅」，而且「存有之道正是話語調適而上遂的形上家鄉」。我們知道：「話語」與「存有之道」是「互藏而為宅」、「交發以為用」的，這「兩端而一致」的思考是值得我們去注意的。這也就是說，在我們的哲學傳統，有機會清楚的確知西方哲學所說的「存有的異化」原來該

---

[31] 關於Samuel P. Huntington的見解，參見氏著，黃裕美譯：《文明衝突與世界秩序的重建》（臺北市：聯經出版公司，1997年9月）。

是「話語的異化」；他們所強調的「語言的治療」，我們確知其實是要回溯到「存有之道」才可能有的「存有的治療」。從海德格對於西方文明的總體反省起，我們卻進一步可以對比的發現中國哲學在方向上有著無與倫比的優越性。我們深知「言外有知」、「知外有思」、「思外有在」，我們不能全幅的如巴曼尼德就認定「思維與存在的一致性」，自老子的「有名萬物之母」、「始制有名」，到王弼的「名以定形」，我們確知的是人們經由一主體的對象化活動，由名言概念話語的決定，才使得那對象成了一決定了的定象。外物是經由人們所建構起來的，正如同公孫龍子《指物論》上說的「物莫非指，而指非指，天下無指，物無可謂物」。我們一方面清楚的知曉如何的「曲成萬物而不遺」、如何是「有名萬物之母」；另方面卻也知道如何「範圍天地之化而不過」，如何「無名天地之始」。

原來《易經》所說的「形而上者謂之道，形而下者謂之器」也有了嶄新的理解可能，而不會落在亞理士多德的「物理學之後」（Metaphy-sics）來理解而已。這麼一來，我們將可以經由價值哲學、實踐哲學，以人參贊天地之化育而重新甦活形而上學的可能。就在這樣的理解與詮釋裡，我們將明白「存有的根源」之為「根源」乃因其為天地人交與參贊而構成的總體，它即是「場域」、即是「存在」、即是「覺知」，就在這「境識俱泯」下進一步而「境識俱顯」，這即是「存有的彰顯」，而進一步則是「以識執境」的落實為「存有的執定」。原來存有學、價值學、知識論與道德實踐是一體而不分的。

「三才者，天地人」的傳統有了恰當的詮釋，「場域」中有「存在」，「存在」中有「覺知」，「覺知」後方有「話語」，「話語」本來就只是個「權」，如何的「開權顯實」那是極為重要的，這涉及到的是

存有安宅的確立問題,是人安身立命的問題[32]。在西方主客兩橛觀下的個體性、原子性原則,在現代化之後面對的是徹底的虛無與空寂的挑戰;相對來說,我們強調的是「家」,一個生命生長氤氳的處所,一個生命能得生長的場域,「個體」與「群體」就在此中協調和諧,好自生長。我們深知在理性架構展開分析之前,生命的覺知之場域是更為優先的;我們深知在意識所及的對象化過程之前,有一意識所及之前的主客不分的狀態,這是更為優先的,人的生命就在這過程中長養以成。進入廿一世紀,哲學的領域隨著文明的變遷多有變異,特別值得我們留意的不是它增減了多少版圖,而是由於它作為「智慧真理」的永恆追求的性格,讓我們真切地覺知到,唯有回到人這活生生的實存而有的「此在」,才可能有之真實之場域的覺醒,才可能有一真切的哲學療治活動。當然,這標示著不是文明與宗教的衝突,而是傾聽彼此的心靈的聲音,這才是交談。

(林安梧:〈新儒學之後與「後新儒學」:以「存有三態論」為核心的思考〉,刊於《東岳論叢》,濟南市:東岳論叢雜誌社,2019年11月,頁86-95。)

---

[32] 關於「存有、場域與覺知」,參見林安梧:《二十一世紀人文精神之展望:「存有」、「場域」與「覺知」》(2002年3月講稿),收入高強華、戴維揚主編:《新世紀教育展望與實踐》(臺北市:國立臺灣師範大學,2002年12月),頁125-158。

第二十四章
「歸返自身、由在而顯」：易經現象學與道論詮釋學芻論
——以王弼《周易略例‧明象》與「存有三態論」為題的展開

本章提要

　　本文旨在經由中西哲學的對比，闡明《易經》所隱含的現象學思維，並由此衍生討論與其相關的「道論詮釋學」。首先，作者指出《易經》思想為一象徵之邏輯，此不同於一般之理性邏輯。其次，以王弼《周易略例》〈明象篇〉為示例，闡明其現象學的思路，指出「道、意、象、言」與「道論詮釋學」密切關聯。再者，經由「存有三態論」的現象學與道論詮釋學之結構的深層論述，進而，對現象學與道論詮釋學做一總體的探源，跨越實然、應然，回歸本然，指出「存在、價值、實踐、知識」和合為一。最後總結「歸返自身，由在而顯」以為易經現象學與道論詮釋學之極成。

關鍵字詞：存有、意識、根源、彰顯、執定、文明、在、價值、實　　　　　　然、應然

一　前言：《易經》思想為象徵之邏輯

《易經》思想為一象徵之邏輯，此不同於一般之理性邏輯。

闡釋

本節主要在闡明象徵之邏輯之為《易經》思想之主軸，而不同於一般的理性邏輯；重要的是要去闡明象徵邏輯在階位上、在發生上都是更為優先的。進一步，闡明生命存在的辯證邏輯優先於理性的思維邏輯。

此象徵之邏輯包括：情境之邏輯、脈絡之邏輯、生命之邏輯、辯證之邏輯。

闡釋

此處「邏輯」（Logic）取廣義，印度亦有所謂「因明」（梵語：हेतुविद्या，Hetuvidyā），如同西方之邏輯學，他指的是印度的思考方法，是探索真理的方法。以漢語來說即所謂「道理」「論理」之謂也，古時則單言「理」是也。此處依西方之 Logic 而以其通用的音譯為之，謂之「邏輯」。《易經》（取廣義，包括《易經》）之獨特乃以象徵之邏輯為思考之主要途徑。這就是「即象而言理」，如此之象，不離情境，不離脈絡、不離生命，而生命乃是一辯證的邏輯。不論是西方之邏輯、印度之因明，主要重在理性邏輯，而《易經》則重在象徵之邏輯。

蓋象徵者，象其徵也，徵其象也。「象」者，像也，擬其事物情偽而象之者也。徵者，徵其心念之幾，驗諸倫常日用者也。

闡釋

「象徵」此語原用來翻譯 symbol 一詞，它原先指的是經由人、事、物，去表象一更為廣泛而一般的特性。此處則回到漢語的語境而展開述說。他強調就事物的實際情況，以及人們加諸其上的人文含義，以一圖象的方式來表徵它。特別值得注意的是，這裡說的「徵」，要通極於人的心靈意識之活動，而且是在「心念之幾」。「幾」說的是「意識」將發未發之際，這得由「意識所及」上溯到「意識之前」的狀態。[1]除此之外，還得「驗諸倫常日用」，這「驗」強調的是驗察、證驗。值得注意的是，這不是一般所說的科學的驗證，而是生命的驗察、體會。

如此之象徵，不離情境、不離脈絡、不離生命，而凸顯其辯證性；總的說，實亦可以說《易經》為一象徵之辯證邏輯。

闡釋

一般而言，理性的邏輯是從情境、脈絡、生命抽離開來的，純粹理性之所成的邏輯，這樣的邏輯是一線性思考（lineal thinking）的邏輯。相對來說，象徵的邏輯是不離情境、脈絡與生命的，正因如此，它顯示其辯證性。「辯證的」。

這詞原是用來翻譯 dialectical，它指的是經由討論及邏輯論辯，並多方考慮到彼此相互對立兩端的思想，而在不斷的交談的過程裡，來彰顯真相。這顯然就不只是線性的思考，而會是環狀的思考（circular thinking）。是生命處在整個場域之中而生的，是一

---

[1] 周敦頤：《通書》聖第四有言：「寂然不動者，誠也；感而遂通者，神也。動而未形有無之間者，幾也。」

處圓中以應無窮的思考。它既是象徵的邏輯，有其辯證性，因之而我們說其為象徵之辯證邏輯。

情境者，境之不離情也，情之不離境也。此主客不二、能所為一，由分別而入於無分別，由無分別而顯於分別也。

闡釋

「情」重在主觀面，而「境」則重在客觀面，主觀、客觀本來是渾合為一的。主客不二、能所為一，這是一切思考之原初點。人們常常陷溺在既成的習性下來看待這論題，而誤以為主客分立、能所為二。人們會以為作為我們認知的對象是一既予的存在，它是外在於我們的心靈意識的，這其實是忽略了人們本在一世俗所成的、文化所限制的世界。用佛家的話來說，其實人們誤以為一業力習氣已成的世界，與我們的心靈意識是無關的。其實，它是密切相關的。情境不二、主客不二、能所為一、境識俱泯時本來就是無分別的，是通同為一的。

就在這主客、能所、境識關聯為一網絡下，而成其生命之脈絡，其象徵之辯證邏輯即於此而論之者也。

闡釋

情境不二、主客不二、能所為一、境識俱泯時本來就是無分別的。但須知：這指的是無分別，但不是斷滅的無，不是匱乏的無，用佛教的語彙來說，不是斷滅空，不是惡取空。它其實預示著充滿著可能性，生機盎然地生長著。這裡有一生生不息的動能，它是源泉滾滾，沛然莫之能禦的。這兒有一生命的場域、脈

絡，即此生命場域脈絡，人參贊於其中，而成就一象徵的辯證邏輯。這是「天下萬物生於有，有生於無」[2]的邏輯，這是「色不異空、空不異色」、「色即是空、空即是色」[3]，色空不二，真空妙有的哲學。在這樣的哲學下，才能成就一象徵的辯證邏輯，相對來說，也是在這樣的象徵的辯證邏輯底下，才能成就這樣的生生不息的生命哲學。

理性之邏輯實為一話語、知識、思想、存在通而為一，或者說是「以言代知、以知代思、以思代在」[4]，在此對象化所成之對象物，以為理，據此理以成性之邏輯。

闡釋

如前所說，理性之邏輯乃是一線性之思考，如此之思考是抽離情境、脈絡與生命的，它是一乾枯的邏輯，這裡隱含著一獨特的「代表性的思維」（representative thinking）。[5]若借用佛教的語彙來說，它是一執著性的思考，是一執執到底的思考。[6]經由話語

---

2 語出老子：《道德經》第四十章，參見〔魏〕王弼等著：《老子四種》（臺北市：國立臺灣大學出版中心，2016年），頁35。
3 語出《般若波羅蜜多心經》（梵語：缺梵語，見註3 Prajñāpāramitā Hṛdaya sūtra），玄奘法師譯文。關於「色空不二」，參見王美瑤：〈檢視「空有不二」作為說明佛教「不二中道」之概念〉，《臺大佛學研究》，第31期（2016年6月），頁101-150。
4 參見林安梧：〈後新儒家哲學擬構：以《道言論》為核心的詮釋與構造〉（2001年6月發表），沈清松主編：《跨世紀的中國哲學（國際中國哲學會會議論文集）》（臺北市：五南圖書公司，2003年），頁277-312。後來收入林安梧：《道的錯置》（臺北市：臺灣學生書局，2003年），第一章，頁3。
5 關於「如何超越海德格所說的表像性思維（representative thinking, vorstellendes Denken）的傳統形上學」，參見賴賢宗：〈京都學派哲學與海德格的交涉〉一文，參見賴賢宗：《道家禪宗與海德格的交涉》（臺北市：新文豐書局，2008年），頁27。
6 參見牟宗三：《現象與物自身》序言，收入《牟宗三全集》（臺北市：聯經出版公司，2003年），第21冊，頁3-20。

的確定,這是經由一主體的對象化活動,是「名以定形」[7]的功夫,因之取代了認知。也就是說以話語所論定的對象作為認知的事物自身,進一步,以此認知去取代思考。原先思考的範域本來是更寬廣的,但現在則由此認知來論定。此時的存在變為思考之所論定而說其為存在。存在本來是充滿著可能性的,這時失去了它的可能性、生長性、創造性。本來存在是不斷在彰顯的,此時便被限制在一主體之所對的對象上。人們把這主體對象化活動所定立的對象當成存在本身,這也就封住了存在。這樣的「理」是乾枯的理性之理,是由主體的對象活動,一執執到底的,被執著性所覆蓋的理,這樣的理去論斷天下的事物的性子,而我們為之理性。這理性顯然地已經脫開了原先的「道理」。須知:「道理」是由「道」而生「理」,這是由「存有的根源」而生之理。理性的邏輯則在於那「存有的執定」這層次而說的理,就此「理」而論其「性」,是為「理性」。[8]

象徵辯證邏輯則為一「言外有知、知外有思、思外有在」,不將對象化所成之對象物直等同於存在,而直視存在之生命辯證性所成之邏輯。

闡釋

顯然地,象徵辯證邏輯與理性執定邏輯是大相逕庭的。它強調的是在話語之前的認知,在認知之前的思考,在思考之前的存在。

---

[7] 參見王弼:《老子注》,第二十五章注解,前揭書《老子四種》,頁21。
[8] 於此,成中英在八〇年代於臺灣大學擔任客座教授時,曾多次論及。後來,他在成中英、漆思、張斯珉:《中國哲學的發展道路:本體學思想訪談錄》(北京市:中國社會科學出版社,2015年)也曾多次論及。

它要跨過話語、認知、思考的限制,要回到生命的場域之中,留意生命的脈絡情境,它重視回到事物自身,更根本的是此事物自身的存在本源。它清澈地要滌除執著性的染污,要跨過話語所造成的封限,它要進到一無執著性的存有的根源。由此「存有的根源」而「存有的開顯」,在進一步去衡量那「存有的執定」[9]。我們可以明澈地看到它將主體的對象化所成的對象物,與存在自身區別了開來。正因為這樣的區別,我們可以從容悠遊於生命的場域、情境、脈絡之中,體貼到生命之為何,在這還原的過程裡,讓我們重新面對了存在之生命辯證性所成的邏輯。這是一意象思維所成的邏輯,它不是執著性的,它是無執著性的,是一象徵辯證邏輯。

象徵辯證邏輯以「我與您」(I and Thou)做為開顯之契機,而理性思維邏輯則以「我與它」(I and it)為分別之起點[10]。

闡釋

象徵辯證邏輯並不是分立兩端的邏輯,它是「兩端而一致」的邏輯。它不是線性的邏輯,它是圓性的邏輯,是具辯證性的邏輯。它不是彼疆我界的邏輯,它是渾淪了彼疆我界的邏輯。借用馬丁・布伯(Martin Buber, 1878-1965)的名著《我與您》來論,他認為去觀看這個世界有兩個不同的範式,一是「我與你」(I and

---

[9] 「存有三態論」乃九〇年代初所衍生者,關於此,參見林安梧:《存有、意識與實踐》(臺北市:東大圖書公司,1993年),第五章,第二節「論『存有的三態』」,頁107-150。

[10] 關於此有關「我與你」、「我與它」的對比,乃有取於馬丁・布伯(Martin Buber, 1878-1965)的理論,參見陳維剛譯:《我與你》(I and Thou)(臺北市:桂冠圖書公司,1991年)。

Thou），另一則是「我與它」（I and it）。前者強調的是彼此的相遇、交談、互動、尊重、和合，後者則強調一個對象性的它者，講求的是工具性的效益，它忽略了一個存在的事物原先是有其生命的，而生命之為生命是尊貴的。我們這裡借用了這兩個概念來對比，要說「我與你」重點在於和合為一，在於無分別相，經由交談互動，正視了存在的相遇，因之而可以相容、相攝，通而為一。進一步，我們說「我與你」是意識之前的層階（preconscious level），而「我於它」則是意識所及的層階（conscious level）[11]。這兩者前者優先於後者，前者是生命的、場域的、脈絡的、實存的、總體的、根源的。

象徵辯證邏輯強調的是一「價值與存在的和合性原則」，此不同於理性思維邏輯所強調的是一「思維與存在的一致性原則」。

闡釋

當我們從意識所及的層階回復到意識之前的層階，這歸返的過程，我們也就回到了生命的、場域的、脈絡的、實存的、總體的、根源的存在實況。我們說這是「在」，也就是「存有的根源」。這樣的「在」是人參贊於天地萬物所成的總體根源的「在」，它是在思想分化之前，在認知所識之前，是在話語所論之前。這樣的「在」，包孕了存在與價值，存在不是作為認知的

---

[11] 意識之前的層階（pre-conscious level）與意識所及的層階（conscious level）的對比，有取於莫里斯‧梅洛-龐蒂（法語：Maurice Merleau-Ponty, 1908-1961）。參見氏所著"Phenomenology of Perception," Merleau-Ponty, Maurice / Landes, Donald A. (TRN) / Carman, Taylor (FRW), 2013/08, Routledge. 吾於臺大攻讀博士，曾受學於關永中教授，一九九〇年彼在臺大講授有關《知覺現象學》，又參見關永中：《知識論──近世思潮》（臺北市：五南圖書出版公司，2008年），頁430。

對象,而是做為認知之前、思考之前、話語論定之前的生機洋溢的本體,它是生生不息的,存在與價值是和合為一的。相應於「我與你」之優先於「我與它」,我們很明白地要說「價值與存在的和合性原則」優先於「思維與存在的一致性」原則。前者之所相應的是象徵辯證邏輯,後者之所相應的是理性思維邏輯。前者,我們可以中國古代哲學之《易經》為例示;後者,是從古希臘哲學家巴曼尼德(Parmanides,約西元前515-前445年)的論說來的。巴曼尼德、柏拉圖(Plato,西元前429-前347)、亞里士多德(Aristotélēs,西元前384-前322年)這西方哲學的主流思考,是哲學的主要之支配者,但它卻是偏歧的。

二 王弼《周易略例》〈明象篇〉的現象學與道論詮釋學思維

王弼〈明象篇〉旨在講明「道」、「意」、「象」、「言」之關係,而可成就一《易經》的象徵哲學,亦可進一步「因而通之」而成就一哲學詮釋學之思維。

闡釋

本節借由王弼《周易略例》[12]的〈明象篇〉所論「道、意、象、言」四個層面來彰明它所可能隱含的象徵哲學,而這樣的象徵哲學是就其深處,隱含著一獨特的現象學思維。進一步,就其調適而上遂於道而論,它可以成就一套道論的哲學詮釋學思維。

---

12 參見〔魏〕王弼、〔晉〕韓康伯、〔宋〕朱熹:《周易二種:周易王韓注、周易本義》(臺北市:國立臺灣大學出版中心,2016年),頁262-264。此節所徵引自王弼所著出自於此者,不另外註明。

「象者,出意者也;言者,明象者也。盡意莫若象,盡象莫若言。」「象」為卦象、爻象,亦可以進而申論之為象徵。「意」為「意向」、「言」為「話語」。這清楚的表明了「意向」、「象徵」、「話語」三個層面的關係。

闡釋

《易經》由八卦相重而為六十四卦,卦有卦象,而每卦有六爻,總共有三百八十四爻,爻有爻象。「卦」觀其全局,「爻」觀其變易。卦象、爻象都是象徵,象是擬諸其形容,象其事物之宜;徵是徵其心念之幾,是驗察於人倫日用。如此言之,就有總體根源的「道」,參贊開顯之幾的「意」,進而有其顯現而成的「象」,再由此「象」,而開啟人們的理解與詮釋,因之而有「言」。「言」為「話語」,「象」為「象徵」,「意」為「意向」。「意(意向)、象(象徵)、言(話語)」皆通統於「道」(總體之根源)也。

若往前追溯一步,則意向之前當為「道」,「道」為總體之根源,如此而為「道」、「意」、「象」、「言」之結構。

闡釋

「道」、「意」、「象」、「言」就其發生歷程而言,它是相續的。就其存在的具體來說,則是當下具足,充實飽滿的。「道」是根源義,「意」是指向義,「象」是顯現義,「言」則是論定義。由根源而指向,由指向而顯現,由顯現而論定,層層展開,逐層落實,由「道」而至於「言」,方得落實也。不只是由道、意、象、言,逐層的落實而已;它也是由「言」,而「象」,而「意」,而「道」的上溯歷程。由道而言,此之謂「下落實」,由

言而道,此之謂「上迴向」。「下落實」與「上迴向」,兩者是同時發生的,而且是永不停歇的。《易經》所謂「形而上者謂之道,形而下者謂之器」[13]說的「道器不二」、「道器合一」所指即此之謂也。「形而上」者,形著而上溯其源,源者,道也。這是一上迴向的歷程。「形而下」者,形著而下委其形,形者,器也。這是一下落實的歷程。這兩者是通而為一的。

「言生於象,故可尋言以觀象;象生於意,故可尋象以觀意。意以象盡,象以言著」,話語生於象徵,象徵生於意向,意向者,道體顯現發露之幾也。

闡釋

此處所說的「生」是本體的生起義、具現義;此不同於佛教「真空而妙有」之義,而較接近於道家「天地萬物生於有,有生於無」[14]的本體生起義、具現義。這也不是如印度教梵天大我（Brahman-Atman）所流出的生,也不是基督宗教人格神（Personal God）的創造天地萬物的生。它是由本體所顯現為功用的生,是體用合一論意義下的生,是即用顯體,承體啟用的生。[15]這是「道生一,一生二,二生三,三生萬物」的「生」,[16]意即「道生之,德

---

13 參見《易經》〈繫辭〉傳第十二章,參見前揭書《周易二種:周易王韓注、周易本義》,頁217。
14 語出老子:《道德經》第四十章。前揭書《老子四種》,頁35。
15 如此之生,頗近於熊十力的「體用」觀點,參見林安梧《存有、意識與實踐》,第二章、第三章。頁25-80。
16 語出老子:《道德經》第四十二章,前揭書《老子四種》,頁37-38。又關於此,參見林安梧:〈關於老子:《道德經》「道、一、二、三及天地萬物」的幾點討論〉,《東華漢學》第7期（花蓮縣:東華大學中國語文學系,2008年）,頁1-24。

蓄之」的生。這「生」是道論詮釋學意義下的生，不是自然宇宙生起論意義下的生。[17] 不過，自古以來，這兩者常混在一起，會引出許多模糊而難以處理的困境，頗難梳理清楚。這「生」的義涵梳理清楚了，「道、意、象、言」之次序，順而落實，逆而歸返，如此一來，便可以「尋言以觀象」，可以「尋象以觀意」，蓋話語生於象徵，象徵生於意向，意向者，道體顯現發露之幾也。

經由話語，往前追溯得以觀其象徵，再經由象徵往前追溯可以觀其意向，再往前追溯則可以參天地造化之幾，上遂於道也。這是一形上的回歸過程，與此相對，則由「道」而開顯為「意向」，再開顯為「象徵」，再開顯為「話語」這一道之彰顯過程與道之回歸過程構成一個圓環。

闡釋

經由話語，而跨過話語；經由象徵，而跨過象徵；經由意向，而跨過意向；這樣才能一層層往上攀登，才能入於造化之源。因為在這追溯過程，它不是話語的、理性的、線性的追溯過程，它是要跨過這話語的、理性的、線性的方式，它是一生命的、情境的、脈絡的追溯過程。這過程是存在的逐層升進。但不斷在升進過程之中，同時它也不斷地在落實，上迴向的升進，與下落實的具現是永不停歇的。在理序上這是兩個不同的方向，但在實存上這兩個不同的方向是當下具現的。這是從它的「形著義」來說的。這「形著」一詞，則是取自於《易經》「形而上者謂之道，

---

[17] 有關「道論詮釋學」一詞，此用法及相關論辯，參見陳治國：〈道論詮釋學的基本構成與理論特徵——以林安梧先生詮釋學的存在論為中心〉，《學海》2017年第3期，頁160-166。

形而下者謂之器」[18]，這「形」字就指的是「形著」，「形著」做動詞來理解。不能將此「形」當成「形器」，將此作為名詞來理解。「上」指的是上迴向，「下」指的是下落實，「形著」說的是具體的實現。具體的實現而上迴向地追溯它的源頭，這源頭便是「道」。具體的實現而下落實地具體化成個物件，這物件便是「器」[19]。道器不離、道器合一，即器言道，由道落實而為器。《易經》是將形而上、形而下通徹地關聯在一起。

「言者，所以明象，得象而忘言；象者，所以存意，得意而忘象」，進一步申之，「意者，道所顯發之幾也，體道而忘意」也。此所說之「忘」非去除之意，而是相與為一，和合不二之意。蓋「意、象、言」咸可通之於「道」，咸可相與為一，入於境識俱泯、能所不二之地者也。

闡釋

「得象而忘言、得意而忘象、體道而忘象」，「忘」字極重要。「忘」是不執著，是去其執著，是從對象化的歷程中的反向回歸。它有反向義、回歸義、歸復義、這是一上溯於道的過程，即用顯體之謂也。這裡申說它不是去除之意，主要闡明彼此是和合同一的，是相與為一體的；也就是說，要跨過話語，進到象徵，再進到意象，最後上溯於道，這是一「歸根復命」的修為與實踐，但不是要去除話語[20]。他強調的是要讓話語有本有源的歸返到道體本源。歸返於道體本源，並不是就停住於此，而是要承體

---

18 參見前揭書《易經》〈繫辭〉第十二章。前揭書《周易二種》，頁217。
19 參見林安梧前揭書《道的錯置》第一章，頁6-7。
20 「歸根復命」語出老子：《道德經》第十六章，前揭書《老子四種》，頁13。

啟用,生生不息也。若以爻辭來說,就其詞語而迴到爻象,而爻象又得與卦象起一交談對話,如此爻象才能明白。當然,卦象必有卦辭,這卦辭可經由彖傳、象傳的詮釋,而相與交談對話,並迴返到卦象本身,而此卦象者存在根源之道的彰顯也。這必得「審心念之幾」,才能「參造化之微」也。「造化之微」者,境識俱泯、能所不二,和合為一之本源也。[21]

「得意在忘象,得象在忘言。故立象以盡意,而象可忘也;重畫以盡情,而畫可忘也。是故,觸類可為其象,合義可為其徵。義苟在健,何必馬乎?類苟在順,何必牛乎?」正因「意、象、言」皆可通之於「道」,因此只要「觸逢事類」則可以為「象」,象是象徵,只要「取義和合」,自可通也,不能是個定執的象。

闡釋

此段指出了取象的方法,及象徵的基本向度。當然,這是置放在「道＞意＞象＞言」的結構,而在理解詮釋的過程則是「言＜象＜意＜道」。[22]《易經》的關鍵點在於將這兩個過程具現在「卦」的生成上來說,所謂「重畫以盡情,而畫可忘也」。既具現於「卦」的生成,而又得進一步忘掉它。卦的生成,也就有了卦象,爻象,如何「取象比類」,這是極為重要的。王弼強調只要

---

21 關於對《易經》的總體理解與概括,大約形成於上個世紀九〇年代末期,參見林安梧:〈「易經」思想與二十一世紀文明之發展〉,《鵝湖月刊》第28卷6期(總號330期,2002年12月),頁36-48。
22 「道＞意＞象＞言」的結構,「＞」有指向、下及、也有大於之義,說的是「道」大於「意」,「意」大於「象」,「象」大於「言」。「言＜象＜意＜道」的結構,「＜」有回返、上溯、也有小於之義,說的是「言」小於「象」,「象」小於「意」,「意」小於「道」。

「觸逢事類」則可以為「象」，象是象徵，只要「取義和合」，自可通也。「處逢事類」強調的是生命的相與相融、交談會通，是「我與你」的互動感通。不是「我與它」的定象執著。「觸類可為其象」是《易經》卦象、爻象，這「象思維」的產生原則，而「合義以為徵」則指出了「義」才是優先的。「義」者，意義也。這說的是意義的構成才是優先的。從圖象的產生到意義的構成，這便是整個《易經》的象徵的辯證性思維的生成。「義苟在健，何必馬乎？類苟在順，何必牛乎？」，「比類取象」當然有它洽切而適當的向度，這關係到整個族群文化心理的深層積澱，但更重要的是落實於具體的實況，所謂「盡情」說的就是如此。情者，情實也。具體之真實、實存的狀況也。

正因如此，王弼對於「案文責卦，有馬無乾，則偽說滋漫，難可紀矣。互體不足，遂及卦變；變又不足，推致五行。」提出嚴厲批判，認為這樣下去會「一失其原，巧愈彌甚」。這是毫不可取的。

闡釋

《易經》本為天人性命之書，最重要的是要「參造化之微、審心念之幾」，如此才能「觀事變之勢」。重要的是，要溯及於本源才能如其本源，落實於所具現的卦象、爻象上去審時度勢。其關鍵處，就是不能人為造作，所以須明其本末終始先後，不能以人為之說為準，不能師心自用，而應回到道體根源，須落實到具體的事物之上。本末交貫、終始如一，就在這樣的理解詮釋下，自有其先後，而先者先不先，後者後不後，如其本然而已。「案文責卦，有馬無乾」，這樣一來，就違反了「道、意、象、言」的次序與結構，忽略了前所謂的「忘」；忘者，無執著也，生命存在

真實之相會也。經由「互體、卦變」乃至「五行」去展開《易經》卦象爻象的詮釋，並不是不行，而是不能失去本源。若失去本源，只師心自用，落入纖巧的構作裡，這樣會離開存在真實之本源越來越遠，這是值得警惕的。

王弼之強調「觸類」與「合義」，這說的是存在的感通與互動，並由此而論意義之和合，我們可以說他是以這為象徵辯證邏輯之根本。

闡釋

「觸類」的「觸」指的是相逢、相遇，因其相逢相遇，而比其類也。比其類，所以取象也。這不是「我與它」這論式下的邏輯論定，不是主體的對象化活動的對象之論定。這是「我與你」這論式下的存在相遇，是彼此之作為主體，主體與主體之相遇的參贊。也就是這裡所說的存在的感通與互動。這樣的觸類下的「合義」，這「合」字就不是符合之合，而是和合之合。「和合」說的是存在著差異，由此差異而和合，融通而同之也[23]。差異之能通而同之，是因為有生命的感通、有存在的相遇故也。這「合」字是相遇的合，是和合的合，是參贊天地之化育的合。不是理性邏輯機械義的合，而是生命實存義的合。我們說的象徵辯證邏輯須回到這存在之本源來理解，才能真切把握到它的真諦。

顯然地，象徵辯證之邏輯所重不在於「存在」與「意義」、「象徵」、「話語」的「符應」關係；它重視的是彼此和合、通而為一的「融貫」關係。

---

[23] 「和合」一語，從《易經》〈乾・彖傳〉：「乾道變化，各正性命，保合太和，乃利貞。首出庶物，萬國咸寧。」而來。參見前揭書《周易二種》，頁3。

闡釋

顯然地,「道＞意＞象＞言」,但這四者又通同為一。這通同並不是符應關係下的通同,而是生命彼此互動感通、相逢相遇之通同。就在逐層的通而同之的過程中,不斷的去除執著性,不斷的跨越而過,不斷的「忘」,得象忘言、得意忘象,盡情而忘其重卦之畫也。忘者,無執著也,生命存在真實之相會也。這當然與不是真理的符應說（correspondence theory of truth）意義下的和合,而較接近於真理的融貫說（coherence theory of truth）意義下的和合。值得注意的是,這樣說仍是比擬的說,因為《易經》卦爻關係,論其「乘、承、應、比」,比類取象,這需要正視的是「言外有知,知外有思,思外有在」[24]。他強調的是歸返存在自身,回到事物本身,這不是以話語邏輯為核心的真理融貫說,而是以生命存在為本位的真理融貫說。這不只是話語系統的邏輯一致,而是生命存在與思想話語辯證的和合同一。

三 「存有三態論」的現象學與道論詮釋學之結構

「存有三態論」指的是由「存有的根源」、「存有的彰顯」以及「存有的執定」這三態,由上而下是展開的過程,由下而上則是一回溯的過程;兩者互動循環,交與為一體。

---

24 關於此,自一九九〇年代中葉起,已成為我講學基本論點,可參看林安梧:〈中國哲學研究的「話語」與「方法」:關於「經典詮釋」「生活世界」及「本體探源」的深層反思〉,參見《中華思想文化術語學術論文集》（第一輯）（北京市:外語教學與研究出版社,2018年）。

闡釋

《存有三態論》大體發軔於一九九一年我書寫博士論文《存有、意識與實踐：熊十力體用哲學之詮釋與重建》一書時，因處理熊十力《新唯識論》而開啟的。之後，於一九九六年在南華大學創辦哲學所，開創《揭諦》哲學期刊，所做之發刊辭《道與言》（或稱《道言論》）所引出者。[25]《道言論》有云：「道顯為象，象以為形，言以定形，言業相隨；言本無言，業乃非業，同歸於道，一本空明」。一九九七年更衍生其義，成為我講學之主要宗旨，「存有三態論」乃就此而論者。

「存有」不是「存有之一般」下的「存有」，而是「天地人我萬物通而為一」所成的「道」這意義下的「存有」。換言之，這是「人之迎向世界，世界迎向人」通而為一所成的總體根源這意義下的「存有」。

闡釋

顯然的，「存有三態論」是回到「道」本身來起論的，應該是道論意義下的存有三態論，而不是西方哲學主流，由柏拉圖、亞里士多德以降而成就的存有論（ontology 或譯為「本體論」）。「存有三態論」有別於此。或有謂：既然如此，何不直接說是「道論」，或「道言論」，為何要說是「存有三態論」。最主要的理由是，因為從二十世紀以來，中國文明與西方交談的過程，我們開啟了新的「逆格義」的脈絡，並且進一步要求跨過逆格義，而冀

---

25 林安梧：〈《揭諦》發刊詞：「道」與「言」〉，《揭諦》（嘉義縣：南華大學哲學研究所，1997年）。此文，後來衍生其義，收入林安梧前揭書《道的錯置》第一章。頁1-36。

求新的交談與對話,才能有進一步的發展。[26]再說,西方自進到二十世紀以後,存在主義(existentialism)的興起,以及伴隨而生的現象學(phenomenology)運動,對於整個西方主流傳統提出了許多重要的質疑,並且尋求新哲學誕生的可能。就在這視域下,存有論的論域也做了許多調整。人之作為主體性,也產生不同意義的理解。從法國的柏格森(H. Bergson)、英國的懷德海(A. Whitehead)以及德國的海德格爾(M. Heidegger),都各有所論,簡單的說,不論是知識論、存有論、實踐論,都起了相當大的變化。這裡所說的「存有」一辭,有時也用「存有之道」來表示,以為區別。它說的是「天地人我萬物通而為一的總體根源」。這也是《易經》所說的「一陰一陽之謂道」、「形而上者謂之道」[27],或者老子《道德經》「道生之,德蓄之,物形之,勢成之」,「道生一,一生二,二生三,三生萬物」[28]這樣的「道」來起論的。

這是「境識」(「能所」、「主客」)兩端交與為一體所成的總體,亦可以說是以「我與你」(I and Thou)的範式(Pattern)所成的總體立說下的存有。

闡釋

「境識」「能所」乃佛教唯識學語彙,猶當今之哲學語彙:主客、心物也。《存有三態論》所論雖與佛教唯識論有異,但卻可融通,於此借此以論。此如同熊十力的《新唯識論》其所論是對

---

26 關於「格義」與「逆格義」,參見林安梧:〈中西哲學會通之「格義」與「逆格義」方法論之探討〉,《淡江中文學報》第十五期(2006年12月),頁95-116。
27 語出《易經》〈繫辭上〉第五章、第十二章。前揭書《周易二種》,頁208、217。
28 語出老子:《道德經》第五十一章、第四十二章。前揭書《老子四種》,頁44、37。

唯識學有所勘正，轉化與創造也。這已經不是內部理論系統的論辯，而是哲學立場的論辯。唯識學乃佛教之立場；而熊十力新唯識論則是儒學立場，更準確的說是《中庸》、《易經》的脈絡系統，是儒家心學、道學一脈的系統。前者主張「無生」，後者則主張「生生」，此所以不同也。[29]《存有三態論》從「存有的根源」，而「存有的彰顯」，進而「存有的執定」，這三者也可以用唯識學的語彙來說，是從「境識俱泯」，進而「境識俱顯」，再進一步「以識執境」，這三層階，一步步落實，又一步步回歸[30]。這是從「心物不二」（渾而為一），進而當下俱顯，繼而「以心執物」的生長歷程。原先能所、境識、心物、能所兩方是交與為一體的，是兩端而一致的。就存在的開顯發生之歷程而言，兩端而一致的一致是優先的，兩端反而是後起的。不過我們平常的認識習慣，直接就執著這兩端，而誤認為有一外在的對象事物是在我們的心靈之外的。其實，這是世俗執著的習慣，而真正的本源它是境識俱泯的。存有的根源是無分別的總體源頭。

「存有的根源」是一「境識俱泯」，交與為一體，「寂然不動」的狀態，即是「道」之為不可說的狀態。

闡釋

「境識俱泯」此為佛教唯識學用語，而「寂然不動」此為《易經》文字，兩者所論雖有所異，但卻可同參。「可說」與「不可

---

29 參見林安梧：〈當代儒佛論爭的一些問題──與李向平商榷〉，《二十一世紀》第48期（1998年8月），頁124-130。

30 這裡「境識俱泯」頗有得於「無相唯識」之論，參見陳榮灼：〈唯識宗與現象學中之「自我問題」〉，《鵝湖學誌》第15期（1995年），頁47-70。

說」，在東方傳統儒道佛早有所論，非徒印度佛教禪宗之論也。夫子喟嘆「天何言哉！四時行焉！百物生焉！天何言哉！」[31]老子於《道德經》首章「無名天地之始，有名萬物之母」，[32]這都涉及於存在之本源之為「不可說」。不可說者，跨過可說之事物之上，而入於不可說也。由「可說」而進到「說」的層面，才完成了我們世俗的認識論，而此世俗的認識論必須回到本源，入於無分別的不可說，這便是正視存在本身。回歸存在本身，正視存在本身是東方哲學最為根源的要求。「無名天地之始」當我們回溯到存在的根源狀態，它是不可說的，是無分別的，而將要顯發的是一天地場域，有此天地場域進而才有對象物的安立問題。「有名萬物之母」，這已落在「存有的執定」上來說，這便涉及於對象物安立的問題。

這「不可說」的原初狀態下的「道」，這樣的「存有的根源」，隱含著人的參與，故必得開顯，此即「存有的開顯」。

闡釋

「道」之作為存有的根源，是天地萬物人我通而為一的，這不是一個被視為對象物的東西，它是不可說，是無分別的，但「人」早已具於其中，我們無法設想人不具於其中。正因為人具於其中，所以必然的會有參贊化育的活動。參者，參與也；贊者，助成也。因為人的參贊所以必然由「寂然不動」，進一步「感而遂通」；由「境識俱泯」進一步「境識俱顯」，這是必然的。「存有

---

31 語出《論語》〈陽貨〉第十七。參見林安梧：《論語聖經譯解：慧命與心法》（臺北市：臺灣學生書局，2019年3月），頁478-479。
32 前揭書《老子四種》，頁1-2。

的根源」必然預示著「存有的開顯」，由存有的開顯進而能有「存有的執定」也。這是一個生生不息的參贊過程，用《易經》的話來說，是「範圍天地之化而不過，曲成萬物而不遺」[33]。佛教最強調了無罣礙，妙有真空，如此之「空不異色，色不異空；色即是空，空即是色」，[34]佛教雖強調苦業的解脫，它雖是解脫學的傳統，其實仍不外於此世間之解脫也。因為耽空溺寂，是不可能真正解脫的。蓋佛教雖歸本於無生，而無生還其生生也。當然，佛教只能說的是「真如即是萬法實性」，而不能說「真如生起萬法實性」，這是緣起性空論與本體生起論極大不同的地方[35]。佛法者，緣起性空論也；儒道兩家者，本體生起論也。《易經》之論、《存有三態論》之論，皆本於儒道立說，蓋生生不息之論也。

「存有的開顯」指的是「境識俱起而未分」的狀態，這是一「感而遂通」的狀態，是由「不可說」朝向「可說」的狀態。

詮釋

「存有的開顯」並不是說有一遠離了人們的心靈主體的客觀性實有之體，由此客觀的實有之體來開顯其自己，因為這斷斷是不可能的，因為我們無法做如此之設想。我們能設想的是既然人包孕於其中，人的參贊而開顯。這「參贊」於人而言則是「感而遂通」。然則「感而遂通」是如何來的，這又得深入詮釋申說。人

---

33 語出《易經》〈繫辭上〉第四章。前揭書《周易二種》，頁206-207。
34 語出玄奘譯：《般若波羅蜜多心經》。收在《大正藏》第8冊No.0251第1卷。
35 此論從熊十力：《新唯識論》而來，其理論的深層討論，參見林安梧：《存有、意識與實踐》，第六章〈從平鋪的真如到縱貫的創生：對於空宗的批評與融通〉，頁151-178。

有所感,動物、植物,從天上飛的,地面爬的,水底潛的,也都能有所感,但人之所感不同。人之所感有一更為崇高的嚮往,是會朝向至善(最高善)的渴求之感,是由一最高善而啟動之感。我們說這樣的由最高善所啟動、至善所啟動的感,那是一種覺性之感。這覺性才能生出參贊化育的文明來,才能使得那存有由其根源的沉睡狀態中甦醒起來,才能由寂然不動,感而遂通[36],否則這世界的仍是蠻荒一片,不能真正顯露其生生不息。

從「存有的根源」而「存有的開顯」,這是一「存有的揭露」,這可以理解為從「平鋪的彰顯」到「縱向的開展」歷程,這相當於《易經》所說「範圍天地之化而不過」。

詮釋

由「存有的根源」而「存有的開顯」,從寂然不動,到感而遂通,因其感而覺之,覺之而有一調適而上遂的可能。這在歷程上看起來,感在先,覺在後,這是現實上所說的歷程,但就其本源來說則是人的「覺」去啟動這個「感」,由覺啟動的感才真正是有所感。覺之愈深,感之愈切,這裡我們要說「存有的開顯」不只是「存有」的事,它必然啟動人的心念之幾,既然啟動人的心念之幾,它當然也就關聯到人的覺性,而且覺性作主,並不是感性可以作主的,這事說起來十分要緊。也就在這覺性作主的情況下,我們進一步可以安排所謂的道德的主體性,安排人的主體能動性。在這裡也才能理解《易經》所說的天人合德說。這道理講

---

36 語出《易經》〈繫辭上〉第九章:「易,無思也,無為也,寂然不動,感而遂通天下之故。」前揭書《周易二種》,頁214。

明了,我們就理解到平鋪的彰顯,必然隱含著縱向的開展,這縱向的開展於人的主體之覺性來說,那就是道德的縱貫創生。人就不只是「觀乎天文以察時變」,人更進一步會「觀乎人文以化成天下」。[37] 從察時變,到化成天下,其實是不可分的,天文與人文是一個整體。

從「存有的開顯」而「存有的執定」,這是一從「縱向的開展」轉向一「橫向的執定」,這是一「主體的對象化」活動所成的「名以定形」;這相當於《易經》所說「曲成萬物而不遺」。

闡釋

由人的參贊化育,範圍天地之化而不過,必然要進一步走向曲成萬物而不遺,這是人類文明之為文明必然得開啟的。文明者,文而明之也。是在這覺性的喚起之下,感而遂通,因之而有所感、有所覺、有所知,由無分別,邁向了分別,由「不可說」而啟動了「可說」,由「可說」進而邁向了「說」,這「說」也就說出了天下萬物。「曲成萬物」這「曲成」二字說的可真好,這時已經不只是縱向的開展,不只是道德的縱貫創生,它更要是一橫向的執定,這是知識的橫面論定。原先是在「我與你」的範式下而開啟的,這時必然要推向外,而成一主體的對象化活動,經由這主體的對象化活動,使得那存在的對象成為一被決定了的定象。這是由「無名天地之始」轉而「有名萬物之母」的落實,由「無名」而「有名」,「有名」而「名之」,「名之」而成為「定名」,

---

[37] 參見《易經》〈賁卦彖辭〉:「剛柔交錯,天文也;文明以止,人文也。觀乎天文,以察時變,觀乎人文,以化成天下。」前揭書《周易二種》,頁69。

如此就是「名以定形」。名以定形，是一切文明所必然要開啟的前件，有了「名以定形」，進而也就能「曲成萬物而不遺」。

「存有的執定」可以理解為「境識兩分，以識執境」，於此而有一主體的對象化活動，而話語也因之而涉入，使得那對象成了被執定的定象，存有的執定於焉構成。

闡釋

由主體的對象化活動，由話語的介入，而曲成了萬物，值得注意的是，就在這當下人的心靈意向所夾帶的種種根身、業力、習氣，也就滲入其中，不可避免的進到這執著性的對象化之事物裡面。佛教所說的「貪瞋癡」說的正是因此而生的，這也就是說人們在開啟文明的過程裡，人的感性之所趨向，利害、興趣、喜好、權力、等等都會必然地滲入其中，參與其中，這是不可避免的。用老子《道德經》的話來說「道生之，德蓄之，物形之，勢成之」[38]，由根源而落實為本性，此本性在對象化的過程中，名以定形的存在於對象物裡面，但就會不自覺的因為它的外化活動，而形成一個拖帶的活動，這活動就把人的利欲與性好拖帶進去了，而且它還會有一「物交物引之而已矣」[39]不能自已的「勢」，這樣的「物勢」一旦形成了就必然連帶大大的染污，頗難處理。這也就是老子《道德經》一再地提倡「尊道而貴德」[40]，要「致虛極，守靜篤」，「萬物並作，吾以觀復」，這觀復的活動說的就是

---

38 語出老子：《道德經》第五十一章，前揭書《老子四種》，頁44。
39 語出《孟子》〈告子上〉。〔宋〕朱熹：《四書章句集注》（臺北市・國立臺灣大學出版中心，2016年），頁469。
40 語出老子：《道德經》第五十一章，前揭書《老子四種》，頁44。

一存有的歸返活動[41]。由存有的執定返歸存有的開顯，調適而上遂，歸返於存有的根源。這是回歸生命本源的活動，是回歸存在本源、存在自身的活動。

顯然地，如此的「存有三態論」是以「存在」為本位，而不是以「話語」為核心的思考。當然如此之存在，溯其根源，它不是話語論定的存在，是「言外有知，知外有思，思外有在」的「在」（存在）。

闡釋

溯及存在，回歸本源，這是跨過了話語、認知、思想，才可能達到的。《存有三態論》裡，我們清楚的區分了世俗一般所說的存在，並不是真正的存在真實，它是屬於存有的執定這層面的存在，這不是存在本身，而是主體的對象化活動，為話語所論定的存在，這是一對象性的存在。這是在「我與它」這樣的範式下所作成的存在，它不是在「我與你」這範式下做成的。這是由可說而說，因之而說定了的，名以定形的存在事物。這是意識所及的層次（conscious level），而不是在意識之前的層次（pre-conscious level）。重要的是，「言外有知；知外有思，思外有在」，這「在」之為本源，這也就是我在《存有三態論》所說的「存有的根源」，它是天地人我萬物通而為一的根源總體。這是由分別而入於無分別，是由意識所及的階層進到意識之前的階層，唯有回溯到意識前的階層，我們才能與存在相遇。存在、生命、價值、脈絡、場

---

[41] 參見老子：《道德經》第十六章：致虛極，守靜篤。萬物並作，吾以觀復。夫物芸芸，各復歸其根。歸根曰靜，是曰復命。復命曰常，知常曰明。不知常，妄作凶。知常容，容乃公，公乃全，全乃天，天乃道，道乃久，沒身不殆。前揭書《老子四種》，頁13。

域是緊密關聯在一起的。很顯然地,這就絕不會是笛卡兒(R. Descartes)所說的「我思故我在」(Cogito ego sum)[42],而是「由在而顯」。

四 「存在、價值、實踐、知識」和合為一:現象學與道論詮釋學之總體探源

「存在」之為存在,是優先於一切的,它與生命、價值、實踐、知識等通而為一。「價值與存在的和合性」原則優先於「思維與存在的一致性」原則。

闡釋

> 本節要梳理的是「存在」的原初義,這梳理須得針砭破解目前世俗之以為實然與應然是既與的區分。須知:這是人類文明生長,後起的區分,並不是其原初的本然。原初的本然,生命、價值、實踐、知識是和合為一的,這裡之所以特別標舉出「價值與存在的和合性」為優先,是因為一般習慣將存在與價值分立起來,這其實並不是其原初本然狀況,原初本然是和合為一的。至於,「思維與存在的一致性原則」一直是巴曼尼德、柏拉圖、亞理士多德的主流傳統。這在形而上學來說並不徹底。

> 「在」以文字學的構成來說,「从土才聲」,[43] 說的是有生命之物的

---

[42] 笛卡兒在《沉思錄》的第一個沉思:論可以引起懷疑的事,到第二個沉思:論人的精神的本性以及精神比物體更容易認識,推致一個不可懷疑的思想起點,並以此確立了近代哲學的座標。關於此,參見孫振青:〈笛卡兒的《沉思集》〉,《哲學與文化》19卷10期(1992年),頁946-948。

[43] 「在」,形聲。小篆字形。从土,才聲。表示草木初生在土上。此依據《漢典》解釋。

生長。「存」以文字學的構成來說,「从子从在省」[44],說的是人之參贊於存在的場域、生活的天地,而起的交互實存狀態。

闡釋

一般以「存在」對應西方哲學傳統的「Being」一辭,有其適當處,也有其不適當處,須得分理。因為西哲的 Being 一辭,顯然是從「to be」來。這是從「是什麼」來論定,也就是經由話語所論定的對象物來說,這樣的 Being 說的是名以定形,並將此視之為存在本身。其實並非如此。它之所以會誤認為一定是這樣,和它的基本話語構成有密切的關係。Be 動詞的使用,在西方語文裡是必要而且是極為重要的;而在中國則不採取這樣的方式,它用的是「……者,……也」,這強調的是回到存在本身,令其開顯,進而有其論定也。[45]再者,我們若回到漢語的文字本身,作一深層的反思。我們能發現「存在」這兩個字構成的辭,指的正是「人的參贊化育,而令其自身的彰顯與生長」。「存」是人之參贊於存在的場域、生活的天地,而起的交互實存狀態。「在」是生命之物的生長。這樣的「存在」有人的參贊義、實踐義,也有是物本身的自如義、生長義,而這兩者又是和合為一的。

人作為一活生生的實存而有,以其生命的生生不息的動能參贊於

---

[44]「存」,依許慎《說文解字》:「恤問也。从子才聲。」依《爾雅》又直接將「存」與「在」互釋。依段玉裁《說文解字注》:「(存)恤問也。恤、也。𢼛也。《爾雅》曰。在、存也。在、存、省、士、察也。今人於在存字皆不得其本義。從子、在省。」此皆可參看。

[45] 前面的「者」字,結構助詞,在判斷句中表示主語。後面的「也」字,語氣助詞,用於判斷句句末,表示肯定語氣。

整個存在的場域，包羅了天地萬有一切的最原初樣態，其為本然者，如此斯為存在也。

闡釋

「存在」之為存在，論其本源，它並不是一既予的、已經外化的對象性存在，而是如其本然之存在。這樣的存在是天地人我萬物通而為一的，更可貴的是「人」之作為一活生生的實存而有，以其生命的生生不息的動能參贊於整個存在的場域。這裡所說「活生生的實存而有」說的是「人」乃是具有覺性的存在，由其覺性而可以興感，如此所興之感是足以參贊天地之化育的。[46]因為覺性之為覺性，它有一邁向「至善」（最高善）的渴求。人之於存在的本然，是一「人能弘道，非道弘人」[47]的關係。人如何弘道，人之「志於道」，而「道生之」也。「道生之，德蓄之」也。道為根源、德為本性，「道德」一語，說的就是如其根源、順其本性也。人的覺性一心向道，有其定向；如此之定向，參贊之，啟動之，道遂爾生之。如此「道」與「人」就形成了兩端而一致的相與和交談、相融而交貫的關係。就在這過程裡，人的感而覺之，覺而主之，便由此「道」之「本然」，長育出「實然」與「應然」。實然者，知識論之所論定也。應然者，倫理學之所肯認也。本然者，存在論之所依據也。

這樣的「存在」有三個樣態，從「存有的根源」而「存有的開

---

46 「活生生的實存而有」一詞，是我在詮釋熊十力的體用論時，開造的一個詞，這詞相當於Martin Heidegger的「此在」（Dasein）。參見林安梧前揭書《存有、意識與實踐》，第二章第二節「邁向一『活生生實存而有』的體用哲學」，頁28-41。

47 語出《論語》〈衛靈公〉第十五，參見林安梧：《論語聖經譯解：慧命與心法》，頁421-422。

顯」，進一步而有「存有的執定」也。如此存在，溯其本源，斯乃大道也。是以「道論」為核心而展開的，是以存在為本位的。

闡釋

「存在」有此三態，從存有的根源，而存有的開顯，而存有的執定，這是「歸返自身，由在而顯」必然的生長歷程。人間俗情世間，文明所成的世界，必須落實的，當然會是「存有的執定」。就此執定來說，那是人們經由主體的對象化活動，話語的介入，使得那存在的對象成為被決定了的定象。這是由平鋪的開顯、縱貫的創生，進到橫面的執取，如此才成立的。《易經》所說「範圍天地之化，曲成萬物」，[48]這「曲成」說的正是這狀態，我們不能把這曲成的萬物，當成萬物本身。它是「名以定形」，是知識論之所論定的定然，以此定然而為實然也。這實然並不是存在的本然。我們常常將這「橫面的執取」所成的知識的定然，當成原初存在的本然。以為極力去探索這橫面執取所成的定然之物，上溯其源，去追出個第一因來，這就找到了存在的第一原理。其實，這是橫面的執取所成的，用佛家的話來說，是妄執所成的。殊不知形而上學的追溯最為重要的便是去除這個妄執，由此橫面的執取，跨過之後，才能回到縱貫的創生，回到平鋪的開顯，才能調適而上遂於造化之源。

相應於《易經》所論，「存有的根源」此「寂然不動」也，「存有的開顯」此「感而遂通」也，「存有的執定」此「曲成萬物」也。

---

48 參見前揭書《周易二種》，頁206-207。

闡釋

形而上學並不是以世俗所成之定向的對象物當成存在，在執著性、分別相下去尋求第一因。「形而上者謂之道」，說的是形著而上溯其源，這是由「曲成萬物」（存有的執定）上溯到「感而遂通」（存有的開顯），再迴返復歸到「寂然不動」（存有的根源）。形而上學者，存有的根源之學也，「道」學也。就存有的根源處，寂然不動也。雖不動而生生也，剛健不息也，只不過仍隱而未顯而已。從存有的根源到存有的開顯，這是由隱而顯的歷程。由顯而必分，分者，分別也。境識俱起而未分、境識俱起而兩分，進而以識執境也。這麼一來，就由分而定，由定而執，由分別而確定，由確定而執著以成也。老子《道德經》有言「道生一，一生二，二生三，三生萬物」，「道」是隱而未顯，「一」是「顯而未分」，「二」是「分而未定」，「三」是「定而未執」，「萬物」則是執著所成的定象物也。這麼一來，我們就可以將存有三態論：存有的根源、存有的彰顯、存有的執定，與這裡所說的「隱、顯、分、定、執」相對應起來。[49]

「寂然不動」所以「能所俱遣、境識俱泯」也，斯為「存有的根源」也。「感而遂通」所以「能所不二、境識俱顯」，斯乃「存有的開顯」也。「曲成萬物」所以「以能攝所」、以識執境」，斯乃「存有的執定」也。

---

[49] 參見林安梧：〈關於老子哲學詮釋典範的一些省察：以王弼《老子注》暨牟宗三《才性與玄理》為對比暨進一步的展開〉，《臺北大學中文學報》第5期（2008年9月），頁47-70。

闡釋

「寂然不動」者，寂而生生，靜而健動也，[50]不動而動也。不動者，無昏擾之謂也，非死寂不動也。俗情世間總在分別、計較、搏量；總在能所、境識、主客、心物對立的情況下來作思考，如此思考便無法體認到存在之本然。這也就是為什麼一定要作一能所俱遣、境識俱泯的功夫，才能由分別相入於無分別相，才能從執著性解放開來，自由自在的進到無執著性的情境中。在此情境中，才能真切體認到存有的根源也。值得注意的是，我們發現存有的根源之追溯，這樣的形而上學的追溯活動，它不能只是知識的層次，它必然要涉及於修養論、實踐論、工夫論的層次。它不能只在「言」的層次，它一定得跨過言，進到「默」。所謂「默契道妙」，就是在這層次說的。能默契道妙，才能明照天下，進一步才能知周萬物。默契道妙者，入於存有的根源也，寂然不動也；明照天下者，存有的開顯也，感而遂通也；知周萬物者，存有的執定也，曲成萬物也。

就存在的根源處，生命、存在、價值、知識，凡此種種，無所分別，通而為一，而未起現者。它因人之參贊而彰顯之。參贊者，參而與之，助而成之也。

闡釋

存在的根源處，生命、存在、價值、知識，無分別的融通為一不可分的總體。它本為寂然不動的，人之作為一活生生的實存而

---

50 參見熊十力：《熊十力選集》（長春市：吉林人民出版社，2005年），〈略談新論要旨——答牟宗三〉，頁471。

有,參而贊之,所以啟動也。人何以能有此參贊,乃因有覺性故也。覺性之為覺性,乃因有一至善(最高善)之渴求也,由此渴求而生之參贊也。參贊所以顯示其和合之德也。人類不是世界的核心,人類不是萬物的主宰,人之為人,只因人有與天地和合之德,因之而起現的覺性故也。有此覺性故而能得參贊也。人只是參贊,參與助成的起點,是實存遭逢相遇的觸動點,但不是中心。由此參贊,存而在之,斯為存在也。生生而健動,然具體落實必有其限定也,創生而具現,具現而有限定,斯為生命也。範圍天地之化,曲成萬物,有「了別」之識,有「定止」之知,斯為「知識」也。了別必有量,有量必有值,有值必有價,人與人的交往、互動、變動,斯成交易也,價值因之而明朗清楚。就是因為人參贊,存在、生命、價值、知識也因之由無分別而分別,明白而清楚起來。

如此之本源,存在與價值是和合為一的;以其合一,故而能感而遂通,曲成萬物也。此於《易經》〈大象〉之表現為最明顯。如「天行健,君子以自強不息」、「地勢坤,君子以厚德載物」,此眾所耳熟能詳也。

闡釋

由存有的根源,而存有的彰顯,再而存有的執定,人參贊其中,就意義的構成來說,先起現的是「意味」,既而是「意韻」,最後才是「意義」的構成。[51]意義的構成可以是與人的生命、價值無關的,也可以是相關的,之所以是相關或是無關,端在人的抉

---

51 參見林安梧:〈國文與我:我學習國文的經過〉,《國文天地》第21卷第6期(總號246期,2005年11月),頁93-100。

擇。因為在存有的執定過程裡，你可以選擇讓它成就為主體的對象化活動所成的定象之物，並將此定象之物截然與主體區隔開來，而成就為一科學的知識。也可以是與生命、價值相關。這涉及到的是人文的知識，還是自然的知識。人文的知識雖也可以區隔，但它仍然涉及於存在與生命也，若為自然的知識則可以不涉及於作為存在生命參贊主體的人。然而，若回溯本源之生起，感其意味、體其意韻，這必然是互為主體的，是人與人，人與天地萬有一切的交談對話所成的。也因此我們相應於自然科學，可以說「水」是「H_2O」。這樣的水是與人的生命、價值、存在暫時可以區隔開來的；但若相應於人文學問，我們可以說「上善若水，水利萬物而不爭」，[52]我們可以描述水是「原泉混混」[53]「沛然莫之能禦」，[54]甚至我們可以說「山下出泉，君子以果行育德」。[55]《易經》的比類取象，大體就此而言，乾坤兩卦的大象傳說「天行健，君子以自強不息」「地勢坤，君子以厚德載物」。此不言而喻也。感其意味，體其意韻，當下得之，斯為意義也。

　　換言之，存在論、價值論、實踐論，是和合為一的，皆秉於「存在與價值的和合性」為優先的。知識論是在此開顯過程中，進一步的論定，如此之論定，是以「存在與思維的一致性」而展開的，是經由

---

[52] 語出老子：《道德經》第八章：「上善若水，水善利萬物而不爭，處為人之所惡，故幾於道。」參見前揭書《老子四種》，頁6。

[53] 語出《孟子》〈離婁下〉：「原泉混混，不舍晝夜，盈科而後進，放乎四海。」參見前揭書《四書章句集注》，頁411。

[54] 語出《孟子》〈盡心上〉：孟子曰：「舜之居深山之中，與木石居，與鹿豕遊，其所以異於深山之野人者幾希。及其聞一善言，見一善行，若決江河，沛然莫之能禦也。」參見同上註，頁495。

[55] 語出《易經》〈蒙卦·大象傳〉，參見前揭書《周易二種》，頁18。

主體的對象化活動,使得那存在的對象經由話語的論定而成為一被決定了的定象。

闡釋

如此說來,我們能明白指出《易經》本為「象思維」作主導的,能所作成的象徵哲學,它是回到存在之本源,是與價值、生命、存在,和合為一的。這不同於作為線性思維的理智活動,是經由橫面的執取所成的思維,也就是《易經》所說「曲成萬物」的邏輯思維。由於長久以來,哲學界是在西方哲學的主流傳統下來思考的,它逐漸成了學界宰制性的核心,我們將很多被衍生出來的習慣,當成本然如此。特別是在近現代以來,我們更強化了人類理智中心主義(Logocentrism)的邏輯。由此理智中心主義輻射出去的種種思考,被視之為當然。我們將話語之所論定的對象性存在,當成存在本身。我們忽略了生命具體的實存情境,也喪失了生命終極而永恆的追求。人們以符號之所構作去奴役這世間的具體事物,認為那是當然的。人們不敢去啟動長遠的思考,而認為那是虛無縹緲的。用以前的老話來說,人們陷入「上不在天,下不在田」的境遇。追尋存在的本源,喚醒存在與價值的和合性之作為優先性的原則,我們才有能力重新思考「思維與存在的一致性」這原則它成就了些什麼,同時它又有些什麼限制。

如今哲學所常論及之「實然」與「應然」之區分,非存在之當然如此,而是人們經由話語、思考所做的區分而成的。若溯其本源,則「實然」、「應然」,皆乃「本然」也[56]。

---

[56] 關於此,參見林安梧:〈科技、人文與存有三態論〉,《杭州師範學院學報(社會科學版)》2002年第4期,頁16-19。

闡釋

溯其本源,須得跨過「存有的執定」之限制,必須由存有的執定,後返的回到存有的彰顯,再歸返於存在自身,這樣才能真正的體認到所謂的「本然」。存在之本然是作為那還沒有進到分別相之前的原初狀態,這是一切實然應然區分的原初根據。也就說,「實然」、「應然」的區分是從存在的「本然」所衍生出來的,因此我們並沒有辦法經由「實然」與「應然」如何融通的去探索「本然」。如今,所說的「實然」,是關聯著知識論來論說的,所說的「應然」,則是關聯著價值論來論說。這是存在之本然落實於人間世界,依其文明向度而開啟的,我們無法就經由話語分別的層次,如此所作成的思考去追溯兩者如何融通的論題。唯有跨過分別相、跨過話語的論定,我們才有機會「歸返自身」,與生命存在相逢,我們才有機會回到存在之源,「由在而顯」。

五 結語:「歸返自身,由在而顯」

凡上所述,可得以總結曰:「歸返自身,由在而顯」。自身者,「此在」而「在」也。由在而顯也。自身者,非外在於吾人身心之外之自身也,乃與吾人身心通而為一,境識俱泯、能所不二之自身也。如此之自身,既是具體之主體,而此主體亦通於總體之道體。道體者,包孕天地人我萬物通而為一之總體也。《易經》有云:「同歸而殊途,一致而百慮」也[57]。自身者,「身心一如」之自身也,非「以心控身」之自身也。「以心控身」乃專制皇權、父權高壓,兩千年業習所致

---

[57] 語出《易經》〈繫辭下〉:「天下同歸而殊途,一致而百慮。」參見前揭書《周易二種》,頁222-223。

也。以是吾人當該解開「三綱」之弊病,而回復「五倫」也。三綱者,上下宰制隸屬之局也;五倫者,左右匹配相待之局也,兩端而一致之局也。草木蟲魚、鳥獸飛禽、萬類生民,皆乃天之所降生者也,皆有其身也。然人之所以為人其為獨特也,其獨特者,非只有「身」,而有「自身」也。自身之「自」,能覺者也。能覺其自身,且以其自身而參贊天地之化育也。如此之自身也,「此在」而「在」,由在而顯也。

「此在」者,人也。「在」者,天地萬物人我通而為一之總體根源也。「此在」而「在」者,由「人」之「覺性」而參贊「天地萬物人我通而為一之總體根源」也。其參贊必接地氣而得通天道也,通天道而入乎本心也。參贊者,參與之、助成之也。「參贊」之接地氣,必由萬事萬物始,比類取象,以見其意也。比類取象,以見其意,所以通天道而入乎本心也。「此」者,由具體萬物之情偽,而上契於天道之真實也,入於本心之靈明之覺也。靈明之覺所以成其「此在」也。然而,「此在」有不「在」者焉,當得梳理。人生於天地之間,必有文明焉,文明必有文蔽,文蔽者,業力習氣所致也。由此業力習氣,而使得「此在」疏離異化而為「彼此」之「彼」,落於彼此,兩端對待,對峙而敵,相刃相靡。久之,因彼而失此,顧此而失彼,彼此相是相非,無有已時,「此在」遂失其「此」,亦失其「在」也。

睿明曰哲,惟「此在」之歸返也。「反身而誠、忠恕一貫」,「致虛守靜、去蔽復明」,「去貪嗔癡,轉識成智」,斯可歸返也。此儒、道、佛,「敬」而無妄、「靜」而無躁,「淨」而無染,修養實踐,內修外行,工夫不可廢也[58]。「此在」而「在」,斯可以比類取象,取象

---

[58] 關於儒道佛三家的對比,二〇一六年秋我來山東大學儒學高等研究院做了一連串講學,後來結集成書,參見林安梧:《儒道佛三家思想與二十一世紀的人類文明》,第九講〈論儒道佛三家思想之融通及其對現代化之後的可能貢獻〉(濟南市:山東人民出版社,2017年),頁292-321。

而見義,此所以歸返自身,由在而顯也。寂然不動者,參造化之微也;感而遂通者,審心念之幾也;範圍天地,曲成萬物,斯所以觀事變之勢也。天道以生、地道以成,人道以興,此大易之道所以生生不息也。

——己亥之冬,陽曆十二月一日,凌晨四時半,綱要完稿於山東大學元亨齋。庚子之春,二〇二〇年,陽曆三月三日凌晨,註解完成於臺中西湖慶榮堂;最後校訂完成於三月六日。本文以〈易經現象學與道論詮釋學芻論:以王弼《明象》與「存有三態論」為核心〉刊於《周易研究》,2020年第2期(總第160期),濟南市:中國周易學會、山東大學聯合主辦,2020年4月,頁5-16

第二十五章
「生生哲學」與「存有三態論」的構成：以《易傳》為核心的哲學詮釋

本章提要

　　本文旨在經由「生生哲學」的奧義，探索「存有三態論」的基本構成，並以《易傳》為核心展開哲學詮釋。首先，對於現當代中國哲學陷溺於逆向格義的困境，提出反思與批判；進而指出當代新儒學詮釋角度須得重新檢視，易經哲學詮釋學也因此得以重新被重視。再者，作者指出「存在」與「Being」的異同，並對「存在」做出古漢語的文字溯源，從而指出易經哲學是一套完整的「生生哲學」。由此可見「存在與價值的和合性」優先於「思維與存在的一致性」。存在不是靜態的被確立，而是動態的生成；更重要的是人的參贊化育。「存有三態論」的基本構成：存有的根源、存有的開顯、存有的執定，可以說是生生哲學的理論建構，它有別於當代新儒家「兩層存有論」的系統。最後，作者指出「生生哲學」、「存有三態論」，在廿一世紀哲學中，關聯到「現代」與「現代之後」，須得對「當代」深切而實存的反思；在多元文明互鑒下，展開哲學交談，體知生生、契入存在、啟動覺性、迎向和平。

關鍵字詞：易經、生生、存有三態論、文明、參贊、詮釋、存在

一　問題的緣起：中國現當代哲學詮釋的一些問題

> 「逆格義」（逆向格義）所帶來的一些反思／「道、理、心」三個概念何者為首出／對於當代新儒學的詮釋角度的重新審視／唐君毅、牟宗三與熊十力的異同／《易經》哲學詮釋學得重新被重視。

「生生哲學」應該是中國哲學核心中的核心，我們常說「天地之大德曰生」、[1]天地有好生之德。這「生生」的思考方式與講「to be」和「being」的西方主流哲學有著很大的不同。這應是大家所耳熟能詳的。大約在上個世紀九〇年代中葉，我提出「存有三態論」，這裡所說的「存有」，不再只是西方主流傳統的意思，而是與東方哲學，特別是《易經》的「生生哲學」有密切的關聯。當然，這其中的過轉主要來自於王船山與熊十力，[2]他們的哲學與《易經》都有著千絲萬縷的關係。

「存有三態論」的提出，包含了我對當代新儒學所做的一些反思。一方面，這理論的提出與我的老師牟宗三先生的理論系統有著密切的關係。牟先生在《現象與物自身》[3]的體系性建構，締造了「兩層存有論」。我的「存有三態論」可以說是從牟先生的「兩層存有

1　語出《易經》〈繫辭下〉第一章。
2　我在一九八六年完成碩士論文《王船山人性史哲學之研究》（臺北市：東大圖書公司，1987年）。在一九九一年完成博士論文《熊十力體用哲學之詮釋與重建》，後來更動名稱，改以《存有、意識與實踐：熊十力體用哲學之詮釋與重建》（臺北市：東大圖書公司，1993年）。從王船山到熊十力，易經哲學所顯示的「生生」之思想，貫穿其間，對我的哲學構成產生極大的影響。
3　《現象與物自身》於一九七五年，由臺灣學生書局首度出版，後來收入《牟宗三先生全集》（臺北市：聯經出版公司，2003年），第21冊。

論」進一步轉化開展而來。[4]這裡有著創造性的轉化，以及創新性的發展。論者有以為「存有三態論」在血脈上，是更接近於牟先生的老師熊十力先生的思考的，這說法我是認同的。[5]起先我在寫作博士論文時，在《熊十力體用哲學之詮釋與重建》中，我對於熊十力的《新唯識論》做了一個當代哲學的重建，我在其中點出整個理論涉及到「存有、意識與存在」三個根本性論題。我在其中論辨了「從對象的兩重性之釐清到存有的根源之穩立」，進而論及「存有的根源的開顯」，就此提出了存有的三態。這應該是「存有三態論」最早的起源。[6]更多涉獵之後，我斷定當代新儒學內部存在著分歧與異同，但是這分歧與異同並沒有受到應有的重視。譬如說，牟宗三與唐君毅就有很大的不同。牟先生、唐先生基本上雖然都受熊十力哲學的啟發，但是他們後來所走的路卻都與熊十力不同。牟先生深受康德哲學的影響，而唐先生雖然也有受到康德的影響，但他受黑格爾影響更深。我們都知道，黑格爾哲學從康德、費希特，謝林，進一步發展而來。黑格爾哲學可以說是德意志觀念論的頂峰。當然，唐先生不只是黑格爾，它還受到柏格森、懷德海的影響，而且它的易經哲學的成分也是很高的。雖然，他後來的哲學仍然不免主體主義的傾向，但早從他在上個世紀三

---

4 參見程志華：〈由「一心開二門」到「存有三態論」——儒學之一個新的發展向度〉，《哲學動態》（北京市：中國社會科學院哲學研究所，2011年）第6期，頁28-35。他指出這「表徵出儒學之一種新的發展向度：由強調主體性的『良知』向強調整體性的『道』的轉向，由純粹的『實踐的哲學』向兼具『知解的哲學』的『實踐的哲學』的轉向。」

5 可參見楊超宇：《論牟宗三對熊十力體用論的修正與背離》，此文乃二〇一九年七月十二至十三日，在山東舉行之「『百年儒學走向』國際學術研討會暨牟宗三先生誕辰110周年紀念會」會議論文。對熊十力與牟宗三的學術分判有著獨到的見解。楊君於二〇一七年以《「十力學派」體用論建構歷程及其影響研究》一文獲得西北大學碩士學位。此文雖是碩士論文，但見解深入。

6 參見林安梧：《存有、意識與實踐》（臺北市：東大圖書公司，1993年5月），第五章，頁108-115。

○年代發表的《邁向意味世界之導言》,[7]這文章充滿著現象學的氛圍。晚年,他寫作的《生命存在與心靈境界》,[8]這書和牟先生的《現象與物自身》,可以相侔而論。就標題就足以顯示彼此的理論是分庭抗禮。唐先生的哲學他所說的內容與「生生哲學」反而是非常接近的,進一步說,這樣的哲學也是有現象學色調的。[9]

近一百多年來,哲學自從被納入大學作為一個學科以來,中國哲學的研究便免不了是在對比於西方的哲學之下而做成的。我們常把方向反過來,運用的是西方的哲學語彙,在西方哲學的範疇下,來思考中國哲學的。本來,哲學就是高階的理論思維活動,在異文化的相互交往中,他是被提到最高的層次來展開交談與對話的。就一般來說,是拿著自己原先可能的學術語彙、或者概念範疇,來去理解不同文化傳統所傳進來的思想。這就是一般所說的「格義」。比如:佛教剛傳進中國時,從東漢到魏晉時期,東土的讀書人便拿著與佛教相近的東方學術語彙來比擬、理解,佛教的理論,如以老子、莊子的「無」來接近佛教的「空」,進而有著一步步的、較為深入的理解。這便是佛教史上著名的「格義佛教」。[10]

西學東漸,有好幾波,一直到利瑪竇(Matteo Ricci,1552-1610)、徐光啟那個年代,我們也是拿中國本土原先就有的「天」的概念,去

---

[7] 〈邁向意味世界之導言〉一文,原刊載於《哲學評論》(新北市:中國哲學會,1944年1月),後來收入《唐君毅先生全集》(臺北市:臺灣學生書局,1991年)卷18,《哲學論集》,頁93-118。

[8] 唐君毅:《生命存在與心靈境界》(臺北市:臺灣學生書局,1977年)。

[9] 可參見林安梧:〈唐君毅先生的意識現象學:以《邁向意味世界之導言》為核心的探討〉,本文為「2018年唐君毅先生學術思想研討會——紀念唐先生逝世40周年」會議論文。又陳榮灼:〈從現象學觀點看「觀照凌虛境」〉,《清華學報》第52卷第4期(新竹市:國立清華大學出版社,2022年12月),頁717-737。

[10] 關於「格義佛教」,參見李幸玲:〈格義新探〉,《中國學術年刊》第18期(1997年),頁127-157。

比擬、理解基督宗教的理論。利瑪竇所著的《天主實義》，可見一斑[11]。即如近代清末的嚴復的翻譯，也是如此，亦如：《群學肄言》、《群己權界論》仍是如此。[12]這樣拿著自己文化原先所有的學術語彙、概念範疇去比擬、理解異文化所傳來的經典語彙，這可以說是順向的格義。這順向的格義方式，是文化交流中的常態，到了民國時代，卻走的是一獨特的「逆向格義」的路子。

民國以來，特別是五四新文化運動之後，白話文大興，而文言文幾乎退出了主要的學術論著場域，我們就用白話去翻譯西方的學術論著，當然因為東洋日本語文也大量使用我們的漢字，由於地利之便，許多知識分子都曾東渡日本，日本原先對西方著作的翻譯，順勢而來，就影響了中國。我們採用了許多日本的漢字翻譯，並且在西方學術的概念範疇以及理論框架下，來思考問題。這便是我所說的「逆向格義」，簡稱「逆格義」。[13]老友劉笑敢教授稱之為「反向格義」[14]。其實，逆格義、逆向格義、反向格義，所指一也。

順向格義，其話語權操之在己，文化的話語權在我們自家身上。逆向格義，其話語權反而操之在對方，文化的話語權反而在別人家身上。這有著很大的不同。我們甚至可以說「逆向格義」基本上是在文化的被殖民下而興起了難以抵擋的勢頭。關於這問題，大約在上個世

---

11 關於此，參見徐光台：〈利瑪竇《天主實義》中的格物窮理〉，《清華學報》新第28卷第1期（1998年3月），頁47-73。

12 關於此，參見林安梧：〈個性自由與社會權限：以穆勒（J.S. Mill）「自由論」為中心的考察及兼於嚴復譯「群己權界論」之對比省思〉，《思與言》27卷第1期（1989年5月），頁1-18。

13 關於此，參見〈中西哲學會通之「格義」與「逆格義」方法論的探討——以牟宗三先生的康得學與中國哲學研究為例〉，《淡江中文學報》第十五期（2006年12月），頁95-116。

14 參見劉笑敢：《詮釋與定向——中國哲學研究方法之探究》（北京市：商務印書館，2009年）。

紀九〇年代中葉以後，當時我在南華大學創設哲學研究所時，常與袁保新教授思考起這問題，袁教授可以說是最早思考這問題的師友。[15]後來，到了這世紀初，我做了幾次相關的演講，也寫了幾篇相關的文章。我的用意在於如何克服「逆向格義」，而進入較為深層的交談與對話，與哲學詮釋，進而有更為嶄新的創造。我認為這是東西哲學比較，比較哲學、比較宗教學，必須要一代接著一代的努力，才能克服這些困境的。

記得在本世紀初，有次我到北京的中國社會科學院哲學研究所參訪、做講座，與葉秀山先生談到這些問題。[16]記得，當時兩人熱情地談論到中西哲學的比較問題，葉先生用「兩手和麵」來做比喻，起先兩手都沾黏了麵粉與水，黏膩膩的，但「和麵」的動作不能停，要繼續做，作到一定程度了，麵是麵，手是手，便自分明。不必太在乎是順向格義、還是逆向格義，反正這都是彼此交往、互動、融通的過程。久了就會有更深一層的理解，彼此的轉化與創造就會有新的可能。

一百餘年來，中西哲學的互動，我們可以發現到，顯然地，中國當代哲學受到西方近現代以來「啟蒙」的影響太深，太強調以人類為中心，太強調以人類的知性為中心來思考問題。即如：當代新儒家則太強調以人類的道德良知為中心。總的來說，仍然不免「逆向格義」的限制。我想，到了廿一世紀的現在，應該到了必須對「逆向格義」重新反思的年代了。譬如安樂哲（Roger Ames）對於「逆向格義」可

---

15 參見袁保新：〈知識與智慧：從廿世紀中國哲學的「格義化」談起〉，《鵝湖月刊》第316期（2001年10月），頁9-11。
16 葉秀山在上個世紀八〇年代對東西哲學的會通已經有豐碩的成果，對於中西文明的交往問題，有頗多深入的睿見。參見葉秀山：〈在「交往」的路上：海德格爾的「存在」與老子的「道」〉一文，收於葉秀山：《思・史・詩：現象學和存在哲學研究》（北京市：人民出版社，1988年12月），第六部分「海德格爾與西方哲學的危機」附錄，頁207-214。

能帶來的問題,在上個世紀末便有反思。安樂哲曾經在香港新亞書院,以及臺灣大學讀書,他從美國來到我們中國,他能反思這些問題,我認為是極重要、極深刻的。比如他創造了一個西方語彙「Zoetology」來講「生生哲學」,這是有別於原先的「ontology」這語彙的[17]。我想這該是一個檢討「逆向格義」的時代了。

如果我們回到整個中國的古典脈絡中,以「道」、「理」、「心」這三個概念為核心來看的話,「心」是強調內在的主體性,「理」是強調客觀的法則性,「道」是強調總體的根源性。總的來說,中國哲學中的這三個概念是以「道」為首出的。清末民初以來,中國學界所涉及的哲學思考,這三概念大概都包含在內。比如:馮友蘭比較重視「理」,熊十力、唐君毅、牟宗三比較重視「心」,而較為忽略「道」。其實,談論「生生」要回到「道」上來說,才比較恰當如實。如果「以人講天」來說「天人關係之生生」,這樣的談法是從人的道德去說出一套「道德的形而上學」,是從人的道德賦予了天地之間的意涵。對於這一點,如果回到中國古代典籍去看會被質疑。因為,人本是有限的,怎可能是由人的主體去安置設立一道德的形而上學。

檢視這一百多年來,中國哲學界的思考歷程,我們可以明白地發現,我們真是到了一個應該重新思考與檢視的年代了,是該跨過逆向格義的年代了。面對《易經》的重新詮釋是必要的,《易經》是天人性命相貫通之書,它是一套意象的哲學,也可以強調是一套「意」與「象」的哲學。經由哲學詮釋學的理解,我們絕不能只將它誤解為宇宙論中心的哲學。可不要忘了,夫子刪詩書、訂禮樂、贊周易、修春秋,是經由詩書禮樂,才有贊周易,才有修春秋,《易經》是天人性命貫通的典籍,是參造化之微,審心念之幾,觀事變之勢,中國民族偉

---

17 參見安樂哲著,秦凱麗、關欣譯:〈生生論(Zoetology):一種傳統思維方式的新名稱〉,《周易研究》2003年第1期,頁6-15。

大的神聖經典，它闡述的是「天人合德」的教養。「大人者，與天地合其德，與日月合其明，與四時合其序，與鬼神合其吉凶」，[18]這樣的「天人合德」，當然不會是宇宙論中心，也不會是人類心靈主體為中心的，人最為重要的參贊點，但不是中心點。這是可以確然清楚的。

二　論「存在」與「Being」的異同

> 論「存在」與「Being」的異同／從「是」（to be）到「有」（being）／古漢語文字的溯源及其意義的顯發／從「存」到「在」；從「屯」到「生」／關於「存有」與「生成」的問題／對比於《易經》哲學與柏格森（H. Bergson）。

從事經典講習的教學工作，已經超過四十年，在閱讀、理解與詮釋的過程裡，面對古代漢語的經典，我們如何將漢字漢語活生生的體現出來，怎樣讓我們的古典漢語和現代的漢語能生化、活化，而且又能轉換成當代的學術語彙，這是我最為關注的。這裡所說的「漢語」指的並不是翻譯自西方哲學所對應的漢語哲學語彙，再以這些漢譯語彙來論說中國哲學，而是強調要應該回到漢語漢字本身去了解其自己。須知：漢語漢字是以存在為本位的，這與西方語文是以話語為中心的，彼此有天壤之別。以「話語」為中心的西方語文，較重視邏輯思維，而以「存在」為本位的中國漢語文，則較重視存在事物本身的彰顯。累積成的教學經驗，我認為中國漢語文的學習，要能感其意味、體其意韻，才能明其意義。這些年來，我一直這樣強調著。我呼籲要對古漢語，作文字溯源，讓它的意義如其本然地顯發。

---

18 語出《易經》〈乾卦・文言〉。

中國漢字與西方使用的拼音文字有著很大不同，漢字是圖象性文字，圖象性文字是以存在為本位的；而拼音文字是以話語為中心的，這是最大的一個分野。西方哲學以話語為中心，追到後面的「邏各斯」（Logos）；中國哲學以存在為本位，最後是回到存在本身，回到「道」（Tao）。比如說：「有、無」這是兩個最為根本的概念範疇，老子《道德經》強調「天下萬物生於有，有生於無」，[19]「無」是無分別的，是總體，是根源，充滿了創生發展的可能性。「無」並不是果真斷滅的無，而是充滿著生生之可能。「為學日益，為道日損，損之又損，以至於無為」[20]，「無」、「無為」強調要跨過語言，而回到存在本身。

「存在」，我們且回到「存」、「在」二字的古漢語去看，「在」（𡉈）是「从土才聲」，象徵著植物的生長。「存」（𢎞）是「从子从在省」，這一「子」參與到「在」裡，而省略了「土」，寫成了「存」字。顯然地，「存在」其實指的是人居於天、地、人、我、萬物通而為一之中，參贊天地之化育。這樣理解就很順當。又比如：《易經》所說「一陰一陽之謂道，繼之者善也，成之者性也」，[21]「一陰一陽之謂道」這說的是「存在的律動」，「繼之者善」這說的是「實踐的參贊」，「成之者性」這說的是「教養的習成」。在王船山的詮釋裡，特別強調「道大而善小，善大而性小」。[22]如果放在西方哲學的語境下，以西方近現代的主流哲學來看的話，強調存在的實然與價值的應然應該分開來，那麼王船山的理解就會變得很艱難，甚至會污指他是講錯了。勞思光先生就有這樣的看法，而這些看法是站不住腳的。[23]

---

19 語出老子：《道德經》第四十章。
20 語出老子：《道德經》第四十八章。
21 語出《易經》〈繫辭上〉第五章。
22 語出王夫之：《周易外傳》卷五，關於此之論述，參見林安梧：《王船山人性史哲學之研究》（臺北市：東大圖書公司，1991年），第三章，頁58-65。
23 參見林安梧：〈關於中國哲學詮釋的「格義」問題探索之一：對於船山哲學幾個問

或者尤有過之者，甚至整個《周易》哲學也會被質疑，被認為是自然宇宙論中心的哲學，這樣一來，好像中國哲學在學問性的嚴密程度上是不足的。其實，這裡充滿著逆向格義的偏見。

還記得在上個世紀八〇年代，我還在臺灣大學學習的時候，有位研究西方倫理學的教授，他對於《易傳》所說的「天行健，君子以自強不息」提出大大的質疑。他說：你怎麼知道天之所行是「健」呢？即使「天行健」又與「君子以自強不息」有什麼關係呢？他說這根本犯了如英國哲學家摩爾（G. E. Moore）所說自然主義的謬誤（The Naturalistic Fallacy）。[24]他之所以提出這質疑，其實就是因為他處在由「to be」到「being」這樣的西方哲學主流系統來思考問題，特別是受到近現代休謨的影響，認為實然與應然是應該嚴格劃分的，但他並沒有仔細去想過，在什麼樣的狀況下，才能如此嚴格劃分，才需要如此嚴格劃分。相對來說，我們的「生生哲學」就不是這樣子的。

「生」（生）就其字源來說，象徵著一根小草從泥土裡頭生出來。生出來叫「生」，正在生的艱難過程叫「屯」。《易經》的「屯」卦，便是講生之艱難。從「存」到「在」，從「屯」到「生」，我們可以看到這裡有一個很明顯的存在與生成的問題。就中國哲學來講「存在」必然隱含「生成」，老子說：「道生一，一生二，二生三，三生萬

題之深層反思——從勞思光對王船山哲學的誤解說起〉（衡陽市：「王船山國際學術研討會」會議論文，2002年11月）。

24 自然主義謬誤這概念是由摩爾在一九〇三年出版《倫理學原理》一書中首次提出的。他認為這樣的謬誤不僅存在自然主義倫理學中，也存在於非自然主義倫理學中。在某向度的倫理價值中所包含的特徵表達了自然的傾向。依據摩爾的理論，評價性語句不能用自然的或超自然的特徵完整定義。我們不能直接從對世界狀態的描述中得出道德戒律，這樣「實然—應然」的轉換是謬誤的。這若置放在「存在與價值的和合性」則可以免除這些質疑。關於此，參見黃慶明：〈摩爾的「自然主義的謬誤」〉，《鵝湖月刊》48期（1979年6月），頁22-25。

物」。[25]須知：當我們講「物」，並不是存在本身，「物」是「三生萬物」，是「名以定形、文以成物」的「物」，這是在一個從「不可說」到「可說」到「說其可說」到「說出了對象」的過程。經由一個主體的對象化活動，使得對象成為一個被決定了的定象，我們把被決定的定象說成「物」，「物」並不是存在本身，這接近於所謂「存在者」與「存在」的一個區別。

早在上個世紀三〇年代，有關易經哲學，以及西方柏格森（Henri Bergson，1859-1941）的生命哲學，熊十力提過，[26]而方東美也做了不少的研究，[27]吳康也做了研究[28]，這些前輩們的研究，並沒有被好好地被承繼下來，很是可惜。我想，現在應該來到了一個新的起點，是重新接續前輩們這些研究的時候了。

三　論「存在與價值的和合性」優先性之確立

> 論「存在與價值的和合性」的優先性／對比於巴曼尼德（Parmanides）「思維與存在的一致性」的反思／「天地之大德曰生」、「生生之謂易」／從古漢語的「在」到「八」／哲學基礎的重新釐清：天道論、心性論、實踐論。

順著《易經》的生生哲學看下來，我們可以發現到「存在與價值是和

25　語出《老子道德經》第四十二章。又關於此，也參見林安梧：〈關於《老子道德經》「道、一、二、三及天地萬物」的幾點討論〉，《東華漢學》7期（2008年6月），頁1-23。

26　參見林安梧：〈危機時代的生命哲學：柏格森生之哲學與熊十力體用觀之試探〉，《文風》第34期（1979年1月），頁76-84。

27　參見曾春海：〈方東美的易學〉，《哲學與文化》第42卷12期（2015年12月），頁3-18。

28　記得年輕時，曾見過吳康先生諸多歐洲哲學的研究，如康得、如柏格森等，關於柏格森參見吳康：《柏格森哲學》（臺北市：臺灣商務印書館，1966年）。

合為一」的。甚至,我們可以說「存在與價值的和合性」在中國哲學來說,這應該是優先的。這不同於古希臘哲學之巴曼尼德（Parmanides）之以「思維與存在的一致性」為優先。總的來說,「思維與存在的一致性」原則反而是第二位。存在之為存在,當它還沒分別時,那是渾淪一片的,萬有一切通統為一,存在與價值、思維、實踐都渾在一起的。若舉兩端來說,存在與價值是和合為一的。這可是優先的,而人們經由思維來「論定」存在,經由一主體的對象化活動,使得那存在成為一個「存在物」、「存在者」,使得它成為一個對象物,我們往往就以此對象物來說存在的。其實,這是一個思維之所確立的對象物,是「名以定形、文以成物」的對象物,並不是存在自身。換言之,「思維與存在的一致性」做為優先的話,會誤認為存在的對象物就是「存在」本身,這麼一來,它並沒有回到存在本身。

　　若就《易經》哲學的脈絡系統來說,回到存在本身,是從「存」講「在」、從「屯」講「生」,我們可以看到「天地之大德曰生」、「生生之謂易」這些句子。顯然地,這些句子要是可以體會、可以理解的話;在這裡,我們就必須肯定「存在與價值是和合為一」的。《易經》哲學這樣的道理處處可見,特別在各個卦的〈大象〉傳,幾乎就是這樣想問題的。比如:「天行健,君子以自強不息」、「地勢坤,君子以厚德載物」、「雲雷屯,君子以經綸」、「山下出泉,君子以果行育德」《易經》前四個卦,這乾、坤、屯、蒙四卦的〈大象傳〉,是大家耳熟能詳的,正是如此,而且我們一讀下來立馬清楚明白。正是因為它們都符合「存在與價值的和合性」原則的。這些語句之所以容易理解,正因為存在與價值本來和合為一,我們通過「意」而「象」的過程,使得存在彰顯其自己,而有了價值的定向,這時候的「意象」本身,就把存在與價值的意涵同時彰顯出來。明顯地,我們可以看到易經哲學所彰顯的存在論與西方存在論,是不同的。對比來看,我們發

現了如同海德格爾（Martin Heidegger）所說的西方哲學的主流傳統陷溺在「存在的遺忘」之中。[29]其實，不只存在的遺忘，而且也使得價值的確立出了許多曲曲折折的麻煩。

安樂哲創了一個語詞「Zoetology」用它來指涉「生生哲學」，讓生生哲學有了一哲學的獨特定位。[30]這當然是可以的。但我則以為我們仍然可以將這樣的生生哲學說成是一生生之存有論。存有論之為存有論，仍然可以用「ontology」這個詞，這樣一來「ontology」這個語彙的內涵就被拓寬了開來。

就中國哲學的知識論來說，考本溯源，我們將發現並不是主體對客體的掌握，而是從「無分別」進到「分別」，唯有進到分別之後，才有所謂的主體與客體，也才有主體對客體的掌握。這些理解與印度的古唯識學有點像，從「境識俱泯」到「境識俱起」到「以識執境」。從主客不分，到主客俱起，再到主客兩橛，以主攝客。古典漢語裡，最古老的認識論語彙，應該就是「八」這個字，這還存留在現在閩南地區和臺灣地區所講的閩南語，比如：講「爾八否？」意思就是「你理解嗎？」「八」其實就是從一個整體扒出兩片，就是從「無分別」進入「分別」。[31]由無分別進到分別，由「境識俱泯」，進而「境識俱顯而未分」、「境識俱顯而兩分」，進一步，「以識執境」；認識因之而完成，這便是所謂的「了別於物」。[32]換言之，最古老的漢語說「八」即所謂的「認識」活動，說的是由「無分別」而進到「分

---

29 友人孫周興於此論之甚切，參見孫周興：〈後哲學的哲學問題〉，《中國社會科學》2006年第5期，頁9-14。
30 安樂哲著，秦凱麗、關欣譯：〈生生論（Zoetology）：一種傳統思維方式的新名稱〉，《周易研究》2003年第1期，頁6-15。
31 「八」字最早見於甲骨文，本義為「相背分開」，《說文解字》：「八，別也。象分別相背之形。」所指即是。
32 關於此，可參見陳一標：〈唯識學「虛妄分別」之研究〉，《國際佛學研究創刊號》（1991年12月），頁187-205。

別」。做了這樣的漢語漢字溯源，我們豁然開朗地感悟到「存在與價值的和合性」是優先於「思維與存在的一致性」的。

四　關於「存在」、「生成」與「參贊化育」

> 關於「存在」、「生成」與「參贊化育」／「一陰一陽之謂道，繼之者善，成之者性」／「天命之謂性，率性之為道，修道之謂教」／「喜怒哀樂之未發謂之中，發而中節謂之和；致中和，天地位焉，萬物育焉」／「天行健，君子以自強不息」，「地勢坤，君子以厚德載物」。

如上所述，我們順這理路思索，將可以對中國哲學有一整體而基礎性的迴返與重構。我們發現「天道論、心性論、實踐論」它們本來是通在一塊的。《易傳》講「一陰一陽之謂道，繼之者善也，成之者性也」，[33]「一陰一陽之謂道」講的是存在的律動，「繼之者善」講的是實踐的參贊，「成之者性」講的是教養的習成。從「天道論」到「實踐論」到「教養論」，這三句話通包了。這樣的思考就是存在、生成、參贊、話語通通連接在一塊了。這麼說來「天命之謂性」並不是指一個超越的、至高的人格神賦給人什麼，它講的是一個宇宙造化流行。「天命之謂性」，這是《中庸》裡面所提的。這有別於周初所說的「天命」，那時是「天命靡常」的天命，它將此轉化為「惟德是輔」的思考。之後，又一脈相承，重新啟動，轉到修文德一路上來了。[34]須知：中國古代思想史是從「帝之令」到「天之命」到「道之德」，而這裡所

---

33 語出《易經》〈繫辭上〉第五章。
34 可參見張俊：〈周人的天命政治神學三命題〉，《福建論壇‧人文社會科學版》2012年第8期，頁87-93。

講的「天命」其實落在「道之德」上來說。[35]道家講「道生之，德蓄之」，[36]儒家講「志於道，據於德」，[37]「道」為根源，「德」為本性，儒道同源而互補[38]。「性」有自然之氣性，有自覺之覺性，落在人則強調自覺之覺性；循順此自覺之覺性而為人生之大道，修明此人生大道就是最重要的人文教化。人之所以為人是要參贊天地之化育的，要「致中和，天地位焉，萬物育焉」[39]，它所強調的是從心性論、修養論、實踐論到文化育成論，最後回歸到整個天地自然共同體。

這些年來，我在談這個問題的時候，常常關聯到整個中國哲學強調的「天地親君師」，這裡便隱含著四個共同體，天地自然共同體（天地），血緣人倫共同體（親），政治社會共同體（君），文化教養共同體（師）。人在共同體裡他有他的脈絡，有他要扮演的角色，而在這過程裡面他要調適，要參贊於諸多共同體之中。當我們這樣來重新理解中國哲學時候，我們可以發現我們怎麼樣理解「人」，怎樣理解「群體」，怎樣理解西方傳到中國已經一百多年的現代化制度，中國原先所強調的共同體思想，將會起到一個什麼樣的作用。從人倫到人權，建構有人倫的人權；從民本到民主，建構有民本的民主；從自覺到自由，建構有自覺的自由。這樣的創造性轉化，以及創新性的發展，正也是「生生哲學」落實的運用。「苟日新、日日新、又日新」，生生不息。

---

35 關於此，參見林安梧：〈血緣性縱貫軸下「宗法國家」的皇權與孝道〉，《1996年佛學研究論文集（3）：當代宗教的發展趨勢》（臺北市：財團法人佛光山文教基金會，1996年），頁129-154。
36 語出老子：《道德經》第五十一章。
37 語出《論語》〈述而〉篇。
38 參見林安梧：〈「道」「德」釋義：儒道同源互補的義理闡述——以《老子道德經》「道生之、德蓄之」暨《論語》「志於道、據於德」為核心的展開〉，《鵝湖月刊》334期（2003年4月），頁1-7。
39 語出《中庸》首章。

五　「存有三態論」的基本構成：生生哲學的當代詮釋

從「兩層存有論」到「存有三態論」的轉化／「存有的根源、存有的開顯、存有的執定」／關於「道、意、象、構、言」／關於「隱、顯、分、定、執」／道生一，一生二，二生三，三生萬物／萬物負陰而抱陽，沖氣以為和。

「存有三態論」的提出，我是從一九九一年寫作《熊十力的體用哲學之詮釋與重建》博士論文所啟動的思考，一九九六年左右對「道」與「言」的問題有了進一步理解，就在南華大學哲學研究所的「開校啟教儀式」上宣講了這個「道與言」。隔年所發行的《揭諦》學刊，我將此敷衍成一篇完整的論綱，做為發刊詞。後來，在一九九九年的第十一屆國際哲學會：『跨世紀中國哲學：總結與展望』學術研討會，我將它鋪衍寫成《後新儒家哲學擬構：以《道言論》為核心的詮釋與構造》，[40]這篇論文將一九九六年的《道言論》做了較為詳盡的鋪排，將「道顯為象，象以為形，言以定形，言業相隨，言本無言，業乃非業，同歸於道，一本空明」，從「存有的根源之顯現，邁向存有的執定，語言的進入，業力的衍生，語言還歸於沉默，業力原是虛空無物，存有本源的回溯，總體之源的場域覺醒」。「存有三態論」理論建構，大體底定。雖然在二十世紀九十年代末對我對這論題大體就緒，但直至現在還在繼續思考建構中。有別於我的老師牟宗三先生所提出的「兩層存有論」：現象界存有論和睿智界存有論，牟先生他借用著《大乘起信論》「一心開二門」的方式，來展開並構成他的理論。他

---

40 林安梧：〈後新儒家哲學擬構：以《道言論》為核心的詮釋與構造〉（「國際中國哲學會會議論文集」），沈清松主編：《跨世紀的中國哲學》（臺北市：五南圖書公司，2001年6月），頁277-312。

作了現象與物自身的區分，我則是從道之彰顯來說，從「存有的根源」到「存有的開顯」到「存有的執定」。牟先生「一心開二門」的格局，顯然地將「現象與物自身」分別繫屬於一心所開的兩門，心真如門、心生滅門，我則從「存有的根源（道）」的開顯起論。顯然地，存有三態論是還歸於存在，這是無分別相的存在，是通天地人我為一的存在。這是回歸存有的自身所追溯而成的「存有論」（ontology）。「存有」這個語彙，若追本溯源，我認為在漢語使用上，「存在」可能更適當，所以有時我也將「存有三態論」這詞改用「存在三態論」來稱呼，內容上與原先是一樣的。在人文詮釋學上，它剛好與「道、意、象、構、言」可以相配合的。它也關聯到《老子》的「道生一，一生二，二生三，三生萬物」，這也與「隱、顯、分、定、執」相關聯，「道」為隱而未顯，「一」為顯而未分，「二」為分而未定，「三」為「定而未執」，「物」則是「執之已矣」。[41]這五層裡其實就隱含了從「存有的根源」到「存有的開顯」到「存有的執定」，「構」與「言」屬於「存有的執定」這一層次，「意」與「象」屬於「存有的開顯」這一層次，「道」屬於「存有的根源」這一層次。當然，這裡所說的存有的根源，不是亞里士多德（Aristotle）意義的，或者有接近於海德格爾（Martin Heidegger）意義的，但與其這麼說，毋寧說他是最接近於《易經》哲學而生發出來的生生哲學。

這些年來，我一直努力思考著，如何深入讀通漢語的古代典籍，讓我們的漢語語感活絡起來，我們要能「感其意味、體其意韻、明其意義」，[42]這樣才能讀通我們的古典漢語經典。當然，我們不是封閉

---

41 關於此，參見林安梧：〈關於《老子道德經》「道、一、二、三及天地萬物」的幾點討論〉，《東華漢學》7期（2008年6月），頁1-23。

42 林安梧：〈《論語聖經譯解：慧命與心法》一書之〈序言〉與〈凡例〉〉，《鵝湖月刊》527期（2019年5月），頁61-64。

的，我們希望能夠與西方哲學有更多的交談與對話。但交談與對話必須是主體與主體，互為主體的，不能一直陷溺在西方話語中心主義下，也不能一直以西方的思想範疇為主體。我常舉一個例子，我們使用筷子是用夾的，西方使用叉子是用叉的，而我們現在吃西餐的時候，大概都備有筷子，所以既可以使用筷子，也可以使用叉子。如果，你以叉子為中心，將叉子的使用方式當成理所當然，並用這叉子的使用方式來要求筷子，那將會誤認為筷子是很糟糕的叉子。從叉子的使用方法來看筷子，筷子它實在太難叉了，真是不及格的叉子。截至目前為止，中國哲學還是充斥著很多以「逆格義」(「逆向格義」，另稱為「反向格義」)的方式來格中國古代典籍，來詮釋中國哲學、構造中國哲學，對中國哲學說三道四，卻沒說到要害，但卻被以為是嚴重的要害。其實，以「逆向格義」這樣的方式來提問，問題的焦點往往是不準確的。

由於長年來，是以西方的學術話語為中心的，在文化與思想的殖民下，甚至被誤認為我們是不會思考的，即使會思考也不足以構作理論。當然總有些人努力創作與思考，不過總也會有許多學者會奴性的反省著，自慚形穢地覺得我們這樣有一點東施效顰，這現象我想大家是心知肚明的。我呼籲應該回到我們自己的漢語本身，喚醒漢語的語感，正視漢語漢字是以「存在」為本位的，而西方的拼音文字則是以「話語」為中心的。以「話語」為中心的重視邏輯與理性，重視的是「是」，這是由「to be」來講「being」。以「存在」為本位的重視生命、情感，重視的是「生生」，這是由「存」來講「在」。

六 結論：「生生哲學」、「存有三態論」在廿一世紀的可能作用

「現代」與「現代化之後」：生命哲學、存在主義、現象學運動及其相關／「當代」的實存反思：迎向「文明互鑒」下的哲學交談／體知生生、契入存在、啟動覺性、迎向和平。

從「現代」到「現代化」之後，從廿世紀生命哲學（philosophy of life）的興起，到存在主義（existentialism）運動，現象學（phenomenology）運動的興起，乃至目前，風起雲湧的檢討「話語」，乃至「存在」的問題，人類文明真是到了一個新文明軸心的年代了。我們最古老的傳統，《易經》哲學所煥發「生生哲學」的智慧亮光，要是能夠多多參與，將會對整個現當代哲學帶來更多的實存反思，將會迎向一個更好的「文明互鑒」下的哲學交談。這時候我們可以體知生生、契入存在、重新啟動覺性。《易經》的「生生哲學」，是充滿了可能性、發展性的哲學，他強調的是共生共長、共存共榮的哲學。讓我們擺脫「盎格魯薩克遜－亞美利堅式（Anglosaxon-American Model）」強控制系統的藩籬。須知：華夏文明一直是反強控制系統的。聚村而居、聚族而居，水利農作所主要構成的共同體，一直是安土重遷的弱控制的文明脈絡系統，它所強調的是天下主義、和平主義，我們將會有機會以生生哲學進一步的發展，迎向世界的和平，以和平的邏輯取代霸權的邏輯。目前以西方從巴曼尼德（Parmanides）以來強調「思維與存在的一致性」的傳統以及基督宗教的一神論，這樣而導致進入現代化之後的一種誤置，從而非常嚴重地陷溺在國際的霸權暴力邏輯之中。我認為「生生哲學」的參與，將可以起到一些重要的作用。

（本文乃2022年11月26日，由山東大學易學與中國古代哲學研究中心、中國周易學會、《周易研究》編輯部聯合主辦之《首屆生生哲學高端（國際）論壇》的發言，起先，周芳宇博士生記錄了講話的初稿，約五千字左右，在此致謝。最後，作者增益了三倍，約一萬五千字左右，完成。以〈「生生哲學」與「存有三態論」的構成——以《易傳》為核心的哲學詮釋〉為題，刊於《周易研究》第5期，濟南市：《周易研究》編輯部，2023年11月，頁5-13。）

參考文獻

〔漢〕許慎撰、〔清〕段玉裁注:《說文解字注》,臺北市:藝文印書館,1970年。
〔漢〕河上公:《老子河上公注》,臺北市:藝文印書館,1965年。
〔漢〕王弼注總輯,〔民國〕王志銘編:《老子微旨例略》,臺北市:東昇出版社,1980年。
〔宋〕程頤:《易程傳》,臺北市:文津出版社,1987年。
〔宋〕朱熹:《四書章句集注》,臺北市:鵝湖月刊社,2002年。
〔明〕王夫之:《船山全書》,湖南長沙:岳麓書社,1988年。
安樂哲著,秦凱麗、關欣譯:〈生生論(Zoetology):一種傳統思維方式的新名稱〉,《周易研究》,2003年。
陳一標:〈唯識學「虛妄分別」之研究〉,《國際佛學研究創刊號》,1991年。
張俊:〈周人的天命政治神學三命題〉,《福建論壇・人文社會科學版》2012年第8期。
程志華:〈由「一心開二門」到「存有三態論」——儒學之一個新的發展向度〉,《哲學動態》2011年第6期。
黃慶明:〈摩爾的「自然主義的謬誤」〉,《鵝湖月刊》第48期,1979年6月。
唐君毅:〈邁向意味世界之導言〉,《哲學評論》,1944年,收入《唐君毅先生全集》第18卷,《哲學論集》,臺北市:臺灣學生書局,1991年。
《生命存在與心靈境界》,臺北市:臺灣學生書局,1977年。

陳榮灼：〈從現象學觀點看「觀照淩虛境」〉，《清華學報》第52卷第4期，2022年。

徐光台：〈利瑪竇《天主實義》中的格物窮理〉，《清華學報》新第28卷第1期，1998年。

Gabriel Marcel 著，陸達誠譯：《是與有》，臺北市：臺灣商務印書館，1983年。

陸達誠：《馬賽爾》，臺北市：東大圖書公司，1992年。

李幸玲：〈格義新探〉，《中國學術年刊》第18期，1997年。

林安梧：〈危機時代的生命哲學：柏格森生之哲學與熊十力體用觀之試探〉，《文風》第34期，1979年。

林安梧：《王船山人性史哲學之研究》，臺北市：東大圖書公司，1987年。

林安梧：〈個性自由與社會權限：以穆勒（J. S. Mill）「自由論」為中心的考察及兼於嚴復譯「群己權界論」之對比省思〉，《思與言》第27卷第1期，1989年。

林安梧：《存有、意識與實踐：熊十力體用哲學之詮釋與重建》，臺北市：東大圖書公司，1993年。

林安梧：〈血緣性縱貫軸下「宗法國家」的皇權與孝道〉，高雄市：《佛學研究論文集（3）：當代宗教的發展趨勢》，1996年。

林安梧：〈後新儒家哲學擬構：以《道言論》為核心的詮釋與構造〉，收入沈清松主編：《國際中國哲學會會議論文集：跨世紀的中國哲學》，臺北市：五南圖書出版公司，2001年。

林安梧：〈關於中國哲學詮釋的「格義」問題探索之一：對於船山哲學幾個問題之深層反思——從勞思光對王船山哲學的誤解說起〉，《2002「王船山國際學術研討會」會議論文》，2002年。

林安梧：〈「道」「德」釋義：儒道同源互補的義理闡述——以《老子

道德經》「道生之、德蓄之」暨《論語》「志於道、據於德」為核心的展開〉，臺北市：《鵝湖月刊》第334期，2003年。

林安梧：〈中西哲學會通之「格義」與「逆格義」方法論的探討——以牟宗三先生的康德學與中國哲學研究為例〉，《淡江中文學報》第15期，2006年。

林安梧：〈關於《老子道德經》「道、一、二、三及天地萬物」的幾點討論〉，《東華漢學》第7期。

林安梧：《論語聖經譯解：慧命與心法》，臺北市：臺灣學生書局，2019年。

林安梧：〈唐君毅先生的意識現象學：以《邁向意味世界之導言》為核心的探討〉，《「2018唐君毅先生學術思想研討會——紀念唐先生逝世40周年」會議論文》，中壢市，2018年。

劉笑敢：《詮釋與定向——中國哲學研究方法之探究》，北京市：商務印書館，2009年。

牟宗三：《現象與物自身》，臺北市：臺灣學生書局，1975年，收入《牟宗三先生全集》第21冊，臺北市：聯經出版公司，2003年。

馬丁・布伯（Martin Buber），陳維剛譯：《我與你》，臺北市：桂冠圖書公司，1991年。

Paul Tillich 著，陳俊輝譯：《新存有》，臺北市：水牛出版社，1977年。

曾春海：〈方東美的易學〉，《哲學與文化》第42卷12期，2015年。

孫周興：〈後哲學的哲學問題〉，《中國社會科學》2006年第5期。

吳康：《柏格森哲學》，臺北市：臺灣商務印書館，1966年。

袁保新：〈知識與智慧：從廿世紀中國哲學的「格義化」談起〉，《鵝湖月刊》第316期，2001年。

葉秀山：《思・史・詩：現象學和存在哲學研究》，北京市：人民出版社，1988年。

楊超宇：〈論牟宗三對熊十力體用論的修正與背離〉,《「百年儒學走向」國際學術研討會暨牟宗三先生誕辰110周年紀念會議論文》,2019年。

楊超宇：《「十力學派」體用論建構歷程及其影響研究》,西安市：西北大學碩士論文,2017年。

第二十六章
「存有三態論」與廿一世紀文明之發展：環繞「存有」、「場域」與「覺知」三概念的展開

本章提要

　　本文旨在經由「存在」、「場域」與「覺知」三概念，環繞「存有三態論」，並省察現代性工具性合理性的異化，進一步尋求其歸復並預示廿一世紀世界和平之哲學反思。首先，我們指出廿一世紀不只有其「符號」意義，更有其「實存」意義，人之做為一活生生的實存而有，其實存的主體性是至為優先的。人常因「文」而「明」，卻也可能因「文」而「蔽」，我們當「解其蔽」，而使得真理開顯，回到實存的覺知場域之中。再者，我們對比了東西文化之異同，並指出「神」的兩個不同向度：人的參與觸動及整體的生長、話語系統所形成的理智控制。進一步，我們做了人文精神的解構與展望，指出：「存有」是「天、地、人」交與參贊而構成的總體本源，「場域」是「道生之、德蓄之；無名天地之始、有名萬物之母」，而「覺知」則是「寂然不動，感而遂通」這樣的「一體之仁」。最後，我們指出「存有三態論」下人文精神，在東土現象學審視下的可能發展，如何的解開存有的執定，回到存有的開顯，再上溯於存有的根源，並再迴向於存有的確定。如此，通古今之變，究天人之際，方得安身立命。

關鍵字詞：存有三態論、一體之仁、道生之、德蓄之、神、話語、生發、論定、工具性合理性、現代性、理智中心主義、存在先於本質

一 做為「對話主體」，我們不能只「照著談、跟著談」，我們要「接著談、對著談」，這樣對廿一世紀文明發展才真有貢獻

　　我覺得廿一世紀的人文精神，如果從漢語系統來談展望，必須要有個對話主體的角色，不能夠只是放在西方的脈絡「跟著談」，或者是「照著談」。因為「照著談」會愈談愈少，「跟著談」則會愈跟愈遠。在這裡，我有個想法，我希望能夠不只是照著談、跟著談，而是要「接著談」、「對著談」。要立定一個腳跟才能接著談，也就是說，你拋出了一個議題，而在我們的文化脈絡裡，依照這個議題跟你對話；你拋出了某句話語，在我們的話語系統跟你又有什麼對話可能。對話的可能我們把它穩住了，對文明的發展才有幫助。

　　這些年我感受相當深的是，我們一直是「照著談、跟著談」，不太有能力「接著談、對著談」。在我們學術權力機制裡，不太允許「接著談、對著談」，然而這是不對的，早在一百多年前華人的學術社群裡，就已經是跟西方以及印度接著談、對著談。

　　我們做這樣的呼籲，其實是在談廿一世紀人文精神之展望時，是有個醒覺的，這醒覺就是，並不是放在西方的文化脈絡，在現代與後現代的糾葛裡，或者順著後現代的思想家對現代所提出一個解構式的思維、批判，再進而重建，我們並不是要跟著談，也不是照著談，我

們希望能夠接著談、對著談。

二 「對著談」的「對」就是彼此有主體,「接著談」的「接」就是彼此有參與、有連續

事實上我是有意地運用了一些古典話語系統,我要把它交融到現在的學術話語裡,我要達到我剛剛所說的「接著談、對著談」的效果。「對著談」的「對」就是彼此有主體,「接著談」的「接」就是這話題我們是有參與與連續的,我們從這角度來看現代與後現代。當然我們是生活在現代化的歷程裡,而所謂「現代化」,到底是指什麼?在西方來說,像在歐洲、美國,我想現代化已經達到極致了,很多現代化之後的思想家、文學家們,對現代給予非常多的批評,但是相對來說,我們怎麼樣來了解「現代」,什麼又是「後現代」?譬如以我們的處境來說,就是在求現代化,在現代化的過程裡,其實已經出現很多後現代的特徵,而所謂在現代化的過程裡,還有很多前現代的東西存在,所以我們的處境若放在一個時間的脈絡歷程來看,它其實是前現代、現代與後現代混雜的叢林狀態。

三 「現代性」的理智中心主義使得人離其自己,而處在「亡其宅」的異化狀態

一般談到現代性(modernity),大家馬上聯想到的是合理性(rationality),什麼叫做 rationality?就是「工具性的合理」(instrumental rationality),現代性、合理性、工具性的理性這些語辭,常被關聯在一起,可以說是古希臘自柏拉圖以來的人類理智中心主義(Logos-centralism)所極致的一個表現。近現代科學主義、資本主義的發展,

以及其他伴隨而生的種種處境，人就處在這種狀況底下，而離其自己。「離其自己」這個詞可以用來解釋西方社會學、哲學、心理學常用的話語「alienation」，所謂「異化」（alienation）這個詞，簡單的說就是 not at home（用古漢語來說是「亡其宅」的意思）。到目前為止，現代化發展所造成的效應，不得不引發我們做更多的思考。

在二十世紀初期，人們對於人文精神所面臨的衰頹狀態，其實就已經有很多呼聲，伴隨著生命哲學（life philosophy）、存在主義（existentialism）的興起，對於人類理智中心主義，提出了非常深刻的批評。在整個方法論上，也做了很大的調整，伴隨著存在主義的運動，從現象學（Phenomenology）到解釋學（Hermeneutics）的發展，在人類的學問向度上做了很大的調整。至目前為止，這調整還在進行中。其實，像這樣的呼聲在東方來說，似乎有被注意了一下；也就是說，在肉弱強食的情況下，我們努力地要求富強，我們當然要求民主、科學，因為只有民主才能從封建的樊籬中走出來，科學才能使得國族強盛。不過，有一點須得注意的是，這一百多年來，我們所講的科學，其實是科學主義（scientism）的科學，這與一般所說的科學須得區別開來。

四 把現代科學做為一種掠奪式的追求，並且把它當成是卓越，這是教育上的大忌

其實，科學主義有時並不科學，反而常常是反科學的。一般而言，科學主義它強調自然科學是認識世界的唯一方式，並且認為應該透過這個方式來衡定人類一切的價值，像這樣絕對性權威的宰制，並不是恰當的科學態度，但是它卻主導了西方近代、現代的發展，一直到現在為止，雖然很多後現代的思想家、文化評論家提出許多批評，

但仍難免除這種狀況。在臺灣，這些年來，雖然許多思想史家曾做出深切的批評，像林毓生、張灝等都頗有著墨；但整個社會的風習與氣氛所隱含的思考方式卻仍然不能免除科學主義的樊籬。

西方在廿世紀初就出現了很多偉大的心靈學者，他們對此提出深切的批評，像史賓格勒（O. Spengler）的《西方的沒落》（*The Decline of the West*）所做的縱深度的考察，從中我們可以看出歐洲人文的深度到一個什麼程度。後來史懷哲（A. Sweitzer），他是一位音樂家、神學家、哲學家、及教育家，他到非洲行醫，是有名的「非洲醫生」，他可以說是二十世紀的良心，他在《文明的哲學》（*The Philosophy of Civilization*）裡非常強調「敬畏生命」。生命是須要敬畏的，像我們的老祖先就說「君子有三畏，畏天命、畏聖人、畏大人之言」。我想史懷哲之所以偉大的地方在於他是一個真實的「人」，他提出一個呼籲「文明在衰頹之中，而戰爭只是文明衰頹的表徵之一」，戰爭並不是文明衰頹的原因，而是文明衰頹的表徵。我們面對原因、結果、表徵，這幾個不同的層次，不能把他們錯亂了。一旦錯亂，我們就無法找到恰當的病因來治療。

五　廿一世紀不當以工具理性的主體性做主導，而應注重存在的覺知與生活世界的場域

如前所說，我們要正視廿一世紀在整個人類文化符號的運用裡，其實有個非常深刻的實存意義，因為它不同於從一九九八到一九九九年，也不同於一九九七到一九九八年，但再怎麼說，都不如二〇〇〇年十二月三十一日到二〇〇一年一月一日，這樣的符號意義來得有實存意義，可以給我們一個啟發，真正深刻的符號意義，深到我們生命的實存狀態裡，與我們結合在一塊了，我們心中會有種悸動與期許。

德國哲學家卡西勒（Ernst. Cassirer）說「人是會使用符號的動物」，巴斯卡（Blaise Pascal）也提到「人是會思索的蘆葦」。人是萬物之靈，人在發展的歷程裡，能通古今之變，進而人要究天人之際，人有他的連續性（continuity），而且因為這連續性而造就了他的同一性（identity）。我們又很願意通過符號來分隔，這分隔有時代表著「從前種種譬如昨日死，以後種種譬如今日生」，我喜歡用這句話來說明「斷裂性」（discontinuity），它既有斷裂，又有連續，人就在這樣的一個矛盾狀態裡面。

我認為廿一世紀是在這樣一個狀態，很莊嚴地來到人間。這裡很大地不同的是，從廿世紀初年，甚至是十九世紀末，就已開始有的一個悸動與呼聲說「不是本質先於存在，而是存在先於本質」，存在主義者強調人們不能通過一種抽象的規定說人的本質叫理性，而說「人是理性的動物」。他們強調要去正視人之做為一個活生生的存在！人不必通過任何話語系統，通過任何理性的說辭去規定它。這種「存在先於本質」的呼聲經過百年後，我想到了廿一世紀大家更能正視到這種狀態。進入到廿一世紀，很明顯地並不是以理性的主體性做主導，而是注重存在的覺知與生活世界的場域。以理性為中心的思考幾乎已經慢慢被揚棄，被揚棄的理由是我們真的應該去正視人本身。

六　「天地人交與參贊」，「參贊」是「人迎向這個世界」，而「這個世界又迎向人」

進到廿一世紀，我們所說的「人」這個概念，不再是一個以工具理性做主體、以主客對立的格局作為人本的思考。廿一世紀談到「人」這概念時，應該要回到從總體時空、天地宇宙裡來談人才恰當。這樣來談「人」，這觀點其實蠻東方、蠻古老的，但是若回到西

方當代的思想家高達美（G. Gardamer）、海德格（M. Heidegger）、馬塞爾（G. Marcel）去看，我們可以發現到，其所說更接近這樣的一個人的概念。其實，這正是臺灣所應該要正視的「人」的概念，不能老放在主客對立下來思考，帶著啟蒙的樂觀氣氛，以為人運用了理智就能掌握到整個世界的理序，宰控整個世界，就能追求卓越，這樣老停留在十八、十九世紀的樂觀想法裡，歷史證明事情不是這樣子的。

　　進到廿一世紀，我們已不能再是理智中心主義，不能再強調工具理性下的主體性。相對來說，我們應該要強調的是「實存的主體性」。馬丁・布伯（Martin Buber）有一本書《我與你》（I and Thou），他強調人們理解詮釋這個世界有兩個不同的範式，一個是「我與你」，另個是「我與它」（I and it）；而這兩者又以「我與你」是更為基礎的。我認為「我與你」強調的是感通與互動，是通而為一，這與漢語系統裡所談到的相通，如陽明先生所說的「一體之仁」，強調經由「人存在的道德真實感，感通之而為一體」，像這樣的主體性是實存的主體性，而非理性的主體性。

　　這樣「人」的概念，即我們《三字經》中的「三才者，天地人」，人是參贊於天地之間的一個真實的存在，如同海德格所說的「Da-sein」，人做為一個在世的存有，就這樣參贊於天地之間。「參贊」這兩個字構成的詞，很有意思，「參贊」的意思是「人迎向這個世界」，而「這個世界又迎向人」；在彼此相互迎向的過程裡，構成一個整體。就這樣的天地人交與參贊而構成的整體本身來說，才有所謂實存的主體可言。主體並不是說我活著就要取得資源，所以我要有「我的」，我藉由「我的」；然後去說明那個「我」。這也就是說，「我」並非天生既與的一個「我」，我們不能將帶有「世俗性的我」當成教育的起點。要是這樣，那教育將會流於媚俗，這樣的「人」並沒有回到「本」，這問題很嚴重，我們不能不正視。

在西方世界裡，對這些東西從二十世紀以來，不斷地反省到目前，如：胡塞爾在檢討整個歐洲文明的危機，海德格在檢討歐洲文明所帶來存有的遺忘的問題，懷海德在《科學及其現代世界》(Science and Modern World)一書中提出「具體性的誤置」(misplaced concreteness)的問題。我們其實沒有忽略這些東西，講的人還是很多的，但是因為我們是照著講、跟著講，我們沒有對著講、接著講。所以從事改革活動的人並沒有將這些東西融在一起，而有進一步的發展；卻常只停留在原先樂觀的啟蒙氣氛的向度裡，以為人們這樣就能把握到自然的理序，就能達成改革的使命，而沒想到那夾纏其中的歷史業力，是極為麻煩難理的。

七 人因文而明，卻也可能因文而蔽，須得解蔽才能復其本源，這樣才能真顯現人文精神

「人文」指的是人通過一套語言、文字、符號、象徵去理解、詮釋這個世界；經由理解、詮釋這個世界，使得我們能確切清楚明白地把握它。換言之，「人文」是使得我們「因文而明」，但是它一旦形成一套話語系統，放到人間來操作、來控制，來取得利益，並且來排序，這時就會造成一種新的「遮蔽」。有「文明」就有「文蔽」，「文明」是「因文而明」，「文蔽」是「因文而蔽」，應如何解其蔽呢？解其蔽是現代化之後的思想家一個很重要的課題，海德格談到 Aletheia「真理是遮蔽的解開」，很像佛教所說的「揭諦」，「揭諦」原是梵語譯音，像所說的「波羅揭諦」指的是「來去彼岸」的意思，現在我們拿它的漢語表字來看，光是「揭諦」可以說是「解蔽」的意思。

廿世紀發展到目前為止，廿一世紀很重要的一個課題──真理並不是尋求主體對客體的確定性的把握；而是主客不二交融成一個整體

的自身彰顯，這裡有一個極大的轉變。這樣的一個「我」的概念，就不是啟蒙運動以來那個工具性的我的概念。這樣的「人」的概念，也不是理智中心主義下的人的概念。這樣的人文精神，就不應該是放在啟蒙運動以來人文主義下的人文（humanity）。不過，我們國內對這些語詞非常「紊亂」，這也就是我們在改革裡，理智與權力、利益，跟一大套話語系統連在一起，就毫無反省能力。因為自啟蒙運動以來這些東西就是連在一塊，之後也很多思想家在檢討，但是太多的學者只是照著講、跟著講，如果我們能夠對著講、接著講，這個問題會有所變化。進一步看人文，我們要由「文」回到「人」，因為人的自知，人的明白，人的「自知者明」、「知常曰明」，當你返歸自身，讓你彰顯你自己，其實，就是宇宙自身彰顯其自己。你能體會得常理常道，這樣才能讓「文」有所確定，那麼「文」才不會造成有所「遮蔽」。

八　「神」的兩個不同向度：人的參與觸動及整體的生長、話語系統所形成的理智控制

　　我用了《易傳》與《舊約全書》裡的兩句話來對比描述「神」：「神也者，妙萬物而為言也」、「神說有光，就有了光」。「神」這個字眼在華人漢語系統裡，其實以「神妙」之意的意思為多，它不是個超越的、絕對的人格神，強調的是宇宙總體生發創造的奧秘可能。這裡「神」的意思是人的參與，構成一種整體生長性的力量，而不在於一個絕對者通過話語系統、理智控制所形成的脈絡。

　　在西方基督宗教的傳統，其實原先也並不會如我所說的一種跟話語系統結合而形成了現代性、工具性、合理性的專制；但是它居然在人類文明的發展裡，是走向這邊的。這在 Max.Weber《基督新教倫理與資本主義精神》中對此中所含極為奇特而詭譎的關聯，做出非常精

彩的分析。我們深入瞭解後,就會了解為何尼采(F. Nietzche)會寫出「反基督」,其所反的不是基督之本身,而是他那時代所體會到的基督,所體會到的神學與工具性的理性、人的疏離與異化,以及其他種種連在一塊的狀態。

提出這問題後,我們應該回到原來一個人的狀態,回到原來一個神的狀態,原來一個物的狀態,用道家的老話來說是「物各付物」或是「萬物並作,吾以觀復」。這個意思是物如其為物,它是什麼就是什麼,如其所如,各然其然,無有作意、無有作好。以我們的話語來說,講了什麼就是什麼,如其本然;這話聽起來有些繳繞,但卻是十分重要的。因為現在我們所說的「現代性」下的處境,話語的介入,使得我們之所說連帶地將我們的業力、習氣、性好、欲求等等都帶進去了,這樣一來,話語就離其自己了。

話語離其自己,而與我們生命的業力習氣相雜在一起,而構成了一種難以解開的纏執,這是極為荒謬的,但我們卻會在一種理性的梯序下,依順著這樣的理路來思考,並且做出人在江湖,身不由己的事情來。有一諺語說「聰明不若往昔,道德日負初心」,這豈不是一令人扼腕而嘆的事情!到了廿一世紀,我們從天地人交與參贊而構成的總體去重新理解人,這與以前的人文主義是有很大不同的。這便慢慢跨到我所用的副標題:「存有、場域與覺知」。

九 人文精神的解構與展望:在「存有」、「場域」、「覺知」這樣所構成的總體才有人的主體

從「存有」、「場域」、「覺知」這三個概念裡,似乎沒有看到人的主體。不,而是人的主體就在「存有」、「場域」、「覺知」,這樣所構成的總體才有人的主體。人的主體也不應該是人和物之間一種主客交

融的關係，也不是人跟人之間的交融關係而已。人作為一個主體，其實是做個如同海德格所說的「此在」（Da-sein），也如同孔子所說的「人能弘道，非道弘人」。這也就是如《孟子》書所說的「由仁義行，非行仁義也」，他是參與於天地之間而開啟的活動，並不是拿著一個話語來標榜，才展開的活動。

像「存有」（Being）這個概念，並不是做為一切存在事物之所以可能的那最高的、超越性的、普遍性的概念，而是「天、地、人交與參贊所構成的一個總體」的根源，用這樣來解釋，其實是有意地與古漢語的「道」連在一塊。什麼是道？大家所分享的場域就是道，場域總體的說就是道。「存有」的概念並不是作為一個被認識的概念，「存有」是你生活的參與，以及存有參與到你的生活中來，「存有」是「活生生的實存而有」，我認為廿一世紀的人文精神就是往這個概念走。廿一世紀不是人在窺視這個世界，也不是人在凝視、認識這個世界，是人必須回到人本身參與這個世界重新去思考人的定位的問題。

「價值重估」這樣的呼聲早在二十世紀初就由尼采提出，現在我們重新來談時，我們會對他所講的話作一一「調適而上遂」的恰當理解，溯其本原重新來看，做一存在的深層契入。其實，有關話語介入而造成的種種麻煩，在東方哲學傳統裡所做成的反省是很深刻的。

十　「道生之、德蓄之」：道德是生長，道德並不是壓迫，道德是活生生的實存而有，具體覺知的生長

海德格曾與中國的哲學家蕭師毅一起翻譯討論老子《道德經》，我認為這對他的哲學觀有一定的影響，這部分是非常值得我們重視的。老子《道德經》說：「人法地、地法天、天法道、道法自然」，「域中有四大，而人居其一」，人居於天地之間，他是具體的，是實

存的（「人法地」），而這生長是朝向一高明而普遍的理想（「地法天」），這高明而普遍的理想又得回溯到總體之本源（「天法道」），而這總體之本源它有一自生、自長、自發、自在這樣一個調和性的生長自然機能（「道法自然」）。

如上所述，我們是放在這樣的過程裡來看「存有」，這時的「存有」就不是我要通過語言文字符號去控制的現象，而是我要參與進去，我要與之生活，相互融通，無執無著，境識不二狀態下的「存有」，這便與西方傳統自亞里斯多德以來的主流有很大的不同。當我們這樣去理解的時候，我們進一步去理解「場域」這個概念時，其實「存有」是連著「場域」、「處所」而來。這些年來，一些學界的朋友，受到海德格、懷海德，以及中國哲學中的易學以及其他種種的影響，唐力權先生提出了一個嶄新的哲學主題，就叫「場有哲學」。我想是可以放在同一個脈絡來理解。

回到剛剛所說的，我們從古代先秦典籍的資源裡，可以看到它的可貴，譬如：老子說「道生之，德蓄之，物形之，勢成之」，此中涵義便極為深刻。我們溯其本源地回到那根源性的總體，這就叫「道」；「道」生生不息將之落實在人、事、物上，這樣就有個生成的東西，這生成的質素就叫「性」，「性」是就「德」說，天地有道、人間有德，「道」這個詞相當於《中庸》講的「天命」，而「道生之，德蓄之」，就可以說是「天命之謂性」。值得注意的是，我們這裡所強調的是「生活的場域」，你迎向它、它迎向你，這樣的過程所形成的總體，它就不斷地在那地方生長，而這生長本身就構成你的性子。我總喜歡連著這裡所說的「道生之、德蓄之」，而說「道德是生長」，道德並不是壓迫，道德是活生生的實存而有，具體覺知的生長。

十一　生命的存在覺知是先於邏輯的、先於理論構造的，它是一切創造之源

　　這樣說下來，當我在談存有的時候，存有我把它場域化了，當我在談場域的時候，把人的覺知帶進去了。也就是說，在廿一世紀的人文精神中的「人」的概念是不能離開天地的，是不能離開場域的，不能離開活生生實存體會與感受覺知（perception）。法國哲學家梅露龐蒂（M. Merleau-Ponty）有一本書叫 *Phenomenology of Perception*（《知覺現象學》），強調人作為一個實存者，這個「覺知」是最真實的，我們對世界的理解，覺知（perception）比概念（conception）重要。客觀理性的分析條理其實是作為我們知識之所產以後的一種規格化，我們之所以能夠如此產出，所產之前有個能產，那個 creativity 是非常重要的。那個東西不是一般所以為的 logic，是先於邏輯的一種邏輯，先於邏輯的一種覺知，是非常重要的。如果你的真正覺知、體會、理解，你進到這個世界所能進來的，你所覺知到的，如果是非常貧乏的、如果是非常單面的，你的邏輯及運算如何地準確，其實都於事無補。

　　進到廿一世紀，很多西方的後現代的思想家，對於原來的傳統邏輯及後來發展的符號邏輯，提出了很多批評，邏輯學家也提出多值邏輯等另外不同的思考。現在許多文化評論者也提出不再強調邏輯思考方法，而強調修辭學，強調的是一種說服術，而不是一種論辯，因為他在告訴你，人間的許多構造與產出很多都在變化中。從臺灣這幾個月或這一兩年來的現象，你不覺得我們整個知識的構造、知識的產出與知識的傳達，其實跟以前完全不同了。訊息量的增加，知識如何重新從訊息裡頭構造，而在構造的過程裡又能溯其本源，回溯到智慧之源，令其彰顯而不是一種遮蔽，這成了廿一世紀非常重要的議題。在這無與倫比的速度傳輸底下，人的偶像可以在幾天之內同時被崇拜、

消費、毀棄,人可以從被接近死亡的幾個小時內又復活,並且還可以遠赴國外,回來還可以精神奕奕,馬上又面臨種種問題。

價值的定準何在?整個變了。原來你認為實在的,現在變成虛擬了,但是在電腦中虛擬的也可能成為實在,當然這實在也可能虛構,人就在這虛實之間,佛教所說的「緣起性空」正合於目前這種狀態。如何在緣起性空下,進入同體大悲?你如何以一個新的慈悲去面對問題?你如何回溯到以最真誠的祈禱,與上帝獨體照面地召喚,這過程其實是人類進到廿一世紀重新需要去面對的。

十二　內在深沉的信息投向冥冥的穹蒼,那裡有個奧秘之體,那裡有個存在根源,它召喚你,它跟你有一種親近,這是真實的

我這些年來花了一些時間從事於各大宗教的研究,像中國傳統的佛教、道教、儒教,基督宗教一直在接觸中,我買過的聖經大概跟我買過的《四書》差不多一樣多本。我覺得各大宗教裡偉大的智慧都是值得我們去崇敬的,人類可能在諸多虛實難分、陰陽相害、善惡難決的狀況底下,只能默然地面對自己;而所謂「默然面對自己」,並不意味著與世界隔絕,而是用你內在深沉的一個信息投向那冥冥的穹蒼。那裡有個奧秘之體,那裡有一個存在根源,它召喚你,它跟你有一種親近,這是真實的。而各個宗教在這裡,會引發你的虔誠與敬意,這時候你會發現到,人在這裡他的可安身立命處。從這裡來說「覺知」時,這個「覺」就不只停留在作為我們一般客觀知識的基礎,他其實作為人整個的實存基礎,所以「覺」和「感」這兩個字都很重要,「感」和「覺」在漢文系統是很好的兩個字,人類的話語、存在與覺知是連在一起的。

我們剛剛這樣說下來，好像是在說，廿一世紀人文精神裡頭，非常強調天地、人我、萬物通而為一，這樣會不會天地一籠統？而我們對於科學一種清楚的認知，知識與話語系統清楚地把握會不會因此整個毀了？我想不會的。這地方有個層次之別，這也就是我們在談「寂然不動，感而遂通」及談「一體之仁」的時候，談「無名天地之始」的場域過程，但是要落到「有名萬物之母」，人間萬有一切的對象物，都通過我們的名言概念，都通過我們的話語所做的一個主體的對象化活動以後，才使得他成為一個被決定的定象，這過程我們必須要清楚的。所以，一方面我們要回溯到總體根源顯現的明白，但是一方面要落實到一個具體事物上的清楚。

　　我喜歡把清楚與明白做兩個區分，「清楚」是指向對象物的確定性把握，「明白」是回到你內在心靈的總體的顯現。其實我這個用語是講求過的，因為在《莊子》書裡講「虛室生白」，我們內在的心靈也是如此呀！你能夠「致虛守靜」，一切你朗然在目，一切「乾坤朗朗，天清地寧」的狀態，這是「明白」。「清楚」是指向對象物的把握，包括在朱熹裡頭的哲學也強調，他談「格物致知」的時候，一方面談清楚，一方面談明白，「眾物之表裡精粗無不至，吾心之全體大用無不明」，就是天地間各種事物、各種事件的表裡、精粗無不至，我徹徹底底地都「清楚」把握了，我就在這過程，我涵養主靜了，讓吾心之全體大用，使得全體大用無不明。

　　回到這裡來看時，其實是清楚地說，我們對科學本身仍然是需要肯定，但是不能是科學主義式的（scientism），不能夠是工具性的理智中心主義（Logocentralism）。我們不能把工具性的理性當成是人類理智的主體，把人類的理性主體當成是上帝所賜給我們，而且我們用這種方式去揣摩上帝，並且認為上帝就是用這種方式控制這世界，人就取代上帝控制這世界，近代啟蒙以來的精神就是這樣。很多學科學

的人非常傲慢,就是中了這種病,所以我們要理清科學霸權主義和科學,真正學科學的人其實是很謙虛的。

十三　從存有的執定,把「執定」解開,回溯到存有的開顯,上溯到存有的根源,再反照回來,重新確認

這些年來,我強調後新儒學的建立,在牟宗三先生之後,從他所提的「兩層存有論」轉而進一步談「存有三態論」。這思想一部分來自海德格(Martin Heidegger)、高達美(Hans-Georg Gadamer),最重要來自易經及道家,還有王船山、熊十力,當然亦深受牟先生的啟發。所謂「存有三態」指的是:存有的根源、存有的開顯、存有的執定,存有的根源所指的就是「道」,也就是存有、場域,那個原初的狀態,它是一總體的根源。這根源它必得彰顯,當我們講根源的時候,意思就是我的心靈意識與一切存在的事物,在這裡完全合一而沒有分別的狀態,這就是老子所說:「天下萬物生於有,有生於無」。

「無」這個字眼,在華人文化傳統裡,所指的就是「沒有分別的總體」,並不是「空洞」、「沒有」。其實最古老的時候,「無」跟「舞」是同一個字,跟古時宗教的薩滿(Shamanism)相關,像臺灣民間仍可見巫祝傳統的蹤跡,像乩童跳ㄉㄤˇ(即乩童起乩,神明附靈的狀態),就是進入到迷離恍惚、合而為一的境界。哲學很多東西都是從宗教轉過來的一個思考,這樣的思考裡,就是我們必須回溯到本源,而以一個無分別、新的方式重新去理清,而這時候天地人我萬物合而為一,先不要用既成的東西去論定他,你必須把既成的論定的「論」打開,那個「定」就沒了,「論定」打開了以後就回到原先存有之根源,任其彰顯再尋求確定。所以,就這存有三態來說,從存有的執定,把「執」打開、把「定」解開,回溯到存有的開顯,上溯到

存有的根源，再反照回來，重新確認，如此很多疑惑是可以解的。

我們必須回到如實的覺知，與場域、存有和合為一，覺知就是有所感、有所覺。臺灣有一些宗教強調要修得無分別，但須知：要無分別而明白，「明白」落在事上叫「清楚」，落在自己的情感上是「喜怒哀樂分明」，修行是修得喜怒哀樂分明，而不是修得面目模糊。我們對這東西清楚以後，回過頭來，我們可以用《道德經》和《易經》的話來闡釋，老子說：「尊道而貴德」、「沖氣以為和」，「尊道而貴德」就是任何一個存在的事物都必須回到它的本性，以它的本性為貴，必須回到它的總體，以它總體的根源有個自發、自生、自長、自在那樣的一種力量，以此為尊；能如此，這樣的人文才不會是一個偏枯的人文，也不再是個理智中心主義的人文。

十四　當我們回溯到更原初的覺知、場域、存在，這樣的一體狀態，這裡就會生發出一個確定性的力量

這也是西方許多後現代思想家所反省的，他們在重造新的可能，德國哲學家哈貝瑪斯（U. Habermas）提出了溝通理性來重造一個新的可能。《易經》裡說「保合太和乃利貞」，華人文化傳統最強調的是把兩個最極端的放在一塊，構成一個和諧性的整體，和諧 harmony 這個觀念是非常可貴的，和而不同、不同而和，「和」就是把不同的放在一塊，把最不同的放在一塊就叫「太和」，太和所謂「道」，一陰一陽之謂「道」。太極圖象陰陽魚，陽消陰長、陰消陽長、陰陽互為消長，構成一個整體。他就告訴我們，任何一個存在的事物不是相對立的兩端，我可以通過一個圓環式的思考把它變成一個不可分的整體。

這點在華人的思考裡的所謂的人文精神，是很值得正視的，所以人之為人本身就作為一個陰陽，他可上可下，可左可右，可高可低，

這本身就有一個轉折的可能,所以「禍兮福所倚,福兮禍所伏」,長短、高下、前後種種相對的兩端都構成不可分的整體。所以人跟人之間,人跟物之間,人跟天地之間不是一個定準,而是在我認識清楚的後頭有個更原初的覺知、場域、存在,這樣的一體狀態,這裡頭會生發出一個確定性的力量。你的安身立命從這裡說,這就是「三才者,天地人」,人生於天地之間說,地的博厚、天的高明,地的具體實存生長、天的普遍的理想,人就在這樣一個象徵、隱喻、參與、實踐裡面,連在一塊。如果我們從這角度再去看哈貝瑪斯的溝通理性,或是其他一些西方思想家所做的一些反省的時候,我們可以發現到,我們自己的文化傳統其實有一些新的可能。

在進到廿一世紀的現在,臺灣雖然仍糾雜在現代化、前現代以及後現代的奇特叢結困境裡,但是我們有的是很可貴的智慧源頭。不只是來自西方的,因為現在網路、書籍非常發達,我們留學、學者彼此的互訪、學生彼此的互訪,各方面學習都非常多,我覺得我們有責任,跟我們最真實的古典話語系統,接連在一塊,重新來思考廿一世紀人文精神如何可能,而不是照著講、跟著講,我們希望能夠接著講、對著講,在接著講、對著講的過程裡,我們有一些新的展望。我想今天所說的廿一世紀人文精神的展望,我是把他放在中西文化宏觀的對比,來看他發展的可能,並且放到我們這實存的場域與天地,我們期待在這裡有更多朋友來關注這個問題,也能夠進到我們整個歷史社會總體裡頭,在改革過程裡面,我們做了很多基礎性的反省,一方面觀察,一方面理解、詮釋,在理解、詮釋的過程我們也批評、參與,我們希望有更好的重建可能。

——壬午之秋十月十二日修訂,癸未之秋八月十七日最後定稿於象山居(本文原是2002年3月18日,林安梧教授應臺灣師範大學研發處之邀,

所作之講演,當日由戴維揚教授引言,簡茂發校長親臨主持,全文由社教系林佩珊同學記錄,在修飾完成,曾經刊於《鵝湖月刊》,2003年2月,總號332期,頁19-29。)

哲學研究叢書・學術思想叢刊 0701033

儒家思想與存有三態論

作　　者	林安梧
責任編輯	林涵瑋
特約校稿	林秋芬

發 行 人	林慶彰
總 經 理	梁錦興
總 編 輯	張晏瑞
編 輯 所	萬卷樓圖書股份有限公司
排　　版	林曉敏
印　　刷	博創印藝文化事業有限公司
封面設計	黃筠軒

發　　行　萬卷樓圖書股份有限公司
　　　　　臺北市羅斯福路二段 41 號 6 樓之 3
　　　　　電話 (02)23216565
　　　　　傳真 (02)23218698
　　　　　電郵 SERVICE@WANJUAN.COM.TW
香港經銷　香港聯合書刊物流有限公司
　　　　　電話 (852)21502100
　　　　　傳真 (852)23560735

ISBN 978-626-386-217-3
2025 年 1 月初版
定價：新臺幣 960 元

如何購買本書：
1. 劃撥購書，請透過以下郵政劃撥帳號：
　帳號：15624015
　戶名：萬卷樓圖書股份有限公司
2. 轉帳購書，請透過以下帳戶
　合作金庫銀行　古亭分行
　戶名：萬卷樓圖書股份有限公司
　帳號：0877717092596
3. 網路購書，請透過萬卷樓網站
　網址 WWW.WANJUAN.COM.TW

大量購書，請直接聯繫我們，將有專人為您服務。客服：(02)23216565 分機 610

如有缺頁、破損或裝訂錯誤，請寄回更換
版權所有・翻印必究
Copyright©2025 by WanJuanLou Books CO., Ltd.
All Rights Reserved　　　Printed in Taiwan

國家圖書館出版品預行編目資料

儒家思想與存有三態論 / 林安梧著.-- 初版.
-- 臺北市：萬卷樓圖書股份有限公司, 2025.1
　面；　公分
ISBN 978-626-386-217-3(平裝)

1.CST: 儒學　2.CST: 儒家

121.2　　　　　　　　　　　　113019966